Schriften zum Strafvollzug, Jugendstrafrecht und zur Kriminologie

Herausgegeben von Prof. Dr. Frieder Dünkel
Lehrstuhl für Kriminologie an der
Ernst-Moritz-Arndt-Universität Greifswald

Band 62

AF208557

Hans Kromrey

Haftbedingungen als Auslieferungshindernis

Ein Beitrag zur Verwirklichung der Menschenrechte

MG 2017
Forum Verlag Godesberg

Bibliographische Information der Deutschen Nationalbibliothek

Die Deutsche Nationalbibliothek verzeichnet diese Publikation
in der Deutschen Nationalbibliografie; detaillierte bibliografische
Daten sind im Internet über http://dnb.d-nb.de abrufbar.

© Forum Verlag Godesberg GmbH, Mönchengladbach
Alle Rechte vorbehalten.
Mönchengladbach 2017
DTP-Satz, Layout, Tabellen: Kornelia Hohn
Institutslogo: Bernd Geng, M.A., Lehrstuhl für Kriminologie
Gesamtherstellung: Books on Demand GmbH, Norderstedt
Printed in Germany

ISBN 978-3-942865-75-3
ISSN 0949-8354

Inhaltsübersicht

Vorwort

Die vorliegende Arbeit ist im Spannungsfeld von Strafvollzug, Rechtshilfe und der Wahrung von Menschenrechten im Auslieferungsverfahren angesiedelt. Ausgangspunkt ist der unterschiedliche Entwicklungsstand des Strafvollzugs im internationalen Vergleich. Grundsätzlich hat ein Staat das Recht seine Bürger auch für im Ausland begangene Straftaten und ebenso Ausländer für im Inland begangene Taten zu belangen und ggf. Strafen zu vollstrecken. Für sich im Ausland befindende Beschuldigte gibt es deshalb das System der Rechtshilfe mit dem Instrument der Auslieferung. Probleme können nun daraus resultieren, dass die Haftbedingungen in Untersuchungs- wie Strafhaft im grundsätzlich auslieferungsinteressierten Staat weit weniger menschenrechtskonform erscheinen als in Deutschland, woraus sich ein Auslieferungshindernis ergeben kann. Deutschland darf beispielsweise Beschuldigte oder Verurteilte nicht sehenden Auges einem ausländischen Staat überantworten, der systematisch foltert oder in dem andere schwere Menschenrechtsverletzungen gängige Praxis sind. Der Verfasser hat sich sehr verdienstvoll der im Schnittfeld von Auslieferungs- und Strafvollzugsrecht liegenden Problematik gewidmet.

In der Einleitung führt der Verfasser den Leser auf das komplexe und in seinen strafvollzugsrechtlichen Bezügen weitgehend unerforschte Thema hin. Gleich zu Beginn verweist der Verfasser auf Inkonsistenzen der höchstrichterlichen Rspr., wenn das BVerfG im Falle einer theoretischen Möglichkeit einer Begnadigung oder Strafumwandlung der drohenden lebenslangen Freiheitsstrafe eine Auslieferung in die USA zulässt, in die Türkei bei vergleichbarer Sach- und Rechtslage jedoch ablehnt (S. 3). „Ziel der Untersuchung ist es, die Spruchpraxis der deutschen Rspr. auf die Würdigung von Auslieferungshindernissen, die aus Haftbedingungen erwachsen können, hin zu analysieren und kritisch zu hinterfragen" (S. 4). Dazu muss zunächst die Grundsatzfrage geklärt werden, ob Haftbedingungen überhaupt als Auslieferungshindernis zu bewerten sind. Die spannende zentrale Frage bleibt sodann, inwiefern bekannte Haftbedingungen Einfluss auf die Auslieferungsentscheidung nehmen können/müssen und inwiefern die deutschen Gerichte verpflichtet sind, sich entsprechend sachkundig zu machen.

In *Kap. 1.4* gibt der Verfasser Informationen zum Umfang des Problems in statistischer Hinsicht. Danach handelte es sich in den Jahren 2008-20012 um jährlich ca. 1.500-2.700 abgeschlossene Auslieferungsverfahren. Auf jeweils 4,5-7,1 bewilligte Auslieferungen kam eine abgelehnte Auslieferung, d. h. Auslieferungshindernisse spielen in der Praxis der Gerichte eine Ausnahmerolle (vgl. *Tab. 1*). Anschließend werden die Fallzahlen zum Europäischen Haftbefehl aufgelistet, die bis auf 5.580 Übergaben an andere Staaten im Jahr 2009 anstiegen, seither aber deutlich rückläufig waren, ohne dass es dafür offenbar eine Erklärung gibt. In *Tab. 3* wird die häufig große Zahl der vor dem EGMR anhängigen Menschenrechtsverfahren gegen die zehn Länder mit den meisten anhängigen

Verfahren, an die Deutschland auch ausliefert, als Indikator für die Diskrepanz von menschenrechtlicher Verpflichtung und tatsächlicher Gewährleistung gewertet, wofür auch die in *Tab. 4* ausgewiesene hohe Zahl von Verurteilungen durch den EGMR wegen Verstößen gegen Art. 3 EMRK spricht. Es wird deutlich, dass das Problem der vorliegenden Arbeit eine durchaus beachtliche quantitative Dimension aufweist.

Im *zweiten Kapitel* liefert der Verfasser einen anschaulichen „Grundriss des Auslieferungsrechts". Dass eine solche Einführung gerade für den in Strafvollzugsfragen gut, im Auslieferungsrecht aber meist eher wenig Versierten sinnvoll und daher auch in dieser „grundrissorientierten" Darstellung notwendig erscheint, wird spätestens dann deutlich, wenn der Verfasser die unterschiedlichen Interessenslagen im Dreiecksverhältnis des ersuchenden und des ersuchten Staates sowie des vom Auslieferungsersuchen Betroffenen herausarbeitet. Dabei differenziert der Verfasser zutreffend zwischen einer Berechtigung zur Auslieferung und der Verpflichtung zu einer solchen (vgl. *Kap. 2.3.4*).

Im *dritten Kapitel* vertieft der Verfasser die Frage der materiell-rechtlichen Auslieferungsberechtigung bzw. -verpflichtung anhand der zu beachtenden verschiedenen positiven wie negativen Kriterienkataloge. Dabei geht es hinsichtlich positiver Kriterien (*Kap. 3.3*) um das Vorliegen einer rechtswidrigen Tat im ersuchenden Staat (§ 2 Abs. 1 IRG), die mit mindestens einem Jahr Freiheitsstrafe bedroht sein muss (§ 3 IRG). Ferner muss das Prinzip der Gegenseitigkeit gewährleistet sein, was im Fall von Auslieferungsverträgen explizit geregelt ist.

Negative Voraussetzungen (Auslieferungshindernisse) sind zunächst die deutsche Staatsangehörigkeit, indem Deutsche grds. nicht ausgeliefert werden. Ausnahmen sind durch den Europäischen Haftbefehl und die Internationale Strafgerichtsbarkeit konstituiert (vgl. *Kap. 3.4.1*). Von den weiteren i. E. ausgeführten Auslieferungshindernissen sind für die vorliegende Arbeit zentral die im ersuchenden Staat drohende Todesstrafe (*Kap. 3.5* mit dem regelmäßig aus § 8 IRG i. V. m. Art. 102 GG abzuleitenden bzw. aus entsprechenden Auslieferungsverträgen zu entnehmenden Auslieferungsverbot; zu einigen gut dargestellten Streitfragen im Konfliktfall zwischen innerstaatlichem Auslieferungsverbot und völkerrechtlicher Auslieferungsverpflichtung vgl. S. 49-54) und ein sog. *Ordre-public*-Verstoß, im Rahmen dessen menschenrechtswidrige Haftbedingungen als Auslieferungsvorbehalt dienen können. Die umfassende und konsequente Ableitung dieses Gedankens aus dem Völker- und Verfassungsrecht gehört zu den grundlegenden Anliegen des Verfassers (vgl. insbesondere *Kap. 3.6*).

Ausgangspunkt ist die Feststellung, dass unzulängliche Haftbedingungen als solche nicht explizit als Auslieferungshindernis normiert sind. Sie können ein solches jedoch „in Form eines Verstoßes gegen den zu beachtenden *ordre public*" darstellen. Dieser wird mit den unverzichtbaren Grund- und Menschenrechten (z. B. Art. 3 EMRK) umschrieben. Der Verfasser differenziert den *Ordre-public*-

Begriff weiter und leitet für den deutschen *ordre public interne* die Gewährleistung eines Vollzugsstandards ab, der den Anforderungen des Art. 3 EMRK
genügen muss, aus den deutschen Grundrechtsgewährleistungen heraus aber über
diesen Standard im Einzelnen deutlich hinausgeht (S. 64). Komplizierter wird die
Sachlage durch die Unterscheidung eines *ordre public international*, bei dem es
um europäische Mindeststandards geht, die nicht notwendig dem deutschen
Grundrechtskatalog entsprechen müssen. Daraus ergibt sich ein Auslieferungsverbot in Staaten, deren Haftbedingungen das Folterverbot verletzen bzw. eine
unmenschliche Behandlung darstellen. Im Ergebnis gelangt der Verfasser zu dem
Schluss, dass Art. 3 EMRK auch im Hinblick auf ausländische Sachverhalte im
zwischenstaatlichen Verhältnis als Gewährleistungsuntergrenze anzusehen ist
(vgl. S. 83). Die Frage wird systematisch hinsichtlich verschiedener Meinungen
erörtert, ob die deutschen Grundrechte in vollem Umfang auch mit Blick auf die
ausländischen Haftbedingungen gelten, ob sie ausgeschlossen sind oder eine reduzierte Grundrechtsgeltung anzunehmen ist. Dabei spielt auch die neuere Konzeption des BVerfG, das eine völkerrechtsfreundliche Interpretation des Grundgesetzes als Verfassungsprinzip annimmt, eine besondere Rolle. Schließlich gelangt
der Verfasser mit der „ganz herrschenden Meinung" (S. 74) zum Ergebnis, dass
die der Auslieferung folgenden Grundrechtsbeeinträchtigungen im Licht der
deutschen Grundrechte zu bewerten sind. Mit tiefgründigen dogmatischen Erwägungen widerlegt der Verfasser sodann alle Einwände gegen eine Grundrechtsgeltung bei Auslandssachverhalten, nicht zuletzt dank der zwischenzeitlichen
Weiterentwicklung der Rspr. des BVerfG zur Berücksichtigung von Grundrechten im Auslieferungsrecht.

Der nachfolgende *Abschnitt 3.6.4.4.3* widmet sich der Auslegung des § 73
S. 1 IRG, der die Geltung des deutschen *ordre public international* für das Rechtshilferecht normiert. Auch hierzu gelingt es dem Verfasser herauszuarbeiten, dass
deutschen Hoheitsträgern von Verfassungs wegen das Verhalten ausländischer
Hoheitsträger zurechenbar ist, so dass (drohende) Menschenrechtsverletzungen
(z. B. durch unzureichende Haftbedingungen) einem Auslieferungsersuchen entgegengehalten werden können. Dabei gilt der Grundrechtekatalog nicht als Ganzes, sondern ein eingeschränkter Katalog, dessen Mindestumfang durch die Menschenwürdegarantie und die Garantien des Art. 3 EMRK charakterisiert werden
kann.

Im *Abschnitt 3.6.5* differenziert der Verfasser weiter und prüft, ob im innereuropäischen Rechtshilfeverkehr eventuell besondere Anforderungen zu beachten
sind. Der europäische *ordre public* stellt sich als Unterfall des deutschen *ordre
public international* dar und das Ergebnis ist insofern ähnlich, als die Gewährleistungen des gesamten Menschenrechtskatalogs der EMRK (einschließlich
selbstverständlich Art. 3) Prüfungsmaßstab sind. Gut nachvollziehbar hält der
Verfasser die Vorbehalte gegen den Vorbehalt eines deutschen *ordre public
européen* nicht für stichhaltig, so dass einem Vollstreckungsersuchen zu einem
Europäischen Haftbefehl im Ergebnis gleichfalls Menschenrechtsverletzungen

entgegengehalten werden können. Hier zeigen sich die Vorzüge der vom Verfasser entwickelten dogmatischen Unterscheidung eines (deutschen) *ordre public interne* und *international*, indem letzterer auch im Rechtshilfeverkehr innerhalb der EU Bedeutung erlangt und Schranken setzen kann. Dieses Ergebnis der Erörterungen des Verfassers hat mittlerweile auch durch mehrere anschließend ergangene Entscheidungen des BVerfG und des EuGH Bestätigung gefunden. Das BVerfG hat aus deutscher Sicht zumindest die Geltung der deutschen Menschenwürdegarantie im Auslieferungsverfahren auch gegenüber EU-Staaten behauptet (15.12.2015 – 2 BvR 2735/14; 6.5.2016 – 2 BvR 890/16) und der EuGH gesteht es aus europäischer Sicht nunmehr zumindest den Rechten aus Art. 4 GRCh (die Parallelvorschrift zu Art. 3 EMRK) zu, eine innereuropäische Auslieferung verhindern zu können (EuGH, 5.4.2016 – verb. Rs. C-404/15 u. C-659/15 PPU (*Aranyosi u. a.*)).

Für den Rechtsraum des Europarats entwickelt der Verfasser einen *eigenen ordre public international* auf der Basis der EMRK als Bewertungsmaßstab für Menschenrechtsverletzungen als Auslieferungsvorbehalt. Dieser entfaltet nach der Rspr. des EGMR Rechtswirkung auch gegenüber Nicht-Konventionsstaaten, wenngleich nur in eingeschränkterem Umfang (wobei Art. 3 EMRK in beiden Konstellationen uneingeschränkt zu beachten ist). Grundlegender Fall hierzu (der im Übrigen wesentlicher Anstoß für das vorliegende Promotionsvorhaben war) ist die Entscheidung *Söring vs. UK* aus dem Jahr 1989 (vgl. *Kap. 3.6.5.4.2.2*). In diesem Fall wurde die Auslieferung eines in Großbritannien verhafteten und mit Todesstrafe bedrohten deutschen Bürgers an die USA erst zugelassen, nachdem die USA zugesichert hatten, dass die Todesstrafe nicht verhängt werde.

Hinsichtlich des deutschen *ordre public européen* unterscheidet der Verfasser weiterhin zwischen EU-Staaten und EMRK-Staaten, indem im ersteren Fall zusätzlich auf die „unverzichtbaren Rechtsgrundsätze" der EU-Grundrechtecharta (vgl. hierzu Art. 6 EUV), im Übrigen allein auf die in Art. 1 EMRK benannten Menschenrechte Bezug zu nehmen ist. In der praktischen Bedeutung dürfte diese Unterscheidung allerdings marginal sein.

In *Kap. 3.6.6* bettet der Verfasser die Diskussion bzgl. eines *ordre public international* in das globale Völkerrecht ein und greift damit eine als „Großbaustelle" des Völkerrechts bezeichnete Fragestellung auf, welcher staatenübergreifende menschenrechtliche Bezugspunkt denn jenseits landesrechtlicher Normierungen herauszubilden ist. Als Destillat eines weltweiten Konsenses insoweit arbeitet der Verfasser das Folterverbot des Art. 3 EMRK heraus. Er betont dabei, dass überraschenderweise der abstrakte Rechtssatz, niemand dürfe einer unmenschlichen oder erniedrigenden Behandlung oder Bestrafung unterzogen werden, selbst international nicht in Frage gestellt wird, sondern nur die Subsumtion eines Sachverhaltes unter diesen Satz umstritten ist, was auf ein international verbreitetes Unrechtsbewusstsein schließen lässt (S. 141). Zu Recht bedauert der Verfasser, dass gleiches lange Zeit für das Folterverbot gelten konnte, jedoch durch die Verteidigung des Vorgehens der USA in Guantanamo durch hochrangige Politiker dahinter nunmehr ein Fragezeichen zu setzen ist.

Man wird dem Ergebnis zustimmen, dass nach allen relevanten *Ordre-public*-Katalogen das Folterverbot bzw. das Verbot erniedrigender oder inhumaner Behandlung im Kontext des Strafvollzugs ein Auslieferungshindernis begründen (vgl. *Kap. 3.6.7*).

In *Kap. 3.7* geht der Verfasser der spannenden Frage nach, wer denn nun im konkreten Fall die auslieferungsverhindernden menschenrechtswidrigen Haftbedingungen feststellen darf bzw. muss und wie das Verfahren zu gestalten ist. Dies ist in völkerrechtlichen Verträgen zumeist geregelt und eher unproblematisch, aber bei fehlenden Vorbehalten in Auslieferungsabkommen problematisch. Evident ist sicherlich, dass der ersuchende Staat diese Feststellungskompetenz nicht haben kann, weil er ansonsten Auslieferungshindernisse einfach „wegdefinieren" könnte (vgl. *Kap. 3.7.3*). Im Ergebnis zutreffend leitet der Verfasser aus der innerstaatlichen Bindung Deutschlands an das GG und die EMRK ab, dass die Feststellungskompetenz beim ersuchten Staat, hier der BRD, bleiben muss.

Nachdem der Verfasser überzeugend abgeleitet hat, dass menschenunwürdige Haftbedingungen im Rahmen eines auf Art. 1 Abs. 1 GG i. V. m. Art. 3 EMRK basierenden *Ordre-public*-Vorbehalts im deutschen Auslieferungsverfahren überhaupt ein Auslieferungshindernis begründen können, geht es im *vierten Kapitel* nunmehr um die Ausdifferenzierung dieses Vorbehalts. Hierbei spielen die Rspr. des BVerfG und des EGMR eine besondere Rolle. Für den EGMR sind die Europäischen Strafvollzugsgrundsätze (EPR) und die vom Antifolterkomitee (CPT) entwickelten Standards „Orientierungsgröße zur Normauslegung" (S. 176), und auch das BVerfG hat beispielhaft in der Jugendstrafvollzugsentscheidung von 2006 die „Indizwirkung" eines Verfassungsverstoßes bei einem Zurückbleiben hinter internationalen Standards angenommen. Damit gelangt der Verfasser zu einer Konkretisierung des *Ordre-public*-Vorbehalts auf der Basis dieser internationalen Mindeststandards bzw. Empfehlungen. Im Weiteren differenziert der Verfasser absolute „rote Linien", bei deren Überschreitung ein Menschenwürdeeingriff vorliegen soll (die in der Praxis aber selten sind), und relative Untergrenzen, die z. B. in der Kumulation verschiedener unzulänglicher Haftbedingungen eine solche Verletzung ergeben können (vgl. als Beispiel etwa den zitierten *Kalashnikov*-Fall). Weitere Beispiele werden auf der vorliegenden abstrakten Ebene jenseits der allgemeinen Konturierung der erniedrigenden und menschenunwürdigen Behandlung in *Kap. 4.2* noch nicht benannt.

Die Betrachtung der lebenslangen Freiheitsstrafe (*Kap. 4.3*) erfolgt aus dem hier maßgeblichen Blickwinkel des Vollzugs und der Vollzugsgestaltung (vgl. hierzu erläuternd *Kap. 4.1*). Die Vielfältigkeit der Rechtswirklichkeit lebenslanger Freiheitsstrafen wird relativ kurz gestreift. Aus Sicht des deutschen *ordre public* müsste man mit dem BVerfG – die Kriterien des Urteils von 1977 zugrunde legend – zu einem Verdikt einer in manchen Ländern rechtlich möglichen lebenslangen Freiheitstrafe ohne die Möglichkeit einer vorzeitigen Entlassung kommen. Der Verfasser kritisiert daher zu Recht, dass das BVerfG in Bezug auf ausländische Rechtsordnungen weniger stringent urteilt und theoretische Begnadigungsmöglichkeiten genügen ließ, somit im Auslieferungsrecht den Menschenrechtsschutz niedriger hält. Demgegenüber entwickelte der EGMR in der *Kafkaris*-Entscheidung und insbesondere aktuell in der *Vinter*-Entscheidung Maßstäbe, die im Grundsatz (und auch argumentativ) der innerdeutschen Verfassungsrechtsprechung entsprechen (vgl. *Kap. 4.3.3*). In der *Trabelsi*-Entscheidung von 2014 fordert der EGMR auch bei Auslieferungsfällen, dass dem Verurteilten ein konkretes (rechtsmittelfähiges) Verfahren zur Überprüfung der Fortdauer der lebenslangen Freiheitsstrafe zur Verfügung stehen müsse. Damit wird ein reines Begnadigungsrecht als nicht ausreichend betrachtet. In der Folge (*Kap. 4.3.4*) geht der Verfasser auf die Kritik zur *Vinter*-Entscheidung in der Wissenschaft ein, insbesondere auch darauf, dass die vom EGMR als Grenze angedeutete 25-Jahresfrist für eine spätestens zu erfolgende Überprüfung keineswegs der Vorgabe entspricht, dass der Verurteilte eine konkrete Aussicht auf Entlassung in einem vorhersehbaren bzw. überschaubaren Zeitraum erhalten muss. In *Kap. 4.3.5* entwickelt der Verfasser eine eigene (bejahende) Auffassung zur Frage der Notwendigkeit eines rechtsförmigen Verfahrens der Überprüfung der Fortdauer der Haft.

Ein weiterer konkreter Prüfungsmaßstab der menschenwürdigen Vollzugsgestaltung ist die Überbelegung. Angesichts der Manipulierbarkeit der Belegungskapazität durch die Vollzugsbehörden nimmt der Verfasser nicht Stellung zur Frage, ob z. B. eine drastische, offiziell dokumentierte Überbelegung per se menschenrechtswidrig ist, sondern geht konkret auf den einem Insassen mindestens zur Verfügung stehenden Raum als Maßstab ein. Den Empfehlungen des CPT folgend sieht der Verfasser weniger als 4 m² pro Gefangener als Verletzung der Menschenwürde an (vgl. *Kap. 4.4.2*)

Einfacher fällt die Bewertung aus, wenn es um den eigenen Schlafplatz pro Insassen geht, der als unabdingbarer Mindeststandard anzusehen ist.

Im *Abschnitt 4.5* widmet sich der Verfasser der Isolationshaft. Nach einer Beschreibung der möglichen Erscheinungsformen gelangt der Verfasser zur Einschätzung, dass der vollständige Reizentzug auch für lediglich 23 Stunden menschenunwürdig ist.

Eine weitere Konkretisierung von Menschenrechtsverletzungen stellt die Gewaltproblematik im Vollzug dar (*Kap. 4.6*). Bei der Frage der Gewalt von Anstaltsbediensteten gegenüber Gefangenen geht es um Misshandlungen und Übergriffe, wie sie vom Antifolterkomitee gelegentlich berichtet (man denke etwa an die Public Statements gegen die Türkei aus den 1990er Jahren) und auch in den Forschungen des Greifswalder Lehrstuhls angedeutet wurden (vgl. zum Mare-Balticum-Prison Survey *Dünkel* 2007). Hinsichtlich der Gewalt von Mitinsassen geht der Verfasser davon aus, dass es zum Wesen der „totalen Institution" gehöre, dass Gewalt nie vollständig zu verhindern sei (S. 209). Er arbeitet anhand von

Studien zur Rechtswirklichkeit heraus, dass sich die in der klassischen gefängnis-
soziologischen Literatur beschriebenen Merkmale der totalen Institution je nach
Vollzugsart und kulturellem Hintergrund wesentlich unterscheiden und daher
regional nur sehr eingeschränkt gelten. Zutreffend gelangt der Verfasser zu dem
Ergebnis, dass bei Anhaltspunkten einer systematischen Häufung von schweren
Gewalttaten in einem Anstaltsteil, einer Anstalt oder darüberhinausgehend über-
regional, dies bei der Auslieferungsentscheidung berücksichtigt werden muss,
und dies umso mehr gilt, wenn es Hinweise auf Duldung von oder gar Teilnahme
an Gewaltausübungen seitens des Anstaltspersonals gebe (S. 211).

In der Richtung zwar sympathisch, in der Rechtswirklichkeit aber problematisch ist es, wenn hinsichtlich der hygienischen Verhältnisse festgestellt wird, dass
die Unterbringung eines Insassen in einem von mehreren belegten Haftraum ohne
durch eine Tür getrennte Nasszelle mit gesonderter Belüftung die Menschenwürde verletzt (vgl. *Kap. 4.7*). Mehrpersonenhafträume mit lediglich Scham-
wandabtrennungen sind nach dieser Auffassung generell nicht zulässig. Damit
würde ein faktisches Auslieferungshindernis in zahlreichen englischen Anstalten,
ganz zu schweigen vom Vollzug in osteuropäischen Ländern konstituiert. Der
Verfasser sieht die Problematik eines entsprechend niedrigeren Standards in zahlreichen Ländern, möchte daraus aber keine Absenkung des in dieser Hinsicht hohen menschenrechtlichen Standards ableiten. Das ist durchaus gut vertretbar, man
müsste dann aber die entsprechenden weitreichenden Konsequenzen mitbeden-
ken, da damit Auslieferungsabkommen mit bestimmten Staaten auf Eis gelegt
oder gar aufgekündigt werden müssten. Gleichwohl scheint nunmehr auch tatsächlich das BVerfG gegenüber EU-Staaten ernst machen zu wollen mit Ausliefe-
rungsverboten bei Menschenwürdeverstößen allein nach deutschem Verfassungs-
verständnis, wie zwei aktuelle Entscheidungen vom Dezember 2015 zu Italien
(15.12.2015 – 2 BvR 2735/14) und vom Mai 2016 zu Großbritannien (6.5.2016 –
2 BvR 890/16) zeigen, die nach Annahme der Dissertation durch die Greifswalder
Fakultät ergingen.

In *Abschnitt 4.8* setzt sich der Verfasser mit der unzulänglichen Haftraumgestaltung als Auslieferungshindernis auseinander. Dazu wird eine EGMR-
Entscheidung zitiert, die eine Menschenrechtsverletzung annahm, wenn dem Insassen durch das Zustellen mit Möbeln kein ausreichender Bewegungsfreiraum
mehr verbleibt. Ferner sieht der Verfasser in der in osteuropäischen Ländern ver-
breiteten Unterbringung in Schlafsälen einen stark menschenrechtsrelevanten
Faktor.

Einen deutlichen Schwerpunkt setzt der Verfasser anschließend im *fünften
Kapitel* zum Auslieferungsverfahren. Dabei handelt es sich wie bereits in *Kap. 2*
um eine tiefgehende Abhandlung der Besonderheiten des Auslieferungsverfahrens. Der Verfasser geht detailliert auf die historischen Grundlagen ein, ehe er zu
aktuellen Fragen des modernen Auslieferungsrechts einschließlich Besonderheiten des Verfahrens im Bereich der EU-Staaten gelangt. Ein Schwerpunkt liegt

bei Rechtsschutzfragen (*Kap. 5.5*), dabei auch auf aktuellen Problemen unter dem Regime des Europäischen Haftbefehls (*Kap. 5.5.2*). Auch die Darstellung der verfassungsrechtlichen Anforderungen (*Kap. 5.6*), darunter der anerkannten Prozessgrundsätze (*Kap. 5.6.2*) ist umfassend. Die Bedeutung dieses Kapitels ist nicht zu unterschätzen, kommt es doch u. a. auf die Frage an, wie die Überzeugungsbildung des Richters beschaffen sein muss und zu wessen Lasten nicht eindeutig aufklärbare Indizien einer menschenrechtswidrigen Vollzugspraxis im ersuchenden Staat gehen. Der Verfasser gelangt insoweit zu dem sachgerechten Ergebnis, dass eine „überwiegende Wahrscheinlichkeit ausreicht, dass der Richter die betreffende Tatsache seiner Entscheidung zugrunde legen kann" (S. 241). Zusätzlich ist davon auszugehen, „dass Zweifel am Bestehen der tatsächlichen Voraussetzungen eines Auslieferungshindernisses ... *zu Gunsten des Auszuliefernden* gehen." Dabei hebt der Verfasser im Sinne einer völkerrechtsfreundlichen Auslegung der Menschenwürdegarantie prozessrechtlich auf eine möglichst weitgehend evidenzbasierte Entscheidungsfindung ab (vgl. *Kap. 5.6.5.5*), die auch die Einbeziehung weitergehender Informationsgrundlagen anderer Akteure des Menschenrechtsschutzes verlangt. Dem Plädoyer des Verfassers, dass die Gerichte in ihrer Auslieferungsentscheidung vertiefte und evidenzbasierte Begründungen aufgrund einer möglichst umfassenden Sachverhaltsaufklärung liefern müssen (vgl. *Kap. 5.6.5.7*), wird man ohne Weiteres zustimmen können, was andererseits auch die Pflicht einer kritischen Würdigung von Quellen etwa von NGO's oder anderen Akteuren des Menschenrechtsschutzes beinhaltet (zur Einbeziehung von Erkenntnisquellen insgesamt vgl. *Kap. 5.9*). Dass die Nennung als sicherer Herkunftsstaat keine Präjudizwirkung für das Fehlen menschenrechtswidriger Haftbedingungen darstellt, ist gleichfalls gut begründet dargelegt und verdient Zustimmung. Ausführlich widmet sich der Verfasser zuvor den prozessualen Besonderheiten des Verfahrens vor dem EGMR und dem EuGH. Dabei gelangt er zu weitgehenden Übereinstimmungen mit dem Verfahren vor dem BVerfG (vgl. z. B. die Ausführungen zu begründeten Anhaltspunkten bzw. der überwiegenden Wahrscheinlichkeit des Vorliegens von Auslieferungshindernissen unter *Kap. 5.7.6* und *Kap. 5.8*).

Im *sechsten Kapitel* liefert der Verfasser anhand dreier Fallbeispiele anschauliches Material für die Schwierigkeit der Gerichte, einheitliche Maßstäbe für die Bewertung von für die Auslieferungsentscheidung maßgeblichen Tatsachen zu finden und dabei die notwendige vertiefte Sachverhaltsaufklärung zu sichern.

Der erste Sachverhaltskomplex betrifft die lebenslange Freiheitsstrafe ohne Möglichkeit der bedingten Entlassung (*life without parole*) (vgl. *Kap. 6.2*). Die Rspr. des BVerfG mit der Verneinung eines Auslieferungshindernisses im Hinblick auf die USA im Jahr 2005 und Bejahung eines solchen in einem ähnlichen Fall gegenüber der Türkei wirft Fragen konsistenter Entscheidungsgrundsätze auf. Dass die Begnadigung in der Türkei nur bei Insassen erfolgt, damit sie in Freiheit sterben können, während in den USA dieser Vorbehalt nicht besteht, muss sich den Vorwurf der willkürlichen Differenzierung gefallen lassen, wenn man die rechtstatsächliche Handhabung des Begnadigungsrechts in den USA vor Augen hält, die gegen Null tendiert. Der rechtstatsächliche Aspekt spielt in der Rspr. des BVerfG noch keine wesentliche Rolle. Demgegenüber gelangt der EGMR in aktuellen Entscheidungen nunmehr zu einer stärkeren Beachtung der *faktischen* Entlassungsmöglichkeiten und zu einem Auslieferungshindernis, insbesondere bei Tätern aus dem Bereich des Terrorismus, die in die USA ausgeliefert werden sollen. Insoweit ist der EGMR bereits weiter als das BVerfG. Der Verfasser steht der vom BVerfG in einer Entscheidung angedeuteten Betonung einer exorbitant langen Freiheitsstrafe bei Vermögensdelikten als Verstoß gegen den Verhältnismäßigkeitsgrundsatz eher kritisch gegenüber, weil das BVerfG bei einer Freiheitsstrafe von 247,5 Jahren eher auf die Prinzipien der lebenslangen Freiheitsstrafen von 1977 und die fehlende Aussicht, bei Lebzeiten entlassen werden zu können, hätte rekurrieren sollen. Das mag man dogmatisch für berechtigt halten, es bleibt abzuwarten, ob sich das BVerfG ähnlich dem EGMR weiterentwickeln wird.

Der zweite Sachverhalt betrifft eine Auslieferungsentscheidung bzgl. Indiens als ersuchender Staat. Hier haben das OLG München und ihm folgend das BVerfG trotz der über Amnesty International und das Auswärtige Amt bekannten systematischen Menschenrechtsverletzungen eine Auslieferung nicht verhindert, weil das OLG angesichts eines Auslieferungsabkommens auf eine menschenrechtskonforme Praxis der indischen Vollzugsbehörden vertraute, was auch die Mehrheit der Bundesverfassungsrichter als ausreichend ansah. Zu Recht hob das Minderheitsvotum zweier Bundesrichter auf den offensichtlichen Aufklärungsbedarf ab, zumal die Haftbedingungen in Indien generell als außerordentlich desolat beschrieben wurden. In einem nachfolgenden Urteil des OLG Köln wurde demgegenüber sehr viel mehr Sachverhaltsaufklärung betrieben, wenngleich im Ergebnis ein Auslieferungshindernis nicht gesehen wurde, weil Indien eine überzeugende Zusicherung gab, den Auszuliefernden nicht im menschenunwürdigen Normalvollzug unterzubringen.

Schließlich wird noch als dritter Beispielsfall unzulänglicher Auslieferungsrechtsprechung die unterschiedliche Interpretation verschiedener Oberlandesgerichte hinsichtlich einzelner nationaler Strafvollzugssysteme aufgeführt. In Bezug auf den russischen Strafvollzug ging es um Tschetschenen, deren Auslieferung einmal zugestimmt, das andere Mal abgelehnt wurde (vgl. *Kap. 6.4.1*). Vergleichbar unterschiedliche Einschätzungen scheint es auch zum weißrussischen Strafvollzug zu geben (vgl. *Kap. 6.4.2*). Leider verlässt sich ein Teil der Rspr. auf Zusicherungen der weißrussischen Behörden oder vertraut auf die Völkerrechtsbindung des Landes (eine geradezu naive Vorstellung, dass damit Anhaltspunkte für Menschenrechtsverletzungen widerlegt würden, so auch der Verfasser, S. 343), anstatt mit gesundem Menschenverstand weiter Sachaufklärung zu betreiben.

Die weiteren Beispiele zur Ukraine (*Kap. 6.4.3*) und zu Bulgarien (*Kap. 6.4.4*) belegen eindrucksvoll die Notwendigkeit vertiefter Aufklärungsbemühungen und deren kritischer Würdigung durch die Fachgerichte, der die OLG-Rspr. in höchst unterschiedlichem Umfang gerecht wird. Die sich anschließenden Überlegungen (*Kap. 6.5*) zeigen auf, dass in einzelnen Ländern, wie z. B. in Litauen, systematische Menschenrechtsverletzungen gegeben sind, indem generell weniger als 4 m^2 Haftraum pro Gefangener zur Verfügung stehen. Weitere Länder werden vom Verfasser aufgezählt, in die trotz menschenrechtswidriger Verhältnisse (aus Gründen politischer Opportunität?) häufiger ausgeliefert wird (vgl. *Kap. 6.5.4*). Der Fall *Trabelsi* in Belgien (vgl. den Exkurs unter *6.5.4.4*) ist hierzu ein krasses Beispiel. Zusammenfassend hält der Verfasser fest, dass „neben zahlreichen OLG-Entscheidungen auch die Rspr. des BVerfG Anlässe für verfassungs- und damit menschenrechtsbezogene Kritik bietet" (S. 360). Entscheidende Stellschrauben für eine Verbesserung der Situation sind die zu fordernde vollständige Sachverhaltsaufklärung (aus verschiedensten Quellen) und zum anderen die widerspruchsfreie und umfassende Würdigung der strafvollzugswissenschaftlichen Erkenntnisse (vgl. *Kap. 6.6*).

Der Verfasser fasst leserfreundlich im abschließenden *siebten Kapitel* den Ertrag der Arbeit ausführlich zusammen. Ausgehend von der rechtlichen Gemengelage des Auslieferungsrechts und der Konstruktion des *ordre public*, der den menschenrechtlichem Bezugsrahmen für Auslieferungshindernisse beinhaltet (*Kap. 7.1*), hält der Verfasser nochmals fest, dass Bewertungsmaßstab insoweit die unabdingbaren Mindeststandards, wie sie in Art. 1 Abs. 1 GG (Menschenwürde) und Art. 3 EMRK (Verbot unmenschlicher und erniedrigender Behandlung bzw. Folterverbot) Ausdruck gefunden haben, sein müssen, also nicht etwa die höheren menschenrechtlichen Standards des deutschen Strafvollzugsrechts auf ausländische Verhältnisse übertragen werden können. Bei der Einschätzung als menschenrechtswidrig in diesem Sinn gibt es relative Untergrenzen, deren Unterschreitung erst in der Kumulation mit anderen Menschenrechtsverletzungen die Menschenwürde verletzen, und andererseits auch absolute Untergrenzen, deren Unterschreitung in jedem Fall als Eingriff in die Menschenwürde anzusehen ist. Beispiele dafür wurden im *vierten Kapitel* gegeben (z. B. bzgl. der Haftraumgröße, der Zurverfügungstellung eines eigenen Bettes etc.). „Überraschenderweise hat sich das BVerfG bei der menschenrechtlichen Würdigung einzelner Haftbedingungen als weit weniger progressiv erwiesen als es das für die Bewahrung menschenrechtlicher Untergrenzen bei deutschen Strafvollzugsumständen ist" (S. 365). Diese Erkenntnis muss als Warnruf für die Strafvollzugswissenschaft gewertet werden, die die Rolle des BVerfG in diesem Zusammenhang bislang nicht ausreichend wahrgenommen hat. Allein darin liegt bereits ein großes Verdienst der Arbeit. In den abschließenden *Abschnitten 7.3* und *7.4* werden Verbesserungsmöglichkeiten angesichts der z. T. unzulänglichen Berücksichtigung und Bewertung rechtstatsächlicher Strafvollzugsbedingungen (die allenfalls

vor dem Hintergrund apokrypher auslieferungsfreundlicher Opportunitätsüber-
legungen verständlich sind) in einer geforderten *umfassenden Sachverhaltsaufklärung* (aus verschiedensten Quellen jenseits etwaiger Zusagen des ersuchenden
Staates) und *widerspruchsfreien Sachverhaltswürdigung* sowie einer *hinreichenden Begründungstiefe* gesehen. Dem ist uneingeschränkt zuzustimmen.

Die vorliegende Arbeit wurde im Sommersemester 2015 als Dissertation an
der Rechts- und Staatswissenschaftlichen Fakultät angenommen. Dem Kollegen
Prof. Dr. Frank Neubacher von der Universität zu Köln gilt der Dank für die
zügige Anfertigung des Zweitgutachtens.

Für die Veröffentlichung wurden die anschließend ergangenen Entscheidungen des BVerfG (2 BvR 2735/14; 2 BvR 890/16) und des EuGH (verb. Rs. C-
404/15 u. C-659/15 PPU, *Aranyosi u. a.*) sowie Reaktionen des Schrifttums auf
diese berücksichtigt. Sie haben nicht nur weitreichende Auswirkungen auf diejenigen Bereiche des Auslieferungsrechts, die der Verfasser in den Mittelpunkt
seiner Erörterungen gestellt hat, sondern bestätigten auch die bereits zuvor vom
Verfasser vertretenen Positionen zur Geltung internationaler Menschenrechte und
des deutschen Menschenwürdekonzepts im nationalen Auslieferungsverfahren.

Greifswald, im Dezember 2016

Frieder Dünkel

Danksagung

Das Land Mecklenburg-Vorpommern hat mir die Arbeit an meiner Dissertation durch die großzügige Unterstützung mit einem Stipendium der Landesgraduiertenförderung erleichtert, wofür ich sehr dankbar bin. Zudem wäre diese Dissertation nicht ohne das große und kleine Zutun zahlreicher Menschen entstanden. Ich danke daher herzlich:

- *Prof. Dr. Frieder Dünkel* nicht nur für die Unterstützung als Doktorvater und die Aufnahme in seine Schriftenreihe, sondern bereits viel früher ansetzend dafür, dass er mich schon in meinem ersten Greifswalder Studiensemester als studentische Hilfskraft angeworben hat, was mir den frühen Kontakt mit dem wissenschaftlichen Arbeiten und so vielen tollen Menschen am Lehrstuhl ermöglichte, der mich bis heute enorm bereichert.

- *Prof. Dr. Frank Neubacher* für die rasche Erstellung des Zweitgutachtens, sowie *Prof. Dr. Jürgen Kohler* und *Prof. Dr. Wolfgang Joecks* für die aufgeschlossene Teilnahme an meiner Disputation.

- *Prof. Dr. Christoph Sowada* für das freundliche unterstützende Gutachten zu meiner Stipendienbewerbung sowie die konstruktive Anteilnahme an meinem Vorhaben.

- *Dr. habil. Christine Morgenstern*, der ich so vieles an dieser Arbeit verdanke, angefangen bei dem Fingerzeig auf dieses äußerst spannende und facettenreiche Thema, bis hin zu wichtigen unterstützenden Worten in Momenten fehlenden Überblicks oder schwindender Zuversicht. Für die richtigen, aufbauenden Worte in vielen verfahrenen Situationen meiner langen Phase der Themenfindung und -behauptung bedanke ich mich auch sehr bei *Dr. Dennis Khakzad*.

- *Prof. Dr. Claus Dieter Classen*, *Prof. Dr. Uwe Kischel* und *Nina Prötzel*, wissenschaftliche Mitarbeiterin am Bundesverfassungsgericht, für ihre jeweiligen Hilfestellungen bei meinen „Gehversuchen" im Völkerrecht.

- *Norbert Eger*, Leitender Oberstaatsanwalt a. D. bei der Generalstaatsanwaltschaft Berlin, *Murad Gorial*, Richter am OLG Dresden, *Dr. Julia Kozma*, österreichische Vertreterin im CPT, Amtsrat *Hannes Mundinger*, Leiter der Rechts- und Konsularabteilung der Deutschen Botschaft in Lissabon, sowie *Dr. Simon Sieweke*, Richter beim VG Bremen, die mir durch kleine Hinweise oder auch ausführliche Antworten auf meine Fragen aus dem „Elfenbeinturm" der Wissenschaft heraus den Abgleich mit Realitäten des Auslieferungsrechts ermöglicht haben.

- meinen Eltern *Dr. Ute Kromrey* und *Till Kromrey* für die Unterstützung meines Dissertationsprojekts.

- meiner Schwester *Dr. Marie-Luise Kromrey* für das aufmerksame wie geduldige Korrekturlesen des Manuskripts.

- den beiden Mitgliedern meiner „Diss-AG", meiner demnächst auch promovierten Frau *Ilka Kromrey* und *Dr. Sarah Piek*, mit denen es gelungen ist, trotz (oder gerade wegen) zeitraubendem, regelmäßigem, gegenseitigem kapitelweisen Durchlesen der Manuskriptfortschritte sowie anschließenden nervenaufreibenden, kräftezehrenden, erbarmungslosen und teilweise haarspalterischen Diskussionen über das Gelesene und dessen Strukturierung nicht nur drei schöne Doktorarbeiten zustande zu bekommen, sondern überdies noch „Freunde zu bleiben" und Phasen des Selbstzweifels, des Orientierungsverlusts und der Kraftlosigkeit zu überstehen.

Berlin, im Dezember 2016

Hans Kromrey

Abkürzungsverzeichnis

Abs.	Absatz
a. E.	am Ende
a. F.	alter Fassung
AMRK	Amerikanische Menschenrechtskonvention
AöR	Archiv des öffentlichen Rechts
Art.	Artikel
AsylG	Asylgesetz in der Fassung der Bekanntmachung vom 2. September 2008 (BGBl. I S. 1798), das durch Artikel 2 des Gesetzes vom 11. März 2016 (BGBl. I S. 394) geändert worden ist
AufenthG	Aufenthaltsgesetz in der Fassung der Bekanntmachung vom 25. Februar 2008 (BGBl. I S. 162), das durch Artikel 50 des Gesetzes vom 8. Juli 2016 (BGBl. I S. 1594) geändert worden ist
Aufl.	Auflage
AuslV D-Aust	Vertrag vom 14. April 1987 zwischen der Bundesrepublik Deutschland und Australien über die Auslieferung, BGBl. 1990 II, S. 111, 716
AuslV D-Ind	Vertrag vom 27. Juni 2001 zwischen der Bundesrepublik Deutschland und der Republik Indien, BGBl. 2003 II, 1634; 2004 II, 787
AuslV D-Jugo	Vertrag zwischen der Bundesrepublik Deutschland und der Sozialistischen Föderativen Republik Jugoslawien über die Auslieferung vom 26. November 1970, BGBl. 1974 II, S. 1258 – II J 10
AuslV D-Kan	Vertrag vom 11. Juli 1977 zwischen der Bundesrepublik Deutschland und Kanada über die Auslieferung, BGBl. 1979 II, S. 665, 1049
AuslV D-USA	Auslieferungsvertrag vom 20. Juni 1978 zwischen der Bundesrepublik Deutschland und den Vereinigten Staaten von Amerika, BGBl. 1980 II, 646, 1300
BayObLG	Bayerisches Oberstes Landesgericht

BayVBl.	Bayerische Verwaltungsblätter
BeckRS	Beck'sche Rechtsprechungssammlung
BewHi	Bewährungshilfe (Zeitschrift)
BGBl.	Bundesgesetzblatt
BGH	Bundesgerichtshof
BGHSt	Amtliche Sammlung der Entscheidungen des Bundesgerichtshofs in Strafsachen
BGHZ	Amtliche Sammlung der Entscheidungen des Bundesgerichtshofs in Zivilsachen
BRD	Bundesrepublik Deutschland
Bsp.	Beispiel
bspw.	beispielsweise
BT-Drs.	Bundestagsdrucksache
BVerfG	Bundesverfassungsgericht
BVerfGE	Amtliche Sammlung der Entscheidungen des Bundesverfassungsgerichts
BVerfGK	Amtliche Sammlung der Kammerentscheidungen des Bundesverfassungsgerichts
BVerwG	Bundesverwaltungsgericht
BVerwGE	Amtliche Sammlung der Entscheidungen des Bundesverwaltungsgerichts
bzgl.	bezüglich
bzw.	beziehungsweise
CPT	Europäisches Antifolterkomitee (Committee for the Prevention of Torture and Inhuman or Degrading Treatment)
DAG	Deutsches Auslieferungsgesetz, RGBl. I 1929, S. 239
ders.	derselbe Autor
dies.	dieselben Autoren / dieselbe Autorin
DÖV	Die Öffentliche Verwaltung (Zeitschrift)
DRiZ	Deutsche Richterzeitung

DVBl	Deutsches Verwaltungsblatt
EGMR	Europäischer Gerichtshof für Menschenrechte
EKMR	Europäische Kommission für Menschenrechte
EMRK	Europäische Konvention zum Schutz der Menschenrechte und Grundfreiheiten
EPR	Europäische Strafvollzugsgrundsätze (European Prison Rules)
EuAlÜbk	Europäisches Auslieferungsübereinkommen vom 13. Dezember 1957, BGBl. 1964 II S. 1371
EuGH	Europäischer Gerichtshof
EuGRZ	Europäische Grundrechte-Zeitschrift
EuR	Europarecht (Zeitschrift)
f.	folgende(r)
ff.	folgenden
Fn.	Fußnote
FS	Forum Strafvollzug
GA	Goltdammer's Archiv für Strafrecht
GK	Große Kammer
GreifR	GreifRecht – Greifswalder Halbjahresschrift für Rechtswissenschaft
Hb	Haftbefehl
h. M.	herrschende Meinung
Hrsg.	Herausgeber
i. E.	im Ergebnis
i. O.	im Original
IPbpR	Internationaler Pakt über bürgerliche und politische Rechte
i. R. d.	im Rahmen der / des
IRG	Gesetz über die internationale Rechtshilfe in Strafsachen in der Fassung der Bekanntmachung vom 27. Juni 1994 (BGBl. I S. 1.537), das zuletzt durch Artikel 163 der

	Verordnung vom 31. August 2015 (BGBl. I S. 1474) geändert worden ist
i. S.	im Sinne
IStGH	Internationaler Strafgerichtshof
IStGHG	IStGH-Gesetz vom 21. Juni 2002 (BGBl. I S. 2144), das zuletzt durch Artikel 165 der Verordnung vom 31. August 2015 (BGBl. I S. 1474) geändert worden ist
i. V. m.	in Verbindung mit
JA	Juristische Arbeitsblätter
JR	Juristische Rundschau
Jura	Juristische Ausbildung (Zeitschrift)
JuS	Juristische Schulung
JZ	Juristenzeitung
Kap.	Kapitel
KG	Kammergericht
KritJ	Kritische Justiz
KritV	Kritische Vierteljahresschrift für Gesetzgebung und Rechtswissenschaft
m	Quadratmeter
MRA	Menschenrechtsausschuss der Vereinten Nationen
m. w. N.	mit weiteren Nennungen / Nachweisen
n. F.	neuer Fassung
NGO	Nichtregierungsorganisation
NJ	Neue Justiz
NJW	Neue Juristische Wochenschrift
NJW-RR	Neue Juristische Wochenschrift Rechtsprechungsreport
NK	Neue Kriminalpolitik
NStZ	Neue Zeitschrift für Strafrecht
NStZ-RR	Neue Zeitschrift für Strafrecht Rechtsprechungsreport
NVwZ	Neue Zeitschrift für Verwaltungsrecht

o. a.	oder auch
OLG	Oberlandesgericht(e)
PE	Pilotentscheidung des Europäischen Gerichtshofs für Menschenrechte
polnStGB	polnisches Strafgesetzbuch
polnStPO	polnische Strafprozessordnung
Tab.	Tabelle
RbEuHb	Rahmenbeschluss des Rates vom 13. Juni 2002 über den Europäischen Haftbefehl und die Übergabeverfahren zwischen den Mitgliedstaaten (2002/584/JI) in der Fassung des Rahmenbeschlusses 2009/299/JI des Rates vom 26. Februar 2009
ReWi	Rechtswissenschaft – Zeitschrift für rechtswissenschaftliche Forschung
Rn.	Randnummer(n)
Rs.	Rechtssache
Rspr.	Rechtsprechung
S.	Seite(n)
sog.	sogenannte(n)
stRspr.	ständige Rechtsprechung
StV	Strafverteidiger
Tab.	Tabelle
u. a.	und andere
USA	Vereinigte Staaten von Amerika
Verf.	Verfasser
VerfGH	Verfassungsgerichtshof
VG	Verwaltungsgericht(e)
vgl.	vergleiche
VN	Vereinte Nationen
vs.	versus

WVK	Wiener Übereinkommen über das Recht der Verträge vom 23. Mai 1969, BGBl. 1985 II S. 927
ZaöRV	Zeitschrift für ausländisches öffentliches Recht und Völkerrecht
ZAR	Zeitschrift für Ausländerrecht und Ausländerpolitik
z. B.	zum Beispiel
ZEuS	Zeitschrift für Europarechtliche Studien
ZfStrVo	Zeitschrift für Strafvollzug und Straffälligenhilfe
ZIS	Zeitschrift für Internationale Strafrechtsdogmatik
ZJS	Zeitschrift für das Juristische Studium
ZRP	Zeitschrift für Rechtspolitik
ZStW	Zeitschrift für die gesamte Strafrechtswissenschaft

Haftbedingungen als Auslieferungshindernis –
Ein Beitrag zur Verwirklichung der
Menschenrechte

1. Einleitung

1.1 Das Problem der Haftbedingungen in Auslieferungssachverhalten

Die Rechtsstellung von und der Umgang mit Menschen, denen die Freiheit entzogen ist,[1] unterliegen fortwährenden Veränderungen. In der Geschichte der Strafrechtspflege sind an die Stelle von grausamsten Strafen immer mildere Sanktionen getreten.[2] Angefangen von heutzutage unvorstellbar anmutenden Zuständen in den Gefängnissen des Mittelalters und der frühen Neuzeit bis in das 19. Jahrhundert hinein, zeichnet sich diese Entwicklung langfristig gesehen vor allem durch zahlreiche Verbesserungen für die Untergebrachten aus,[3] ohne dass der Freiheitsentzug damit seinen strafenden und missbilligenden Charakter verloren

---

1 Soweit im Folgenden hinsichtlich des Freiheitsentzuges im Zielstaat einer Auslieferung teilweise auch nur von „Haft" oder „Strafvollzug" die Rede ist, so sind damit alle Formen von Freiheitsentzug gemeint, denen der Auszuliefernden dort ausgesetzt sein kann. Neben dem Strafvollzug kommen vor allem auch Untersuchungshaftanstalten oder Polizeigewahrsam in Betracht, aber ebenso sonstige, anders zu klassifizierende Formen des Freiheitsentzuges – für die hiesige Thematik kommt es insoweit auf deren Unterschiede nicht an.

2 BVerfGE 45, 187 (229).

3 *Elias* 1994, S. 312 ff.

hätte[4]. Die berühmte sog. Strafgefangenenentscheidung des Bundesverfassungsgerichts (BVerfG),[5] die das Ende für die Lehre vom besonderen Gewaltverhältnis[6] bedeutete, ist dabei nur ein Meilenstein von vielen. Zudem beschäftigte sich auch der Europäische Gerichtshof für Menschenrechte (EGMR) mit den Bedingungen im Strafvollzug der Mitgliedstaaten des Europarates.[7] Die stärkere rechtliche Kontrolle und graduelle Verbesserung der Haftumstände in den verschiedenen Ländern Europas und der Welt vollzog und vollzieht sich jedoch nicht einheitlich schnell und nicht einheitlich in dieselbe qualitative und ideologische Richtung.[8] Während beispielsweise in Deutschland dem Ziel der regelmäßigen Unterbringung in Einzelhafträumen näher gekommen wird,[9] sind einerseits die Anstalten in osteuropäischen Ländern häufig immer noch von extremer Überbelegung geprägt, und andererseits z. B. in den US-amerikanischen Hochsicherheitsgefängnissen die Insassen „zu sehr" einzeln untergebracht, nämlich in strenger Isolationshaft ohne nennenswerten Kontakt zu anderen Menschen.

Für deutsche Rechtsanwender erlangen diese bedauerlichen Zustände im ausländischen Untersuchungshaft- und Strafvollzug – also außerhalb ihres eigentlichen Wirkungsbereichs – dort Relevanz, wo die Entscheidung darüber ansteht, einen Menschen ans Ausland zu übergeben und eben jenen Haftbedingungen auszusetzen, die im deutschen Vollzug nicht nur überwunden, sondern nach geltendem Verfassungs-, Untersuchungshaft- und Strafvollzugsrecht auch nicht (mehr) zulässig sind.

Brisanz erhalten solche Sachverhalte durch die Politisierung dieses Bereichs der transnationalen Rechtshilfe. Zwar sind Ablehnungen von Auslieferungsersuchen keine Seltenheit. Allerdings gilt es gleichzeitig, den im gegenseitigen Interesse durchgeführten zwischenstaatlichen Auslieferungsverkehr nicht unnötig zu beeinträchtigen und die außenpolitische Handlungsfreiheit Deutschlands zu erhalten. Aus diesem Grund sind die Strukturen und Inhalte fremder Rechtsordnungen und damit letztlich die Souveränität der anderen Staaten grundsätzlich zu respektieren. Daraus ergibt sich für die Rechtsanwendung und mithin auch für die Recht-

---

4   *Lübbe-Wolff* 2009, S. 93.

5   BVerfGE 33, 1.

6   Ausführlich von *Kielmansegg* 2012a, passim.

7   Vgl. *van Zyl Smit/Snacken* 2009, S. 10 f.

8   *Karstedt* (2010, S. 921) hat für einige Werte demokratischer Gemeinschaften eine Korrelation zu den gewährleisteten Haftbedingungen identifiziert: In individualistischen und egalitären Gesellschaften würden Gefangene besser behandelt.

9   Zwar stellt die Gemeinschaftsunterbringung nach wie vor keine Ausnahme dar, allerdings besteht zumindest für zwei Drittel aller Strafgefangenen während der Ruhezeiten die Möglichkeit einer Einzelunterbringung, vgl. *Laubenthal* 2015, Rn. 381, mit Verweis auf Daten des Bundesamts für Statistik.

sprechung ein Spannungsfeld von nationalen Grundrechten, zu berücksichtigenden rechtstatsächlichen Umständen, (außen-)politischen Interessen und internationalen Menschenrechtsstandards. Noch um eine Facette reicher geworden ist
dieses Spannungsfeld durch politische Vorstöße zur Angleichung und Beschleunigung im Auslieferungsverkehr innerhalb der Europäischen Union (EU) – die
Beschleunigung soll ganz wesentlich dadurch erreicht werden, dass Menschenrechtsvorbehalte nicht mehr geltend gemacht werden können.

Kritische Töne zur Aufgabe wesentlicher Verfassungsprinzipien im Interesse
außenpolitischer Opportunitäten verlauten bislang selten und zumeist nur punktuell.[10] Wo dieses Thema in den Bereich der Politik hinübergleitet, ist es jedoch
angezeigt, die wissenschaftliche Würdigung nicht der Politologie allein zu überlassen. Durch die Rückbindung wesentlicher Standards des menschenwürdigen
Umgangs an rechtliche Gebote können die Strafvollzugs- und die übrige Rechtswissenschaft einen entscheidenden Beitrag dazu leisten, aus wünschenswerten
Zuständen einklagbare subjektive Rechtspositionen zu machen, und diese durch
empirische Beobachtungen rechtstatsächlich zu untermauern.

Auf den ersten Blick, so scheint es, muss sich die deutsche Rechtsprechung
wohl kritische Fragen gefallen lassen. Tatsächlich gibt es Anhaltspunkte dafür,
dass je nach Empfängerstaat unterschiedliche Maßstäbe an die Gewährleistung
von Standards angelegt werden, die im deutschen Recht etabliert sind. So lässt
das BVerfG die bloß theoretische Möglichkeit einer Begnadigung oder Strafumwandlung wegen guter Führung im Falle einer drohenden lebenslangen Freiheitsstrafe bei der fraglichen Auslieferung an die USA genügen,[11] während eine fast
identisch gestaltete Konstellation bezüglich einer Auslieferung an die Türkei
nicht ausreichen soll.[12] Zum Teil reichen aber auch gerade erst abgeschlossene
Verhandlungen über einen Auslieferungsvertrag mit einem anderen Staat aus, um
es für das BVerfG politisch (zu) heikel zu machen, unmenschliche Haftbedingungen und sogar Folter in diesem Staat als solche zu bezeichnen und eine Auslieferung abzulehnen.[13] Vergleicht man zudem Entscheidungen verschiedener
Oberlandesgerichte (OLG) zu Auslieferungen in das jeweils selbe Land, so fällt

---

10 Vgl. z. B. *Vogel* 2004a, S. 145; *Sachs* 2006, S. 172; *Hufen* 2010, S. 9; die Richter *Sommer*
    und *Lübbe-Wolff* in ihrem Sondervotum in BVerfGE 108, 129 (148); *Herdegen* 2015a,
    Art. 1 Abs. 3 Rn. 78; *Lagodny* 2012, § 73 Rn. 60a. Teilweise werden mögliche Men-
    schenrechtsverletzungen durch Haftbedingungen zumindest innerhalb der EU trotz der
    Vielgestaltigkeit der Vollzugssysteme in den 28 Mitgliedstaaten als praktisch ohnehin
    nicht bedeutsam abgetan; vgl. *Schallmoser* 2012, S. 221; so auch schon *Hailbronner*
    1995, S. 381 (seinerzeit für die EG-Staaten sowie für die EMRK-Staaten).

11 BVerfGE 113, 154.

12 BVerfG, EuGRZ 2010, S. 256 ff.

13 Bezüglich Indien in BVerfGE 108, 129, mit Sondervotum der Richter *Sommer* und
    Lübbe-Wolff.

auf, dass in jenen Entscheidungen aus sehr ähnlicher bis teils gar identischer Tatsachengrundlage gegensätzliche Schlüsse für die Beurteilung der Haftumstände gezogen werden.

Wurde bislang eher (und seinerzeit zu recht) bemängelt, das Auslieferungsrecht würde zu wenig in seinen öffentlich-rechtlichen Kontext eingeordnet und von völkerrechtlicher Seite ausgeblendet werden,[14] so bleiben heute vielfach die strafvollzugswissenschaftlichen Erkenntnisse unbeachtet. Zu nennen sind hier nur beispielhaft Prisonisierungseffekte wie Deprivation, Subkulturbildung und psychische Belastung, obwohl zumindest für die Beurteilung der Ausgestaltung des deutschen (Jugend-)Strafvollzugs das BVerfG die Berücksichtigung (auch strafvollzugs-)wissenschaftlicher Erkenntnisse angemahnt hat.[15] Diesen Erkenntnissen müssen daher menschenrechtliche Untergrenzen für den Strafvollzug entnommen werden, die in besagtem Spannungsfeld Orientierung verschaffen und im Auslieferungsverfahren durchzusetzen sind.

Zu berücksichtigen sind zusätzlich bedauerliche, aber ein Stück weit nicht zu überwindende faktische Hürden und Probleme bei der Informationsgewinnung bezüglich der Unterbringungsumstände in anderen Ländern. Hier sind dem Bestreben nach einer evidenzbasierten Auslieferungsrechtsprechung Grenzen gesetzt. Diese Grenzen können allerdings nicht dafür herhalten, Informationen unbeachtet zu lassen, die bereits zugänglich sind. In einem anderen Zusammenhang hat das BVerfG das Stichwort vom Gebot der erforderlichen „Begründungstiefe"[16] für das Auslieferungsrecht herangezogen. Daraus könnte sich eine Parallele zur oben erwähnten verfassungsrechtlich erforderlichen evidenzbasierten (Jugend-)Strafrechtspolitik ergeben, wenn – in Demut vor den begrenzten Erkenntnisquellen – jedenfalls von Verfassungs wegen (all) diejenigen Informationen zur Entscheidungsfindung im Auslieferungsverfahren heranzuziehen sind, zu denen Zugang besteht oder bezüglich derer eine Sachverhaltsaufklärung möglich ist.

1.2 Zielsetzung und Fragestellungen

Ziel der vorliegenden Untersuchung ist es, die Spruchpraxis der deutschen Rechtsprechung auf die Würdigung von Auslieferungshindernissen, die aus Haftbedingungen erwachsen können, hin zu analysieren und kritisch zu hinterfragen.

Dabei wird zunächst zu erörtern sein, ob die Haftbedingungen eines anderen Staates überhaupt einer rechtlichen Beurteilung anhand von Grund- oder Menschenrechtskatalogen zugänglich sind, oder ob sich derlei Umstände in fremdem

---

14   *Lagodny* 1987, S. 5.

15   BVerfGE 116, 69 (90).

16   BVerfG, EuGRZ 2009, S. 693.

Hoheitsgebiet nicht von vornherein einer Bewertung durch deutsche Hoheitsträger entziehen.

Sollte ein menschenrechtlicher Anknüpfungspunkt bestehen, ist sodann als
zweites zu fragen, welche konkreten Gewährleistungen für den Strafvollzug daraus abzuleiten sind und welche einzuhaltenden Standards die Strafvollzugswissenschaft dazu beisteuern kann. Mit anderen Worten: Welche Erkenntnisse der
Strafvollzugswissenschaft und auch der Rechtsprechung bestehen zu den Auswirkungen einzelner Haftbedingungen auf das Individuum und welche menschenrechtlichen Untergrenzen sind deshalb zu verteidigen?

Ist der materielle menschenrechtliche Rahmen geklärt, ist dessen prozessuale
Absicherung in den Blick zu nehmen: Welcher Verfahrensgewährleistungen bedarf es, um den „Grundrechtsschutz durch Verfahren" auch für den Auszuliefernden sicherzustellen?

Zur Erfüllung des gesetzten Ziels ist schließlich zu fragen, ob die deutschen
Gerichte bei der Ermittlung der entscheidungserheblichen Informationen und deren verfassungsrechtlicher Würdigung die möglichen Standards anwenden und sie
somit einem Recht auf Schutz vor Auslieferung zu voller Wirkung verhelfen, das
sich aus den vorab gewonnenen Befunden ableiten lässt. Zwar berücksichtigt diese Untersuchung potentielle Schwierigkeiten hinsichtlich der Quellenmöglich-
keiten und Informationsgewinnung der entscheidenden Gerichte in Deutschland.
Aber auch angesichts dieser Einschränkung ist zu analysieren, ob vergleichbare
Auslieferungssachverhalte – vor dem Hintergrund drohender Menschenrechtsverletzung durch die Haftbedingungen im Zielstaat – in der Spruchpraxis der befassten Gerichte mit verschiedenerlei Maß beurteilt werden oder ob sich sonstige
Widersprüchlichkeiten auftun.

1.3 Gang der Untersuchung und Schwerpunktsetzung / Methoden

Im Anschluss hieran wird zunächst anhand eines statistischen Überblicks zu
deutschen Auslieferungsverfahren (nach Daten des Bundesamts für Justiz), zum
innereuropäischen Auslieferungsverkehr unter dem Regime des Rahmenbeschlusses über den Europäischen Haftbefehl (RbEuHb) und zu menschenrechtlichen Verurteilungen der Europaratsstaaten durch den EGMR die gerichtsprak-
tische Relevanz des Themas aufgezeigt (*Kap. 1.4*).

Im nachfolgenden Kapitel (*Kap. 2*) werden die Grundrisse des Auslieferungsrechts nachgezeichnet. Zu beantworten ist zunächst, wieso Staaten vor dem Hintergrund der gegenseitigen Achtung ihrer Souveränität überhaupt einander Menschen ausliefern. Dazu wird das Geflecht aus Rechtsbeziehungen und staatlichen
Interessen analysiert, das die internationale Rechtshilfe in Strafsachen prägt.
Zugleich hat das Auslieferungsrecht auch eine innerstaatliche Komponente, näm-

lich die Rechtsbeziehung zwischen dem Aufenthaltsstaat und dem Auszuliefernden. Diese zwischen- und innerstaatlichen Rechtsbeziehungen können in Wechselwirkungen zueinander stehen, die weitreichende Konsequenzen nach sich
ziehen.

In der anschließenden Analyse der Voraussetzungen und Ausschlussgründe
einer Auslieferung (*Kap. 3*) wird der Umstand einer drohenden menschenunwürdigen Vollzugsgestaltung im Ausland einem der analysierten Auslieferungskriterien zuzuordnen sein, damit dieser Umstand überhaupt im Auslieferungsverfahren berücksichtigt werden kann. Der hierzu im Schrifttum verwendete Begriff eines einzuhaltenden *ordre public* wird auf seinen semantischen, verfas-
sungs-, europa- und völkerrechtlichen Gehalt hin untersucht, um sicherzustellen,
dass er die Geltendmachung von Menschenrechten auch trägt.

Daraufhin wird der menschenrechtliche Beurteilungsmaßstab ausdifferen-
ziert, nach dem die verschiedenen zuständigen Spruchkörper entscheiden sollten
(*Kap. 4*). Besondere Beachtung finden die Erkenntnisse der Strafvollzugsforschung und die der menschenrechtsbezogenen Spruchpraxis von Fachgerichten,
BVerfG und EGMR zu den Belastungen durch unzulängliche Haftbedingungen.
Das Hauptaugenmerk wird auf dem Vollzug unter sechs exemplarisch behandel-
ten Unterbringungsbedingungen liegen, die eine besondere Menschenwürdesen-
sibilität aufweisen.

Da es Grundrechtsschutz nur durch Verfahrensgewährleistungen gibt, bedürfen im Weiteren auch die Ausgestaltung des Auslieferungsverfahrens und die
daran gestellten verfassungsrechtlichen Anforderungen einer genauen Erörterung
(*Kap. 5*). Im Auslieferungsverfahren wird es ganz entscheidend darauf ankommen, die Strafvollzugsumstände im Zielstaat der Auslieferung zu erfassen. Auch
mit Blick auf das Vorgehen des EGMR in Beschwerden zu Auslieferungssachverhalten ist daher eine Auseinandersetzung mit den möglichen Erkenntnisquellen zu jenen Haftbedingungen geboten.

Um aufzuzeigen, dass die deutsche Rechtsprechung zu Auslieferungssachverhalten letztlich weder die verfassungsrechtlichen Anforderungen an die Sachverhaltsaufklärung durchgehend erfüllt noch in gebotenem Maße kohärente
Ergebnisse hervorbringt, werden beispielhaft bestimmte Auslieferungsentscheidungen einer genaueren Analyse unterzogen (*Kap. 6*). Es hat sich hierzu gezeigt,
dass eine Schwerpunktsetzung hinsichtlich einzelner der vorab näher erörterten
Haftbedingungen, einzelner Gerichte und einiger exemplarischer Länder geboten
ist, um den Umfang dieser schriftlichen Ausarbeitung in einem vertretbaren Rahmen zu halten. Die festzustellenden Divergenzen werfen dann die Frage auf, welche Ursachen diese uneinheitliche Herangehensweise der Rechtsprechung hat.
Dazu näher beleuchtet werden die offenen Argumentationsmuster und die gegebenenfalls unausgesprochenen, aber erkennbaren politischen Beweggründe, die
von Gerichtsentscheidungen und der rechtswissenschaftlichen Literatur aufgenommen und eingesetzt werden.

In einem letzten Kapitel werden dann die Ergebnisse der vorgenannten Analysen zusammengeführt (*Kap. 7*). Daraus werden im Lichte der Fragestellung eine mögliche Vereinheitlichung und größere Kohärenz der Beurteilungsmaßstäbe angemahnt, die die erforderliche „Begründungstiefe" für die befassten Gerichte operabel machen.

1.4 Deutsche Auslieferungssachverhalte und menschenunwürdige Behandlungen durch europäische Staaten in Zahlen

In den letzten fünf Jahren, zu denen die Auslieferungsstatistik des Bundesamts für Justiz verfügbar ist, bewegte sich die Zahl der Auslieferungen aus Deutschland im niedrigen vierstelligen Bereich (vgl. *Tab. 1*).

Tabelle 1: **Ein- und Auslieferungsstatistik 2009-2012, abgeschlossene Verfahren**[17]

Jahr	Abgeschlossene Auslieferungsverfahren				
	Gesamt	Bewilligung	Ablehnung	Sonstige	Verhältnis von Bewilligungen zu Ablehnungen
2008	1.877	1.439	322	116	4,47 : 1
2009	2.616	2.045	362	209	5,65 : 1
2010	2.744	2.261	341	142	6,63 : 1
2011	2.586	2.152	304	130	7,08 : 1
2012	1.566	1.303	186	77	7,01 : 1

Trotz Schwankungen in der absoluten Zahl von Auslieferungsverfahren wurden Auslieferungsersuchen kontinuierlich häufiger positiv beantwortet, bis es 2012 gegenüber 2011 eine Stagnation gab. Der Auslieferungsstatistik lässt sich jedoch nicht entnehmen, wie viele der Ablehnungen auf eine negative Zulässigkeitsentscheidung des OLG zurückgingen und wie viele Ersuchen trotz positiver Zulässigkeitsentscheidung des OLG von der Bewilligungsbehörde nicht bewilligt wurden.

---

17   Quelle: Jährliche Auslieferungsstatistik des Bundesamts für Justiz, zugänglich unter http://www.bmjv.de/DE/Service/StatistikenFachinformationenPublikationen/Statistiken/ Auslieferungsstatistik/artikel.html (letzter Abruf 23.6.2015), sowie eigene Berechnung.

Während die Zahl der ausgestellten Haftbefehle (Hb) seit Vereinbarung des RbEuHb zunächst deutlich anstieg, hat sie sich – wenn auch in einer noch großen Bandbreite – einigermaßen auf höherem Niveau stabilisiert (vgl. *Tab. 2*). Zu beobachten ist allerdings im Jahr 2013 ein sehr deutlicher Rückgang bei den tatsächlichen Übergaben der ermittelten Personen.

Tabelle 2: Fallzahlen zur Handhabung des Europäischen Haftbefehls (2005-2013)[18]

	2005	2006	2007	2008	2009	2010	2011	2012	2013
Ausgestellte Hb	6.900	6.750	11.000	14.200	15.800	13.900	9.800	10.450	13.100
Ermittelte und / oder festgenommene Personen	1.770	2.040	4.200	4.500	6.150	6.460	6.490	5.840	7.850
Übergaben	1.530	1.890	3.400	3.630	5.580	5.370	5.230	4.480	3.460
Verhältnis von Ermittlungen und Übergaben in %	86,4	92,6	81,0	80,7	90,7	83,1	80,6	76,7	44,1

Die Arbeitsbelastung des EGMR deutet an, dass eine Vielzahl der Staaten, an die die Bundesrepublik ausliefert, große Schwierigkeiten damit hat, Menschenrechte zu gewährleisten. Ein Blick auf die Zahl der zum Jahresende 2014 vor dem EGMR noch anhängigen Verfahren wegen jedweder Konventionsverletzung gegen die Bundesrepublik sowie die zehn Länder mit den meisten anhängigen Verfahren (vgl. *Tab. 3*) offenbart eine deutliche Diskrepanz zwischen menschenrechtlicher Verpflichtung und tatsächlicher Gewährleistung.

---

18 Quelle: Statistik der EU-Kommission, zugänglich unter https://e-justice.europa.eu/content_european_arrest_warrant-90-de.do?clang=en (letzter Abruf 23.06.2015), sowie eigene Berechnung.

Tabelle 3: **Anhängige Verfahren vor dem EGMR gegen ausgesuchte Länder (Stand: 31.12.2014)[19]**

Land	Anhängige Verfahren	Bevölkerung in 1.000	Anhängige Verfahren pro 10.000 der Bevölkerung
Alle Europaratsstaaten	69.900	823.700	0,85
Deutschland	335	80.780	0,04
Georgien	2.276	4.491	5,07
Italien	10.087	60.783	1,66
Polen	1.797	38.496	0,47
Rumänien	3.385	19.943	1,70
Russland	9.990	143.507	0,70
Serbien	2.523	7.147	3,53
Slowenien	1.700	2.061	8,25
Türkei	9.488	76.668	1,24
Ukraine	13.635	45.246	3,01
Ungarn	1.830	9.879	1,85

Setzt man die Zahl dieser Verfahren ins Verhältnis zur Einwohnerzahl, relativiert sich das Bild zur menschenrechtlichen Belastungssituation einiger Staaten etwas. Der Wert übersteigt dessen ungeachtet bei allen zehn Staaten den der Bundesrepublik mindestens um das zehnfache.

Verengt man den Blick auf die Entscheidungsstatistik des EGMR zu denselben zehn Staaten zum Jahr 2014 und zum Zeitraum von 1959 bis 2014 auf die tatsächlichen Verurteilungen allein wegen Verletzungen von Art. 3 EMRK (vgl. *Tab. 4*), bestätigt sich dieser erste Eindruck. Verurteilungen wegen Verletzungen von Art. 3 EMRK ergehen zahlreich gegenüber Europaratsstaaten.

---

19   *Europarat* 2014, S. 166.

Tabelle 4: **Fallzahlen vor dem EGMR**[20]

Land	1959-2014			2014		
	Art. 3*	Folter	Rest Art. 3*	Art. 3*	Folter	Rest Art. 3*
Alle	2.210	123	2.087	233	4	229
Deutschland	3	0	3	0	0	0
Georgien	26	0	26	2	0	2
Italien	34	4	30	8	0	8
Polen	42	2	40	8	2	6
Rumänien	203	2	201	34	0	34
Russland	682	46	636	60	1	59
Serbien	7	0	7	3	0	3
Slowenien	22	0	22	14	0	14
Türkei	405	29	376	28	0	28
Ukraine	182	12	170	17	0	17
Ungarn	16	0	16	1	0	1

* Anmerkung: Ausgenommen wurden hiervon die Verurteilungen des betreffenden Staates wegen einer Verletzung von Art. 3 EMRK, sollte der Staat eine aufenthaltsbeendende Maßnahme vollziehen. Die menschenunwürdigen Zustände bestehen in diesen Verfahren also im Zielstaat dieser Maßnahme, nicht in dem Staat, der verurteilt wurde.

Die große Zahl der anhängigen Verfahren in *Tab. 3* beruht also nicht immer auf überzogenem Anspruchsdenken einzelner Beschwerdeführer, sondern zieht ausweislich *Tab. 4* beträchtliche Verurteilungszahlen nach sich. Selbst Staaten, die uns kulturell relativ nah und in sozialer und wirtschaftlicher Hinsicht noch vergleichsweise stabil sind, können die Garantien des Art. 3 – als wesentliche Norm der EMRK für die menschenwürdige Behandlung bei freiheitsentziehenden Maßnahmen – nicht durchgehend gewährleisten. Manche Staaten scheinen speziell damit sogar große Schwierigkeiten zu haben.

Vergleicht man dies zum anderen mit der Zahl der Entscheidungen, die eine Verletzung des Art. 3 EMRK durch Hoheitsträger der Bundesrepublik feststellten, so lässt sich vermuten, dass die teilweise hohen Verurteilungszahlen zu einzelnen EMRK-Staaten nicht etwa auf eine überzogene Sensibilität und eine hochgegriffene Auffassung des EGMR von der Ausgestaltung des Strafvollzugs zurückgehen. Denn anscheinend macht die Bundesrepublik mit ihren – vielerorts immer noch verbesserungswürdigen – Bemühungen zur Ausgestaltung des Strafvollzugs entsprechende Verurteilungen durch den EGMR selten erforderlich.

---

20 *Europarat* 2014, S. 173 ff.

2. Grundriss des Auslieferungsrechts

Wie in jedem spezielleren Rechtsgebiet sind auch im Auslieferungsrecht Rechtsbegriffe gebräuchlich, deren Bedeutungen sich dem fachlichen Laien nicht ohne weiteres erschließen, und über die im Detail klärungsbedürftige Meinungsverschiedenheiten bestehen. Um das dann Folgende präzise darstellen zu können, sind sie näher zu erläutern (*Kap. 2.1*). Zum Verständnis des Folgenden und zur Gewichtung der verschiedenen Interessen der Beteiligten ist es zudem unerlässlich, sich mit den Beweggründen der internationalen Rechtshilfe in Strafsachen auseinanderzusetzen (*Kap. 2.2*). Eine der grundlegenden Schwierigkeiten des Auslieferungsrechts bildet dabei schon die Identifizierung der beteiligten Rechtssubjekte und ihres Verhältnisses zueinander. Dahinter steht ein facettenreiches Beziehungsgeflecht völkerrechtlicher und binnenrechtlicher Natur (*Kap. 2.3*). Diese Komplexität wirkt fort in die rechtlichen Bedingungen, unter denen Auslieferungen vollzogen werden (*Kap. 2.4*).

2.1 Begriffliche Differenzierungen

In Veröffentlichungen zum Auslieferungsrecht weisen die verwendeten Rechtsbegriffe Überlappungen und Mehrdeutigkeiten auf,[21] so dass zunächst die einzelnen Ausdrücke inhaltlich näher zu bestimmen sind.

Von der Abschiebung und einer ihr vorangehenden Ausweisung ist die Auslieferung zu unterscheiden. Die *Abschiebung* stellt den mit unmittelbarem Zwang durchgesetzten Vollzugsakt einer bestehenden Ausreisepflicht gemäß § 50 AufenthG dar.[22] Der Grund für eine solche Ausreisepflicht kann u. a. in einer *Ausweisung* gemäß § 53 ff. AufenthG liegen, die nicht der Ahndung eines zurückliegenden (z. B. strafbaren) Verhaltens dient, sondern künftige Gefährdungen der öffentlichen Sicherheit oder Ordnung verhindern soll.[23] Von einer *Auslieferung* ist hingegen dann die Rede, wenn ein Individuum an einer Staatsgrenze von den Behörden des einen Staates denen des anderen – zur Strafverfolgung oder auch Strafvollstreckung einer bereits verhängten Strafe – übergeben wird,[24] nachdem ein

---

21 Vgl. dazu unten z. B. den Begriff der Überstellung o. a. den der Vollstreckung.

22 OVG Münster, DÖV 1975, S. 286, zum früheren § 13 AuslG, der durch die Regelungen des AufenthG ersetzt wurde.

23 BVerwG, DVBl 1979, S. 592; ausführlich *Twietmeyer/Sieweke* 2014, S. 101 f.

24 Ganz h. M., statt vieler *Weigend* 2000, S. 105 f. Diese Ansicht teilt auch *Vogler*, selbst wenn er die zusätzliche „Konstruktion eines Auslieferungsvollzugsaktes" (1994, S. 1435) ablehnt. Aber auch er bezieht die „amtliche Übergabe" als unverzichtbaren Bestandteil der Auslieferung mit ein (1970, S. 44), nur misst er ihr keinen eigenen grundrechtsrelevanten Gehalt bei. Mit dieser Differenzierung möchte *Vogler* ergebnisorientiert vermeiden, an die Auslieferung als Beurteilungsmaßstab die deutschen Grundrechte anlegen zu

förmliches Auslieferungsverfahren auf Ersuchen eines anderen Staates[25] durchlaufen wurde.[26]

Die *Übergabe* selbst bezeichnet den von Verfahrensvorbehalten befreiten reinen Umsetzungsakt[27] der kontrollierten Abgabe und Übernahme eines Individuums durch Vollstreckungsbeamte verschiedener Länder. Innerhalb der EU soll die Auslieferung mit dem EuHb perspektivisch durch eine reine Übergabe ersetzt werden und das traditionelle Auslieferungsverfahren also einem rein „exekutivischen" Akt weichen.[28]

Im Kontext der Auslieferung wird der übergebende Staat, an den zuvor ein entsprechendes Auslieferungs*ersuchen* ergangen ist, vom IRG selbst der „*ersuchte* Staat" genannt, während der übernehmende Staat auch als „*ersuchender* Staat" bezeichnet wird.[29] Dem ersuchenden Staat muss es um die Durchsetzung seines eigenen Strafanspruches oder den eines Drittstaates gehen.[30] Im Kontext des RbEuHb und dessen Umsetzung in den Mitgliedstaaten wurde die Terminologie zu den Beteiligten erweitert: Der ersuchende Staat wird dort als *Ausstellungsmitgliedstaat* bezeichnet, der ersuchte Staat als *Vollstreckungsmitgliedstaat*.[31] Der Begriff des „Vollstreckungsmitgliedstaates" mag verwirren, weil das Bestimmungswort „Vollstreckungs-" im Zusammenhang mit Auslieferungen eher an die

---

müssen (näher dazu in *Kap. 3.6.4.4.2*), sie ändert aber nichts an der inhaltlichen Kongruenz der verwendeten Begriffe einer „Auslieferung".

25   *Maaßen* 2015, Art. 16 Rn. 33. Da der ersuchte Staat bei der Auslieferung ohne vorrangige Eigeninteressen handelt, während es ihm bei der Ausweisung durch Abschiebung um die eigene Rechtspflege geht, unterscheidet *Stein* (1983, S. 4) Auslieferung und Abschiebung anhand der Motivlagen auch in „altruistische" und „egoistische" Rechtsakte.

26   In Art. 16 Abs. 2 S. 1 GG wird der Auslieferungsbegriff hingegen rechtsträgerfreundlich in einem weiten Sinne verstanden, so dass dort auch die Übergabe zu zivil- oder verwaltungsrechtlichen Zwecken erfasst ist, vgl. dazu *Randelzhofer* 2013, Art. 16 Rn. 6 m. w. N. Dieses weite Auslieferungsverständnis soll für die folgenden Ausführungen jedoch außer Betracht bleiben.

27   *Lagodny* 2012, vor § 2 Rn. 6.

28   Soweit zumindest die Vorstellungen, die auf EU-Ebene mit dem RbEuHb verbunden waren, vgl. *Ambos* 2014, § 12 Rn. 13; *ders.* 2010, S. 558; *Spencer* 2010, S. 602; skeptisch z. B. schon *Schomburg* 2003, S. 3393; *Ambos* 2010, S. 560 f. Vgl. für Näheres zur tatsächlichen Umsetzung unter weitgehender Beibehaltung der traditionellen Verfahrensstrukturen *Kap. 5.4* und *Kap. 5.5.2*.

29   Im Folgenden wird der ersuchte Staat auch als „Aufenthaltsstaat", der ersuchende Staat auch als „(Auslieferungs-)Zielland" oder „Empfängerstaat" bezeichnet werden.

30   *Lagodny* 2012, § 2 Rn. 3, 12. Handelt der übernehmende Staat, um „nur" das vom übergebenden Staat bereits verhängte Strafurteil zu vollstrecken, handelt es sich also um keine Auslieferung, sondern um die davon abzugrenzende Vollstreckungshilfe / Überstellung i. S. d. §§ 48-58, 71 IRG.

31   Statt vieler *Ambos* 2014, § 12 Rn. 39.

Geschehnisse im Anschluss an die Durchführung der Auslieferung denken lässt, nämlich die Vollstreckung einer Freiheitsstrafe im Zielland der Auslieferung. Stattdessen bezieht sich aber das Bestimmungswort „Vollstreckungs-" auf die Umsetzung des ausgestellten EuHb, also seine Vollstreckung i. S. e. Verhaftung durch den Mitgliedstaat, in dem sich der Verfolgte aufhält.

Bei der Auslieferung hat der ersuchte Staat die unumschränkte Strafgewalt über den Auszuliefernden, die er auf den ersuchenden Staat überträgt.[32] Es gibt daneben noch andere, begrifflich ähnliche Grenzüberschreitungsvorgänge im Kontext von Strafverfolgung und Strafvollstreckung,[33] die aber teilweise hinsichtlich der Unumschränktheit der Verfügungsgewalt von der Auslieferung abweichen: die *Durchlieferung* nach den §§ 43-47 IRG, wenn Deutschland weder ersuchter noch ersuchender Staat ist und der betreffende Ausländer für die Auslieferung den Geltungsbereich des IRG passiert, ohne dass die Bundesrepublik die Verfügungsgewalt über den Betreffenden erlangt, und die *Rücklieferung* gemäß § 68 IRG, wenn ein Verfolgter, der für ein Verfahren in Deutschland der Bundesrepublik von einem ersuchten Staat vorübergehend übergeben wurde, nun wieder zurückgelangen soll. Hinzu tritt die *Weiterlieferung* i. S. d. § 36 IRG, bei der die Verfügungsgewalt über den Auszuliefernden vom ersten an den zweiten und vom zweiten an den dritten Staat jeweils vollständig übertragen wird[34] und es sich damit eigentlich um zwei selbstständige Auslieferungsvorgänge handelt.[35]

Von der Auslieferung zur Strafverfolgung abzugrenzen ist die *Überstellung*, die im Rechtshilfekontext nicht mit der Überstellung i. S. d. deutschen Strafvollstreckungsrechts, d. h. dem (nur) vorübergehenden Wechsel der Anstalt gleichgesetzt werden darf.[36] Innerhalb des Auslieferungsrechts wird der Begriff allerdings nicht einheitlich verwendet:

Teilweise wird die Überstellung gleichbedeutend mit der reinen *Übergabe* einer Person, also i. S. d. Vollzugsaktes der Übertragung der Strafgewalt über eine Person verwendet. Dann bildet „Überstellung" einen Oberbegriff für alle aufenthaltsbeendenden Maßnahmen.[37] Dem wird hier jedoch nicht gefolgt, fehlte es dann doch an einem eigenen Bedeutungsgehalt der Überstellung gegenüber der

---

32   *Strupp/Schlochauer* 1960, S. 115. Dann ist auch von einer „echten Auslieferung" die Rede, vgl. *Delbrück/Wolfrum* 2002a, S. 152.

33   *Delbrück/Wolfrum* 2002a, S. 152 f.

34   *Zeidler* 2008, S. 8.

35   Zu den Besonderheiten bei der Weiterlieferung vgl. *Lagodny* 2012, § 36.

36   Vgl. zum Überstellungsbegriff im deutschen Strafvollzugsrecht *Calliess/Müller-Dietz* 2008, § 8 Rn. 1; *Ostendorf* 2012, Rn. 12.

37   *Lagodny* 2012, § 13 Rn. 19 i. V. m. dem Sachverzeichnis, Stichwort „Überstellung"; *Hackner u. a.* 2003, Rn. 78; *Burchard* 2013, Rn. 1; *Strupp/Schlochauer* 1960, S. 115; *Vogel* 2009, vor § 1 Rn. 2; *Wendel* 2015, S. 731 ff.; wohl auch *Bauer* 2016, § 58 Rn. 2 AufenthG.

Übergabe, die als selbstständiger Terminus besteht. Zwar wird die Überstellung genauso wie die Auslieferung vollzogen. Während die Auslieferung aber dem Ziel dient, im ersuchenden Staat eine Strafe zu verbüßen, zu der im ersuchenden Staat verurteilt wurde oder noch werden soll (z. B. ein Franzose hat in Frankreich eine Straftat begangen, ist nach Deutschland geflüchtet, wird in Deutschland aufgegriffen und anschließend nach Frankreich ausgeliefert, um dort für seine Straftat *von einem französischen Gericht* verurteilt und inhaftiert zu werden) soll im hier verstandenen Sinne mit der Überstellung ein Individuum dem ersuchenden Staat zur weiteren Vollstreckung einer Strafe übergeben werden, die im ersuchten Staat verhängt wurde (z. B. ein Italiener hat in Deutschland eine Straftat begangen, wurde in Deutschland verhaftet, anschließend in Deutschland für die Straftat verurteilt und soll nun nach Italien für die Verbüßung dieser *von einem deutschen Gericht* ausgesprochenen Strafe überstellt werden). Als Teil der sog. Vollstreckungshilfe wird hierbei also von dem Zielstaat (Italien) eine ausländische Sanktionsentscheidung übernommen und diesem Zielstaat zugleich die Strafvollstreckung übertragen.[38] Bei der Überstellung fallen folglich der verurteilende Staat (Deutschland) und der vollstreckende Staat (Italien) auseinander, während bei der Auslieferung entweder erst in ihrem Anschluss Verurteilung und Vollstreckung vom selben Staat erfolgen oder die Verurteilung vorab durch den ersuchenden Staat bereits erfolgte – etwa in Abwesenheit, oder mit anschließender Flucht des Verurteilten ins Ausland vor Antritt der Strafvollstreckung – und die Auslieferung nun zur Strafvollstreckung dieses bereits ergangenen Urteils begehrt wird. Resultat einer Überstellung im hier verstandenen Sinne ist schließlich – wiederum wie bei einer Auslieferung –, dass sich ein strafrechtlich zu Verfolgender in der Verfügungsgewalt deutscher Hoheitsträger befand und letztlich in einer ausländischen Strafvollzugseinrichtung wiederfindet.

Eine autonome – und soweit ersichtlich unbestrittene – Bedeutung hat die „Überstellung" in der *vertikalen Rechtshilfe*[39] (d. h. Staat – internationaler Gerichtshof) erhalten: Das IStGHG verwendet die „Überstellung" dort als Ausdruck für die Auslieferung, in Abgrenzung zur „Auslieferung" in der *horizontalen Rechtshilfe* (d. h. Staat – Staat).[40]

---

38 So ebenfalls verwendet von *Gärditz* 2013b, Rn. 36 Fn. 129; *Morgenstern* 2013, Rn. 1; *Schroeder* 1986, S. 487 f.; *Weber* 1997, S. 41; so wohl auch bei *Hecker* 2012, § 12 Rn. 15; *Hackner/Schomburg* 2012, § 71 Rn. 1 unter Verweis auf *Schomburg/Hackner* 2012, vor § 48 Rn. 1 f. und i. V. m. dem Sachverzeichnis, Stichwort „Überstellungsersuchen, ausgehend".

Mit *Schroeder* wäre die Überstellung i. S. d. Übertragung der Strafvollstreckung aus deutscher Perspektive begrifflich weiter unterscheidbar in die *Übernahme der Strafvollstreckung* gemäß §§ 48 ff. IRG und *Abgabe der Strafvollstreckung*, § 71 IRG.

39 Vgl. zur vertikalen Rechtshilfe *Kreß* 2000, S. 623 f. m. w. N.

40 Vgl. nur *Nemitz/Schomburg* 2012, Rn. 15.

Im Kontext des Rechtshilferechts ist weiter zwischen „großer" und „kleiner" (sonstiger) Rechtshilfe zu unterscheiden. Sie bilden zusammen mit der Übertragung der Strafvollstreckung die drei großen Bereiche der internationalen Rechtshilfe in Strafsachen. Mit der *„großen"* *Rechtshilfe* sind die Auslieferung als das „wichtigste Rechtshilfegeschäft"[41] und ihre verwandten Instrumentarien der Weiter-, Durch- und Rücklieferung gemeint. Die *Übertragung der Strafvollstreckung* entspricht der Überstellung im oben bereits definierten Sinne. Die *kleine Rechtshilfe* umfasst schließlich alle darüber hinaus verbleibenden, im fünften Teil des IRG geregelten Maßnahmen, die ein Staat zur Unterstützung der Strafvollstreckung durch einen anderen Staat ergreift.[42]

Ein zentraler Begriff des deutschen Auslieferungsrechts ist der des *ordre public*[43]. Er lässt sich am ehesten mit dem Begriff der „öffentlichen Ordnung" übersetzen.[44] Der Ausdruck ist in zweierlei Hinsicht unbestimmt: Zunächst lässt sich „der" *ordre public* überhaupt nur anhand einer räumlich-politischen Zuordnung benennen, deren Bezugsraum darüber Auskunft gibt, in welchem Staats- oder Rechtswesen diese „öffentliche Ordnung" Anerkennung und Geltung beansprucht: So lassen sich neben einem *nationalen ordre public* auch noch mindestens ein europäischer *ordre public* und ein internationaler *ordre public* identifizieren. Des Weiteren ist der *ordre public* – unabhängig von allen geographischen Zuordnungen – ein von großer Unbestimmtheit und Auslegungsoffenheit gekennzeichneter Begriff. Dreh- und Angelpunkt des *ordre-public*-Verständnisses ist in jedem Fall ein Bestand unverzichtbarer Rechtsgrundsätze[45]

---

41   *Mettgenberg* 1930, S. 31 f. mit Verweis auf die Gesetzesbegründung zum DAG.

42   BT-Drs. 9/1338, S. 32. Statt vieler auch *Vogel* 2009, vor § 1 Rn. 2. Die „kleine" Rechtshilfe wird hingegen von *Gleß* (2013, Rn. 1) in einem weiteren Sinne verstanden, da unter Einbeziehung der „Überstellung zur Strafvollstreckung".

43   „Ordre public" ist dem Internationalen Privatrecht (IPR) entlehnt und wird so schon im Regierungsentwurf zum § 73 IRG (dort noch als § 72 geplant), BT-Drs. 9/1338, verwendet. *Neumayer* (1963, S. 182 f.) hebt hervor, dass der Begriff ursprünglich aus Art. 6 des französischen *code civil* stammt und sich allein auf das innerstaatliche Recht bezog, bevor sich unter romanisch-rechtlichem Einfluss seine Bedeutung wandelte hin zu zwingendem Recht (auch) bei Sachverhalten mit Berührung zu ausländischem Recht.

44   So die Gleichsetzung in der Überschrift des Art. 6 EGBGB, der eine Legaldefinition des *ordre public* für das Internationale Privatrecht enthält. Hier nicht näher zu erläuternde Abweichungen bestehen hingegen zur „öffentlichen Ordnung" im polizeirechtlichen Sinne (gleichwohl wird *„ordre public"* in diesem Sinne verwendet von *Zühlke/Pastille* 1999, S. 754).

45   So die vor allem hinsichtlich des internationalen *ordre public* verwendete Terminologie der Rechtsprechung (vgl. dazu *Vogel* 2009, § 73 Rn. 36 m. w. N.) sowie der völker- und privatrechtlichen Literatur (z. B. *Sonnenberger* 2010, Art. 6 Rn. 19 m. w. N.). Ähnlich *Heini* (1989, S. 154): „Grundwerte, auf welche alle zivilisierten Nationen verpflichtet sind".

grund- oder menschenrechtlicher Natur,[46] der als grundlegende Rechtsanschauung[47] mittels eines geschriebenen oder ungeschriebenen *ordre-public*-Vorbehaltes auch bei der zwischenstaatlichen Rechtshilfe zu beachten sein kann.[48]

Als förmliche *Zusicherung* wird im Völkerrecht schließlich eine Willenserklärung zum Abschluss eines völkerrechtlichen (Einzelfall-)Vertrages bezeichnet,[49] die die Einhaltung eines bestimmten Vereinbarungsinhaltes besonders hervorhebt und garantiert. Einen Mehrwert beinhaltet die Zusicherung nur, wenn sie völkerrechtliche Verbindlichkeit für den die Zusicherung abgebenden Staat herstellt.[50]

2.2 Beweggründe des internationalen Auslieferungsverkehrs

Die Auslieferung zieht ihre Existenzberechtigung und -notwendigkeit als „unverzichtbares"[51] Rechtsinstitut im Verhältnis der Staaten untereinander aus dem Gegensatz zwischen der Respektierung der Grenzen anderer Staaten einerseits und dem Anspruch auf geographisch nicht eingeengte Strafverfolgung[52] andererseits. Die territoriale Beschränkung der Justizhoheit eines Staates verhindert die Durchführung von Strafvollstreckungsmaßnahmen an Individuen, die sich außerhalb eben jenes Herrschaftsbereichs aufhalten:[53] Hoheitsakte auf dem Gebiet anderer Staaten sind Hoheitsträgern völkerrechtlich untersagt.[54] Dazu zählt vor allem auch die eigenhändige Durchführung von Strafverfolgungsmaßnahmen, insbesondere Festnahmen auf fremdem Hoheitsgebiet und die Mitnahme in das eigene Hoheitsgebiet.[55] Bei der Beachtung der Souveränität anderer Staaten sto-

---

46 *Vogel* 2009, § 73 Rn. 42; „Menschenrechte" als Ausgangspunkt einer *ordre-public*-Bestimmung auch bei *Popp* 2001, Rn. 341.

47 *Köbler* 2007, S. 302; *Seidl-Hohenveldern* 1997, S. 788.

48 *Seidl-Hohenveldern* 1997, S. 788 f. Ausführlich zu Bedeutung und Funktion der *ordre-public*-Rechtsfigur in *Kap. 3.6.*

49 *Vogel* 2009, § 8 Rn. 34. Dieses bei drohender Todesstrafe in § 8 IRG ausdrücklich vorgesehene Rechtsmittel ist auch für die Absicherung anderer Auslieferungsbedingungen möglich, vgl. *Lagodny* 2012, § 73 Rn. 42; BGHSt 27, 191 (195); KG, StV 1996, S. 105.

50 Vgl. zum Erkenntnisgehalt von Zusicherungen *Kap. 5.9.6.*

51 *Schomburg u. a.* 2012, Einleitung Rn. 13.

52 *Schomburg u. a.* 2012, Einleitung Rn. 109.

53 *Strupp/Schlochauer* 1960, S. 115. Zu den Wurzeln und der Entwicklung dieses Territorialitätsgedankens vgl. *Capus* 2010, S. 10 ff.

54 *Herdegen* 2016, § 23 Rn. 3; *Vogel* 2009, vor § 1 Rn. 16; *Capus* 2010, S. 18.

55 *Burchard* 2013, Rn. 2; *Stein/von Buttlar* 2009, Rn. 541. Aus der völkerrechtlich unzulässigen Verhaftung in fremdem Hoheitsgebiet folgt allerdings grundsätzlich kein Strafver-

ßen Hoheitsträger also auch an die Grenzen ihrer Strafverfolgungsmöglichkeiten. Umgekehrt fehlt es den Zufluchtsstaaten vielfach an einem eigenen Strafanspruch.[56] Durch Ausreise könnten sich Straftäter einer möglichen Strafverfolgung entziehen[57] und einzelne Länder, die nicht ausliefern, Inseln der Straflosigkeit[58] bilden, um in der Folge Anziehungspunkt für Straftäter zu werden.[59] Erst die Auslieferung ermöglicht in diesen Situationen die Strafverfolgung.[60] Zudem verfügt die ersuchende Nation als Tatortstaat in der Regel über bessere Aufklärungsmöglichkeiten, es geht also auch vor diesem Hintergrund darum, Strafverfolgungshindernisse zu reduzieren.[61]

Die Staaten ersuchen einander daher in der (traditionellen) Rechtshilfe im vollen Respekt vor ihrer jeweiligen Souveränität[62] und grundsätzlich auch der Vielfalt der verschiedenen Rechtsordnungen[63] um Unterstützung in einem Strafverfahren.

Zusätzlich erhalten eine Reihe von Opportunitätserwägungen Gewicht:[64] So liegt es nicht nur im Interesse eines Staates, sich ausländischer Straftäter unter anderem aus Kostengründen zu entledigen; darüber hinaus ist die Auslieferung an einen anderen Staat als Akt der zwischenstaatlichen Rechtspflege in der Regel auch Voraussetzung dafür, dass eigene Auslieferungsbegehren an das Ausland berücksichtigt werden. Zudem werden durch Auslieferungsverbindungen die

---

folgungshindernis gegenüber dem Verhafteten, vgl. *Stein/von Buttlar* 2009, Rn. 542; *Kau* 2013, Rn. 329, jeweils m. w. N.; BVerfG, NJW 1986, S. 3021 f. (*„male captus, bene detentus"*-Grundsatz).

56 *Stein* 1983, S. 5.

57 *Stein/von Buttlar* 2009, Rn. 597.

58 Oder auch *„safe haven"* genannt von *Schomburg u. a.* (2012, Einleitung Rn. 109) als Argument für eine transnationale Strafverfolgung vor dem Hintergrund einer transnationalen Werteordnung.

59 Vgl. nur *Bassiouni/Wise* 1995, S. 26-28; daran anknüpfend *Zühlke/Pastille* 1999, S. 754. Nach *Zeidler* (2008, S. 18) stand im 19. Jahrhundert für Belgien zu befürchten, zu einem solchen Anziehungspunkt zu werden, was dort den Handlungsdruck zur raschen Regelung des Auslieferungsrechts erhöhte.

60 *Strupp/Schlochauer* 1960, S. 115.

61 BGHSt 2, 44 (49); BVerfGE 60, 348 (356); *Lagodny* 2000, S. 176.

62 Statt vieler *Ambos* 2010, S. 557.

63 Statt vieler *Nash* 2013, S. 607.

64 Zum Folgenden *Grützner* 1969, S. 121 f.; *Stein* 1983, S. 6 m. w. N.; *Zühlke/Pastille* 1999, S. 753 f.

Beziehungen zu anderen Staaten gepflegt.[65] Sie bestehen nur zwischen Staaten mit freundlicher Gesinnung und in der Regel vergleichbarer rechtlicher und politischer Ordnung.[66] Umgekehrt kann sich die Ablehnung einer Auslieferung auch auf andere Bereiche der Beziehung zu dem betreffenden Staat auswirken.[67] Letztlich sind (außen-)politische Kontexte und Erwägungen im Auslieferungsverfahren mitbetroffen und Auslieferungsentscheidungen können also auch über die Reichweite sonstiger außenpolitischer Handlungsspielräume mitentscheiden.[68]

Bei der Umsetzung des RbEuHb wurde nun ein Mechanismus für den Auslieferungsverkehr mit den EU-Mitgliedstaaten eingeführt, der einen folgenreichen Prozess anstößt: Anhand des Grundgedankens einer einheitlichen europäischen Werte- und Rechtsgemeinschaft, innerhalb derer hoheitliche Entscheidungen *gegenseitig anerkennen*swert seien, zielt die Umsetzung des EU-Rechts auf eine Verfahrensbeschleunigung und -effektivierung ab. In der Konsequenz werden Souveränitätserwägungen reduziert, soll auf (einige) nationalstaatliche Vorbehalte verzichtet werden und wird stattdessen die Solidarität in der Strafverfolgungszusammenarbeit betont, so dass sich die EU-interne Auslieferung hin zu einer (reinen) Vollstreckung von hoheitlichen Entscheidungen anderer Mitgliedstaaten entwickelt.[69]

---

65 Die zwischenstaatliche Beziehungspflege durch Auslieferungen steht in einer langen Tradition, vgl. dazu zusammenfassend *Grützner* (1956, S. 502 ff.) mit historischen Beispielen.

66 *Stein* 1983, S. 7.

67 Diese Befürchtung äußert schon *Frank* 1920, S. 142.

68 Dies erkennt das BVerfG seit geraumer Zeit an, vgl. E 113, 154 (162); EuGRZ 2010, S. 257. Die sachfremde Rücksichtnahme auf zwischenstaatliche Handlungsspielräume gegenüber der Republik Indien beispielsweise unterstellen sowohl die abweichende Senatsminderheit (BVerfGE 108, 129 (148)) als auch *Vogel* (JZ 2004, S. 144) der Senatsmehrheit des beschließenden Senats des BVerfG, der eine Verfassungsbeschwerde gegen die Zulässigkeitserklärung einer Auslieferung an Indien nicht zur Entscheidung angenommen hat (BVerfGE 108, 129); vgl. dazu auch *Kap. 6.3.* Die außenpolitische Rücksichtnahme reicht mitunter soweit, dass selbst bekannt gewordene Folter des ersuchenden Staates vom ersuchten Staaten nicht nur ausgeblendet wird, sondern obendrein der ersuchte Staat die aufklärende VN-Organisation kritisiert (vgl. *Nowak/McArthur* 2008, Art. 3 Rn. 212, anhand einer Auslieferung Schwedens an Ägypten).

69 Statt vieler zusammenfassend *Gleß* 2013, Rn. 3 (anhand des Bereichs der „kleinen" Rechtshilfe, insoweit auf die Auslieferung aber übertragbar). Zu den Ursprüngen der Entwicklung des Paradigmas „gegenseitige Anerkennung" vgl. *Krüßmann* 2007, S. 1-3; zu dessen Hintergründen *Morgenstern* 2008, S. 77 f.; zu dessen Auswirkungen auf die Entstehung des RbEuHb vgl. *Freund* 2010, S. 177 ff. Zu den Änderungen gegenüber der traditionellen Rechtshilfe und deren Souveränitätsvorbehalten, die sich durch die Einführung des EuHb ergeben haben, vgl. *Kap. 5.4 und Kap. 5.5.2.*

2.3 Rechtsbeziehungen im Auslieferungsverkehr

Das geltende deutsche Auslieferungsrecht ist vor dem Hintergrund der genannten Beweggründe des Auslieferungsverkehrs zunächst ein Recht, das sich aus völkerrechtlichen Vereinbarungen zwischen Staaten zusammensetzt. Diese Vereinbarungen haben zum einen durch Vertrags- oder auch Zustimmungsgesetze Eingang in das innerstaatliche deutsche Recht gefunden; zudem sind sie durch weitere nationale Rechtsnormen ergänzt worden, so dass sich zunächst die Ausgestaltung des deutschen Rechtshilferechts im zwischenstaatlichen Bereich durch völkerrechtliche Verträge von derjenigen im innerstaatlichen Bereich durch nationale Gesetze unterscheiden lässt (*Kap. 2.3.1*). Durch diese Unterscheidung zwischen zwei Rechtsbeziehungen lässt sich zugleich das Bild von einem mehrpoligen Rechtsverhältnis der beteiligten Staaten und des Verfolgten entwickeln, hinsichtlich dessen es jedoch begrifflicher Klarstellungen bedarf (*Kap. 2.3.2*).

Die vorgenommene Differenzierung zwischen der zwischenstaatlichen und der innerstaatlichen Rechtsbeziehung sagt indes noch nichts darüber aus, ob sich der jeweilige Auslieferungsvorgang auf ein Auslieferungsabkommen stützt. Diese Zuordnung zum vertragsgebundenen oder vertraglosen Auslieferungsverkehr ist gesondert vorzunehmen, um zur richtigen Rechtsgrundlage zu gelangen (*Kap. 2.3.3*).

Obwohl die Staaten mangels einer gewohnheitsrechtlichen Pflicht zur Auslieferung im Völkerrecht nicht allein daraus bereits verpflichtet sind, Auslieferungsersuchen nachzukommen und stattdessen grundsätzlich eine generelle Entscheidungsfreiheit des ersuchten Staates besteht, ist sodann durch einen genaueren Blick auf die einzelnen Rechtsbeziehungen herauszuarbeiten, inwieweit diese Freiheit sich nicht durch Selbstbindungsakte des betroffenen Staates hin zu einer Auslieferungspflicht verengt (*Kap. 2.3.4*). Die in diesem Kontext in der Literatur zur Unterscheidung von Auslieferungspflicht und Auslieferungsberechtigung herangezogenen Kategorien von „Müssen" und „Dürfen" gilt es in die Dogmatik einzufügen (*Kap. 2.3.5*).

2.3.1 Rechtsbeziehungen auf völkerrechtlicher und auf innerstaatlicher Ebene

Der Auslieferungsverkehr bringt kraft Natur der Sache die rechtliche Auseinandersetzung mit anderen Staaten mit sich. Diese Auseinandersetzung kann zwangsläufig nicht auf Grundlage des innerstaatlichen Rechts eines der beteiligten Staaten erfolgen, sondern muss durch Regeln des Völkerrechts gelöst werden.[70] Zugleich besteht ein Rechtsverhältnis zwischen dem ersuchten Staat und dem Verfolgten. Diesem Rechtsverhältnis muss die Eingriffsermächtigung unter Berück-

---

70   *Schweitzer* 2010, Rn. 418.

sichtigung der Individualrechtsposition des Einzelnen zugrunde liegen.[71] Unabhängig davon, dass für die Bundesrepublik statt einer monistischen von einer dualistischen Konzeption des Verhältnisses von Völkerrecht und innerstaatlichem Recht ausgegangen wird,[72] können die völkerrechtlichen Normen dieses Rechtsverhältnis zwischen dem ersuchten Staat und dem Verfolgten aber nicht regeln.[73] Es bedarf zumindest eines zusätzlichen innerstaatlichen Übertragungsaktes, damit das Völkerrecht im innerstaatlichen Recht angewendet werden kann. Das gilt im Ergebnis unabhängig davon, ob es sich nach der sog. Vollzugslehre bei dem Übertragungsakt um einen Rechtsanwendungsbefehl handelt, demzufolge das Völkerrecht als solches innerstaatlich gelten soll, oder ob es sich nach der sog. Transformationslehre um ein Gesetz handelt, dass die völkerrechtliche Norm in inhaltsgleiches innerstaatliches Recht umwandelt.[74] Es sind jedenfalls zur Ausgestaltung des Rechtsverhältnisses zwischen der Bundesrepublik als ersuchtem Staat und dem verfolgten Individuum gesonderte Regelungen des innerstaatlichen Rechts erforderlich, sei es in Form von Vertragsgesetzen[75] zu bestehenden völkerrechtlichen (Auslieferungs-)Verträgen, sei es durch davon unabhängige Normierungen des Rechtshilferechts.

Infolgedessen ist das Auslieferungsrecht durch Rechtsnormen auf zwei verschiedenen Regelungsebenen ausgestaltet: nicht nur völkerrechtlich zur Regelung

---

71 Vgl. nur *Schomburg u. a.* 2013, Rn. 41. Dem steht es nicht entgegen, wenn die Bundesrepublik bei Abschluss von Auslieferungsabkommen erklärt, aus den Übereinkommen ergäben sich keine Rechte und Pflichten für natürliche Personen, sondern nur für die Vertragsparteien. Das Bundesjustizministerium weist darauf hin, dass dies nur die völkerrechtlichen Beziehungen der Vertragsstaaten betreffe und ausschließen solle, dass der Einzelne ein völkerrechtlich Berechtigter werde; nicht aber sollen damit innerstaatliche Rechte des Individuums verkürzt werden (aus BVerfGE 96, 100 (118)).

72 BVerfGE 111, 307 (318); eingehend zur Unterscheidung von Monismus und Dualismus *Schweitzer* 2010, Rn. 25 ff.; aktueller noch *Hofmann* 2013, S. 326 f.

73 *Schweitzer* 2010, Rn. 418 f.; *Sauer* 2015, § 6 Rn. 6. Zum Folgenden anschaulich auch *Kreuzer* 1998, S. 732.

74 Statt vieler *Herdegen* 2016, § 22 Rn. 7; *Sauer* 2015, § 6 Rn. 10. Umstritten ist dabei, welche Lehre für das Verhältnis des deutschen Rechts zum Völkerrecht gilt: nach *Schweitzer* (2010, Rn. 176 f., 424 ff.) wohl die Transformationslehre; laut *Herdegen* (2016, § 22 Rn. 7) und *Sauer* (2015, § 6 Rn. 11 m. w. N.) eher die Vollzugslehre. Angesichts der rechtspraktischen Handhabung von Auslieferungsverträgen wird im Folgenden zumindest für diesen Bereich von der Transformationslehre ausgegangen, so dass die Auslieferungsverträge jeweils durch Vertragsgesetze ins deutsche Recht übertragen werden.

75 „Vertragsgesetze" werden treffender auch „Zustimmungsgesetze" genannt; allerdings besteht dann eine Verwechslungsgefahr mit der Kategorie der Zustimmungsgesetze im Kontext der Beteiligungsrechte des Bundesrates bei der Bundesgesetzgebung, so dass letztlich der Begriff des „Vertragsgesetzes" doch vorzugswürdig ist; vgl. dazu statt vieler *Schweitzer* 2010, Rn. 176; BVerfGE 1, 396 (410).

der Beziehung zwischen ersuchendem und ersuchtem Staat, sondern auch inner-staatlich-gesetzlich zur Ordnung des Rechtsverhältnisses zwischen dem ersuchten Staat und dem Verfolgten.

Dabei liegt der gesetzlichen Ordnung des innerstaatlichen Rechtsver-hältnisses eine wesentliche verfassungsrechtliche Überlegung zu grunde: Wenn die Bundesrepublik den Verfolgten aus dem deutschen Hoheitsbereich in den Hoheitsbereich des ersuchenden Staates A überantwortet und es in A zu grund-rechtsbeschränkendem Verhalten kommt, so liegt nach mittlerweile ganz herr-schender Meinung bereits in dieser Rechtshilfeleistung der Bundesrepublik ein jedenfalls mittelbar-faktischer Grundrechtseingriff.[76] Nach der Lehre vom Vor-behalt des Gesetzes bedarf es zur Rechtfertigung dieses Eingriffes einer einfach-gesetzlichen Grundlage. Diese Aufgabe erfüllen das Transformationsgesetz und das IRG.[77]

2.3.2 Das mehrpolige Rechtsverhältnis im Auslieferungsrecht

Bestehende Individualrechte aus dem innerstaatlichen Recht werden in die Be-trachtung des ansonsten zwischenstaatlichen Rechtsverhältnisses erst seit relativ kurzer Zeit hinzugezogen.[78] Den beiden seit jeher berücksichtigten Beteiligten – ersuchender und ersuchter Staat – gesellt sich damit der Einzelne als Inhaber rechtlich geschützter Interessen hinzu. Ausgehend davon, die Beziehung zwi-schen (nur) den beiden Staaten als *zweidimensional* darzustellen, wurde das Sys-tem unter Einbeziehung der innerstaatlichen Rechtsbeziehung des ersuchten Staa-tes zum Verfolgten als *„dreidimensionale* Sichtweise" eingeführt.[79]

Ohne damit inhaltliche Kritik an der Einbeziehung des Einzelnen als Rechts-inhaber zu üben, ist aber festzuhalten, dass jene bildhaften Begriffe in dieser Verwendung eher in die Irre führen: Es handelt sich um den Versuch, bildlich-geometrisch die vorhandenen Rechtshilfebeziehungen auszudrücken. Mit der Beziehung zwischen den beiden beteiligten Staaten untereinander und der Be-ziehung zwischen dem ersuchten Staat und dem Einzelnen handelt es sich um *zwei Verbindungen* von insgesamt *drei Punkten* oder auch „Polen" von Interessen bzw. Rechtspositionen. Zur Darstellungen in einem Achsenkreuz, wie von den Ver-wendern der „Dreidimensionalität" gepflegt, bedarf es dafür aber nur *zweier Dimensionen*. Schon die ursprüngliche Betrachtung nur der zwischenstaatlichen

---

76 Statt vieler *Gärditz* 2013a, Rn. 68; vgl. näher dazu in *Kap. 3.6.4.4.1.1.*

77 *Schomburg u. a.* 2012, Einleitung Rn. 52, 54.

78 Umfassend *Lagodny* 1987, *passim*.

79 Begrifflichkeiten ursprünglich von *Eser*, dokumentiert in *Weigend* 1984, S. 626; aufge-griffen von *Ladogny* 1987, S. 2 und *passim*; jüngst bestätigt in *Schomburg u. a.* 2013, Rn. 36, 38; Verwendung dieser Terminologie ebenfalls u. a. bei *Burchard* 2013, Rn. 3; *Vogel* 2009, vor § 1 Rn. 35; *Weigend* 2000, S. 110 f.

Beziehung von ersuchtem und ersuchendem Staat hätte nämlich „eindimensional" statt „zweidimensional" sein müssen, die Erweiterung um das Individuum gegenüber dem ersuchten Staat folglich dann eine Erweiterung auf eine zweite Dimension.

Dass diese Auffassung von der Zweidimensionalität eigentlich auch von den Verfechtern des dreidimensionalen Ansatzes vertreten werden müsste, zeigen Veröffentlichungen jüngeren Datums zu den theoretischen Grundlagen:[80] Mittlerweile werden in die Betrachtung der Rechtshilfebeziehungen neben den beiden Staaten und dem Individuum im Rahmen der vertikalen Rechtshilfe auch noch inter- oder auch supranationale Einrichtungen als Inhaber rechtlich geschützter Interessen einbezogen. Wollte man bereits zuvor (ohne inter- oder supranationale Einrichtungen) von „Dreidimensionalität" sprechen, so müsste es sich jetzt zwangsläufig um eine „Vierdimensionalität" handeln. Das lässt schon das sichtbare Ergebnis des gelegentlich damit verbundenen Versuchs einer Darstellung der Rechtsbeziehungen in einer (zweidimensionalen) Grafik erahnen.[81] Aber auch unter Einbeziehung inter- und supranationaler Einrichtungen ist dort – weiterhin – von Dreidimensionalität die Rede; die Beziehung zwischen ersuchtem und ersuchendem Staat wird nun als in einer einzigen Dimension darstellbar empfunden.

Die Kritik an dieser bildhaften Ausdrucksweise soll hier nicht überzogen werden, ermöglichen sprachliche Bilder doch gerade auch in der schwerlich zu überblickenden Materie der Rechtsbeziehungen in der transnationalen Rechtshilfe ein besseres Verständnis. Es sei daher nur ergänzt, dass sich mit dem Denken in „Interessenspolen" ein (noch) klareres Bild von den Beziehungen zwischen den Beteiligten herstellen lässt, und das klassischerweise dann „zweipolige" Rechtsverhältnis von ersuchtem und ersuchendem Staat durch die rechtsstaatlich dringend nötige Erweiterung um die Rechtspositionen des Individuums auf ein „dreipoliges" Rechtsverhältnis ausgedehnt hat.[82] Unter Berücksichtigung von inter- und supranationalen Einrichtungen als vertikaler Rechtshilfe existiert im Rechtshilferecht dann mittlerweile ein „vierpoliges" Rechtsverhältnis, das sich – um an

---

80   Zum Folgenden *Schomburg u. a.* 2012, Einleitung Rn. 2; genauso *Schomburg u. a.* 2013, Rn. 2.

81   Grafik bei *Schomburg u. a.* 2012, Einleitung Rn. 3; *Schomburg u. a.* 2013, Rn. 4.

82   Dass es auf ein dreipoliges und damit zweidimensionales Verhältnis hinausläuft, erkannte indirekt auch noch *Lagodny* (1988, S. 2147) an, als er von einem „Dreiecksverhältnis" der Rechtshilfebeziehungen sprach. Dreiecke haben nur zwei Ausdehnungen. Das bleibt auch von *Vogel* unberücksichtigt, wenn er sich einerseits (2009, vor § 1 Rn. 35) des Begriffs der „Dreidimensionalität" bedient, andererseits (2009, vor § 1 Rn. 15) ebenfalls von einem „Dreiecksverhältnis" ausgeht.

Bestehendes anzuknüpfen – in einer dreidimensionalen Darstellung bildlich-geometrisch auch wiedergeben lässt.[83]

2.3.3 Rechtsgrundlagen

Ausgehend von der Differenzierung zwischen Rechtsbeziehungen im zwischenstaatlichen und innerstaatlichen Bereich ist nach Rechtsgrundlagen für die Auslieferungsvorgänge daher auch in diesen beiden Bereichen zu suchen. Rechtsquellen können dabei in beiden Rechtsbeziehungen sowohl ausdrückliche Normierungen als auch Gewohnheitsrecht sowie Anordnungsbefehle gerichtlicher Spruchkörper bilden. Des Weiteren zu unterscheiden ist zuerst zwischen dem Auslieferungsverkehr mit Staaten, mit denen bereits ein Auslieferungsabkommen besteht (vertragsbasierter Auslieferungsverkehr), und mit jenen Staaten, mit denen bis *dato* kein solches Abkommen besteht (vertragloser Auslieferungsverkehr).

Obwohl im *vertraglosen* Auslieferungsverkehr zunächst keine völkerrechtliche Verbindung zwischen ersuchtem und ersuchendem Staat besteht, wird eine Auslieferung auch im Verhältnis mit diesen Staaten nach der herrschenden „Vertragstheorie" letztlich aufgrund eines völkerrechtlichen Vertrages vollzogen.[84] Es bleibt also auch bezüglich dieses vertraglosen Auslieferungsverkehrs letzten Endes bei dem Postulat aus *Kap. 2.3.1*, dass die Rechtsbeziehung *mit anderen Staaten* nicht durch innerstaatliches Recht, sondern nur durch Völkerrecht geregelt wird. Ein solcher völkerrechtlicher Vertrag wird aber erst durch die innerstaatliche Bewilligung der Auslieferung abgeschlossen.[85] Da bis zum Abschluss des Auslieferungsverfahrens also völkervertragliche Vereinbarungen fehlen, findet dieser vertraglose Auslieferungsverkehr gemäß § 1 Abs. 1 i. V. m.

---

83 *Vogel* (2009, vor § 1 Rn. 13) schlägt die Unterscheidung in zwei „Rechtsschichten" vor, von denen eine Völkervertrags-, Völkergewohnheits- sowie supranationales Rechtshilferecht umfassen solle, während die andere sich aus den einschlägigen innerstaatlichen Rechtsnormen zusammensetze.

84 *Vogler* 1970, S. 33-36. Dieser auf eine einzelne Auslieferung bezogene völkerrechtliche Vertrag hat jedoch im deutschen innerstaatlichen Recht die Rechtsnatur eines Verwaltungsabkommens (*Vogler* 1970, S. 64, 69 ff.; zustimmend *Lagodny* 1987, S. 15), so dass er nicht gemäß Art. 59 Abs. 2 S. 1 GG zustimmungsbedürftig ist.

85 BVerfGE 50, 244 (249); sowie ausführlich zur Bewilligung *Kap. 5.2*. *Lagodny* (1987, S. 23) präferiert statt „vertragloser" daher „freier" Auslieferungsverkehr. Für die vorliegende Bearbeitung offen bleiben kann die Entscheidung der Frage, wie sich im vertraglich (bereits) gebundenen Bereich der durch die Bewilligung zustande kommende völkerrechtliche Vertrag zum bereits bestehenden generellen Auslieferungsvertrag verhält (für ein Verhältnis wie Verfügungs- und Verpflichtungsvertrag, vergleichbar dem Zivilrecht, *Vogler* 1970, S. 46 f.; für ein Verhältnis wie Vertrag und Vorvertrag *Lagodny* 1987, S. 24-26).

Abs. 3 IRG auf Grundlage der IRG-Bestimmungen statt,[86] nach denen sich – neben der Umsetzung weiterer Rechtshilfeinstrumente – grundsätzlich die behördliche Durchführung und die Beurteilung der Auslieferungen aus der Bundesrepublik an andere Länder durch deutsche Gerichte richtet.

Demgegenüber haben im *vertragsbasierten* Auslieferungsverkehr gemäß § 1 Abs. 3 IRG völkerrechtliche Vereinbarungen Deutschlands mit anderen Staaten Vorrang, wenn sie unmittelbar anwendbares innerstaatliches Recht geworden sind. Diese Subsidiaritätsklausel bezieht sich auf bi- oder multilaterale Auslieferungsverträge, die nicht nur die zwischenstaatliche Beziehung regeln, sondern durch sog. Vertragsgesetze innerstaatlich auch im Verhältnis zwischen ersuchtem Staat und dem Verfolgten gelten sollen. In diesem vertragsbasierten Auslieferungsverkehr bildet also – neben dem *zwischenstaatlich* wirkenden völkerrechtlichen Vertrag – der Umsetzungsakt des völkerrechtlichen Vertrages in das deutsche Recht *innerstaatlich* die materielle Rechtsgrundlage für den Auslieferungsvorgang. Aus diesem Umsetzungsakt ergibt sich für die Bundesrepublik folglich sowohl gegenüber dem ersuchenden Staat als auch gegenüber dem Verfolgten der Katalog von Voraussetzungen und Hindernissen für ein erfolgreiches Auslieferungsverfahren. Erst wenn Regelungslücken bestehen, ist im völkervertraglich geregelten Bereich das IRG gegebenenfalls ergänzend heranzuziehen.[87] So ist etwa auch im vertragsbasierten Auslieferungsverkehr das vom IRG ausgestaltete innerstaatliche Verwaltungsverfahren anzuwenden, zu dem die bi- und multilateralen Abkommen grundsätzlich keine Regelungen treffen.[88]

Doch der simple Verweis auf „den" völkerrechtlichen Vertrag bzw. das zugehörige innerstaatliche Vertragsgesetz sowie auf das Verfahren nach dem IRG wird der komplexen Regelungslage im vertragsbasierten Auslieferungsverkehr nicht gerecht. Nicht nur sind die deutschen Auslieferungsbeziehungen angesichts der in *Kap. 2.2* genannten Beweggründe des Auslieferungsverkehrs schon rein zahlenmäßig von Auslieferungssachverhalten mit denjenigen Staaten dominiert, mit denen ein Auslieferungsabkommen bereits besteht. Zu dem überkommenen Netz aus bilateralen Vereinbarungen traten in jüngerer Zeit auch noch eine Vielzahl von multilateralen Abkommen mit teilweise sich geographisch und / oder inhaltlich überschneidendem Anwendungsbereich hinzu. Finden sich dabei mehrere Übereinkommen mit sich überschneidendem Anwendungsbereich, haben

---

86 Das IRG trat an die Stelle des DAG von 1930, das bereits eine erste deutschlandweit einheitliche Kodifizierung darstellte. Ergänzend sei hier noch auf das IStGHG verwiesen, das die Zusammenarbeit, insbesondere bei den dort „Überstellung" genannten Auslieferungen, mit dem IStGH regelt.

87 *Lagodny* 2012, § 1 Rn. 5 ff., Rn. 17 ff.; *Schmidt* 2012, Rn. 636.

88 *Graßhof/Backhaus* 1996, S. 445; *Weigend* 2000, S. 106. Übereinstimmungen finden sich aber im Wesentlichen mit den Verfahrensregelungen des EuAlÜbk. Nach der Gesetzesbegründung war es eines der Hauptanliegen des IRG-Erlasses, das Rechtshilfeverfahren zu erleichtern und praktikabler zu gestalten; vgl. BT-Drs. 9/1338, S. 25.

multilaterale Verträge Vorrang vor den auch weiterhin bestehenden bilateralen Verträgen.[89] Dies betrifft bei Mitgliedstaaten des Europarates v. a. das Europäische Auslieferungsübereinkommen (EuAlÜbk) von 1957. Hinzu treten noch Zusatzprotokolle zu bestehenden Vereinbarungen sowie deliktsspezifische Abkommen. Außerdem machen die Staaten von der Möglichkeit einseitiger Vorbehalte und Erklärungen bei Vertragsunterzeichnung Gebrauch.[90]

Diese rechtliche Gemengelage im vertragsbasierten Auslieferungsverkehr von einander überlappenden Regelungen ist für den deutschen (und erst recht für den ausländischen[91]) Rechtsanwender sehr unübersichtlich. Teilweise wird sie sogar als „Vertragschaos"[92] oder „Regelungsdschungel"[93] bezeichnet, das bzw. der die reibungslose Abwicklung des Auslieferungsverkehrs behindere. Einen Zugewinn an Klarheit brachte zwar die Umsetzung[94] des RbEuHb in das deutsche Recht, in dem viele vorangegangene Einzelregelungen aufgingen; der EuHb gilt aber nur für Auslieferungen innerhalb der EU. Dabei wurde in Deutschland auf eine Einarbeitung in das IRG Wert gelegt, anstatt einen weiteren eigenständigen Gesetzeskorpus zu schaffen. Im Auslieferungsverkehr mit Staaten außerhalb der EU, mit denen Auslieferungsabkommen bestehen, bleibt das „Chaos" aber erhalten.

Zusammenfassend lassen sich die innerstaatlichen Rechtsgrundlagen im vertragsbasierten Auslieferungsverkehr anhand einer Dreiteilung sortieren:[95]

- *Einarbeitung des RbEuHb in das IRG*: betrifft die EU-Staaten.
- *Umsetzungsgesetz des EuAlÜbk*: betrifft die verbleibenden Staaten des Europarates (die nicht zugleich EU-Mitglieder sind) sowie Israel, Südkorea, Südafrika.

---

89 Statt vieler *Schmidt* 2012, Rn. 636.

90 Zu Vorbehalten und Erklärungen, die die Rechtswirkung einer Vereinbarung einseitig reduzieren, *Vitzthum* 2013, Rn. 121, mit Verweis auf Art. 19 ff. WVK; ferner *Herdegen* 2016, § 15 Rn. 20 f. *Gusy* (1980, S. 13) weist darauf hin, dass einseitige Vorbehalte faktisch zweiseitig wirken, da nach dem Gegenseitigkeitsprinzip (vgl. näher dazu *Kap. 3.3*) sich im Zweifel auch der jeweils andere Staat auf den Vorbehalt berufen wird. Zu menschen- und völkerrechtlichen Schranken derartiger Vorbehalte vgl. *Sommermann* 1989, S. 395 f.; *Ress* 2004, S. 629 f. Anschaulich zum möglichen Wechselspiel von Vorbehalten, die von verschiedenen Seiten zum selben Auslieferungsabkommen erklärt wurden, vgl. *van Zyl Smit* 2015, S. 173 f.

91 Diese Sorge teilt u. a. *Gillmeister* 1991, S. 2245.

92 *Burchard* 2013, Rn. 4.

93 *Hecker* 2012, § 12 Rn. 23.

94 BGBl. I 2006, S. 1721.

95 Gängige Differenzierung, zum jüngsten Stand *Burchard* 2013, Rn. 5.

- *Umsetzungsgesetze bilateraler Verträge*: betreffen Staaten, die (nur) bilaterale Auslieferungsverträge mit Deutschland abgeschlossen haben (z. B. Australien, Hongkong, Indien, Kanada, Monaco, Tunesien, USA)[96]

Der genaue Bedeutungsgehalt von nationalem Verfassungsrecht und EMRK im Auslieferungsrecht ist umstritten. Allerdings lässt sich hier vorwegnehmen, dass neben den einfachen Gesetzen, wie dem IRG, oder zwischenstaatlichen Abkommen, wie dem EuAlÜbk (über deren Vertragsgesetze i. S. d. Art. 59 Abs. 2 S. 1 GG in das deutsche Recht), auch dem Grundgesetz und völkerrechtlichen Menschenrechtskatalogen (wie der EMRK) Vorgaben zu entnehmen sind.[97]

2.3.4 Auslieferungspflicht und Auslieferungsberechtigung

Die Kernfrage dieser Arbeit, ob nämlich drohende unzulängliche Haftbedingungen einem Auslieferungsersuchen effektiv entgegengesetzt werden können, würde viel von ihrer rechtlichen Brisanz verlieren, stünde es dem ersuchten Staat völlig frei, wie er über eingehende Auslieferungsersuchen befindet. Es ist also im Rahmen der Erörterung der Rechtsbeziehungen im Rechtshilfeverkehr festzustellen, ob Verpflichtungen zur Auslieferung bestehen können, und inwieweit der ersuchte Staat frei ist in seiner Entscheidung (bzw. berechtigt ist, auszuliefern).

Da es an einer *gewohnheitsrechtlichen* Verpflichtung aus dem Völkerrecht fehlt,[98] ist zur Bestimmung einer bestehenden Auslieferungspflicht oder -berechtigung des ersuchten Staates nach *normierten* Rechtsbeziehungen im völkerrechtlichen und im innerstaatlichen Bereich zu fragen, hinsichtlich derer dann die Differenzierung zwischen dem vertragsgebundenen und dem vertraglosen Auslieferungsverkehr wieder aufzugreifen ist.

Im *vertraglosen* Auslieferungsverkehr besteht von vornherein keine Auslieferungspflicht. Dies betrifft sowohl das *Außen-*, also *völkerrechtliche* Verhältnis zum ersuchenden Staat, als auch die *innerstaatliche* Rechtslage: In der Bundesrepublik „kann" gemäß § 2 Abs. 1 IRG das Auslieferungsersuchen positiv beschieden werden, muss es aber von den deutschen Stellen nicht. Die Auslieferung steht ihnen dann grundsätzlich frei. Des Weiteren erzeugt das IRG auch keine völkerrechtlichen Pflichten zur Auslieferung.[99]

Eine im Außenverhältnis wirksame Verpflichtung zur Auslieferung kann nur aus einem abgeschlossenen völkerrechtlichen Vertrag erwachsen. Für den *vertragsgebundenen Auslieferungsverkehr* (EuHb, EuAlÜbk, bilaterale Abkommen)

---

96 Zum Teil abgedruckt in *Schomburg u. a.* 2012, HT V A.

97 Vgl. dazu ausführlich *Kap. 3.6.*

98 *Kimminich* 1980, S. 175; *Kau* 2013, Rn. 320; eingehend *Stein* 1983, S. 27-32.

99 *Lagodny* 2012, § 1 Rn. 6.

besteht nur dann eine Auslieferungspflicht im *Außenverhältnis*, wenn die jeweils im Vertrag vorausgesetzten Umstände dafür vorliegen und die die Rechtsfolgen anordnende Vertragsnorm[100] keine Fakultativklausel ist, die die Rechtshilfe ins Ermessen der Bundesrepublik als ersuchtem Staat stellt.[101] Handelt es sich um eine solche Fakultativklausel, steht die Auslieferung der Bundesrepublik im Außenverhältnis frei.

Fehlt es hingegen an einer Fakultativklausel, ergibt sich damit im vertragsgebundenen Bereich eine auch *innerstaatlich* wirksame Verpflichtung auszuliefern: Das Transformationsgesetz gemäß Art. 59 Abs. 2 S. 1 GG, das den Auslieferungsvertrag in die deutsche Rechtsordnung überträgt,[102] kann dem Vertragsinhalt nur in Gänze zustimmen;[103] mithin übernimmt das Transformationsgesetz also auch die Verpflichtung zur Auslieferung und beseitigt das innerstaatlich sonst grundsätzlich bestehende Ermessen der befassten Hoheitsträger. Um die nationalen Behörden innerstaatlich wirksam zur Auslieferung zu verpflichten, muss der Vertrag sie nach Zweck, Inhalt und Form ohne weiteres binden.[104] Eine solche unmittelbare Anwendbarkeit besteht bei den Auslieferungsverträgen mit klaren Bestimmungen.[105] Nicht erforderlich für diese innerstaatliche Bindung ist hingegen, dass die ins deutsche Recht transformierten Normen auch subjektive öffentliche Rechte für das Individuum enthalten (dann bestünde sogar eine unmittelbare Anwendbarkeit im engeren Sinne).[106]

Aber auch wenn der Auslieferungsvertrag eine Fakultativklausel enthält, steht es dem Gesetzgeber theoretisch frei, innerstaatlich das Ermessen der befassten Hoheitsträger durch zusätzliche Bestimmungen, etwa im IRG oder in einem Begleitgesetz zu dem entsprechenden Transformationsgesetz, zu binden.[107]

2.3.5 Die Unterscheidung anhand von „Müssen" und „Dürfen"

Wohl im Interesse der Veranschaulichung wird im Zusammenhang von „Pflichten" und „Berechtigungen" zur Auslieferung auch in den Kategorien von „Müssen" und „Dürfen" gedacht, und werden diese Kategorien den Rechtsbeziehungen

---

100 Vgl. z. B. Art. 1 EuAlÜbk; Art. 1 AuslV D-Aust; Art. 1 AuslV D-Ind; Art. 1 AuslV D-Kan; Art. 1 AuslV D-USA.

101 *Vogler* 1970, S. 46; *Lagodny* 2012, § 1 Rn. 24.

102 Vgl. nur *Schmahl* 2013, S. 965 (die innerstaatliche Rechtsordnung werde für den völkerrechtlichen Vertrag „geöffnet").

103 Vgl. statt vieler *Schweitzer* 2010, Rn. 186.

104 Vgl. *Stein/von Buttlar* 2009, § 2 Rn. 187; *Schweitzer* 2010, Rn. 438.

105 *Herdegen* 2016, § 22 Rn. 5.

106 *Stein/von Buttlar* 2009, § 2 Rn. 187; *Herdegen* 2016, § 22 Rn. 5.

107 *Vogler* 1970, S. 45.

im völkerrechtlichen und im innerstaatlichen Bereich zugeordnet.[108] Dabei wird von einigen Autoren (allein) danach unterschieden, dass das im Außenverhältnis grundsätzlich völlig freie Ermessen eines Staates auszuliefern durch Auslieferungsverträge begrenzt werde hin zu einem völkerrechtlichen *Müssen*, während die nationalen Regelungen (nur) die Frage beantworteten, ob gegenüber dem Verfolgten die Auslieferung vollzogen werden *dürfe*. Die völkerrechtlichen Regelungen gäben also Auskunft darüber, wann ein Staat einen Verfolgten ausliefern müsse, während die innerstaatlichen Regelungen bestimmten, wann er ausliefern dürfe.[109]

Das ist jedoch irreführend. Das freie Ermessen eines Staates zur Auslieferung kann nicht nur durch zwischenstaatliche Selbstbindungsakte (d. h. Auslieferungsverträge, die mangels Fakultativklausel das Ermessen beseitigen) beschränkt sein, sondern auch durch innerstaatliche.[110] Das umfasst die in *Kap. 2.3.4* erörterten innerstaatlichen Verpflichtungen, die einerseits über die Transformationsgesetze inhaltsgleich aus den zwischenstaatlichen Verpflichtungen aus Auslieferungsabkommen erwachsen und andererseits aus eigenständigen Selbstbindungen herrühren können, die die Bundesrepublik sich selbst bzw. ihren Behörden vorgibt und die innerstaatlich das Ermessen beschränken.

Anschaulich wird das z. B. anhand der Umsetzung von Rahmenbeschlüssen der EU, wie dem über den EuHb, die nicht einfach ins innerstaatliche Recht 1 : 1 per Vertragsgesetz übertragen, sondern auf eigene Art und Weise von den Mitgliedstaaten umgesetzt werden,[111] da nur das letztlich zu erreichende Ziel den Mitgliedstaaten vorgegeben ist:[112] Für den Rechtshilfeverkehr mit EU-Staaten wurde das in der Fakultativklausel des § 2 Abs. 1 IRG ausgedrückte völlig freie Ermessen in § 79 Abs. 1 S. 1 IRG insoweit reduziert, als dass zulässige Ersuchen nur bei Vorliegen der im Weiteren festgeschriebenen Gründe abgelehnt werden können und nunmehr eine grundsätzliche Pflicht zur Auslieferung besteht.[113] Insoweit, wie es für das verbindliche Erreichen des Ziels notwendig ist, werden

---

108 So z. B. bei *Schomburg u. a.* 2013, Rn. 34 f.

109 So *Frank* 1920, S. 140; ihm folgend *Kreppel* 1965, S. 164; und *Vogler* 1970, S. 45; diesem wiederum folgend *Stein* 1983, S. 14.

110 Dies allerdings anerkennend *Vogler* 1970, S. 45; *Stein* 1983, S. 14.

111 Statt vieler *Wasmeier* 2004, S. 322; *Schönberger* 2007, S. 1125.

112 Zur Bindungswirkung der Rahmenbeschlüsse *Bieber u. a.* 2013, § 6 Rn. 74; *Ambos* 2014, § 12 Rn. 38. Dabei handelt es sich um Rechtsakte zur polizeilichen und justiziellen Zusammenarbeit in Strafsachen innerhalb der ehemals „dritten Säule" der Europäischen Gemeinschaft, die durch den Vertrag von Lissabon aufgelöst wurde (vgl. nur *Herdegen* 2015b, § 20 Rn. 1); die Rechtsakte behalten aber ihre Wirksamkeit gemäß Art. 9 des Protokolls Nr. 36 über die Übergangsbestimmungen, Abl. 2008/C 115/322 (325) bei; vgl. auch *Röcker* 2012, S. 333 f.

113 Statt vieler *Hackner* 2012, § 79 Rn. 4.

also zum Teil Rechtspflichten ausgelöst bzw. wird staatliches Ermessen zumindest erheblich reduziert bis hin zu einem innerstaatlichen *Müssen*.

Zusätzlich kann es nicht ausgeschlossen werden, dass aus dem innerstaatlichen Recht, dabei insbesondere aus den Grundrechten, auch ein *Anspruch des Verfolgten auf Auslieferung* besteht. Das kann vor allem aus seinem verfassungsrechtlich verankerten Resozialisierungsanspruch herrühren, wenn dieser durch eine (spätere) Strafvollstreckung in seinem Heimatstaat besser verwirklicht wird.[114]

Ein *Müssen* kann sich somit sowohl aus den Rechtsbeziehungen des völkerrechtlichen Bereichs als auch aus innerstaatlichen Regelungen heraus ergeben.

Umgekehrt lässt sich auch die Frage nach dem *Dürfen* nicht nur anhand der innerstaatlichen Regelungen beantworten. Zwar bedarf es in Deutschland zur Durchführung der Auslieferung und der damit verwirklichten Grundrechtseingriffe eines Gesetzes, das den ausführenden Hoheitsträger dazu ermächtigt.[115] Das *innerstaatliche Dürfen* kann dabei durch „Auslieferungs-Gegenrechte"[116] – insbesondere verfassungsrechtlicher Art – des Verfolgten eingeschränkt sein. Es wäre aber Ausdruck eines vom Institut des Vorbehaltes des Gesetzes geprägten Denkens, die Frage des Auslieferndürfens rein innerstaatlich und dann auch noch nur auf die Existenz einer Ermächtigungsnorm reduziert zu betrachten.[117] Auch völkerrechtlich können dem Dürfen rechtliche Regelungen entgegenstehen, da die einzelne Auslieferung auf einem völkerrechtlichen Vertrag gründet, der sich innerhalb der Grenzen der völkerrechtlichen Vertragsfreiheit bewegen muss.[118] Zu solchen rechtlichen Regelungen, die das *völkerrechtliche Dürfen* begrenzen, zählen insbesondere Menschenrechte mit völkerrechtlichem Geltungsanspruch,[119] die mit subjektiv-rechtlichem Charakter auf den Schutz des Einzelnen abzielen.[120]

Zusammenfassend kann also festgehalten werden, dass sich bei Vorliegen gewisser Kriterien völkervertraglich und innerstaatlich-gesetzlich Pflichten zur Auslieferung ergeben können; diesen Pflichten stehen jedoch Regelungen gegenüber, die aus (zumeist menschenrechtlichen) Rechtssätzen des Verfassungs-

---

114 Vgl. anhand eines Antrages auf Überstellung BVerfGE 96, 100 (117 f.).

115 Statt vieler *Schomburg u. a.* 2013, Rn. 39-42: gedankliche Unterteilung in „Vornahmeermächtigung" (bzgl. Auslieferungshaft etc.) und „Leistungsermächtigung" (bzgl. Übergabe an ausländische Hoheitsträger).

116 Als „Auslieferungs-Gegenrechte" in die Diskussion eingeführt von *Lagodny* 1987, S. 3; jüngst bestätigt durch *Schomburg u. a.* 2013, Rn. 47.

117 So aber in der Sache wohl noch *Frank* 1920, S. 140.

118 *Lagodny* 1987, S. 2; *Vogel* 2009, vor § 1 Rn. 26.

119 *Schomburg u. a.* 2013, Rn. 34, unter Verweis auf das *ius cogens*, den IPbpR und die EMRK; *Herdegen* 2015a, Art. 1 Abs. 3 Rn. 80.

120 *Vogel* 2009, vor § 1 Rn. 42.

oder Völkerrechts herrühren, die dem Schutz der Verfolgten dienen. Selbst bei Vorliegen aller sonstigen Voraussetzungen der Auslieferung können sie die Auslieferungspflichten aushebeln oder gar zu einem Auslieferungsverbot führen.[121]

2.4 Die Bedeutung der Auslieferungsvoraussetzungen für die Auslieferungsberechtigung oder -verpflichtung

Für die vorliegende Erörterung, ob drohende Haftbedingungen ein Auslieferungshindernis bilden können, ist zunächst relevant, wie sich das Vorliegen etwaiger Auslieferungsvoraussetzungen – und darunter dann möglicherweise unzulänglicher Haftumstände – auf die staatliche Berechtigung bzw. gar Verpflichtung zur Auslieferung auswirken.

Tatsächlich ist die Bundesrepublik erst dann verpflichtet oder zumindest berechtigt, den Verfolgten auszuliefern, wenn alle Auslieferungsvoraussetzungen vorliegen. Fehlt eine Auslieferungsvoraussetzung, so bildet das innerstaatlich ein Zulässigkeits- und Bewilligungshindernis. Auch völkerrechtlich ist die Auslieferung dann unzulässig. Dem ersuchten Staat fehlt also die Berechtigung zur Vollziehung der Auslieferung. Eine Verpflichtung gegenüber dem ersuchenden Staat, den Verfolgten auszuliefern, besteht dann nicht. So einfach diese Feststellungen wirken mögen, so schwierig sind jedoch die damit verbundenen Einzelfragen zu beantworten.

2.4.1 Abweichende Auslieferungsvoraussetzungen in der innerstaatlichen und in der völkerrechtlichen Rechtsbeziehung

Die Schwierigkeiten beginnen damit, dass die Berechtigung und die Verpflichtung in den bereits herausgearbeiteten Rechtsbeziehungen – innerstaatlich und zwischenstaatlich – zu unterscheiden sind. In jeder Rechtsbeziehung für sich betrachtet kann es nur eine widerspruchsfreie Rechtslage geben:

Im *zwischenstaatlichen Verhältnis* gegenüber dem ersuchenden Staat ist der ersuchte Staat entweder zur Auslieferung berechtigt oder nicht. Hinzukommen kann gegebenenfalls eine Verpflichtung zur Auslieferung gegenüber dem ersuchenden Staat. Widersprechen sich Berechtigung und Verpflichtung im zwischenstaatlichen Verhältnis, so ist dieser Widerspruch nach den völkerrechtlichen Regeln der Normenkonkurrenz auflösbar.[122]

---

121   Diese Erweiterung des Müssen-Dürfen-Schemas ist also die Folge wesentlicher (Weiter-) Entwicklungen des Auslieferungs-, Staats- und Europarechts seit der von *Frank* noch 1920 (S. 140) vorgenommenen Analyse.

122   Vgl. zu diesen nur *Vogler* 1993b, S. 7 ff.

Die Berechtigung ist dabei logische Voraussetzung der Verpflichtung (Wer „muss", der muss auch „dürfen".[123]).

Gleiches gilt für das *innerstaatliche Rechtsverhältnis*: Gegenüber dem Verfolgten ist der ersuchte Staat zur Auslieferung berechtigt oder nicht. Hinzukommen kann hier durch eventuelle innerstaatliche Selbstbindungsakte auch eine Verpflichtung des Staates zur Auslieferung. Widersprechen sich Berechtigung und Verpflichtung im innerstaatlichen Verhältnis, so ist auch dieser Widerspruch auflösbar: Die Norm mit dem höheren Geltungsrang gibt den Ausschlag. Wiederum muss für eine wirksame Verpflichtung die Berechtigung zur Auslieferung gegeben sein.

Konfliktpotenzial birgt nun der Umstand, dass die rechtlichen Aussagen der beiden Ebenen grundsätzlich in keiner Wechselwirkung zueinander stehen,[124] sondern unabhängig voneinander sind und daher auch voneinander abweichen können.[125] Das ist der Fall, wenn in einer Rechtsbeziehung Auslieferungskriterien bestehen, die keine Entsprechung in der jeweils anderen Rechtsbeziehung haben, und es somit zu Friktionen zwischen völkerrechtlicher Verpflichtung und innerstaatlicher Berechtigung kommt;[126] z. B.: Die Bundesrepublik wäre völkerrechtlich verpflichtet, den Verfolgten an den ersuchenden Staat A auszuliefern; innerstaatlich würde es aber an einer Ermächtigung für den Eingriff in die Rechte des Verfolgten fehlen, weil ein Auslieferungshindernis aus dem deutschen Recht die Übergabe des Verfolgten unzulässig macht.

Soweit die Beurteilungsgrundlagen allein ein völkerrechtlicher Vertrag und sein innerstaatliches Umsetzungsgesetz sind, entsprechen sich die jeweiligen Pflichtenprogramme bzw. Berechtigungen. Im *vertragsgebundenen* Auslieferungsverkehr bringen daher Auslieferungshindernisse, die sowohl im deutschen Recht gelten als auch völkerrechtlich vereinbart sind, keine Brüche mit sich, wenn von deutscher Seite das Auslieferungsersuchen auf Grundlage des völkerrechtlichen Vertrages und des entsprechenden Vertragsgesetzes abschlägig beschieden wird. Besteht ein solches Auslieferungsabkommen, gelten die Regelungen des IRG gemäß der Subsidiaritätsklausel des § 1 Abs. 3 IRG grundsätzlich insoweit nicht, wie das Abkommen mit seinen materiell-rechtlichen Regelungen in das innerstaatliche Recht durch sein Transformationsgesetz übertragen ist. Dadurch gelten die in dem Abkommen vorgesehenen Auslieferungsvorbehalte auch

---

123   In Anlehnung an *Kap. 2.3.5.*

124   Dies gilt jedenfalls für Regelungen in völkerrechtlichen Verträgen. Allgemeine Regeln des Völkerrechts hingegen können in das deutsche Recht durchaus über Art. 25 GG einfließen, vgl. *Kap. 3.6.4.4.1.5.*

125   Vgl. statt vieler *Geck* 1963, S. 48 f., 220-222; *Vogler* 1970, S. 200.

126   Diese Möglichkeit verneint *Gilmeister* (1991, S. 2245) pauschal, der Friktionen von vornherein dadurch ausgeschlossen sieht, dass völkerrechtliche Verträge eines Transformationsaktes ins nationale Recht bedürfen.

innerstaatlich und ein Gleichlauf der innerstaatlichen und zwischenstaatlichen Auslieferungshemmnisse ist dahingehend gewährleistet.[127]

Treten aber weitere Rechtssätze (o. a. „Auslieferungs-Gegenrechte") hinzu, die nur in einer der beiden Rechtsbeziehungen wirken, können die innerstaatliche und die völkerrechtliche Berechtigung voneinander abweichen. Solche weiteren Rechtssätze können in zwei Szenarien Bedeutung erlangen: Entweder der völkerrechtliche Vertrag und mit ihm sein innerstaatliches Umsetzungsgesetz weisen eine *inhaltliche Lücke* auf, sie regeln also zu einem möglichen Auslieferungskriterium gar nichts. Diese Lücke könnte dann durch einschlägige Rechtssätze geschlossen werden, die in der jeweiligen – innerstaatlichen bzw. zwischenstaatlichen – Rechtsbeziehung ergänzend heranzuziehen sind. Oder es besteht im Auslieferungsvertrag und seinem innerstaatlichen Umsetzungsgesetz zwar eine einschlägige Regelung, sie *widerspricht* aber *anderen Rechtssätzen*, die in der jeweiligen Rechtsbeziehung vorrangig gelten. In der *völkerrechtlichen* Rechtsbeziehung müssten solche weiteren Rechtssätze, die die zwischenstaatliche Auslieferungsberechtigung des ersuchten Staates zusätzlich beschränken, also aus *Völkerrecht mit stärkerer Geltungskraft*[128] herzuleiten sein. Mit Blick auf die *innerstaatliche* deutsche Rechtsbeziehung kommen als kollidierende Rechtssätze vor allem *Verfassungsnormen* in Betracht.

Ein Beispiel für das erste Szenario ist gegeben, wenn ein Auslieferungsvertrag abgeschlossen wurde, ohne einen Grund- oder Menschenrechtsvorbehalt einzubeziehen. Dann könnten im Konfliktfall Grund- bzw. Menschenrechte völkerrechtlicher bzw. innerstaatlicher (z. B. verfassungsrechtlicher) Herkunft ersatzweise heranzuziehen sein, die diese Regelungslücke schließen.

Das zweite mögliche Szenario wird beispielhaft durch einen Auslieferungsvertrag veranschaulicht, in dem die Auslieferung auch bei drohender Todesstrafe vereinbart wird. Entsprechend würde das innerstaatliche Umsetzungsgesetz zum Auslieferungsvertrag eine Auslieferungspflicht auch für einen solchen Fall statuieren. Ist das Hinwirken auf die Vollstreckung einer Todesstrafe nach inner-

---

127 Ohnehin galt lange Zeit, dass die bi- und multilateralen Auslieferungsabkommen die Auslieferungsvoraussetzungen zwar eigenständig regeln, diese Voraussetzungen sich aber aus historischen Gründen weitgehend mit denen decken, die das nationale Recht vorgibt; vgl. dazu *Stein* 1983, S. 14 f.

128 Innerhalb der völkerrechtlichen Lehre ist es umstritten, ob sich eine völkerrechtliche Normenhierarchie herausgebildet hat (so z. B. *Hobe* 2008, S. 178 ff.) oder eine Normenhierarchie gerade nicht besteht und die verschiedenen völkerrechtlichen Rechtsquellen lediglich in der Verfestigung bzw. Höhe ihrer Geltungskraft voneinander abweichen (so z. B. *Stein/von Buttlar* 2009, Rn. 147: „Verfestigung", Rn. 152: ‚erhöhte" Geltungskraft). Letztlich laufen beide Deutungen darauf hinaus, dass sich eine Gruppe von Rechtssätzen gegenüber einer anderen durchsetzt. Für die vorliegende Erörterung kann eine Antwort auf diese Detailfrage also dahinstehen, ausschlaggebend ist allein das Moment des Durchsetzens, das hier mit dem Begriff „Stärke der Geltungskraft" neutral beschrieben werden soll.

staatlichem Verfassungsrecht des ersuchten Staates jedoch untersagt, stünden also die innerstaatlichen Regelungsanordnungen des ersuchten Staates zueinander im Widerspruch, woraufhin das Verbot aus dem Verfassungsrecht die Auslieferungspflicht des Umsetzungsgesetzes (zumindest nach der deutschen Normenhierarchie) verdrängen würde.

Die Aussagen der beiden Rechtsbeziehungen können auch *ohne Konfliktpotenzial* voneinander abweichen. Das betrifft den vertraglosen Auslieferungsverkehr, wenn also vor dem konkreten Auslieferungsersuchen kein Auslieferungsabkommen abgeschlossen wurde. *Völkerrechtlich* besteht dann ohnehin *kein* Katalog von Auslieferungsvoraussetzungen, der eine *Auslieferungspflicht* zu begründen vermag, und eine gewohnheitsrechtliche Pflicht zur Auslieferung aus dem Völkerrecht gibt es nicht. Da dann also *nur innerstaatlich* ein Katalog von Auslieferungsvoraussetzungen (nämlich der des nationalen Auslieferungsrechts, in Deutschland das IRG) existiert, nicht aber ein zwischenstaatlicher Katalog, kann folglich der innerstaatliche Kriterienkatalog dem zwischenstaatlichen nicht im eigentlichen Sinne entsprechen. Es kann andererseits aber auch zu keinem Widerspruch der rechtlichen Aussagen der beiden Rechtsbeziehungen zueinander kommen.[129] Im vertraglosen Auslieferungsverkehr verursachen Auslieferungshemmnisse daher keine Brüche zwischen „Müssen" und „Dürfen" der verschiedenen Beziehungen.

Zusammenfassend kann sich aus der getrennten Betrachtung der beiden Rechtsbeziehungen ergeben, dass nach beiden einheitlich alle Auslieferungsvoraussetzungen vorliegen oder einige einheitlich fehlen, und der ersuchte Staat daher nach innerstaatlichem wie zwischenstaatlichem Recht zur Auslieferung berechtigt und gegebenenfalls sogar verpflichtet ist, oder ihm diese Berechtigung gerade fehlt. Es ist aber gleichfalls auch denkbar, dass nach der völkerrechtlichen Rechtslage die Auslieferungsvoraussetzungen vorliegen, nach der innerstaatlichen Rechtslage hingegen nicht. Die Rechtsfolge daraus wäre dann also eine völkerrechtliche Verpflichtung zur Auslieferung, der innerstaatlich das Fehlen der Berechtigung entgegensteht, mithin ein Konflikt von sich widersprechender Berechtigung und Pflicht.

---

129 Es könnten in einem solchen Fall völkerrechtlich höchstens *Gegenrechte* zu der Auslieferung bestehen, d. h. bspw. völkerrechtlich zwingend zu wahrende Menschenrechte. Theoretisch könnte damit auch die Auslieferung völkerrechtlich unzulässig, innerstaatlich aber zulässig sein. Aus Sicht des deutschen Rechts kann diese Konstellation jedoch mit einiger Gewissheit ausgeschlossen werden, da die Gewährleistungen des deutschen Verfassungsrechts, ergänzt durch die der EMRK (vgl. dazu auch *Kap. 4.2.1*), in aller Regel über die des zwingenden Völkerrechts hinausgehen; vgl. ausführlicher zu den jeweiligen Inhalten *Kap. 3.6.* Außerdem würde solch höherrangiges Völkerrecht als allgemeine Regel des Völkerrechts gemäß Art. 25 GG in die deutsche Rechtsordnung hineinwirken und damit auch die innerstaatliche Auslieferungsberechtigung aufheben (vgl. zu den Einzelheiten *Kap. 3.6.4.4.1*).

2.4.2 Konsequenzen für die rechtliche Würdigung von Auslieferungshindernissen

Aus dem Befund, dass der Gleichlauf zwischen völkerrechtlicher und innerstaatlicher Pflichten- und Berechtigungslage gestört sein kann, folgt nicht zwingend, dass ein solcher Gleichlauf anzustreben ist. Das gilt es gesondert zu erwägen (*Kap. 2.4.2.1*). Ist ein solcher Gleichlauf herzustellen, wird außerdem zu beachten sein, dass nicht alle denkbaren Auslieferungshindernisse gleichermaßen anfällig sind für ein Auseinanderfallen der angeordneten Rechtsfolgen. Vielmehr kommen dafür nur einige wenige in Betracht (*Kap. 2.4.2.2*). Aus der Perspektive des Menschenrechtsschutzes ist weiterhin bedeutsam, was der anzustrebende Gleichlauf und das Auseinanderfallen der Rechtsfolgen für den Verfolgten bedeuten, der sich gegen eine Auslieferung zur Wehr setzen möchte (*Kap. 2.4.2.3*).

2.4.2.1 Gleichlauf von völkerrechtlicher und innerstaatlicher Regelungsanordnung als Optimum

Ein Konflikt besteht nun also, wenn sich die innerstaatliche Berechtigung und die völkerrechtliche Pflicht widersprechen. Daraus könnte abgeleitet werden, dass dem nun einmal unabänderlich so ist, der Konflikt nicht gelöst werden kann und folglich einer der beiden Regelungsanordnungen – der innerstaatlichen oder der zwischenstaatlichen – der Vorrang einzuräumen ist. Über das Auslieferungsersuchen könnte also entweder allein nach völkerrechtlicher Rechtslage zu entscheiden sein, weil die innerstaatlichen Regelungen keine eigene Geltung entfalten könnten.[130] Oder nur die innerstaatliche Rechtslage könnte die maßgebliche sein, weil aus nationaler Perspektive die völkerrechtlichen Normen und ihre innerstaatlichen Umsetzungsakte einen geringeren Geltungsrang haben als jedenfalls das innerstaatliche Verfassungsrecht.[131]

Die Rechtsprechung und die herrschende Ansicht im Schrifttum neigen indes dazu, einen Gleichlauf der innerstaatlichen und völkerrechtlichen Rechtslage zu konstruieren, um Friktionen zwischen beiden Rechtsbeziehungen zu vermeiden. Zur Begründung wird zum einen der völkergewohnheitsrechtliche[132] und in Art. 27 WVK zusätzlich[133] ausdrücklich normierte Grundsatz herangezogen, nach dem sich Staaten ihren völkerrechtlichen Verpflichtungen nicht durch

---

130 So i. E. *Vogler* 1970, *passim*. Ausführlich dazu in *Kap. 3.6.4.3* und *Kap. 3.6.4.4.2*.

131 So i. E. *Lagodny* 1987, *passim*. Ausführlich dazu in *Kap. 3.6.4.2* und *Kap. 3.6.4.4.1*.

132 Statt vieler *Delbrück/Wolfrum* 2002b, S. 607.

133 Werden Regeln des Völkergewohnheitsrechts durch Vertragsrecht ausdrücklich normiert, gelten beide Rechtsquellen gleichwertig nebeneinander, vgl. *Schmahl* 2013, S. 965 m. w. N.

Verweis auf ihr innerstaatliches Recht entziehen können. Dieser Grundsatz ruft in Erinnerung, dass – sollten sich deutsche Hoheitsträger mit der bloßen Feststellung zufrieden geben, innerstaatlich zur Auslieferung nicht ermächtigt zu sein – die Bundesrepublik dem ersuchenden Staat gegenüber jedenfalls vertragsbrüchig wäre. Zudem könnte bei Nichtbeachtung einer völkerrechtlichen Verpflichtung der Eindruck entstehen, die nationalen Maßstäbe sollten dem Ausland aufgezwungen werden. Es ist des Weiteren denkbar, dass Rechtspositionen aus dem völkerrechtlichen Bereich dergestalt in die innerstaatliche Beziehung hineinwirken, dass sie den Umfang des innerstaatlich zu gewährenden Individualschutzes beeinflussen.

Zum anderen ist aber – zumindest aus deutscher Perspektive – zu berücksichtigen, dass gemäß Art. 1 Abs. 3 GG die deutschen Hoheitsträger an die Grundrechte gebunden sind. Davon darf jedenfalls nicht abgewichen werden, um völkervertragliche Pflichten zu erfüllen.

Daraus folgt, dass keine der beiden Rechtsbeziehungen außer Acht gelassen werden darf, sondern ein Gleichlauf der Auslieferungsvoraussetzungen anzustreben ist.[134] Außerdem schützt eine vor allem menschenrechtsschonende Annäherung zwischen innerstaatlichem und völkerrechtlichem Bereich davor – unter dem Eindruck, die eigenen Wertvorstellungen dem Ausland nicht vorschreiben zu können, und im beinahe voreiligen Bestreben, die Friktionen zwischen den Rechtsbeziehungen zu reduzieren oder gar vollständig zu vermeiden –, Menschenrechten die Geltung gleich ganz abzusprechen und damit gewissermaßen das Kind mit dem Bade auszuschütten. Dem gilt es entgegenzuwirken, indem die auf beiden Ebenen jeweils anwendbaren, deckungsgleichen Gewährleistungen herausgestellt werden.

2.4.2.2 Auslieferungskriterien mit denkbarem Auseinanderfallen der Regelungsanordnungen

Nicht für alle praktisch relevanten Auslieferungskriterien kommt ein Auseinanderfallen von völkerrechtlicher und innerstaatlicher Rechtslage gleichermaßen in Betracht. Es ist also zwischen einerseits jenen Auslieferungshemmnissen zu unterscheiden, bei denen zwischenstaatlich und innerstaatlich ein Gleichlauf besteht und aus denen sich keine Brüche ergeben, wenn sie vom Verfolgten gegen seine drohende Auslieferung geltend gemacht werden, und andererseits jenen Hindernissen, bezüglich derer Abweichungen in der völkerrechtlichen Rechtsbeziehung und der Beziehung innerhalb des deutschen Rechts entstehen können. Insoweit kritisch sind nur die Auslieferungsvoraussetzungen, die in einem gleichwohl bestehenden Auslieferungsabkommen gar nicht geregelt sind, oder die zwar

---

134 Zur dogmatischen Konstruktion einer Angleichung vgl. *Kap. 3.6.4.4.1*, zu den Grenzen einer vollständigen Übereinstimmung vgl. *Kap. 3.7*.

geregelt sind, hinsichtlich derer aber widersprechendes – zwischen- oder innerstaatliches – Recht mit stärkerer Geltungskraft besteht. Es wird also danach unterschieden, ob das im deutschen Recht (d. h. nach dem IRG, dem Transformationsgesetz zum Auslieferungsvertrag oder gar nach dem GG, mithin jedenfalls in
der innerstaatlichen Rechtsbeziehung zwischen der Bundesrepublik als ersuchtem
Staat und dem Individuum) geregelte Auslieferungshemmnis eine inhaltsgleiche
Entsprechung in völkerrechtlichen Normen (also in der zwischenstaatlichen
Rechtsbeziehung zwischen der Bundesrepublik als ersuchtem Staat und dem ersuchenden Staat, also regelmäßig der Auslieferungsvertrag oder Völkerrecht mit
stärkerer Geltungskraft) hat.

Unbedenklich sind daher Voraussetzungen, die im Auslieferungsvertrag geregelt sind, und die in keinem potenziellen Widerspruch zu höherrangigem innerstaatlichen Recht oder stärker geltendem Völkerrecht stehen. Erhöhtes Konfliktpotenzial bergen hingegen das mögliche Kriterium einer im ersuchenden Staat
drohenden Vollstreckung einer Todesstrafe sowie ein menschenrechtlicher Vorbehalt, der auf die Einhaltung von Grundrechten im ersuchenden Staat zielt. Mit
dem Menschenrechtsvorbehalt zählt also auch dasjenige Kriterium zu den problematischen Konstellationen, das die Beachtung von drohenden unzulänglichen
Haftbedingungen ermöglichen könnte.[135]

2.4.2.3 Konsequenzen für die Rechtsposition des Auszuliefernden

Ein Auszuliefernder, der seine Auslieferung verhindern möchte, muss ein Hindernis geltend machen, das ihm als rechtlich geschütztes Interesse zugeordnet ist.
Dieses rechtlich geschützte Interesse muss sowohl etwaige bestehende Auslieferungspflichten als auch -berechtigungen des ersuchten Staates aushebeln können:
Nur wenn der ersuchte Staat den Verfolgten bei drohenden menschenunwürdigen
Haftbedingungen weder ausliefern *muss*, noch ihn ausliefern *darf*, ist ein individuell wirksam schützendes Auslieferungshindernis gegeben. Um einer bevorstehenden Auslieferung wirksam entgegengesetzt werden zu können, muss sich die
Berücksichtigung einer entgegenstehenden Rechtsposition also in einem geschriebenen oder ungeschriebenen Rechtssatz niederschlagen oder aus einem solchen abgeleitet werden können. Außerdem muss diesem Rechtssatz ein ausreichend hoher Geltungsrang bzw. eine entsprechend stärkere Geltungskraft zukommen, um gegen die die Auslieferung stützenden Rechtspositionen Bestand zu
haben.

Hinsichtlich der Rechtswirkung eines solchen Menschenrechtsvorbehaltes
gilt also nichts anderes als bei den sonstigen Auslieferungsvoraussetzungen: Besteht im Übrigen (d. h. nach tatbestandlicher Würdigung der anderen Auslieferungsvoraussetzungen) eine *völkerrechtliche* Verpflichtung zur Auslieferung,

---

135 Eine kategorisierende Darstellung der Auslieferungshindernisse wird diesem erhöhten
Konfliktpotenzial Rechnung tragen müssen, vgl. *Kap. 3.2.*

kann diese Pflicht nur entfallen, wenn ein *völkerrechtlicher* Rechtssatz den Vorbehalt des Verfolgten ermöglicht.[136] Dadurch entfiele die völkerrechtliche Berechtigung des ersuchten Staates zur Auslieferung, und damit auch seine Verpflichtung. Entscheidend ist, dass der jeweilige völkerrechtliche Rechtssatz die beiden von der Auslieferung betroffenen Staaten bindet, er muss nicht alle Staaten weltweit gleichermaßen einbeziehen.[137]

Für etwaige *innerstaatliche* Verpflichtungen oder auch nur im behördlichen Ermessen stehende Möglichkeiten zur Auslieferung gilt sinnentsprechend das gleiche: Soweit Rechtspositionen vorliegen, die die Auslieferung stützen, und die Bundesrepublik also nach deutschem Recht ausliefern muss oder es zumindest kann, bedarf es eines im *innerstaatlichen* Recht geltenden Vorbehaltes, um die *für* die Auslieferung streitenden Rechtspositionen aufzuheben. Diese Rechtspositionen bilden – soweit es den vertraglich gebundenen Auslieferungsverkehr einschließlich desjenigen über den EuHb betrifft – die *Verpflichtungen* der Bundesrepublik Deutschland, die aus den abgeschlossenen völkerrechtlichen Verträgen bzw. deren Umsetzungsgesetzen in nationales Recht gemäß Art. 59 Abs. 2 S. 1 GG sowie möglicherweise sonstigen innerstaatlichen Bestimmungen[138] erwachsen. Im vertraglich ungebundenen Auslieferungsverkehr kommt es erst durch die Bewilligung der Auslieferung zum Abschluss des völkerrechtlichen Vertrages. Zuvor (und damit auch während der Entscheidung über die Zulässigkeit und die Bewilligung) bestehen folglich abseits innerstaatlicher (Selbst-)Bindungen zunächst keine Verpflichtungen zur Auslieferung. Als weitere innerstaatliche Rechtsposition, die die Auslieferung ermöglicht und den Individualrechten des Auszuliefernden entgegensteht, ist die *Berechtigung* deutscher Hoheitsträger zu nennen, gestützt auf das IRG und die Umsetzungsgesetze zu den völkerrechtlichen Verträgen auszuliefern.

Die Verpflichtungen und auch Berechtigungen haben den Rang eines einfachen Bundesgesetzes, auf dessen Ebene sich das IRG und die Umsetzungsgesetze bewegen.[139] Um diesen Rechtspositionen wirkungsvoll begegnen zu können und

---

136 Anhand eines internationalen *ordre public*, dessen materielle Gewährleistungen mit *ius-cogens*-Qualität (vgl. dazu *Kap. 3.6.6*) die Entstehung einer völkerrechtlichen Verpflichtung aus einem völkerrechtlichen Vertrag verhindern sollen, *Jaenicke* 1995, S. 1351; ebenso *Seidl-Hohenveldern* 1997, S. 788 f. Auf eine Begrenzung der Auslieferungspflichten durch Menschenrechtsabkommen weist schon *Gusy* (1980, S. 15) hin.

137 Neben Regelungen im jeweiligen bi- oder multinationalen Auslieferungsvertrag ist dazu regional bedeutsames Völkerrecht zu zählen, darunter vor allem die EMRK; so auch *Schomburg u. a.* 2013, Rn. 34.

138 Neben einfachgesetzlichen Selbstbindungsakten sei hier an einen möglichen Anspruch des Verfolgten erinnert, ausgeliefert zu werden, wenn sich das aus seinen Grundrechten (z. B. unter Resozialisierungsgesichtspunkten) herleiten lässt, vgl. *Kap. 2.3.5*.

139 Es wurde zwar bereits ausgeführt, dass auch Positionen aus Grundrechten des Verfolgten zu einer Verpflichtung der Bundesrepublik zur Auslieferung führen könnten, allerdings

die Auslieferung letztlich zu unterbinden, muss dem individuellen Bedürfnis, nicht ausgeliefert zu werden, folglich höherer Geltungsrang zukommen. Sie müssten also dem Schutzbereich von Grundrechten oder grundrechtsgleichen Rechten zugeordnet werden können. Ein solcher Vorbehalt würde die Auslieferung (bzw. genauer nach der Vertragstheorie: die Annahme des ausländischen Auslieferungsersuchens) für deutsche Hoheitsträger unzulässig machen und sie wäre auch nicht zu bewilligen.[140]

Da die beiden Ebenen – die völkerrechtliche und die innerstaatliche – getrennt zu betrachten sind, bedarf es also eines Vorbehaltes, der mit gleichem Inhalt auf *beiden* Ebenen mit ausreichendem Geltungsrang normativ verankert ist und damit auf beiden Ebenen Wirkung entfaltet, um friktionslos die völkerrechtliche und die innerstaatliche Pflicht oder auch nur Berechtigung zur Auslieferung auszuhebeln. Dann könnte eine sonst bestehende Verpflichtung zur Auslieferung oder eine sonst eingeräumte freie Ermessensausübung entfallen, so dass letztlich die Auslieferung verweigert werden könnte und müsste. Es würde also die Ermächtigung zur Auslieferung begrenzt.

2.5 Zusammenfassung

Die internationale Rechtshilfe in Strafsachen wird von den Staaten im Fremd- und Eigeninteresse geleistet. In rechtlicher Hinsicht ist sie geprägt von den Rechtsbeziehungen in einem dreipoligen Verhältnis: der des ersuchenden Staates zum ersuchten Staat (zwischenstaatliche Rechtsbeziehung) und der des ersuchten Staates zum Verfolgten (innerstaatliche Rechtsbeziehung). In den beiden Rechtsbeziehungen ist zu unterscheiden zwischen einer jeweils bestehenden Berechtigung zur Auslieferung einerseits und sogar einer Verpflichtung zur Auslieferung andererseits. Die Berechtigung zur Auslieferung ist in jeder Rechtsbeziehung aber auch die Voraussetzung dafür, dass in dieser Rechtsbeziehung eine Verpflichtung zur Auslieferung bestehen kann; eine Verpflichtung trotz fehlender Berechtigung

---

entspräche das nicht der Konfliktlage, von der in der vorliegenden Bearbeitung konkret die Rede ist, wenn der Verfolgte seine Auslieferung gerade verhindern möchte. Insofern rühren die innerstaatlichen Verpflichtungen an dieser Stelle tatsächlich nicht aus der Verfassung, sondern nur aus den einfachen Gesetzen her.

140 Dies entspricht der Regelung des § 73 S. 1 IRG („…ist unzulässig, wenn…"), der für das Auslieferungsrecht als Konkretisierung eines *ordre public international* fungieren soll; vgl. *Kap. 3.6.4.4.3*. Gleiches gilt für den in § 73 S. 2 IRG für den innereuropäischen Auslieferungsverkehr modifizierten *ordre public international*: Gemäß § 79 Abs. 1 S. 1 IRG wird im Auslieferungsverkehr mit den EU-Staaten der Ermessensspielraum zur Auslieferung stark verengt (ausführlich dazu in *Kap. 5.5.2*), so dass sich die innerstaatliche Berechtigung zur Auslieferung in die Richtung einer Pflicht zur Auslieferung an EU-Staaten bei Vorliegen der sonstigen Voraussetzungen entwickelt. Die Verengung hin zu einer solchen Auslieferungspflicht wird bei einem Verstoß gegen den von § 73 S. 2 IRG normierten *ordre public* verhindert.

ist nicht denkbar, wenn man den Blick nur auf eine der beiden Rechtsbeziehungen verengt.

Rechtliche Probleme ergeben sich aber dadurch, dass die Aussage zur Berechtigung bzw. Verpflichtung der innerstaatlichen Rechtsbeziehung von der Aussage zur Berechtigung bzw. Verpflichtung der zwischenstaatlichen Rechtsbeziehung abweichen kann.

Ein Ausweg zur Vermeidung derartiger Divergenzen kann darin liegen, Konvergenzen in den menschenrechtlichen Gewährleistungen beider Rechtsbeziehungen zu ermitteln. Aussicht auf Erfolg verspricht dies jedenfalls insoweit, wie nicht alle möglichen Menschenrechtssätze in die Diskussion einbezogen werden, sondern nur diejenigen, die für den Schutz vor unzulänglichen Haftbedingungen im ersuchenden Staat relevant sind.

Um einer Auslieferungsberechtigung oder gar -verpflichtung des Aufenthaltsstaates rechtlich wirksam begegnen und die die Auslieferung stützenden Rechtspositionen aushebeln zu können, bedarf der Verfolgte eines materiellen Rechtssatzes, dem ein ausreichend hoher Geltungsrang zukommt.

3. Materiellrechtliche Voraussetzungen einer Auslieferungsberechtigung oder -verpflichtung

3.1 Vorbemerkung

Um einen Überblick zum Auslieferungsrecht zu vermitteln, der die themenbedingt gebotene Detailtiefe herstellt, ohne die Randbereiche unnötig stark auszuleuchten, stellt sich die Frage nach einer gewinnbringenden Darstellung der Auslieferungsvoraussetzungen. Angesichts des skizzierten „Regelungsdschungels"[141] würde jeder Versuch einer vollständigen Darstellung aller mittlerweile gültigen Kriterien mit ihren Ausnahmen und Gegenausnahmen in den sich geographisch und inhaltlich überschneidenden Abkommen und ihren innerstaatlichen Umsetzungsakten – teilweise nach Anmeldung von völkerrechtlichen Vorbehalten – ohnehin den Rahmen dieser Erörterung sprengen.[142] Gleichwohl sind die materiell-rechtlichen Auslieferungsvoraussetzungen (*Kap. 3.2*) grundsätzlich zu erfassen. Sie setzen sich aus mehreren Katalogen positiver (*Kap. 3.3*) und negativer (*Kap. 3.4* bis *Kap. 3.6*) Kriterien zusammen, die die bereits herausgearbeiteten Rechtsbeziehungen – innerstaatlich sowie zwischenstaatlich – ausgestalten. Drohende Haftbedingungen müssten dann ein Auslieferungskriterium bilden (*Kap. 3.5* und *Kap. 3.6*). Mit Blick auf den Rechtsschutz des Auszuliefernden sind schließlich mögliche Potenziale und Grenzen auszuloten, die sich aus dem Auslieferungsrecht heraus für das Auslieferungsverfahren ergeben (*Kap. 3.7* und *Kap. 3.8*).

3.2 Kategorisierung der Auslieferungsvoraussetzungen

Wenn diese Untersuchung der Frage gewidmet ist, ob drohende menschenunwürdige Haftbedingungen als Auslieferungshindernis rechtlich wirksam in Stellung gebracht werden können, so muss eine Kategorisierung der Auslieferungshindernisse dieser Fragestellung Rechnung tragen. Die sonstigen in der Literatur vorgenommenen Kategorisierungen sind dafür ohne Mehrwert.[143]

---

141 Vgl. *Kap. 2.3.3*.

142 Versuche in diese Richtung finden sich bspw. bei *Hecker* (2012, § 12 C) für den europäischen Bereich oder bei *Ambos* (2014, § 12 Rn. 9 f.) für den Bereich des Europarat s und der EU.

143 In Publikationen zum Auslieferungsrecht werden unterschiedliche Kategorisierungen vorgeschlagen: Neben den positiven Voraussetzungen wird von *Schultz* (1953, S. 356 ff.; 1969, S. 219 ff.) danach gefragt, ob es sich bei dem jeweiligen Hindernis um eine Eigenart der verfolgten Tat (politisches oder militärisches Delikt, Beachtung des *ne-bis-in-idem*-Grundsatzes) oder des Täters (Nationalität des ersuchten Staates) handelt. Die

Um die allgemeinen Grenzen abzustecken, in dem sich die späteren Erörterungen bewegen, sollen daher nur überblicksartig diejenigen Auslieferungskriterien anhand des IRG dargestellt werden, die sich als bewährtes (Zwischen-)Ergebnis einer längeren Entwicklung in der zwischenstaatlichen Rechtshilfe nicht nur im IRG, sondern auch in vielen bi- und multilateralen Abkommen wiederfinden[144] (*Kap. 3.3* und *Kap. 3.4*) und die durch ihre Absicherung in Auslieferungsverträgen auch kaum Konfliktpotenzial[145] zwischen innerstaatlicher und zwischenstaatlicher Rechtsebene bieten.

Demgegenüber sind es mit „Drohende Todesstrafe" (*Kap. 3.5*) und „Verstoß gegen Menschenrechte" (siehe dazu *Kap. 3.6*) gerade diejenigen Auslieferungskriterien, die die Strafvollstreckung betreffen, denen erst seit vergleichsweise kurzer Zeit Aufmerksamkeit in der zwischenstaatlichen Rechtshilfe zuteil geworden ist und die daher nicht als bewährtes Ergebnis einer längeren Entwicklung durchweg widerspruchsfrei im nationalen wie zwischenstaatlichen Rechtshilferecht geregelt sind. Für die Berücksichtigung von unzulänglichen Haftbedingungen des

---

politische Verfolgung oder die Nichtbeachtung des Spezialitätsgrundsatzes werden dabei ebenfalls genannt, aber von *Schultz* keiner erkennbaren Kategorie zugeordnet. Hinzu kommen wegen *Schultz'* abweichenden Betrachtungsgegenstandes außerdem noch als tatbezogene Hemmnisse Verfolgungen wegen fiskalischer, wirtschaftlicher, Religions- oder Pressedelikte.

Dieser Katalog wird von *Stein* (1983, S. 42 ff.) teilweise ergänzt um Besonderheiten des Strafverfahrens (Vollstreckung eines Abwesenheitsurteiles) und der angedrohten oder verhängten Strafe. Ohne Zuordnung bleiben bei ihm „humanitäre Erwägungen", die wohl nach der hier erfolgenden Darstellung am ehesten zum *ordre-public*-Vorbehalt zählen. Wegen seines erweiterten Betrachtungsgegenstandes ergänzt *Stein* als Auslieferungshemmnisse noch die drohende Verurteilung durch ein Ausnahmegericht und fiskalische Delikte.

Andere differenzieren die Auslieferungshindernisse danach, ob sie staatsorientiert (politische oder militärische Straftaten), individualrechtlich (politische Verfolgung, Abwesenheitsurteile, drohende Todesstrafe, *ordre-public*-Verstoß) oder eines mit Doppelcharakter (Nationalität des ersuchten Staates, Beachtung des *ne-bis-in-idem-* sowie des Spezialitätsgrundsatzes und eingetretener Verjährung) sind (*Lagodny* 1987, S. 46 ff.; dem folgend *Schomburg u. a.* 2012, Einleitung Rn. 25 ff.; *Schomburg u. a.* 2013, Rn. 26 ff. Dort wird in Rn. 7 noch das Hindernis „fehlende Identität mit der gesuchten Person" angeführt, auf dessen gesonderte Darstellung hier verzichtet wird.).

144 Vgl. dazu auch *Schomburg u. a.* 2012, Einleitung Rn. 25. Für weitere Grundprinzipien des Auslieferungsrechts vgl. schon *Stein* 1983, S. 35 ff. Mehrere Vorbehalte sind gem. §§ 81 Nr. 4, 82 IRG gezielt für den Rechtshilfeverkehr mit den EU-Mitgliedstaaten i. R. d. Umsetzung des RbEuHb entfallen, was sich aus dem Grundgedanken der gegenseitigen Anerkennung in einem gemeinsamen Raum einheitlicher Rechtsvorstellungen erklärt.

145 Vgl. dazu schon *Kap. 2.4.1.*

ersuchenden Staates als Auslieferungshindernis gebührt ihnen daher umso größere Aufmerksamkeit.[146]

3.3 Positive Voraussetzungen

Die der gewünschten Auslieferung zugrundeliegende Tathandlung muss gemäß § 2 Abs. 1 IRG *im ersuchenden Staat mit Strafe bedroht* sein.[147] Eine Ausnahme ergibt sich aus Abs. 2 für den Fall, dass an dem betreffenden Verfolgten im ersuchenden Staat die Strafe nur vollstreckt werden soll, sie aber in einem dritten Staat verhängt wurde (Vollstreckungshilfe). Dann ist die Strafbarkeit im verurteilenden, nicht im vollstreckenden Staat maßgeblich, auch wenn dieser vollstreckende Staat das eigentliche Zielland der Auslieferung ist. Zudem muss die Handlung auch *nach deutschem Recht eine rechtswidrige Straftat* sein[148] (auch

---

146 Als sonstige nennenswerte, weil in der Rechtsprechungspraxis häufige Fallgruppe von Auslieferungshindernissen, die über die Anmeldung eines *ordre-public*-Vorbehaltes gelöst werden, ist die der Abwesenheitsurteile zu nennen. Für den Auslieferungsverkehr mit EU-Mitgliedstaaten gesondert sind sie in § 83 Nr. 3 IRG geregelt. Für den vertraglosen Rechtshilfeverkehr können Abwesenheitsurteile gem. § 73 S. 1 IRG als Hindernis gewürdigt werden (vgl. z. B. OLG Jena, StV 1999, S. 265 f.; zu den mit § 83 Nr. 3 IRG vergleichbaren Anforderungen der Rechtsprechung zusammenfassend *Lagodny* 2012, § 73 Rn. 77). Die der deutschen Rechtsordnung fremden Abwesenheitsurteile sind in anderen EU-Ländern verbreitet (*Böhm* 2006, S. 2596), sie dienen vor allem der Verfahrensbeschleunigung (*Karsai* 2006, S. 443). Der Auslieferung steht ein solches Urteil entgegen, wenn der Auszuliefernde nicht persönlich geladen oder anderweitig von dem Gerichtstermin unterrichtet wurde (Die Ladung oder anderweitige Unterrichtung muss sicher nachgewiesen sein, vgl. OLG Karlsruhe, NStZ 2005, S. 352.) und es kein Recht auf ein neuerliches Gerichtsverfahren in seiner Anwesenheit gibt. Hat er sich durch Flucht dem Gerichtsverfahren entzogen, entfaltet das Hindernis hingegen keine Wirkung (zum Ganzen ausführlich *Ahlbrecht u. a.* 2008, Rn. 676-685).

147 Dies muss für den Zeitpunkt der Tatbegehung gelten und ist in der Zulässigkeitsentscheidung nicht nur anhand der Darstellungen im Auslieferungsersuchen festzustellen, sondern auch anhand des nationalen Rechts des ersuchenden Staates, wenn Anlass für Zweifel darüber besteht; vgl. dazu OLG Brandenburg, NStZ 2010, S. 710.

148 Ob dieses Erfordernis vor dem Hintergrund wachsender internationaler Solidarität und Kooperation in Strafsachen noch zeitgemäß ist, ist umstritten. Teilweise wird dafür plädiert, das Regel-Ausnahme-Verhältnis umzukehren, auf die Strafbarkeit nach deutschem Recht als Kriterium zu verzichten und stattdessen im Einzelfall mit Verweis auf den *ordre public* i. S. d. § 73 IRG eine Auslieferung abzulehnen, die von deutscher Seite als nicht hinnehmbar anzusehen ist; so schon angedacht in der Begründung zum IRG-Entwurf, BT-Drs. 9/1338, S. 37; ebenso *Lagodny* 1989, S. 1009; vgl. dazu auch *Weigend* 2000, S. 107 m. w. N. Eingehend zu einzelnen Abschaffungsentwicklungen *Capus* 2010, S. 351 ff.; daraufhin S. 405 ff., 482 f. mit ausführlichen Begründungen zur Beibehaltung dieses Kriteriums mit unterschiedlichen Ansätzen. Gegen eine Abschaffung im Ergebnis

„beiderseitige Strafbarkeit"[149] oder „Prinzip der identischen Normen"[150]), die mit einer Höchststrafe von *mindestens einem Jahr Freiheitsstrafe* bedroht ist, vgl. § 3 IRG.[151] Dabei gilt jeweils, dass sich der Sachverhalt nur sinngemäß „umstellen"[152] lassen muss, um das fragliche Kriterium zu erfüllen.[153] Außerdem muss nach dem Prinzip der *Gegenseitigkeit* der ersuchende Staat bereit sein, in einem vergleichbaren Fall ebenfalls an Deutschland auszuliefern,[154] § 5 IRG. Im vertragsgebundenen Verkehr ist die Gegenseitigkeit durch die wechselseitigen Pflichten ohnehin gewährleistet,[155] so dass ihr hauptsächlich im vertraglosen Bereich eine eigenständige Bedeutung zukommt.[156]

---

auch *Zeidler* 2008, S. 223 f.; für eine weitgehende, wenn auch nicht vollständige Abschaffung jüngst *Conrad* 2013, S. 144 f. m. w. N.

149 So vor allem in jüngerer Zeit, vgl. etwa die Titel der Arbeiten von *Zeidler* 2008; *Capus* 2010; *Conrad* 2013.

150 Vor allem frühere Verwendung, vgl. *Lammasch* 1887, S. 56; *Frank* 1920, S. 146; sowie den Titel der Arbeit von *Benz* 1942.

151 Zur Entwicklung des Grundsatzes der beiderseitigen Strafbarkeit eingehend *Conrad* 2013, S. 25 ff. Zu dessen Einzelheiten ausführlicher *Zeidler* 2008, S. 62 ff. Eine Ausnahme zu diesem Grundsatz bildet bezüglich einer Reihe von Delikten der Rechtshilfeverkehr mit den Mitgliedstaaten der EU, der durch die Einführung des EuHb insoweit grundlegend verändert wurde; vgl. § 81 Nr. 4 IRG als Umsetzung des Rahmenbeschlusses 2002/584/JI vom 13. Juni 2002.

Gem. § 3 Abs. 3 IRG muss zudem noch eine (Rest-)Vollstreckung einer freiheitsentziehenden Sanktion von mindestens vier Monaten zu erwarten sein.

152 Vgl. mit dieser Terminologie etwa schon *Oehler* 1969, S. 146.

153 Beispiel: Wenn T in Österreich dessen Staatsflagge verunglimpft, so ist § 90a dStGB nicht unmittelbar einschlägig, da er nur deutsche Staatssymbole zum Schutzgut hat. Wenn der Fall aber auf eine Verunglimpfung der deutschen Flagge umgedacht wird, so ist sowohl das Kriterium der Strafbarkeit nach deutschem Recht als auch das der Freiheitsstrafe von mindestens einem Jahr als Höchstmaß erfüllt („*[...] wird mit Freiheitsstrafe bis zu drei Jahren [...]*").

154 Vgl. zu den Beweggründen dieses Vorbehalts bei *Grützner* 1956, S. 508 f.; *ders.* 1969, S. 121; *Schwaighofer* 1988, S. 44 f.

155 *Stein* 1983, S. 38.

156 *Schomburg u. a.* 2013, Rn. 26. Für eine Reduktion eines strikt formalen Gegenseitigkeitspostulats *Schwaighofer* 1988, S. 45 m. w. N.

3.4 Negative Voraussetzungen (Auslieferungshindernisse) ohne Konfliktpotenzial der Rechtsbeziehungen

3.4.1 Deutschen-Eigenschaft

Wie in Art. 16 Abs. 2 GG und Art. 6 Abs. 1 EuAlÜbk statuiert, werden Deutsche nicht ausgeliefert.[157] So sollen sie „vor den Unsicherheiten einer Aburteilung unter einem [ihnen] fremden Rechtssystem und in für [sie] schwer durchschaubaren fremden Verhältnissen" bewahrt werden.[158] Während Art. 16 Abs. 2 GG an die Deutschen-Eigenschaft nach Art. 116 Abs. 1 GG anknüpft, beschränkt Art. 6 Abs. 1 EuAlÜbk das Auslieferungshindernis zunächst auf die Staatsangehörigkeit. Erst mit der Einlegung eines völkerrechtlichen Vorbehaltes,[159] der auf den Deutschen-Begriff in Art. 116 Abs. 1 GG verweist, wurde seitens der Bundesrepublik ein Gleichlauf der beiden Vorschriften hergestellt.

Mit diesem grundsätzlichen Auslieferungsverbot Deutscher korrespondiert das aktive Personalitätsprinzip in § 7 Abs. 2 Nr. 1 StGB, nach dem das deutsche Strafrecht auch für Auslandstaten deutscher Täter gilt. Damit soll verhindert werden, dass sich Deutsche durch „Flucht" auf deutsches Territorium nach einer Auslandstat der Strafbarkeit entziehen.[160]

Von diesem seit dem 19. Jahrhundert bestehenden Prinzip[161] haben sich durch neuere Entwicklungen in der internationalen Strafrechtspflege zwei Ausnahmen ergeben: Die Einführung des EuHb und die Einrichtung internationaler Strafgerichtshöfe machten es notwendig, von diesem Grundsatz im Einzelnen abzurücken.[162] Art. 16 Abs. 2 S. 2 GG enthält dementsprechende Ausnahmeregelungen, die nun auch die Auslieferung Deutscher im Grundsatz ermöglichen, und die in § 80 IRG und § 2 Abs. 1 IStGHG ihre einfachgesetzlichen Eingriffsermächtigungen gefunden haben.

---

157 Einzelheiten zu diesem Auslieferungsvorbehalt bei *Rinio* 1996, S. 356 ff.; zur Diskussion über dessen Vor- und Nachteile vgl. bereits *Stein* 1983, S. 43; Beweggründe dieses Vorbehalts nennt *Lagodny* 2000, S. 176; dazu auch *Globke* 2009, S. 157 f.

158 BVerfGE 29, 183 (193); 113, 273 (293). Eingehend zu den Gründen dieses Auslieferungshindernisses *Baier* 2001, S. 434 ff.

159 BGBl. 1976 II, S. 1778.

160 *Ambos* 2014, § 3 Rn. 39; *Eser* 2014, § 7 Rn. 16.

161 Darstellung bei BVerfGE 4, 299 (304).

162 *Lagodny* 2000, S. 175 f.; *Maaßen* 2015, Art. 16 Rn. 45; zur Auslieferung an den IStGH ausführlich *Globke* 2009, *passim*.

3.4.2 Ne bis in idem

§ 9 IRG enthält das Verbot der doppelten Strafverfolgung, das einerseits die Erwartung an andere Staaten verkörpert, strafprozessuale Entscheidungen der Bundesrepublik (Nr. 1) oder innerstaatlich eintretende Rechtswirkungen (Nr. 2) zu respektieren. Andererseits erwächst damit dem Einzelnen auch ein subjektives Recht, wegen derselben Sache abschließend strafrechtlich verfolgt worden zu sein.[163] Allerdings bezieht sich die Norm ausdrücklich nur auf die wiederholte Verurteilung durch deutsche Gerichte.[164] Eine Auslieferung durch die Bundesrepublik an Staat A zur Verbüßung einer freiheitsentziehenden Sanktion ist daher nicht ausgeschlossen, wenn in Staat B aufgrund derselben Tat bereits eine solche verbüßt worden ist.

Die verstärkte und rechtzeitige Würdigung dieses Gebots in der transnationalen Strafverfolgung wird in jüngerer Zeit zunehmend als Möglichkeit gesehen, das Strafverfahren effizienter zu gestalten und gleichzeitig mit den Grundrechten des Verfolgten schonender umzugehen.[165] Für den Bereich des Rechtshilfeverkehrs mit den EU-Mitgliedstaaten ergänzt § 83 Nr. 1 IRG das Gebot, bei der eigenen Auslieferungsentscheidung auch die Strafverfolgungsbemühungen anderer EU-Staaten zu respektieren. In bilateralen Auslieferungsverträgen finden sich verwandte, wenn auch nicht wortlautidentische Regelungen.[166]

3.4.3 Verfolgung wegen politischer oder militärischer Straftaten

Auch die Verfolgung wegen der Begehung politischer (§ 6 Abs. 1 IRG) oder militärischer (§ 7 IRG) Straftaten stellt ein Auslieferungshindernis dar.[167] Dies gilt zum Teil wiederum dann nicht, wenn es um die Strafverfolgung von Kriegsverbrechen, Terrorismus oder Drogenhandel geht.[168]

---

163 *Lagodny/Schomburg* 2012, § 9 Rn. 1a.

164 Betont durch BVerfGE 75, 1 (15 f.), mit ausgreifender Herleitung auf den Seiten 21-33, dass in einem solchen Fall auch keine völkergewohnheitsrechtliche Regelung dem entgegenstünde; kürzlich aktualisiert durch OLG Hamm, 19.01.2016 – 2 Ausl. 168/15.

165 Mit Einzelheiten vgl. schon *Vander Beken u. a.* 2002, S. 624-628; *Schomburg u. a.* 2012, III E 1, vor Art. 54 SDÜ Rn. 3 ff.

166 Vgl. die Abdrucke in *Schomburg u. a.* 2012, HT V A.

167 Ausführlich *Stein* 1983, insbes. S. 49 ff. Nach *Schomburg* und *Hackner* (2012, § 7 Rn. 2) ist der Ausschluss bzgl. militärischer Delikte das *lex specialis* zu § 6 Abs. 1 IRG.

168 *Kau* 2013, Rn. 327, unter Verweis auf das Europäische Übereinkommen zur Bekämpfung des Terrorismus vom 27.01.1977 (BGBl. 1978 II, S. 321 ff.).

Politische wie militärische Straftaten stehen im Zusammenhang mit den politischen Verhältnissen des Staates, in dem sie begangen werden. Aus ihrer Entwicklung zu Auslieferungsausnahmen spricht die Zurückhaltung des ersuchten Staates, den ersuchenden Staat bei der strafrechtlichen Durchsetzung seiner politischen Verhältnisse und Vorstellungen zu unterstützen;[169] dies gilt umso mehr, wenn der ersuchte Staat mit dessen politischen Vorstellungen nicht übereinstimmt.[170] Dadurch kann der ersuchte Staat eine Positionierung zu innerstaatlichen Auseinandersetzungen des ersuchenden Staates umgehen[171] und im Einzelfall „außen- wie innenpolitisch schwierige[n] Gratwanderungen"[172] vermeiden.

3.4.4 Politische und ähnliche Verfolgung

Die Verfolgung aus politischen Gründen als Asylgrund ist in Art. 16a Abs. 1 GG als Grundrecht festgeschrieben,[173] und als Auslieferungsausschlussgrund in § 6 Abs. 2 IRG einfachgesetzlich geregelt. Sie ist von der Verfolgung wegen der Begehung politischer Straftaten zu unterscheiden, auch wenn beide in § 6 IRG normiert sind und sprachliche Ähnlichkeit aufweisen.[174] Abgestellt wird aber auf den Charakter der Verfolgung statt auf den der Tat.[175] § 6 Abs. 2 IRG beschränkt sich entgegen seiner amtlichen Überschrift nicht auf ein Verbot der Auslieferung bei politischer Verfolgung, sondern bezieht rechtsstaatswidrige Verfolgung umfassend mit ein:[176] Der gesetzliche Katalog umfasst mit rassistisch und religiös

---

169 *Stein* 1983, S. 44 f.; vgl. in diesem Zusammenhang auch die von *Nehm* (1996, S. 43 ff.) beschriebenen Schwierigkeiten, auf die deutsche Strafverfolgungsbehörden bei Ersuchen stoßen, die sie selbst an das Ausland richten.

170 *Schultz* 1969, S. 223.

171 *Schultz* 1969, S. 220.

172 *Schomburg/Hackner* 2012, § 7 Rn. 3.

173 Zum Inhalt des individuellen Asylrechts *Kälin* 1984, S. 8 f.; *Randelzhofer* 2013, Art. 16a Rn. 15. Der Bezugspunkt des völkerrechtlichen Asylrechts ist hingegen nicht der individuelle Verfolgte, sondern der Asyl gewährende Staat: Er hat gegenüber den anderen Staaten einen Anspruch darauf, Asyl gewähren zu können und dies nicht als unfreundlichen Akt ausgelegt zu bekommen. Umgekehrt lässt sich aus dem Völkerrecht daher kein subjektiv-rechtlicher Anspruch auf Asylgewährung herleiten; dazu *Kälin* 1982, S. 7; *Jannasch* 1984, S. 397 f., jeweils m. w. N.

174 Deutlich dazu *Jannasch* 1984, S. 407 f.; *Zöbeley* 1983, S. 1703.

175 *Lagodny* 1987, S. 57.

176 *Schomburg/Hackner* 2012, § 6 Rn. 8. Als Umkehrschluss zu § 99 IRG ist § 6 Abs. 2 IRG insgesamt in keiner Hinsicht einschränkend zu Art. 16a Abs. 1 GG zu verstehen.

motivierter Verfolgung sowie solcher wegen der Zugehörigkeit zu einer bestimmten sozialen Gruppe oder politischen Anschauung nicht nur weitere inhaltliche Verfolgungsgründe. Zusätzlich erstreckt § 6 Abs. 2 IRG seine Geltung auf alle denkbaren Qualitätsstufen der Verfolgung: Neben Verfolgung und Bestrafung reicht auch die „Erschwerung" der Lage des Verfolgten aus einem der genannten inhaltlichen Gründe aus.

Die Ausschlussgründe der Verfolgung aus politischen Gründen und der Verfolgung wegen der Begehung politischer Straftaten können aber dann inhaltliche Schnittmengen aufweisen, wenn ein Anspruch auf Asylgewährung abgeleitet werden soll, weil der Verfolgte seine politische Anschauung (auch) durch die Begehung einer politischen Straftat äußerte.[177]

Art. 16a Abs. 1 GG hat aber über das Asylrecht hinaus auch selbst unmittelbare Konsequenzen für das Auslieferungsverfahren: Die Aufklärungsmöglichkeiten hinsichtlich drohender politischer Verfolgungen müssen ausgeschöpft werden.[178] Zwar ist gemäß § 6 S. 2 AsylG die Anerkennung als Asylberechtigter durch das Bundesamt für Migration und Flüchtlinge für das Auslieferungsverfahren nicht bindend. Im Auslieferungsverfahren ist daher eigenverantwortlich zu prüfen, ob eine politische Verfolgung i. S. v. § 6 Abs. 2 IRG droht.[179] Der asylrechtlichen Entscheidung kommt aber – teilweise erhebliche – indizielle Wirkung zu[180] und verpflichtet jedenfalls zu besonders sorgfältiger Prüfung der Sachlage.[181]

---

177 Allerdings stellt nicht jede Verfolgung einer politischen Straftat zugleich eine politische Verfolgung dar, vgl. *Jannasch* 1984, S. 410. Nach verfassungsgerichtlicher Rechtsprechung ist die Grenze der Asylgewährung für politische Straftäter in jedem Fall beim Einsatz terroristischer Mittel zur Bekundung der politischen Überzeugung überschritten; vgl. BVerfG, StV 1997, S. 362.

178 BVerfGE 63, 215 (225, 227).

179 *Lagodny* (2010, S. 42 f.) weist darauf hin, dass eine Bindung an die Entscheidung der Asylbehörde (nur) aus Gründen der Gewaltenteilung vermieden wurde (immerhin befindet über Auslieferungshemmnisse des § 6 Abs. 2 IRG auch das OLG, siehe dazu *Kap. 5.3*), woraus aber kein Berücksichtigungsverbot erwachsen sollte. Vgl. dazu auch ausführlich schon *Kimminich* 1980, S. 174 ff.

180 OLG Karlsruhe, NStZ 2010, S. 42. Ebenso OLG Jena, NJW 2007, S. 1701; und OLG Köln, NStZ-RR 2009, S. 141, jeweils aber bzgl. einem Auslieferungshindernis gem. § 73 IRG statt § 6 Abs. 2 IRG, wobei offen bleibt, warum die vorhergehenden behördlichen Flüchtlingsanerkennungen angesichts der Sachlage jeweils auf § 51 Abs. 1 AuslG (politische Verfolgung) statt auf § 53 Abs. 1 und 6 AuslG (drohende Folter, drohende Gefahr für Leib und Leben) gegründet wurden.

181 So schon *Hailbronner/Olbrich* 1985, S. 302 f.

3.4.5 Spezialitätsgrundsatz

Gemäß § 11 IRG ist die Bundesrepublik verpflichtet einzufordern,[182] dass der Auszuliefernde im ersuchenden Staat nur wegen der Tat verfolgt wird, auf die sich das Auslieferungsersuchen und deren Bewilligung beziehen. Die „Spezialität" ist hier also im Sinne von „Ausschließlichkeit" zu verstehen.[183] Sie beschränkt den ersuchenden Staat in seiner Strafgewalt.[184] Ursprünglich wollte der ersuchte Staat mit der Einforderung der Spezialitätszusage sicherstellen, dass entgegen eines anderslautenden Auslieferungsersuchens der ersuchende Staat den Auszuliefernden nicht doch wegen eines politischen Deliktes verfolgt, und so dieses Auslieferungshindernis umgeht.[185] Heutzutage soll damit zusätzlich die Einhaltung der beiderseitigen Strafbarkeit abgesichert werden.[186] Die Beachtung des von § 11 IRG geregelten Spezialitätsgrundsatzes schützt jedenfalls nicht vor der hier auch in Rede stehenden (drohenden) menschenunwürdigen oder erniedrigenden Behandlung.[187] Jene dient allein der Verhinderung einer anderweitigen als im Auslieferungsantrag genannten beabsichtigten Strafverfolgung durch die Behörden des ersuchenden Staates. Er soll den ersuchenden Staat somit zur Transparenz hinsichtlich seiner Beweggründe zwingen – ohne aber den Verfolgten effektiv vor unzulänglichen Haftbedingungen zu schützen[188] oder dabei auch nur eine tragfähige Brücke für den Einwand möglicher, der Auslieferung entgegenstehender Haftumstände zu bilden.

3.5 Drohende Todesstrafe

Es mag zunächst überraschen, nach der oben skizzierten Kategorisierung eine im ersuchenden Staat drohende Todesstrafe zu den Auslieferungshindernissen zu zählen, hinsichtlich denen Konfliktpotenzial zwischen der innerstaatlichen und

---

182 *Lagodny* 2012, § 11 Rn. 5. Je nach Sichtweise kann man die Einhaltung des Spezialitätsgrundsatzes auch als positive Auslieferungsvoraussetzung einordnen; so z. B. in der Darstellung von *Gillmeister* 1991, S. 2248.

183 *Lagodny* 2012, § 11 Rn. 1.

184 *Hailbronner/Olbrich* 1985, S. 298.

185 *Lagodny* 1987, S. 47 m. w. N.

186 *Vogel/Burchard* 2011, § 11 Rn. 8.

187 *Vogel/Burchard* 2011, § 11 Rn. 10 f.

188 So auch *Kimminich* 1986, S. 323 f.; *Lagodny* 1987, S. 164-173; ihm folgend *Schomburg/Hackner* 2012, § 6 Rn. 50 f.; *Treiber* 1990, S. 231 f.

der völkerrechtlichen Ebene besteht und die überdies im Kontext eines Schutzan-
spruches vor Auslieferung bei drohenden unzulänglichen Haftbedingungen Bedeutung haben.

Immerhin verbietet zum einen § 8 IRG ausdrücklich die Auslieferung an Staaten, in denen die Todesstrafe wegen der verfolgten Tat droht. Eine Ausnahme ist
nur für den Fall vorgesehen, dass der ersuchende Staat die Zusicherung abgibt,
die Todesstrafe nicht zu verhängen oder jedenfalls nicht zu vollstrecken. Zum anderen ist dies ganz im Sinne des Art. 102 GG, demzufolge die Todesstrafe in
Deutschland ohne jede Einschränkung abgeschafft ist.[189] Zudem enthalten die
meisten von Deutschland abgeschlossenen multilateralen[190] und bilateralen[191]
Auslieferungsabkommen Ausschlussklauseln bei einer Todesstrafe als drohender
Sanktion bzw. ermöglichen es, eine Zusicherung darüber einzufordern, dass die
Todesstrafe nicht vollstreckt wird.[192] Damit greift dieses Auslieferungshindernis
in der vertragsgebundenen Rechtshilfe in der *zwischenstaatlichen* Rechtsbeziehung und verhindert das Entstehen einer Auslieferungspflicht gegenüber dem ersuchenden, die Todesstrafe in der Praxis vollstreckenden Staat. Gleichzeitig wirkt
dieses Auslieferungshindernis durch das Vertragsgesetz zu dem Auslieferungsabkommen auch im *innerstaatlichen* Recht und verdrängt insoweit gemäß der
Subsidiaritätsklausel des § 1 Abs. 3 IRG den § 8 IRG. Im vertragsgebundenen
Rechtshilfeverkehr mit denjenigen Staaten, mit denen eine solche Todesstrafen-
klausel vereinbart ist, ist also ein Gleichlauf hergestellt zwischen innerstaatlichem
Auslieferungsverbot und der zwischenstaatlich bestehenden Möglichkeit, einen
Auslieferungsvorbehalt geltend zu machen.

Dieser mittlerweile vielfach vereinbarte Auslieferungsvorbehalt bei einer
drohenden Todesstrafe ist jedoch ein erst in jüngerer Zeit erreichter Entwicklungsstand. Die bilateral von der Bundesrepublik abgeschlossenen Auslieferungs-

---

189 Ihre Wiedereinführung wurde zwar hin und wieder diskutiert (vgl. z. B. *Tettinger* 1978,
S. 128 ff. m. w. N.), jedoch niemals ernstlich erwogen (*Kühn* 2001, S. 544); zur damit
verbundenen Entwicklung der Haltung zur Todesstrafe in Deutschland sowie den Argumenten gegen die Todesstrafe vgl. *Kreuzer* 2006, S. 320 ff.

190 In erster Linie zu nennen ist hier Art. 11 EuAlÜbk.

191 So z. B. in den Abkommen mit Australien (Art. 8), Hongkong (Art. 4), Indien (Art. 11),
Kanada (Art. XI) und den USA (Art. 12).

192 Die entsprechenden Klauseln in den bilateralen Abkommen sind zumeist als „Kann"-
Regelungen gestaltet, die Bundesrepublik kann die Auslieferung dann also verweigern.
Aufgrund der Regelung in § 8 IRG, spätestens der in Art. 102 GG reduziert sich in einem
solchen Fall ihr außenpolitisches Ermessen „auf Null", nämlich darauf, den Vorbehalt
geltend zu machen; so bereits *Kreppel* 1965, S. 217; ebenso wohl *Vogel* 2009, § 8 Rn. 22.
Dies entspräche dann einer grundrechtskonformen Auslegung von Spielräumen in Auslieferungsverträgen, wie sie u. a. von *Michael* und *Morlok* (2014, Rn. 78) gefordert wird.

verträge wiesen nicht von vornherein durchweg belastbare Todesstrafenaus-
schlussklauseln auf. Vielmehr bestanden anfangs größere Schwierigkeiten, solche
zu vereinbaren. Gerade gegenüber den Siegermächten des Zweiten Weltkrieges
stand der jungen Bundesrepublik eine Belehrung in Menschenrechtsfragen nach
den Menschheitsverbrechen des Dritten Reiches schlecht zu Gesicht, so dass in
neu abzuschließenden Auslieferungsverträgen ein verbindlicher Ausschluss der
Vollstreckung der Todesstrafe nicht durchgesetzt werden konnte.[193] Aber auch
einige ältere, weiterhin gültige Abkommen mit anderen Staaten, wie z. B. das Abkommen mit Paraguay von 1909,[194] sehen einen Todesstrafenvorbehalt nicht
vor.[195]

Bei Auslieferungsersuchen dieser Staaten, mit denen in einem bestehenden
Auslieferungsabkommen kein Todesstrafenausschluss vereinbart wurde, ist der
mehrfach erwähnte Gleichlauf zwischen der völkerrechtlich-vertraglichen und
der innerstaatlich-gesetzlichen Ebene gestört:

Zwischenstaatlich stellt die drohende Todesstrafe mangels ausdrücklicher
Vereinbarung im Auslieferungsvertrag kein wirksames Auslieferungshindernis
dar. Zudem fehlt es an der Todesstrafe entgegenstehendem zwingenden Völkerrecht (*ius cogens*) oder Völkergewohnheitsrecht, das der Wirksamkeit eines solchen Vertragsbestandteils entgegenstünde,[196] so dass darüber auch keine Korrek-
tur der entstehenden völkerrechtlichen Verpflichtung zur Auslieferung erfolgen
kann. Gegenüber dem ersuchenden Staat besteht also – bei Vorliegen aller weiteren Voraussetzungen – eine Auslieferungspflicht aus dem völkerrechtlichen Vertrag, selbst wenn die Vollstreckung einer Todesstrafe droht.

---

193 Vgl. *Kühn* 2001, S. 544. Einen nicht verbindlichen Ausschluss in diesem Sinne stellen
auch die mit einigen Staaten vereinbarten „Empfehlungsklauseln" dar (*Vogler* 1990,
S. 483; *Vogel* 2009, § 8 Rn. 23), was 1964 auch überhaupt erst Anlass für das BVerfG
(E 18, 112) war, eine drohende Todesstrafe als Auslieferungshemmnis seinerzeit noch zu
verneinen: Mit einer solchen Klausel hat die Regierung des ersuchenden Staates ihren
Behörden lediglich zu empfehlen, die Todesstrafe nicht zu vollstrecken, wenn im ersuch-
ten Staat die Todesstrafe als Sanktion für die Tat nicht vorgesehen ist (so gegenüber
Tunesien, BGBl. 1969 II, S. 1157, dort Art. 10) bzw. kann der ersuchte Staat dem ersu-
chenden Staat die Umwandlung in die nächst geringere Strafe empfehlen (so gegenüber
Frankreich, BGBl. 1953 II, S. 151, dort Art. 18).

194 RGBl. 1915, S. 571; Bsp. zitiert nach *Vogel* 2009, § 8 Rn. 8.

195 Zum Zeitpunkt dieser Vertragsabschlüsse war zumeist auch in Deutschland die Todesstrafe noch als Sanktion vorgesehen; vgl. dazu und insgesamt zur diesbezüglichen Rechtslage im Norddeutschen Bund, im Zweiten Reich und der Weimarer Republik *Vogler*
1970, S. 181-184.

196 *Vogel* 2009, § 8 Rn. 13 m. w. N.; ausführlicher zu Veränderungen der Haltung zur Todesstrafe weltweit in sowohl der Staatenpraxis als auch der öffentlichen Meinung *Neubacher*
u. a. 2011, S. 517 ff. Ein regionaler Staatenkonsens hat sich gleichwohl in Europa herausgebildet, vgl. die Darstellung bei *Rosenau* 2006, S. 338 ff.

Innerstaatlich gilt § 8 IRG gemäß § 1 Abs. 3 IRG nicht im vertraglich geregelten Bereich,[197] er kann auch nicht an die Stelle einer im Vertrag „fehlenden" Todesstrafenausschlussklausel rücken.[198] Nichtsdestotrotz wurde damit zugleich mittelbar eine Entscheidung über die Zulässigkeit der Auslieferung an Staaten gefällt, mit denen ein bilaterales Auslieferungsabkommen abgeschlossen wurde und in dem eine Vereinbarung über den Ausschluss der Vollstreckbarkeit einer Todesstrafe nicht durchgesetzt werden konnte:[199] Auch in diesem Bereich muss nach der klaren Entscheidung der Verfassungsväter für den Wert des Lebens in Art. 2 Abs. 2 S. 1 GG und Art. 102 GG[200] sowie der Auffassung des IRG-Gesetzgebers[201] die Auslieferung zu einer Vollstreckung der Todesstrafe ausgeschlossen sein.[202] Zudem resultiert aus dieser klaren verfassungsrechtlichen Wertschätzung des Lebens das Verbot für deutsche Hoheitsträger, an der bzw. auf die Vollstreckung einer Todesstrafe mit- bzw. hinzuwirken.[203] Die einfachgesetzliche

---

197 So ausdrücklich BT-Drs. 9/1338, S. 43. Das betonen auch *Schomburg* und *Hackner* (2012, § 8 Rn. 10). *Meyer* (1987, S. 416) schränkt ein, § 8 IRG lasse sich auch für den vertraglichen Auslieferungsverkehr entnehmen, dass das Drohen einer Todesstrafe schon in der Zulässigkeitsentscheidung geprüft werden müsse.

198 Anders noch *Vogler* (1983, S. 2120), der mit der Einführung des § 8 IRG alle „Meinungsverschiedenheiten" (was nach dem oben Gesagten nur auf die Unklarheiten zur innerstaatlichen Rechtsbeziehung zielen kann) zur Todesstrafenproblematik i. S. e. Auslieferungsverbots gelöst sah. Zunächst war § 8 IRG für ihn folglich auch auf den vertraglichen Bereich anwendbar. Dass § 8 IRG auf den vertraglosen Bereich reduziert ist, übersehen auch *Graßhof* und *Backhaus* (1996, S. 449), ebenso wie schon *Zöbeley* (1983, S. 1706). Später hat *Vogler* (1993a, S. 253; 1994, S. 1434; 1996, S. 575 f.) diese Einschätzung jedoch schrittweise implizit revidiert. Schließlich sollte § 8 IRG im vertragsgebundenen Auslieferungsverkehr (nur noch, aber das immerhin) gelten, wenn die Ausschlussklausel des Auslieferungsvertrags eine „Kann"-Bestimmung enthält und daraus folgend die Auslieferung unzulässig machen. Damit nähert er sich der u. a. von *Kreppel* und *Vogel* (*Fn. 192*) vertretenen Ansicht an, aus § 8 IRG eine Ermessensreduzierung „auf Null" dort anzunehmen, wo der Vertrag eine Fakultativklausel enthält.

199 Zu diesem Problem vor Inkrafttreten des IRG, insbesondere in der Nachkriegszeit auch gegenüber europäischen Ländern *Kühn* (2001, S. 544 f.) anhand von BVerfGE 18, 112. Die drohende Todesstrafe ist aber international zusehends als Auslieferungsverweigerungsgrund anerkannt; vgl. *Delbrück/Wolfrum* 2002a, S. 178 (m. w. N. in Fn. 18).

200 *Herdegen* 2015a, Art. 1 Abs. 3 Rn. 79; *Lorenz* 2001, § 128 Rn. 27 m. w. N.; *Spinellis* 2005, S. 878.

201 *Rüdiger* 1981, S. 171; *Schomburg/Hackner* 2012, § 8 Rn. 5 f. mit Verweis auf den Gesetzgebungsprozess.

202 So insgesamt ebenfalls *Schomburg/Hackner* 2012, § 8 Rn. 11 ff. m. w. N.; *Schulze-Fielitz* 2013a, Rn. 62; a. A. *Scholz* 2013, Rn. 26 m. w. N.

203 *Schomburg/Hackner* 2012, § 8 Rn. 12.

Rechtslage, wie sie sich aus § 8 IRG i. V. m. § 1 Abs. 3 IRG (d. h. der Todes-strafenvorbehalt gilt nicht) und dem Vertragsgesetz zu dem betreffenden Auslie-ferungsvertrag (d. h. ein Todesstrafenvorbehalt ist nicht vereinbart) ergibt, wird durch deutsches Verfassungsrecht gebrochen:[204] Eine Auslieferung ist dann nach innerstaatlicher Rechtslage unzulässig.

An dieser Stelle wird deutlich, wieso die drohende Todesstrafe ein Auslie-rungshindernis darstellt, bei dem rechtliche Unklarheiten bestehen: Ein Wider-spruch kann sich auftun zwischen der zwischenstaatlichen Pflicht zur Auslie-ferung und der innerstaatlichen Ermächtigung, wenn Staaten im zweiseitigen Abkommen mit der Bundesrepublik nicht bereit oder in der Lage[205] sind verbind-lich zu vereinbaren, dass die Todesstrafe nicht vollstreckt werden dürfe.

Die bislang dazu vertretenen Lösungsansätze konzentrieren sich entweder da-rauf, ein innerstaatliches Auslieferungsverbot rundheraus zu verneinen, so dass der vertraglichen Pflicht gegenüber dem ersuchenden Staat nachgekommen wer-den kann. So hat das BVerfG 1964 ein im innerstaatlichen Verhältnis bestehendes Auslieferungsverbot gänzlich ablehnt: Art. 102 GG beziehe sich nicht auf Auslie-ferungen, sondern nur auf den Geltungsbereich des Grundgesetzes; er bedeute insbesondere kein Werturteil über andere Rechtsordnungen, eine Verabsolutie-rung der deutschen Entscheidung gegen die Todesstrafe verbiete sich.[206] Das Ge-richt hat sich aber mittlerweile selbst von dieser Haltung distanziert und es 1982 ausdrücklich offen gelassen, ob an der Entscheidung von 1964 „noch in vollem Umfang festzuhalten wäre"[207].

In der Literatur wird alternativ versucht, einen Vorrang entweder der völker-rechtlichen Verpflichtung oder des innerstaatlichen Verbots der Auslieferung zu konstruieren. Einige konzentrieren sich daher trotz der zwischenzeitlichen Kehrt-wende des BVerfG darauf, den *Vorrang der völkerrechtlichen Verpflichtung* zur Auslieferung insbesondere damit zu begründen, die Berücksichtigung des inner-staatlichen Auslieferungsverbots liefe auf einen Export deutscher Grundrechts-wertungen hinaus.[208] Die herrschende Meinung[209] tut indes die vom BVerfG

---

204 So wohl auch *Vogel* 2009, § 8 Rn. 25.

205 Abwägend in dieser Hinsicht bereits BT-Drs. 9, 1338, S. 43: etwa aufgrund deren inner-staatlicher Kompetenzverteilung.

206 BVerfGE 18, 112; ihm folgend BayObLG, NJW 1976, S. 1592; OLG Köln, NJW 1985, S. 572, für die Leistung von Rechtshilfe durch Zeugenvernehmung; OLG Karlsruhe, NStZ 1991, S. 139, für die Leistung von Rechtshilfe durch Überlassung von Beweismit-teln; sowie *Geck* 1965, S. 221; *Vogler* 1970, S. 224.

207 BVerfGE 60, 348 (354).

208 Unbeirrbar *Vogler* 1990, S. 479 ff.; 1993a, S. 256 ff.; 1994, S. 1434 ff.

209 Zum Folgenden vgl. die zahlreichen Nennungen bei *Vogel* 2009, § 8 Fn. 21.

1964 vertretene Ansicht als verfassungswidrig[210] ab, da sie die klare Entscheidung des Verfassungsgebers in Art. 102 GG – und der Legislative spätestens mit Erlass des § 8 IRG – ignoriere. Auf diese Weise bleibt es beim ungelösten Widerspruch zwischen dem innerstaatlichen Auslieferungsverbot und der zwischenstaatlichen Auslieferungspflicht, der zugunsten des innerstaatlichen verfassungsrechtlichen Verbots entschieden wird. Auch der vermeintlich vermittelnde Vorschlag, eine allgemeine Grundrechtsgeltung im Auslieferungsverfahren zwar abzulehnen, im Übrigen aber die Todesstrafe als „Rand des Kernbereichs der unabdingbaren verfassungsrechtlichen Grundsätze der öffentlichen Ordnung" zu begreifen, die vom Ausland zu respektieren seien,[211] begründet letztlich nur ein innerstaatlich wirkendes Auslieferungsverbot, das der zwischenstaatlichen Verpflichtung vorgeht.

Diese Ansätze laufen also darauf hinaus, dass entweder die Verpflichtung oder das Verbot überwiegt. Sie lösen aber nicht die Friktion, die sich zwischen innerstaatlicher und zwischenstaatlicher Ebene ergibt. Ansonsten behilft man sich vor allem mit Verweisen auf den nunmehr eher theoretischen Charakter des Problems:[212] Da mit nur wenigen Ländern ein Auslieferungsabkommen ohne Todesstrafenvorbehalt vereinbart ist, verbleibt ohnehin nur ein geringer Problembereich. An einer Lösung, die die im Widerspruch zueinander stehenden Pflichten und Rechte der Bundesrepublik als ersuchtem Staat zu harmonisieren sucht, fehlt es.

Eine solche Lösung könnte sich jedoch aus der Diskussion um Haftbedingungen als mögliches Auslieferungshindernis ergeben. Mit dem *Söring*-Urteil[213] des EGMR erging eine Leitentscheidung zu der Frage, ob eine im ersuchenden Staat in Aussicht stehende Todesstrafe eine Auslieferung aus einem EMRK-Staat heraus unzulässig machen kann. Der EGMR hat diese Frage letztlich über den argumentativen Umweg der der Todesstrafe vorangehenden Haftbedingungen bejaht. Da es sich zudem bei dem Gerichtshof um eine Instanz handelt, die über das Bestehen völkerrechtlicher Pflichten befindet, bietet sich anhand dessen eine Möglichkeit, die widersprüchlichen innerstaatlichen und völkerrechtlichen Rechte und Pflichten doch zu harmonisieren. Sollte sich tatsächlich ein Gleichlauf dieser Rechte und Pflichten für den Bereich drohender menschenrechtswidriger Haftbedingungen als *ordre-public*-Verstoß herstellen lassen, ließe sich damit gegebenenfalls auch das Problem der Auslieferungsverpflichtung bei drohender Todesstrafe lösen.

210 *Schomburg/Hackner* 2012, § 8 Rn. 11.
211 *Vogel* 2009, § 8 Rn. 24 f.
212 *Schomburg/Hackner* 2012, § 8 Rn. 11; *Vogel* 2009, § 8 Rn. 23.
213 EGMR, 07.07.1989 – 1/1989/161/217 (*Söring vs. Vereinigtes Königreich*); vgl. näher dazu *Kap. 3.6.5.4.2.2.*

3.6 Ordre-public-Verstoß

Auch wenn Haftbedingungen als solche nicht ausdrücklich als Auslieferungshindernis normiert sind, können sie gleichwohl ein solches bilden in Form eines Verstoßes gegen den zu beachtenden *ordre public (Kap. 3.6.1).* Allerdings herrscht hinsichtlich der in der Diskussion verwendeten *ordre-public-* Begrifflichkeiten nicht nur vielfach Uneinigkeit über deren korrekte Systematisierung *(Kap. 3.6.2),* sondern auch über den mit den einzelnen Begriffen erfassten Gewährleistungsinhalt. Dabei mündet diese Frage nach dem Gewährleistungsinhalt jeweils in die Frage nach der Anwendbarkeit des *ordre public* auf die konkrete innerstaatliche oder zwischenstaatliche Rechtsbeziehung *(Kap. 3.6.3* bis *Kap. 3.6.6).* Letztlich findet sich aber ein Schutz vor unzulänglichen Haftbedingungen in jedem denkbaren Katalog von Menschenrechtsvorbehalten, da sich in jedem eine Art. 3 EMRK formell entsprechende Gewährleistung nachweisen lässt *(Kap. 3.6.7).*

3.6.1 Lückenhafter Bestand von „ordre public"- statt von „Haftbedingungen"-Vorbehalten

Die bisherige Analyse hat keine Auslieferungsvoraussetzung aufgezeigt, die drohende kritische Haftbedingungen berücksichtigt. Im IRG und den völkerrechtlichen Vereinbarungen fehlt es an einer ausdrücklichen Regelung eines Haftbedingungenvorbehalts.

Gleichwohl ist er deswegen nicht gänzlich ausgeschlossen. Soweit es sich bei der der Auslieferung folgenden Behandlung im Strafvollzug des ersuchenden Staates um unzulängliche Haftumstände handelt, könnten unverzichtbare Grundbzw. Menschenrechte einen Schutz entfalten, den die Bundesrepublik als ersuchter Staat von Verfassungs wegen zu gewähren hätte, indem sie einen entsprechenden Vorbehalt anmeldet und die Auslieferung daraufhin verweigert. Einen Anknüpfungspunkt für ein solches Auslieferungshindernis bei kritischen Haftbedingungen könnten also die Grundrechte des Grundgesetzes oder auch die Menschenrechte sonstiger Rechtskataloge bilden, die die Hoheitsträger der Bundesrepublik binden. Solche Bestände an unverzichtbaren Rechtsgrundsätzen[214] grundoder menschenrechtlicher Natur werden mit dem Begriff *„ordre public"* beschrieben.[215] Sie können sich im Auslieferungsrecht als entsprechender *ordre-public-* Vorbehalt auf die Beurteilung eines Auslieferungsersuchens auswirken und damit ein Einfallstor für die Berücksichtigung kritischer Haftumstände bilden.

---

214 Vgl. *Kap. 2.1.*

215 Vgl. dazu nur *Vogel* 2009, § 73 Rn. 26. Die fachgerichtliche Rechtsprechung folgt dem BVerfG hingegen darin, den Ausdruck „*ordre public*" im Auslieferungskontext in der Regel zu meiden.

Im Hinblick auf die Unterscheidung zwischen innerstaatlicher und zwischenstaatlicher Rechtsbeziehung ist zu beachten, dass *ordre-public*-Klauseln in vielen Auslieferungsverträgen fehlen (so z. B. im EuAlÜbk, im Auslieferungsvertrag BRD-USA) oder ihre Anwendung strittig ist (z. B. Art. 1 Abs. 3 RbEuHb). Angesichts des gleichwohl bestehenden Schutzgebots aus nationalen und internationalen Menschen- bzw. Grundrechten ist es dadurch von vornherein angelegt, dass die innerstaatliche Rechtslage von der zwischenstaatlichen abweicht.[216] Mit diesen Friktionen wird umzugehen sein.

3.6.2 Das System der *ordre-public-Begriffe*

Erörterungen zum Inhalt des *ordre public* leiden häufig darunter, dass in den Überlegungen unterschiedliche Aspekte vermengt werden. Dadurch wird die dogmatische Erschließung zumindest erschwert. Insbesondere – so scheint es – verbindet sich im Schrifttum mit der Verwendung des Begriffs „*ordre public*" vielfach die Erwartung, damit einen bestimmten Gewährleistungsinhalt in Bezug genommen zu haben. Dem ist jedoch mitnichten so, und das liegt nicht nur, aber auch ganz wesentlich daran, dass es statt des einen *ordre public* vielmehr ein System von *ordre-public*-Begriffen gibt. Schon die Beantwortung der Frage, woraus sich denn „der" deutsche *ordre public* zusammensetze, bereitet Schwierigkeiten. So wird eine Inhaltsbestimmung vielfach allein mit Verweis auf § 73 S. 1 IRG versucht.[217] Diese Herangehensweise muss jedoch in die Irre führen, wenn man sich nicht vorab die Bedeutung des Begriffs „deutscher (bzw. landesrechtlicher

---

216 Vgl. dazu eingehend *Kap. 2.4.1.*

217 So z. B. *Conrad* 2013, S. 135 f. (deutlich auch S. 140: Nebeneinander von „nationale[m] *ordre public*" und „Grundrechte[n]"); *Tinkl* 2008, S. 209 f. (die einerseits § 73 S. 1 IRG eine nur deklaratorische Funktion zuschreibt, andererseits aber erst durch ihn den Individualschutz im Auslieferungsverkehr gewährleistet sieht); *Burchard* 2013, Rn. 47. Auch *Vogler* (1970, S. 202) trennt gedanklich nicht zwischen dem „landesrechtlichen *ordre public*" und der „*ordre-public*-Klausel" (Auf diese verweist er unter Bezugnahme auf Österreich und die Schweiz, wohl weil es den § 73 S. 1 IRG seinerzeit noch nicht gab.); ebenso wenig *Vogel* 2009, § 73 Rn. 30 f.; dem folgend *Lagodny* 2012, § 73 Rn. 36 (der eine terminologische Festlegung ansonsten vermeidet). *Schemmer* ist sich zwar des Unterschieds bewusst (1995, S. 4 f.), kann daraus aber für sich keine widerspruchsfreien Erkenntnisse für das Rechtshilferecht gewinnen (S. 132 f.; sowie *Kap. 3.6.4.4.1.1, Fn. 267*). Auch *Schallmoser* (2012, S. 66) lässt ein Missverständnis der Funktion der einfachgesetzlichen *ordre-public*-Klausel erkennen, wenn sie behauptet, § 73 S. 2 IRG (insoweit noch zustimmungswürdig, da sich ihre Ausführungen auf den EU-internen Auslieferungsverkehr beschränken) ermögliche die Geltendmachung von EMRK-Grundrechten (anstatt, wie nach hier vertretener Ansicht, die Geltendmachung von über Art. 6 EUV hinausgehenden Rechtspositionen auszuschließen, vgl. *Kap. 3.6.5.3*).

bzw. nationaler) *ordre public*" im System der weiteren *ordre-public*-Begriffe vergegenwärtigt. Um den Begriff „*ordre public*" für Erörterungen zum Auslieferungsrecht operabel zu machen, ist also das dahinterstehende Begriffssystem zu erschließen.

3.6.2.1 Präzise Begrifflichkeit: Der dreigliedrige ordre-public-Begriff

Wie bereits festgestellt,[218] meint jeder *ordre-public*-Begriff (auch)[219] einen zwingend zu beachtenden Bestand an Grund- und Menschenrechten, außerdem lässt sich jeder *ordre public* räumlich-politisch einem bestimmten Anwendungsgebiet zuordnen. Diese Zuordnung zu einem bestimmten Anwendungsgebiet ist jedoch in zweierlei Hinsicht denkbar:

Zum einen kann danach unterschieden werden, *aus welchem Rechtsraum* der Rechtsanwender *heraus* operiert. Würde ein polnischer Rechtsanwender gebeten, die Grund- und Menschenrechte zusammenzutragen, die für das Zusammenleben in Polen als fundamental erachtet werden und rechtlich anerkannt sind,[220] käme er nach Sichtung des polnischen Rechts sicherlich zu einem anderen Katalog von Rechten („*ordre public*"), als ein deutscher Rechtsanwender, dem man dieselbe Aufgabe stellte, nur bezogen auf das Zusammenleben in Deutschland anhand der Sichtung deutschen Rechts. Hinzu tritt, dass der Rechtsraum, aus dem der Rechtsanwender heraus operiert, nicht zwingend nur anhand von Staatengrenzen bestimmbar ist. Der deutsche Rechtsanwender steht immer auch im europäischen Rechtsraum, sowie im weltweiten Rechtsraum, wenn man die Perspektive erweitert und die EU bzw. den Europarat sowie die internationale Staatengemeinschaft insgesamt in den Blick nimmt. Also kann sich auch danach die Antwort des Rechtsanwenders nach dem zwingend zu beachtenden Rechtskatalog richten: Operiert er auf einer europäischen Ebene (bzw. ausgehend von der Staatengemeinschaft insgesamt), so muss anhand dieses Rechtsrahmens der Katalog zwingender Rechte bestimmt werden.

Zum anderen kann danach unterschieden werden, *auf welchen Rechtsraum*, mit dem sich der Rechtsanwender *auseinandersetzt*, er den fraglichen Rechtskatalog anzuwenden hat. So kann der deutsche Rechtsanwender neben einem Sachverhalt, der nur zu Deutschland einen Bezug hat (d. h. der Rechtsanwender bezieht sich auf seinen eigenen Rechtsraum), auch Sachverhalte zu beurteilen haben,

---

218 Vgl. *Kap. 2.1.*

219 Auf völkerrechtlicher Ebene werden zu den *ordre-public*-Bestandteilen teilweise auch solche Regeln gezählt, die den Umgang der Staaten als Völkerrechtssubjekte untereinander gestalten sollen (z. B. Verbot des Angriffskrieges); siehe *Kap. 3.6.6.1.*

220 So der beispielhafte Definitionsversuch von *Popp* (2001, Rn. 393) des landesrechtlichen *ordre public interne.*

die eine rechtliche Auseinandersetzung mit Frankreich, Russland oder den USA erfordern (d. h. der Rechtsanwender bezieht sich auf einen anderen Rechtsraum). Bei einer Sichtung des Rechts kann sich dann entweder ergeben, dass für die Auseinandersetzung sowohl im eigenen als auch mit einem fremden Rechtsraum der identische Katalog an Grund- und Menschenrechten zwingend anzuwenden ist, oder dass dafür unterschiedliche Kataloge heranzuziehen sind. Anschließend könnte beispielsweise auch noch danach differenziert werden, dass Frankreich und Deutschland beide Mitglieder der EU sind und daher Deutschland mit Frankreich vielleicht größere zivilgesellschaftliche Gemeinsamkeiten aufweist, als mit Russland (gemeinsame Europaratsmitgliedschaft) oder mit den USA (nur gemeinsame VN-Mitgliedschaft).

Unabhängig davon, wie man dann diese beiden möglichen Zuordnungen eines *ordre public* – einerseits: Aus welchem Rechtsraum heraus wird operiert?, andererseits: Mit welchem Rechtsraum wird sich auseinandergesetzt? – im Detail inhaltlich auskleidet: Entscheidend ist zu allererst, dass diese beiden Zuordnungen in dem *ordre-public*-Begriff auch zum Ausdruck kommen, um ihn präzise handhaben zu können. Dazu ist der Begriff „*ordre public*" mit zwei zusätzlichen Attributen zu versehen.

Der Rechtsraum, aus dem der Anwender heraus operiert, wird dazu dem Ausdruck „*ordre public*" vorangestellt, also z. B. als „deutscher *ordre public*" oder „polnischer *ordre public*". Dieser Präzisierungsschritt wird in der einschlägigen deutschen Jurisprudenz auch häufig noch vorgenommen.[221] Schwierigkeiten bereitet hierbei allerdings bereits der Ausdruck „europäischer *ordre public*", weil – wie noch zu zeigen sein wird[222] – damit nicht etwa Konstellationen gemeint sind, in denen der Rechtsanwender aus einem europäischen Rechtsraum heraus operiert, sondern immer solche Konstellationen, in denen sich der Rechtsanwender aus dem deutschen Rechtsraum heraus mit europäischen Ländern auseinandersetzt – sei es mit EU-Staaten, sei es mit Europaratsstaaten.

Zur weiteren Präzisierung – zumal in einem wie dem hiesigen Kontext des Auslieferungsrechts, in dem sich vielfältige nationale wie internationale Regelungsschichten überlagern und zahlreiche Differenzierungen eine sachgerechte Handhabung erst ermöglichen – ist zusätzlich die zweite erörterte Zuordnungsmöglichkeit (die nach dem Rechtsraum, mit dem sich auseinandergesetzt werden soll; d. h. für das Auslieferungsrecht: An welchen Staat soll ausgeliefert

---

221 Vgl. statt vieler nur *Hailbronner* 1989, Rn. 741; *Vogel* 2009, § 73 Rn. 26 ff.

222 Vgl. *Kap. 3.6.5.*

werden?) in dem *ordre-public*-Begriff erkennbar zu machen. Aus der romanischen[223] Dogmatik stammt dazu die Unterscheidung zwischen dem *ordre public interne* und dem *ordre public international*.[224]

Dabei beschreibt der Begriff „*ordre public interne*" die Gesamtheit der Normen des nationalen Rechts, die im *innerstaatlichen* Gebrauch zwingend anzuwenden sind, da sie die öffentliche Ordnung aufrechterhalten. Für *grenzüberschreitende* Sachverhalte ist er also zunächst ohne Belang. Diese Bedeutung trägt erst der *ordre public international* bei: Gemeint sind hier diejenigen Wertentscheidungen und Grundsätze, die nach der *inländischen Rechtsanschauung* auch im *internationalen Rechts(-hilfe-)verkehr* unverzichtbar sein sollen.[225] Je nach nationaler Rechtslage kann dabei der *ordre public international* dem *ordre public interne* vollständig entsprechen, oder auch nur eine Teilmenge des Letzteren umfassen.

Erst die Zusammenführung der drei Begriffsglieder, z. B. als „deutscher *ordre public interne*" oder „polnischer *ordre public international*", ermöglicht sachgerecht präzise Bezeichnungen von Katalogen an Grund- und Menschenrechten. Zwar könnte jeweils auch von einem „deutschen internen *ordre public*" oder einem „polnischen internationalen *ordre public*" gesprochen und damit auf das französisch-nachgestellte Attribut verzichtet werden. Doch ermöglicht gerade diese Kombination von Voran- und Nachstellung eine (deutliche) Abgrenzung der beiden möglichen Zuordnungen. Zudem droht sonst eine Vermengung mit dem Begriff „internationaler *ordre public*", der ebenfalls von einiger Bedeutung im Auslieferungskontext ist, aber wiederum einen ganz anderen Bezugspunkt hat: Wie an dem vorangestellten „international[er]" zu erkennen ist, ist der Rechtsraum, aus dem der Rechtsanwender heraus operiert, nicht mehr nationalstaatlich

---

223 *Neumayer* (1963, S. 182 f.) präzisiert, zunächst sei es im französischen Recht bei dem „*ordre public*" allein um innerstaatliche Sachverhalte gegangen, der „italienisch-französischen Doktrin" des 19. Jahrhunderts sei dann der Bedeutungswandel des „*ordre public*" hin zu zwingendem Recht bei Sachverhalten mit Auslandsberührung zuzuschreiben.

224 Hierzu und zum Folgenden *Sonnenberger* 2010, Einleitung Rn. 204 m. w. N.; *Voltz* 2013, Art. 6 Rn. 73; *Seidl-Hohenveldern* 1997, S. 788. In der Sache ebenso – gleichwohl ohne Verwendung dieser Begriffe, weil es die *ordre-public*-Terminologie ohnehin zumeist meidet – das BVerfG in ständiger Rechtsprechung, vgl. E 75, 1 (16 f.); 108, 129 (137); 113, 154 (162 f.); K 16, 491 (496). Vgl. bspw. auch BGHZ 48, 327 (331); 98, 70 (73 f.); 118, 312 (328 f.), mit dieser Differenzierung (anhand des IPR und des internationalen Zivilprozessrechts).

225 So zusätzlich *Sonnenberger* 2010, Art. 6 Rn. 19; *Schütz* 1984, S. 4 f. *Schemmer* (1995, S. 4 f.) verpasst es hingegen, die so auch von ihm zunächst herausgearbeiteten Erkenntnisse auf das Rechtshilferecht zu übertragen, und muss stattdessen zur Bedeutung des „gleichsam reduzierte[n] [*ordre public*]" gegenüber dem ansonsten „volle[n] *ordre public*" vage bleiben.

oder auch nur staatenbundbezogen (z. B. EU oder Europarat) zu bestimmen, sondern es ist der Rechtsraum der internationalen Gemeinschaft selbst.[226] Statt aus landes-, d. h. national-rechtlicher Perspektive umfasst er vor supranationalem Hintergrund Rechtsgrundsätze, die sich ebenfalls auf die Beurteilung eines Auslieferungssachverhaltes auswirken können. Der jeweilige „landesrechtliche [z. B. deutsche] *ordre public international*" ist daher strikt vom sog. „internationalen *ordre public*" zu unterscheiden.[227]

Man könnte insgesamt auf den Gedanken verfallen, diese aus der italienisch-französischen Dogmatik stammende Systematisierung nicht auf das Auslieferungsrecht zu übertragen, sondern dem Ausdruck „*ordre public*" eine originär auslieferungsrechtliche Bedeutung beikommen zu lassen. Immerhin scheint doch diese romanische Strukturierung der Begriffe durch zusätzliche voran- und nachgestellte Attribute – wie sich im Folgenden zeigen wird – nicht von der Mehrheit der Autoren mitgetragen zu werden. Dagegen sprechen jedoch drei Aspekte: Erstens ist es bedenklich, sich eines Rechtsbegriffs zu bedienen, dessen originäre Bedeutung aber zu verwerfen und begründungslos durch eine andere zu ersetzen. Zum zweiten steht der beschriebenen romanisch-stämmigen Dogmatik keine kohärente originär auslieferungsrechtliche Dogmatik gegenüber, die überzeugend deren Platz einnehmen könnte. Stattdessen sind die abweichenden Lösungs- und Deutungsansätze nicht nur untereinander von großer Uneinigkeit geprägt, sondern auch noch jeweils in sich unstimmig.[228] Es scheint stellenweise so, als würde der Begriff „*ordre public*" ohne Bedacht verwendet. Drittens wird sich sogleich ebenfalls zeigen, dass gerade diese romanisch-stämmige Strukturierung es vermag, Ordnung in das Chaos zu bringen, die unterschiedlichen Erwägungen logisch zu verknüpfen und überdies den Sinn hinter vermeintlichen Ungereimtheiten aufzuzeigen, die die Autoren untereinander und gerade an der Linie der Rechtsprechung auszumachen glauben.

3.6.2.2 Mehrwert einer stringenten Anwendung des dreigliedrigen ordre-public-Begriffs

Möchte man also den Begriff „*ordre public*" im Auslieferungsrecht sinnvoll verwenden, so muss man sich zunächst klar machen, dass es einen deutschen *ordre public interne* gibt, und was davon inhaltlich umfasst ist. Die Frage nach dem deutschen *ordre public international* betrifft hingegen einen anderen Sachverhalt, nämlich einen mit Auslandsbezug, der (aber) aus dem jeweiligen Landesrecht heraus zu bewerten ist. Wenn der Begriff *ordre public international* lediglich einen Katalog von Grundsätzen beschreibt, die bei Sachverhalten mit

---

226 Dazu näher *Kap. 3.6.6.*

227 Abgrenzung deutlich hervorgehoben von *Seidl-Hohenveldern* 1997, S. 788.

228 Vgl. die beispielhaften Nachweise in *Fn. 217.*

Auslandsberührung unverzichtbar sein sollen, kann es diesen Katalog durchaus mehrfach, mit unterschiedlichem Gehalt geben, von denen jeder für sich auf einen bestimmten Auslieferungssachverhalt anwendbar ist. Sollte beispielsweise nach ihrer innerstaatlichen Rechtslage die Bundesrepublik gegenüber dem Staat A im Auslieferungsverkehr die Menge (a) an Grundsätzen zu behaupten haben, im Auslieferungsverkehr mit dem Staat B hingegen die Menge (b) durchsetzen müssen, so bedeutet das nicht, dass nur (a) oder nur (b) den deutschen *ordre public international* bildet. Vielmehr bilden beide Mengen an Grundsätzen jeweils für sich *einen* deutschen *ordre public international,* nur eben unterschiedlichen Gehalts.

Der wesentliche Mehrwert des Systems der *ordre-public*-Begriffe besteht dabei nicht etwa darin, eine einzige, bestimmte inhaltliche Regelung festzuschreiben oder auch nur in Bezug zu nehmen, sondern *gemeinsam im Zusammenspiel* der Begriffe eine *Unterscheidung* zwischen zweien oder gar noch weiteren inhaltlichen Regelungen zu ermöglichen und diese schlagwortartig zu bezeichnen.[229] Das setzt allerdings eine präzise Verwendung des dreigliedrigen *ordre-public*-Begriffs voraus. Die beiden ergänzenden Attribute müssen sich – so sie in der konkreten Aussage nicht voran- bzw. nachgestellt sind, sondern weggelassen werden – zumindest eindeutig aus dem Kontext erschließen lassen. Wenn z. B. in einer Publikation über das deutsche Auslieferungsrecht und die für Deutschland geltenden Maßstäbe der Ausdruck „*ordre public international*" fällt, kann der Leser davon ausgehen, dass es sich um den deutschen und nicht etwa um den französischen *ordre public international* handelt. Lässt man in derselben Publikation hingegen das nachgestellte Attribut fort und diskutiert den Inhalt eines „deutschen *ordre public*" oder auch „nationalen *ordre public*", wie er aus der deutschen Rechtsordnung heraus zu bestimmen sei, so ergibt sich aus dem Kontext gerade nicht, ob damit der deutsche *ordre public interne* oder ein bzw. der deutsche(r) *ordre public international* gemeint ist. Das erschwert den Diskurs bedeutend und sorgt mindestens für Missverständnisse.[230]

Außerdem ermöglicht es das Zusammenspiel der verschiedenen *ordre-public*-Begriffe bei stringentem Einsatz der Attribute, präzise Abgrenzungen und Zugriffe aus der Perspektive unterschiedlicher Akteure vorzunehmen, ohne den Überblick zu verlieren. So ist beispielsweise (wie im Einzelnen noch zu zeigen sein

---

229 So *von Winterfeld* (1987, S. 3059 f.) anhand des Gegenübers von *ordre public interne* und *ordre public international*.

230 Vgl. beispielhaft statt vieler Darstellungen *Vogel* 2009, § 73 Rn. 8, 27; zudem die Diskussion um die Anwendbarkeit eines „nationalen / deutschen *ordre public*" im Auslieferungsverkehr überhaupt (*Kap. 3.6.4*) sowie insbesondere das begriffliche Durcheinander um die Anwendbarkeit eines „nationalen / deutschen *ordre public*" im Auslieferungsverkehr mit den EU-Staaten vor dem Hintergrund eines „europäischen *ordre public*" (*Kap. 3.6.5*).

wird)[231] die EMRK *gleichzeitig* der *ordre public interne* des Europarates und seiner Instrumente, insbesondere des EGMR, aber auch wesentlicher Teil des landesrechtlichen *ordre public international* der Bundesrepublik gegenüber den EMRK-Staaten – je nachdem, wen man als Protagonisten der Rechtsanwendung wählt. Da die EMRK außerdem einen Teil des nationalen *ordre public international* eines jeden anderen Europaratsstaates im Auslieferungsverkehr mit anderen Europaratsstaaten bildet, stellt sie – je nach Verständnis von diesem Begriff – auch den (regional begrenzten) internationalen *ordre public* aller Konventionsstaaten dar.[232]

Der dreigliedrige *ordre-public*-Begriff kommt also zwar zunächst etwas sperrig daher, ermöglicht aber überhaupt erst den unmissverständlichen Diskurs über die Anwendung konkreter Grund- und Menschenrechtsvorbehalte im Auslieferungsverfahren. In diesem Kontext ist er alternativlos.

3.6.3 Deutscher ordre public interne für inländische Sachverhalte

Handelt es sich beim deutschen *ordre public interne* um das zwingende Recht Deutschlands für die Beurteilung von reinen Inlandssachverhalten, so sind davon jedenfalls die Grundrechte umfasst, wie es für die Beachtung durch deutsche Hoheitsträger von Art. 1 Abs. 3 GG angeordnet wird,[233] sowie die grundrechtsgleichen Rechte, ergänzt um die gemäß Art. 79 Abs. 3 GG selbst dem Zugriff des verfassungsändernden Gesetzgebers entzogenen Grundsätze der Art. 20 Abs. 1 bis 3 GG.[234]

Sucht man darunter ein mögliches Verbot unzulänglicher Haftbedingungen, so findet sich das ausdrückliche Misshandlungsverbot als grundrechtsgleiches Recht in Art. 104 Abs. 1 S. 2 GG als Ausfluss und Konkretisierung der Garantie der unantastbaren Menschenwürde gemäß Art. 1 Abs. 1 GG[235] (teilweise begründet „i. V. m." / „und" Art. 2 Abs. 1 GG)[236]. Dadurch ist eine grausame, un-

---

231 Vgl. *Kap. 3.6.5.4.*

232 *Vogel* 2009, § 73 Rn. 40; vgl. zu dem Begriff näher *Kap. 3.6.6.*

233 Mit dem BVerfG und der herrschenden Lehre wird hier die Menschenwürdegarantie als Teil der Grundrechte aufgefasst entgegen der (vordergründigen) Systematik von Art. 1 Abs. 1 und Abs. 3 GG; vgl. ausführlich etwa *Herdegen* 2015a, Art. 1 Abs. 1 Rn. 29.

234 Für den (innerstaatlichen) Rechtsverkehr unter Privaten, der für diese Bearbeitung nicht weiter relevant ist, mögen noch weitere Normen des zwingenden Privatrechts zum Bestand des *ordre public interne* hinzutreten, z. B. solche des zwingenden Vertragsrechts.

235 So schon *Dürig* 1958, Art. 104 Rn. 20; *Radtke* 2014, Art. 104 Rn. 28; in diesem Sinne verwendet von BVerfGK 4, 283 (285).

236 Die Kombinationen variieren vor allem in der Rechtsprechung: Ohne Verweis auf Art. 2 Abs. 1 GG z. B. in BVerfGE 15, 249 (255); mit Verknüpfung zu Art. 2 Abs. 1 GG durch

menschliche oder erniedrigende Behandlung im und durch den Strafvollzug vor dem Gebot der Achtung der Menschenwürde verboten.[237]
Die entsprechende Garantie des Art. 3 EMRK, unmenschliche oder erniedrigende Behandlung oder Strafe sei verboten, gilt über Art. 59 Abs. 2 S. 1 GG zwar formal nur als einfaches Bundesgesetz im innerstaatlichen Recht.[238] Diesem formalen Rang ist die EMRK insgesamt aber aufgrund der Völkerrechtsfreundlichkeit des Grundgesetzes[239] mittlerweile entwachsen, ihre materiell-rechtliche Bedeutung überflügelt die formal lediglich einfach-gesetzliche Zuordnung bei weitem. Zwar gibt es hinsichtlich des Verhältnisses der EMRK zur deutschen Rechtsordnung anhand der bundesverfassungsgerichtlichen Rechtsprechung noch einige Unklarheiten.[240] Jedenfalls wirken aber die EMRK-Gewährleistungen und die Rechtsprechung des EGMR[241] in die Auslegung der Grundrechte hinein[242]

„i. V. m." oder auch „und" z. B. in BVerfGE 75, 1 (16); 113, 154 (162); BVerfGK 16, 491 (494, 496).

237 StRspr. seit BVerfGE 45, 187 (228 – dort wird zwar wiederum auf BVerfGE 1, 332 (348), und E 6, 389 (439), verwiesen, die sich aber nur auf die Grenzen aus Art. 1 Abs. 1 GG für die Strafandrohung und -zumessung, nicht aber die Strafvollstreckung bezogen). Dies lässt sich überdies aus der Gesetzesbegründung zum IRG ableiten: Ohne Vorgriff auf die Ausarbeitung des genauen Gehalts des durch § 73 S. 1 IRG konkretisierten *ordre public* (*international*) umfasst dieser jedenfalls nicht *mehr* als der hier zunächst in Rede stehende *ordre public interne*. Wenn in der Gesetzesbegründung also ein Verstoß gegen den deutschen *ordre public international* ausdrücklich in grausamer, unmenschlicher oder erniedrigender Behandlung gesehen wird (BT-Drs. 9/1338, S. 93), so muss ein solches Verbot jedenfalls auch Inhalt des *ordre public interne* sein. Bestätigung findet diese Schlussfolgerung u. a. auch in BVerfGE 75, 1 (16 f.); BVerfGK 16, 491 (496).

238 Grundsätzlich statt vieler *Nettesheim* 2014, Rn. 184; *Pieper* 2014, Rn. 41, 43. Die fortwährende, mittlerweile überholt wirkende Betonung dieses Umstandes durch das BVerfG (vgl. nur E 74, 358 (379); 82, 106 (114); 111, 307 (316 f.)) beschreibt *Volkmann* (2011, S. 835) als ein aus der Zeit gefallenes „Mantra" des Gerichts.

239 *Grabenwarter* 2010, S. 861; *Voßkuhle/Kaufhold* 2013, S. 311. Vgl. eingehend zur Völkerrechtsfreundlichkeit *Kap. 3.6.4.4.1.2.*

240 Vgl. nur *Bergmann* 2006, S. 106-108 m. w. N.

241 Vgl. *Kap. 4.2.1* eingehend zum Gesamtbild der Konventionsgewährleistungen, das sich erst aus einer Zusammenschau von Konventionstext und EGMR-Rechtsprechung bietet.

242 BVerfGE 74, 358 (370); 111, 307 (323 ff.); 128, 326 (367 ff.). Zusammenfassend *Voßkuhle/Kaufhold* 2013, S. 311. Vgl. auch den Überblick bei *Payandeh* und *Sauer* (2012, S. 294 f.) zur schrittweisen Aufwertung der EMRK und der EGMR-Rechtsprechung durch das BVerfG; ausführlichere Analyse dazu bei *Sauer* 2015, § 7 Rn. 15 ff.; zu den im Zweifel nur noch begrenzten Möglichkeiten eigener Akzentsetzung durch das BVerfG anschaulich *Volkmann* 2011, S. 836 f. Als Hilfe zur Grundrechtsauslegung ist die EMRK erheblich aufgewertet (*Michael/Morlok* 2014, Rn. 475), materiell kommt ihr damit Verfassungsrang zu, so z. B. *Lagodny* 2012, § 73 Rn. 48; von *Ambos* (2014, § 10 Rn. 8) auch als „Grundrechtsverfassung" bezeichnet; nach *Ress*

und dabei – soweit es die Beurteilung von Haftbedingungen betrifft – insbesondere in die Auslegung der Garantie der Menschenwürde.[243] Hervorzuheben ist in diesem Zusammenhang, dass bei der Auslegung des Art. 104 Abs. 1 S. 2 GG gerade auf das Kriterium der „unmenschliche[n] oder erniedrigende[n] Behandlung" zurückgegriffen wird, um den dort verwendeten Begriff der „Misshandlung" von der „Misshandlung" in § 223 Abs. 1 StGB abzugrenzen, wonach schon jede nicht nur ganz unerhebliche Beeinträchtigung des körperlichen Wohlbefindens ausreicht.[244]

Der deutsche *ordre public interne* umfasst hinsichtlich zu gewährleistender Haftbedingungen folglich jedenfalls einen Vollzugsstandard, der den Anforderungen des Art. 3 EMRK genügen muss.[245] Ein Verstoß gegen Art. 3 EMRK ist auch ein Eingriff in den Schutzbereich von Art. 1 Abs. 1 GG.[246] Als solcher ist er verfassungsrechtlich nicht zu rechtfertigen.[247] Dies findet seine Entsprechung in der auch immer wieder vom EGMR betonten absoluten Geltung der Gewährleistungen des Art. 3 EMRK.[248]

(2004, S. 628) etablieren die EMRK und die zugehörige EGMR-Rechtsprechung eine „quasi-verfassungsrechtliche Ordnung"; vorsichtiger noch *Herdegen* (2015a, Art. 1 Abs. 2 Rn. 41): „besondere Bedeutung" der Konventionsrechte; der EGMR ist als Verfassungsgericht (für Menschenrechte) einzustufen (*Voßkuhle* 2010, S. 2 m. w. N.). Insgesamt kritisch hingegen *Hillgruber* 2011, S. 870 f.

243 Vgl. nur *Herdegen* 2015a, Art. 1 Abs. 1 Rn. 95. Eine mögliche Menschenwürdeverletzung i. S. d. Art. 1 Abs. 1 GG durch Haftbedingungen wird schon von BVerfGE 15, 249 (255), inhaltlich mit dem Schutzumfang des Art. 3 EMRK gleichgesetzt; ebenfalls herangezogen in BVerfGK 4, 283 (285).

244 *Radtke* 2014, Art. 104 Rn. 29.

245 Zum Inhalt des von Art. 3 EMRK bestimmten Gewährleistungsgehalts, der wesentlich durch die Arbeitsergebnisse des Europarates und seiner Instrumente geprägt ist, vgl. *Kap. 3.6.4.4.1.4* und *Kap. 4.*

246 So u. a. auch *Zöbeley* 1983, S. 1705; *Bank* 2013, Rn. 5 (auch wenn keine volle Kongruenz des Schutzes von Art. 1 Abs. 1 GG und Art. 3 EMRK bestehe).

247 Vgl. statt vieler *Herdegen* 2015a, Art. 1 Abs. 1 Rn. 73.

248 Seit geraumer Zeit stRspr., jüngst bestätigt in EGMR, 04.09.2014 – 140/10 (*Trabelsi vs. Belgien*), Rn. 118. Das setzt voraus, dass der Schutzbereich des Art. 3 EMRK im Einzelfall zunächst eröffnet sein muss; zumindest andeutungsweise dazu *Zühlke/Pastille* 1999, S. 770 f.

3.6.4 Deutscher *ordre public international* für den traditionellen Auslieferungsverkehr

Der mögliche Inhalt des deutschen *ordre public international* – also des in Deutschland innerstaatlich bindenden Rechts für Sachverhalte mit Auslandsberührung – ist vor dem Hintergrund völkerrechtlicher Verpflichtungen der Bundesrepublik nach wie vor umstritten und ein Dreh- und Angelpunkt der Diskussion um mögliche Auslieferungsgegenrechte des Individuums (*Kap. 3.6.4.1*).[249] Die Spannbreite denkbarer Grund- bzw. Menschenrechtsgewährleistungen eines deutschen *ordre public international* reicht von der vollen Grundrechtsgeltung (*Kap. 3.6.4.2*) über die völlige Ablehnung einer Grundrechtsgeltung (*Kap. 3.6.4.3*) bis hin zur Geltung der Grundrechte in nur reduziertem Umfang (*Kap. 3.6.4.4*). Der deutsche *ordre public international* ist dabei ein einheitlicher Rechtekatalog für den vertraglosen wie für den vertragsbasierten Auslieferungsverkehr (*Kap. 3.6.4.4.4*).

3.6.4.1 Ausgangspunkt: „*ordre public international*" als inhaltsneutrale Bezeichnung

Mit der Differenzierung zwischen *ordre public interne* und *ordre public international* ist noch nichts über den Inhalt der Menschenrechtsgewährleistung des *ordre public international* gesagt. Erst anhand dieses Inhalts bestimmt sich dann, ob ausländische Haftbedingungen „unzulänglich" und inwieweit sie im innerstaatlichen Rechtsschutzverfahren zu würdigen sind.

Wenn man zunächst auf die Funktion eines *ordre-public*-Vorbehaltes abstellt, bei der rechtlichen Beurteilung eines Sachverhaltes zur Berücksichtigung eines Menschenrechtskataloges zu zwingen, und der Auslieferungsvorgang aus deutscher Sicht bereits das Auslieferungsverfahren inklusive des Übergabeaktes durch deutsche Hoheitsträger umfasst, dann wird durch Art. 1 Abs. 3 GG die uneingeschränkte Berücksichtigung des in den Grundrechten verwirklichten Menschenrechtskatalogs befohlen.[250] Da damit aber lediglich die Anwendung des *ordre public interne* angeordnet ist, ist bei Sachverhalten mit Auslandsberührung zu fra-

---

249 Von *Lagodny* (2012, § 73 Rn. 1) wird es als eine der wichtigsten Fragen des Rechtshilfe-rechts bezeichnet, inwieweit aus Grund- und EMRK-Rechten Rechtshilfehindernisse erwachsen.

250 Vgl. so für den Rechtshilfeverkehr grundsätzlich *Häde* 1997, S. 15; *Herdegen* 2015a, Art. 1 Abs. 3 Rn. 77; *Hofmann* 1994, S. 264; *Wolff* 2004, S. 154; ausdrücklich und grundlegend für Sachverhalte mit Auslandsberührung, in deren Rahmen die deutsche Staats-gewalt bei Vollzugsakten durch Art. 1 Abs. 3 GG gebunden sei, BVerfGE 31, 58 (72-77, insbes. 74).

gen, unter welchen Umständen für das innerstaatliche Rechtsverhältnis (d. h. das Rechtsverhältnis zwischen der Bundesrepublik als ersuchter Staat und dem Auszuliefernden) nur ein im Umfang reduzierter *ordre public international* gegenüber dem Ausland zu behaupten ist. Bestehen zu bestimmten Staaten bereits auslieferungsrechtliche Beziehungen oder sind die Bindungen sogar besonders eng, gibt es zudem Überlegungen, von einer *ordre-public*-Kontrolle ganz abzusehen. Auch das gilt es zu hinterfragen.

All das geschieht stets anlässlich der Frage, ob die über Art. 1 Abs. 1, 104 Abs. 1 S. 2 GG in Deutschland vollumfänglich zu gewährleistenden Vollzugsbedingungen[251] im Ausland nur geringeren oder sogar überhaupt keinen Standards genügen müssen. Obwohl ausländische Rechtsordnungen und Verfahren von deutschen Hoheitsträgern grundsätzlich zu respektieren sind,[252] wird sich letztlich nachweisen lassen, dass übereinstimmend jedenfalls die Garantien des Art. 3 EMRK eine Gewährleistungsuntergrenze bilden.

3.6.4.2 Volle Grundrechtsgeltung?

Anknüpfend an den *innerstaatlich* erforderlichen Auslieferungsvollzugsakt,[253] bei dem die Vollzugsbehörde jedenfalls an die Grundrechte gebunden ist, könnten die Grundrechte auch bei Auslieferungssachverhalten zur Beurteilung anschließender Beeinträchtigungen vollumfänglich zu gelten haben. Der deutsche *ordre public international* bestünde dann aus den Grundrechten und grundrechtsgleichen Rechten, die als Vorbehalt gemäß Art. 1 Abs. 3 GG im Auslieferungsverfahren durch den Verfolgten genauso geltend gemacht werden könnten, als handele es sich um einen rein innerstaatlichen Sachverhalt.[254]

---

251 Die inhaltlich weitgehend gem. Art. 3 EMRK zu verstehen sind, vgl. dazu *Kap. 3.6.3.*

252 Vgl. nur *Hackner u. a.* 2003, Rn. 29; *Graßhof/Backhaus* 1996, S. 448; stRspr. des BVerfG, vgl. E 75, 1 (16 f.); 108, 129 (137); 113, 154 (162 f.); K 16, 491 (496).

253 Zu den innerstaatlichen Bestandteilen des Auslieferungsverfahrens vgl. *Kap. 2.1* und *Kap. 5.1* bis *Kap. 5.4.*

254 So *Lagodny* 1987, S. 193 ff., 256; *ders.* 2012, § 73 Rn. 35 f.; *Schomburg/ders.* 1994, S. 394 f. (anders hingegen aber implizit *Schomburg* 1999, S. 359); so auch noch *Sachs* 1994, S. 202 f.; *Schwaighofer* 2001, S. 458 f.; *Murschetz* 2007, S. 18; i. E. so wohl auch *Schomburg/Trautmann* 2012, Rn. 7. *Lagodny* (1987, S. 161 f.) filtert allerdings vorab einige Grundrechte heraus, die Kraft Natur der Sache durch eine Auslieferung nicht betroffen sein könnten. Insoweit, wie er dies daran festmacht, nur Ausländer würden ausgeliefert und reine Deutschen-Grundrechte schieden damit ebenfalls aus, wäre dies dahingehend zu korrigieren, dass durch die Änderung des Art. 16 Abs. 2 S. 2 GG und die §§ 78 ff. IRG mittlerweile eine Auslieferung Deutscher an das europäische Ausland sowie an den IStGH möglich ist.

Das hätte zur Folge, dass im Auslieferungsverfahren bei der Entscheidung über die von deutscher Seite erforderlichen Beiträge zur Durchführung der Auslieferung die zu erwartenden Inhaftierungsbedingungen im ersuchenden Staat anhand der deutschen Grundrechte genauso zu würdigen sind, wie es Haftumstände in deutschen Anstalten wären.[255] Der deutsche *ordre public international* stimmte demnach mit dem deutschen *ordre public interne* überein.

Argumentiert wird dabei insbesondere damit, dass sich eine (Selbst-)Beschränkung in der Gewähr von deutschen Grundrechten in Auslieferungssachverhalten schlicht keinem verfassungs- oder völkerrechtlichen Prinzip oder einer entsprechenden Bestimmung entnehmen ließe.[256]

3.6.4.3 Keine Grundrechtsgeltung?

Im krassen Gegensatz zu einer vollumfänglichen Geltung der Grundrechte für Auslieferungssachverhalte stünde es, bei der Beurteilung von Maßnahmen ausländischer Hoheitsträger die Grundrechte nicht einmal ausschnittsweise heranzuziehen. Anstatt den Maßstab also in irgendeiner Weise aus dem deutschen Recht zu gewinnen, würde als deutscher *ordre public international* (lediglich) ein völkerrechtlich herzuleitendes Minimum an Grundsätzen angesehen. Als Verletzung zwingenden Völkerrechts (*ius cogens*[257]) würde dieses Unterschreiten völkerrechtlicher Mindeststandards etwaige Verpflichtungen aus einem Auslieferungsvertrag aufheben, die andernfalls durchgreifen würden.[258]

Gegen eine Grundrechtsgeltung spreche nicht nur ein damit sonst verbundener „Grundrechtsimperialismus" gegenüber ausländischer Staatsgewalt und Rechtsvorstellung, sondern auch das Fehlen einer eigenen Rechtsposition des Verfolgten im völkerrechtlich geprägten Rechtshilfeverkehr sowie der auch völkerrechtliche Grundsatz „*pacta sunt servanda*", der die Bundesrepublik zur Erfüllung völkerrechtlicher Auslieferungspflichten zwinge.[259]

---

255 Diese Konsequenz befürwortet auch *Herdegen* 2015a, Art. 1 Abs. 3 Rn. 78, selbst wenn er für sonstige Beeinträchtigungen im ausländischen Vollstreckungsverfahren keine „volle Grundrechtskonformität" fordert und vor „überspannten Standards für die Rechtspflege" warnt.

256 *Lagodny* 1991, S. 140.

257 Vgl. dazu näher *Kap. 3.6.6.*

258 *Vogler* 1970, S. 219 ff.; aktualisiert zuletzt in *ders.* 1996, S. 573 f. Diesen Ausweg befürworten u. a. auch *Graßhof* und *Backhaus* (1996, S. 448); ebenso zieht sich *Alleweldt* (1996, S. 71) darauf zurück.

259 Diese Argumente werden in *Kap. 3.6.4.4.2* entkräftet.

3.6.4.4 Reduzierte Grundrechtsgeltung

Überzeugend ist es hingegen, die Grundrechte im Auslieferungsverfahren zur Beurteilung des Strafverfahrens im ersuchenden Staat in reduziertem Umfang gelten zu lassen. Diese reduzierte Geltung lässt sich widerspruchsfrei anhand des Verfassungs- (*Kap. 3.6.4.4.1*) und einfachen Rechts (*Kap. 3.6.4.4.3*) herleiten. Entkräften lassen sich hingegen die Auffassungen, die die Grundrechte vollständig (*Kap. 3.6.4.4.1.2*) oder gar nicht (*Kap. 3.6.4.4.2*) heranziehen wollen. Der reduzierte Prüfungsmaßstab gilt einheitlich im vertraglosen wie im vertragsbasierten Auslieferungsverkehr (*Kap. 3.6.4.4.4*).

3.6.4.4.1 Verfassungsrechtliche Konstruktion einer reduzierten Grundrechtsgeltung

Die Geltung der Grundrechte setzt nur die Bindung der befassten deutschen Hoheitsträger an die deutschen Grundrechte voraus, nicht hingegen die der ausländischen Hoheitsträger (*Kap. 3.6.4.4.1.1*). Dabei bewirkt die Völkerrechtsfreundlichkeit des deutschen Grundgesetzes, dass die Grundrechtsbindung lediglich reduziert ist (*Kap. 3.6.4.4.1.2*). Das setzt eine rechtlich tragfähige Begründung voraus, und dass sich die reduzierte Grundrechtsgeltung widerspruchsfrei in die herrschende Grundrechtedogmatik von Schutzbereich, Eingriff und Rechtfertigung einfügen lässt (*Kap. 3.6.4.4.1.3*). Inhaltlich wird dadurch der rechtliche Maßstab gerade für die Beurteilung der Strafvollzugsausgestaltung zwar nicht nur unerheblich, aber auch nicht grundlegend reduziert; insbesondere wird nicht an den Gewährleistungen des Art. 1 GG i. V. m. Art. 3 EMRK gerührt (*Kap. 3.6.4.4.1.4*). Dieser reduzierte Maßstab birgt daher das Potenzial zu wirksamem Schutz vor drohenden ausländischen Strafvollzugsbedingungen, was aber nicht zwangsläufig bedeutet, dass dieses Potenzial auch ausgeschöpft wird (*Kap. 3.6.4.4.1.5*).

3.6.4.4.1.1 Bindung deutscher, nicht ausländischer Hoheitsträger an die Grundrechte

Gegen die Geltung der Grundrechte wird zum Teil eingewandt, ausländische Hoheitsträger könnten schon aus „normlogischen Gründen" nicht an deutsches Verfassungsrecht gebunden sein.[260] Damit wird allerdings die Frage der Zurechenbarkeit mit dem Aspekt der Grundrechtsbindung ausländischer Hoheitsträger

---

260 So *Vogler* 1994, S. 1434 f., mit Verweis auf *Elbing* 1992, S. 166.

vermengt.[261] Selbstredend erstreckt sich die Geltung des deutschen Grundgesetzes nicht auf ausländische Hoheitsträger.[262] Legt man „an die Handlungen des
ersuchenden Staates die Elle der deutschen Verfassung"[263] an, wird daraus aber
auch noch keine Bindung des ersuchenden Staates an deutsche Grundrechte. Der
Verfolgte soll sich nicht gegenüber fremder Staatsgewalt auf deutsche Grundrechte berufen können.[264] Es geht vielmehr darum, die im Ausland erfolgenden
Grundrechtsbeeinträchtigungen (nur) deutschen Hoheitsträgern zuzurechnen.

Tatsächlich bedeutet die Berücksichtigung eines deutschen *ordre public
international* aus Individualschutzgründen, dass deutsche Hoheitsträger verpflichtet werden, anhand eines deutschen Menschenrechtsmaßstabes Umstände
im Ausland und Verhaltensweisen ausländischer Hoheitsträger rechtlich zu würdigen. Dafür müsste das im Anschluss an die eigentliche Auslieferung zu
erwartende Verhalten des ersuchenden Staates bzw. müssten die ebendort zu
erwartenden Gegebenheiten (d. h. Haftbedingungen) also den handelnden Organen der Bundesrepublik zurechenbar sein.[265]

Anknüpfungspunkt für eine *Zurechnung* sind die innerstaatlichen deutschen
Akte, die die Auslieferung im in *Kap. 2.1* dargestellten Sinne ausmachen.[266] Bei
der Durchführung dieser Akte sind die befassten deutschen Hoheitsträger an
Grundrechte gebunden, die Durchführung selbst stellt bei anschließender Grundrechtsbeeinträchtigung im ersuchenden Staat, z. B. durch unzulängliche Haftbedingungen, einen zumindest *mittelbar-faktischen Grundrechtseingriff* dar.[267]

---

261   Deutlich erkennbar z. B. an der inhaltlichen Gleichsetzung von „Gültigkeit" (für das
      deutsche Strafverfahren) und „als Maßstab […] angelegt werden" (an Handlungen aus-
      ländischer Behörden), jeweils bezogen auf deutsche Grundrechte, bei *Vogler* 1970,
      S. 201 f.

262   Ausführlich *Elbing* 1992, S. 150-167.

263   *Vogler* 1994, S. 1434; ähnlich schon *ders.* 1990, S. 480; aktualisiert in *ders.* 1996, S. 578.

264   *Elbing* 1992, S. 167.

265   Es ist auch möglich, eine Schutzpflicht deutscher Hoheitsträger ausreichen zu lassen. Zu
      diesen verschiedenen Möglichkeiten einer verfassungsdogmatischen Konstruktion der
      Grundrechtsgeltung vgl. sogleich *Kap. 3.6.4.4.1.3.*

266   Grundlegend in diesem Sinne *Lagodny* 1987, S. 15-18.

267   *Gärditz* 2013a, Rn. 68; implizit *Herdegen* 2015a, Art. 1 Abs. 3 Rn. 77; *Hufen* 2010, S. 9;
      Lagodny 2012, § 73 Rn. 14 m. w. N.; *Tinkl* 2008, S. 71; *Vogel* 2009, § 73 Rn. 22;
      Weigend 2000, S. 106; für eine Gesamtwürdigung auch späterer Abschnitte des Strafver-
      fahrens im Ausland bei rechtlicher Bewertung inländischer Rechtshilfehandlungen schon
      ausdrücklich die Gesetzesbegründung (BT-Drs. 9/1338, S. 93); i. d. S. auch schon *Krep-
      pel* 1965, S. 106 („mittelbare Grundrechtsverletzung"); *Zeidler* 2008, S. 223 (sogar
      „unmittelbare" Mitwirkung des ersuchten Staates am Strafverfahren des ersuchenden
      Staates). Im Ergebnis wohl wie hier, aber über eine Schutzpflichtenkonstruktion *Micha-
      el/Morlok* 2014, Rn. 532. Ausführlich zu beiden Positionen sogleich *Kap. 3.6.4.4.1.3.*

Deutsche Hoheitsträger trifft daher eine „Folgenverantwortung"[268] für spätere menschenrechtswidrige Behandlungen. Die „Elle der Verfassung" kann also an das Verhalten ausländischer Staaten und deren (Haft-)Umstände angelegt werden; *gebunden* an Grundrechte sind dabei aber nur deutsche Hoheitsträger, da ihnen die ausländischen unzulänglichen Haftbedingungen zurechenbar sind. Gegen deren (Rechtshilfe-)Handlungen kann dann innerstaatlich Rechtsschutz gesucht werden.[269]

3.6.4.4.1.2 Völkerrechtsfreundlichkeit des Grundgesetzes als Verfassungsprinzip

Zu fragen ist nach einer Inhaltsbestimmung des deutschen *ordre public international*, die im Lichte des Art. 1 Abs. 3 GG zu erfolgen hat. Soll von Art. 1 Abs. 3 GG abweichend ein Maßstab gebildet werden,[270] so ist zugleich zu klären, ob Beweggründe in der rechtlichen Gesamtbeurteilung hinzutreten, die eine Abweichung erfordern und die diese abweichende Maßstabsbildung verfassungsrechtlich absichern.

Die Antwort darauf besteht aus zwei ineinander übergehenden[271] Begründungen. Die eine stellt aber eher den politischen Anlass einer Geltungsreduktion

---

Anders noch ausdrücklich *Vogler* 1970, S. 202; *ders.* 1996, S. 578; dort auch regelrecht empörte Zurückweisung des Gedankens möglicher „Gegenrechte" des Verfolgten bei S. 570, 573, 577; OLG München, MDR 1982, S. 516. Widersprüchlich *Schemmer* (1995, S. 132 f.), der zwar deutschen Hoheitsträgern nur diejenigen sich anschließenden Grundrechtsverletzungen im Ausland zurechnen möchte, die gegenüber deutschen Staatsangehörigen erfolgen (d. h. Ausländer sollen *Schemmer* zufolge auch nicht von den sog. „Jedermann-Grundrechten" erfasst sein). Einen nicht näher benannten „Schutz" für Ausländer leitet *Schemmer* (1995, S. 133) gleichwohl aus dem „menschenrechtlichen Fundament" und den „in Art. 20 GG niedergelegten Grundsätze[n]" ab. Wie dieser „Schutz" – abseits einer verfassungsrechtlichen Zurechnung von Verletzungshandlungen – zu begründen sei, lässt er hingegen offen. Sein diesbezüglicher Verweis auf die bundesverfassungsgerichtliche Rechtsprechung offenbart, dass *Schemmer* in seiner dogmatischen Erschließung die Übertragung der zuvor von ihm selbst noch vorgenommenen Unterscheidung zwischen *ordre public interne* und *ordre public international* (1995, S. 4 f.) nicht gelingt, die Ausgangspunkt (auch) der Rechtsprechung des BVerfG ist (vgl. *Kap. 3.6.4.4.1.2*). Den sich aus seinen Überlegungen ergebenden Widerspruch weiß er nicht befriedigend zu lösen.

268 Insoweit übertragbar anhand des Ausländerrechts *Kraft* 2014, S. 974; dem folgend *Wendel* 2015, S. 733.

269 Vgl. nur *Lagodny* 1988, S. 2149 m. w. N., sowie ausführlich *Kap. 5.5*.

270 *Michael/Morlok* (2014, Rn. 77) sprechen von einer „Modifizierung" des Art. 1 Abs. 3 GG.

271 So z. B. bei *Hofmann* 1994, S. 274: Wegen der „Notwendigkeit einer angemessenen Fähigkeit Deutschlands zur Teilnahme am Rechtshilfeverkehr" und seiner „grundgesetz-

dar, während die andere diese Geltungsreduktion verfassungsrechtlich absichert. Im Auslieferungsrecht besteht ein großes Interesse Deutschlands zur aktiven Teilnahme an einem leistungsfähigen internationalen Rechtshilfeverkehr.[272] Aus den genannten Beweggründen des internationalen Auslieferungsverkehrs[273] ist auch der Bundesrepublik daran gelegen, Straftäter oder Verdächtige auszuliefern, um eine wirksame Strafverfolgung zu ermöglichen. Zudem ist das bereits erörterte Kriterium der „Gegenseitigkeit"[274] nicht etwa eine deutsche Eigentümlichkeit, sondern ebenso eine Entscheidungsgrundlage anderer Staaten: Auch sie liefern vielfach nur dann (z. B. an die Bundesrepublik) aus, wenn sie gleichfalls auf eine Annahme ihrer Auslieferungsersuchen hoffen dürfen.[275] Wer also nicht ausliefert, bekommt auch umgekehrt niemanden ausgeliefert, gegebenenfalls nicht einmal überstellt.[276] Bei der Maßstabsbestimmung für diese (Auslieferungs-) Sachverhalte mit Auslandsberührung ist also Vorsicht geboten, um nicht durch „überspannte[…] Standards"[277] den Rechtshilfeverkehr zu Lasten der Bundesrepublik – und nicht zuletzt ihrer Bürger – zum Erliegen zu bringen.

Wenn nun aber in Abweichung vom Normbefehl des Art. 1 Abs. 3 GG i. V. m. den einzelnen Grundrechten deren Geltungsumfang reduziert werden soll, muss sich das aus der Verfassung selbst herleiten lassen. Das Interesse an einem funktionierenden Rechtshilfeverkehr ist selbst zwar kein Belang von Verfassungsrang,[278] lässt sich aber mit der Völkerrechtsfreundlichkeit des Grundge-

---

lich verankerten Eingliederung in die internationale Staatengemeinschaft" hätten Grundrechte bei grenzüberschreitenden Sachverhalten nur eingeschränkte Wirkkraft; ihm folgend *Häde* 1997, S. 21-23.

272 Hervorgehoben bereits von *Geck* 1965, S. 227, unter Verweis auf *Vogel* 1964. Aus neuerer Zeit statt vieler *Weigend* 2000, S. 106 („internationale Solidarität auf dem Gebiet der Strafrechtspflege"); *Herdegen* 2015a, Art. 1 Abs. 3 Rn. 78.

273 Vgl. *Kap. 2.2.*

274 Vgl. *Kap. 3.3.*

275 Hervorgehoben auch von *Bassiouni/Wise* 1995, S. 37; dem folgend *Zühlke/Pastille* 1999, S. 753 f.

276 Was sich aus deutscher Sicht auch besonders fatal auswirken kann, wenn gerade deutsche Staatsbürger vor den Strafvollzugsbedingungen anderer Staaten „gerettet" werden sollen, indem ihre Übergabe zur Strafvollstreckung erbeten wird, dann aber aus zwischenstaatlichen „Befindlichkeiten" (z. B. eben wegen eines überaus restriktiven Umganges der Bundesrepublik mit Auslieferungsersuchen jenes Staates) diese Bitte abgelehnt wird.

277 *Herdegen* 2015a, Art. 1 Abs. 3 Rn. 78.

278 A. A. jedoch *Herdegen* 2015a, Art. 1 Abs. 3 Rn. 78, was sich aus den Art. 16 Abs. 2, Art. 73 Abs. 1 Nr. 1 und 10 GG ergebe. Die (von der h. M. bemühte) Völkerrechtsfreundlichkeit sei hier gar nicht zur Rückbindung nötig. Ob nun aber die grundrechtliche Absicherung des Auslieferungsverbot eigener Staatsangehöriger (Art. 16 Abs. 2 GG) rechtfertigt, dem Interesse am Rechtshilfeverkehr Verfassungsrang zuzuschreiben, sei

setzes begründen: Das Grundgesetz gliedert den von ihm verfassten Staat in die Völkerrechtsordnung der Staatengemeinschaft ein.[279] Als Gut von Verfassungsrang fließt diese Völkerrechtsfreundlichkeit in die Abwägung verfassungsrechtlicher Positionen mit ein und ermöglicht mithin auch die einschränkende Auslegung von Individualrechten, selbst wenn der einzelnen völkerrechtlichen Regelung nach Umsetzung in die deutsche Rechtsordnung nur der Rang eines einfachen Bundesgesetzes zukommt.[280] Sie lässt sich aus zahlreichen Vorschriften des Grundgesetzes ableiten, wobei je nach Darstellung unterschiedliche Grundrechtsartikel in den Vordergrund gerückt werden.[281]

Als Folge daraus werden die Grundrechte und grundrechtsgleichen Rechte, wie sie für die Beurteilung inländischer Sachverhalte heranzuziehen sind (also der deutsche *ordre public interne*), nicht vollumfänglich auf die Beurteilung der Behandlung des Verfolgten im ersuchenden Staat angewendet. Stattdessen bildet ein anderer, reduzierter Maßstab den deutschen *ordre public international*.[282]

Das Argument, die Völkerrechtsfreundlichkeit des Grundgesetzes müsse notwendig berücksichtigt werden, lässt sich dabei auch nicht mit dem Hinweis entkräften, dieses Prinzip binde als Staatszielbestimmung nur die Exekutive, und

---

dahingestellt (Soweit ersichtlich entnimmt auch kein anderer Autor dem Art. 16 Abs. 2 GG eine irgendwie geartete Tendenz hin zur Völkerrechtsfreundlichkeit oder -offenheit.); aus einem Gesetzgebungskompetenztitel (Art. 73 Abs. 1 Nr. 1 und 10 GG) folgt eine solche – nach allerdings nicht unumstrittener Auffassung – jedenfalls nicht (vgl. nur *Michael/Morlok* 2014, Rn. 720 m. w. N., auch zur Gegenansicht).

279 Vgl. nur BVerfGE 113, 154 (162 f.).

280 Grundlegend *K. Vogel* 1964, *passim*, insbes. S. 40, 45 f.; vgl. auch *Graßhof/Backhaus* 1996, S. 448, mit Verweis auf BVerfGE 18, 112 (116 ff.); 31, 58 (75 f.); *Häde* 1997, S. 21 f.; aus jüngerer Zeit *J. Vogel* 2009, vor § 1 Rn. 39; *Voßkuhle/Kaufhold* 2013, S. 311; ausdrücklich auch BVerfGE 111, 307 (317 ff.); kritisch hingegen *Vogler* 1996, S. 577, der darin keine „rechtlich fundierte Begründung" sieht.

281 BVerfGE 111, 307 (318); 113, 154 (162): Präambel, Art. 1 Abs. 2, Art. 9 Abs. 3, 23-26 GG; *J. Vogel* 2009, vor § 1 Rn. 39, unter Verweis auf Art. 24 ff., 32, 59 GG; *Schemmer* 1995, S. 155 f. (neben Art. 25 und 59 Abs. 2 GG bilde die Präambel des Grundgesetzes ein Einfallstor für die Berücksichtigung völkerrechtlicher Bestimmungen); *R. Hofmann* 1994, S. 273 f.; *Conrad* 2013, S. 139 m. w. N. (Art. 1 Abs. 2, Art. 23-26, 59 GG); *T. Hofmann* 2013, S. 329 („aus einer systematischen Gesamtschau einschlägiger Vorschriften des Grundgesetzes"). *Zimmermann* (2007, S. 297 ff.) sieht darüber hinaus in zahlreichen weiteren Grundgesetzbestimmungen Demonstrationen der Völkerrechtsfreundlichkeit. *Seetzen* (1984, S. 392 f.) stellt zwar nicht ausdrücklich auf eine Völkerrechtsfreundlichkeit ab, entnimmt aber den „unverletzlichen und unveräußerlichen Menschenrechten" des Art. 1 Abs. 2 GG i. E. dasselbe Gebot, die Grundrechtsgeltung (allerdings insbesondere auch der Menschenwürdegarantie) im Auslieferungsverkehr zu reduzieren. Kritisch zur Annahme einer Völkerrechtsfreundlichkeit des Grundgesetzes noch *Kunig* 1989, S. 536 ff.

282 Aus jüngerer Zeit BVerfGK 13, 128 (133 f.).

das auch nur bei der Pflege der auswärtigen Beziehungen, nicht aber die anderen Gewalten.[283] Dann hätte das jeweils befasste OLG in der Zulässigkeitsentscheidung dieser Völkerrechtsfreundlichkeit keine Beachtung zu schenken, und erst in der Bewilligungsentscheidung würde der Aspekt eine Rolle spielen. In ähnlicher Weise argumentiert, wer vor dem Hintergrund der Kompetenzabgrenzung im innerstaatlichen Auslieferungsverfahren meint, eine völkerrechtliche Pflicht zur Auslieferung sei in der Zulässigkeitsentscheidung erst gar nicht zu berücksichtigen.[284] Zwar könne es durchaus zu Divergenzen zwischen grundrechtlich gebotenem Tun und Unterlassen einerseits und völkerrechtlichen Verpflichtungen andererseits kommen. Diese Divergenzen in Einklang zu bringen sei aber die Aufgabe von Exekutive und Legislative beim Eingehen und Übersetzen dieser Verpflichtungen ins nationale Recht sowie letztlich bei der Entscheidung über die Bewilligung der Auslieferung, nicht hingegen die Aufgabe der mit der Zulässigkeitsentscheidung befassten Judikative. Folglich habe die Judikative die völkerrechtlichen Verpflichtungen gänzlich außer Betracht zu lassen.

Das Gebot zur Berücksichtigung reicht allerdings weiter, es erstreckt sich auf das Handeln aller drei Gewalten in all ihren Bereichen, soweit sie verfassungsrechtlich relevant handeln.[285] Und auch der Einwand, das Gebot des Grundgesetzes, fremde Rechtsordnungen und -anschauungen zu achten, gelte wiederum nicht grenzen- und bedingungslos,[286] bestätigt die hier vorgenommene Einordnung der Völkerrechtsfreundlichkeit mit Hilfe des *ordre-public*-Begriffssystems, statt sie zu widerlegen: Mit der Völkerrechtsfreundlichkeit soll keiner vollständigen Grundrechtsaushebelung in Auslieferungsfällen das Wort geredet werden. Mindestens ein Kerngehalt grundrechtlicher Gewährleistungen bleibt als Anforderung an das ausländische Strafverfahren bestehen.[287] An diesem Befund ändert es auch nichts, dass ein Gebot einschränkender Grundrechtsauslegung „aus dem

---

283 So aber noch *Neubacher* 2001, S. 213, mit Verweis auf *Kunig* 1989, S. 538.

284 Zum Folgenden *Lagodny* 2012, § 12 Rn. 4.

285 So bereits bei *Vogel* 1964, S. 44 ff.; aus neuerer Zeit *Schmahl* 2013, S. 965; *Michael/Morlok* 2014, Rn. 475 f.; *Pieroth u. a.* 2014, Rn. 65 (zumindest hinsichtlich der EMRK und der EGMR-Rechtsprechung); *Lagodny* 2012, § 73 Rn. 47 ff.; stRspr. des BVerfG, vgl. E 23, 288 (300); 31, 145 (177); 75, 1 (18 f.). Dieser Auffassung von der allein auf die Exekutive reduzierten Bindungswirkung völkerrechtlicher Rechtsquellen, die über Art. 25 GG in das deutsche Verfassungsrecht hineinwirken, ist das BVerfG bezogen auf die EMRK besonders entschieden entgegengetreten, stattdessen seien alle Träger der deutschen öffentlichen Gewalt umfassend gebunden, vgl. BVerfGE 111, 307 (323 ff.); unter Bezugnahme darauf ebenso *Voßkuhle* 2010, S. 4 f.; *Meyer-Ladewig/Petzold* 2005, S. 17 m. w. N.

286 *Lagodny* 1991, S. 140.

287 Vgl. zum genaueren Maßstabsinhalt Kap. 3.6.4.4.1.4.

Völkerrecht überhaupt nicht ableitbar"[288] sei. Denn bei dieser nur einge-
schränkten Grundrechtsgeltung handelt es sich um die Umsetzung der originär
verfassungsrechtlich geforderten Entscheidung, gegenüber dem Ausland nicht
alle ausdifferenzierten deutschen Grundrechtsanforderungen durchzusetzen.

Die völkerrechtsfreundliche Auslegung der Grundrechte darf jedoch nicht
dazu führen, dass in der Summe letztlich die zwischenstaatliche Zusammenarbeit
in der Strafrechtspflege als solche bereits Individualrechte reduziert.[289] Auslieferungen werden zusehends als Mittel zur Verbesserung der transnationalen Strafverfolgung auf Kosten der bislang anerkannten Rechte des Auszuliefernden eingesetzt.[290] Dem stellt sich das BVerfG entgegen, wenn es unter dem Stichwort
eines „international-arbeitsteiligen Strafverfahrens"[291] zum Beifall der Wissenschaft die grundrechtsschonende grenzüberschreitende Zusammenarbeit in der
Strafverfolgung zur Handlungsmaxime erklärt.[292] Insbesondere sei die Herstel-
lung von praktischer Konkordanz zwischen den staatlichen Verfolgungsinte-
ressen und den Rechten des Individuums geboten, um das Aufweichen der Ver-
folgtenrechte zu verhindern:[293] Allein aus dem transnationalen Charakter des
Vorgangs soll dem Verfolgten kein Nachteil entstehen dürfen, ohne automatisch
in das entgegengesetzte Extrem eines Meistbegünstigungsprinzips umzuschla-
gen.[294] Daher müsse jedenfalls in der Gesamtschau der im ersuchenden und
ersuchten Staat gewährleisteten Rechte ein Katalog von Individualrechten des
Verfolgten bestehen, der dem eines rein inländischen Strafverfahrens gleichwertig ist.[295]

Wenn es also die Völkerrechtsfreundlichkeit des Grundgesetzes gebietet, im
Interesse einer funktionierenden internationalen Strafrechtspflege gegebenenfalls

---

288 *Lagodny* 2012, § 73 Rn. 17 [*Hervorhebung nicht im Original*].

289 *Lagodny* 1998, 568.

290 *Gilbert* 2006, S. 187.

291 *Lagodny* 1998, S. 568.

292 So in der Sache bereits BVerfGE 61, 28 (34); zustimmend *Lagodny* 1998, S. 568; *Schom-
burg/Lagodny* 2012, S. 348 f.; ausführlich *Weber* 1997, *passim*; *Schomburg u. a.* 2012,
Einleitung Rn. 112 ff.

293 *Lagodny* 1998, 568; *Schomburg u. a.* 2012, Einleitung Rn. 119.

294 Vor den Gefahren eines solchen warnt etwa auch andeutungsweise *Trechsel* 1998, S. 380.
Jüngst hat das BVerfG (06.05.2016 – 2 BvR 890/16) zu einer entsprechenden Gratwan-
derung angesetzt, als es eine Auslieferung nach Großbritannien im Lichte des Art. 1
Abs. 1 GG vorerst stoppte, weil dem Beschwerdeführer dort im Strafverfahren sein
Schweigen zum Tatvorwurf zum Nachteil gereichen soll.

295 *Schomburg u. a.* 2012, Einleitung Rn. 116: „Verbot der Individualbenachteiligung";
Vogel 2009, vor § 1 Rn. 41: „Kombinationsprinzip" der Rechtsschutzniveaus des ersuchenden und des ersuchten Staates.

Grundrechtsgewährleistungen im Einzelfall zu reduzieren, so folgt zugleich für die deutschen Hoheitsträger aus dem Gebot der Durchführung eines international-arbeitsteiligen Strafverfahrens die Pflicht, etwaige Defizite auf Seiten des ersuchenden Staates durch ein Mehr an Abwehrrechten auszugleichen. Umgekehrt kann bei großzügiger Schutzgewähr durch den ersuchenden Staat das Schutzniveau im ersuchten Staat *in Grenzen* reduziert werden.[296] Nicht daraus abgeleitet werden kann hingegen die vereinzelt vorgebrachte Forderung, deutschen Grundrechten die Abwehr- oder Schutzfunktion ganz zu versagen.

3.6.4.4.1.3 Grundrechtsdogmatische Konsequenz der Völkerrechtsfreundlichkeit

Dass im Ergebnis deutsche Grundrechte heranzuziehen sind, um die der Auslieferung folgenden Grundrechtsbeeinträchtigungen zu beurteilen, ist mittlerweile ganz herrschende Meinung.[297] Ungeklärt ist hingegen, wie die nach herrschender Meinung vorzunehmende Reduktion der Grundrechtsgeltung verfassungsdogmatisch einzuordnen ist.[298] Anhand der gängigen Unterscheidung in der Prüfung potentieller Grundrechtsverletzungen zwischen dem Eingriff in den Schutzbereich eines Grundrechts, der sich rechtfertigen lassen muss, bestehen drei Ansätze, um die umfassende Grundrechtsbindung des Art. 1 Abs. 3 GG zu reduzieren: Die Grundrechtsbindung kann zum einen durch eine *Schutzbereichsreduktion* gelockert werden. Alternativ kann die Reduzierung auch als *Beschränkung des Eingriffsbegriffs* hergeleitet werden. Schließlich ist es denkbar, die Schranken der *Rechtfertigungsebene* zu erweitern.

Eine grundlegende Weichenstellung zur Beantwortung dieser Frage ist, ob man die der Auslieferung folgende Behandlung im ersuchenden Staat den Hoheitsträgern der Bundesrepublik als zumindest mittelbar-faktischen Eingriff

---

296 *Michael/Morlok* 2014, Rn. 77.

297 Vgl. nur *Burchard* 2013, Rn. 3; *Schomburg u. a.* 2012, Einleitung Rn. 2 ff., mit zahlreichen Nachweisen zur Entwicklung in der Rechtsprechung in Rn. 11, darunter insbes. BVerfGE 75, 1 (19); *Hofmann* 1994, S. 13 ff. m. w. N.; *Häde* 1997, S. 18-20; *Vogel* 2009, vor § 1 Rn. 38; *Graßhof/Backhaus* 1996, S. 448; *Conrad* 2013, S. 141; *Tinkl* 2008, S. 42-66; i. E. auch *Weides/Zimmermann* 1988, S. 464 (für die vergleichbare Fragestellung bzgl. einer Ausweisung); *Globke* 2009, S. 5, 35 ff. m. w. N. (dort für den Bereich internationaler Zusammenarbeit insgesamt). Auf *Weigend* (2000, S. 111) wird vielfach in diesem Sinne in der Literatur verwiesen, obwohl er eine klare eigene Positionierung vermeidet.

298 Eine Einordnung angemahnt, aber letztlich trotzdem offen gelassen von *Vogel* 2009, vor § 1 Rn. 39; offen bleibend auch bei *Wolff* 2004, S. 155 f. *Sachs* (2006, S. 172) schließt eine befriedigende Einbindung der Grundrechtseinschränkung in die allgemeine Grundrechtsdogmatik von vornherein aus.

zurechnet (dann wären die Grundrechte als *Abwehrrechte* betroffen[299]) oder stattdessen durch die Völkerrechtsfreundlichkeit des Grundgesetzes der Zurechnungszusammenhang durchbrochen sein soll, so dass höchstens noch eine Schutzpflicht
deutscher Hoheitsträger bestehen kann (dann wäre die *Schutzpflichtdimension* der
Grundrechte betroffen[300]).

Für die zweite Ansicht wird im Schrifttum vereinzelt vorgebracht, die Grund-
rechtsbeschränkungen im Hoheitsbereich des ersuchenden Staates würden von
diesem eigenverantwortlich vorgenommen, während der Bundesrepublik mangels
Regelungskompetenz für das fremde Hoheitsgebiet diese Beeinträchtigungen
schlichtweg nicht zurechenbar seien.[301] Auch wenn der Zurechnungszusammenhang danach durchbrochen ist, könnten die Grundrechte immer noch Schutzpflichten entfalten.[302] Bewirkt die völkerrechtsfreundliche Auslegung also eine
Modifikation des Art. 1 Abs. 3 GG dahin,[303] dass es an einem auch nur mittelbar-
faktischen Eingriff fehlt, kann nichtsdestotrotz zunächst der Schutzbereich eines
oder mehrerer Grundrechte eröffnet sein. Umstritten ist dann zwar, ob alle
Freiheitsgrundrechte in ihrer objektiv-rechtlichen Funktion auch gegen Beeinträchtigungen nichtdeutscher staatlicher Stellen in Stellung gebracht werden können.[304] Für die staatliche Schutzpflicht hinsichtlich der Menschenwürdegarantie
ist das aber gemäß Art. 1 Abs. 1 S. 2 GG jedenfalls zu bejahen.[305] Die Völkerrechtsfreundlichkeit würde also hinsichtlich vieler Grundrechtsgewährleistungen
den Zurechnungszusammenhang durchbrechen, so dass kein Eingriff vorläge;
ungeachtet dessen bestünde aber bei drohenden Grundrechtsbeeinträchtigungen
durch den ersuchenden Staat eine Schutzpflicht deutscher Hoheitsträger hinsichtlich der Menschenwürdegarantie.

---

299 Vgl. zur Abwehrdimension der Grundrechte BVerfGE 7, 198 (204); *Isensee* 2011,
Rn. 47 ff.

300 *Hufen* 2016, § 8 Rn. 12 f.

301 *Michael/Morlok* 2014, Rn. 531 f.; *Isensee* 2011, Rn. 208 f.; weitere Nachweise bei
Lorz/Sauer 2010, S. 392 Fn. 36. In diese Richtung auch noch BVerfGE 57, 9 (24).

302 Vgl. dazu allgemein *Manssen* 2015, Rn. 49 f.; *Michael/Morlok* 2014, Rn. 510 ff.

303 *Michael/Morlok* 2014, Rn. 77.

304 Für eine Schutzpflicht aus allen Freiheitsgrundrechten z. B. *Manssen* 2015, Rn. 50;
ausführlichere Erörterung bei *Baier* (2001, S. 437-440); dagegen heben *Michael* und
Morlok (2014, Rn. 532) die fehlende Verantwortung deutscher Hoheitsträger für Vorgänge in fremden Hoheitsgebieten hervor.

305 *Michael* und *Morlok* (2014, Rn. 532) leiten dann zumindest bei der Menschenwürdegarantie aus der Versprechenstheorie (*dies.* 2014, Rn. 138) eine Schutzpflicht ab. Eine
Schutzpflicht sehen bei Auslieferungen, die die Menschenwürde tangieren, auch *Weides*
und *Zimmermann* (1988, S. 463 f.); ähnlich *Isensee* (2011, Rn. 214), bei drohender
„Verletzung fundamentaler Menschenrechte".

Gegen das Argument eines durchbrochenen Zurechnungszusammenhanges ist jedoch einzuwenden, dass allein die Verantwortung des fremden Staates für seinen Hoheitsbereich nicht die Verantwortlichkeit deutscher Hoheitsträger für ihr eigenes Verhalten absorbiert.[306] Durch die Auslieferung könnte sich die Bundesrepublik andernfalls fast nach Belieben ihrer grundrechtlichen Verpflichtungen entledigen. Stattdessen wird hier die Zurechnung nach dem Veranlasserprinzip begründet.[307] Die zustimmungswürdige Einordnung als mittelbar-faktischer Eingriff entspricht daher auch der herrschenden Meinung.[308]

Handelt es sich also trotz der Völkerrechtsfreundlichkeit des Grundgesetzes um einen Eingriff, der den deutschen Hoheitsträgern zurechenbar ist, so kann die Reduktion der Grundrechtsgeltung immer noch auf Schutzbereichs- oder auf Rechtfertigungsebene erfolgen. Bei einer Lösung auf *Rechtfertigungsebene* würden die der Auslieferung folgenden Umstände im ersuchenden Staat gegebenenfalls einen mittelbar-faktischen Eingriff in den Schutzbereich eines oder mehrerer Grundrechte anhand der herkömmlichen Grundrechtsdogmatik bedeuten. Die Völkerrechtsfreundlichkeit würde dann aber als Belang von Verfassungsrang als *kollidierendes Verfassungsrecht* eine *zusätzliche Schranke* für das betroffene Grundrecht darstellen, die zur Rechtfertigung herangezogen werden kann.[309]

Der ausdrückliche Wille des Gesetzgebers[310] spricht hingegen dafür, von vornherein die sachlichen *Schutzbereiche* völkerrechtsfreundlich und damit *enger auszulegen.*[311] Eine engere – völkerrechtsfreundliche – Auslegung ermöglicht die verstärkte Integration der Bundesrepublik in die internationale Gemein-

---

306 *Häde* 1997, S. 18; *Herdegen* 2015a, Art. 1 Abs. 3 Rn. 77; *Lagodny* 2012, § 73 Rn. 14 m. w. N.

307 *Vogel* 2009, vor § 1 Rn. 38.

308 Vgl. zusätzlich noch die Nachweise in *Fn. 267.*

309 Grundsätzlich dazu *Michael/Morlok* 2014, Rn. 77 f.; für eine Rechtfertigungslösung z. B. *Weigend* 2000, S. 106; ebenfalls *Sachs* 2006, S. 172, der darin aber keine dogmatisch befriedigende Lösung sieht.

310 Indem der deutsche *ordre public international* die prozessualen und materiellen Anforderungen an das ausländische Strafverfahren auf die Konformität mit „wesentlichen Grundsätzen" reduziert (vgl. BT-Drs. 9/1338, S. 93), wird also von vornherein einigen Grundsätzen der deutschen Rechtsordnung die sachliche Anwendbarkeit versagt, mit anderen Worten: der Schutzbereich reduziert. In diesem Sinne wohl auch *Vogler* 1994, S. 1435 (mit Verweis auf die Gesetzesbegründung).

311 Für eine Schutzbereichsbeschränkung zumindest im vertragsbasierten Rechtshilfeverkehr auch *Häde* 1997, S. 22 f. Auf eine Schutzbereichsbeschränkung laufen ebenso die Überlegungen *Seetzens* (1984, S. 393) hinaus, im Lichte des Art. 1 Abs. 2 GG den Regelungsgegenstand von Art. 1 Abs. 1 GG zu beschränken.

schaft.[312] Wenn an das Ausland nicht ein identisch hoher Anspruch an Gewährleistungen formuliert werden soll, wie ihn das deutsche Verfassungsrecht für inländische Sachverhalte vorsieht, sondern das Gebot der Völkerrechtsfreundlichkeit Wirksamkeit entfalten soll, ist es also angezeigt, für die Reduktion der Grundrechtsgeltung schon auf Schutzbereichsebene anzusetzen. Die Schutzbereiche der Grundrechte sind im Auslieferungsrecht bei weniger Fallgestaltungen eröffnet, als bei rein deutschen Sachverhalten.

3.6.4.4.1.4 Konsequenz für den Gewährleistungsinhalt: „Völkerrechtlich verbindlicher Mindeststandard sowie unabdingbare verfassungsrechtliche Grundsätze der deutschen öffentlichen Ordnung"

Was bedeutet die völkerrechtsfreundliche Auslegung des Grundgesetzes nun aber inhaltlich für die Beurteilung von Auslieferungssachverhalten? Grundsätzlich ist der einfache Gesetzgeber berufen, grundrechtliche Gewährleistungen zu konkretisieren.[313] Ergänzend wirken auch Verwaltung und Rechtsprechung bei der Konkretisierung mit,[314] indem sie einschlägige Sachverhalte würdigen.

Dies betrifft zu allererst die OLG, wenn sie über die Zulässigkeit von Auslieferungen entscheiden und dabei auch mögliche Grundrechte des Verfolgten zu würdigen haben, sowie das über die Verfassungsbeschwerde hinzugezogene BVerfG. In ständiger Rechtsprechung konkretisiert das BVerfG einen Prüfungsmaßstab für Sachverhalte mit Auslandsbezug,[315] den in der Folge auch die Fachgerichte heranziehen.[316] Es beschreibt ihn mit dem „nach Art. 25 GG in der Bundesrepublik Deutschland verbindlichen völkerrechtlichen Mindeststandard sowie den unabdingbaren Grundsätzen der deutschen verfassungsrechtlichen Ordnung".[317] Darin finden sich, wenn auch ziemlich abstrakt, zwei maßgebliche

---

312 *Michael/Morlok* 2014, Rn. 115.

313 *Michael/Morlok* 2014, Rn. 43.

314 *Hufen* 2016, § 8 Rn. 2.

315 Als rechtshistorische Fußnote verbleibt, dass das BVerfG im Rechtshilfeverkehr mit der DDR konsequenterweise den *ordre public interne* anwendete (BVerfGE 11, 150 (160 f.); 37, 57 (66); so auch *Seetzen* 1984, S. 391), da es die DDR nicht als Ausland begriff (BVerfGE 36, 1 (17, 29 f.)).

316 Beispielhafte thematische Aufzählung von Auslieferungsfällen, die vor Inkrafttreten des IRG bereits hinsichtlich möglicher Verstöße gegen den *ordre public* (*international*) von deutschen Gerichten entschieden wurden, bei *Vogler* 1983, S. 2124 (dort Fn. 94).

317 Vgl. nur BVerfGE 59, 280 (283 ff.); 63, 332 (337 f.); 75, 1 (19); 108, 129 (136); 113, 154 (162); BVerfGK 3, 159 (163); NJW 1984, S. 1295; NJW 1987, S. 830; zustimmend u. a.

Gesichtspunkte wieder:[318] Der deutsche *ordre public interne* wird insoweit reduziert, wie es aus Sicht des innerstaatlichen Rechts noch zulässig ist (auf die „unabdingbaren Grundsätze der verfassungsrechtlichen Ordnung");[319] dabei zu wahren ist aber in jedem Fall die Untergrenze, die durch allgemein verbindliches humanitäres Völkerrecht gezogen wird („völkerrechtlicher Mindeststandard" oder auch internationaler *ordre public*[320], der innerstaatlich unmittelbar durch Art. 25 GG gilt[321]).[322] Trotz der Völkerrechtsfreundlichkeit des Grundgesetzes erteilt das BVerfG gleichwohl der Unterwerfung deutscher Hoheitsträger unter nicht-deutsche Hoheitsakte ohne Möglichkeit der verfassungsgerichtlichen Kontrolle eine Absage.[323] Auf verbleibende Friktionen zwischen innerstaatlichem und völkerrechtlichem Pflichtenprogramm ist also im Sinne der innerstaatlichen Vorgaben zu reagieren.

Konkreter bedeutet das nun, dass neben dem internationalen *ordre public* insbesondere die „unabdingbaren Grundsätze der verfassungsrechtlichen Ordnung" zu benennen sind, also gleichsam eine Essenz aus den zwingend zu beachtenden Verfassungsnormen. Im Mittelpunkt stehen dabei die von Art. 79 Abs. 3 GG verbürgten Rechte. Dieser umfasst neben den Grundsätzen des Rechtsstaats-

---

Hillgruber 2015, Art. 1 Rn. 79. Zugleich legt sich das Gericht damit nicht fest, ob die Völkerrechtsfreundlichkeit nun auf Schutzbereichs-, Eingriffs- oder Rechtfertigungsebene einwirkt. Daher verstehen sowohl diejenigen, die von einem mittelbar-faktischen Eingriff ausgehen (vgl. nur *Vogel* 2009, vor § 1 Rn. 38 f.), als auch diejenigen, die diesen gerade verneinen und stattdessen auf Schutzpflichten zurückgreifen (vgl. *Michael/Morlok* 2014, Rn. 77, 532) die BVerfG-Rechtsprechung in ihrem Sinne.

318   A. A. *Lagodny* 1987, S. 81, der BVerfGE 63, 332 (337 f.), entnimmt, das Gericht würde die beiden Bestandteile seiner Formel gleichsetzen. Allerdings missversteht er das Vorgehen des Gerichts an dieser Stelle, das den Anspruch auf rechtliches Gehör gem. Art. 103 GG nämlich nicht deswegen als Teil des völkerrechtlichen Mindeststandards erkennt, weil er zugleich unverzichtbarer Bestandteil der deutschen öffentlichen Ordnung ist, sondern weil er aus dem Völkerrecht selbst gewonnen werden kann (wie aus der Verweis im Urteil auf die Erörterungen in BVerfGE 59, 280 (283 ff.), nahelegt). I. E. wie hier *Häde* 1997, S. 17.

319   Ebenso *Häde* 1997, S. 17.

320   *Graßhof/Backhaus* 1996, S. 448; vgl. zu diesem internationalen *ordre public* auch *Kap. 3.6.6.*

321   Statt vieler *Vogel* 2009, § 73 Rn. 33.

322   Der Bundesgerichtshof (BGH) verwendete zunächst „übergeordnete, von allen Rechtsstaaten anerkannte Grundsätze" als Maßstab (St 20, 198 (202); 30, 55 (61)), der mit seiner Formel und auch der Formel des BVerfG ursprünglich (lediglich) den *ius-cogens*-Gedanken (*Kap. 3.6.6*) umschriebe sah (St 32, 314 (325 f.)). Später nahm der BGH aber ausdrücklich Bezug auf die Linie des BVerfG (BGH, JZ 2002, S. 464).

323   BVerfGE 111, 307 (319); vgl. nunmehr auch deutlich BVerfG, NJW 2016, S. 1149 (Rn. 40 ff.) mit Blick auf die europäische Integration.

prinzips die der Menschenwürdegarantie des Art. 1 GG.[324] Die Gewährleistungen des Art. 79 Abs. 3 i. V. m. Art. 1 und 20 GG sind damit sogar dem Zugriff des verfassungsändernden Gesetzgebers entzogen.[325] Eine Missachtung der Menschenwürde durch das ausländische Strafverfahren delegitimiert selbiges, so dass es kein unterstützenswertes Interesse des ersuchenden wie auch des ersuchten Staates an dessen Durchführung geben kann. Während die Völkerrechtsfreundlichkeit des Grundgesetzes also eine Schutzbereichsreduktion der übrigen Grundrechte bewirkt,[326] wird die Völkerrechtsfreundlichkeit selbst durch die Menschenwürdegarantie und das Rechtsstaatsprinzip begrenzt[327]. Konkret vor dem Hintergrund des Auslieferungsrechts hat das BVerfG diese herausgehobene Stellung der Menschenwürde als Teil der „unabdingbaren verfassungsrechtlichen Grundsätze der deutschen öffentlichen Ordnung" unter dem Topos der Verfassungsidentität betont. Jene dulde auch keine Relativierung im Einzelfall.[328]

Umgekehrt nimmt aber Art. 79 Abs. 3 GG von Art. 1 GG nicht nur dessen Absatz 1 in Bezug, sondern den gesamten ersten Artikel, mithin auch dessen Absatz 2. Um den absolut gewährleisteten Gehalt der Menschenwürde näher zu bestimmen, wird daher ergänzend Art. 1 Abs. 2 GG herangezogen.[329] Dabei ist auch dieser Art. 1 Abs. 2 GG Ausdruck der Völkerrechtsfreundlichkeit des

---

324 In Schrifttum und Rechtsprechung finden sich teilweise zusätzlich Hinweise, Art. 79 Abs. 3 GG garantiere auch noch einen Menschenwürdekern der anderen Grundrechte; vgl. schon *Dürig* 1958, Art. 1 Rn. 80. Dem wird hier nicht gefolgt, da die damit verbundenen Gewährleistungen kein Mehr gegenüber dem bilden, was ohnehin von der Menschenwürdegarantie umfasst ist; vgl. dazu etwa *Herdegen* 2015a, Art. 79 Rn. 115; anschaulich auch *Hufen* 2016, § 10 Rn. 46 m. w. N. *Wolff* (2004, S. 156) sieht die „elementaren, die vitalen Bedürfnisse schützenden Grundrechte (Art. 1 Abs. 1, Art. 2 Abs. 2, Art. 4 GG)" erfasst.

325 Vgl. dazu *Jarass/Pieroth* 2014, Art. 79 Rn. 6 m. w. N.; für den Bereich des Strafvollzugs i. E. ebenso *Neubacher* (2011, S. 84, 86 ff.), der zur Frage elementarer Garantien einer menschenrechtsorientierten Strafvollzugsgestaltung die *Menschenwürdegarantie* und die Gewährleistung von *Rechtsschutz* (als im Strafvollzug wesentliche Facette des Rechtsstaatsprinzips) hervorhebt.

326 Vgl. *Kap. 3.6.4.4.1.3.*

327 So auch schon *Böhm* 2002, S. 672.

328 BVerfG, NJW 2016, S. 1149 (Rn. 48 f.); so zuvor schon vor dem Hintergrund des EU-internen Auslieferungsverkehrs *Gärditz* 2013a, Rn. 68, 73. Anders hatte hingegen bislang wohl etwa *Nettesheim* diese unabdingbaren verfassungsrechtlichen Grundsätze bestimmt, indem er Art. 1 Abs. 1 GG nicht vollumfänglich als ihren Bestandteil angesehen hatte. Von den von ihm beschriebenen (*Nettesheim* 2016, S. 427) drei Ansätzen sind indes auch nach bisheriger Rechtsprechung des BVerfG der zweite und der dritte Ansatz deckungsgleich. Dies findet durch BVerfG, NJW 2016, S. 1149 ff. nunmehr Bestätigung.

329 Zu dieser menschenrechtskonformen Auslegung ausführlich schon *Sommermann* 1989, *passim*, insbes. S. 417 f.

Grundgesetzes.[330] Teilweise wird somit der Völkerrechtsfreundlichkeit über Art. 1 Abs. 2 GG eine schutzbereichsreduzierende Wirkung auch für die Menschenwürdegarantie entnommen: Art. 1 Abs. 2 GG stelle eine verbindliche Richtlinie für den Umgang mit anderen Staaten dar, soweit es den Schutz der von der Menschenwürdegarantie des Abs. 1 abgesicherten Menschenrechte betreffe.[331] Gegenüber dem Ausland seien also nur die „Menschenrechte" i. S. d. Art. 1 Abs. 2 GG zu schützen, die einerseits nur soweit reichen könnten, wie Art. 1 Abs. 1 GG reiche,[332] andererseits sei im Lichte der international konsentierten Menschenrechte der Schutzbereich von Art. 1 Abs. 1 GG auf das zu reduzieren, was als allgemein anerkannter unverletzlicher Gehalt der Menschenwürde von allen Staaten weltweit eingefordert werden könne[333]. Die Völkerrechtsfreundlichkeit des Grundgesetzes bewirke also, dass der Schutzbereich der Menschenwürdegarantie für Sachverhalte mit Auslandsberührungen enger auszulegen sei, so dass sich ihr nur geringere Gewährleistungen entnehmen ließen.

Es ist jedoch abzulehnen, der Menschenwürdegarantie über Art. 1 Abs. 2 GG zweierlei Gehalt zu entnehmen – einen für inländische Sachverhalte und einen für ausländische Sachverhalte. Art. 1 Abs. 2 GG kann zwar sowohl so verstanden werden, dass die Menschenwürdegarantie für menschenrechtliche Gewährleistungen durch eine *dynamische Verweisung* geöffnet wird[334], als auch so, dass den Menschenrechten im Vergleich mit dem sonstigen Völkerrecht ein *besonderer Schutz* zugewiesen werden soll,[335] oder auch so, dass darin nur auf den *naturrechtlichen Ursprung* der Grundrechte verwiesen werden soll[336]. Die Norm enthält aber jedenfalls keinen Hinweis darauf, Art. 1 Abs. 1 GG *selektiv* gegenüber dem Ausland *reduziert* auszulegen. Etwas anderes ergibt sich auch nicht mit Blick auf Art. 79 Abs. 3 GG, wenn dort (nur) die „Grundsätze" des Art. 1 GG in Bezug genommen werden:[337] Diese Formulierung bedeutet nicht, dass es einen veränderbaren Außenbereich der Menschenwürde und einen unveränderlichen Kernbereich gebe. Praktisch lässt sich eine solche Grenze angesichts des Absolutheitsan-

---

330 Vgl. die Nachweise in *Fn. 281.*

331 *Seetzen* 1984, S. 392 m. w. N. Ähnlich zuvor *Gusy* (1980, S. 14 f.), auf den *Seetzen* auch verweist. Art. 1 Abs. 2 GG ziehen auch *Graßhof/Backhaus* (1996, S. 448 m. w. N.) in diesem Kontext heran.

332 *Seetzen* 1984, S. 392 m. w. N.

333 *Seetzen* 1984, S. 393.

334 *Herdegen* 2015a, Art. 1 Abs. 2 Rn. 39, 42.

335 BVerfGE 111, 307 (329).

336 *Hillgruber* 2015, Art. 1 Rn. 55.

337 A. A. Sachs (2016, S. 374), der diese Unterscheidung für Auslieferungssachverhalte hervorkehrt; vgl. demgegenüber aber BVerfG, NJW 2016, S. 1149 (Rn. 48 f.).

spruchs des Art. 1 Abs. 1 GG schlechterdings nicht ziehen.[338] Dies gilt insbesondere auch, wenn im Auslieferungsverfahren Mindestgewährleistungen für den Strafvollzug aus der Menschenwürde gewonnen werden sollen.

Ein Gebot zu einer selektiven Reduzierung des Gewährleistungsumfangs zwischen inländischen und Sachverhalten mit Auslandsberührung kann daher in Art. 1 Abs. 2 GG nicht gesehen werden, sondern nur, dass einheitlich jedenfalls die universellen unveräußerlichen und unverletzlichen Menschenrechte mit umfasst sind.

Die Bedeutung der Völkerrechtsfreundlichkeit für die Bestimmung der Menschenwürdegarantie liegt in entgegengesetzter Richtung: Art. 1 Abs. 1 GG ist sehr offen formuliert und macht für eine nähere inhaltliche Bestimmung kaum Vorgaben.[339] Zugleich hat die Menschenwürdegarantie eine Sonderstellung unter den Grundrechten, da Verkürzungen ihres Schutzbereiches nicht gerechtfertigt werden können.[340] Aus diesem Grund sind ihre Gewährleistungen behutsam zu entwickeln, um diesen Schutzreflex des Art. 1 Abs. 1 GG nicht übereilt auszulösen[341] und letztlich zu entwerten[342]. Eine völkerrechtsfreundliche Berücksichtigung international anerkannter Menschenrechtsgewährleistungen trägt in diesem Zusammenhang dazu bei, die Menschenwürde im Einzelfall nicht *zu eng* zu verstehen.[343] Umgekehrt werden aber Gewährleistungen, die autonom anhand deutschen Rechts als Bestandteil der Menschenwürdegarantie definiert werden, durch die Völkerrechtsfreundlichkeit des Grundgesetzes nicht beschränkt. Menschenwürdeverletzungen in inländischen Sachverhalten sind daher auch Menschenwürdeverletzungen in Sachverhalten mit Auslandsberührung. Angesichts

---

338 H. M., vgl. nur *Dietlein* 2015, Art. 79 Rn. 26, 28 m. w. N.; a. A. vordergründig *Herdegen* (2015a, Art. 79 Rn. 110), dessen Erörterungen im Folgenden (Rn. 111-114) aber eher auf eine – wie auch hier vertretene – behutsame Schutzbereichsbestimmung des Art. 1 GG hinauslaufen statt tatsächlich auf eine Differenzierung *innerhalb* des Schutzbereichs nach unabänderlichen Grundsätzen und disponiblen Randgewährleistungen. Die von *Herdegen* in Bezug genommene Entscheidung BVerfGE 30, 1 (24), enthält an jener Stelle jedenfalls das Bekenntnis, der Grundsatz des Art. 1 GG sei die Achtung der Menschenwürde und dieser als solcher von Art. 79 Abs. 3 GG umfasst.

339 Vgl. *Herdegen* 2015a, Art. 1 Abs. 1 Rn. 33 ff.

340 *Bank* 2013, Rn. 11 mit Verweis auf die ebenfalls absolute Schutzwirkung von Art. 3 EMRK. Zur Verteidigung des Absolutheitspostulats bei Art. 1 Abs. 1 GG vgl. nur *von Bernstorff* 2013, S. 905 ff.

341 Vgl. *Hillgruber* 2015, Art. 1 Rn. 11 m. w. N. zu dieser g. h. M.

342 Vgl. nur *von Bernstorff* 2013, S. 914; *Nettesheim* 2016, S. 427 f.

343 So hinsichtlich der Auslegung von Verfassungsrecht i. E. BVerfGE 111, 307 (329).

einer ohnehin behutsamen Bestimmung der Gewährleistungen des Art. 1 Abs. 1 GG besteht dabei nicht die Gefahr, „überspannte Standards" anzulegen.[344]

Ausgehend davon bietet die Menschenwürdegarantie gerade für die Einschätzung ausländischer Strafvollzugsbedingungen einen wertvollen Anknüpfungspunkt.[345] Als Jedermann- oder auch Menschenrecht[346] erstreckt sie sich ebenso auf Ausländer, statt nur Deutsche i. S. d. Art. 116 GG zu erfassen.[347] Die Öffnung der Menschenwürdegarantie für völkerrechtliche Gewährleistungen gemäß Art. 1 Abs. 2 GG bewirkt, dass EMRK-Verbürgungen berücksichtigt werden.[348] Während früher noch auf den Geltungsrang der EMRK als völkerrechtlicher Vertrag und damit auf die Gleichrangigkeit mit jedem Auslieferungsvertrag verwiesen werden musste,[349] so wirkt sich die deutliche materiell-rechtliche Aufwertung[350] der EMRK-Gewährleistungen und der EGMR-Rechtsprechung auch auf den Bereich des Auslieferungsrechts – genauer: auf die Würdigung grundgesetzlicher Individualrechtspositionen des Verfolgten zum Schutz vor Haftbedingungen im Auslieferungsverfahren – aus.[351] Ohne schematisch die Rechtsprechung des EGMR zu übernehmen, fließen die dahinter stehenden Wertungen in die Auslegung deutscher Gesetze ein,[352] soweit sie mit dem Grundgesetz vereinbar sind.[353] Der Entwicklungsstand der EMRK ist bei der Auslegung des Grundge-

---

344 So i. E. auch *Herdegen* (2015a, Art. 1 Abs. 3 Rn. 78 f.), ausdrücklich auf ausländische Strafvollzugsbedingungen bezogen.

345 Herangezogen in einer Auslieferungsentscheidung bereits 1963 in BVerfGE 15, 249 (255 f.); *Geck* 1956, S. 515 m. w. N.; *ders.* 1965, S. 231; *Kreppel* 1965, S. 83 f.; *Seetzen* 1984, S. 392 ff.; hingegen *Vogler* mit „schwerwiegenden Bedenken" (1970, S. 199).

346 Zu diesen Begriffen gegenüber den sogenannten Deutschen- oder auch Bürgerrechten vgl. eingehend *Siehr* 2001, S. 13 ff.

347 Gleiches gilt für den von der Rechtsprechung zuweilen zusätzlich zitierten Art. 2 Abs. 1 GG, vgl. zusammenfassend dazu nur *Ludwigs* 2013, S. 435 m. w. N.

348 Im Grundsatz so schon *Sommermann* 1989, S. 417 f.; zusammenfassend anhand der jüngeren BVerfG-Rechtsprechung auch *Hofmann* 2013, S. 331 f.

349 Vgl. statt vieler bei *Geck* 1965, S. 231.

350 Vgl. *Kap. 3.6.3.*

351 Würdigung der EMRK bzw. der EGMR-Rechtsprechung in Auslieferungsfällen bspw. in BGHSt 47, 120 (125 ff.); OLG Frankfurt a.M., StV 2007, S. 142; OLG Stuttgart, NStZ-RR 2007, S. 275; OLG Celle, NStZ 2008, S. 639; OLG Karlsruhe, NStZ 2005, S. 352; vgl. dazu auch *Ambos* 2014, § 12 Rn. 27-32.

352 BVerfGE 111, 307 (317, 329); *Bergmann* 2006, S. 109 f.; *Voßkuhle* 2010, S. 4 f.

353 *Kirchhof* 2011, S. 3683.

setzes selbst zu berücksichtigen.[354] Zur Menschenwürdegarantie gehört daher zugleich das Verbot der unmenschlichen oder erniedrigenden Behandlung oder Strafe i. S. d. Art. 3 EMRK. Somit sind Art. 3 EMRK und die zugehörige EGMR-Rechtsprechung nicht nur für die Konturierung der Menschenwürdegarantie im *innerdeutschen Strafvollzug* von nicht zu unterschätzender Bedeutung; das BVerfG hat wiederholt deutlich gemacht, dass es die Gewährleistungen des Art. 3 EMRK als Beurteilungsmaßstab auch in *Auslieferungssachverhalten* anwende.[355] Bestandteil des deutschen *ordre public international* für die Beurteilung von ausländischen Strafvollzugsbedingungen sind daher neben Art. 1 Abs. 1 GG jedenfalls die Garantien des Art. 3 EMRK.[356]

3.6.4.4.1.5 Vermeintliche und tatsächliche Schwächen des konkretisierten Gewährleistungsinhalts

Dieser Maßstab des BVerfG ist in der Literatur als „restriktive Einheits- und Mischformel"[357] bzw. „dogmatisch nur schwer zu entwirrendes Begründungsgebräu"[358] kritisiert worden – jedoch zu Unrecht. Mit seiner Konturierung des *ordre public international* versucht das BVerfG umsichtig, die widerstreitenden Interessen, Rechte und öffentlichen Belange völkerrechtlicher und innerstaatlich-

---

354 BVerfGE 74, 358 (370) (Rn. 35); zur EMRK-Geltung auch *Lagodny* 2012, § 73 Rn. 47-52.

355 So schon in BVerfGE 15, 249 (255); in jüngerer Zeit deutlich u. a. in BVerfGK 3, 159 (163 f.); hervorgehoben u. a. auch von *Schneider/Schultehinrichs/Fehn* 2008, 167. Auf Art. 3 EMRK bei Auslegung des Art. 1 Abs. 1 GG gerade für das Rechtshilferecht verweisen z. B. auch schon *Geck* 1965, S. 231; *Zöbeley* 1983, S. 1705 f. A. A. hingegen wohl *Vogel* 2002, S. 467, der es positiv hervorhebt, wenn der BGH (St 47, 120 (125 ff.)) die EMRK bzw. die EGMR-Rechtsprechung – dann also in (vermeintlicher) Abweichung vom BVerfG – zur Bestimmung seines *ordre public international* heranzieht. Ausdrücklich gegen die Heranziehung von Art. 3 EMRK hingegen noch BVerwGE 104, 265 (268 ff.); aktualisiert in E 105, 187 (188 ff.).

356 Dies deckt sich mit der Rechtsprechung des EGMR, der zu erwartende Verletzungen von Art. 3 EMRK in ersuchenden Staaten, die nicht der EMRK unterworfen sind, dem ersuchten Staat zurechnet und dann die Auslieferung selbst schon als Konventionsverletzung einstuft; etabliert in EGMR, 07.07.1989 – 1/1989/161/217 (*Söring vs. Vereinigtes Königreich*). Vgl. bzgl. Art. 3 EMRK und unter Verweis auf die Spruchpraxis des EGMR *Kälin* 1999, S. 64; allgemeiner im Zusammenhang mit Menschenrechten, die in internationalen Konventionen verbürgt sind, *Ziegenhahn* (2002, S. 375) und *Gilbert* (2006, S. 141), die jeweils wiederum auch auf die *Söring*-Entscheidung verweisen. Vgl. zur Konkretisierung der aus Art. 1 Abs. 1 GG und Art. 3 EMRK entspringenden Gewährleistungen für den Auszuliefernden *Kap. 4*.

357 *Vogel* 2009, § 73 Rn. 52.

358 *Lagodny* 2012, § 73 Rn. 6a.

verfassungsrechtlicher Art zu vereinen und in einen so weit wie möglich widerspruchs- und friktionsfreien Ausgleich zu bringen.[359] Ein solcher Ausgleich setzt natürlich voraus, die verschiedenen rechtlichen Begriffe im zuvor beschriebenen Sinne zueinander in Beziehung zu setzen (d. h. vor allem, den *ordre public interne* im Lichte der Völkerrechtsfreundlichkeit in Richtung des internationalen *ordre public* zu reduzieren, ohne dabei die schlechthin unverzichtbaren Bestandteile des innerstaatlichen Rechts aufzugeben), m. a. W. zu „vermischen" oder auch – negativer konnotiert – ein „Gebräu" anzusetzen.

Soweit kritisiert wird, die Formel sei „restriktiv", führt dies an der Sache vorbei. Die Formel ist nicht aus sich selbst heraus restriktiv, insbesondere nicht, indem sie über „die Verletzung von regional oder universell anerkannten Grund- und Menschenrechten auch jenseits von ‚Mindeststandards' oder ‚Kernbereichen' hinweg[gehe]".[360]

Zum einen sind nach Auffassung des Gerichts nicht nur das zwingende Völkerrecht, sondern auch das sonstige Völkergewohnheitsrecht sowie anerkannte allgemeine Rechtsgrundsätze i. S. v. Art. 38 Abs. 1 lit. c IGH-Statut von Art. 25 GG umfasst.[361] Sie können daher ebenso Rechtsquellen für den „verbindlichen völkerrechtlichen Mindeststandard" bilden.

Zum anderen ergeben sich – die durchaus bestehenden – Probleme mit dem gerichtlichen Schutz menschenrechtlicher Gewährleistungen nicht aus dem durch die Formel konturierten Standard an abstrakt schützenswerten Rechtsgütern des Verfolgten. Formal betrachtet konkretisiert die Rechtsprechung den *ordre public international* – jedenfalls für eine menschenrechtsorientierte Beurteilung drohender Haftbedingungen im Auslieferungsverfahren – nicht unangemessen streng. Die eigentlichen Rechtsschutzhürden bilden die Anforderungen an die Beweisführung und die Beweislastverteilung, die das BVerfG und in dessen Gefolge auch einige OLG dem Verfolgten aufbürden.[362] Beispielhaft veranschaulicht

---

359 Auf dieses Ansinnen weisen z. B. auch *Hofmann* (1994, S. 274), *Graßhof* und *Backhaus* (1996, S. 448), *Vogel* (2009, vor § 1 Rn. 39) und *Conrad* (2013, S. 142) hin. *Graßhof* und *Backhaus* entgegenzuhalten ist aber wiederum, dass die Harmonisierung der völkerrechtlichen und innerstaatlichen Rechtsbeziehung auch nach der Formel des Gerichts nicht restlos erfolgen kann, es sei denn, der deutsche *ordre public international* würde bis auf den internationalen *ordre public* reduziert, was aber – wie bereits gezeigt – nicht der Fall ist. Gegen die beiden Elemente der Formel des Gerichts braucht nur alternativ statt kumulativ verstoßen zu werden (so auch *Tinkl* 2008, S. 67).

360 So aber *Vogel* 2009, § 73 Rn. 53.

361 BVerfG, NJW 1988, S. 1463.

362 Die hohen Anforderungen an die Darlegungslast beklagt auch *Lagodny* (2012, § 73 Rn. 8), aus seiner Sicht allerdings als zusätzliches Problem zum ohnehin reduzierten grundrechtlichen Prüfungsmaßstab.

werden kann dies anhand einer Entscheidung des BVerfG von 2003,[363] an der sich die Kritik an seiner „restriktiven" Formel entzündet:[364] Dem BVerfG und dem vorher befassten OLG wird vorgeworfen, unter Anwendung der „restriktiven" Formel sehenden Auges den Verfolgten den indischen Haftbedingungen ausgesetzt und ihm damit anerkannte Menschenrechte wie diejenigen aus Art. 3 EMRK verweigert zu haben.

Die in Indien zu befürchtenden Haftbedingungen sind aber über Garantien, die Art. 3 EMRK entsprechen, nicht nur nach dem deutschen *ordre public interne* und dem deutschen *ordre public international* sowie jedem Begriff eines internationalen *ordre public* im weiteren Sinne, sondern sogar nach dem engen Begriff des internationalen *ordre public* unzulässig, dem zuwiderzuhandeln einen *ius-cogens*-Verstoß darstellte.[365] Selbst wenn das Gericht daher nur zwingendes Völkerrecht als einer Auslieferung entgegenstehende Rechtsposition akzeptieren würde, hätte es die Auslieferung an Indien untersagen müssen. Allerdings stellte es (rechtsstaatlich sehr bedenklich) letztlich unüberwindbare Anforderungen an den Nachweis der zu befürchtenden Haftbedingungen,[366] so dass es (nur) die konkrete Tatsachenwürdigung war, die dem Gericht hier vorzuwerfen wäre, nicht hingegen der abstrakte Maßstab.[367]

3.6.4.4.2 Argumente gegen den Totalausschluss der Grundrechtsgeltung

Demgegenüber ist es nicht vertretbar, Grundrechten die Geltung im Auslieferungsverfahren vollständig zu versagen. Neben der unerheblichen Feststellung, dass ausländische Hoheitsträger nicht an deutsche Grundrechte gebunden sind,[368] werden in der Literatur weitere Begründungsansätze gegen eine auch nur ansatzweise Geltung der Grundrechte ins Feld geführt, die sich ebenfalls im Einzelnen entkräften lassen.

---

363 BVerfGE 108, 129.

364 *Vogel* 2009, § 73 Rn. 53.

365 Vgl. *Kap. 3.6.6.*

366 Vgl. ausführlicher zu den Anforderungen an das Auslieferungsverfahren *Kap. 5.6*; speziell zu diesem Kritikpunkt *Kap. 5.9.2* und *Kap. 6.3.*

367 Zuzugeben ist *Vogel* (2009, § 73 Rn. 53) indes, dass auch bezüglich der Inhaltsbestimmung des *ordre public international* das BVerfG gelegentlich einige Grenzen zieht, die restriktiv erscheinen, so etwa, wenn es dem Verhältnismäßigkeitsprinzip nur begrenzte Maßstabsfähigkeit bei der Beurteilung der „Härte" von verhängten Strafmaßen zubilligt (vgl. BVerfG, NJW 1984, S. 1295). Dies trifft aber jedenfalls für die hier in Rede stehende Beurteilung drohender Haftbedingungen nicht zu.

368 Vgl. dazu *Kap. 3.6.4.4.1.1.*

3.6.4.4.2.1 *Grundrechtsimperialismus deutscher Hoheitsträger?*

Gegen eine Geltung der Grundrechte spreche, dass eine Anwendung deutscher Grundrechtsgewährleistungen eine Missachtung oder gar Diskriminierung anderer Rechtsordnungen bedeute, wenn das deutsche Recht als Maßstab für die Ausgestaltung ausländischer Gesetze herangezogen würde.[369] Teilweise wird darin gar ein „Grundrechtsimperialismus"[370] von oder zumindest eine Verabsolutierung[371] grundgesetzlicher Wertentscheidungen durch deutsche(n) Staatsorgane(n) gesehen. Dies widerspreche aber dem völkerrechtsfreundlichen Charakter des Grundgesetzes, das fremde Rechtsordnungen vor dem Hintergrund der Gleichberechtigung aller Staaten respektiere.

Wenn es jedoch der dogmatische Anknüpfungspunkt ist, das Handeln der befassten deutschen Hoheitsträger im Auslieferungsverfahren an den Grundrechten zu messen, dann ist es daneben nur die andere von zwei möglichen Sichtweisen,[372] eine ablehnende Auslieferungsentscheidung als Urteil über das fremde Rechtssystem im Allgemeinen sowie das Verhalten der ausländischen Strafvollzugsbehörden im Besonderen zu begreifen. Stattdessen kann die Ablehnungsentscheidung auch als alleinig innerstaatliche Beurteilung angesehen werden. Eine Forderung an den ersuchenden Staat, den als nicht ausreichend erachteten Standards abzuhelfen, und auf diesem Wege den Geltungsbereich des Grundgesetzes auszuweiten (d. h. eine Art „Grundrechtsimperialismus"), kann dem hingegen nicht zwingend entnommen werden.[373]

Außerdem lässt sich das Argument des Grundrechtsimperialismus' auch durch seine Umkehrung entkräften: Ohne eine Berücksichtigung deutscher Grundrechtsgewährleistungen und mit einer anstandslosen Überantwortung des Auszuliefernden an den ersuchenden Staat wäre eine Unterordnung unter dessen Rechtsordnung und damit gegebenenfalls niedrigere Grundrechtsstandards gege-

---

369 *Vogler* 1970, 200; *ders.* 1990, S. 480 (jeweils „Anschein einer Diskriminierung"); *Pollern* 1979, S. 207.

370 *Isensee* 1974, S. 63.

371 *Vogler* 1990, S. 480; so auch OLG Karlsruhe, NStZ 1991, S. 139.

372 Ähnlich auch *Gilbert* 2006, S. 141.

373 So auch ausdrücklich *Vogel* 2009, § 73 Rn. 22. *Lagodny* (2012, § 32 Rn. 10) verweist gleichwohl darauf, dass eine kritische Auseinandersetzung mit der Rechtsordnung des ersuchenden Staates im Hinblick auf grundrechtskritische Zustände durchaus notwendig sei. Solche kritischen, auch öffentlich ausgetragenen Auseinandersetzungen über Sanktionspraktiken sind dabei nicht unüblich, vgl. nur die Darstellung bei *Kühn* (2001, S. 543) zu den verschiedenen Maßnahmen europäischer Staaten zur Abschaffung der Todesstrafe weltweit.

ben.[374] Man könnte auch von einer Diskriminierung der deutschen Rechtsordnung durch den ersuchenden Staat sprechen.[375] Zu hinterfragen wäre es vielmehr, wenn ein ersuchender Staat auf eine solche Form der Unterordnung beharren sollte.[376]

Dass anderen Staaten die eigenen Wertvorstellungen aufgezwungen würden, erscheint zudem als vorgeschobenes Argument, das nach Belieben ins Feld geführt wird. Immerhin müsste es sonst auch an anderer Stelle des Auslieferungsrechts greifen: Die bereits erörterte Auslieferungsvoraussetzung der beiderseitigen Strafbarkeit[377] besagt nichts anderes, als dass die fremde Rechtsordnung bezüglich der mit dem konkreten Auslieferungsersuchen verfolgten Straftat mit der deutschen Rechtsordnung übereinstimmen müsse und also der fremden Rechtsordnung die deutschen Gesetze aufgezwungen würden[378] – ein Maßstab, der in dieser Absolutheit hinsichtlich der Grundrechtsgewährleistungen kaum erhoben würde.[379]

---

374 So schon *Benz* 1942, S. 15 (bezogen auf das Erfordernis der beiderseitigen Strafbarkeit); *Schultz* 1953, S. 313 f.; beiden folgend *Mörsberger* 1969, S. 18, hinsichtlich der Frage, ob die beiderseitige Strafbarkeit zur Auslieferungsvoraussetzung gemacht werden darf. Bezogen auf die Todesstrafe entgegnete *Geck* 1965 (S. 228) beispielhaft dem Einwand, die ausländischen Hoheitsträger könnten sich doch an den deutschen Rechtsvorstellungen (vgl. Art. 102 GG) orientieren, mit der Begründung, „[d]as Entgegenkommen der Bundesrepublik ist unter rechtlichen Gesichtspunkten gering im Vergleich zu dem Entgegenkommen, das sie [von anderen] Staaten erwarten müsste" (da diese gegen ausdrückliche Straf- oder Kompetenznormen ihrer innerstaatlichen Ordnung verstoßen müssten, würden sie die Nichtvollstreckung belastbar zusichern). Dabei lässt er außer Acht, dass dieses „Entgegenkommen" immerhin über Leben oder Tod des Auszuliefernden entschiede. Dem Durchgriff derartiger Erwägungen steht mittlerweile die „Objektformel" des BVerfG entgegen (E 45, 187 (228)).

375 *Schomburg/Hackner* 2012, § 8 Rn. 14; vgl. auch *Lagodny* 1990b, S. 2189: Ein „Exportverbot" deutscher Grundrechte laufe auf ein „Importgebot" ausländischen Handelns hinaus.

376 *Herdegen* (2015a, Art. 1 Abs. 3 Rn. 78) spricht gar davon, dass die in der deutschen Rechtsprechung und Literatur zum Auslieferungsrecht bemühten „nebulöse[n] Formeln wie [der vom] Respekt vor fremden Rechtsordnungen" nur „Ausdruck mangelnden Selbstbewusstseins" seien.

377 Vgl. *Kap. 3.3.*

378 Der Kern dieses Gedankens findet sich bereits bei *Travers* 1928, Rn. 58.

379 *Lagodny* 1991, S. 140, der zu Recht betont, dass die beiderseitige Strafbarkeit obendrein nur einfachrechtlich verankert ist und nichtsdestotrotz einen derart durchgreifenden Vorbehalt gegenüber dem ersuchenden Staat darstellt.

Von einer Diskriminierung der fremden Rechtsordnungen oder einer Art Grundrechtsimperialismus sowie einer Verabsolutierung deutscher Wertentscheidungen kann daher keine Rede sein.[380]

3.6.4.4.2.2 Fehlende eigene Rechtsposition des Verfolgten im völkerrechtlich geprägten Rechtshilfeverkehr?

Gegen die Hinzuziehung deutscher Grundrechte spreche zudem, dass es sich in Auslieferungssachverhalten aufgrund der rein völkerrechtlichen Rechtsnatur der Auslieferung um ein Rechtsverhältnis mit nur zwei Beteiligten handele, nämlich dem ersuchenden und dem ersuchten Staat, in dem der Auszuliefernde keine eigene Grundrechtsposition innehabe und seine Belange nicht selbstständig berücksichtigt werden könnten.[381] Teilweise wurde sogar die Geltung des Rechtsstaatsprinzips in Gänze im Auslieferungsverfahren in Abrede gestellt,[382] und mit ihr die Geltung der Individualrechte des Verfolgten.[383]

Eine solche Sichtweise auf das Auslieferungsrecht erinnert aber eher an die überholte Rechtsfigur des besonderen Gewaltverhältnisses[384] und entspricht nicht den Anforderungen des Grundgesetzes an die Gesetzmäßigkeit des Handelns von Exekutive und Judikative gemäß Art. 20 Abs. 3 GG. Sollte dies ursprünglich anders gewesen und die beschriebene Argumentation gegen die Grundrechtsgeltung des Einzelnen einst vertretbar gewesen sein, so spricht der jedenfalls seitdem zu verzeichnende Wandel hin zum „heutige[n] Stand der Theorie und Praxis des Verfassungsrechts"[385] umso mehr dafür, jene Argumen-

---

380 I. E. ebenso *Vogel* 2009, § 8 Rn. 25, der eine mögliche Diskriminierung ein „schiefes" Argument nennt; *Lagodny* 2012, § 73 Rn. 35.

381 *Vogler* 1970, S. 233; ausführlich und überzeugend widerlegt von *Tinkl* 2008, S. 48-50, 58 ff.

382 So der *Generalbundesanwalt* 1984, zitiert in BGHSt 32, 221 (230).

383 Mit Verweis auf die scheinbare Durchbrechung des grundrechtlichen Zurechnungszusammenhangs bei einer Auslieferung verneinen auch *Michael* und *Morlok* (2014, Rn. 532) die Schutzwirkung der Grundrechte und stellen sogar die der Menschenwürdegarantie in Frage.

384 Dazu schon *Jesch* 1968, S. 16 f., 206 ff.; aktuell *von Kielmansegg* 2012b, S. 882; ausführlich *ders.* 2012a, *passim*; endgültig verworfen von BVerfGE 33, 1; dem vorausgehend die Arbeiten von *Schüler-Springorum* 1969, *passim*, insbes. S. 59 ff.; *Müller-Dietz* 1970, *passim*, insbes. S. 86 ff.

385 Auf diesem Stand befindet sich laut *Vogel* (2009, § 73 Rn. 47) die früher von *Vogler* (unbeirrt noch 1996, S. 573) vertretene Position nicht mehr.

tation aufzugeben und den Grundrechten jedenfalls überhaupt Geltung und Wirksamkeit zu verschaffen.[386] Im Auslieferungsverfahren ist die eigene Stellung des Auszuliefernden mittlerweile anerkannt und ermöglicht ihm die eigenständige Einforderung seiner Individualrechte[387] innerhalb des innerstaatlichen Rechtsverhältnisses zwischen ersuchtem Staat und Verfolgten, das neben dem völkerrechtlichen Rechtsverhältnis der beiden Staaten nunmehr seit geraumer Zeit im Blickpunkt (verfassungs-)rechtlicher Würdigung steht.

3.6.4.4.2.3 Pacta sunt servanda?

Dass ungeachtet einer möglichen Zurechnung ausländischen Verhaltens und ausländischer Zustände Grundrechte in Auslieferungsverfahren nicht gelten könnten, folge allerdings aus den Auslieferungsabkommen selbst, die den meisten Auslieferungssachverhalten zugrunde liegen. Bezüglich der daraus erwachsenden völkerrechtlichen Verpflichtungen gelte der Grundsatz *„pacta sunt servanda"*, die Bundesrepublik sei also im Verhältnis zum ersuchenden Staat zur Auslieferung verpflichtet[388] und könne sich nicht unter Berufung auf innerstaatliches (Verfassungs-)Recht von ihren Verpflichtungen lossagen[389]. Vor dem Hintergrund der Völkerrechtsfreundlichkeit des Grundgesetzes und der dementsprechend gebotenen völkerrechtsfreundlichen Auslegung desselben hätten die Rechte des Auszuliefernden hinter diese Verpflichtungen zurückzutreten, da *„pacta sunt servanda"* als allgemein anerkannter Grundsatz des Völkerrechts über Art. 25 GG innerstaatlich Verfassungsrang erhalte und die Grundrechte in diesen Fällen nicht zur Anwendung kämen.[390] Das Problem kollidierender Grundrechtsbindung deutscher Institutionen mit den auslieferungsvertraglichen Pflichten Deutschlands erledigt sich jedenfalls nicht schon dadurch, dass die Bundesrepublik sich nicht durch Auslieferungsverträge verpflichtet haben wird, bei Grundrechtsverletzungen auszuliefern, und im Übrigen der ersuchende Staat einen Anspruch auf Auslieferung bei drohender

---

386 Ausführlicher auch *Vogel* 2009, vor § 1 Rn. 38; *Lagodny* 2012, § 73 Rn. 6a.

387 Vgl. dazu *Kap. 5.*

388 *Vogler* 1970, S. 200.

389 Art. 27 WVK lautet: „Eine Vertragspartei kann sich nicht auf ihr innerstaatliches Recht berufen, um die Nichterfüllung eines Vertrages zu rechtfertigen." Dies heben in diesem Zusammenhang z. B. *Graßhof* und *Backhaus* (1996, S. 448 Fn. 30) hervor.

390 Dargestellt bei *Kreppel* 1965, S. 161 f., mit zahlreichen Nachweisen in Fn. 5 zu dieser früher vielfach vertretenen Ansicht.

Misshandlung nicht formulieren wird.[391] Diese Argumentation übersieht, dass sich das Spektrum möglicher „Misshandlungen" nicht in klassischer Folter oder Gewaltexzessen erschöpft. Durch die großzügige EGMR-Rechtsprechung zu Art. 3 EMRK und dem dahingehend weiten Schutzbereich von Art. 1 Abs. 1 und Art. 2 Abs. 1 GG können vielmehr auch unmenschliche oder erniedrigende Behandlungen in Form von nachteiligen Haftbedingungen umfasst sein.[392] Dadurch können auch Sachverhalte zu Kollisionen führen, die bei Vertragsschluss nicht als Grundrechtsverletzung begriffen und dementsprechend – zumindest gedanklich – ausgeschlossen wurden.[393] Zudem wird der ersuchende Staat diese nicht als „drohende Misshandlung" ansehen[394] und somit nicht allein deswegen bereits von einem Auslieferungsersuchen absehen.

Wenn man jedoch mit der Einordnung von *„pacta sunt servanda"* als allgemeiner Regel des Völkerrechts den völkerrechtlichen Verträgen zugleich den Anwendungsbefehl des Art. 25 GG zubilligen möchte, dann ignoriert diese Interpretation die vom Grundgesetz vorgenommene Unterscheidung[395] zwischen völkerrechtlichem Vertrag und allgemeiner Regel des Völkerrechts.[396] Ersterer soll gerade keinen Verfassungsrang erhalten, sondern gemäß Art. 59 Abs. 2 S. 1 GG den Rang eines einfachen Bundesrechts nach seiner innerstaatlichen Kodifikation. Wird gegen Art. 1 Abs. 1 GG eine Pflicht aus einem völkerrechtlichen Vertrag ins Feld geführt wird, so folgt zudem aus der absoluten Natur der Garantie der Menschenwürde, dass notfalls die völkerrechtliche Verpflichtung nicht zu erfüllen, sondern eine Vertragsverletzung in Kauf zu nehmen ist.[397] Völkerrechtliche Pflichten können also aus sich heraus jedenfalls keine Totalablehnung der Grundrechtsgeltung begründen.

---

391 Da er sonst eine drohende Misshandlung einräumen müsste; so aber bzgl. Art. 3 EMRK *Alleweldt* 1996, S. 70; *Kälin* 1982, S. 165.

392 Eingehend dazu *Kap. 3.6.3* und *Kap. 3.6.4.4.1.4.*

393 Die in *Kap. 3.5* aufgezeigte Diskussion um die drohende Todesstrafe als Auslieferungshindernis im Falle von bilateral vereinbarter Auslieferungspflicht ohne Todesstrafenvorbehalt zeigt gar, dass im Einzelnen Deutschland sehr wohl eine völkervertragsrechtliche Verpflichtung eingegangen sein kann, deren Erfüllung zugleich auf eine Grundrechtsverletzung hinausliefe.

394 Dies kann gerade daraus folgen, dass im ersuchenden Staat die Auffassungen von den zu gewährleistenden Standards von denen abweichen, die nach EMRK und GG sicherzustellen sind.

395 Zu dieser Unterscheidung eingehend *Schmahl* 2013, S. 961 ff.

396 *Kreppel* 1965, S. 163, mit weiteren Argumenten gegen den innerstaatlichen Durchgriff des Grundsatzes „pacta sunt servanda".

397 So schon *Geck* 1965, S. 231; *Lagodny* 1987, S. 257 (bei jeder Verletzung von Grundrechten); *Alleweldt* 1996, S. 118; i. E. so auch BVerfGE 111, 307 (319).

3.6.4.4.2.4 Auch Art. 1 Abs. 1 GG kein Auslieferungsgegenrecht?

Gegen eine Anwendung selbst von Art. 1 Abs. 1 GG wird zudem vorgebracht, dass mit Art. 16 Abs. 2 (S. 1 n. F.) GG ein ausdrückliches Auslieferungsverbot formuliert wurde und im Umkehrschluss daraus folge, eine abschließende Regelung sei getroffen und weitere Auslieferungsverbote bestünden gerade nicht.[398] Dies verkennt aber zum einen die rechtshistorische Bedeutung von Art. 16 Abs. 2 (S. 1 n. F.) GG als Ausdruck des Prinzips, aus grundlegendem Misstrauen gegenüber ausländischer Hoheitsausübung eigene Staatsbürger dem Ausland nicht zur Strafverfolgung und -vollstreckung zu überlassen.[399] Zum anderen hat Art. 1 Abs. 1 GG eine über die einzelnen Grundrechte hinausragende Stellung in der deutschen Rechtsordnung.[400] Selbst wenn Art. 16 Abs. 2 (S. 1 n. F.) GG also im Umkehrschluss entnommen werden soll, weitere Grundrechte seien im Auslieferungsverfahren gerade nicht zu berücksichtigen, so lässt sich diese Überlegung zumindest nicht ohne weiteres auf die Menschenwürdegarantie übertragen.[401]

Gegen die Herleitung von Auslieferungshindernissen aus Art. 1 Abs. 1 GG soll aber auch sprechen, dass nach deutscher Verfassungsdogmatik die inhaltliche Bestimmung der Menschenwürdegewährleistungen deutlich über das hinaus gehe, was in den als „heutige Kulturwelt" bezeichneten Staaten anerkannt sei.[402] Diese Argumentation bewegt sich indes in der Nähe einer Tautologie: Auf der Suche nach Auslieferungshindernissen, die über den internationalen *ordre public* hinausgehen, werden mögliche Menschenrechtsgewährleistungen mit dem Hin-

---

398 Mit einer solchen Argumentation hatte einst das BVerfG Art. 102 GG den Charakter eines Auslieferungsverbotes abgesprochen, vgl. BVerfGE 18, 112; dem folgend *Vogler* 1970, S. 199-201; aktualisiert in *ders.* 1990, S. 479 f.; 1993a, S. 256 f.

399 Vgl. *Kap. 5.2.*

400 So schon *Geck* 1965, S. 231 m. w. N.; jüngst in aller Deutlichkeit betont von BVerfG, NJW 2016, S. 1149 (Rn. 40 ff.), anhand des Auslieferungsrechts.

401 Möchte man mit *Vogler* (1970, *passim*) den Grundrechten in der zweipoligen, nur auf das Völkerrecht fokussierten Sichtweise jede durchgreifende Wirkung absprechen, so kann zudem auch Art. 16 Abs. 2 (S. 1 n. F.) GG kein völkerrechtlich wirksames Auslieferungshindernis bilden, da es sich auch dabei um eine rein innerstaatlich wirkende Regelung handelt. Besteht ein Auslieferungsabkommen, so ergibt sich ein völkerrechtlich wirksamer Vorbehalt der Auslieferung deutscher Staatsangehöriger dann stattdessen allein daraus, dass in dem Abkommen dieser Vorbehalt ausdrücklich geregelt ist, oder die Bundesrepublik bei Vertragsunterzeichnung einen entsprechenden Vorbehalt erklärt hat. Der Verweis *Voglers* auf Art. 16 Abs. 2 (S. 1 n. F.) GG ist indes ein Hinweis darauf, den deutschen *ordre public international* doch aus dem deutschen inländischen Recht heraus zu entwickeln, statt aus dem Völkerrecht.

402 *Vogler* 1970, S. 200; dem zunächst beipflichtend *Seetzen* 1984, S. 392 f., der die Argumentation *Voglers* aber wiederum überzeugend einzuschränken vermag, vgl. dazu in *Kap. 3.6.4.4.1.4.*

weis abgelehnt, sie gingen über den internationalen *ordre public* hinaus. Stattdessen muss zunächst geklärt werden, ob die grundsätzliche Bereitschaft im
deutschen Recht bestehen soll, eigene Maßstäbe für Sachverhalte zu postulieren,
die Auslandsberührung haben. Ist diese Frage zu verneinen, erübrigen sich alle
weiteren Überlegungen zu einem *ordre public international*, der über einen wie
auch immer gehaltvollen internationalen *ordre public* hinausgehen könnte; allein
aus letzterem sind dann Auslieferungshindernisse ableitbar. Nur wenn eigene
Maßstäbe zulässig sein sollen, ist der Weg dazu offen, über den internationalen
ordre public hinaus Anforderungen zu definieren.

Die Geltung der Menschenwürdegarantie als fundamentale und rechtferti-
gungsfeste Gewährleistung der deutschen Rechtsordnung lässt sich für das Auslieferungsverfahren also nicht mit den Hinweisen verneinen, mit Art. 16 Abs. 2
(S. 1 n. F.) GG sei eine abschließende Regelung für das Auslieferungsrecht geschaffen und die Menschenwürdegarantie würde mehr beinhalten, als andere
Staaten bereit sind zu gewährleisten.

3.6.4.4.2.5   *Alternativvorschläge nicht tragfähig*

Anlass zur Kritik bietet dieser Ansatz aber auch im Hinblick auf die Alternativen,
wenn er zur Vermeidung völkervertraglicher Pflichtenverstöße für die Maßstabsbildung in Auslieferungssachverhalten vorschlägt, nur *ius-cogens*-Verstöße zu
berücksichtigen:[403]

Abgesehen davon, dass schon das Ansinnen, einen Verstoß gegen eine
völkerrechtliche Pflicht durch Verweis auf das *ius cogens* vermeiden zu können,
auf schwerwiegende dogmatische Bedenken stößt,[404] wäre der Bestand an anerkannten *ius-cogens*-Rechtspositionen gegenüber dem verfassungsrechtlich im
Mindesten zu Fordernden sehr gering.[405]

Zudem ist es nicht konsequent, wenn einerseits nur aus dem völkerrechtlichen
ius cogens tragfähige Auslieferungshindernisse zu gewinnen seien, andererseits
aber auch nichts gegen die Gewähr eines den *deutschen Grundrechten* innewoh-
nenden „Menschenrechtskern[es]" einzuwenden sei, weil dieser Kern weltweit
allen Rechtsordnungen gemein sei und auf deren Verteidigung sich von deutscher
Seite daher jedem Staat gegenüber berufen werden könne.[406] Mit anderen Worten
sollen Auslieferungshindernisse zwar nur aus dem Völkerrecht gewonnen werden
können, ein Rückgriff auf das nationale Verfassungsrecht stehe jedoch für menschenrechtliche Kerngewährleistungen offen.

---

403   Vgl. *Kap. 3.6.4.3.*

404   Vgl. *Kap. 3.7.*

405   Haupteinwand insbesondere von *Lagodny* 1987, S. 72-78; *ders.* 2012, § 73 Rn. 33. Vgl.
      dazu *Kap. 3.6.6.3.*

406   *Vogler* 1994, S. 1436; ähnlich schon *ders.* 1993a, S. 259.

Diesen Kerngewährleistungen läge aber deutsche Verfassungsdogmatik zugrunde. Sie doch heranzuziehen würde daher die stete „Gefahr" in sich bergen, einen sich vom völkerrechtlichen Entwicklungsstand loslösenden Standard zu entfalten. Ein solches Voranschreiten einiger Staaten in der Weiterentwicklung menschenrechtlicher Standards soll hier allerdings nicht beklagt werden, sondern nur die Widersprüchlichkeit dieses rein völkerrechtlich orientierten, auf das *ius cogens* verweisenden Ansatzes herausstreichen.

3.6.4.4.2.6 Zusammenfassung

Alle Einwände gegen eine Grundrechtsgeltung bei der Beurteilung von Auslandssachverhalten lassen sich widerlegen. Jedenfalls durch die zwischenzeitliche Weiterentwicklung des Verfassungsrechts ist es nicht mehr vertretbar, die Grundrechte überhaupt nicht zur Anwendung zu bringen.

3.6.4.4.3 Ordre public durch § 73 S. 1 IRG? – „Wesentliche Grundsätze der deutschen Rechtsordnung"

Nach dem ausdrücklichen Willen des Gesetzgebers wird der deutsche *ordre public international*[407] durch § 73 S. 1 IRG für das Rechtshilferecht geregelt[408] unter Verweis auf die wesentlichen Grundsätze der deutschen Rechtsordnung in beinahe wortlautgleicher sprachlicher Anlehnung an Art. 6 EGBGB.[409] Das wirft die Frage auf, wie sich die *ordre-public*-Klausel in § 73 S. 1 IRG zur verfassungsrechtlich hergestellten Reduktion der Grundrechtsgeltung verhält und welche Funktion die Klausel erfüllt.

---

407 Die Gesetzesmaterialien verwenden zwar nur den Begriff „*ordre public*", aus dem Regelungsgegenstand ergibt sich jedoch, dass in Abgrenzung zum *ordre public international* der *ordre public interne* (und normlogisch erst recht der internationale *ordre public*) nicht gemeint sein kann.

408 BT-Drs. 9/1338, S. 93. Inwieweit bei der Anwendung des § 73 S. 1 IRG noch zwischen dem vertraglosen und dem vertragsgebundenen Verkehr zu unterscheiden ist, wird in *Kap. 3.6.4.4.4* erörtert.

409 *Vogel* 2009, § 73 Rn. 2.

3.6.4.4.3.1 Sprachliche, und daher auch funktionale Übereinstimmung mit der ordre-public-Klausel des IPR?

Orientierung könnte die sprachliche Herkunft der *ordre-public*-Klausel, das Internationale Privatrecht, geben.[410] Danach könnten mit den „wesentlichen Rechtsgrundsätzen" in § 73 S. 1 IRG die Grundrechte nach dem Grundgesetz insgesamt umfasst sein. So ist es jedenfalls in der für den privatrechtlichen *ordre-public*-Begriff maßgeblichen Norm Art. 6 EGBGB in Satz 2 festgehalten.[411] Zu berücksichtigen ist, dass das IPR bestimmt, welche aus- oder inländische Rechtsordnung zur Regelung von grenzüberschreitenden *privatrechtlichen* Beziehungen anzuwenden ist.[412] Die Anwendung von Grundrechten in irgendeiner Form ist dort – wie auch bei rein inländischen privatrechtlichen Beziehungen – keine Selbstverständlichkeit. Nach anfangs vertretener Ansicht in Rechtsprechung und Literatur stellte jedenfalls Art. 1 Abs. 3 GG die Grundrechtsgeltung nicht her.[413] Art. 6 EGBGB sollte also die Funktion erfüllen, den Grundrechten zur Anwendung als Korrektiv überhaupt erst zu verhelfen. Ähnlich könnte man nun für das deutsche Auslieferungsrecht argumentieren, erst durch § 73 S. 1 IRG würde den Grundrechten zu einer Geltung verholfen, die sie sonst gar nicht hätten.[414]

Abgesehen davon, dass dieses Verständnis des IPR-*ordre-public* schon seit geraumer Zeit von der herrschenden Meinung als überholt angesehen wird,[415] bestehen bedeutsame Unterschiede zwischen IPR und Auslieferungsrecht. Mit der Begrifflichkeit von der „öffentlichen Ordnung" und der damit verbundenen

---

410   Präziser rührt der Begriff aus der französischen rein innerstaatlichen Rechtspflege her; zu dieser Herkunft *Neumayer* 1963, S. 182 f.; zur (anschließenden) Entwicklung des *ordre-public*-Prinzips vgl. *Kap. 3.6.2* sowie *Schemmer* 1995, S. 7-14.

411   Die Grundrechte werden gleichwohl in nur reduziertem Umfang herangezogen; vgl. dazu statt vieler *Grunsky* 2001, S. 3134 m. w. N.

412   Statt vieler *von Hoffmann/Thorn* 2007, § 1 Rn. 3.

413   Dazu ausführlicher *Hofmann* 1994, S. 119 m. w. N. Ähnliche Darstellungen zum Zweck des Art. 6 EGBGB finden sich zum Teil noch heute, vgl. z. B. *Lorenz* 2014, Rn. 1.

414   In diesem Sinne ließe sich die Gesetzesbegründung verstehen, wenn dort ausgeführt wird, (erst) die *ordre-public*-Klausel binde alle befassten Gerichte und Behörden und würde Rechtshilfeleistungen verbieten, wenn sie mit den wesentlichen Grundsätzen der deutschen Rechtsordnung im Widerspruch stünden (BT-Drs. 9/1338, S. 33, rechte Spalte). So verstehen wohl auch *Schomburg/Hackner* (2012, § 8 Rn. 25) den § 73 S. 1 IRG, wenn sie feststellen, zur Beurteilung (von drohenden Strafen entwürdigenden oder grausamen Charakters) kämen die Wertentscheidungen des Grundgesetzes „über § 73 zum Zuge".

415   Dass erst die *ordre-public*-Klausel des IPR die Grundrechtsgeltung herstellen würde, ist vom BVerfG schon vor geraumer Zeit verworfen und stattdessen auch für das IPR die – wenn auch inhaltlich wiederum limitierte – Grundrechtsgeltung gem. Art. 1 Abs. 3 GG konstatiert; vgl. BVerfGE 31, 58 (72 ff.).

Anknüpfung an einen Katalog unverzichtbarer Grundsätze endet die Parallelität der *ordre-public*-Klausel im IPR und der *ordre-public*-Klausel im Auslieferungsrecht: Anders als im IPR stehen sich im innerstaatlichen Auslieferungsverfahren der (ersuchte) Staat und das (verfolgte) Individuum in einem Über- / Unterordnungsverhältnis gegenüber. Zudem fungiert der *ordre public international*[416] im IPR als Beschränkung für die Anwendung fremden Rechts durch deutsche Organe, während sich der auslieferungsrechtliche *ordre public international* auf die Anwendung deutschen Rechts durch deutsche Organe (d. h. *vor* Umsetzung der Auslieferung) bezieht und die Anwendung ausländischen Rechts erst im Anschluss an die Auslieferung den Organen des ersuchenden Staates ermöglicht wird.[417] Eine Übertragung der früheren Dogmatik zum IPR-*ordre-public-international* auf den § 73 S. 1 IRG scheidet angesichts dieser Funktionsunterschiede aus, Funktion und Inhalt sind stattdessen autonom zu bestimmen.

3.6.4.4.3.2 Einfachrechtliche Umsetzung der Völkerrechtsfreundlichkeit des Grundgesetzes

Gemäß § 73 S. 1 IRG ist die Leistung von Rechtshilfe unzulässig, wenn sie *wesentlichen Grundsätzen der deutschen Rechtsordnung widersprechen* würde. Die Erwägungen, die bei Fassung des § 73 (S. 1 n. F.) IRG angestellt wurden,[418] gleichen denen, die das BVerfG bei der Konkretisierung des deutschen *ordre public international* aus der Völkerrechtsfreundlichkeit des Grundgesetzes angestellt hat.[419] Nach dem Inkrafttreten des § 73 IRG hat das Gericht auch

---

416 Dass die *ordre-public*-Klausel auch im IPR nur einen *ordre public international* (statt des *ordre public interne*) meinen kann, streicht *Sonnenberger* 2010, Art. 6 Rn. 19, heraus.

417 *Vogler* 1970, S. 206; ihm folgend *Vogel* 2009, § 73 Rn. 26. Ungeachtet dessen und der beschriebenen Rechtsprechung des BVerfG zum Art. 6 EGBGB (BVerfGE 31, 58 (72 ff.)) schien *Vogler* (1994, S. 1435) nach wie vor die Funktion des § 73 S. 1 IRG darin zu sehen, den Grundrechten Wirksamkeit zu verschaffen. Dass die Grundrechtsgeltung durch § 73 IRG erst hergestellt wird, folgt auch bei *Tinkl* (2008, S. 66), wenn sie feststellt: „§ 73 IRG installiert einen ‚ordre public‘ im Auslieferungsrecht." Wenn also (erst) der § 73 unverzichtbare Rechtsgrundsätze festschreibt, dann bestehen ohne ihn keine solchen Grundsätze, so gelten auch die Grundrechte ohne ihn im Auslieferungsrecht nicht. Allerdings nimmt sie die dogmatische Unterscheidung zwischen *ordre public interne* und *international* nicht vor und kann daher ohnehin für sich die Funktion des § 73 IRG nicht ganz widerspruchsfrei klären, wenn sie ihm schließlich an anderer Stelle „rein deklaratorischen Charakter" (S. 68) zuschreibt.

418 BT-Drs. 9/1338, S. 27, 93.

419 Vgl. *Kap. 3.6.4.4.1.4.*

ausdrücklich betont, der dortige Maßstab entspreche dem seiner eigenen Formel.[420]

Es spricht daher vieles dafür, § 73 (S. 1 n. F.) IRG als einfachgesetzliche Umsetzung der Völkerrechtsfreundlichkeit des Grundgesetzes zu interpretieren.[421] Generell gilt, dass die Grundrechte inhaltlich zu konkretisieren sind.[422] Dies obliegt in erster Linie dem Gesetzgeber, der die Grundrechte näher auszugestalten hat.[423] Zusätzlich sind auch die Verwaltung und die Rechtsprechung an der Konkretisierung beteiligt.[424] Wenn also die Völkerrechtsfreundlichkeit des Grundgesetzes schutzbereichseinschränkend wirkt,[425] muss umso mehr diese Einschränkung konkretisiert werden, um die (reduzierten) grundrechtlichen Gewährleistungen operabel zu machen. Um das zu erreichen, präzisiert § 73 S. 1 IRG das Zusammenspiel der Grundrechte und der Völkerrechtsfreundlichkeit des Grundgesetzes, die mehreren Verfassungsartikeln zu entnehmen ist. Er stellt klar, dass die grundrechtlichen Schutzbereiche nur insoweit eröffnet sind, wie es den wesentlichen Grundsätzen der deutschen Rechtsordnung entspricht.[426] An dem nach Art. 79 Abs. 3 GG sogar dem verfassungsändernden Gesetzgeber entzogenen Kernbereich der Grundrechtsgewährleistung wird damit auch durch § 73 S. 1 IRG erkennbar nicht gerührt.

Da es bis zum Erlass des IRG an einer solchen einfachgesetzlichen Konkretisierung fehlte, hat die Rechtsprechung diese Lücke gefüllt, indem das BVerfG seinen eigenen Maßstab definierte, den die Fachgerichte in der Folge übernah-

---

420 BVerfGE 75, 1 (19 f.). Diesen Befund teilen ausdrücklich *Vogel* 2009, § 73 Rn. 51; *Schneider u. a.* 2008, S. 167; i. E. auch *Tinkl* 2008, S. 66. A. A. *Conrad* 2013, S. 139: Die Formel des Gerichts enthalte neben dem völkerrechtlichen Mindeststandard auch noch „den nationalen *ordre public*", was in der Deutung sowohl als „landesrechtlicher *ordre public interne*" wie auch „landesrechtlicher *ordre public international*" im Widerspruch zum System der *ordre-public*-Begriffe steht, da die *gesamte* Formel des Gerichts dessen deutschen *ordre public international* wiedergibt. A. A. auch noch *Lagodny* 1987, S. 69, der in der Formel des Gerichts (lediglich) den *ius-cogens*-Gedanken (*Kap. 3.6.6*) umschrieben sieht; i. E. genauso noch BGHSt 32, 314 (325 f.).

421 So auch u. a. BVerfGK 3, 159 (163).

422 *Hufen* 2016, § 8 Rn. 2.

423 *Kirchhof* 2004, § 20 Rn. 48; *Michael/Morlok* 2014, Rn. 43.

424 *Hufen* 2016, § 8 Rn. 2.

425 Vgl. *Kap. 3.6.4.4.1.3.*

426 Gleichwohl geht § 73 S. 1 IRG in der Konkretisierung auch nicht sonderlich weit, so dass *Seetzen* (1984, S. 391) nicht ganz ohne Berechtigung die Formulierung „wesentliche Grundsätze der deutschen Rechtsordnung" weniger „greifbar" empfindet als den Begriff der „unverletzlichen und unveräußerlichen Menschenrechte[n]" in Art. 1 Abs. 2 GG, den er daraufhin zur Konkretisierung vorzieht.

men. Seit dem Inkrafttreten des IRG wenden die Fachgerichte aufgrund ihrer Bindung an das einfache Recht gemäß Art. 20 Abs. 3 GG allerdings zusehends ausdrücklich den § 73 IRG als Prüfungsmaßstab an, um den deutschen *ordre public international* zu konturieren.[427] Das BVerfG hingegen hat auch nach Erlass des IRG in seinen Entscheidungen § 73 IRG nicht als Prüfungsmaßstab herangezogen.[428] Die Prüfung erfolgt aber immerhin in inhaltlichem Einklang mit den einfachgesetzlich von § 73 IRG vorgesehenen Anforderungen.[429]

§ 73 (S. 1 n. F.) IRG fügt sich also als Konkretisierung der Schutzbereichsbeschränkung zur Bestimmung eines deutschen *ordre public international* in das System menschenrechtlicher Auslieferungsvorbehalte ein. Er umfasst dann nicht nur nach dem ausdrücklichen Willen des Gesetzgebers, sondern auch nach der ganz herrschenden Meinung zwar nicht die Grundrechte vollumfänglich,[430] aber jedenfalls das Verbot unmenschlicher oder erniedrigender Behandlung oder Strafe i. S. d. Art. 3 EMRK[431] als Bestandteil der Menschenwürdegarantie.

Aber auch wenn man entgegen der hier vertretenen Ansicht die reduzierende Wirkung der Völkerrechtsfreundlichkeit auf Eingriffs- oder Rechtfertigungsebene einordnet,[432] statt schon beim Schutzbereich, lässt sich § 73 S. 1 IRG widerspruchsfrei als dazugehörige einfachrechtliche Umsetzung in die Überlegungen einfügen:

Sieht man die Völkerrechtsfreundlichkeit auf *Eingriffsebene* den Zurechnungszusammenhang durchbrechen, so dass die Grundrechte in ihrer Schutzpflicht- statt in ihrer Abwehrdimension gefragt sind, wäre der Gesetzgeber mit § 73 S. 1 IRG dieser Schutzpflicht nachgekommen. Nach diesem Verständnis *konkretisiert* § 73 S. 1 IRG, wie die *Schutzpflicht* durch die Bewilligungsbehörde

---

427 Statt vieler OLG Karlsruhe, NStZ 2005, S. 351; OLG Celle, NStZ 2008, S. 639. Wieso allerdings *Ziegenhahn* (2002, S. 369) einem BGH-Beschluss (NStZ 1993, S. 547) entnimmt, die Grundrechte würden von § 73 (S. 1 n. F.) IRG (vollständig) umfasst sein, kann hier nur offen bleiben. Letztlich offen bleibt auch die rechtliche Funktion des § 73 S. 1 IRG bei *Schneider u. a.* (2008, S. 167), die sich durch ihn „an [die Formel des BVerfG] auf der Ebene des einfachen Rechts erinnert" fühlen.

428 Daher wäre es verfehlt zu sagen, das Gericht messe die Verfassungsmäßigkeit einer Auslieferung „an § 73 IRG"; so aber z. B. zunächst *Tinkl* 2008, S. 66.

429 In diesem Sinne dann auch zurückhaltender *Tinkl* 2008, S. 66.

430 Vor dem Hintergrund der Völkerrechtsfreundlichkeit des Grundgesetzes kann also § 73 (S. 1 n. F.) IRG auch keine rein klarstellende Funktion gegenüber einer ohnehin vollumfänglichen Geltung der Grundrechte haben; so aber *Lagodny* 1987, S. 136.

431 So ausdrücklich BT-Drs. 9/1338, S. 93; zudem statt aller *Gillmeister* 1991, S. 2248; *Schneider u. a.* 2008, S. 167; *Vogel* 2009, § 73 Rn. 48; *Ambos* 2014, § 12 Rn. 27 f. m. w. N.

432 Vgl. *Kap. 3.6.4.4.1.3.*

und das OLG im Auslieferungsverfahren zu erfüllen ist,[433] indem er die Auslieferung bei Verstößen gegen die wesentlichen Grundsätze der deutschen Rechtsordnung für unzulässig erklärt.

Soll die Völkerrechtsfreundlichkeit die Grundrechtsgeltung hingegen erst auf der *Rechtfertigungsebene* als ergänzende Grundrechtsschranke reduzieren, so stellt § 73 S. 1 IRG eine *Bindung der Verwaltung und auch der Rechtsprechung* hinsichtlich der rechtlichen Würdigung von Auslieferungssachverhalten her.[434] Indem die Entscheidung über die Zulässigkeit der Auslieferung gerade nicht offen gelassen wird, sondern mit „ist unzulässig" in § 73 S. 1 IRG auf eine einzige mögliche Rechtsfolge eingeengt wird, hat der Gesetzgeber vorgegeben, dass bei Widersprüchen gegen die wesentlichen Grundsätze der deutschen Rechtsordnung die Auslieferung zu unterbleiben hat. Umgekehrt bedeutet das aber auch, dass die Auslieferung unter Grundrechtsaspekten *erst und nur dann* zu unterbleiben hat.[435] § 73 S. 1 IRG stellt damit also gleichzeitig klar, dass Grundrechtsgewährleistungen erst ab einer bestimmten Schwelle im Auslieferungsverfahren auf der Tatbestandsseite zu berücksichtigen sind. Für alle anderen Fälle konkretisiert § 73 S. 1 IRG, dass die Völkerrechtsfreundlichkeit als ergänzende Eingriffsrechtfertigung dient.

3.6.4.4.3.3 Entbehrlichkeit einer Vorlage gemäß Art. 100 Abs. 1 GG

§ 73 IRG erfüllt noch eine zusätzliche Funktion für den Bereich des Auslieferungsverkehrs, der sich im Rahmen eines bereits bestehenden bi- oder multilateralen Auslieferungsabkommens abspielt, das keine eigene *ordre-public*-Klausel enthält. Wenn im Rahmen eines solchen Abkommens um eine Auslieferung ersucht wird und das befasste OLG zwar alle vertraglichen Auslieferungsvoraussetzungen bejaht (d. h. eine vertragliche Auslieferungspflicht besteht insoweit), aber in der ersuchten Auslieferung einen Verstoß gegen die unabdingbaren verfassungsrechtlichen Grundsätze der deutschen öffentlichen Ordnung sieht, entfällt also aus Sicht des OLG die Auslieferungspflicht wegen Verstoßes gegen Grundrechte des Verfolgten. Die Auslieferungspflicht folgt jedoch aus dem Umsetzungsgesetz des Auslieferungsabkommens, das als einfaches Bundesrecht

---

433 Als rechtsgebietsübergreifende dogmatische Gedankenführung bei *Hufen* 2016, § 8 Rn. 13; eine Grundrechtsgefährdungslage liegt also unter den Voraussetzungen des § 73 S. 1 IRG vor, die sich zu einem Handlungserfordernis auf Seiten der Bewilligungsbehörde und des OLG verdichtet.

434 Allgemein zur Bindung in der Einzelfallentscheidung durch ein Gesetz *Detterbeck* 2015, Rn. 305; *Maurer* 2011, § 7 Rn. 10.

435 Unbeschadet dessen können speziellere Auslieferungshindernisse, die Ausfluss von Grundrechtsgewährleistungen sind (insbesondere das Auslieferungsverbot bei drohender Todesstrafe, § 8 IRG), der Auslieferung entgegenstehen.

gemäß Art. 59 Abs. 2 S. 1 GG gilt und das Ermessen der deutschen Hoheitsträger bindet. Dieses Umsetzungsgesetz würde das OLG mithin für verfassungswidrig halten. Daher müsste das OLG eigentlich das Verfahren für eine konkrete Normenkontrolle gemäß Art. 100 Abs. 1 S. 1 Alt. 2 GG dem BVerfG vorlegen.[436] Dieses Szenario stellte sich und stellt sich auch weiterhin regelmäßig z. B. gegenüber Ländern, mit denen die Bundesrepublik über das EuAlÜbk verbunden ist, da es dem EuAlÜbk an einer *ordre-public*-Klausel fehlt.[437] Gleichwohl werden diese Verfahren – soweit ersichtlich – nie vorgelegt, das BVerfG fordert die Vorlage auch nicht ein. Aber wie ist das rechtlich zu erklären?

Die Erklärung liegt in der Anwendung des § 73 IRG auch auf den vertragsbasierten Auslieferungsverkehr, selbst wenn das einschlägige Auslieferungsabkommen keine eigene *ordre-public*-Klausel enthält. Das Umsetzungsgesetz zum Auslieferungsabkommen müsste bei beabsichtigter Unzulässigkeitserklärung der Auslieferung nur dann nicht gemäß Art. 100 Abs. 1 S. 1 Alt. 2 GG dem BVerfG vorgelegt werden, wenn sich das (Umsetzungs-)Gesetz verfassungskonform auslegen ließe. Ohne enthaltene *ordre-public*-Klausel fällt das jedoch schwer, es sei denn es kann ergänzend auf die einfachgesetzliche *ordre-public*-Klausel des IRG, d. h. § 73 zugegriffen werden. Sie ermöglicht in der Gesamtschau der Bestimmungen für den fraglichen Sachverhalt eine verfassungskonforme Auslegung des einschlägigen einfachen Rechts. Indem die OLG § 73 IRG in ihre rechtliche Würdigung miteinbeziehen können, wird also zugleich eine konkrete Normenkontrolle vor dem BVerfG entbehrlich.[438]

3.6.4.4.4 Anwendung auf das innerstaatliche Rechtsverhältnis im vertraglosen wie im vertragsbasierten Auslieferungsverkehr

Wenn man als *ordre public international* einen Katalog von Grundrechten identifizieren kann, die inhaltlich im beschriebenen Sinne reduziert sind, stellt sich schließlich die Frage, ob *dieser* deutsche *ordre public international* innerstaatlich in *jedem Auslieferungssachverhalt* anzuwenden ist, oder ob zwischen dem vertraglosen und dem vertragsbasierten Auslieferungsverkehr zu unterscheiden ist.

---

436 *Löwer* 2005, Rn. 85; *Dederer* 2014, Rn. 84 f. m. w. N.

437 Problematisiert auch schon bei *Lagodny* 1987, S. 303 f., dem folgend *van der Wilt* 1995, S. 57, wenn auch jeweils ohne Auflösung.

438 Im vertraglosen Verkehr stellt sich dieses Problem schon nicht, weil es dort an einer Auslieferungspflicht fehlt; im vertragsgebundenen Verkehr mit *ordre-public*-Klausel im Auslieferungsabkommen selbst ermöglicht die dortige Klausel die verfassungskonforme Auslegung, wenn auf die „unabdingbaren verfassungsrechtlichen Grundsätze" im Interesse des Verfolgten zurückgegriffen werden muss.

3.6.4.4.4.1 Ausgangspunkt

Erinnert sei an dieser Stelle zum einen an die Feststellung, dass der Begriff *ordre public international* für sich genommen zunächst frei von konkreten inhaltlichen Zuschreibungen ist, sondern eine funktionale Begrifflichkeit darstellt, die eine Abgrenzung von anderen Katalogen ermöglicht, die eine andere Funktion erfüllen (d. h. in erster Linie von dem *ordre public interne*). Da der Begriff lediglich einen Katalog von Grundsätzen beschreibt, die bei Sachverhalten mit Auslandsberührung unverzichtbar sein sollen, kann es also durchaus mehrere *ordre public international* unterschiedlichen Gehalts geben, die jeder für sich auf einen anderen Auslieferungssachverhalt anwendbar sind.

Erinnert sei hier zum anderen an die Unterscheidung zwischen dem Auslieferungsverkehr mit Staaten, mit denen vorab kein Auslieferungsabkommen besteht (vertragloser Auslieferungsverkehr), und dem Auslieferungsverkehr mit Staaten, mit denen vorab bereits ein Auslieferungsabkommen abgeschlossen wurde (vertragsbasierter Auslieferungsverkehr). Wenn also zwischen verschiedenen ausländischen (ersuchenden) Staaten danach zu differenzieren ist, welche auslieferungsrechtlichen Beziehungen zur Bundesrepublik vorab bestehen, ergeben sich möglicherweise Abstufungen hinsichtlich des Umfangs von Grundrechtsgewährleistungen, die als *ordre public international* zu behaupten sind. Tatsächlich wird im Schrifttum davon ausgegangen, gegenüber unterschiedlichen Staaten seien dahingehend derartige Abstufungen vorzunehmen.

Zusätzlich ist in diesem Zusammenhang herauszustellen, dass es sich bei Auslieferungsverträgen innerstaatlich gemäß Art. 59 Abs. 2 S. 1 GG um Normen im Rang *einfachen Bundesrechts* handelt. Weder ihr Vorab-Bestehen noch ihr Vorab-Fehlen ändert also etwas an der bereits analysierten *verfassungsrechtlichen Situation*: Gedanklicher Ausgangspunkt muss immer der Befund sein, dass die Völkerrechtsfreundlichkeit des Grundgesetzes eine Reduktion der Grundrechtsgeltung bewirkt,[439] die Grundrechte aber auch nicht gänzlich aushebelt, sondern im dargestellten Sinne inhaltlich gegenüber dem Ausland postuliert[440].

3.6.4.4.4.2 Vertragloser Auslieferungsverkehr

Für den vertraglosen Auslieferungsverkehr kann der deutsche *ordre public international* daher relativ leicht bestimmt werden: Die Völkerrechtsfreundlichkeit bewirkt nach hier vertretener Ansicht die Schutzbereichsbeschränkung der Grundrechte, so dass der bereits beschriebene Katalog an Gewährleistungen verbleibt. § 73 S. 1 IRG konkretisiert diese Schutzbereichsbeschränkung ein

---

439 Vgl. *Kap. 3.6.4.4.1.2.*

440 Vgl. *Kap. 3.6.4.4.1.4.*

Stück weit, um sie für die konkret befassten Hoheitsträger im Auslieferungs-verfahren handhabbarer zu machen.[441] Um im Interesse der grenzüberschrei-tenden Strafrechtspflege ein handlungsfähiger Teil eines funktionierenden inter-nationalen Auslieferungsverkehres sein zu können, soll dieser reduzierte Maßstab also selbst dann zur Anwendung kommen, wenn von vornherein keine Verpflich-tung zur Auslieferung aus einem allgemeinen Auslieferungsabkommen be-steht.[442] Diesen Maßstab wendet (daher) auch das BVerfG an.

3.6.4.4.4.3 Vertragsgebundener Auslieferungsverkehr

Im vertragsgebundenen Auslieferungsverkehr besteht mit dem Umsetzungsgesetz des vorab geschlossenen Auslieferungsabkommens eine zusätzliche innerstaat-liche, einfachgesetzliche Rechtsquelle. Zudem enthält das IRG mit § 1 Abs. 3 („Regelungen in völkerrechtlichen Vereinbarungen gehen [...] den Vorschriften dieses Gesetzes vor.") eine Subsidiaritätsklausel. Im Schrifttum wird daraus geschlossen, erstens sei § 73 S. 1 IRG auf den vertragsgebundenen Auslieferungs-verkehr nicht anwendbar,[443] und zweitens gelte daher grundsätzlich in einem

---

441 In der Gesetzesbegründung ist in diesem Sinne auch klargestellt, dass im Rechtshil-feverkehr mit dem Ausland die deutschen Grundrechte nicht 1 : 1 zum Maßstab der Beurteilung zu machen, sondern Abstriche in Kauf zu nehmen sind; vgl. BT-Drs. 9/1338, S. 27.

442 Zu dieser freiwilligen Selbstbeschränkung der Bundesrepublik – auch im vertraglosen Rechtshilfeverkehr – vgl. *Kap. 3.6.4.4.1.2.* In dieser Hinsicht zustimmungswürdig *Vogler* 1996, S. 577. A. A. *Häde* (1997, S. 20), der aber § 73 IRG insgesamt auch keine schlüssige Funktion zuordnet (mit unklarem Verweis auf *Hofmann* 1994, S. 264 f.). Ebenfalls a. A. *Lagodny*, der ohnehin durchweg die deutschen Grundrechte vollumfäng-lich heranziehen möchte (dazu schon *Kap. 3.6.4.2*); uneinheitlich *Vogel* (2009, vor § 1 Rn. 37; 2009, § 73 Rn. 47: im vertraglosen Auslieferungsverkehr sei das gesamte Verfas-sungsrecht anzuwenden; einschränkend 2009, § 73 Rn. 30 f.: im vertraglosen Ausliefe-rungsverkehr seien (nur) die Grundrechte (und grundrechtsgleichen Rechte) in ihrem un-beschränkbaren Kerngehalt anzuwenden). Abgesehen davon, dass die „unbeschränkte" Lesart *contra legem* ist, verstrickt sich *Vogel* im Weiteren in Widersprüchen, wenn er hinsichtlich des von ihm verwendeten Begriffs vom „nationalen *ordre public*" nicht zwischen dem *ordre public interne* und dem *ordre public international* unterscheidet. Dadurch muss auch die Entwicklung eines kohärenten Systems von Maßstäben für den vertraglosen wie den vertragsgebundenen Auslieferungsverkehr misslingen (vgl. dazu im Folgenden).

443 Vgl. als prominenteren Vertreter statt vieler *Vogel* 2009, § 73 Rn. 3, 5. Noch anders *van der Wilt* 1995, S. 57, der § 73 IRG auch ohne die Regelung des § 1 Abs. 3 IRG nicht anwende würde, sobald ein Auslieferungsvertrag besteht.

solchen Fall auch kein *ordre public*,[444] der dem ersuchenden Staat gegenüber zu behaupten ist. Das gelte nur dann nicht, wenn das vorab bereits geschlossene Auslieferungsabkommen eine eigene Menschenrechtsklausel enthalte, denn dann beschreibe diese den einschlägigen *ordre public*.[445] Dessen ungeachtet sei aber in § 73 S. 1 IRG ein „Eckstein des gesamten Auslieferungs- und Rechtshilferechts" bzw. ein „Kristallisationskeim" für einen umfangreichen Menschenrechtsschutz zu sehen,[446] der dem Verfolgten als „Notanker" für menschenrechtliche Mindeststandards bzw. als „Einfallstor für die Grundrechte"[447] diene.

Die erste Schlussfolgerung, § 73 S. 1 IRG sei auf den vertragsgebundenen Auslieferungsverkehr nicht anwendbar, verkennt den gesetzgeberischen Willen. In der Gesetzesbegründung zum IRG wird klar zum Ausdruck gebracht, der § 1 Abs. 3 IRG solle den § 73 S. 1 IRG gerade nicht auf den vertraglosen Verkehr beschränken, sondern umgekehrt das vom IRG vermittelte Schutzniveau eher noch erhöhen, wenn „zwingende Grundsätze des humanitären Völkerrechts" über den durch § 73 S. 1 IRG abgesicherten deutschen *ordre public international* hinausgehen.[448] Mit anderen Worten ist § 1 Abs. 3 i. V. m. § 73 S. 1 IRG so zu lesen, dass § 73 S. 1 IRG neben einer Unter- *nicht* zugleich auch eine *Obergrenze* an Menschenrechtsgewährleistung konkretisiert.

Hinsichtlich der zweiten Ableitung, mangels Anwendbarkeit des § 73 S. 1 IRG sei höchstens der *ordre-public*-Vorbehalt möglich, den das Auslieferungsabkommen selbst enthalte, und ansonsten gar keiner, ist wiederum die hier vertre-

---

444 *Vogel* 2009, § 73 Rn. 8, da es also an einer Regelungslücke fehle, mit Verweis auf eine angeblich ständige Rechtsprechung und überwiegende Auffassung in der Literatur. Die drei zitierten Entscheidungen (BGHSt 33, 310 (315 ff.); 35, 67 (71 f.); OLG Karlsruhe, NJW 1985, S. 2906) betreffen aber Sachverhalte, zu denen im jeweiligen Auslieferungsvertrag eine ausdrückliche Regelung besteht, die vom IRG abweicht. Darin kann eine Regelungslücke tatsächlich nicht gesehen werden. Daraus lässt sich aber nicht schließen, bei Fehlen einer Regelung im Auslieferungsvertrag sei dieser automatisch dahingehend abschließend gemeint.

445 *Vogel* 2009, § 73 Rn. 3.

446 Beide Zitate aus *Vogel* 2009, § 73 Rn. 4.

447 „Notanker" bei *Lagodny* 2012, § 73 Rn. 2; „Einfallstor für die Grundrechte" bei *Lagodny* 1987, S. 304. Warum auch für *Lagodny* der § 73 IRG einem „Notanker" gleichkommt bzw. ein Einfallstor für die Grundrechte bildet, bleibt offen, da *Lagodny* der Norm wiederum insgesamt nur deklaratorischen Charakter beimisst (2012, § 73 Rn. 1) und seiner Ansicht nach die Grundrechte ohnehin in „allen Fällen der internationalen Rechtshilfe in Strafsachen" (also im vertraglosen wie vertragsgebundenen Verkehr) gelten sollen (2012, § 73 Rn. 3; i. E. ebenso 1987, S. 348).

448 BT-Drs. 9/1338, S. 93, rechte Spalte. Auf dieses generell denkbare Szenario des umfangreicheren Menschenrechtsschutzes durch das Völkerrecht gegenüber einem nationalen Verfassungsrecht weist auch *Doehring* 1999, S. 212, hin.

tene Auffassung vom Begriffssystem zum *ordre public* und von der Funktion, die der § 73 S. 1 IRG erfüllt, aufzugreifen. Als Ausfluss der Völkerrechtsfreundlichkeit soll von deutscher Seite die Gewährleistung der im Inland anhand der grundgesetzlichen Verbürgungen entwickelten Rechtspositionen (*ordre public interne*) dem Ausland zwar nicht vollends abverlangt werden. Einige Mindestgewährleistungen sollen aber als *ordre public international* durchgesetzt werden als Ausfluss der Abwehrfunktion der Grundrechte, deren Träger auch jeder Verfolgte im Auslieferungsverfahren ist. Diese beiden Gebote folgen aber unmittelbar aus der Verfassung selbst, und werden durch § 73 S. 1 IRG nur für die Handhabung durch Hoheitsträger konkretisiert. Die reduzierte, aber keinesfalls aufgehobene Geltung von Grundrechten ist jedoch nicht abhängig von der Konkretisierung durch § 73 S. 1 IRG. Grundrechte gelten nicht erst, wenn sie einfachgesetzlich konkretisiert wurden.[449] Alles andere würde eine Verkehrung der Rangordnung von Grundrechten und (einfachen) Gesetzen bedeuten und stünde Art. 1 Abs. 3 GG entgegen. Die Grundrechte werden nicht erst durch den einfachen Gesetzgeber erschaffen. Selbst wenn man also § 73 S. 1 IRG im vertragsbasierten Auslieferungsverkehr durch das Auslieferungsabkommen verdrängt ansähe, folgte daraus nicht, dass die Grundrechte einerseits und die Völkerrechtsfreundlichkeit andererseits sowie die dargelegte Wechselwirkung der beiden nicht gelten würden.

Besteht ein Auslieferungsabkommen, heißt das also nicht, dass im Vergleich zum vertraglosen Auslieferungsverkehr gegenüber dem betreffenden Staat der deutsche *ordre public international* inhaltlich geringeren Umfangs[450] oder gar völlig inhaltsleer wäre.

Wendet man den durch § 73 S. 1 IRG konkretisierten verfassungsrechtlichen Gedanken auch auf den vertragsgebundenen Rechtshilfeverkehr an, stellt man damit zugleich einen Einklang mit dem Vorgehen der Rechtsprechung her. Auch das BVerfG und die ihm folgenden Gerichte wenden ihre „Einheits- und Mischformel" gleichmäßig auf Auslieferungsersuchen mit und ohne zugrundeliegendem/n Auslieferungsvertrag an.[451] § 73 IRG ermöglicht den Fachgerichten dabei zusätzlich die verfassungskonforme Auslegung von Auslieferungsabkommen (bzw. von deren innerstaatlichen Umsetzungsgesetzen) ohne ausdrücklichen *ordre-public*-Vorbehalt, aufgrund derer eine ersuchte Auslieferung wegen entge-

---

449 Hierzu und zum folgenden Aspekt *Hufen* 2016, § 6 Rn. 17.

450 Im Ergebnis wie hier auch *Tinkl* 2008, S. 67 f.; *Wolff* 2004, S. 156. Anders aber *Vogel* 2009, § 73 Rn. 29 (darüber bestehe „Einigkeit", ohne Nennung eines Nachweises); *ders.* 2004a, S. 145.

451 Vgl. nur BVerfGE 113, 154 (162); BVerfG, EuGRZ 2010, S. 257; BGH, NStZ 1993, S. 547; KG Berlin, StV 1996, S. 103 (bei BGH und KG jeweils Anwendung des § 73 IRG, statt der BVerfG-Formel); OLG Stuttgart, NStZ-RR 2007, S. 274.

genstehender Grundrechte des Verfolgten abgelehnt werden muss.[452] Aus diesem Grund ist § 73 IRG auch und gerade in diesem vertragsgebundenen Auslieferungsverkehr anzuwenden.

Unterschiedliche Maßstäbe der Rechtsprechung für den vertraglosen einerseits und den vertragsgebundenen Auslieferungsverkehr andererseits ergeben sich auch nicht aus einer Entscheidung[453] des BVerfG aus dem Jahr 2003 ein Auslieferungsersuchen der Republik Indien betreffend, deren verbreitet vorzufindende Haftbedingungen überaus kritisch erschienen. Zum Zeitpunkt der Beurteilung bestand (noch) kein Auslieferungsabkommen. Ein solches war zwar bereits in weit gediehener Vorbereitung, trat aber erst später in Kraft.[454] Zwar hat das Gericht in dem Urteil eine neuartige „Indiz-"[455] oder „Vorwirkung"[456] des im Entstehen begriffenen (allgemeinen) Auslieferungsvertrages zu begründen versucht. Diese Vorwirkung bezog sich allerdings nicht darauf, für die Beurteilung der indischen Haftbedingungen einen anderen[457] oder gar überhaupt keinen *rechtlichen Maßstab* zu definieren als den in ständiger Rechtsprechung etablierten deutschen *ordre public international*. Stattdessen entnahm das Gericht dem kommenden (allgemeinen) Auslieferungsvertrag eine Vorwirkung insoweit, dass dem etablierten rechtlichen Maßstab *in der Realität* auch genügt werde und daher eine Prüfung der tatsächlichen Umstände zu dem betreffenden Auslieferungsersuchen durch das deutsche OLG unterbleiben könne (bzw. eine entsprechende verbindliche Zusicherung nicht eingefordert werden könne, ohne dass der Republik Indien „ein Vertragsbruch unterstellt" würde). Das ist aber eine Frage der in der Zulässigkeitsentscheidung einzufordernden Nachweispflichten bei Würdigung

---

452 Vgl. ausführlich *Kap. 3.6.4.4.3.3.*

453 BVerfGE 108, 129; vgl. dazu bereits in anderer Hinsicht *Kap. 3.6.4.4.1.5.*

454 Ausführlicher zum Gang des Ratifikationsprozesses *Vogel* 2004a, S. 144, Fn. 2.

455 So die Bezeichnung durch die die Entscheidung ablehnende Senatsminderheit in ihrem Sondervotum, BVerfGE 108, 129 (148), die insbesondere auf die (von der Senatsmehrheit konstruierte) Wirkung der bevorstehenden Vertragsratifikation abstellt, einer völkerrechtlich verbindlichen Zusicherung zu entsprechen (die ansonsten abgegeben werden müsste, vgl. dazu *Kap. 5.3* und *Kap. 5.9.6*).

456 So die Bezeichnung in der Urteilsanmerkung von *Vogel* (2004a, S. 145), der schwerpunktmäßig auf die (von der Senatsmehrheit mit dieser Fiktion beabsichtigten) Wirkung des Vertrages abstellt, schon *vor* Ratifikation völkerrechtlich zu binden.

457 So aber *Vogel* 2004a, S. 145, dessen Überlegungen allerdings erneut darunter leiden, dass er sie in die von ihm selbst zitierte (Verweis auf die inhaltlich deckungsgleiche Vorauflage zu *Sonnenberger* 2010, Art. 6 Rn. 19, 68 ff., in *Vogel* 2009, § 73 Fn. 11) dogmatische Unterscheidung zwischen *ordre public interne*, *ordre public international* und internationaler *ordre public* nicht einflicht.

der *Tatsachenlage* im ersuchenden Staat,[458] nicht jedoch des für diese Prüfung anzuwendenden deutschen *ordre public international* als *rechtlicher Maßstab*. Hingegen endet es durchweg in Widersprüchen, wenn man einerseits (erst) durch § 73 S. 1 IRG im Auslieferungsrecht einen *ordre-public*-Vorbehalt ermöglicht sieht, andererseits diesen § 73 S. 1 IRG auf den *vertraglosen* Auslieferungsverkehr beschränkt anwenden und trotzdem einen deutschen *ordre public (international)* auch für den *vertraglichen* Auslieferungsverkehr behaupten möchte. Mit dieser Beschränkung des § 73 S. 1 IRG auf den vertraglosen Verkehr ist es gerade unvereinbar, in § 73 S. 1 IRG einen „Eckstein des gesamten Auslieferungs- und Rechtshilferechts" bzw. einen „Kristallisationskeim" für umfangreichen Menschenrechtsschutz zu sehen,[459] der dem Verfolgten als „Notanker" für menschenrechtliche Mindeststandards diene. Nimmt man diese Beschränkung ernst, schließt man dadurch die Berücksichtigung eines deutschen *ordre public international* für den größten Teil des Auslieferungsverkehrs (nämlich den vertragsbasierten) aus. Einen Eckstein oder Notanker im Wortsinn könnte § 73 S. 1 IRG nur dann bilden, wenn er in jedem Fall anwendbar wäre. Dann würde aber der – nach dieser Auffassung im Schrifttum – nicht-anwendbaren Norm des § 73 S. 1 IRG ein Normbefehl entnommen, also ein Analogieschluss gezogen. Gleichzeitig fehlt es nach dieser Lesart des § 1 Abs. 3 IRG i. V. m. § 73 S. 1 IRG aber gerade an einer dafür erforderlichen Regelungslücke.[460] Eine Auflösung dieses Widerspruchs bleiben die Vertreter dieser Ansicht schuldig.[461]

Außerdem müsste jede für unzulässig erachtete Auslieferung dem BVerfG gemäß Art. 100 Abs. 1 S. 1 Alt. 2 GG vorgelegt werden, wenn man einen irgendwie inhaltlich aufgeladenen deutschen *ordre public international* ohne Anwendung des § 73 IRG für Auslieferungsersuchen heranzöge, bei denen dem zugrundeliegenden Auslieferungsabkommen eine *ordre-public*-Klausel gänzlich fehlt. Auch das scheint nicht ernsthaft gefordert zu werden.

Widerspruchsfrei ist es hingegen – um es erneut hervorzuheben – der Formel der Rechtsprechung bzw. dem § 73 S. 1 IRG die Konkretisierung des deutschen

---

458 Vgl. dazu *Kap. 5.6.2.1* und *Kap. 5.6.5.*

459 Unklar verbleibt auch, wieso *Vogel* (2009, § 73 Rn. 9 mit Verweis auf Rn. 33-38; *ders.* 2004a, S. 144 f.) dann eine Schranke der Auslieferung im internationalen *ordre public* sieht, der im Auslieferungsvertrag selbst „stillschweigend vorbehalten" (2009, § 73 Rn. 9) sei, trotzdem aber § 73 IRG als „Eckstein" oder „Kristallisationskeim" benötigt.

460 Worauf *Vogel* (2009, § 73 Rn. 8) gleichwohl selbst hinweist.

461 Diese Interpretation stiftet auch erkennbar unnötige Verwirrung, wenn *Vogel* (2004a, S. 144 f.) sich letztlich ratlos darüber zeigt, dass das BVerfG seinen deutschen *ordre public international* auf die Beurteilung einer Auslieferung ohne bestehenden Auslieferungsvertrag anwendet, obwohl diese Formel doch für den vertragsgebundenen Auslieferungsverkehr entwickelt worden sei und also gerade nicht dem Maßstab des § 73 S. 1 IRG entspreche (womit er sich in einen Widerspruch zu seiner eigenen Kommentierung setzt, vgl. *Vogel* 2009, § 73 Rn. 51).

ordre public international zu entnehmen, der sich aus der Wechselwirkung von Grundrechten und Völkerrechtsfreundlichkeit ergibt. Davon ausgehend lässt sich kohärent die Anwendbarkeit dieses deutschen *ordre public international* sowohl im vertraglosen wie auch im vertragsbasierten Auslieferungsverkehr, sowohl mit als auch ohne vereinbarten Menschenrechtsvorbehalt begründen:

3.6.4.4.4.4 Dabei: Auslieferungsabkommen ohne Menschenrechtsvorbehalt

Wenn nun also ein Auslieferungsabkommen besteht, ohne eine Menschenrechtsklausel zu enthalten, so ist nach hier vertretener Ansicht nicht nur die Konkretisierung des deutschen *ordre public international* durch § 73 S. 1 IRG maßgeblich. Insbesondere kann aus dem Fehlen einer *ordre-public*-Klausel keine konkludente, einfachgesetzliche Reduktion des deutschen *ordre public interne* hin zu einem inhaltlich völlig leeren deutschen *ordre public international* begründet werden, also gleichsam „auf Null" (d. h. dass gar kein Grundrechtsvorbehalt im Auslieferungsverfahren in der Bundesrepublik angemeldet werden könnte). Das wäre verfassungsrechtlich nicht haltbar. Wie bereits festgestellt, ist sogar dem verfassungsändernden Gesetzgeber die Kompetenz entzogen, hinter den durch die Menschenwürde garantierten grundrechtlichen Mindestschutz zurückzufallen. Es ist erst recht undenkbar, durch das mit dem Rang einfachen Bundesrechts versehene Transformationsgesetz zum Auslieferungsvertrag eine dahingehend abschließende Regelung zu treffen, dass die Grundrechte des Verfolgten überhaupt keine Anwendung finden können.

3.6.4.4.4.5 Dabei: Auslieferungsabkommen mit Menschenrechtsvorbehalt

Wenn der Auslieferungsvertrag zwar einen Menschenrechtsvorbehalt enthalten sollte, der aber hinter das zurückfällt, was der Völkerrechtsfreundlichkeit des Grundgesetzes zu entnehmen ist und von der Rechtsprechung und § 73 S. 1 IRG konkretisiert wird, so bildet dieser konkretisierte Standard eine Untergrenze, der dann ungeachtet des vertraglich vereinbarten Niveaus gilt.

Verweist die im Auslieferungsabkommen enthaltene ausdrückliche Menschenrechtsklausel auf den deutschen *ordre public international* i. S. d. § 73 S. 1 IRG,[462] so stellt sie nach hier vertretener Ansicht selbst eine Konkretisierung des

---

462 Im deutsch-indischen Auslieferungsvertrag (BGBl. 2003 II S. 1634) enthält Art. 5 eine solche Menschenrechtsklausel, die einen deutschen *ordre public international* i. S. d. § 73 S. 1 IRG konkretisiert (vgl. BT-Drs. 15/1073, S. 17).

Zusammenspiels von Grundrechten und Völkerrechtsfreundlichkeit dar, die neben § 73 S. 1 IRG tritt.

Enthalten Auslieferungsverträge bereits einen Menschenrechtsvorbehalt, der über das von der Rechtsprechung bzw. § 73 S. 1 IRG Konkretisierte mit einem umfangreicheren Menschenrechtskatalog hinausgeht,[463] so gilt dieser. Da die Grundrechtsgeltung aufgrund der Völkerrechtsfreundlichkeit reduziert wird, die wiederum vor allem einen leistungsfähigen Auslieferungsverkehr ermöglichen soll, erfolgt diese Reduzierung letztlich im Interesse der internationalen Staatengemeinschaft. Dabei kann es aber auch im Interesse des jeweils betroffenen Teils dieser Staatengemeinschaft – also des konkreten Vertragspartnerstaates der Bundesrepublik – liegen, umfangreichere Grundrechtsgewährleistungen für den Verfolgten zu ermöglichen. Dies ist der Fall, wenn beide Seiten in einem Auslieferungsabkommen solch umfangreicheren Standards zugestimmt haben, die dann auch aus verfassungsrechtlicher Sicht unproblematisch anwendbar sind.[464]

3.6.4.5 *Zwischenfazit*

Zusammenfassend ist also von Verfassungs wegen deutschen Hoheitsträgern das Verhalten ausländischer Hoheitsträger im Ausland zurechenbar. Daraus abgeleitet darf im Auslieferungsrecht die Grundrechtsgeltung jedenfalls nicht vollständig ausgeschlossen werden. Dadurch können zum einen von Individuen im Wege eines Rechtsschutzverfahrens überhaupt (auch grundrechtlich abgesicherte) Menschenrechte einer drohenden Auslieferung entgegenhalten werden, und zum anderen ist das Verhalten ausländischer Hoheitsträger bzw. sind die durch sie verursachten Zustände als Entscheidungsgrundlage im Inland zu berücksichtigen. Diese Grundrechtsgeltung betrifft dabei die Grundrechte in ihrer Abwehrdimension gegen staatliches Handeln.

Zum gegenwärtigen Stand des Verfassungs- und des Auslieferungsrechts besteht aber auch fast durchweg ein Konsens, bei der Beurteilung von Sachverhalten

---

463 So z. B. seinerzeit in Art. 6 Abs. 1 AuslV BRD-Jugo, in dem ausdrücklich die Verfassung des ersuchten Staates zum Maßstab erklärt wurde, also sogar der jeweilige *ordre public interne*. Im Falle eines jugoslawischen Auslieferungsersuchens an die Bundesrepublik galten also die Grundrechte nicht nur in reduziertem Maße, sondern vollumfassend (*Vogel* 2009, § 73 Rn. 6; a. A. *Stein* 1978, S. 2427 f.; diesem folgend *Lagodny* 1987, S. 303), was z. B. der BGH in St 27, 191 (193 ff.) auch konsequent umgesetzt hat.

464 Diesen Aspekt übersieht die von *Stein* (1978, S. 2427 f.) vertretene Gegenansicht, wenn er dem grundgesetzlichen Auslieferungsverbot für Deutsche in Art. 16 Abs. 2 GG a. F. in einem Umkehrschluss entnimmt, weitere Auslieferungsbeschränkungen auf dem inhaltlichen Niveau der Grundrechte seien damit gänzlich ausgeschlossen. Zu einer besonderen, weil sogar in das IRG inkorporierten Form eines eigenständigen Menschenrechtsvorbehaltes, nämlich gegenüber den Staaten der EU, vgl. *Kap. 3.6.5.*

mit Auslandsberührung nicht auf einer uneingeschränkten Geltung der deutschen Grundrechte zu beharren. Stattdessen existiert wegen der Völkerrechtsfreundlichkeit des Grundgesetzes neben dem Kanon der im innerstaatlichen Recht für die rein inländischen Sachverhalte zwingend zu beachtenden Rechtspositionen (deutscher *ordre public interne*) ein weiterer, reduzierter Katalog von inländischen Rechten, der *auf die Grundrechte zurückgeht* und bei Sachverhalten mit Auslandsberührung alternativ heranzuziehen sein kann (deutscher *ordre public international*). Über seinen genauen Umfang herrschen unterschiedliche Ansichten.[465]

Die Achtung und der Schutz der Menschenwürde gemäß Art. 1 Abs. 1 GG sind aber jedenfalls nicht nur Teil des deutschen *ordre public interne*, sondern beanspruchen darüber hinaus auch im Verkehr mit dem Ausland Geltung, und müssen also Teil des deutschen *ordre public international* sein. Als Ausprägung der Menschenwürdegarantie zählen in jedem Fall die Garantien des Art. 3 EMRK zu dem Rechtsbestand, der gegenüber dem Ausland zu behaupten ist.

Der deutsche *ordre public international* entsteht also aus einer Schutzbereichsbeschränkung der Grundrechte, die von der Völkerrechtsfreundlichkeit des Grundgesetzes bewirkt wird. Ihre Operabilität wird dadurch erhöht, dass die Konkretisierung der verbleibenden Schutzbereichsgewährleistungen durch § 73 S. 1 IRG bzw. durch die in ständiger Rechtsprechung des BVerfG geprägte Formel konkretisiert werden. Zudem ermöglicht § 73 S. 1 IRG eine verfassungskonforme Auslegung auch der Umsetzungsgesetze solcher Auslieferungsabkommen, die keine *ordre-public*-Klausel enthalten. Damit lässt sich auch widerspruchsfrei erklären, weshalb § 73 S. 1 IRG wie auch die Formel der Rechtsprechung unterschiedslos im vertraglosen wie im vertragsbasierten Auslieferungsverkehr die Untergrenze unverzichtbarer Rechtsgrundsätze präzisieren. Die EMRK-Gewährleistungen sind dabei zumindest insoweit heranzuziehen, wie sie auch der EGMR bei Auslieferungssachverhalten heranzieht, in denen der ersuchende Staat nicht an die Konvention gebunden ist.[466]

Eine Ausnahme ergibt sich zum einen dann, wenn der vorab bestehende Auslieferungsvertrag eine verfolgtengünstigere Menschenrechtsklausel enthält, in diesem Fall gilt deren Inhalt. Zum anderen sind Abweichungen im Auslieferungsverkehr unter EU-Mitgliedstaaten denkbar sowie unter Staaten, die unmittelbar an die EMRK gebunden sind.

---

465 Vgl. dazu BT-Drs. 9/1338, S. 27: beispielhafte Aufzählungen im Ausschlussverfahren; wohl mit Bezug darauf z. B. *Herdegen* 2015a, Art. 1 Abs. 3 Rn. 79: Der Anspruch auf rechtliches Gehör gehöre dazu, nicht aber das strafrechtliche Bestimmtheitsgebot und das Gebot des gesetzlichen Richters; dabei allerdings doch zumindest die Vorhersehbarkeit des Tatvorwurfs bzw. die willkürfreie Besetzung des Gerichts.

466 Vgl. dazu auch *Kap. 3.6.5.4.2.2.*

3.6.5 Deutscher ordre public international für den innereuropäischen Auslieferungsverkehr

3.6.5.1 Ausgangspunkt: Besondere Anforderungen an den Rechtshilfeverkehr mit europäischen Staaten als „europäischer ordre public "

Zusätzlich zu dem bis hierhin Erörterten stellt sich vor dem Hintergrund der einerseits im Rahmen des Europarates, andererseits innerhalb der EU voranschreitenden europäischen Integration die Frage, ob im Rechtshilfeverkehr innerhalb dieser Rechtsräume ein noch anderer Maßstab gilt. Insbesondere im Zusammenhang mit der Umsetzung des RbEuHb ist hinsichtlich der Gewährleistung von Grund- bzw. Menschenrechten für den Auslieferungsverkehr Deutschlands mit den anderen EU-Staaten in der Literatur vielfach von dem Begriff eines „europäischen *ordre public*" die Rede.[467] Wenn die rechtstatsächliche Lage im ersuchenden Staat (oder, in der Terminologie des RbEuHb: „Ausstellungsstaat") gewissen Mindestanforderungen nicht genügt, soll die in Aussicht stehende Auslieferung durch den ersuchten Staat („Vollstreckungsstaat") zu diesem „europäischen *ordre public*" in Widerspruch stehen und daher unzulässig sein. Allerdings handelt es sich auch bei diesem „europäischen *ordre public*" um einen Begriff, der nur unvollständig seinen Betrachtungsgegenstand zum Ausdruck bringt, da auch bei seiner Verwendung unterschiedliche Aspekte vermengt werden.[468]

3.6.5.2 Präzisierungen durch den dreigliedrigen ordre-public-Begriff

Wenn auch in diesem Zusammenhang der Ausdruck „*ordre public*" zu einem Erkenntnisgewinn beitragen soll, so ist erneut an die mit diesem Begriff verbundene Dogmatik anzuknüpfen, nämlich der grundsätzlichen Unterscheidung zwischen dem landesrechtlichen *ordre public interne*, dem landesrechtlichen *ordre public international* und dem internationalen *ordre public*.[469]

---

467 So u. a. bei *Vogel* 2009, § 73 Rn. 39-41, 132; *Tinkl* 2008, S. 210 ff.; *Freund* 2010, S. 251 f.; *Hecker* 2012, § 12 Rn. 34; *Conrad* 2013, S. 143; *Brodowski* 2016, S. 419 f.

468 Daran ändert es auch nichts, dass einige Autoren (z. B. *Tinkl* 2008, S. 212) in diesem Punkt inhaltlich zum selben Ergebnis wie die vorliegende Arbeit kommen. Insbesondere um die Übertragbarkeit des Prinzips auf anders gelagerte Fälle und Fragestellungen sicherzustellen, sind eine klare Systematisierung und damit die folgenden Präzisierungen notwendig.

469 Dazu ausführlich bereits in *Kap. 3.6.2*. Eine Übertragung dieser Kategorien auf die Frage nach einem „europäischen *ordre public*" ist auch bei *Sonnenberger* (2010, Einleitung Rn. 204) angelegt.

Wenn der Begriff „europäischer *ordre public*" im Auslieferungsrecht verwendet wird, so liegt darin zumeist in zweierlei Hinsicht ein Fehlgriff. Zum einen wird er durchweg verwendet, um einen *ordre public* zu beschreiben, der in der auslieferungsrechtlichen *Auseinandersetzung mit einem anderen europäischen Staat* von einem Rechtsanwender zu berücksichtigen ist, der *aus der Bundesrepublik heraus* operiert, z. B. also um ein Auslieferungsersuchen Litauens an die Bundesrepublik zu beurteilen. Um die Attribute des *ordre-public*-Begriffssystems korrekt einzusetzen, müsste es aber stattdessen heißen, dass es sich um einen „deutschen *ordre public international*" speziell für den Auslieferungsverkehr mit einem *europäischen Staat* handelt – oder, um es in der Hinsicht zu präzisieren, wie es mit dem Begriff „europäischer *ordre public*" eigentlich bezweckt ist: In Rede steht ein „deutscher *ordre public européen*".

Zum anderen wird mit dem (regelmäßig fälschlich vorangestellten) Attribut „europäischer" / „*européen*" unterstellt, es bestünde nur *ein* Rechtsraum auf europäischer Ebene, in dem sich der jeweilige ersuchende Staat (d. h. mit dem sich der Rechtsanwender auseinandersetzen muss; im Beispiel also Litauen) bewegen kann und der das Potenzial hat, dem deutschen *ordre public international* eine dergestalt spezielle europarechtliche Prägung zu geben, dass aus ihm ein deutscher *ordre public européen* wird. Das unterschlägt aber das Nebeneinander von EU und Europarat, die beide für sich in Anspruch nehmen können, „Europarecht" zu setzen und die insbesondere keinen identischen Mitgliederkreis haben. So gehört zwar Litauen sowohl der EU als auch dem Europarat an, für Moldawien beispielsweise gilt aber nur letzteres. Soll die Betrachtung mit diesem *ordre public européen* / europäischen *ordre public* auf ein regionales, europäisches Recht spezifiziert werden, so ist also die auch sonst geläufige Unterscheidung[470] zwischen „Europarecht im engeren Sinne" und „Europarecht im weiteren Sinne" einzuarbeiten. Ein deutscher *ordre public européen* kann sich also sowohl auf den Auslieferungsverkehr mit Mitgliedstaaten der EU beziehen und durch das Unionsrecht ergänzend geprägt sein,[471] als auch auf den Auslieferungsverkehr mit dem (nach Mitgliedstaaten) weiteren Kreis des Europarates und durch dessen Recht ergänzend geprägt sein, dabei in erster Linie durch die EMRK.[472] Soweit es sich aus dem Kontext der jeweiligen Darstellung nicht ohnehin ergibt, ist also der Begriff des deutschen *ordre public européen* weiter dahin zu präzisieren, ob

---

470 Vgl. nur *Schweitzer* 2010, Rn. 15 f.

471 Dieses Verständnis des Begriffs „europäischer *ordre public*" als eine Modifikation des deutschen *ordre public international* für den Auslieferungsverkehr innerhalb der EU entspricht dem, was bei seiner Verwendung in der Literatur am häufigsten i. E. gemeint ist; so wohl z. B. bei *Ambos* 2014, § 12 Rn. 48; *Böhm* 2006, S. 2595; *Kreß* 2004, S. 467; *Schallmoser* 2012, S. 66; *Vogel* 2004b, S. 412; *Tinkl* 2008, S. 210 ff.; *Freund* 2010, S. 251 f.

472 Zu weiteren Verwendungsmöglichkeiten des Ausdrucks „europäischer *ordre public*" vor dem Hintergrund des Internationalen Privatrechts vgl. *Schütz* 1984, S. 14 f.

es sich um den *ordre public européen* eines EU-Mitgliedstaates für den EU-internen Auslieferungsverkehr handelt (*Kap. 3.6.5.3*) oder um den *ordre public européen* für den Auslieferungsverkehr unter den sonstigen an die EMRK gebundenen Staaten, die nicht EU-Mitglieder sind (*Kap. 3.6.5.4*).

Wenn nach der hier zugrundeliegenden Systematik das vorangestellte Attribut zum Begriff „*ordre public*" den Rechtsraum angibt, aus dem der Rechtsanwender heraus operiert, dann beschreibt der Begriff „europäischer *ordre public*" konsequenterweise den Bestand unverzichtbarer Rechtsgrundsätze, den ein Rechtsanwender zu wahren hat, der im Rechtsrahmen einer europäischen Organisation wie der EU oder des Europarates operiert.[473] Auch wenn es der EU und dem Europarat an der Staatlichkeit fehlt, kann das – eigentlich aus nationalstaatlicher Perspektive entwickelte[474] – System der *ordre-public*-Begriffe hierauf sinnvoll übertragen werden und gute Dienste tun, um Klarheit bei der Rechtsanwendung zu erhalten. Das betrifft insbesondere die auch aus deutscher grundrechtlicher Perspektive äußerst relevanten Diskussionen um die bisherigen Vorbehalte des EuGH gegen eine Grundrechtsprüfung bei Vollstreckung eines EuHb[475] sowie um die Anwendung von EMRK-Gewährleistungen auf Auslieferungssachverhalte mit dem „EMRK-Ausland"[476].

3.6.5.3 Der deutsche ordre public européen für den EU-internen Auslieferungsverkehr

3.6.5.3.1 Verortung im System der ordre-public-Begriffe

Sucht man auf der Ebene des Rechts der EU nach Grund- und Menschenrechtsgewährleistungen, so fällt die Regelung des Art. 6 EUV auf. Sie bildet für die EU den (unionsbezogenen statt landesrechtlichen) *ordre public interne*, also die innerhalb der EU von deren Organen zu beachtenden, weil unverzichtbaren Grundsätze.[477] Der *ordre public interne* der EU umfasst inhaltlich folglich die Grundrechte der Europäischen Grundrechtecharta sowie die der EMRK und jene, die sich aus den gemeinsamen Verfassungsüberlieferungen der Mitgliedstaaten ergeben.

Für den Auslieferungsverkehr innerhalb der EU lässt sich daraus zugleich ein *ordre public international* entwickeln – wohlgemerkt nicht ein „europäischer *ordre public international*"! Damit würde ein *ordre public* beschrieben, den die

---

473 So auch *Sonnenberger* 2010, Art. 6 Rn. 19.

474 Vgl. *Kap. 3.6.2.*

475 Vgl. *Kap. 3.6.5.3.5.*

476 Vgl. *Kap. 3.6.5.4.*

477 Zur Bindung der Unionsorgane an Art. 6 Abs. 3 EUV vgl. *Bieber u. a.* 2015, § 2 Rn. 20.

Union selbst bei Auslieferungen an Nicht-EU-Staaten zu beachten hätte. Es geht aber nicht um Auslieferungen aus der EU hinaus, und insbesondere nicht um Auslieferungen, die die Union als solche durchführt. Stattdessen ist ein *ordre public international* der *einzelnen Mitgliedstaaten* gemeint für den Fall, dass sie einander Verfolgte als Vollstreckung eines EuHb übergeben. Dazu stellt Art. 1 Abs. 3 RbEuHb klar, dass die Regelungen über den EuHb die Grundrechte und Rechtsgrundsätze des Art. 6 EUV nicht beeinträchtigen. Die Mitgliedstaaten müssen also *untereinander* (d. h. vom nationalen Standpunkt handelt es sich jeweils um einen Sachverhalt mit Auslandsberührung) als unabdingbare Grundsätze den in Art. 6 EUV enthaltenen Katalog an Rechten gewährleisten, wenn sie einander Individuen zur Vollstreckung von EuHb übergeben.

Der Katalog des Art. 6 EUV bildet folglich einen Teil des „landesrechtlichen *ordre public européen*" der einzelnen Mitgliedstaaten speziell für den Auslieferungsverkehr innerhalb der Union.

3.6.5.3.2 Einwirkung des Unionsrechts

Es ist auf den ersten Blick bemerkenswert, den landesrechtlichen, z. B. also deutschen *ordre public européen* für den unionsinternen Auslieferungsverkehr zum Teil aus Art. 6 EUV und damit dem Unionsprimärrecht zu entwickeln. Eigentlich haben die Hoheitsträger der Mitgliedstaaten lediglich das jeweilige nationale Umsetzungsrecht – in Deutschland also § 73 S. 2 IRG[478] – sowie gegebenenfalls höherrangiges, z.B. Verfassungsrecht zu beachten, wenn sie das von einem Rahmenbeschluss vorgesehene Instrument – hier also einen EuHb – vollstrecken.[479] Allerdings nimmt § 73 S. 2 IRG ausdrücklich Bezug auf Art. 6 EUV. Zudem sind die Mitgliedstaaten bei der Umsetzung von Unionsrecht selbst an die EU-Verträge und damit auch an die Unionsgrundrechte gebunden.[480] Des Weiteren verpflichtet der EuGH die Gerichte der Mitgliedstaaten zur rahmenbe-

---

478 BT-Drs. 15/1718, S. 11.

479 Statt vieler *Böhm* 2008, S. 3184; *Burchard* 2013, Rn. 14.

480 *Sauer* (2011, S. 197) nennt dies treffend die „Dreifachbindung" der Mitgliedstaaten aus nationalen Grundrechten, EU-Grundrechten und EMRK-Gewährleistungen. Zu den Einzelheiten, wann der Art. 6 Abs. 3 EUV neben den Unionsorganen auch die Mitgliedstaaten an die Unionsgrundrechte bindet, vgl. *Bieber u. a.* 2015, § 2 Rn. 20; grundsätzlich dazu auch *Sauer* 2011, S. 195 ff.; zur Problematik von diesbezüglichen Wechselwirkungen *Matz-Lück* 2011, S. 207 ff.; kritisch *Cremer* 2011, S. 228. Rahmenbeschlüsse entfalten nach h. M. zumindest eine objektive Wirkung auf die Auslegung des nationalen Rechts, vgl. nur *Wasmeier* 2003, Rn. 11 f. *Hufeld* (2005, S. 866, 870 f. m. w. N.) verweist darauf, dass sich das deutsche Verfassungsrecht ohnehin nicht mehr nur aus dem Grundgesetz ergebe.

schlusskonformen Auslegung des nationalen Umsetzungsrechts.[481] Da der Rahmenbeschluss in Art. 1 Abs. 3 auf Art. 6 EUV verweist, sind die Gerichte mittelbar also zur Auslegung anhand der EU-Grundrechte verpflichtet.

3.6.5.3.3 Verfassungsrechtliche Konstruktion einer abweichend reduzierten Grundrechtsgeltung

Für den Auslieferungsverkehr innerhalb der EU, der mit dem RbEuHb von einem Unionsrechtsakt ausgestaltet ist, wird die Völkerrechtsfreundlichkeit des Grundgesetzes[482] als Verfassungsprinzip, das die Reduktion der Grundrechtsgeltung im herkömmlichen Auslieferungsverkehr bewirkt, durch den Integrationsbefehl des Art. 23 Abs. 1 GG überlagert.[483] In ihm kommt die Europarechtsfreundlichkeit des Grundgesetzes als weiteres Verfassungsprinzip zum Ausdruck.[484] Prüfungsmaßstab ist daher einerseits nicht der konkretisierte Gewährleistungsinhalt, wie er im herkömmlichen Auslieferungsverkehr[485] gegenüber sonstigen Staaten anzuwenden ist. Andererseits bedingt es die Europarechtsfreundlichkeit, auch gegenüber EU-Staaten die verfassungsrechtlichen Gewährleistungen nicht im Verhältnis von 1 : 1 durchzusetzen. Zunächst beschränkt für die Auslieferung Deutscher[486] zieht Art. 16 Abs. 2 S. 2 GG aber eine Untergrenze an möglicher Grundrechtsreduzierung: Auch wenn es die Europarechtsfreundlichkeit gebietet, den deutschen *ordre public interne* für den Auslieferungsverkehr innerhalb der EU nicht anzuwenden, so müssen doch von Verfassungs wegen rechtsstaatliche Grundsätze im ersuchenden Staat gewahrt sein, um von dem Grundsatz der Nichtauslieferung Deutscher abweichen und sie einem anderen (EU-)Staat übergeben zu können.[487] Ein Gesetz, das diese Grundsätze wahrt, kann danach die Auslieferung Deutscher vorsehen.

---

481 Vgl. EuGH, 16.06.2005 – C-105/03 (*Pupino*). Durch diese strenge EuGH-Rechtsprechung ergeben sich weitere Einschränkungen für die mitgliedstaatlichen Institutionen zur unionsrechtskonformen Auslegung, vgl. nur *Burchard* 2013, Rn. 15; *Schönberger* 2007, S. 1126 f.; eingehend *Lorenzmeier* 2006, S. 578-580.

482 Vgl. *Kap. 3.6.4.4.1.2.*

483 Statt vieler *Gärditz* 2013a, Rn. 70, 72. *Voßkuhle* und *Kaufhold* (2013, S. 311) sprechen eher von einer „Ergänzung".

484 Vgl. zur Europarechtsfreundlichkeit BVerfGE 123, 267 ff.; eingehend *Cramer* 2014, S. 35 ff. Zu ihrer grundrechtsverkürzenden Wirkung auch jüngst BVerfG, NJW 2016, S. 1149 (Rn. 37-39).

485 Vgl. *Kap. 3.6.4.4.1.4.*

486 *Maaßen* 2015, Art. 16 Rn. 40, 43.

487 BT-Drs. 16/01024, S. 14.

Diese verfassungsrechtliche Öffnungsklausel bei gleichzeitiger verfassungsrechtlicher Benennung einer Untergrenze von Gewährleistungen in Art. 16 Abs. 2
S. 2 GG wird von § 73 S. 2 IRG aufgenommen, der nicht nur formal einen Teil
des innerstaatlichen Umsetzungsgesetzes[488] des RbEuHb darstellt. Gleichzeitig
setzt er zum einen – in Verbindung mit § 80 IRG – die Öffnungsklausel des
Art. 16 Abs. 2 S. 2 GG um. Zum anderen konkretisiert er – wie § 73 S. 1 IRG,[489]
aber auf die EU-Staaten zugeschnitten – auf der Ebene des einfachen Rechts einen
deutschen *ordre public européen*, also einen Bestand an unabdingbaren Grundsätzen, die auch gegenüber dem (EU-)Ausland zu behaupten sind.[490] § 73 S. 2
IRG differenziert aber hinsichtlich des persönlichen Anwendungsbereichs nicht
zwischen Deutschen und Nichtdeutschen, obwohl Art. 16 Abs. 2 S. 2 GG seinen
Vorbehalt nur für die Übergabe Deutscher formuliert. Da für ein Gebot einer
unterschiedlichen Auslegung des § 73 S. 2 IRG – etwa dass bei der Auslieferung
Deutscher „rechtsstaatliche Grundsätze" zu wahren seien, bei der Auslieferung
von Ausländer hingegen nicht – keine Anhaltspunkte gegeben sind, ist § 73 S. 2
IRG einheitlich für Deutsche und Nichtdeutsche anzuwenden mit der
Konsequenz, dass er für beide Personengruppen einen identischen *ordre public
européen* vorgibt. Dies muss dann derjenige sein, der von Art. 16 Abs. 2 S. 2 GG
mit „rechtsstaatliche Grundsätze" umschrieben ist. § 73 S. 2 IRG erweitert also
einfachrechtlich den verfassungsrechtlich vorgesehenen persönlichen Anwendungsbereich und stellt auch Nichtdeutsche unter den Schutz dieses deutschen
ordre public européen.

Eine weitere Absicherung nach unten haben die Rechte des Individuums
seitens des BVerfG durch dessen Hervorkehrung der „Verfassungsidentität"[491]
erfahren. Diese Verfassungsidentität beschreibt den von Art. 79 Abs. 3 GG um-
schriebenen Kern von Verfassungsgewährleistungen, die deutsche Hoheitsträger
auch beim Vollzug unionsrechtlich determinierter Hoheitsakte zu wahren haben.[492]

---

488   Rahmenbeschlüsse sind nach h. M. keine völkerrechtlichen Verträge, sondern Rechtsakte
      sui generis einer zwischenstaatlichen Einrichtung. Aber auch sie bedürfen eines Umset-
      zungsgesetzes; vgl. *Wasmeier* 2003, Rn. 10; *Schönberger* 2007, S. 1121-1125; i. E.
      ähnlich, dabei ausführlich zur Rechtsnatur *Röcker* 2012, S. 42 ff. Teilweise wird statt ei-
      ner Transformation darin eine Konkretisierung des Rahmenbeschlusses gesehen; so z. B.
      Schönberger 2007, S. 1125 f.

489   Vgl. eingehend zu dieser Funktion *Kap. 3.6.4.4.3.2.*

490   Zu den Auswirkungen dieses Gewährleistungsgebots auf den deutschen *ordre public
      international* gegenüber dem EU-Ausland vgl. *Kap. 3.6.5.4.3.*

491   BVerfGE 123, 267 (344 ff.). Vgl. zur Kritik an dieser Rechtsfigur etwa *Classen* 2016,
      S. 308 ff.; *Schönberger* 2016, S. 423 m. w. N.

492   Jüngst ausdrücklich vor dem Hintergrund des Auslieferungsrechts betont in BVerfG,
      NJW 2016, S. 1149 (Rn. 48 f.).

Auch die Verfassungsidentität bildet einen Teil dieses deutschen *ordre public européen*. Soll ihr Charakter als letzte Schutzzone grundrechtlicher Positionen gewahrt werden, wird der Gewährleistungsumfang der Verfassungsidentität umsichtig und daher eher eng zu bestimmen sein, so dass er jedenfalls nicht über das hinausreicht, was ohnehin von Art. 16 Abs. 2 S. 2 GG mit „rechtsstaatliche Grundsätze" gemeint ist.

3.6.5.3.4 Konsequenz für den Gewährleistungsinhalt: Wahrung rechtsstaatlicher Grundsätze

Damit wird durch § 73 S. 2 IRG i. V. m. Art. 6 EUV der deutsche *ordre public international* für den Auslieferungsverkehr innerhalb der Union abweichend modifiziert,[493] hin zu einem EU-bezogenen deutschen *ordre public européen*. Demzufolge sind die EU-Grundrechtecharta, die EMRK-Gewährleistungen und die gemeinsamen Verfassungsüberlieferungen der Mitgliedstaaten Bestandteil des vom Verfolgten in der Bundesrepublik im Auslieferungsverkehr mit EU-Staaten einklagbaren Grundrechtekataloges.[494] Die allzeit zu verteidigende Verfassungsidentität in Art. 79 Abs. 3 GG konkretisiert zudem einige Mindestgewährleistungen, die auch dann sicherzustellen sind, wenn sich dies nicht bereits aus dem sonst vorrangig anzuwendenden Unionsrecht ergeben sollte.

Teilweise wird der so verstandene *ordre public européen* inhaltlich als „enger" als der deutsche *ordre public international* für den herkömmlichen Auslieferungsverkehr aufgefasst in dem Sinne, dass es bei Vollstreckung eines EuHb einen geringeren Anteil an Grundsätzen des deutschen *ordre public interne* gibt,

---

493 In diesem Sinne BT-Drs. 15/01718, S. 15.

494 Teilweise wird § 73 S. 2 IRG unter Hinweis auf die Gesetzesmaterialien (BT-Drs. 15/01718, S. 27) als eine statische Verweisung auf Art. 6 EUV gedeutet in der Fassung, die er im Zeitpunkt der Verabschiedung des § 73 S. 2 IRG gehabt hat (*Vogel* 2009, § 73 Rn. 151). Da die in Bezug genommenen Rechte dann neben der EMRK nur die Verfassungsüberlieferungen der Mitgliedstaaten umfassten, nicht aber die EU-Grundrechtecharta, stößt das auf Ablehnung (*Vogel* 2009, § 73 Rn. 151; ihm folgend *Schallmoser* 2012, S. 66). Dem ist beizupflichten, jedoch nicht mit dem vorgebrachten Argument, damit würde der gewährleistete Grundrechtsstand bei Umsetzung des RbEuHb gleichsam „versteinert". Stattdessen ist schon den Gesetzesmaterialien zu entnehmen, dass mit der Statik der Verweisung nicht etwa beabsichtigt war, den *status quo* der grundrechtlichen Schutzreichweite in Stein zu meißeln, sondern sicherzustellen, dass auch nach der Neuordnung des EU-Primärrechts durch den Vertrag von Lissabon die Verweisung ihren Sinn behalte. Die Festschreibung einer Obergrenze von Grundrechten aus europäischen Rechtsquellen war erkennbar nicht intendiert. Bei grundrechtsschonender Auslegung des gesetzgeberischen Willens zu § 73 S. 2 IRG ist daher darin eine dynamische Verweisung zu erblicken.

der auch dem (EU-)Ausland gegenüber durchzusetzen ist und der im Auslieferungsverfahren dem Ersuchen entgegengehalten werden kann.[495] Dem kann aus zwei Gründen jedoch nicht gefolgt werden. Wenn zum einen der deutsche *ordre public international* für den sonstigen Auslieferungsverkehr insoweit reduziert ist, wie es der Respekt vor fremden Rechtsordnungen und deren Wertvorstellungen gebietet, dann gilt diese Überlegung ebenso für den Umfang eines deutschen *ordre public européen* gegenüber den Staaten der EU. Dem voran steht jedoch die Prämisse, dass die Wertvorstellungen der EU-Staaten, die in ihren Rechtsordnungen verkörpert sind, den deutschen viel eher entsprechen, als es die der gesamten übrigen (weltweiten) Staatengemeinschaft tun. Innerhalb der EU ist der – zumindest formal – etablierte Grund- bzw. Menschenrechtsstandard ein deutlich höherer, als auf globaler Ebene. Folglich kann ein solch höherer Anspruch auch an die Unionsmitgliedstaaten im Auslieferungsverkehr formuliert werden.[496]

Zum anderen ist der qualifizierte Gesetzesvorbehalt des Art. 16 Abs. 2 S. 2 GG zu berücksichtigen.[497] Er stellt Anforderungen an das ausländische Strafverfahren auch an die anschließende Strafvollstreckung.[498] Im Ausstellungsstaat müssen rechtsstaatliche Grundsätze gewahrt sein. Diese sollen als „Strukturentsprechung"[499] zu deutschen Grundrechtsgewährleistungen die grundrechtsgleichen Rechte der Art. 101-104 GG sowie das Gebot des fairen Verfahrens umfassen.[500] Damit gehen diese Anforderungen über das hinaus, was bislang im herkömmlichen Auslieferungsverkehr als deutscher *ordre public international* gemäß § 73 IRG a. F. gegenüber dem Ausland als Mindesterwartung formuliert wurde. Das folgt nicht nur schon aus einem Blick auf den konkretisierten Inhalt

---

495 In diesem Sinne *Freund* 2010, S. 251 f., mit Verweis auf *Tinkl* 2008, S. 212. *Freund* versteht *Tinkl* aber falsch, wenn er das von ihr verwendete „strenger" im Sinne von einem „engeren" *ordre-public*-Standard deutet. Tatsächlich führt *Tinkl* dort (S. 212 f.) im Weiteren aus, dass sie hinsichtlich des *ordre public européen* mit „strenger" tatsächlich von einem *weiter gefassten* Rechtsschutz ausgeht, der dem Einzelnen vermittelt wird.

496 Ebenso *Tinkl* 2008, S. 212.

497 Dieser wird nicht nur in BT-Drs. 16/01024, S. 14, benannt, sondern auch von BVerfGE 113, 273, herangezogen. Andere sehen die Untergrenze eher durch Art. 23 Abs. 1 GG gezogen (*Hufeld* 2005, S. 867; *Gärditz* 2013a, Rn. 71), darunter den von Satz 1 gebotenen „wesentlichen vergleichbaren Grundrechtsschutz", ohne dass sich für den hier relevanten Bereich des Strafvollzugs daraus entscheidend abweichende Mindeststandards ergäben.

498 Vgl. nur *Maaßen* 2015, Art. 16 Rn. 53.

499 BVerfGE 113, 273 (299).

500 Vgl. nur *Baach* 2006, S. 30 m. w. zahlreichen Nachweisen.

jenes deutschen *ordre public international*.[501] Indem der Gesetzgeber die Normierung des § 73 S. 2 IRG für notwendig erachtet hat,[502] sah er den qualifizierten Gesetzesvorbehalt des Art. 16 Abs. 2 S. 2 GG durch den bisherigen § 73 IRG (§ 73 S. 1 IRG n. F.) offensichtlich nicht erfüllt. Diese Ansprüche an das ausländische Verfahren treten also zu jenen hinzu, die ohnehin im Auslieferungsverkehr bestehen.[503]

Wie schon mit dem internationalen *ordre public* und dem deutschen *ordre public international* für den herkömmlichen Auslieferungsverkehr sind auch mit dem deutschen *ordre public européen* für den Auslieferungsverkehr innerhalb der EU weitere im Einzelnen heftig umstrittene, hier nicht näher zu erörternde Fragen zum konkreten Gewährleistungsinhalt verbunden.[504] Zudem müsste aufgrund des Anwendungsvorrangs des Unionsrechts die EMRK, die von Art. 6 EUV in Bezug genommen wird, bei diesen Sachverhalten sogar im Rang über den deutschen Grundrechten stehen.[505]

Wenn sich ferner in diesem *ordre public européen* auch Art. 104 GG wiederfindet, dann bezieht das auch das Misshandlungsverbot des Art. 104 Abs. 1 S. 2 GG mit ein. Das wurde zwar bereits als Bestandteil des deutschen *ordre public interne* identifiziert, jedoch nicht unbedingt des deutschen *ordre public international* für den herkömmlichen Auslieferungsverkehr. Da es sich bei Art. 104 Abs. 1 S. 2 GG jedoch „nur" um eine Klarstellung des ohnehin über die Menschenwürdegarantie abgesicherten Verbots der unmenschlichen oder erniedrigenden Behandlung oder Strafe handelt, ergibt sich insoweit kein erhöhtes Schutzniveau für den hier zu erörternden Bereich der menschenwürdigen Haftbedingungen. Nach allen Ansichten finden sich also unter den Gewährleistungen

---

501 Vgl. *Kap. 3.6.4.5.*

502 BT-Drs. 16/1024, S. 14.

503 Aus diesem Grund sind auch nicht die von § 73 S. 1 und 2 IRG definierten Maßstäbe „im Ergebnis gleich[e]", wie *Conrad* (2013, S. 143) meint.

504 Vgl. nur *Kreß* 2004, S. 445 ff.; *Schünemann* 2004, S. 376 ff.; *Ambos* 2011, § 12 Rn. 45-49.

505 *Lagodny* 2012, § 73 Rn. 109 m. w. N. zu diesem Thema, der die Rangordnungsfrage aus deutscher Sicht noch ungeklärt sieht; vgl. dazu auch *Gärditz* 2013a, Rn. 45-47. *Hecker* (2012, § 12 Rn. 37 m. w. N.) sieht nicht nur Diskussionsbedarf hinsichtlich des beim EuHb einschlägigen Grund- und Menschenrechtsschutzes, sondern auch zu der Frage, ob IRG-Bestimmungen einer Überprüfung anhand deutschen Verfassungsrechts durch das BVerfG überhaupt noch zugänglich seien, wenn zwingendes Unionsrecht umgesetzt werde. In einer solchen Entwicklung erkennt hingegen *Voßkuhle* (2010, S. 8) keine Gefahr, stellten die durch EuGH, BVerfG und EGMR gegebenen Beschwerdemöglichkeiten ohnehin eine Vervielfachung statt einer Reduktion von Rechtsschutz dar. Mit der Identitätskontrolle (BVerfG, NJW 2016, S. 1149 ff.) verteidigt das BVerfG jedenfalls ein Stück weit Terrain auch im Auslieferungsrecht.

des deutschen *ordre public européen* auch die des Verbots einer unmenschlichen oder erniedrigenden Behandlung oder Strafe, wie sie von Art. 3 EMRK umfasst ist.[506]

3.6.5.3.5 Vorbehalte gegen den Vorbehalt eines deutschen ordre public européen

In der Gesetzesbegründung zur Einführung des § 73 S. 2 IRG heißt es missverständlich, ein „nationaler *ordre public*" könne dem Vollstreckungsersuchen zu einem EuHb nicht entgegengesetzt werden.[507] Soweit es den nationalen *ordre public interne* betrifft, kann das unwidersprochen bleiben. Allerdings kann nach der vorgenommenen dogmatischen Unterscheidung des *ordre public interne* vom *ordre public international* zweiterer sehr wohl dem Vollstreckungsersuchen entgegengehalten werden, aber in der Ausprägung, die der *ordre public international* durch § 73 S. 2 IRG erhält, nämlich der eines deutschen *ordre public européen*. So wie § 73 S. 1 IRG den aus deutscher Sicht im Auslieferungsverkehr mit den sonstigen Ländern unverzichtbaren Bestand an Grundwerten konkretisiert und den *ordre public interne* insoweit reduziert, so definiert § 73 S. 2 IRG ebenso einen unverzichtbaren Bestand an Grundwerten, nur eben gegenüber den EU-Mitgliedstaaten, mit einem gegenüber § 73 S. 1 IRG veränderten, nämlich ausgedehnteren Gewährleistungsgehalt.

Ungeachtet dessen wird in der Literatur darüber gestritten, ob nun statt dieses deutschen *ordre public européen* weiterhin ein „nationaler *ordre public*" gelten solle,[508] gegebenenfalls auch nur in „bestimmten (Extrem-)Fällen"[509]. Gemeint ist damit wohl, dass einem Grundrechtsschutz, den „nur" das Recht der EU-Verträge gewährleistet, nicht über den Weg getraut werden könne, so dass jedenfalls in menschenrechtlichen Notfällen wieder auf das nationale Recht Bezug genommen werden sollte.

Auch hier schafft es gedankliche Klarheit, wenn man sich zunächst vor Augen führt, was mit der Begrifflichkeit „*ordre public*" verbunden ist. Anhand dessen wird dann deutlich, dass sich das oben skizzierte Problem aus zweierlei Gründen

---

506 Zu diesem Resultat gelangt man auch, wenn man entgegen der hier vertretenen Auffassung in § 73 S. 2 IRG eine statische Verweisung sieht, also auf den Art. 6 EUV in der Fassung zum Zeitpunkt des Erlasses von § 73 S. 2 IRG im Jahr 2006; vgl. zu diesem Problem ausführlich bereits die Ausführungen in *Fn. 494*.

507 BT-Drs. 15/1718, S. 14. Als grundsätzliches Prinzip des Auslieferungsverkehrs innerhalb der EU auch hervorgehoben von *Vogel* 2009, § 73 Rn. 40.

508 Dies befürworten stellvertretend *Ahlbrecht u. a.* 2008, Rn. 826.

509 So die Zusammenfassung von *Burchard* (2013, Rn. 47), der diese Haltung gleichwohl ablehnt.

gar nicht stellt: Zum einen ist es schon fraglich, welcher menschenrechtliche „(Extrem-)Fall" eintreten soll, der materiell zwar über das deutsche Verfassungsrecht, nicht hingegen über Art. 6 EUV (d. h. weder die EU-Grundrechtecharta *noch* die EMRK *noch* die gemeinsamen Verfassungsüberlieferungen der Mitgliedstaaten) abgesichert ist.[510] Der durch den EuGH (und den EGMR bei der Auslegung der EMRK) gewährleistete Grundrechtsschutz ist schon viel weiter ausgereift, als es einige Autoren anscheinend wahr haben wollen.[511]

Zum anderen wäre es nach dem deutschen Auslieferungsrecht anhand der Systematik der *ordre-public*-Begriffe keine Alternative, statt dieses deutschen *ordre public européen* (i. S. d. § 73 S. 2 IRG) auf den deutschen *ordre public interne* zurückzugreifen. Wie mehrfach ausgeführt, greift im herkömmlichen Auslieferungsverkehr (d. h. also wenn kein Auslieferungsabkommen besteht, das eine verfolgtengünstigere Klausel enthalten könnte) bedingt durch die Völkerrechtsfreundlichkeit des Grundgesetzes nur ein *reduzierter* deutscher *ordre public international*. Wenn also als quasi „Notvorbehalt" ein deutscher *ordre public* herangezogen werden könnte, dann wäre es höchstens dieser deutsche *ordre public international*. Spätestens dieser ist im Gewährleistungsumfang geringer als der des Art. 6 EUV,[512] so dass mit einem solchen nationalen Vorbehalt auch in „bestimmten (Extrem-)Fällen" nichts gewonnen wäre.[513]

---

510 Dies lässt sich beispielsweise verdeutlichen anhand jener Entscheidung des BVerfG (NJW 2016, S. 1149 ff.), in der es seine Kontrolle deutscher Verfassungsidentität über unionsrechtlich determinierte Auslieferungshoheitsakte eingesetzt hat: Das Gericht beruft sich zwar auf die Menschenwürdegarantie des Grundgesetzes, um die Rechte des Beschwerdeführers zu verteidigen. Dessen hätte es aber gar nicht bedurft, wie sich aus der vom Gericht zugleich durchgeführten ausführlichen Rechtsprechungsanalyse zu EuGH und EGMR ergeben hatte, da beide Gerichtshöfe den in der Entscheidung fraglichen Grundrechtsschutz gleichermaßen mit Hilfe der EU-Grundrechtecharta bzw. der EMRK gewährleistet hätten (BVerfG, NJW 2016, S. 1149 ff., Rn. 86-104).

511 Mit diesem Ergebnis auch *Wolff* 2004, S. 154 ff., anhand einer Gegenüberstellung von nationalem und unionsrechtlichem Grundrechtsschutz.

512 Vgl. *Kap. 3.6.5.3.4.*

513 Widersprüchlich hierzu wiederum *Vogel* (2004b, S. 408 (dort Fn. 45)), wenn er betont, ein „nationaler *ordre public*" sei in einem europäischen Strafverfolgungsrecht neben einem europäischen *ordre public* fehl am Platze, selbst im deutschen Auslieferungsrecht gelte der „nationale *ordre public*" nur im vertraglosen Auslieferungsverkehr (mit Verweis auf § 73 IRG). Dies impliziert, dass der nationale (oder auch landesrechtliche) *ordre public* mehr gewährleistet als der europäische. Dann kann mit „der nationale *ordre public*" aber nicht der deutsche *ordre public international* gemeint sein, wie er durch § 73 S. 1 IRG konkretisiert wird, da dieser geringeren Umfangs ist als der deutsche *ordre public européen*. Es verbleibt also der deutsche *ordre public interne* (d. h. die deutschen Grundrechte selbst), den *Vogel* meinen könnte. Dieser gilt aber wegen der Völkerrechtsfreund-

Unwägbarkeiten drohen aber von einer anderen Seite: Überraschenderweise ist die Möglichkeit eines EU-Staates, überhaupt einen *ordre public* bei der Vollstreckung eines EuHb gegenüber dem Ausstellungsstaat geltend zu machen, nicht unbestritten. Das wird sogar für den deutschen *ordre public européen* in Anbindung an Art. 6 EUV bzw. Art. 1 Abs. 3 RbEuHb in Frage gestellt. Der EuGH hatte in einer Reihe von Entscheidungen jedweden Hinderungsgründen einer Auslieferung aufgrund eines EuHb eine Absage geteilt, die über die in den Art. 3-4a RbEuHb Genannten hinausgehen.[514] Auch die Regelung des Art. 1 Abs. 3 RbEuHb, die zur Achtung der Rechte in Art. 6 EUV verpflichtet, könne eine Auslieferung nicht verzögern, geschweige denn verhindern. Gemäß dem 10. Erwägungsgrund des RbEuHb könne eine Auslieferung nur bei anhaltenden schweren Verletzungen durch eine entsprechende Feststellung des Rates gemäß Art. 7 Abs. 1 EUV mit den Folgen des Art. 7 Abs. 2 EUV verhindert werden. Ansonsten seien Verletzungen der in Art. 6 EUV enthaltenen Rechte erst nachträglich im Ausstellungsstaat geltend zu machen.[515] Insbesondere seien nationale Verfassungsbestimmungen der Mitgliedstaaten keine wirksamen Gegenrechte eines Auslieferungsbegehrens.[516] Die Argumentation bestand im Wesentlichen aus Verweisen auf das Prinzip der gegenseitigen Anerkennung[517] bzw. dessen rechtspolitischen Hintergrund, in einem Rechtsraum gegenseitigen Vertrauens zur Effektivierung der transnationalen Strafverfolgung das Verfahren zu beschleunigen, indem auf Auslieferungsvorbehalte weitgehend verzichtet wird. Dieser Verzicht sei unbedenklich, da alle EU-Staaten durch die Verträge (und die EMRK) ohnehin zur Einhaltung der entsprechenden Grundrechte verpflichtet sei-

---

lichkeit des Grundgesetzes auch im vertraglosen Auslieferungsverkehr nicht. Dieser Widerspruch wird dort nicht aufgelöst.

514   EuGH (GK), 29.01.2013 – C-396/11 (*Ciprian Vasile Radu*); EuGH (GK), 26.02.2013 – C-399/11 (*Stefano Melloni vs. Ministerio Fiscal*); EuGH, 30.05.2013 – C-168/13 PPU (*Jeremy F.*); EuGH (GK), 16.7.2015 – C-237/15 (*Lanigan*).

515   EuGH, 30.05.2013 – C-168/13 PPU (*Jeremy F.*), Rn. 49 f.; vgl. dazu auch *Burchard* 2013, Rn. 49 und Fn. 162, sowie *Brodowski* 2013, S. 469. Auch *Lorenzmeier* (2006, S. 580 f. unter Verweis auf EuGH (GK), 16.06.2005 – C-105/03 (*Pupino*)) hebt hervor, dass der EuGH aus dem Katalog aller Grundrechte des Art. 6 EUV in erster Linie (nur) Rechtssicherheit und das Rückwirkungsverbot als Schranken der rahmenbeschlusskonformen Auslegung gelten lassen will.

516   EuGH (GK), 26.02.2013 – C-399/11 (*Stefano Melloni vs. Ministerio Fiscal*), Rn. 59.

517   Zu den Ursprüngen der Entwicklung des Paradigmas „gegenseitige Anerkennung" vgl. *Krüßmann* 2007, S. 1-3; detaillierte Analyse des Paradigmas bei *Suominen* 2011, S. 313 ff.; zu dessen Auswirkungen auf die Entstehung des RbEuHb vgl. *Vogel* 2001, S. 939 f.; *Freund* 2010, S. 177 ff.; unaufgeregt kritisch *Gleß* 2004, S. 353 ff. m. w. N. Sehr kritisch zur Tendenz des EuGH, der Verwirklichung von Unionszielen den Vorrang gegenüber der Wahrung von Grundrechten einzuräumen, *Kaiafa-Gbandi* 2004, S. 21.

en.[518] Des Weiteren seien die möglichen Ablehnungsgründe in Art. 3, 4 und 4a RbEuHb abschließend aufgezählt,[519] sodass die Erwähnung in Art. 1 Abs. 3 RbEuHb nunmehr ein rein deklaratorischer Verweis auf die Grundrechtsbindung der Mitgliedstaaten sei.[520]

Dagegen hat sich großer Widerstand geregt, und die Einzelheiten des Streits können hier nicht ausgebreitet werden.[521] Aus der Perspektive des Menschenrechtsschutzes, insbesondere in Hinblick auf unzulängliche Haftbedingungen im Ausstellungsstaat, ist hier nur an die folgenden Punkte zu erinnern:

Die Erfahrungen zeigen, dass ein blindes Vertrauen in das fremde Strafverfahren auch zwischen EU-Staaten (noch) nicht gerechtfertigt ist.[522] Zudem liegt das *abstrakte Vertrauen* in die Rechtsstaatlichkeit der Strafverfolgung im ersuchenden Staat dem Rechtshilfeverkehr insgesamt zugrunde, das Institut der Auslieferung wäre andernfalls zumindest nach deutschen rechtsstaatlichen Ansprüchen schlichtweg nicht denkbar. Daraus kann aber nicht automatisch geschlossen werden, dass in *jedem konkreten Einzelfall* die konkret drohende Strafverfolgung unbedenklich ist.[523] Die Standards unterscheiden sich selbst unter den Staaten, die allesamt Art. 3 EMRK verpflichtet sind, so erheblich, dass unmenschliche oder erniedrigende Behandlungen oder Strafen jedenfalls nicht *per se* ausgeschlossen werden können.[524] Wie sonst auch ließen sich bspw. die zahlreichen Verurteilungen der EU-Mitgliedstaaten durch den EGMR wegen Verletzungen des Art. 3 EMRK erklären, die sich auf den jeweiligen nationalen Strafvollzug

---

518 EuGH, 30.05.2013 – C-168/13 (*Jeremy F.*), Rn. 50. Der Verweis auf die rechtlichen Bindungen der EU- und der EMRK-Staaten als quasi unwiderlegliches Indiz für eine Art.-3-EMRK-konforme Behandlung findet sich auch in der Literatur häufiger als „Argument", vgl. z. B. *Hailbronner* 1995, S. 381; *Schallmoser* 2012, S. 221; aber auch in den 1960er Jahren noch beim BVerfG (E 15, 249 (255 f.)).

519 EuGH (GK), 29.01.2013 – C-396/11 (*Ciprian Vasile Radu*), Rn. 36.

520 Vgl. *Vogel* 2009, § 73 Rn. 133, 138; *Burchard* 2013, Rn. 49.

521 Anschaulich bei *Burchard* 2013, Rn. 47-51; die Bedenken gegen die Tendenzen einer Kompetenzüberdehnung des EuGH bringt *Nettesheim* (2016, S. 426) auf den Punkt.

522 Skeptisch hinsichtlich der Gewährleistung u. a. von Art. 3 EMRK durch die Europaratsstaaten bereits etwa *Guradze* 1968, S. 198; aktueller etwa *Ahlbrecht u. a.* 2008, Rn. 825; *Burchard* 2013, Rn. 50; *Vogel* 2001, S. 940; *ders.* 2009, § 73 Rn. 134 m. w. N.; zurückhaltend vor dem Hintergrund der Bemühungen um gegenseitige Anerkennung allgemein auch *Morgenstern* 2008, S. 77, 81 f.

523 So insgesamt eindringlich *Vogel* 2001, S. 940; genauso *Brodowski* 2013, S. 469.

524 Vgl. nur zu den Befunden des EGMR *Kap. 5.9.8.1* und denen des CPT und einiger OLG *Kap. 6.4.4.*

beziehen?[525] Ein solches Auslieferungssystem der gegenseitigen Anerkennung setzt daher etwas voraus, dessen Existenznachweis bislang noch nicht erbracht ist: gegenseitiges Vertrauen auf der Basis prinzipiell übereinstimmender rechtlicher Maßstäbe.

Für die Geltung eines *ordre-public*-Vorbehaltes streitet zudem folgende Überlegung: Dem EuHb als wesentlichem Element der Etablierung des Prinzips der gegenseitigen Anerkennung in allen denkbaren Facetten liegt das Ziel zugrunde, die grenzüberschreitende Zusammenarbeit in Strafsachen zu vereinfachen; und zwar anscheinend derart weit, dass sich die innereuropäische Strafverfolgung letztlich wie eine rein innerstaatliche gestalten soll. Vorbehalte, oder auch „Hürden" rechtlicher und tatsächlicher Natur, die sich vor allem aus der Transnationalität des Strafverfolgungsvorgangs ergeben, sollen soweit wie möglich nivelliert werden, um zum einen in zeitlicher Dimension Erfolge zu verzeichnen,[526] und zum anderen um der Transnationalität der Deliktsbegehung, beruhend auf der zunehmenden grenzüberschreitenden Bewegungsfreiheit der Bevölkerung, Rechnung zu tragen. Das zeigt sich an dem ganz wesentlichen Baustein, dass die Justizbehörden des Vollstreckungsstaates den EuHb schlicht umsetzen sollen. Zudem soll gerichtlicher Rechtsschutz im Vollstreckungsstaat die Prozedur nicht verzögern. Die Verweigerung eines jeden *ordre-public*-Vorbehaltes wäre dabei allerdings Ausdruck einer recht eigenwilligen Dialektik:[527] Weil alle EU-Staaten ohnehin an die Grundrechte gebunden sind, brauche deren Einhaltung nicht überprüft zu werden.[528]

Dies lässt aber außer Acht, dass auch in der rein innerstaatlich – z. B. innerhalb Deutschlands – durchgeführten Strafverfolgung gerichtlicher Rechtsschutz jederzeit möglich ist. Gerade dann steht dem Verfolgten die Möglichkeit offen, unter Berufung letztlich auf Grundrechtspositionen bzw. deren Verletzung durch deutsche Hoheitsträger die ihn betreffende Strafverfolgung zu hemmen. Hier käme auch niemand ernstlich auf den Gedanken, mit Verweis auf die in Deutschland an sich geltenden Grundrechte und den hohen allgemeinen Grund-

---

525 Vgl. nur jüngst EGMR, 27.01.2015 – 36925/10, 21487/12, 72893/12, 73196/12, 77718/12 und 9717/13 (*Neshkow u. a. vs. Bulgarien*) – in dieser Pilotentscheidung attestiert der Gerichtshof Bulgarien systemische Verletzungen von Art. 3 EMRK durch Strukturprobleme des nationalen Strafvollzugs.

526 *Burchard* 2013, S. 542 Fn. 23 a. E., verweist auf Zahlen der EU-Kommission, nach denen durch Einführung des EuHb die durchschnittliche Dauer eines innereuropäischen Auslieferungsverfahrens von über einem Jahr auf 48 Tage verkürzt wurde.

527 So auch bei *Vogel* 2009, § 73 Rn. 133.

528 In solchen Reformbestrebungen der EU hat *Vogel* (2001, S. 941) schon vor Umsetzung des RbEuHb einen Rückschritt hin zum zweipoligen Modell des Auslieferungsrechts gesehen (vgl. *Kap. 2.3.2*), das aus menschenrechtlicher Perspektive nach dem Stand von Verfassungs- und Auslieferungsrecht eigentlich als nicht mehr haltbar gilt.

rechtsstandard deren Einforderung mittels eines gerichtlichen Verfahrens gerade zu verhindern. Dabei muss der Fokus – wie stets bei eingreifendem staatlichen Handeln – grundrechtsschonend auf der Prävention von Beeinträchtigungen liegen. Dies gilt umso mehr, je gravierender die potenzielle Beeinträchtigung ist. Es nützt dem Verfolgten wenig, wenn er auf Rechtsschutzmöglichkeiten im Ausstellungsstaat verwiesen wird, die er also (erst) nach erfolgter Übergabe aus den gegebenenfalls menschenunwürdigen Strafvollzugsbedingungen heraus nutzen kann.[529]

Wenn des Weiteren vorgebracht wird, die Überprüfung des ausländischen Strafverfahrens auf die Konformität mit dem landesrechtlichen *ordre public européen* hin würde zu einer Entschleunigung des Verfahrens führen und folglich kontraproduktiv wirken, kann dieses Argument nicht nachhaltig verfangen: Wenn, wie dem Prinzip der gegenseitigen Anerkennung zugrunde liegend, der ausländische Strafvollzug hinsichtlich Art. 3 EMRK unbedenklich sein soll, dann dürfte eine Überprüfung auf Konformität mit Art. 3 EMRK ziemlich knapp ausfallen und folglich keine erhebliche Verfahrensverlängerung nach sich ziehen.

Zudem würde die konsequente Fortsetzung der Linie aus den zitierten Entscheidungen bedeuten, dass der EuGH von Fall zu Fall die Anwendung der Unionsgrundrechte verweigern könnte.[530] Immerhin stellen die Unionsgrundrechte gemäß Art. 6 EUV gleichsam den *ordre public interne* der EU dar, der alle Unionsorgane bindet, also auch den EuGH. Eine Lossagung davon nach eigenem Belieben würde in letzter Konsequenz ein großes Fragezeichen hinter die Belastbarkeit des Grundrechtsschutzes auf Unionsebene setzen, wie sie seit dem *Solange-II*-Beschluss[531] des BVerfG den Unionsorganen eigentlich zuerkannt wird. Wenn der EuGH von den nationalen Grundrechtshütern erwartet, dass sie sich mit der Anwendung nationaler Grundrechte zugunsten des Unionsrechts zurücknehmen, dann muss er diese Lücke durch vergleichbare Schutzgewähr schließen. Andernfalls wären die Rechtsakte bei der Umsetzung des RbEuHb als mitgliedstaatliche Vermittlungsakte (wieder) an den nationalen Grundrechten zu mes-

---

529 Vgl. dazu EGMR (GK), 21.01.2011 – 30696/09 (*M.S.S. vs. Belgien und Griechenland*), insbes. Rn. 341-360; sowie *Kap. 4.2.1* a. E.

530 Daher muss auch das Argument von *Vogel* (2009, § 73 Rn. 138) *gegen* einen *ordre-public*-Vorbehalt verwundern, Art. 1 Abs. 3 RbEuHb enthalte nur eine deklaratorische Bekräftigung für die Mitgliedstaaten, die Unionsgrundrechte zu beachten. Hier ist mit Generalanwältin *Sharpston* in der Rechtssache *Radu* zu warnen, dass bei Nichtberücksichtigung von Art. 1 Abs. 3 RbEuHb die Verpflichtung zur Wahrung der Unionsgrundrechte in Unionsrechtsakten zur Plattitüde verkommt (GA *Sharpston*, 18.10.2012 – C-396/11 (*Ciprian Vasile Radu*), Rn. 70).

531 BVerfGE 73, 339.

sen.[532] Würde der EuGH den mitgliedstaatlichen Hoheitsträgern tatsächlich die einzelfallbezogene Überprüfung verbieten, ob der landesrechtliche *ordre public européen* gewahrt wird, setzte er sich außerdem in einen offenen Widerspruch zum ausdrücklichen Postulat des BVerfG, das eine solche konkrete Einzelfallprüfung aus dem Grundgesetz herleitet.[533] Ein Beharren des EuGH darauf würde letztlich die Überprüfung durch das BVerfG erforderlich machen, ob es sich damit um einen ausbrechenden Rechtsakt[534] handelt bzw. ob die deutsche Verfassungsidentität[535] in Frage gestellt ist.[536]

Es ist daher rechtsstaatlich, unions- wie verfassungsrechtlich geboten, dass die durch die Einführung des EuHb intendierte innereuropäische Verfahrensbeschleunigung diese Verzögerung, die mit der Geltendmachung eines landesrechtlichen *ordre public européen* verbunden ist, aushalten muss. Eine drohende Verletzung des deutschen *ordre public européen* durch den Ausstellungsstaat muss also grundsätzlich im Wege gerichtlichen Rechtsschutzes in der Bundesrepublik als Vollstreckungsstaat geltend gemacht werden können.[537]

Diesen Überlegungen haben nunmehr sowohl das BVerfG als auch der EuGH Rechnung getragen: Zum einen hat das BVerfG am 15.12.2015 unter dem Topos der zu wahrenden Verfassungsidentität die nationale Kontrolle der Einhaltung der Menschenwürdegarantie in jedem Einzelfall betont.[538] Deren Gewährleistungen könnten in keinem Fall verkürzt oder reduziert werden, also gehört auch die für die vorliegende Erörterung maßgebliche Gewähr vor unmenschlicher oder ernied-

---

532 Zu dieser originären Überprüfbarkeit der Vermittlungsakte am nationalen Verfassungsrecht vgl. nur *Sauer* 2011, S. 196.

533 BVerfGE 113, 273 (303 f.); hervorgehoben auch von *Baach* 2006, S. 30.

534 BVerfGE 75, 223 (242).

535 BVerfGE 123, 267 (353-355); so nunmehr ausdrücklich auch BVerfG, NJW 2016, S. 1149 ff. (insbes. Rn. 48 f.).

536 So auch OLG München, StV 2013, S. 711.

537 Ebenso *Burchard* 2013, Rn. 50 a. E.; so i. E. schon *Ziegenhahn* 2002, S. 200 f.; zudem auch *Europäisches Parlament* 2011, Nr. 2 und 7; *Vogel* 2001, S. 941; *ders.* 2009, § 73 Rn. 134; *Suominen* (2011, S. 200, 218 ff.) aus nordeuropäischer Perspektive; wie hier auch *Brodowski* 2013, S. 469: ein „tauglicher justizieller und justiziabler Mechanismus zur Gewährleistung eines hinreichenden (Auffang-)Grundrechtsschutzes im Einzelfall" müsse zur Verfügung stehen. Für eine präventive Überprüfung der Gegebenheiten im Ausstellungsstaat auch *Maaßen* 2015, Art. 16 Rn. 66. *Pernice* (2010, S. 65) weist darauf hin, dass die Verweigerung der Anwendung eines mit der „nationalen Verfassungsidentität schier unvereinbaren Rechtsaktes" auch keine Vertragsverletzung darstellen würde, sondern Ausdruck einer Mitverantwortung der nationalen Gerichte im Mehrebenensystem des europäischen Menschenrechtsschutzes sei.

538 BVerfG, NJW 2016, S. 1149 (Rn. 34, 48 f., 83).

rigender Behandlung im Strafvollzug vollumfänglich dazu. Zum anderen hat es der EuGH am 05.04.2016 den über Art. 1 Abs. 3 RbEuHb in Bezug genommenen Rechten aus Art. 6 EUV zuerkannt, einer Auslieferungsvollstreckung entgegenstehen zu können.[539] Auch davon sind die Gewährleistungen des Art. 3 EMRK umfasst, so dass damit klargestellt sein sollte, dass die gerichtlich vorab zu prüfende Einhaltung des *deutschen ordre public européen* mit diesem Inhalt Bedingung einer Auslieferungsvollstreckung ist.

3.6.5.4 Der deutsche ordre public européen für den Europaratsinternen Auslieferungsverkehr

Nimmt man andererseits die europäischen internationalen Organisationen allgemeiner in den Blick, und dabei in erster Linie den Europarat, so lässt sich ebenfalls ein *ordre public* identifizieren, der von einigen als „europäischer *ordre public*"[540] bezeichnet wird. Auch er ist für seine Handhabung im Kontext des Rechtshilferechts begrifflich und inhaltlich zu präzisieren.

3.6.5.4.1 Der „europäische ordre public" als regionaler internationaler ordre public

Unter den Begriff des „europäischen *ordre public*" soll das regionale, bindende Völkerrecht fallen,[541] also ein „internationaler *ordre public*", der nur für eine Weltregion – die Europaratsstaaten – gilt.[542] Dieser „europäische *ordre public*" setze sich aus den EMRK-Grundrechten zusammen. Bezogen auf Auslieferungssachverhalte führt die Anwendung des *ordre-public*-Begriffssystems dann zu folgender Einordnung: Aus der Perspektive der einzelnen Mitgliedstaaten des Europarates bildet die EMRK die völkerrechtlich gezogene Untergrenze an Grundrechtsgewährleistungen für den Rechtshilfeverkehr unter den Europaratsstaaten.

---

539 EuGH, 05.04.2016 – C-404/15 u. C-659/15 PPU (*Aranyosi u.a.*), Rn. 83 ff.

540 Vgl. *Kap. 3.6.5.1.* Bei *Ress* (2004, S. 623, 628 m. w. N.) auch als „*European Public Order*" geführt.

541 Für einzelne EMRK-Gewährleistungen so schon bei *Frowein/Kühner* 1983, S. 556 m. w. N.; vgl. auch *Schütz* 1984, S. 14 m. w. N.; *Sonnenberger* 2014, Art. 6 Rn. 19.

542 *Vogel* 2009, § 73 Rn. 40; vgl. dazu näher *Kap. 3.6.6.*

3.6.5.4.2 Die Zuordnung der ordre-public-Begriffe aus der Perspektive des Europarates und seiner Instrumente

Die Einordnung nur als regionaler internationaler *ordre public* wird der Komplexität der Rechtswirkungen der EMRK jedoch nicht gerecht, die diese in der Vergangenheit durch ihre Fortentwicklung und Anwendung durch den EGMR gewonnen hat. Auch hier vermag die weitere Systematisierung anhand der *ordre-public*-Begriffe jene komplexen Rechtswirkungen darzustellen und gleichzeitig Übersichtlichkeit sicherzustellen.

3.6.5.4.2.1 Die EMRK als ordre public interne des Europarates und seiner Instrumente

Die Sortierung anhand des *ordre-public*-Begriffssystems zeigt auf, dass *aus der Perspektive des Europarates und seiner Instrumente* – in erster Linie des EGMR als Durchsetzungsinstrument der EMRK – die vollumfänglichen Verbürgungen der EMRK zugleich den Katalog an Grundsätzen darstellen, die für das *interne* Miteinander der Einzelbestandteile der regionalen Staatengemeinschaft (d. h. der verschiedenen Mitgliedstaaten) unverzichtbar sind. So bilden die EMRK-Rechte nicht nur den Maßstab für Beurteilungen von rein nationalen Sachverhalten eines EMRK-Staates. Sie bilden auch bei der Beurteilung von Auslieferungssachverhalten, die sich zwischen Konventionsstaaten abspielen, einen „*ordre public interne*" im Rechtsrahmen des Europarates und seiner Instrumente.[543] Anhand dessen beurteilt also der EGMR das *interne Miteinander* in und zwischen den Europaratsstaaten. Damit handelt es sich bei dem als Völkerrechtsbestand skizzierten regionalen internationalen *ordre public*[544] dieser Staatengemeinschaft folglich zugleich um den *ordre public interne* der Europaratsstaaten. Dass dieser regionale internationale *ordre public* für den Bereich des Europarates hier zugleich als *ordre public interne* umschrieben und damit Komplexität hinzugefügt wird, erklärt sich mit der Notwendigkeit der gedanklichen Abgrenzung zum *ordre public international* der Europaratsstaatengemeinschaft:

---

543 Vgl. nur EGMR (GK), 21.01.2011 – 30696/09 (*M.S.S. vs. Belgien und Griechenland*), Rn. 341-360, mit Herleitung aus seiner bisherigen Rechtsprechung. In diesem Sinne auch *Ress* 2004, S. 628: die EMRK als „quasi-verfassungsrechtliche Ordnung".

544 Vgl. *Kap. 3.6.5.4.1.*

3.6.5.4.2.2 **Die Söring-Entscheidung des EGMR: Etablierung eines**
ordre public international für den Rechtsraum des
Europarates

Aus der möglichen Einordnung der EMRK als *ordre public interne* des Europarates und seiner Instrumente folgt die Frage, ob es auch den zugehörigen Gegenpart eines *ordre public international* des Konventionsgebietes gibt, also einen – inhaltlich ggf. geringeren – Katalog an Gewährleistungen, die insbesondere der EGMR auch bei Berührung mit dem „EMRK-Ausland", also den Nicht-Konventionsstaaten als unabdingbar erachtet.

Während es der EGMR ablehnt, zahlreiche Konventionsverbürgungen als Beurteilungsmaßstab für Nicht-Konventionsstaaten anzuwenden, stellt er jedoch in der Tat seit geraumer Zeit den absoluten Charakter zumindest von Art. 3 EMRK heraus, der es erfordere, in Auslieferungssachverhalten auch die Umstände in Nichtkonventionsstaaten daran zu messen. Die Entscheidung im Fall „*Söring*"[545] kann sowohl hinsichtlich ihrer Argumentation als auch ihrer Folgen für Rechtspraxis[546] und -forschung[547] als Leitentscheidung in diesem Zusammenhang bezeichnet werden. Am 7. Juli 1989 hatte der Gerichtshof über die Beschwerde eines im Vereinigten Königreich inhaftierten Deutschen zu entscheiden, der für eine Mordanklage in die USA ausgeliefert werden sollte, wo ihm im Falle der Verurteilung die Todesstrafe gedroht hätte. Der EGMR sah eine Verletzung des in Art. 3 EMRK verankerten Verbots der Folter oder der unmenschlichen oder erniedrigenden Behandlung oder Strafe gegeben, wenn der Beschwerdeführer nach Verurteilung und vor Vollstreckung der Todesstrafe ein mehrjähriges angstvolles Warten – Todeszellensyndrom genannt – durchzustehen habe,[548] wie in der US-amerikanischen Vollstreckungspraxis üblich. Eine Auslie-

---

545 Vgl. EGMR, 07.07.1989 – 1/1989/161/217 (*Söring vs. Vereinigtes Königreich*).

546 Zu unterschiedlichen Rezeptionen der Entscheidung durch andere internationale Spruchkörper vgl. *Schabas* 1994, S. 913 ff.

547 Vgl. nur *Shea* 1992, S. 85 ff., insbes. S. 86 m. w. N.; *Hailbronner* 1999, S. 617 ff.; *Lorz/Sauer* 2010, S. 389 ff.

548 EGMR, 07.07.1989 – 1/1989/161/217 (*Söring vs. Vereinigtes Königreich*), Rn. 111. Dieser hintergründige Gedankengang, der auf eine *de-facto*-Ablehnung der Todesstrafe hinauslief, war überhaupt nur erforderlich, weil es der EMRK an einem Verbot der Todesstrafe damals noch mangelte. Vielmehr war und ist die Todesstrafe in Art. 2 Abs. 1 S. 2 EMRK ausdrücklich als staatliche Eingriffsmaßnahme vorgesehen. Die Behelfsmäßigkeit dieser Argumentation wird deutlich, wenn man sich ihre Konsequenz vor Augen hält: Eine humane, also Art.-3-EMRK-konforme Art des Tötens wird gewährleistet, indem die Rechtsschutzmöglichkeiten deutlich reduziert werden, um das Warten in der Todeszelle zu verkürzen (*Vogler* 1990, S. 479; vgl. die Darstellung bei *Kühn* 2001, S. 543, zur solchermaßen Art.-3-konformen, früheren Todesstrafenpraxis in einigen

ferung durfte erst nach Zusicherung von US-amerikanischer Seite vollzogen werden, die Todesstrafe nicht zu verhängen.

Aus der Argumentation des EGMR sind mehrere Aspekte hervorzuheben: Der Gerichtshof stellt mit dem Todeszellensyndrom auf die psychischen Auswirkungen ab, die mit dem teils jahrzehntelangen Warten auf das letztendliche Sterben im Vollzug verbunden sind, und nicht auf die eigentliche Vollstreckung der Todesstrafe am Ende dieser Zeitspanne an sich. Bezugspunkt sind also die Umstände der Haft in einem weiten Verständnis. Diese Anknüpfung an die Umstände der Haft statt an die eigentliche Tötung zieht den Schluss nach sich, dass drohende Haftbedingungen insgesamt, die unmenschlicher oder erniedrigender Strafe oder Behandlung entsprechen, als Hindernis einer Auslieferung entgegenstehen. Art. 3 EMRK kann also vor dem EGMR gerade bezogen auf die in Aussicht stehenden Haftumstände als Gegenrecht in einem Auslieferungssachverhalt geltend gemacht werden.

Eine der Neuheiten der *Söring*-Entscheidung bildete der Umstand, dass der um Auslieferung ersuchte Konventionsstaat (Großbritannien) für konventionswidrige Zustände im ersuchenden Nicht-Konventionsstaat (USA) verantwortlich gemacht wurde.[549] Erst diese Besonderheit erforderte es aus Sicht des EGMR, von den europaratsintern gültigen Maßstäben der EMRK Abstriche zu machen und gegenüber dem „EMRK-Ausland" (hier: USA) geringere Menschenrechtsstandards aus der EMRK abzuleiten.

Für den Auslieferungsverkehr zwischen den Konventionsstaaten hingegen spielt das Interesse am Auslieferungsverkehr bei der Reichweitenbestimmung der EMRK-Gewährleistungen – soweit ersichtlich – keine eigenständige Rolle in den

---

europäischen Staaten). Demgegenüber sprechen gewichtige Argumente dafür, auch die Todesstrafe selbst als Menschenwürdeeingriff zu charakterisieren (vgl. nur *Weides/Zimmermann* 1988, S. 463 ff.). Am 12.03.2003 hat dann der EGMR (Rs. 46221/99 (*Öcalan vs. Türkei*)) schließlich festgestellt, dass durch eine Wandlung der Rechtsauffassung in den Konventionsstaaten auch die Vollstreckung der Todesstrafe an sich als unmenschliche oder erniedrigende Behandlung i. S. v. Art. 3 EMRK gewertet werden kann; bestätigt durch die Große Kammer am 12.05.2005. Mittlerweile ist das 13. Zusatzprotokoll (BGBl. 2004 II, S. 983) in 43 der 47 EMRK-Staaten in Kraft getreten (Stand: 29.04.2014), das die Abschaffung der Todesstrafe vorsieht (dazu *Rosenau* 2006, S. 339 f.).

549 EGMR, 07.07.1989 – 1/1989/161/217 (*Söring vs. Vereinigtes Königreich*), Rn. 86: „Die Konvention regelt weder die Handlungen von Nichtvertragsstaaten noch bezweckt sie eine Weisung an die Vertragsstaaten, den Konventionsstandard anderer Staaten aufzuerlegen.", sowie Rn. 91: „Trotzdem stellt sich nicht die Frage, ob über eine Verantwortlichkeit des ersuchenden Staates entschieden wird oder eine solche begründet wird – gleich, ob nach Völkerrecht, nach der Konvention oder auf sonstige Weise. Soweit eine Konventionspflicht tatsächlich oder potentiell verletzt wird, handelt es sich um eine Pflichtverletzung des ausliefernden Vertragsstaates, die durch die Auslieferungsmaßnahme bewirkt wurde."; kürzlich erneut bekräftigt in EGMR, 04.09.2014 – 140/10 (*Trabelsi vs. Belgien*), Rn. 116, 119.

Erwägungen des EGMR. Wäre dies anders und ließe er eine Auslieferung aus einem EMRK-Staat in den anderen zu, in dem dem Verfolgten eine EMRK-Verletzung drohte, wäre er im Anschluss an die Auslieferung mit einer erfolgversprechenden Beschwerde des Verfolgten aus dem Strafvollzug des ersuchenden Staates heraus konfrontiert. Würde sich also beispielsweise ein Russe in Deutschland gegen seine bevorstehende Auslieferung an Russland wehren, wo ihm definitiv eine Art.-3-EMRK-Verletzung drohte, so würde der EGMR seine Beschwerde nicht deswegen ablehnen, weil hier Deutschlands Interesse am Auslieferungsverkehr gegenüber der Menschenwürde des Verfolgten überwiegt und obendrein der Verfolgte sich aus dem russischen Strafvollzug heraus wegen der dortigen Zustände (erneut) beim EGMR beschweren könnte. Der EGMR hätte sich sonst sogar vorzuwerfen, dazu beigetragen zu haben, dass die Rechte des Verfolgten verletzt werden mussten, bevor Rechtsschutz gewährt wurde. Folglich differenziert der EGMR also zwischen einem Maßstab, der für den EMRK-internen Rechtshilfeverkehr anzuwenden ist („*ordre public interne*"), und einem anderen, inhaltlich geringeren Maßstab, der für den Rechtshilfeverkehr mit dem „EMRK-Ausland" anzuwenden ist („*ordre public international*").

Hinsichtlich der Reichweite des Schutzbereichs von Art. 3 EMRK lädt der EGMR in *Söring* zunächst zu der irrigen Ansicht ein, zumindest gegenüber dem „EMRK-Ausland" würde das Interesse am Auslieferungsverkehr sogar den Schutzbereich von Art. 3 EMRK einschränken, immerhin benennt der Gerichtshof dieses Interesse als Auslegungsaspekt.[550] Der Teufel steckt hier jedoch im Detail: Obwohl der EGMR auch durchaus Anlass dazu gehabt hätte, diesem Aspekt ein eigenes Gewicht zu geben, tut er dies letztlich nicht.[551] Offensichtlich erschien es dem Gerichtshof doch zu abwegig, die Auslegung der Begriffe „unmenschliche oder erniedrigende Strafe oder Behandlung", die unmittelbar die Würde des Menschen berühren, von Erwägungen effektiver Strafrechtspflege abhängig zu machen.[552] In späteren Entscheidungen[553] hat sich der EGMR von diesen Erwägungen zur Schutzbereichsreduzierung durch Belange der Regelung

---

550 EGMR, 07.07.1989 – 1/1989/161/217 (*Söring vs. Vereinigtes Königreich*), Rn. 89 a. E.

551 EGMR, 07.07.1989 – 1/1989/161/217 (*Söring vs. Vereinigtes Königreich*), Rn. 110 f. Auch die Ausführungen von *Zühlke/Pastille* (1999, S. 772-774), die hierzu jene andere Ansicht vertreten, lassen keinen anderen Schluss zu. Die Erwägung des Gerichts, Herrn *Söring* alternativ nach Deutschland ausliefern zu lassen, hatte keinerlei Einfluss auf den Befund, ob das Todeszellensyndrom in den USA eine Art.-3-EMRK-widrige Behandlung darstellte.

552 In diesem Sinne wohl auch EGMR, 15.11.1996 – 22414/93 (*Chahal vs. Vereinigtes Königreich*), Rn. 79-81.

553 EGMR (GK), 28.02.2008 – 37201/06 (*Saadi vs. Italien*), Rn. 127; EGMR, 17.01.2012 – 9146/07 und 32650/07 (*Harkins und Edwards vs. Vereinigtes Königreich*), Rn. 124-128; vgl. dazu auch *Kromrey/Morgenstern* 2014, S. 711 f. m. w. N.

des Aufenthalts von Personen (Ausweisung, Auslieferung usw.) ausdrücklich distanziert. Diese in *Söring* angedeutete Möglichkeit, den Schutzbereich von Art. 3 EMRK aufzuweichen, besteht in Wirklichkeit also nicht.[554]

Demgegenüber stellt es eine Verkennung der Feinheiten der *Söring*-Rechtsprechung dar, wenn vereinzelt vorgeschlagen wird, das Interesse des ersuchten Staates an der Auslieferung bewirke eine Schutzbereichsreduzierung aller eventuell einschlägigen EMRK-Verbürgungen, selbst des Art. 3 EMRK, und das unterschiedslos sowohl im Auslieferungsverkehr unter Konventionsstaaten als auch gegenüber einem Nicht-Konventionsstaat.[555] Die EMRK-Rechte würden nach dieser Lesart nur dann zur vollen Entfaltung gelangen, wenn der EGMR einen rein inländischen Sachverhalt eines EMRK-Staates zu beurteilen hätte, z. B. wenn ein Insasse im italienischen Strafvollzug beim EGMR Beschwerde gegen die dortigen Haftbedingungen erhebt.

Abgesehen von der bereits dargelegten etablierten Absolutheit des Folterverbots und des Verbots der unmenschlichen Behandlung auch im Lichte eines funktionsfähigen Auslieferungsverkehres leidet die Argumentation der Vertreter dieser Ansicht darunter, dass die im Weiteren gewählten fiktiven und Rechtsprechungsbeispiele[556] der Reduktion des Schutzbereiches von Art. 3 EMRK, aus denen diese Position hergeleitet wird, keine Auslieferungsspezifik aufweisen. Als rein inländische Sachverhalte sind sie ergebnisgleich zu würdigen; die Eröffnung des Schutzbereiches von Art. 3 EMRK stellt sich jeweils gleich dar. Das Interesse des ersuchten Staates an der Auslieferung kommt also auch gegenüber Nicht-Konventionsstaaten *nicht* als schutzbereichsreduzierender Aspekt zum Tragen.

Darüber hinaus zeigte der EGMR eindrucksvoll, dass das Beharren auf einen gewissen Menschenrechtsstandard auch gegenüber einem Staat (hier: USA)

---

554 I. E. ebenso *Alleweldt* 1997, S. 1078. Damit befindet sich der EGMR auch auf einheitlicher Linie mit der noch immer h. M. im deutschen Verfassungsrecht zur Schutzbereichsbestimmung der Menschenwürdegarantie aus Art. 1 Abs. 1 GG, vgl. dazu die Nachweise bei *Baldus* 2011, S. 530 Fn. 4 sowie auch zu abweichenden Ansichten S. 532 ff.

555 So im Ergebnis *Zühlke/Pastille* 1999, S. 765 ff.

556 *Zühlke/Pastille* 1999, S. 770-772. Auch wenn anschließend mit Ausweisungsszenarien (S. 775-777) argumentiert wird, überzeugt diese Ansicht nicht. Abgesehen davon, dass das Interesse an einem funktionierenden *Auslieferungs*verkehr nur einen zu berücksichtigenden Belang in *Auslieferungs*sachverhalten darstellt, nicht aber in *Ausweisungs*sachverhalten, wird das legitime Interesse eines Staates daran, einen Straftäter in einem anderen Land einer wirksameren Strafverfolgung zu überantworten, regelmäßig sogar größer sein, als das Interesse, illegal sich Aufhaltende vom Staatsgebiet ausweisen zu können. Aber auch in den von *Zühlke* und *Pastille* gewählten Ausweisungsbeispielen ist nicht erkennbar, woraus sie ableiten, der EGMR würde jeweils Gewährleistungen von Art. 3 EMRK enger auslegen, um die Ausweisung zu ermöglichen.

angezeigt sein kann, mit dem viele das Bestehen einer Wertegemeinschaft[557] mit den EMRK-Unterzeichnerstaaten konstatieren. Eine solche Wertegemeinschaft entbindet folglich nicht von der Sicherstellung menschenrechtlicher Gewährleistungen, selbst bei vormals eingegangenen völkerrechtlichen Verpflichtungen. Schließlich – und für diese Untersuchung eminent wichtig – wird klargestellt, dass bei der Entscheidung über Auslieferungssachverhalte eine Bestandsaufnahme der Haftbedingungen des ersuchenden Staates erforderlich ist, um sie anhand von Art. 3 EMRK einschätzen zu können.[558] Diesbezüglich wird auch die außerordentliche Wichtigkeit deutlich, die rechtstatsächlichen Umstände im ersuchenden Staat sorgfältig zu prüfen.[559] Seitens der befassten Hoheitsträger sind die möglichen Anstrengungen zu unternehmen, die in Aussicht stehenden Haftbedingungen abzuschätzen, um mögliche menschenrechtsrelevante Vorbehalte würdigen zu können.

3.6.5.4.2.3 Zwischenergebnis

Folglich differenziert der EGMR bei der Bestimmung des rechtlichen Maßstabs für Auslieferungssachverhalte zwischen einerseits dem Rechtshilfeverkehr zwischen Konventionsstaaten (Europarats-*ordre public interne*) und andererseits dem zwischen einem Konventionsstaat und einem Nichtkonventionsstaat (Europarats-*ordre public international*). Die Differenzierung besteht darin, in der zweiten Konstellation gegenüber den Nichtkonventionsstaaten zahlreiche EMRK-Gewährleistungen nicht vollumfänglich anzuwenden, sondern nur einen *ordre public*

---

557 Vgl. z. B. *Hackner* (2012, § 83a Rn. 15) hinsichtlich der EU-Staaten; *Graßhof* und *Backhaus* (1996, S. 449) wollen gegenüber „zivilisierten" Staaten (anhand der USA) von Menschenrechtsvorbehalten absehen; „unsere[r] […] Nähe zu den USA" betonen auch *Ishizuka u. a.* (2006, S. 318). Kritisch hingegen z. B. *Lagodny* 2012, § 73 Rn. 60a, der vor „argumentativer Zensur wegen politischer Verbundenheit" gegenüber den USA warnt; ebenso *Heidebach* (2016, S. 131) hinsichtlich eines etwaigen Grundvertrauens, das gegenüber der Rechtsstaatlichkeit der USA nicht (mehr) angebracht sei; sehr skeptisch zur Rechtsstaatlichkeit der USA auch *Hamm* (2002, S. 3150 f.).

558 EGMR, 07.07.1989 – 1/1989/161/217 (*Söring vs. Vereinigtes Königreich*), Rn. 91; kürzlich erneut bekräftigt in EGMR, 04.09.2014 – 140/10 (*Trabelsi vs. Belgien*), Rn. 119.

559 EGMR, 07.07.1989 – 1/1989/161/217 (*Söring vs. Vereinigtes Königreich*), Rn. 92 ff.

international des Europarates zu behaupten.[560] Die Gewährleistungen des Art. 3 EMRK gelten jedoch in beiden Konstellationen unvermindert.[561]

3.6.5.4.3 Die Auswirkungen auf den landesrechtlichen ordre public international des einzelnen Konventionsstaates

Bleibt man daher dabei, dass aus der Perspektive des EGMR zwischen einem *ordre public interne* – bestehend aus den EMRK-Gewährleistungen – für Auslieferungssachverhalte zwischen Konventionsstaaten einerseits und einem *ordre public international* – bestehend aus einem reduzierten Katalog von EMRK-

---

560 Zum weiteren Umfang dieses europäischen *ordre public international* gegenüber Nicht-Konventionsstaaten (anhand des Aufenthaltsrechts) vgl. BVerwGE 111, 223 (228 ff.): Danach können insbesondere Verletzungen von Art. 6 EMRK in Betracht kommen, so dass auch insoweit eine Parallelität zum deutschen *ordre public international* besteht, der neben der Menschenwürde jedenfalls auch die elementaren Garantien des Art. 20 GG beinhaltet, und für das Auslieferungsrecht zuallererst relevant dabei das Rechtsstaatsprinzip zur Gewährung von Rechtsschutz (vgl. *Kap. 3.6.4.4.1.4*). Eine nur scheinbar andere Interpretation zum Inhalt des *ordre public international* des Konventionsgebietes nehmen *Zühlke/Pastille* 1999, S. 766 ff., vor, deren „*direct balancing approach*" darauf hinausläuft, grundsätzlich alle Konventionsrechte auch gegenüber dem „EMRK-Ausland" anzuwenden, das Interesse am Auslieferungsverkehr aber (wenn auch von ihnen nicht in dieser Klarheit herausgearbeitet) als schutzbereichsreduzierenden Belang der jeweiligen EMRK-Verbürgung einzusetzen. Das besagt aber letztlich auch nicht mehr, als dass im Auslieferungsverkehr mit Nicht-Konventionsstaaten die EMRK-Verbürgungen nicht in vollem Umfang gelten. Diese vom EGMR vertretene Haltung hat *Herdegen* (2015a, Art. 1 Abs. 3 Rn. 78) dazu veranlasst, der deutschen Rechtsprechung den Gerichtshof als vorbildlich zu empfehlen, um ihr mangelndes Selbstbewusstsein zu überwinden. Die Haltung, einige EMRK-Gewährleistungen (darunter Art. 3 EMRK) auch gegenüber Nichtkonventionsstaaten zu behaupten, andere hingegen nicht unbedingt, wurde bereits vor der *Söring*-Entscheidung vereinzelt vertreten, vgl. z. B. *Gusy* 1980, S. 14; *Kälin* 1982, S. 162-167, 181-183.

561 Das übersieht *Lagodny* (2012, § 73 Rn. 17 f.) wenn er mit Verweis auf die *Söring*-Entscheidung meint, auch der EGMR würde gegenüber Nichtkonventionsstaaten unterschiedslos die EMRK durchsetzen, was seine (*Lagodnys*) Haltung bestätige, dass auch die Bundesrepublik gegenüber dem Ausland nicht weniger als ihre Grundrechte einzufordern haben. Wie bereits gezeigt, differenziert allerdings auch der EGMR bei der Durchsetzung von EMRK-Standards in Auslieferungssachverhalten zwischen jenen Sachverhalten, die sich zwischen EMRK-Staaten abspielen und die also beide an die EMRK gebunden sind, und jenen Sachverhalten, die die Auslieferung an Drittstaaten betreffen, die also nicht an die EMRK gebunden sind und denen gegenüber wiederum die EMRK-Gewährleistungen nur in reduziertem Umfang zu behaupten sind (vgl. maßgeblich EGMR, 07.07.1989 – 1/1989/161/217 (*Söring vs. Vereinigtes Königreich*), Rn. 86; zu diesem Aspekt auch *Kromrey/Morgenstern* 2014, S. 710). Auch der EGMR begnügt sich also mit einem *ordre public international* gegenüber Nicht-Konventionsstaaten.

Gewährleistungen – für Auslieferungssachverhalte gegenüber Nicht-Konventionsstaaten andererseits zu unterscheiden ist, so hat das Auswirkungen auf den einzelnen EMRK-Staat. Aus der Perspektive des Mitgliedstaates – konkreter: der Bundesrepublik – bedeutet das in der Beurteilung von Auslieferungsersuchen, dass ihr deutscher *ordre public international* variiert, je nachdem, an welchen Staat die Auslieferung erfolgen soll. Die deutschen Hoheitsträger, die die EMRK und die Rechtsprechung des EGMR bei der Auslegung von Grundrechten heranzuziehen haben,[562] müssen dementsprechend unterschiedliche Maßstäbe anlegen. Dieser Europarats-*ordre public international* konkretisiert den deutschen *ordre public international* im Auslieferungsverkehr mit Nicht-Konventionsstaaten.[563] Jener Europarats-*ordre public interne* hingegen konkretisiert den deutschen *ordre public international*, der gegenüber Konventionsstaaten im Auslieferungsverkehr anzuwenden ist. Da sich dieser zweitgenannte deutsche *ordre public international* nur auf europäische Staaten bezieht – nämlich jene, die zwar die EMRK ratifiziert haben, nicht aber EU-Staaten sind –, kann man hier von einem zusätzlichen deutschen *ordre public européen* sprechen.

Gegenüber diesen anderen an die EMRK gebundenen Staaten kann und muss die Bundesrepublik bei der Entscheidung über Auslieferungsersuchen auf den EMRK-Gewährleistungen in vollem Umfang beharren.[564] Den Maßstab bildet wiederum also ein deutscher *ordre public européen*, der aber nicht durch Art. 6 EUV umschrieben wird, sondern von Art. 1 EMRK.[565]

---

562 Vgl. grundsätzlich schon *Kap. 3.6.3.*

563 Vgl. *Kap. 3.6.4.5.*

564 So i. E. wohl auch *Lagodny* 2012, § 73 Rn. 47-49. Vgl. z. B. auch BGHSt 47, 120 (123 ff.), der zur Beurteilung eines italienischen Abwesenheitsurteiles i. R. d. „Einheits- und Mischformel" der Rechtsprechung Art. 6 Abs. 1 EMRK heranzieht. Dies hat in der Literatur allerdings teilweise für Verwunderung gesorgt und den Schluss nach sich gezogen, der BGH würde von der Linie des BVerfG abweichen (vgl. *Vogel* 2002, S. 467; *Lagodny* 2012, § 73 Rn. 11). Stattdessen ist das Gegenteil der Fall und der BGH bewegt sich hier lediglich sehr konsequent im *ordre-public*-System: Der *deutsche ordre public international* wird gegenüber Italien modifiziert hin zu einem *ordre public européen*, da Italien ein EMRK-Staat ist (und 2001 zum Zeitpunkt der Entscheidung das EuHb-Verfahren noch nicht bestand, so dass es nicht um einen EU-*ordre-public-européen* gehen konnte) und also der strengere Maßstab der vollumfänglichen EMRK-Gewährleistungen an Italien angelegt werden kann. Vorsichtiger hingegen *Wendel* (2015, S. 733): Da sich der Beschwerdeführer auch im ersuchenden Staat gegen die dann erfolgte Konventionsverletzung vor dem EGMR wehren kann, sieht er eine grundsätzlich geringere Notwendigkeit für einen solchen nach Deutschland vorverlagerten Menschenrechtsschutz.

565 Vollkommen deckungsgleich sind die beiden Begriffe eines *ordre public européen* (d. h.: einmal EU-Staaten-bezogen, einmal sonstige-EMRK-Staaten-bezogen) inhaltlich daher nicht, aber auch die Bestimmung, welcher der beiden Schutzkataloge „weiter" ist (d. h. der also im Sinne des Verfolgten umfangreichere Rechtspositionen gewährleistet), lässt

3.6.5.5 Zwischenfazit

Zusammenfassend kann also von zwei Begriffen eines „europäischen *ordre public*" – oder besser: „deutschen *ordre public européen*" – ausgegangen werden. Beide sind jeweils spezielle Ausprägungen eines deutschen *ordre public international*, d. h. eines Kataloges unverzichtbarer Rechtsgrundsätze, die bei Sachverhalten mit Auslandsberührung gegenüber dem Ausland zu behaupten sind und je nachdem, welcher ausländische Staat betroffen ist, inhaltlich variieren: Gegenüber EU-Staaten bezieht er sich auf die durch Art. 6 EUV verbürgten menschenrechtlichen Garantien, also neben den EMRK-Garantien die der EU-Grundrechtecharta und die Verfassungsüberlieferungen der Mitgliedstaaten. Gegenüber EMRK-Staaten außerhalb der EU handelt es sich um die von Art. 1 EMRK benannten Menschenrechte. Die Gewährleistungen der EMRK, und damit auch deren Art. 3, sind von beiden *ordres publics européens* erfasst.

Nachdem die EMRK bereits gewichtigen Eingang in das deutsche Verfassungsrecht und die deutschen verfassungsrechtlichen Wertungen im Auslieferungsrecht nimmt,[566] kann nun erst Recht nach dieser Untersuchung dieser beiden *ordres publics européens* festgehalten werden, dass der Grund- und Menschenrechtsschutz im Rechtshilferecht mittlerweile in einer europäischen Dimension maßgeblich durch die Mindestgewährleistungen der EMRK bestimmt wird.[567]

3.6.6 Internationaler ordre public als „Großbaustelle" des Völkerrechts

3.6.6.1 Der Versuch einer Strukturierung der Begriffe

Abgesehen von dem Abgrenzungsschritt, dass – anders als bei der landesrechtlichen Sichtweise der übrigen *ordre-public*-Begriffe – der „internationale

---

sich im Einzelnen in dieser Bearbeitung nicht zweifelsfrei feststellen. Zwar ist auf den ersten Blick Art. 6 EUV in diesem Sinne „umfangreicher", wenn über die EMRK hinaus noch weitere Kataloge berücksichtigt werden sollen. Allerdings bedeuten mehr Rechtspositionen in der Regel auch mehr Konfliktpotenzial mit kollidierenden anderen Rechtspositionen, die ebenfalls geschützt sind und gegebenenfalls durch Schrankenregelungen eine Einengung der Schutzgewähr nach sich ziehen; vgl. dazu allgemein nur *Trechsel* 1998, S. 381; *Kirchhof* 2011, S. 3681; nähere Überlegungen dazu z. B. bei *Sauer* 2011, S. 195 ff. Dies betrifft in erster Linie horizontale Grundrechtskollisionen in mehrpoligen Rechtsverhältnissen (d. h. im Konflikt mehrerer Privater). Dazu für den Bereich freiheitsentziehender Maßnahmen *Volkmann* 2011, S. 838, anhand von BVerfGE 128, 326.

566   Vgl. *Kap. 3.6.3* und *Kap. 3.6.4.4.1.4*.

567   So auch *Capus* 2010, S. 416.

ordre public" vor *supranationalem Hintergrund* zu bestimmen ist und nicht aus der Perspektive einer *einzelnen Rechtsordnung*, ist vieles unklar: Die Diskussion um den Begriff eines internationalen *ordre public* und seinen möglichen Inhalt bildet – so scheint es – eine der unvollendeten „Großbaustellen" des Völkerrechts. Die Versuche in der Fachdiskussion, den Inhalt des internationalen *ordre public* zu klären, können zumeist nur als fragmentarisch oder als Aufzählungen einzelner Bereiche bezeichnet werden, die gewissermaßen „zumindest dazu gehören müssten".[568] Aber selbst die Antwort auf das „Wozu zugehören?", also auf die Frage nach einem einheitlichen Begriff als Bezugspunkt, ist von großer, inkongruenter Vielstimmigkeit gekennzeichnet. Ebenso gehen die Ansichten dazu auseinander, welche Rechtskraft bzw. Rechtswirkung dem Betrachtungsgegenstand zukommen soll.

Allen Überlegungen ist anscheinend gemein, dass ein Katalog von Rechten besteht, der losgelöst von Normierungen in einzelnen nationalen Rechtsordnungen einen staatenübergreifenden Bezugspunkt bildet. Soweit ersichtlich werden im Wesentlichen die Ausdrücke „internationaler *ordre public*"[569] / „*international public order*"[570], „völkerrechtlicher *ordre public*"[571], „universeller *ordre public*"[572], „internationaler Mindeststandard"[573], „völkerrechtlicher (verbindlicher)[574] Mindeststandard"[575] und „*ius cogens*"[576] diskutiert – teils als inhaltlich deckungsgleich, teils als inhaltliche Abgrenzung zueinander.

Die Vielfalt der dazu vertretenen Ansichten scheint erdrückend.[577] Aus ihnen einen für das Auslieferungsrecht gewinnbringenden Gehalt zu erarbeiten wird da-

---

568 Einen weiter ausgreifenden Versuch unternimmt allerdings *Ziegenhahn* 2002.

569 U. a. *Schütz* 1984, *passim*; *Graßhof/Backhaus* 1996, S. 448; *Vogel* 2009, § 73 Rn. 33 ff.

570 *Hobe* 2014, S. 220; zur Gleichsetzung von „*ordre public*" und „*public order*" *Schütz* 1984, S. 8, wobei seine Ausführungen vor dem Hintergrund zu lesen sind, dass er sich dem Thema vom Internationalen Privatrecht her nähert.

571 U. a. *Voltz* 2013, Art. 6 Rn. 75.

572 *Heini* 1989, S. 154 f.

573 U. a. *Schweitzer* 2010, Rn. 29.

574 Den „verbindlichen völkerrechtlichen Mindeststandard" zieht das BVerfG in mittlerweile ständiger Rechtsprechung heran (vgl. nur E 59, 280 (283); 63, 332 (337); 75, 1 (19); 108, 129 (136 f.).

575 U. a. *Lagodny* 1987, S. 71; *Ipsen* 2014, § 38; *Graßhof/Backhaus* 1996, S. 448; *Hofmann* 1994, S. 271.

576 Statt vieler *Vogler* 1970, S. 219; *Lagodny* 1987, S. 63 ff.; dazu auch *Vogel* 2009, § 73 Rn. 34 ff.

577 Der völkerrechtliche Mindeststandard und der internationale *ordre public* werden teilweise als gleichbedeutend (so *Graßhof/Backhaus* 1996, S. 448) oder der völkerrechtliche

durch erschwert, dass diese Begriffe nicht originär für den Bereich der internationalen Rechtshilfe in Strafsachen entwickelt wurden, sondern vielfach anhand des internationalen Rechtsverkehrs unter Privaten oder für übergreifende völkerrechtliche Belange. So soll aus den Überlegungen der „völkerrechtliche *ordre public*" ausgenommen werden können, da mit ihm eine Rechtsmaterie beschrieben werde, die die zwischenstaatliche Ordnung der Völkerrechtssubjekte aufrechterhalten solle,[578] und somit vornehmlich auf die Rechtsposition der Staaten selbst im Umgang miteinander ausgerichtet sei, statt Individualrechte mit menschenrechtlichem Gehalt zu erfassen. Von anderen wird dies nur als ein Teilaspekt des völkerrechtlichen *ordre public* begriffen, der im Weiteren auch den Schutz elementarer Menschenrechte als Pflicht der Völkerrechtssubjekte umfasse[579] und somit wiederum einen Teil der hier anstehenden Diskussion formen würde. Dieser Teilaspekt, der die zwischenstaatliche Ordnung der Völkerrechtssubjekte aufrechterhalten soll, ist nach Ansicht anderer wiederum auch Regelungsgegenstand des internationalen *ordre public*,[580] der synonym zum völkerrechtlichen *ordre public* verwendet wird[581].

Mindeststandard auch als internationaler *ordre public* „in weiterem Sinne" (*Vogel* 2009, § 73 Rn. 34, 36 f.) verstanden. Weniger über den Inhalt als vielmehr über die Funktion erfolgt die Systematisierung, wenn der internationale *ordre public* als Teilmenge der zwingenden Normen des allgemeinen Völkerrechts (*ius cogens*) verstanden wird, so dass er vollständig einen unabdingbaren Grundbestand an Rechtssätzen bildete (so wohl *Graßhof/Backhaus* 1996, S. 448) und damit immer zur Nichtigkeit von widersprechenden völkerrechtlichen Vereinbarungen führte. Teilweise werden die Begriffe *ius cogens* und internationaler *ordre public* auch als inhaltlich deckungsgleich verwendet (*Hobe* 2014, S. 220, dort als *international public order* bezeichnet; *Conrad* 2013, S. 137; *Vogel* 2001, S. 941). Andere hingegen sehen (nur) einige Normen eines internationalen *ordre public* als *ius cogens* an, während den sonstigen Normen des internationalen *ordre public* dieser zwingende Charakter fehlen soll (in diesem Sinne wohl *Lagodny* 1987, S. 71 f.; *Jaenicke* 1995, S. 1348-1351; ebenso *Vogel* 2009, § 73 Rn. 34 f., bezüglich des „internationalen *ordre public* im engeren Sinne"; und *Hofmann* 1994, S. 273, unter Verweis auf die Rechtsprechung des BVerfG, und unter Verwendung von „völkerrechtlicher Mindeststandard" statt „internationaler *ordre public*"). Es wird auch vorgeschlagen, diejenigen Grundsätze, die zwingendes Völkerrecht darstellen, als „völkerrechtlicher *ordre public*" zu bezeichnen, während die sonstigen, nichtverbindlichen internationalen Regeln dann den internationalen *ordre public* bildeten (so wohl *Schütz* 1984, S. 9-12, als Zwischenergebnis seiner Sichtung der dazu vertretenen Auffassungen für seine weiteren Ausführungen). Vgl. bspw. auch den Versuch einer Sortierung der Begriffe bei *Schütz* 1984, S. 9-14.

578   *Voltz* 2013, Art. 6 Rn. 75.

579   *Vogler* 1970, S. 219 m. w. N., der dabei „*ius cogens*" ohne nähere Erläuterung gleichbedeutend mit „völkerrechtlicher *ordre public*" verwendet.

580   *Jaenicke* 1967, S. 82 f.

581   *Jaenicke* 1967, S. 127.

Alternativ könnte der internationale *ordre public* weniger vom Völkerrecht her – also aus denjenigen Rechtssätzen, die zwischen den Staaten gelten[582] – zu bestimmen sein, sondern vielmehr rechtsvergleichend als Kernbestand von Rechten, der allen (nationalen) Rechtsordnungen gemein ist.[583] Die Grenzen zwischen beiden Sichtweisen verschwimmen wiederum dort, wo gemeinsam national als unverzichtbar erkannte Rechtssätze in internationale Abkommen, also völkerrechtliche Regelungen übertragen werden.

Ein Stück weit Einigkeit besteht noch hinsichtlich des Begriffs des *ius cogens*. Das wird erleichtert durch seine Definition in der Wiener Vertragsrechtskonvention: Gemäß Art. 53 S. 1 WVK handelt es sich beim *ius cogens* um zwingende Normen des Völkerrechts. Dem entgegenstehendes Völkervertragsrecht ist also automatisch nichtig.[584] Die Voraussetzung dafür ist gemäß Satz 2 deren Annahme und Anerkennung durch die internationale Staatengemeinschaft in ihrer Gesamtheit als Normen, von denen nicht abgewichen werden darf. Dies orientiert sich aber eher an der Rechtswirkung einer Einordnung als *ius cogens* denn an dessen Inhalt. Der Inhalt wurde bei den Verhandlungen über die WVK bewusst offen gelassen,[585] um durch die Staatenpraxis und internationale Spruchkörper ausgefüllt zu werden.[586] *Ius cogens* besteht zwar neben dem Völkergewohnheitsrecht, dem Völkervertragsrecht und den allgemeinen Rechtsgrundsätzen des Völkerrechts als den Quellen des Völkerrechts,[587] entwickelt sich aber auch aus ihnen[588].

3.6.6.2 Ein schlüssiges Destillat zum Verhältnis der Begrifflichkeiten

Als für diese Erörterung ausreichendes Destillat der vorzufindenden Meinungen kann festgehalten werden, dass es einen Bestand an Normen gibt, die trotz unterschiedlicher Kombinationsvarianten von „international" und „völkerrechtlich" (o. a. „universell") sowie „*ordre public*" und „Mindeststandard" einen vergleichbaren Regelungsgegenstand haben. Die Bezugswörter „*ordre public*" und „Mindeststandard" beschreiben den betreffenden Normenbestand als Untergrenze im Spektrum möglicher Regelungsinhalte, deren Nichtbeachtung ein schlechthin

---

582   Das umfasst die Rechtsquellen des Völkerrechts gem. Art. 38 Abs. 1 lit. a-c IGH-Statut.

583   *Sonnenberger* 2010, Art. 6 Rn. 19 m. w. N.

584   Vgl. auch *Vitzthum* 2013, Rn. 126.

585   Vgl. *Lagodny* 1987, S. 64 f.

586   *Völkerrechtskommission* 1966, S. 248.

587   Vgl. die Aufzählung in Art. 38 IGH-Statut.

588   *Müller/Wildhaber* 2001, S. 103; *Stein/von Buttlar* 2009, Rn. 148.

nicht gangbarer Weg sein soll, möchte man nicht das Miteinander der diesen Normen unterworfenen Staaten insgesamt gefährden. Die Attribute „international", „völkerrechtlich" oder auch „universell" heben den betreffenden Normenbestand aus dem Kontext landesrechtlicher oder auch nur binationaler Gültigkeit heraus, so dass er einen die Einzelstaaten überwölbenden Regelungskomplex bildet. Im Weiteren wird in dieser Arbeit daher schlicht „internationaler *ordre public*" für diesen Regelungskatalog verwendet.

In einen schlüssigen Zusammenhang mit dem Begriff *ius cogens* stellen *Müller* und *Wildhaber* diesen internationalen *ordre public*, dem hier im Weiteren gefolgt werden wird. Ihre Systematisierung kann die umrissenen Ausführungen in der Literatur zu diesen Rechtsfiguren weitgehend einordnen:[589] Das *ius cogens* ist nicht deckungsgleich mit dem internationalen *ordre public*. Stattdessen ist „*ius cogens*" als Beschreibung völkerrechtlich zwingenden Charakters und damit (lediglich) als eine Gültigkeitsbeschränkung von Vertragsinhalten zu verstehen.[590] Für die Weiterentwicklung zu einem eigenständigen, inhaltlich ausdifferenzierten Normenkomplex, der fundamentale Werte der internationalen Rechtsgemeinschaft verkörpert und als „völkerrechtliches Verfassungsrecht" bei allen Rechtshandlungen zu beachten ist, ist die Rechtsfigur des *ius cogens* ungeeignet. Zur Beschreibung eines solchen völkerrechtlichen Verfassungsrechts ist stattdessen der Begriff des „internationalen *ordre public*" zu verwenden.[591] An ihm ist die Rechtmäßigkeit völkerrechtlicher Handlungen auch jenseits der Abschlüsse völkerrechtlicher Verträge zu messen.[592] Widersprechen einzelne Grundsätze des

---

589　Zum Folgenden *Müller/Wildhaber* 2001, S. 103-105; i. E. so wohl u. a. auch *Lagodny* 1987, S. 86; *Hofmann* 1994, S. 275; *Jaenicke* 1995, S. 1348 ff.

590　Zu dieser Funktion *Murschetz* 2007, S. 187 m. w. N. in Fn. 934; eingehend *Vogler* 1970, S. 215 ff. m. w. N.

591　Denkt man das *ordre-public*-Begriffssystem zu Ende, dann erweist sich dieser weltweite internationale *ordre public* zugleich als *ordre public interne* der internationalen Staatengemeinschaft: Dieser internationale *ordre public* meint die Normen, die für das Zusammenleben der Mitglieder der Staatengemeinschaft als fundamental erachtet werden und rechtlich anerkannt sind; selbst wenn es sich dabei um einen sehr geringen konsentierten Umfang von Rechtspositionen handelt. Von dieser globalen Position aus handelt es sich wiederum also um Regeln für ein *internes* Miteinander.

592　Auch das BVerfG scheint dergestalt zu systematisieren. Einerseits sieht es in den „allgemeinen Regeln des Völkerrechts" in Art. 25 GG in ständiger Rechtsprechung (vgl. dazu *Kap. 3.6.4.4.1.2* mit zahlreichen Nachweisen) einen „völkerrechtlichen Mindeststandard" (d. h. den Terminus, den das Gericht statt „internationaler *ordre public*" verwendet); andererseits subsumiert es unter diese „allgemeinen Regeln des Völkerrechts" das völkerrechtliche *ius cogens*, das Völkergewohnheitsrecht sowie die anerkannten allgemeinen Rechtsgrundsätze i. S. d. Art. 38 Abs. 1 lit. c IGH-Statut (BVerfG, NJW 1988, S. 1463). Folglich versteht es ebenfalls das *ius cogens* als Teilmenge des „völkerrechtlichen Mindeststandards".

internationalen *ordre public* dem Inhalt eines Auslieferungsvertrages, so stehen folglich diese einzelnen Grundsätze als *ius cogens* der Wirksamkeit des Auslieferungsvertrages entgegen.

3.6.6.3 Der wertvolle Konsens zum Inhalt des internationalen ordre public

Für eine Erörterung, die einen dogmatisch tragfähigen Gleichlauf zu begründen sucht zwischen innerstaatlichen Vorbehalten gegen drohende Haftbedingungen und auch völkerrechtlich wirksamen Einwänden, ist daher nun zu fragen, inwiefern sich drohende Haftbedingungen in dem Teil des internationalen *ordre public* im oben verstandenen Sinne wiederfinden, dem zwingender Charakter zukommt.

Dabei ist grundsätzlich Vorsicht geboten, ein individuelles Interesse einzelner Staaten oder Rechtsordnungen zum nach internationaler Anschauung unverzichtbaren Grundsatz zu erheben.[593] Gerade wenn dem Inhalt internationaler Abkommen Allgemeingültigkeit zugesprochen werden soll, heißt das jeweils auch, zu Lasten eventueller Nichtunterzeichnerstaaten ein solches Recht zu postulieren.[594]

Während einige Autoren in einer inhaltlichen Annäherung sehr vage bleiben und es mit einem Verweis auf „elementare Grundsätze des Völkerrechts"[595] oder „grundlegende"[596] bzw. „elementare Menschenrechte" und ein Recht auf Schutz

---

593 *Vogel* (2009, § 73 Rn. 35) mahnt „große Zurückhaltung" bei der Bestimmung der inhaltlichen Reichweite eines internationalen *ordre public* an; ähnlich *Vogler* 1970, S. 223; *Lagodny* 1987, S. 85 (konsensfähiger Inhalt von *ius cogens* „fast nicht möglich"); *ders.* 2012, § 73 Rn. 33.

Dass „[b]ei der Destillation zwingender Standards aus den gewohnheitsrechtlich geltenden Menschenrechten [...] keine übertriebene Zurückhaltung angezeigt [ist, da] in aller Regel [...] das Interesse der Völkergemeinschaft an einer strikten Wahrung des gewohnheitsrechtlichen Menschenrechtsstandards nicht durch das Interesse an einer vertraglichen Dispositivität dieses Standards gemindert [wird]" (*Herdegen* 2015a, Art. 1 Abs. 2 Rn. 31) zieht hingegen für sich genommen keine größere Ergiebigkeit an zwingenden Menschenrechten nach sich. Indem der Fokus vom *ius cogens* auf völkergewohnheitsrechtliche Menschenrechte verschoben wird, bleibt das Problem unverändert: Welcher Bestand an Rechten spiegelt sich in der Rechtspraxis zahlreicher, alle weltweit bestehenden Rechtskulturen repräsentierender Staaten wider, die in der Überzeugung geübt wird, dazu von Völkerrechts wegen verpflichtet zu sein, und bildet also das Völkergewohnheitsrecht (so die Definition des Völkergewohnheitsrechts in BVerfGE 15, 25 (35); 46, 342 (367); 66, 39 (65); eingehend zu der Definition *Geiger* 1978, S. 382 ff.)?

594 Vgl. nur *Popp* 2001, Rn. 389.

595 *Seidl-Hohenveldern* 1997, S. 788 f. [*Übersetzung des Verf.*].

596 *Stein* 1983, S. 32.

vor „unmenschliche[n] Strafen" belassen,[597] werden andere konkreter. Die Vorschläge zur Inhaltsbestimmung sind vor diesem Hintergrund ähnlich zahlreich wie die Beiträge zur Bestimmung der Begrifflichkeit „internationaler *ordre public*" / „*ius cogens*".[598] Der vielfach vorgenommene Versuch, über eine große Spannbreite von Fallgruppen und vor allem betroffener Grundrechte – gleichsam im Gesamtpaket – zu diskutieren, steht häufig einer eindeutigen Positionierung bezogen auf die Haftbedingungen im ersuchenden Staat im Wege. Wenn neben Folter und Haftbedingungen z. B. auch noch Verfahrensgarantien (Recht auf Gehör) oder ein Recht auf Privat- und / oder Familienleben in den Blick genommen werden, lassen sich auch dafür beachtliche Argumente ins Feld führen. Die allermeisten Positionen gehören aber *nicht* nach Ansicht *aller Autoren* zu einem internationalen Mindeststandard. Je nachdem was man nun als dessen Quelle heranzieht, müssen sich im Zweifel über 200 Völkerrechtssubjekte mit ihren verschiedensten Rechtsordnungen und -traditionen darin wiederfinden. Also handelt es sich bei jenem als zwingend angesehenen Mindeststandard notwendigerweise um einen Minimalkompromiss,[599] der je nach Betrachtungsgegenstand aus deutscher Sicht kaum noch das Prädikat „Untergrenze" verdient.[600]

Klar herauszustellen ist daher an dieser Stelle umso mehr, dass „allgemeine Gültigkeit"[601] jedenfalls für das absolute Folterverbot in der Ausprägung erhoben

---

597 *Vogler* 1970, S. 220, 223.

598 Vgl. z. B. *Kau* 2013, Rn. 289 m. w. N.: Recht auf Rechtsfähigkeit, Rechtssubjektivität, Leben, körperliche Unversehrtheit, Sicherheit der Person, Gleichheit vor dem Gesetz und vor Gericht, ein geordnetes Verfahren sowie Teilnahme am Wirtschaftsleben; *Lagodny* 1987, S. 72-82, stellt weitgefächert das Meinungsbild zum möglichen Gegenstand des *ius-cogens*-Begriffs dar; *Hannikainen* 1988, S. 444-520: Verbot der Sklaverei, des Völkermordes, der schwerwiegenden Diskriminierung, Geiselnahme, Kollektivbestrafungen (die Auflistung sei aber nicht abschließend); *Jaenicke* 1995, S. 1350: „materielle Gewährleistungen […] aus allgemein anerkannten internationalen Verträgen, Deklarationen der Vereinten Nationen und anderer internationaler Organisationen" [*Übersetzung des Verf.*]; diesem Ansatz ausdrücklich widersprechend *Popp* 2001, Rn. 390 m. w. N., der sodann (nur) die Menschenwürde, den Grundsatz von Treu und Glauben sowie das Verhältnismäßigkeitsprinzip als Bestandteile nennt; *Vogel* 2009, § 73 Rn. 35 m. w. N.: Verbot der willkürlichen Tötung, der Versklavung Verfolgter und der diskriminierenden Verfolgung sowie (unter Vorbehalt) das Gesetzlichkeitsprinzip, das Rückwirkungsverbot und das Recht auf rechtliches Gehör.

599 Statt vieler *Scheuner* 1969, S. 34; kürzlich *Tinkl* 2008, S. 61.

600 *Conrad* (2013, S. 137 f.) verweist dazu auf die Pönalisierung außerehelichen Geschlechtsverkehrs oder ein Berufsverbot für Frauen, die zwar in einer freiheitlichen Gesellschaft nicht vorstellbar, aber von einer beträchtlichen Anzahl Staaten anerkannt sind. Die Straffreiheit außerehelichen Geschlechtsverkehrs und Berufsausübung durch Frauen müssten folglich als Mindeststandard ausscheiden.

601 *Flügge* 2010, S. 216.

wird, die es durch Art. 3 EMRK, Art. 5 VN-Menschenrechtserklärung oder auch Art. 7 und 10 Abs. 1 IPbpR[602] sowie das VN-Antifolterübereinkommen (Art. 1, 16) erhalten hat:[603] Darin ist neben dem Verbot der eigentlichen Folter jeweils – in sprachlich leichter Varianz – eine Behandlung oder Strafe untersagt, die unmenschlich oder erniedrigend ist.[604] Es sind dabei nicht die genannten Vorschriften selbst, die *ius-cogens*-Charakter haben, sondern deren jeweiliger materieller Gehalt.[605]

Nun könnte man gegen die Einschätzung, dieses Verbot würde als zwingend anerkannt werden, einwenden, dem stünde dessen tägliche, vielfache Missachtung überall auf der Welt entgegen, so dass also gerade kein Konsens bestehe, dass eine solche Behandlung oder Strafe unzulässig sei, und erst recht nicht, dass dieses Verbot zwingend sei.

Der Befund, dass das Verbot der unmenschlichen oder erniedrigenden Behandlung oder Strafe sowohl Bestandteil des internationalen *ordre public* als auch gemäß Art. 53 S. 2 WVK eine zwingende Norm des Völkerrechts im Sinne von Satz 1 (d. h. *ius cogens*) ist, wird aber dadurch gestützt, dass kein Staat behauptet, eine dem Gehalt von Art. 3 EMRK widersprechende Behandlung einem Menschen antun zu dürfen. Nicht das Verbot selbst wird bestritten, sondern die vorgebrachten Tatsachen, die sich unter diese abstrakte menschenrechtliche Gewährleistung subsumieren lassen. Indem die Staaten gar nicht versuchen, eine unmenschliche oder erniedrigende Behandlung oder Strafe als solche zu rechtfertigen, bekräftigen sie deren Verbot.[606] Zudem kann aus dem fortlaufenden Ver-

---

602 Nach der Rechtsprechung des VN-Menschenrechtsausschusses stellt die speziellere Regelung des Art. 10 Abs. 1 gegenüber Art. 7 IPbpR insgesamt niedrigere Anforderungen an eine unmenschliche oder entwürdigende Behandlung, so *Schilling* 2010, Rn. 163 m. w. N.

603 Eine Auflistung von insgesamt 28 völkerrechtlichen Instrumenten mit einem Folter- bzw. sinnentsprechenden Verbot findet sich bereits bei *Kooijmans* 1986, S. 5-9.

604 Statt – soweit ersichtlich – aller *Frowein/Kühner* 1983, S. 556; *Hailbronner* 1989, Rn. 745; *Hannikainen* 1988, S. 499-513; *Herdegen* 2015a, Art. 1 Abs. 2 Rn. 30 i. V. m. Rn. 33; *Hofmann* 1994, S. 277 ff.; *Kälin* 1982, S. 58; *Lagodny* 2012, § 73 Rn. 98 f.; *Murschetz* 2007, S. 187; *Vogel* 2009, § 73 Rn. 35; *Schwaighofer* 1988, S. 40 m. w. N.; *Vogler* 1990, S. 490 f.; *Alleweldt* 1996, S. 71 (zumindest in seinem „Kernbereich"); EGMR, 07.07.1989 – 1/1989/161/217 (*Söring vs. Vereinigtes Königreich*), Rn. 88; BGHSt 32, 314 (325); Schweizerisches Bundesgericht, EuGRZ 1983, S. 255; BT-Drs. 9/1338, S. 93 („elementare[s] […] völkerrechtliche[s] Gebo[t]"); *Schweizerischer Bundesrat*, BBl 1994 II, 1486 ff. (1499) („gemäß einhelliger Überzeugung absoluten Charakter"); als ausschnittsweise Nachweisführung gem. Art. 38 Abs. 1 lit. d IGH-Statut.

605 *Häde* 1997, S. 16 m. w. N.

606 Diese Argumentation findet sich bereits bei *Alleweldt* (1996, S. 101 m. w. N.), bezogen auf das Folterverbot; ebenso *Kunig* (2013, Rn. 142), ohne Bezugnahme auf einen

stoß gegen eine Norm nicht geschlossen werden, sie käme automatisch nicht als anerkanntes zwingendes Menschenrecht in Frage. Selbst die in sehr skeptischen Aufzählungen von Minimalrechten enthaltenen (quasi extremen) Tatbestände wie Sklaverei oder Völkermord[607] können sich nicht weltweiter Beachtung rühmen. Daher können die vielfachen und vielseitigen Verstöße gegen die Garantien, wie sie Art. 3 EMRK aufzählt, nicht durchgreifend gegen ihre Wirksamkeit in Stellung gebracht werden. Unbeschadet dieser Verstöße ist also das Verbot unmenschlicher oder erniedrigender Behandlung oder Strafe als zwingendes Menschenrecht Teil des internationalen *ordre public*, das als *ius cogens* entgegenstehendes Völkervertragsrecht bricht.

3.6.6.4 Anwendung auf das innerstaatliche Rechtsverhältnis

Der internationale *ordre public* hat für das innerstaatliche Rechtsverhältnis nach hier vertretener Auffassung von der Geltung der Grundrechte im Auslieferungsrecht keine Bedeutung. Die von ihm umfassten Gewährleistungen sind Minimalstandards, die bereits von Garantien in der deutschen Rechtsordnung vollständig abgedeckt sind. Sollte dies im Einzelfall einmal anders sein, würde diese Rechtsposition des internationalen *ordre public* allerdings über Art. 25 GG in die deutsche Rechtsordnung einfließen[608] und ihre Abwehrwirkung entfalten, was durch § 73 S. 1 IRG i. V. m. § 1 Abs. 3 IRG auch berücksichtigt werden soll[609].

Eine größere Bedeutung hätte der internationale *ordre public* nur, wenn man – wie früher teilweise vertreten – die Heranziehung von Grundrechten als solche zur Bestimmung des deutschen *ordre public international* ablehnt und sich lediglich mit dem durchgreifenden völkerrechtlichen Minimum bescheiden möchte.[610] Der internationale *ordre public* würde dann einer Auslieferung aus

---

konkreten Tatbestand. Bedauerlicherweise erhält *Alleweldts* lange Zeit tadellose Argumentation ausgerechnet durch die USA Kratzer: Deren durch den „Folterbericht" des US-Senats zu den Aktivitäten in Guantanamo (vgl. *Nešković* 2015) offengelegte Folter von Terrorverdächtigen wird in öffentlichen Reaktionen auf die Veröffentlichung von mehreren ehemals maßgeblich Beteiligten als Folter im Interesse des Landes gerechtfertigt, darunter der ehemalige US-Präsident *George W. Bush* und dessen Vize-Präsident *Richard B. Cheney*.

607 *Lagodny* 1987, S. 90.

608 Vgl. nur *Vogel* 2009, § 73 Rn. 34.

609 BT-Drs. 9/1338, S. 93, rechte Spalte.

610 Vgl. *Kap. 3.6.4.3.*

Deutschland entgegenstehen, wenn im ersuchenden Staat eine Art.-3-EMRK-widrige Behandlung droht.[611]

3.6.6.5 Anwendung auf das völkerrechtliche Rechtsverhältnis

Mit dem internationalen *ordre public* und dem *ius cogens* sind nun – neben den eigentlichen Auslieferungsverträgen – weitere Rechtsinstitute identifiziert, die völkerrechtlicher Natur sind und daher die völkerrechtliche Rechtslage beeinflussen.[612] Diese völkerrechtliche Rechtslage kann zum einen eine mögliche Auslieferungspflicht aus einem vorab geschlossenen Auslieferungsabkommen umfassen. Diese Pflichten entfallen, wenn ihre Erfüllung gegen *ius cogens* verstieße. Besteht noch kein Auslieferungsabkommen, das Auslieferungsersuchen wird aber trotzdem angenommen und damit ein (konkreter) Auslieferungsvertrag geschlossen, so kann auch dieser gegen das *ius cogens* verstoßen. Auch er wäre dann nichtig.

Zum anderen ist die völkerrechtliche Rechtslage durch den internationalen *ordre public* geprägt, der sich als völkerrechtliches Verfassungsrecht auf alle völkerrechtlichen Handlungen auswirkt. Wenn also trotz des *ius-cogens*-Verstoßes des Auslieferungsvertrages die Auslieferung vollzogen würde, stellt das nach hier vertretener Ansicht wiederum einen Verstoß gegen den internationalen *ordre public* dar.

Zur Aufhebung einer bestehenden Pflicht aus einem vorab geschlossenen Auslieferungsabkommen ist auf den internationalen *ordre public* und das *ius cogens* selbstredend nur dann abzustellen, wenn das Abkommen keine eigene Menschenrechtsklausel (die sonst Teil der völkerrechtlichen Rechtsquellen wäre) enthält, oder zwar eine vereinbart ist, die aber hinter den internationalen *ordre public* zurückfällt[613].

Da es im vertraglosen Auslieferungsverkehr keine vorab bestehende völkerrechtliche Auslieferungsverpflichtung gibt, die es durch einen völkerrechtlich wirksamen *ordre-public*-Vorbehalt aufzuheben gilt, bedarf es also aus deutscher Sicht auch keiner Erwägungen zur Berücksichtigung anderer *ordre-public*-Vorbehalte als des von § 73 S. 1 IRG konkretisierten deutschen *ordre public international*.

Im vertragsgebundenen Auslieferungsverkehr können neben dem internationalen *ordre public* bei unterschiedlichen ersuchenden Staaten auch weitere, strengere völkerrechtlich wirksame Kataloge zum Tragen kommen. Gegenüber EU-

---

611 *Vogler* 1970, S. 220 (abstellend auf „unmenschliche Behandlung", die völkergewohnheitsrechtlich verboten sei); *ders.* 1990, S. 491 (ausdrückliche Bezugnahme auf Art. 3 EMRK).

612 Vgl. *Kap. 2.4.1.*

613 *Vogel* 2004a, S. 144 f.; *ders.* 2009, § 73 Rn. 9, 34.

Staaten sind das die mit Art. 6 EUV abgesicherten Rechte, bei EMRK-Staaten die von Art. 1 EMRK in Bezug genommenen, da sie jeweils selbst völkerrechtlichen Charakter haben und die beteiligten Staaten binden.

Mit Blick auf den Schutz vor unzulänglichen Haftbedingungen im ersuchenden Staat ist es an dieser Stelle wichtig herauszustellen, dass eine Norm mit *ius-cogens*-Charakter und als Teil des internationalen *ordre public* besteht, die vor derartigen Haftbedingungen schützen will und hinter die also auch völkerrechtliche Beziehungen nicht zurückfallen dürfen: Die völkerrechtliche Pflicht zur Auslieferung entfällt, wenn dem Verfolgten im ersuchenden Staat eine unmenschliche oder erniedrigende Behandlung oder Strafe droht. Diese Gewährleistungen werden unter anderen auch von Art. 3 EMRK ausgedrückt, damit sind sie zugleich Bestandteil des die EU- bzw. die Europaratsstaaten völkerrechtlich bindenden Kanons. Ein dessen ungeachtet abgeschlossener Auslieferungsvertrag ist nichtig. Der Vollzug einer solchen Auslieferung wäre ein Verstoß gegen zwingendes „Völkerverfassungsrecht".

3.6.7 Zusammenfassung

Aus Sicht des Verfolgten erfreulich hat sich nicht nur ein formal anerkanntes Auslieferungshindernis gefunden, das die Berücksichtigung unzulänglicher Haftbedingungen im ersuchenden Staat überhaupt ermöglicht – der *ordre-public*-Vorbehalt –, sondern auch herausgestellt, dass dieses Hindernis zugunsten des Verfolgten streitend den Schutz vor unmenschlicher oder erniedrigender Behandlung oder Strafe durch Strafvollzugsbedingungen umfasst, wie es vor allem, aber nicht nur von Art. 3 EMRK gewährleistet wird. Diese Gewährleistung findet sich in allen aus deutscher Sicht relevanten *ordre-public*-Katalogen, und zwar sowohl für die binnenrechtliche als auch die zwischenstaatliche Rechtsbeziehung.

Insoweit wie sich eine drohende Todesstrafe bzw. das ihr vorangehende Verfahren im Sinne der *Söring*-Rechtsprechung des EGMR Art. 3 EMRK subsumieren lässt, könnte sich über diese Argumentationslinie für die Bundesrepublik auch die Möglichkeit eröffnen die Auslieferungsersuchen von Staaten völkerrechtskonform abzulehnen, mit denen ein Auslieferungsabkommen ohne Todesstrafenvorbehalt besteht und die eine solche Todesstrafe im Anschluss an die Auslieferung nicht verlässlich ausschließen.

3.7 Fehlende Zuweisung der Feststellungskompetenz als rechtspraktische Grenze

Um den Kreis zu schließen, der von der Feststellung ausging, bei Rechtsbeziehungen auf zwei unterschiedlichen Ebenen (innerstaatlich-binnenrechtlich und zwischenstaatlich-völkerrechtlich) könne es Friktionen geben, sei hier nun schlussendlich erörtert, ob ein Gleichlauf der Rechtsbeziehungen tatsächlich *durch den ersuchten Staat* hergestellt werden kann, um einen Bruch des (völker-rechtlichen) Auslieferungsvertrags zu vermeiden. Dazu müsste der in der jeweiligen Auslieferungsbeziehung einschlägige Menschenrechtskatalog die Auslieferungspflicht – falls eine solche völkerrechtlich besteht – aufheben können.

3.7.1 Ausgangspunkt

Sollte die Auslieferung nach innerstaatlichem Recht des ersuchten Staates unzulässig sein, so wäre dem im völkerrechtlichen Verhältnis ebenfalls so, wenn derselbe (Menschen-)Rechtsbestand als möglicher Auslieferungsvorbehalt in den bereits *bestehenden Auslieferungsvertrag* ausdrücklich aufgenommen oder der (Menschen-)Rechtsbestand Teil *geltungsstärkeren Völkerrechts* ist, das der Wirksamkeit der im Vertrag begründeten Auslieferungspflicht entgegensteht, also Völkerrecht mit *ius-cogens*-Qualität. Wenn bspw. bei drohenden menschenunwürdigen Haftbedingungen *innerstaatlich* wegen des jedenfalls über Art. 1 Abs. 1 GG i. V. m. Art. 3 EMRK geltenden Verbots der unmenschlichen oder erniedrigenden Behandlung oder Strafe die Auslieferung unzulässig ist und nach wohl allgemeiner Ansicht[614] dieses Verbot der unmenschlichen oder erniedrigenden Behandlung oder Strafe *völkerrechtlich* auch Teil des *ius cogens* ist, dann könnte mit dieser rechtsdogmatischen Konstruktion auf den ersten Blick der erwünschte Gleichlauf von innerstaatlicher und völkerrechtlicher Auslieferungspflicht bzw. -freiheit hergestellt werden.[615]

Doch diese theoretische Konstruktion stößt an eine unüberwindbare Grenze. Denn jeder (Verbots-)Tatbestand braucht eine befugte Instanz, die die verbindliche Feststellung treffen darf, dass die Tatbestandsmerkmale dieser (Verbots-) Norm vorliegen,[616] also die Kompetenz zur (endgültigen) Konkretisierung oder auch Subsumtion hat. Der völkerrechtliche Rechtssatz, der vor einer unmenschlichen oder erniedrigenden Behandlung oder Strafe schützen will, sagt damit zwar – recht abstrakt – unter welchen (drohenden) Umständen eine entsprechende Auslieferung unzulässig ist, er stellt aber nicht fest, wann diese Umstände vorliegen. Auch einen *ius-cogens*-Verstoß als solchen müsste der ersuchte Staat also zunächst verbindlich feststellen (lassen) können, damit die Auslieferungspflicht entfällt. Es bedarf daher einer solchen befugten Instanz, die feststellen darf, dieser oder jener konkrete Sachverhalt falle unter die mehr oder minder abstrakten Tat-

---

614 Vgl. *Kap. 3.6.6.3.*

615 Dieser Ausweg über die innerstaatlich und völkerrechtlich parallelen Rechtspositionen wird mehrfach in der Literatur vorgeschlagen, um den völkerrechtlichen Pflichten Deutschlands zu genügen, vgl. z. B. so schon bei *Vogler* 1970, S. 215 f., 220; *Kälin* 1982, S. 58, 166 f.; *Zöbeley* 1983, S. 1706; *Graßhof/Backhaus* 1996, S. 448; wohl auch *Vogel* 2009, § 73 Rn. 34-37.

616 *Kelsen* 1960, S. 242 ff.

bestandsmerkmale einer Norm mit *ius-cogens*-Charakter. Wer aber sollte diese Feststellung treffen?

3.7.2 Anerkannte inner- und zwischenstaatliche Zuweisungen der Feststellungskompetenz

Für das *innerstaatliche Rechtsverhältnis* richtet sich die Subsumtionsbefugnis unter die Tatbestandsmerkmale einer Auslieferungsvoraussetzung nach der innerstaatlichen Kompetenzordnung. Sie liegt in Deutschland sowohl beim OLG als auch bei der Bewilligungsbehörde, die diese Subsumtion getrennt voneinander vornehmen.[617]

Bezüglich des *völkerrechtlichen Rechtsverhältnisses* gilt demgegenüber, dass Rechtspflichten zwischen Völkerrechtssubjekten nicht nur völkerrechtlich zu begründen sind, sondern auch allein völkerrechtlich überwunden werden können.[618] Die Subsumtion unter die völkerrechtliche Verbotsnorm muss also im Rahmen des Völkerrechts erfolgen, die Kompetenz zur Subsumtion im *innerstaatlichen Rechtsverhältnis* kann hierfür nicht von Relevanz sein. Die Subsumtions- oder auch Feststellungskompetenz muss sich stattdessen aus dem Völkerrecht ergeben.

Vor diesem Hintergrund ist zunächst zwischen einerseits im völkerrechtlichen (Auslieferungs-)Vertrag vereinbarten Auslieferungsvoraussetzungen und andererseits solchen zu unterscheiden, die sich aus geltungsstärkerem Völkerrecht ergeben. Hinsichtlich der *vertraglich ausdrücklich vereinbarten Auslieferungsvoraussetzungen* ist in aller Regel die Subsumtions- bzw. Feststellungskompetenz (oder auch sogenannte Qualifikationskompetenz)[619] nach dem Willen der Vertragsparteien Hoheitsträgern des ersuchten Staates zugewiesen.[620] Die

---

617 Vgl. *Kap. 5.1.*

618 *Kimminich* 1980, S. 175.

619 Die Qualifikationskompetenz bezeichnet die Ermächtigung des ersuchten Staates, darüber zu entscheiden, ob der Tatbestand einer Auslieferungsausnahme erfüllt ist, vgl. dazu die Verwendung bei *Reichel* 1987, S. 33; *Kimminich* 1980, S. 175; *ders.* 1989, S. 120; *Fröhlich* 2011, S. 12; *Hobe* 2014, S. 94.

620 Vgl. nur *Vogler* 1993b, S. 18; *Hobe* 2014, S. 94. Eine Ausnahme bildet auch das deutsche Umsetzungsrecht zum RbEuHb innerhalb des IRG nicht. Grundsätzlich obliegt es den Instanzgerichten der Mitgliedstaaten über Auslegung und Anwendung des nationalen Umsetzungsrechts zu entscheiden (vgl. 8. und 12. Erwägungsgrund des RbEuHb; vgl. zudem nur *Schönberger* 2007, S. 1132 ff., sowie zum folgenden Aspekt). Zusätzlich ist der EuGH zur Auslegung des in Art. 1 Abs. 3 RbEuHb enthaltenen, von § 73 S. 2 IRG aufgenommenen *ordre-public*-Vorbehalts berufen (vgl. § 1 Abs. 2 EuGHG; dazu auch *Kap. 3.6.5.3*). Die konkrete Subsumtion unter die Bestimmungen des RbEuHb nahm er bislang (nur) im Rahmen der Beantwortung von Vorlagefragen vor, soweit die jeweilige

Hoheitsträger des ersuchten Staates können also selbst entscheiden, ob die Tatbestandsmerkmale dieser Auslieferungsvoraussetzung im konkreten Fall vorliegen. Hierzu sind auch ausdrückliche Menschenrechtsklauseln in Auslieferungsverträgen zu zählen: Diese Klauseln können die Zulässigkeit der Auslieferung an die Einhaltung des *ordre public international* oder gar des *ordre public interne* des ersuchten Staates knüpfen. Mit ihrem Votum befinden die Hoheitsträger des ersuchten Staates also nicht nur über die innerstaatliche Zulässigkeit der Auslieferung, sondern auch völkerrechtlich wirksam über das Bestehen der völkerrechtlichen Pflicht.[621] Dergestalt lässt sich der erwünschte Gleichlauf der innerstaatlichen und der zwischenstaatlichen Berechtigungs- und Pflichtenlage tatsächlich herstellen.

3.7.3 Unklare Feststellungskompetenz für das geltungsstärkere Völkerrecht

Ist jedoch ein solcher Vorbehalt *nicht im Auslieferungsabkommen enthalten* und kann der erwünschte Gleichlauf folglich nur über eine Aufhebung der völkerrechtlichen Pflicht durch einen festzustellenden Verstoß gegen *geltungsstärkeres Völkerrecht* hergestellt werden, hilft die vertragliche Qualifikationskompetenz an diesem Punkt nicht weiter. Denn in den Auslieferungsverträgen fehlt es gerade an Regelungen über die Kompetenz, die Tatbestandsmerkmale desjenigen Völkerrechts für die Vertragsparteien verbindlich auszulegen, das jenseits des durch den

---

Formulierung der Vorlagefrage eine entsprechend konkrete Bezugnahme auf den Einzelfall eingefordert oder zumindest ermöglicht hat. Eine Feststellung darüber, ob das nationale Strafvollzugssystem den Anforderungen des RbEuHb entspricht, kann im Rahmen einer Vorlagefrage gleichwohl nicht in dieser Konkretheit eingefordert werden (vgl. dazu *Classen* 2016, S. 307, anhand eines vergleichbaren Beispiels). Nach dem Inkrafttreten des Vertrages von Lissabon (01.12.2009) bleiben zwar die zuvor vereinbarten Rahmenbeschlüsse in Kraft, allerdings hat sich nach Ablauf von fünf Jahren das Verfahrensregime des EuGH erweitert: Gem. Art. 258 AEUV sind nun auch Beschwerden der Kommission zum EuGH wegen der einzelfallbezogenen Verletzung einer Norm eines Rahmenbeschlusses (und damit auch des Art. 1 Abs. 3 RbEuHb) durch einen EU-Staat möglich (vgl. dazu *Röcker* 2012, S. 330, 333 f.). Folglich ist die Subsumtion konkreter Umstände in einem Staat unter die Einzelmerkmale des RbEuHb in *diesem* Rahmen dem EuGH zugänglich. Damit ist die Feststellungskompetenz aber jedenfalls ausdrücklich einer Einrichtung zugewiesen, und nicht offen geblieben.

621 Wenn das OLG oder die Bewilligungsbehörde zu der Überzeugung gelangt, das Tatbestandsmerkmal liege vor und die Auslieferungspflicht bestehe folglich nicht, setzt die Bewilligungsbehörde das in dem völkerrechtlich relevanten Akt – der Ablehnung des Auslieferungsersuchens – lediglich um (vgl. Kap. 5.3). Die Bewilligungsbehörde trifft damit die letztliche, völkerrechtlich wirksame Entscheidung darüber, ob die völkerrechtliche Pflicht vorliegt (vgl. BVerfGE 63, 215 (226)).

Vertrag selbst gesetzten Völker(-vertrags-)rechts liegt. Dies betrifft in einem solchen Fall den *ius-cogens*-Tatbestand.

Hängt das Entfallen der Auslieferungspflicht von dem Verstoß gegen *ius cogens* ab, stellt sich folgendes Problem: Es mag zunächst noch möglich gewesen sein, aus einer Sichtung völkerrechtlicher Rechtsquellen, Literatur und Rechtsprechung den *ius-cogens*-Tatbestand ein Stück weit dahin zu konkretisieren, dass er jedenfalls auch das Verbot unmenschlicher oder erniedrigender Behandlung oder Strafe umfasst.[622] Aber selbst auf diesem geringeren Abstraktionsgrad verbleibt es bei (auch) innerhalb des Völkerrechts unbestimmten Rechtsbegriffen.[623] Die letztliche Subsumtion der – im Anschluss an die konkret in Frage stehende Auslieferung – drohenden Grundrechtsbeeinträchtigungen unter diese völkerrechtliche Norm muss jedoch einzelfallbezogen[624] völkerrechtlich wirksam erfolgen.

3.7.3.1 Feststellungskompetenz als Dreh- und Angelpunkt des sachverhaltsübergreifenden Menschenrechtsschutzes

Angemerkt sei, dass angesichts der zunehmenden Vernetzung der internationalen Rechtshilfe in Strafsachen und einer wachsenden Sensibilität für die Frage der Menschenrechtsvorbehalte im Auslieferungsverfahren die Zahl derjenigen Auslieferungsbeziehungen sinkt, in denen es an vertraglichen Vorbehalten (und damit einhergehender ausdrücklicher oder konkludenter Zuweisung der Subsumtionskompetenz) fehlt. Im Auslieferungsverkehr mögen somit diejenigen Ersuchen mittlerweile gar die Minderheit ausmachen, bei denen ein *ius-cogens*-Verstoß nicht nur vermutlich zugleich vorliegt, sondern es auf einen solchen Verstoß gerade ankommt, um die Auslieferungspflicht gegebenenfalls auflösen zu können. Allerdings zeigt sich der Wert einer Theorie regelmäßig erst in ihren Randbereichen.[625] Außerdem zielt die Frage, ob eine Auslieferung mit Verweis auf entgegenstehendes *ius cogens* verweigert werden kann, auf den Dreh- und Angelpunkt der ausführlich erörterten Diskussion[626] darüber ab, wie die Menschenrechte des Auszuliefernden sachverhaltsübergreifend – also im vertraglosen wie im vertragsgebundenen Auslieferungsverkehr – geschützt werden können. Daher

---

622 Vgl. *Kap. 3.6.6.3.*

623 Darauf weist *Doehring* (1999, S. 213) ausdrücklich hin.

624 A. A. *Lagodny* 1987, der es bei identischer Problemstellung (S. 83) ausreichen lassen will, wenn es vergleichbare IGH-Rechtsprechung zum menschenrechtlichen *ius-cogens*-Inhalt gibt, aus der dann Schlussfolgerungen gezogen werden könnten (S. 85).

625 *Oetker* 2012, Rn. 125.

626 Vgl. *Kap. 2.4.2* und *Kap. 3.6.4.*

ist es notwendig, auch für diese schrumpfende Menge an Sachverhalten zu überprüfen, ob der eingeforderte Gleichlauf zwischen den beiden Rechtsbeziehungen tragfähig hergestellt werden kann.

3.7.3.2 Subsumtion durch internationale Gerichtshöfe?

Können sich die Parteien über das Pflichtenprogramm aus dem Auslieferungsabkommen nicht einigen,[627] käme zwar als übergeordnete Instanz zur *ius-cogens*-Subsumtion der IGH in Betracht.[628] Allerdings widerspräche dies dem insoweit nach wie vor nationalstaatlichen Gepräge des Auslieferungsverkehrs.[629] Zudem würde die damit verbundene Prüfung der rechtlichen und tatsächlichen Zustände des ersuchenden Staates international „vor aller Augen" erfolgen und außerdem ein entsprechendes Urteil eine unter Umständen von einigen Staaten nicht erwünschte Konkretisierung der Anforderungen z. B. an einen menschenwürdigen Vollzug mit sich bringen. Jedenfalls wurde bis dato – soweit ersichtlich – der IGH noch durch keinen Staat angerufen, dessen Auslieferungsersuchen mit entsprechendem Hinweis auf die auch völkerrechtlich abgesicherten Rechte des Verfolgten durch den ersuchten Staat abschlägig beschieden wurde und der daraufhin nun vom IGH gemäß Art. 36 Abs. 2 IGH-Statut die Feststellung verlangte, eine Pflicht zur Auslieferung in seinen nationalen Strafvollzug würde einen *ius-cogens*-Verstoß *nicht* mit sich führen. Umgekehrt hat auch noch kein ersuchter, die Auslieferung aber verweigernder Staat den IGH angerufen, um von ihm gemäß Art. 36 Abs. 2 IGH-Statut feststellen zu lassen, dass seine Auslieferungsverpflichtung wegen eines solchen *ius-cogens*-Verstoßes nicht bestehe – etwa um sich damit gegen eventuelle völkerrechtliche Maßnahmen zu wehren, mit denen der ersuchende Staat die Auslieferung erzwingen möchte.

Im Ergebnis Ähnliches lässt sich auch für den EGMR sagen. Wie der IGH ist auch er nicht als Spruchkörper eines Auslieferungsmechanismus' entstanden, urteilt aber verbindlich über Völkerrecht. Allerdings beschränkt sich seine Konkretisierungs- und Feststellungskompetenz auf die EMRK, also regionales Völkerrecht. Soweit die jeweilige EMRK-Gewährleistung auch *ius cogens* ist, handelt es sich nur um regionales *ius cogens*,[630] dessen Auslegung durch den EGMR hat

---

627 Eine Einigung als Streitlösungsmöglichkeit bringen *Verdross* und *Simma* (1984, § 37) ins Spiel anhand völkerrechtlicher Pflichten aus einem Vertrag.

628 Vgl. Art. 65 f. WVK sowie dazu *Stein/von Buttlar* 2009, Rn. 91 f. Gem. Art. 66a WVK können die Parteien auch ein Schiedsgericht anrufen, vgl. dazu *Verdross/Simma* 1984, §§ 530, 840.

629 So schon der Befund von *Lagodny* 1987, S. 85, der – mit Ausnahme des Auslieferungsverkehrs nach dem RbEuHb – wohl weiterhin Berechtigung hat.

630 Vgl. *Kap. 3.6.5.4.*

also eine entsprechend regional begrenzte Wirkung.[631] Immerhin würde diese Auslegung durch den EGMR aber Wirkung entfalten für die an die EMRK gebundenen Staaten der Region. Allerdings kann der ersuchte Staat eine solche Feststellung nur mit einer Staatenbeschwerde gemäß Art. 33 EMRK herbeiführen, mit dem vermeintlich Art.-3-EMRK-widrigen Strafvollzug des ersuchenden Staates als Verfahrensgegenstand. Zwar wäre es unproblematisch, dass der ersuchte Staat als Beschwerdeführer damit keine eigenen Rechte geltend machen würde,[632] sondern die von Individuen, allerdings lässt sich ähnlich wie im Falle des IGH festhalten, dass die Interessen der europäischen Staaten nach wie vor dahin gehen, eine solche öffentliche, zwischenstaatliche Auseinandersetzung zu vermeiden. Jedenfalls wurde bis dato – soweit ersichtlich – auch der EGMR noch durch keinen Staat angerufen, der vom EGMR gemäß Art. 33 EMRK die Feststellung verlangte, die Pflicht zur Auslieferung in den nationalen Strafvollzug eines ersuchenden Staates entfalle wegen eines *ius-cogens*-Verstoßes. Erst wenn die Auslieferung für zulässig erklärt wird und der Verfolgte selbst dagegen mittels einer Individualbeschwerde gemäß Art. 34 EMRK vorgeht, läge in einem stattgebenden Urteilsspruch des EGMR die Feststellung eines Verstoßes gegen regionales *ius cogens*. Wenn der ersuchte Staat in einem solchen Fall also erkennbar zur Auslieferung bereit ist, geht es ihm aber gerade nicht darum, die Auslieferungspflicht zu verneinen und in diesem Sinne einen Gleichlauf herzustellen.

3.7.3.3 Zwangsläufige völkerrechtliche Unwirksamkeit der Selbstkonkretisierung

Es verbleiben also die Hoheitsträger des ersuchten Staates, die im Wege einer *Selbstkonkretisierung* zugleich über das Vorliegen völkerrechtlicher Tatbestandsmerkmale entscheiden.[633] Das aber legt die Entscheidung über das Bestehen einer völkerrechtlichen Pflicht in die Hände einer Vertragspartei, ohne dass diese durch den Vertrag oder das Völkerrecht selbst dazu befugt wurde. Letztlich entzieht sich damit – bei Feststellung eines *ius-cogens*-Verstoßes – der ersuchte Staat doch mit

---

631 Dies übersieht *Häde* (1997, S. 24), wenn er erklärt, in *Söring* sei der völkerrechtliche Auslieferungsanspruch der USA mit Verweis auf Art. 3 EMRK unproblematisch erloschen, weil die USA an dessen Gehalt als *ius cogens* ebenfalls gebunden wären. Gleiches gilt für die von *Vogler* (1970, S. 220; 1990, S. 491) vorgeschlagene Lösung, Art. 3 EMRK würde bei Bedarf anderweitige Pflichten aus völkerrechtlichem Vertrag aufheben, auch solche gegenüber Nicht-EMRK-Staaten.

632 *Schilling* 2010, Rn. 735.

633 Teilweise auch als „Selbstbeurteilung" bezeichnet, vgl. *Verdross/Simma* 1984, § 37, 41.

Verweis auf einen innerstaatlichen rechtlichen Vorgang (und damit im Widerspruch zum Grundsatz des Art. 27 WVK) einer völkerrechtlichen Pflicht.[634]

Teilweise wird diese Selbstkonkretisierung geltungsstärkeren Völkerrechts durch nationale Hoheitsträger als dogmatisch unproblematischer, völkerrechtlich wirksamer Vorgang erachtet, selbst wenn sie nicht im Auslieferungsabkommen dazu ausdrücklich ermächtigt würden.[635] Da es sich um eine souveräne Entscheidung des ersuchten Staates handele, würden weder die Rechte des ersuchenden Staates bei einer Verweigerung der Auslieferung beschränkt noch stelle die Verweigerung einen unfreundlichen Akt dar. Die einzige Wirksamkeitsvoraussetzung sei, dass es sich um einen völkerrechtlich anerkannten Verweigerungsgrund handele, unter den subsumiert werde.[636] Die Annahme oder Ablehnung des Auslieferungsersuchens erfolge daher willkürfrei auf stabiler völkerrechtlicher Basis, auf diesem Wege werde obendrein die Beziehung zwischen ersuchendem und ersuchtem Staat nicht belastet; die Einschätzung erfolge also wertungsfrei.

Das setzt aber voraus, dass sich die Feststellung über das Vorliegen oder das Fehlen der Tatbestandsvoraussetzungen einer Auslieferungsausnahme aus dem Völkerrecht selbst ergibt ohne eigenständiges Zutun der Hoheitsträger des ersuchten Staates. Die Konkretisierung und Subsumtion durch diese Hoheitsträger müsste ein reiner Automatismus mit von vornherein feststehendem Ergebnis sein – ius-cogens-Verstoß: ja, oder auch nein. Das unterstellt aber, dass die Feststellung über das Vorliegen oder Fehlen der Tatbestandsvoraussetzungen einer Auslieferungsausnahme objektiv und bezogen auf das Ergebnis zwangsläufig erfolge, es also aus der völkerrechtlichen Norm heraus in jedem konkreten Fall nur einen möglichen, vorgezeichneten Subsumtionsschluss gebe, zu dem jeder Rechtsanwender komme.

Dem ist jedoch naturgemäß nicht so, sondern eine Vielzahl von Faktoren – neben dem reinen, abstrakten Wortlaut der Norm, die die Auslieferungsvoraussetzung enthält – beeinflusst deren Auslegung und Anwendung, darunter

---

634 Kritisch zu dieser nationalstaatlichen Feststellung des ius-cogens-Inhalts auch *Lagodny* 1987, S. 83.

635 Dazu und zum Folgenden *Kimminich* (1980, S. 175 f.) anhand der Auslieferungsvoraussetzung der „Nichtauslieferung politischer Flüchtlinge", die von ihm fälschlich als geltungsstärkeres Völkerrecht eingeordnet wird, „denn das Asyl ist auf der Ebene des Völkerrechts ein Recht des Zufluchtsstaates" (*Kimminich* 1984, S. 143; Begründung beibehalten von *Hobe* in der aktuellen Auflage 2014, dort S. 94). Das stellt aber keine hinreichende Begründung dar, denn über dieses „Recht" kann ein Staat – wie auch über die grundsätzliche Freiheit zur Auslieferung – disponieren und sich u. a. durch Auslieferungsverträge anderweitig wirksam binden (so i. E. auch *Reichel* 1987, S. 34 m. w. N.; *Fröhlich* 2011, S. 12 m. w. N.).

636 So i. E. auch, ohne dies zu problematisieren, *Alleweldt* 1996, S. 70.

nicht zuletzt die persönliche kulturelle und soziale Vorprägung des Rechtsanwenders.[637] Dabei lassen sich subjektive Einfärbungen durch Wertungen bei
der Rechtsanwendung gerade auch im Bereich des Auslieferungsrechts, der von
vielfältigen Interessen beladen und sogar überlagert sein kann, nicht vermeiden.[638]

Wenn es sich bei der Anwendung einer völkerrechtlichen (Verbots-)Norm
also um keinen Automatismus mit zwangsläufig festgestelltem Ergebnis handelt,
dann kann es aber gerade nicht ausreichen, dass ein völkerrechtlich anerkannter
Verweigerungsgrund vorliegt. Dazu muss man den Blick auf die bereits skizzierte
Diskussion[639] in der auslieferungsrechtlichen Literatur zu diesem völkerrechtlichen Aspekt richten. Müsste lediglich ein völkerrechtlich anerkannter Verweigerungsgrund vorliegen, unter den nach Belieben durch die Hoheitsträger des
ersuchten Staates subsumiert werden dürfte, erübrigte sich jede weitere Überlegung dazu, wie ein Gleichlauf zwischen innerstaatlicher und zwischenstaatlicher
Pflichten- und Berechtigungslage herzustellen sein könnte. Immerhin stünde mit
dem Verbot eines *ius-cogens*-Verstoßes ein völkerrechtlich anerkannter Verweigerungsgrund einer Auslieferung durchaus zur Verfügung. Die Hoheitsträger
des ersuchten Staates könnten dann ungehindert je nach *innerstaatlicher* Rechtslage auch *zwischenstaatlich* dieses Subsumtionsergebnis herstellen.

Veranschaulichen lässt sich dies an folgendem Beispiel: Die Bundesrepublik
wird um Auslieferung von einem Staat ersucht, in dem dem Verfolgten nach der
Übergabe die Vollstreckung der Todesstrafe droht, die nach dem deutschen Verfassungsrecht unzulässig wäre. Käme das OLG oder die Bewilligungsbehörde
also zu der Auffassung, dass die in Aussicht stehende Behandlung innerstaatlich
unzulässig wäre, und läge die völkerrechtliche Feststellungskompetenz allein
beim Hoheitsträger der Bundesrepublik Deutschland als ersuchter Staat, so könnte
die Bewilligungsbehörde zugleich feststellen, dass die Auslieferung zur Todes-
strafenvollstreckung gegen das *ius cogens* verstieße und damit also die
Auslieferungspflicht entfalle. Dem stünde es auch nicht entgegen, dass diese konkrete Zuordnung zum *ius cogens* umstritten, das Verbot der Todesstrafenvoll-
streckung also nicht unbestrittener Bestandteil eines internationalen menschenrechtlichen Mindeststandards und daher nicht *ius cogens* ist. Es stünde dem nicht
einmal entgegen, wenn diese konkrete Auffassung von niemandem sonst geteilt
würde. Ausgestattet mit der Feststellungskompetenz könnte sich der ersuchte

---

637 *Steiner* 2001, S. 2923; *Kischel* 2005, Rn. 74; sowie etwa auch *Prittwitz* 2013, S. 603 ff.
     zur Bedeutung von „Lebenswissen" bei der Rechtsanwendung; vgl. zudem *Kap. 5.6.3.*

638 Vgl. dazu *Wahl* (2013, S. 835), wenn auch im anderen Kontext subjektiver Komponenten
     bei der Grundrechtsauslegung: „Wo es gravierende Konfliktlagen und deshalb Wertungs-
     bedürfnisse gibt, kann man wertende Elemente nicht vermeiden, allenfalls verschieben."

639 Vgl. *Kap. 2.4* und *Kap. 3.6.*

Staat folglich seiner formalen völkerrechtlichen Auslieferungspflicht ungeachtet aller anderen abweichenden Ansichten *immer* entledigen.[640]
    Daher folgt als Umkehrschluss schon aus dem reinen Bestehen jener Diskussion – darüber, ob der ersuchte Staat innerstaatlich zu weniger berechtigt sein kann als er völkerrechtlich an Pflichten zu erfüllen hat –, dass keine völkerrechtlich wirksame Qualifikationskompetenz bei den Hoheitsträgern des ersuchten Staates für diejenigen Auslieferungsvoraussetzungen liegen *kann*, die sich nicht aus dem bilateralen Auslieferungsvertrag, sondern aus geltungsstärkerem Völkerrecht (d. h. in erster Linie *ius cogens*) ergeben.

3.7.4 Zusammenführung

So erstrebenswert aus formal-juristischer Perspektive ein Gleichlauf zwischen innerstaatlicher und völkerrechtlicher Rechtsbeziehung ist, so wenig lässt er sich also – innerhalb der dogmatischen Parameter, die zuvor zur Grundlage der Diskussion um Auslieferungsverpflichtungen und Auslieferungsgegenrechte erhoben wurden[641] – belastbar durch den ersuchten Staat herstellen, wenn die Parteien des Auslieferungsvertrages die Konkretisierungskompetenz für *ordre-public*-Verstöße nicht den Hoheitsträgern des ersuchten Staates zugewiesen haben.[642] Das soll nicht bedeuten, dass eine auch völkerrechtlich tragfähige Lösung ausgeschlossen ist. Dazu müssten allerdings die beteiligten Staaten eine Übereinkunft über die Auslegung der völkerrechtlichen Begriffe treffen, oder der IGH oder ein Schiedsgericht müsste zur Entscheidung hinzugezogen werden. Solange das aber nicht erfolgt, hilft auch der Verweis darauf nicht, mit der Feststellung eines angeblich zugleich vorliegenden *ius-cogens*-Verstoßes einen Bruch des völkerrechtlichen Vertrages durch die Bundesrepublik vermeiden zu können.[643]

---

640 Vgl. ergänzend zur Veranschaulichung die frühere Entwicklung im Ausländerrecht, eine Schutzpflicht vor unmenschlicher Behandlung, insbesondere Folter, in das Grundrecht auf Schutz vor politischer Verfolgung hineinzuinterpretieren (ausführlich *Frowein/Kühner* 1983, S. 537 ff. m. N.) – eine Auslegung also, die sich dem Rechtsanwender beim ersten sprachlichen Zugriff auf den Begriff „politische Verfolgung" zumindest nicht aufdrängt, die aber wohl in Ermangelung anderer, im Wortlaut näherer Verfassungsbestimmungen von Einigen versucht wurde.

641 Stellvertretend für viele von *Vogler* (*Kap. 3.6.4.3*) und auch *Lagodny* (1990a, S. 143; 2012, § 73 Rn. 33a; anders noch 1987, S. 83-85; dazu sogleich *Fn. 643*) als Ausweg bemüht.

642 I. E. ebenso *Stein/von Buttlar* 2009, Rn. 42, mit Verweis auf das nach Art. 65 f. WVK einzuhaltende Verfahren.

643 Diese Kritik wird bereits von *Lagodny* (1987, S. 83-85) angesprochen, wobei er anscheinend stärker darauf abstellt, durch wen der *ius-cogens*-Begriff überhaupt näher auszu-

Daher lassen sich auch die fast nur noch theoretisch bestehenden Widersprüche zwischen den innerstaatlichen Rechten und den völkerrechtlichen Pflichten der Bundesrepublik im Falle einer drohenden Todesstrafe nicht dogmatisch überzeugend mit einem Verweis auf Art. 3 EMRK auflösen: Zwischen den Ländern des Europarates ist seit Inkrafttreten des 13. Zusatzprotokolls zur EMRK die Auslieferung zur Vollstreckung einer Todesstrafe zwar völkerrechtlich ausgeschlossen. Sollte aber ein Nicht-Konventionsstaat mit einem Auslieferungsersuchen an die Bundesrepublik herantreten, mit dem ein Auslieferungsabkommen ohne Todesstrafenvorbehalt besteht, so wird sich die völkerrechtliche Auslieferungsverpflichtung auch weiterhin nicht aufheben lassen. Daran ändern auch die *Söring*-Rechtsprechung zu Art. 3 EMRK und das 13. Zusatzprotokoll nichts. Gleichwohl wäre die Bundesrepublik durch ihre Bindung an das GG nicht nur innerstaatlich, sondern scheinbar paradoxerweise durch ihre Bindung an die EMRK und das 13. Zusatzprotokoll auch völkerrechtlich gezwungen, ein Auslieferungsersuchen abzulehnen, dem eine Behandlung im ersuchenden Staat folgt, die Art. 3 EMRK widerspricht und schlimmstenfalls sogar in der Vollstreckung einer Todesstrafe endet.

3.8 Materiellrechtliche Konsequenzen für die menschenrechtliche Beurteilung eines Auslieferungsersuchens

3.8.1 *Innerstaatlicher Rechtsschutz des Individuums als gedanklicher Ausgangspunkt*

Aus dem Blickwinkel effektiven Menschenrechtsschutzes, der den Verfolgten vor drohenden Grundrechtsverletzungen zu bewahren hat, laufen diese Erörterungen

---

deuten ist (ebd., S. 85; in diesem Sinne versteht auch *Ziegenhahn* (2002, S. 372) die Einwände *Lagodnys*) und also auf eine niedrige Abstraktionsebene heruntergebrochen werden darf (zu diesem Problem anschaulich *Zühlke/Pastille* 1999, S. 765: Auch wenn Art. 3 EMRK zum *ius cogens* zähle, bestehe kein darüber hinausgehender Konsens über die Zuordnung konkreterer Behandlungs- oder Strafformen.). Hier im Vordergrund ist jedoch eher die Frage zu stellen, wer die letztliche Subsumtion des Sachverhalts unter den wie fein auch immer ausdefinierten Völkerrechtssatz vornimmt. Dieser Eindruck von *Lagodnys* Schwerpunktsetzung verstärkt sich noch, wenn er zwar auch jüngst wieder auf seine Erörterung von 1987 verweist (2012, § 73 Rn. 33), allerdings selbst seit geraumer Zeit einräumt, die Vertragstheorie (die völkerrechtliche Gegenrechte aus dem *ius cogens* ableitet) könne „die völkerrechtliche Ebene erklären" (1990a, S. 143) bzw. die *iuscogens*-Lösung führe „dogmatisch konsistent zu einer Aufhebung der völkerrechtlichen Pflicht" (2012, § 73 Rn. 33a), obwohl er keine Hinweise darauf gibt, dass sich das Konkretisierungsproblem mittlerweile gelöst habe. Er stellt stattdessen jeweils (nur) darauf ab, dass zumindest für den (konsensfähigen, daher geringen) Inhalt des *ius cogens* die Lösung des mangelnden Gleichlaufs gefunden sei. Dem ist aber angesichts der fehlenden Konkretisierungskompetenz auch weiterhin nicht so.

auf eine Frage hinaus: Ist nun die innerstaatliche oder die zwischenstaatliche Rechtsbeziehung die letztlich dominierende, deren Rechtsfolge also das Ergebnis der Auslieferungsentscheidung bestimmt?

Gedanklicher Ausgangspunkt jeder Diskussion um die Schutzwirkung, die Menschenrechtskataloge welchen Inhalts auch immer entfalten, muss der innerstaatliche Rechtsschutz sein.[644] Das folgt aus der Schutzrichtung von Menschenrechten, die den Einzelnen – statt völkerrechtliche Vertragspflichten oder gar außenpolitische Erwägungen – in den Fokus nehmen und sich aus seinem Menschsein ableiten. Geht man also vom Rechtsschutz des Einzelnen aus, ist zunächst die Durchschlagskraft von Menschenrechten maßgeblich, die auf diejenige auslieferungsrechtliche Rechtsbeziehung wirken, deren Teil der Einzelne ist: Das ist die Rechtsbeziehung zur Bundesrepublik als ersuchter Staat.[645]

Nähme man hingegen die völkerrechtliche Vertragsbeziehung zum Ausgangspunkt der rechtlichen Erwägungen, an die sich Überlegungen zum Individualschutz nur anzuschließen und nach deren Ergebnis sie sich auszurichten hätten,[646] bedeutete das in Kauf zu nehmen, dass die im innerstaatlichen Auslieferungsverfahren befassten Hoheitsträger letztlich im Zweifelsfall gegen ihre verfassungsrechtliche Bindung an die Grundrechte gemäß Art. 1 Abs. 3 GG handeln müssten. Trotz aller Beteuerungen der weitgehenden inhaltlichen Annäherung[647] der nationalen und völkerrechtlichen Kataloge kommt es nämlich spätestens dann „zum Schwur", wenn über ein Auslieferungsersuchen zu entscheiden

---

644 In dieser Deutlichkeit zustimmungswürdig schon *Lagodny* 1987, S. 4. Jüngst durch präzise Herleitung ebenfalls aktualisiert von *Tinkl* 2008, S. 62-65. Zur Notwendigkeit der Rechtsschutzgewährung, um vor dem Hintergrund internationaler Kontexte Kriminalhoheit zu legitimieren, vgl. *Meyer* 2012, S. 797 ff.

645 Ausführlich dazu *Kap. 2.3.*

646 So *Vogler* in verschiedenen Veröffentlichungen zum Thema (u. a. 1970, *passim*; 1993a, S. 256-262; 1993b, S. 6; 1994, S. 1436), was aber vor dem Hintergrund neuerer Entwicklungen im Verfassungs- und transnationalen Strafrecht letztes Endes nicht mehr vertretbar sein dürfte. Insbesondere reicht es nicht, dem Verfolgten (lediglich) das Vertrauen auf eine Schutzwirkung, die sich als Rechtsreflex völkerrechtlicher Mindeststandards ergebe, zuzumuten (so aber im Ergebnis *Vogler* ebd.). Ebenso wenig dürften die sich aus der Unterschiedlichkeit der Rechtsebenen für die Individualrechtsposition des Auszuliefernden ergebenden Abweichungen gleichsam „eingeebnet" sein (so aber optimistisch *Weigend* 2000, S. 111).

647 *Weigend* (2000, S. 111) sieht den rechtspraktischen Unterschied zwischen den Individualrechten der verschiedenen Rechtsebenen ohnehin schwinden, da sich die völkerrechtlich abgesicherten Standards dem deutschen Grundrechtsschutz angleichen würden. Diese Hoffnung auf einen baldigen Gleichschritt in den Individualverbürgungen ist aber, so steht zu befürchten, verfrüht. Wie nur jüngst auch *Schmahl* (2013, S. 963) betont, bleiben die internationalen, verbindlichen Mindestgrundsätze niedrigschwellige und inhaltlich nur punktuell greifende Minimalregelungen, auf die sich das Gros der Mitglieder der

ist, dessen Annahme und Umsetzung durch Übergabe an das Ausland eine Rechtsposition des Verfolgten verkürzt, und darin zwar kein *ius-cogens*-Verstoß liegt, dafür aber einer gegen die Menschenwürdegarantie des Art. 1 Abs. 1 GG. Immerhin sind diese beiden Gewährleistungsgehalte nicht deckungsgleich, da das Menschenwürdeverständnis im deutschen Verfassungsrecht weiter ausgreift als das von einem internationalen Konsens per *ius cogens* abgesicherte Mindestmaß.[648]

Gestützt wird der Vorrang des innerstaatlichen Rechtsverhältnisses und darin inbegriffen also der innerstaatliche Rechtsschutz des Individuums anhand des *ordre public international* zudem durch die aufgezeigten dogmatischen Grenzen der angestrebten Völkerrechtskonformität: Wenn im Auslieferungsvertrag zwischen den beiden Staaten *kein* Grundrechtsvorbehalt vereinbart ist (ein solcher fehlt z. B. im praktisch bedeutsamen EuAlÜbk, aber auch in zahlreichen bilateralen Verträgen), kann keine Institution, abgesehen vom IGH und – für Sachverhalte zwischen zwei EMRK-Staaten – dem EGMR, dogmatisch einwandfrei einen Verstoß der Auslieferung gegen zwingendes Völkerrecht feststellen. Dann läuft aber auch jeder Ansatz ins Leere, der mit dem Verweis auf *ius cogens* meint, Menschenrechte im Auslieferungsverfahren wahren zu können.

Angesichts all dessen müssen die letzten dogmatischen Zweifel darüber beseitigt sein, den entscheidenden Durchgriff beim innerstaatlichen Rechtsschutz und damit bei dem auf die innerstaatliche Rechtsbeziehung zwischen Verfolgtem und ersuchtem Staat anzuwendenden Rechtskatalog zu sehen.

Solche Divergenzen werden letztlich nur aufzulösen sein, indem die Bundesrepublik auf politischem Weg den ersuchenden Staat zur Rücknahme des Auslieferungsersuchens bewegt.[649] Andernfalls muss sie die Verletzung eines bereits bestehenden Auslieferungsvertrages in Kauf nehmen[650] bzw. diesen kündigen[651].

Staatengemeinschaft einigen konnte. Zu jenen zählt zwar das benannte Verbot der Art.-3-EMRK-widrigen Behandlung, darüber hinausgehende Individualrechte werden sich aber angesichts der großen Bandbreite an Rechtsgepflogenheit innerhalb der Völkergemeinschaft auf absehbare Zeit kaum als Teil einer allgemein verbindlichen Untergrenze durchsetzen.

648 Deutlich in diesem Sinne ebenfalls *Tinkl* 2008, S. 67.

649 Vorgeschlagen u. a. schon von *Kreppel* (1965, S. 164-166), *Lagodny* (1987, S. 257), *Schwaighofer* (1988, S. 40, aus österreichischer Perspektive) oder *Alleweldt* (1996, S. 118).

650 So z. B. auch *Tinkl* 2008, S. 71.

651 *Kreppel* 1965, S. 168.

3.8.2 Abgestufte Bindung an Grund- und Menschenrechte

Für den innerstaatlichen Rechtsschutz gilt, dass es zweifellos zu relevanten Grundrechtsbeeinträchtigungen durch deutsche Hoheitsträger kommen kann, soweit die Vorgänge beim Ablauf der Auslieferung einen rein deutschen „Schauplatz" haben. Das betrifft neben Aspekten der Auslieferungshaft insbesondere die prozessualen Rechte im Auslieferungsverfahren.[652] Hier ist unmittelbar der deutsche Staat als Grundrechtsverpflichteter i. S. d. Art. 1 Abs. 3 GG gebunden; Rechtsschutzmöglichkeiten stehen dem Verfolgten uneingeschränkt zur Verfügung.[653] Dieser innerstaatliche „Schauplatz" ist es auch, bei dem die für die vorliegenden Erörterungen eigentlich relevanten Grundrechtsverletzungen drohen: Die Rechte des Verfolgten gemäß Art. 1 Abs. 1 GG i. V. m. Art. 3 EMRK können durch eine nur unzureichende Würdigung der rechtlichen und tatsächlichen Gegebenheiten des ausländischen Strafvollzugs im innerstaatlichen Auslieferungsverfahren verletzt sein.[654] An dieser Stelle gilt es also bereits einzuhaken, um eine spätere menschenunwürdige Behandlung im ersuchenden Staat gar nicht erst eintreten zu lassen.

Bezüglich dieser Würdigung der rechtlichen und tatsächlichen Gegebenheiten im Ausland gilt dann zwar das Primat der innerstaatlichen Rechtsbeziehung gegenüber den Rechten und Pflichten aus der völkerrechtlichen Beziehung. Aus der Unmöglichkeit des Gleichlaufs ist indes nicht zwangsläufig darauf zu schließen, wenn er nicht hergestellt werden könne, brauche man ihn auch gleich gar nicht anzustreben und könne den *ordre public interne* ungeschmälert in Auslieferungssachverhalten als Maßstab anlegen.[655] Bedingt durch die Völkerrechtsfreundlichkeit des Grundgesetzes und das Interesse an einem funktionierenden internationalen Auslieferungsverkehr ist es dabei stattdessen geboten – sozusagen „freiwillig" – keine „überspannten Standards"[656] an das ausländische Verfahren anzulegen, sondern den Maßstab im verfassungsrechtlich noch zulässigen Maße zumindest dem anzunähern, was menschenrechtlich vom jeweiligen Partnerstaat in der Rechtshilfe erwartet werden kann.

---

652 Statt vieler *Schemmer* 1995, S. 132.

653 *Gärditz* 2013b, Rn. 36; *Graßhof/Backhaus* 1996, S. 447; *Vogel* 2009, § 73 Rn. 21.

654 Grundlegend anhand der unzureichenden Aufklärung der rechtstatsächlichen Gegebenheiten des ausländischen Strafverfahrens BVerfGE 63, 332 (337 ff.). Zu Präzisierung der daran zu stellenden Anforderungen vgl. *Kap. 5.6.5.*

655 So aber i. E. *Lagodny* 1987, S. 161 f., 193 ff.; *ders.* 2012, § 73 Rn. 35 f.

656 *Herdegen* 2015a, Art. 1 Abs. 3 Rn. 78.

3.8.3 Bedeutung der Menschenwürde für die Beurteilung von Haftbedingungen

Wenn als Ausgangspunkt für die Beurteilung drohender Haftbedingungen die Menschenwürdegarantie hergeleitet wurde, dann ist zunächst grundsätzlich festzuhalten, dass es bei den gemäß Art. 1 Abs. 2 GG zugehörigen „Menschen-rechte[n] im Strafvollzug keineswegs um idealistische Träumerei, sondern um konkrete Konfliktfelder, um elementare Bedürfnisse und um Grenzlinien bei der Ausübung staatlicher Macht"[657] geht. Vielmehr ist die Achtung der Menschen-würde zum einen die Grundvoraussetzung des menschlichen Miteinanders.[658] Zum anderen lässt sie sich schon durch die Einhaltung relativ einfacher Regeln wahren.[659] Fordert man die Achtung der Menschenwürde von anderen Staaten und deren Strafvollzug ein – soweit es sich überhaupt um aus dem Ausland heraus feststellbare Strafvollzugsumstände handelt –, bedeutet das eben nicht das Beharren auf überzogenen Standards, sondern schlicht auf dem Erfüllen elemen-tarer Bedürfnisse. Von eben jenen einfachen Regeln ist andersherum aber auch nicht abzurücken.

3.8.4 Art. 1 Abs. 1 GG i. V. m. Art. 3 EMRK als Untergrenze für Haftbedingungen als Ausfluss der Völkerrechtsfreundlichkeit des Grundgesetzes

Es ist zwar nicht gelungen, den Ausweg aus möglichen Abweichungen in der innerstaatlichen und der zwischenstaatlichen Rechtsbeziehung anhand von außer-vertraglichen völkerrechtlichen Auslieferungshindernissen dogmatisch belastbar herzustellen, solange die Vertragsparteien des relevanten Auslieferungsabkom-mens nicht den IGH bzw. den EGMR zur Feststellung eines *ius-cogens*-Verstoßes hinzuziehen. Gleichwohl konnten zumindest alle denkbaren rechtlichen Bezie-hungen mit Garantien fundiert werden, wie sie auch von Art. 3 EMRK gewähr-leistet werden. Aus dem abstrakten Verbot unmenschlicher oder erniedrigender Behandlung oder Strafe ergibt sich damit ein erster Fixpunkt für die Beurteilung von Strafvollzugsbedingungen auch in Auslieferungsverfahren.

---

657 *Neubacher* 2011, S. 84, sowie zum Folgenden, bezogen auf Strafvollzugsumstände.

658 Vgl. auch *von Bernstorff* 2013, S. 915: „Die Menschenwürdenorm bleibt nach diesem Verständnis Garant eines Residuums absoluter Moralvorstellungen im Grund- und Men-schenrechtsschutz. Ohne ein juridisch einlösbares Bild der letzten Grenze sind alle Grund- und Menschenrechte nichts."

659 Vgl. etwa *Preusker* 2003, S. 230 f.

Einen weiteren Fixpunkt bildet die Völkerrechtsfreundlichkeit des Grundgesetzes, die die Hoheitsträger der Bundesrepublik zur Reduzierung der eingeforderten Standards zwingt. Aber welcher völkerrechtliche Standard genügt der Völkerrechtsfreundlichkeit und ist folglich anzulegen, solange die Menschenwürdegarantie gemäß Art. 1 Abs. 1 GG nicht ohnehin berührt ist? Immerhin existiert das Verbot der unmenschlichen oder erniedrigenden Behandlung oder Strafe nicht nur in einer Vielzahl von internationalen Katalogen,[660] sondern unterliegt auch noch einer Vielzahl von untereinander abweichenden, teils gar sich widersprechenden Präzisierungen[661]. Ohne eine engmaschige, widerspruchsfreie Kasuistik zur Konkretisierung dieses Verbotstatbestandes können deutsche Hoheitsträger einer Völkerrechtsfreundlichkeit gar nicht gerecht werden, die die Beachtung aller vertretenen Auslegungen gebietet. Auch unter einem völkerrechtsfreundlichen Grundgesetz kann dies nicht geleistet werden.

Folglich ist nach einem dritten Fixpunkt zu suchen, der die deutsche Rechtsordnung der internationalen Staatengemeinschaft zuwendet, gleichwohl aber die Ableitung eines weitgehend *kohärenten Standards* aus dem Verbot der unmenschlichen oder erniedrigenden Behandlung oder Strafe ermöglicht. Hierfür bietet sich die Ausformung dieses Verbots an, die es durch Art. 3 EMRK erhält. Zwar sind dessen Präzisierungen durch ein europäisches Menschenrechtsverständnis geprägt, so dass dieser Fokus als „zu eng" abgetan werden könnte – immerhin stünden z. B. auch Art. 7 und 10 Abs. 1 des IPbpR sowie die zugehörige Spruchpraxis des MRA der Vereinten Nationen zur Verfügung. Allerdings ist die Kasuistik des EGMR für den Bereich der Haftbedingungen viel ausdifferenzierter als die des MRA. Hinzukommt, dass die von einem europäischen Menschenrechtsverständnis getragene Bestimmung von Mindestgarantien für den Strafvollzug am wenigsten Gefahr läuft, die verfassungsrechtlich von Art. 1 Abs. 1 GG gezogene Untergrenze zu verletzen und damit also den grundgesetzlichen Vorstellungen von der Menschenwürde zu widersprechen. Des Weiteren ist jede von der Bundesrepublik für zulässig befundene Auslieferung – egal ob an einen anderen EMRK-Staat oder an einen Nicht-Konventionsstaat – potenzieller Verfahrensgegenstand einer Individualbeschwerde des Auszuliefernden vor dem EGMR. Es nützte daher den deutschen Hoheitsträgern wenig, auf eine entsprechende Spruchpraxis des MRA verweisen zu können, wenn im fraglichen Punkt der EGMR eine

---

660 Vgl. *Kap. 3.6.6.3.*

661 Vgl. nur *Schabas* 1994, S. 913 f. mit zahlreichen Nachweisen der unterschiedlichen Haltungen nationaler Obergerichte und internationaler Spruchkörper dazu, ob das „Todeszellensyndrom" nun Ausdruck einer unmenschlichen oder erniedrigenden Behandlung sei oder nicht; bezüglich des Begriffs „Folter" genauso *Frowein* 1980, S. 444.

andere Auffassung vertritt[662] und also trotz besten Bemühens deutscher Behörden um Völkerrechtskonformität eine Vertragsverletzung feststellt. Nicht zuletzt entspricht es den Vorgaben des BVerfG an die deutschen Grundrechtsverpflichteten, Art. 3 EMRK als Ausgangspunkt zu wählen. Das BVerfG entnimmt der Völkerrechtsfreundlichkeit zuvörderst und mit Nachdruck ein Gebot, die EMRK zu berücksichtigen.[663] Zwar sind sonstige Menschenrechtsregelungen verfassungsrechtlich nicht bedeutungslos,[664] wo sie aber den EMRK-Gewährleistungen widersprechen, ist die Vorrangfrage im Sinne der EMRK zu beantworten[665].

Die Ausformungen des Verbots der unmenschlichen oder erniedrigenden Behandlung oder Strafe durch Art. 3 EMRK sind also die im Auslieferungsverkehr für deutsche Hoheitsträger maßgeblichen Standards, um weitgehend widerspruchsfrei einerseits der grundgesetzlichen Menschenwürdegarantie und andererseits der Völkerrechtsfreundlichkeit des Grundgesetzes Genüge zu tun. Wenn vereinzelt großzügigere Gewährleistungen aus Art. 1 Abs. 1 GG abgeleitet werden, als dies aus Art. 3 EMRK im Einzelfall so wäre, dann ist dieses Mehr gegenüber den EMRK-Gewährleistungen sowohl menschenrechtlich als auch verfassungsrechtlich unproblematisch: Einerseits schreibt die EMRK ausweislich Art. 53 nur Mindestgewährleistungen fest. Andererseits tragen Deutschlands Interesse an einem funktionierenden Rechtshilfeverkehr und die Völkerrechtsfreundlichkeit des Grundgesetzes keine Verkürzung der ohnehin nur geringen menschenrechtlichen Gewährleistungen[666], die sich aus einer behutsamen Konturierung der Menschenwürdegarantie ergeben. Weil auch zur Konkretisierung des Art. 1 Abs. 1 GG bezüglich Strafvollzugsbedingungen zunächst danach gefragt wird, ob eine unmenschliche oder erniedrigende Behandlung oder Strafe vorliege, und überdies die Norm im Lichte des Art. 3 EMRK ausgelegt wird, stellen nur wenige dieser Konstellationen ernstzunehmende Behinderungen des internationalen Rechtshilfeverkehrs dar. Wo sie einer Auslieferung entgegenstehen, ist dieses Mehr an Anforderungen aus der Menschenwürdegarantie indes auch zu behaupten.[667]

---

662 Vgl. bei *Schilling* 2010, Rn. 159 m. w. N., zur Frage des „Todeszellensyndroms".

663 Vgl. *Kap. 3.6.4.4.1.4.*

664 Vgl. *Hofmann* 2013, S. 332 m. w. N., zur Berücksichtigungspflicht der IGH-Rechtsprechung.

665 In diesem Sinne auch *Sommermann* 1989, S. 420 f.; *Bergmann* 2006, S. 111 f.

666 Vgl. *Kap. 3.8.3.*

667 Vgl. dazu die Rechtsprechung des BVerfG zur Kontrolle der Verfassungsidentität bei Auslieferungen, *Kap. 3.6.5.3.5.*

3.9 Zusammenfassung

Eine Auslieferung kann nur vollzogen werden, wenn nach dem innerstaatlichen Recht der ersuchte Staat berechtigt ist, dies zu tun. Rechtliche Voraussetzungen dafür finden sich in verschiedenen Rechtsquellen nationaler und supranationaler Natur, die das Auslieferungsrecht ausgestalten. Zum Teil können sich daraus sogar innerstaatliche wie völkerrechtliche Pflichten zur Auslieferung ergeben. Eine völkerrechtliche Pflicht kann aber nicht die fehlende innerstaatliche Ermächtigung zur Auslieferung aushebeln.

Allerdings wurde in Grundzügen bereits vor geraumer Zeit vorgeschlagen, einen Gleichlauf zwischen dem nach deutschem innerstaatlichen Recht Zulässigen und den völkerrechtlichen Pflichten herzustellen und damit Friktionen zwischen den beiden Rechtsbeziehungen zu vermeiden, indem auf den als *ius cogens* in jeder völkervertragsrechtlichen Beziehung durchgreifenden internationalen *ordre public* abgestellt wird. Diese Lösung stößt aber auf Kritik: Der Bestand an Menschenrechten, dessen Durchsetzbarkeit auf diesem Wege als *ius cogens* (zumindest formell) abgesichert ist, wird als zu gering angesehen, um auf der völkerrechtlichen Ebene allen Fallgestaltungen abzuhelfen, die im innerstaatlichen Rechtsverhältnis angesichts der Bindung der Hoheitsgewalten an die Verfassung und die einfachen Gesetze die Auslieferung unzulässig machen.

Dies mag für einen großen Teil der im Rechtshilfeverkehr bedeutsamen Fragestellungen durchaus zutreffen, so dass Friktionen zwischen dem nach innerstaatlich und völkerrechtlich Zulässigen entstehen und fortbestehen. Für die mit der vorliegenden Bearbeitung verbundenen Fragestellungen ist *diese* Divergenz hingegen unerheblich. Soweit es Haftbedingungen betrifft, lässt sich in den letzten Jahrzehnten eine Angleichung einer – zumindest formal anerkannten – menschenwürdigen Untergrenze beobachten: In leichten sprachlichen Variationen enthalten ist als Kernbestand der einschlägigen Menschenrechtskataloge das Verbot einer unmenschlichen oder erniedrigenden Behandlung oder Strafe, wie es von Art. 3 EMRK stellvertretend zusammengefasst wird. Dadurch werden die potenziellen Unterschiede zwischen innerstaatlich und völkerrechtlich durchgreifenden Gegenrechten des Individuums *für diesen Bereich* weitgehend eingeebnet. Für die hier vorzunehmende Erörterung ist daher zunächst allein ausschlaggebend, dass dieses subjektive Recht sowohl innerstaatlich über Art. 1 Abs. 1 GG als auch völkerrechtlich gilt, und zwar *mit abstrakt identischem Gewährleistungsgehalt*. Damit lassen sich auch die Argumentationen entkräften, die in der Beurteilung anhand von Verfassungsverbürgungen durch deutsche Gerichte einen „Grundrechtsimperialismus" oder ähnliches erblicken wollen.

Bei einer im deutschen Auslieferungsverfahren vorzunehmenden Beurteilung ausländischer Strafvollzugsbedingungen ist mit Verweis auf einen irgendwie zu definierenden (deutschen) *ordre public international* keine *geringere Untergrenze* aus der Menschenwürde einzufordern, als bei deutschen Vollzugsbedingungen.

Selbstredend kann es aber nicht darum gehen, mindestens deutsche Strafvollzugsbedingungen zu erwarten. So wie bezüglich einer deutschen Anstalt jedoch ein Minimalstandard einzufordern wäre, so sehr kann diese Erfüllung eines Minimalstandards auch zur Voraussetzung einer Auslieferung erklärt werden. Ähnliches gilt für den Bereich des Grund- bzw. Menschenrechtsschutzes innerhalb Europas im Rahmen der EU und des Europarates. Reduziert sich der Blick auf die Zulänglichkeit von Haftbedingungen, so lassen sich auch die Unwägbarkeiten der anhaltenden Diskussionen über Über-, Unter- oder Gleichordnung von deutschem Verfassungsrecht, Unionsgrundrechten und EMRK-Rechten damit klären, dass das Verbot der unmenschlichen oder erniedrigenden Behandlung oder Strafe i. S. d. Art. 3 EMKR und der Rechtsprechung des EGMR die Untergrenze ist, die *gleichermaßen* durch Art. 1 Abs. 1 GG (i. V. m. Art. 104 Abs. 1 S. 2 GG) sowie Art. 6 Abs. 3 EUV gilt. Diese Untergrenze beansprucht im EU-internen Auslieferungsverkehr Geltung, vorrangig also bei Vollstreckung eines EuHb, und ihre Einhaltung ist schon im Vorfeld der Vollstreckung eines EuHb sicherzustellen.

Wenn Gewährleistungen, wie sie Art. 3 EMRK enthält, in jeder denkbaren auslieferungsrechtlichen Beziehung als Vorbehalt anerkannt sind, ist es für das Anliegen, drohende Haftbedingungen im ersuchenden Staat als Auslieferungshindernis wirksam werden zu lassen, weniger ausschlaggebend, welcher *ordre public* konkret eingreift. Das entspannt die einschlägige Debatte ein Stück weit. Bei drohender Folter oder unmenschlicher oder erniedrigender Behandlung besteht ein aus seinen Grundrechten erwachsendes Abwehrrecht des Auszuliefernden gegen die für die Auslieferungsdurchführung erforderlichen Mitwirkungshandlungen deutscher Hoheitsträger. Etwaige völkerrechtliche Verpflichtungen Deutschlands zur Auslieferung werden dadurch theoretisch aufgehoben.

Allerdings handelt es sich dabei nur um einen Etappensieg der Dogmatik: Als eigentliche, nicht nur völkerrechtlich maßgebliche Weichenstellung hat sich die konkrete Subsumtion des Auslieferungssachverhalts unter den jeweiligen *ordre-public*-Tatbestand, und damit jedenfalls unter die Garantie i. S. d. Art. 3 EMRK erwiesen.

Einerseits wird eine dogmatisch einwandfreie Aufhebung der völkerrechtlichen Auslieferungspflicht verhindert, wenn das jeweilige Auslieferungsabkommen keiner Vertragspartei die Qualifikationskompetenz über eine im Einzelfall streitige Auslieferungsvoraussetzung zuweist und der IGH bzw. der EGMR nicht angerufen wird. Zur konkreten Subsumtion unter einen *ordre-public*-Tatbestand besteht dann keine Befugnis der Hoheitsträger des ersuchten Staates. Auch der Verweis auf den Befund, dass die Garantien i. S. d. Art. 3 EMRK in jedem *ordre-public*-Katalog zwingenden Charakters enthalten sind, hilft nicht über das Problem der notwendigen, überparteilichen Subsumtion hinweg. Daher lassen sich auch die bestehenden Widersprüche zwischen den innerstaatlichen Rechten und den völkerrechtlichen Pflichten der Bundesrepublik nicht dogmatisch überzeugend auflösen. Fehlt es an entsprechenden vertraglichen Vereinbarungen, so lässt sich die völkerrechtliche Verpflichtung sowohl bei drohenden Haftbedingungen, die dem jeweiligen deutschen *ordre public international* widersprechen, als auch bei einer drohenden Todesstrafe also nur durch eine Kündigung des Auslieferungsabkommens oder das Einwirken auf den ersuchenden Staat, sein Ersuchen zurückzuziehen, aufheben.

Obwohl gerade in kritischen Fällen die völkerrechtliche Verpflichtung dementsprechend einseitig nicht einwandfrei aufgehoben werden kann, kommen andererseits die deutschen Grundrechte im Auslieferungsverfahren trotzdem nicht vollständig zur Geltung. Die deutsche Rechtsordnung bemüht sich stattdessen aufgrund der Völkerrechtsfreundlichkeit des Grundgesetzes und des Interesses an einem funktionierenden internationalen Auslieferungsverkehr darum, keine überzogenen Ansprüche an das ausländische Verfahren und damit auch die Haftbedingungen zu formulieren, behauptet gleichwohl aber gewisse Mindeststandards – wie den i. S. d. Art. 3 EMRK. Aus Art. 1 Abs. 1 GG erwachsen also Mindestanforderungen an den ausländischen Strafvollzug, die zumindest den Anforderungen aus Art. 3 EMRK entsprechen. Im deutschen Auslieferungsverfahren kann daher ein *ordre-public*-Vorbehalt basierend auf Art. 1 Abs. 1 GG i. V. m. Art. 3 EMRK geltend gemacht werden, wenn der Strafvollzug des ersuchenden Staates diesen Mindestanforderungen nicht genügt.

Nunmehr ist es – neben einer weiteren Ausdifferenzierung dessen, was unter „unmenschlicher oder erniedrigender Behandlung oder Strafe" zu verstehen sein soll[668] – ausschlaggebend, mit welcher Sorgfalt die entscheidenden Gerichte den Sachverhalt eruieren und welche Anforderungen sie dabei gegebenenfalls an das Vorbringen der „Beteiligten" stellen[669].

---

668 Vgl. dazu *Kap. 4.*
669 Vgl. dazu *Kap. 5.*

4. Die Ausdifferenzierung eines auf Art. 1 Abs. 1 GG und Art. 3 EMRK basierenden ordre-public-Vorbehalts

4.1 Vorbemerkung: Menschenwürdeverstoß und Auslieferungshindernis?

Mit der Herleitung eines *ordre-public*-Vorbehalts für drohende menschenunwürdige ausländische Haftbedingungen durch Art. 1 Abs. 1 i. V. m. Art. 3 EMRK ist der dogmatisch gleichermaßen schwierige wie notwendige Schritt gegangen, um die Bedingungen des Strafvollzugs des ersuchenden Staates im deutschen Auslieferungsverfahren überhaupt erörtern zu können. Um diesen *ordre-public*-Vorbehalt aber tatsächlich operabel zu machen, muss präzisiert werden, inwieweit einzelne belastende Haftumstände den von Art. 1 Abs. 1 GG i. V. m. Art. 3 EMRK abgesicherten Mindeststandard unterschreiten. Dazu wird nun im Folgenden untersucht, inwieweit einzelne Haftbedingungen abstrakt betrachtet die Menschenwürde des Insassen – als zentrales Schutzgut von sowohl Art. 1 Abs. 1 GG als auch Art. 3 EMRK – verletzen und in Folge dessen als Hindernis unter Berufung auf den deutschen *ordre public international* einer Auslieferung entgegenstehen. Zunächst ist der mit Art. 1 Abs. 1 GG und Art. 3 EMRK vorgegebene abstrakte Maßstab auf eine mögliche allgemeingültige Präzisierung hin zu untersuchen (*Kap. 4.2*). Darüber hinausgehend ist das Meinungsbild in Rechtsprechung und Strafvollzugsforschung zur Relevanz einer bestimmten Behandlung als Menschenwürdeverstoß und Auslieferungshindernis anschließend jeweils getrennt für die einzelnen Haftbedingungen zusammenzutragen und zu bewerten (*Kap. 4.3* bis *Kap. 4.8*). An dieser Stelle noch nicht gefragt wird hingegen, ob diese Subsumtion unter den Oberbegriff „Verletzung des Einzelnen in seiner Menschenwürde" durch die deutschen Gerichte in Auslieferungsverfahren bezogen auf den jeweiligen Einzelfall korrekt – d. h. in erster Linie widerspruchsfrei – vorgenommen wird.[670]

Sortieren lassen sich die von dem Oberbegriff „Haftbedingungen" umfassten Erscheinungsformen danach, ob sie alle Insassen einer Anstalt oder zumindest die eines bestimmten Vollzugsregimes betreffen und daher als *allgemeine äußere Umstände* des Vollzuges denjenigen Haftbedingungen gegenübergestellt werden können, die aus der *gezielt herbeigeführten Verschlechterung* dieser allgemeinen äußeren Umstände herrühren.[671] Als Teil jener allgemeinen Umstände werden im Folgenden die Belegungsdichte, die Isolationshaft, Gewalt im Vollzug, die hygienischen Bedingungen und damit in erster Linie die sanitären Verhältnisse

---

670 Vgl. dazu stattdessen *Kap. 6* anhand ausgewählter Entscheidungen.

671 Ähnlich *Treiber* 1990, S. 42, der den grausamen Vollzug von verhängten Disziplinarstrafen als zusätzliche Kategorie von Haftbedingungen ansieht. Allerdings fällt dann im Einzelnen die Abgrenzung zu den „gezielten Verschlechterungen" schwer.

sowie Haftraumgestaltungen, etwa durch Zufuhr von frischer Luft und Licht, beleuchtet. Inwieweit konkrete eventuelle Missstände im ersuchenden Staat allgemeine äußere sind oder auf gezielt herbeigeführten Verschlechterungen beruhen, wird aufzugreifen sein, wenn es um die Würdigung konkreter Zustände geht (*Kap. 6*).

Hinzu tritt die Vollstreckung einer tatsächlich lebenslangen Freiheitsstrafe. Dies mag zunächst verwundern, da bei unbefangenem ersten Zugriff eine lebenslange Freiheitsstrafe eher als Strafverhängungsproblem, weniger als Strafvollzugsproblem einzuordnen zu sein scheint. Es wird sich jedoch im Weiteren zeigen, dass weder die Verhängung einer lebenslangen Freiheitsstrafe noch eine letztlich vollständig bis zum Lebensende vollstreckte Freiheitsstrafe einen Verstoß gegen Art. 1 Abs. 1 GG oder Art. 3 EMRK bewirkt. Stattdessen verletzen die Ausgestaltung der Vollstreckung einer lebenslangen Freiheitsstrafe selbst und verbunden damit eine Entlassungspraxis, die dem Betroffenen jede Hoffnung auf vorzeitige Entlassung aus dem Vollzug nimmt, Art. 1 Abs. 1 GG i. V. m. Art. 3 EMRK.[672] Daher handelt es sich tatsächlich um die psychischen Auswirkungen der Vollzugsgestaltung und damit um einen Umstand, der hier als Haftbedingung verstanden und dementsprechend analysiert wird.

Keine gesonderte Beachtung als Haftbedingung in einem weiteren Sinne[673] findet hingegen im Folgenden eine mögliche Unverhältnismäßigkeit der Länge der verhängten bzw. in Aussicht stehenden Strafe.[674]

4.2 Maßstabsbildung für die Einschätzung ausländischer Vollzugsbedingungen

Wenn als Beurteilungsmaßstab der Strafvollzugsbedingungen des ausländischen Staates Art. 1 Abs. 1 GG i. V. m. Art. 3 EMRK heranzuziehen ist, dann gehören dazu zwangsläufig die Gewährleistungen des Art. 1 Abs. 1 GG, die selbst dem Zugriff des verfassungsändernden Gesetzgebers entzogen, aber über Art. 1 Abs. 2 GG im Lichte der Völkerrechtsfreundlichkeit des Grundgesetzes zu bestimmen sind.[675] Bezogen auf die Ausgestaltung des Strafvollzugs hat das BVerfG zu Art. 1 Abs. 1 GG festgehalten, dass auch dort die „grundlegenden Voraussetzungen individueller und sozialer Existenz des Menschen" erhalten bleiben müssten, so dass eine menschenwürdige Gestaltung des Strafvollzugs die Gewährung des

---

672 Vgl. *Kap. 4.3.5.*

673 So die Abgrenzung bei *Treiber* 1990, S. 42.

674 Vgl. dazu nur *Murschetz* 2007, S. 194 f.; *Morgenstern* 2014, S. 175. Außerdem umfasst die vorliegende Auswahl untersuchter Haftumstände auch ansonsten nicht abschließend alle möglichen Bedingungen einer Strafvollzugsgestaltung, die im Lichte des Art. 3 EMRK problematisiert werden könnten.

675 Vgl. dazu ausführlich *Kap. 3.6.4.4.1.4.*

Existenzminimums voraussetze, „das ein menschenwürdiges Dasein überhaupt
erst ausmacht".[676] Schon daran wird erkennbar, dass sich der absolut gewährleistete Gehalt der Menschenwürdegarantie schwerlich durch eine allgemein-ab-
strakte Definition handhabbar machen lässt, sondern in erster Linie durch einzelfallbezogene Konkretisierungen näher zu bestimmen ist.[677] Um zugleich der
Völkerrechtsfreundlichkeit des Grundgesetzes bestmöglich Rechnung zu tragen,
wurden die Gewährleistungen des Art. 3 EMRK – also das Verbot einer unmenschlichen oder erniedrigenden Behandlung oder Strafe – als zusätzlicher
Fixpunkt einer Beurteilung ausländischer Strafvollzugsbedingungen herausgearbeitet,[678] die wiederum durch den EGMR konkretisiert werden.

4.2.1 Die Bedeutung der Rechtsprechung von EGMR und BVerfG zur Interpretation des Art. 1 Abs. 1 GG i. V. m. Art. 3 EMRK

Gedanklich ist eigentlich zwischen den Garantien der EMRK und der darauf bezo-
genen Rechtsprechung des EGMR zu unterscheiden.[679] Den einzelnen EGMR-
Entscheidungen kommt formell gemäß Art. 46 EMRK nur eine *inter-partes*-
Wirkung zu, also beschränkt auf den einzelnen Fall, den verurteilten Staat betreffend.[680] *De facto* wirken die Entscheidungen aber *erga omnes*, bezogen auf die
übrigen, nicht beteiligten EMRK-Staaten.[681] Der materielle Gehalt der einzelnen
EMRK-Gewährleistungen – und damit auch des Art. 3 – ist also nicht ohne die
Rechtsprechung des EGMR zu erschließen.[682] Erst deren Gesamtanalyse ermöglicht es, die von der EMRK verbürgte objektive Rechtsordnung zu erfassen, wobei
sich je nach der Anzahl der thematisch einschlägigen Urteile auch schon aus
einem einzelnen Urteil eine weiterführende Auslegung der Konvention ergeben

676   Zitate aus BVerfG, NJW 2011, S. 1044; so bereits BVerfGE 45, 187 (228); 109, 133
      (150).

677   Vgl. BVerfGE 30, 1 (25).

678   Vgl. dazu *Kap. 3.6.4.4.1* und zusammenfassend *Kap. 3.8.4.*

679   *Grabenwarter* 2011, S. 229.

680   *Grabenwarter* 2010, S. 859.

681   Hierzu und zum Folgenden *Ress* 2004, S. 630 f. Zu den Auswirkungen auf die horizontale
      und vertikale Bindung einer Pilotentscheidung des EGMR ausführlich *Fyrnys* 2011,
      S. 1244 ff.

682   *Bergmann* 2006, S. 108-110; in diesem Sinne auch *Payandeh/Sauer* 2012, S. 295;
      Hofmann 2013, S. 331 f.; vgl. dazu auch *Meyer-Ladewig* 2011, Art. 46 Rn. 4 ff. Kritisch
      dazu hingegen und für eine deutliche Differenzierung von Konvention und Rechtspre-
      chung *Grabenwarter* 2011, S. 229 f., in ausdrücklicher Abkehr von *Grabenwarter* 2009,
      § 16 Rn. 9.

kann.[683] Die Rechtsprechung des EGMR konkretisiert dabei nicht nur die einzelnen Konventionsgewährleistungen, sondern aktualisiert sie auch.[684] Angesichts dessen postuliert auch das BVerfG sowohl hinsichtlich der gegenüber der Bundesrepublik als auch der gegenüber anderen Staaten ergehenden Entscheidungen des EGMR eine Berücksichtigungspflicht für deutsche Hoheitsträger.[685] Insgesamt übt sich das BVerfG je nach Fallgestaltung in größerer oder geringerer verbaler Fortentwicklung eines kohärenten Grundrechtsschutzes aus Grundgesetz- und EMRK-Gewährleistungen. Dazu hat es in den relativ seltenen offenen Kollisionsfällen zwischen BVerfG- und EGMR-Rechtsprechung der jüngeren Zeit seine Einschätzung derjenigen des EGMR angepasst,[686] ohne dass dies in einer vollständigen Selbstaufgabe gipfelte[687]. Die Rolle des BVerfG in einem europäischen Mehrebenensystem[688] des Menschenrechtsschutzes[689] kann insoweit als bislang konstruktiv bezeichnet werden,[690] zu einer Nivellierung von Grundrechtsschutz für *innerdeutsche* Sachverhalte ist es nicht gekommen[691].

Allerdings lässt das BVerfG ausgerechnet in der Würdigung von Strafvollzugsbedingungen *anderer* Staaten eine derartige kooperative Haltung vermissen. Wie noch zu zeigen sein wird, weicht es – entgegen seinem eigenen Bekunden – in seiner Rechtsprechung zu Auslieferungssachverhalten im Einzelnen mitunter deutlich von den Vorarbeiten des EGMR zum Nachteil des Verfolgten ab und übt sich stattdessen in übertriebener Zurückhaltung. Das wirkt umso verwunderlicher,

---

683 *Ambos* 2003, S. 589 f. m. w. N.; *ders.* 2011, § 10 Rn. 8; *Meyer-Ladewig/Petzold* 2005, S. 18. Einschränkend in dieser Hinsicht noch *Bernhardt* 1989, S. 29 f.: Für eine *de facto erga-omnes*-Wirkung müsse eine gefestigte Rechtsprechung vorliegen. Insgesamt kritisch noch *Hailbronner* 1999, S. 623, mit Berufung auf BVerwGE 104, 254.

684 BVerfGE 111, 307 (319).

685 Insbesondere BVerfGE 111, 307 (325 f.). Ausführlich *Hofmann* 2013, S. 331 f. mit Nachweisen aus der Rechtsprechung.

686 *Voßkuhle* 2010, S. 4; vgl. insbes. BVerfGE 120, 180; 128, 326 – ausführlichere Analyse dazu bei *Volkmann* 2011, S. 836 f.; *Payandeh/Sauer* 2012, S. 294-296. Vermittelnd aus EGMR-Sicht *Nußberger* 2013, S. 1306, 1311. Vgl. in diesem Zusammenhang auch jüngst BGH, 10.06.2015 – 2 StR 97/14 (*Lockspitzel*), als Reaktion auf EGMR, 23.10.2014 – 54648/09 (*Furcht vs. Deutschland*).

687 *Volkmann* 2011, S. 837-839; *Kirchhof* 2011, S. 3683; *Payandeh/Sauer* 2012, S. 298; *Hofmann* 2013, S. 332; a. A. *Hillgruber* 2011, S. 870 f.

688 Vgl. zu diesem Begriff eingehend *Knauff* 2010, S. 7 ff.

689 Zu Bausteinen eines europäischen Grundrechtsverbundes *Thym* 2015, S. 56 ff.

690 Vgl. beispielhaft für Entscheidungen zum Strafvollzug, in denen das BVerfG eine Verletzung sowohl von Art. 1 Abs. 1 GG als auch von Art. 3 EMRK prüft, BVerfGK 12, 417 (421 f.); 20, 125 (125 f.); sowie *Thym* 2010, S. 241 ff.; *ders.* 2015, S. 54 ff.

691 So *Payandeh/Sauer* 2012, S. 296, anhand BVerfGE 128, 326 (326 ff.) (*Sicherungsverwahrung II*).

da das BVerfG für die Beurteilung der Strafvollzugsbedingungen *in Deutschland* sowohl humaner „Stabilisierungsfaktor"[692] als auch „Motor der [humanen] Strafvollzugsreform"[693] und „guter Lotse"[694] zum Beifall der Wissenschaft[695] ist.

Zunächst aber soll es bei dem Postulat des BVerfG bleiben, dass die Rechtsprechung des EGMR zu Inhalt und Reichweite des Art. 3 EMRK auch in Deutschland zur Bestimmung des Inhalts und der Reichweite des Art. 1 Abs. 1 (und 104 Abs. 1 S. 2) GG dient, soweit daraus keine Reduzierung im Schutzumfang erfolgt.[696] Die zu Art. 3 EMRK entwickelte Dogmatik und die an ihn anknüpfenden Maßstäbe sind daher auf die innerstaatliche und die zwischenstaatliche Rechtsbeziehung des Auslieferungssachverhaltes anzuwenden. Dieses Gebot wird zusätzlich abgesichert durch folgende Kontrollüberlegung: Es muss ausgeschlossen werden können, dass einer Auslieferung in den ersuchenden Staat von Seiten der Bundesrepublik stattgegeben wird, der betreffende Gefangene sich dann aber – aus diesem ersuchenden Staat heraus – erfolgreich vor dem EGMR gegen die Haftbedingungen vor Ort beschwert, weil sie ihn in seiner Menschenwürde verletzten. Es ist niemandem zuzumuten, zunächst eine Verletzung seiner Menschenwürde zu erdulden, um dann erst Rechtsschutz dagegen zu suchen, der ihm bestenfalls eine finanzielle Kompensation für die erlittene erniedrigende Behandlung beschert.[697] Wo ihm dieser Rechtsschutz vor dem EGMR nach erfolgter Auslieferung nicht zur Verfügung stehen wird, weil der ersuchende Staat kein EMRK-Konventionsstaat ist, wiegt diese Kontrollüberlegung umso schwerer.

---

692 *Dünkel* 2010b, S. 10.

693 So der Titel bei *Preusker* 2005, S. 195 ff.

694 So *Bachmann* (2015, S. 405 f.) als Ergebnis seiner Analyse aller veröffentlichen Entscheidungen des BVerfG zum Strafvollzug.

695 *Neubacher* 2011, S. 84 f.

696 BVerfGE 74, 358 (370).

697 Einen ähnlichen Ansatz verfolgen auch *Bachmann* und *Goeck* (2012, S. 410) bzgl. menschenunwürdiger Haftbedingungen. Veranschaulichen lässt sich das an der Argumentation in BVerfGK 13, 128 (136): Das BVerfG verweist den Beschwerdeführer auf die Entscheidung EGMR, 15.07.2002 – 47095/99 (*Kalashnikov vs. Russland*), um die Gewährleistung [*sic!*] menschenwürdiger Haftbedingungen in Russland zu verdeutlichen, denn ausweislich dieser Entscheidung gewähre Art. 3 EMRK eine menschenwürdige Unterbringung auch in Russland. Angesichts der Befunde in der *Kalashnikov*-Entscheidung zu Herrn *Kalashnikovs* Unterbringungsbedingungen hätte man ihm sicherlich vorbeugenden Rechtsschutz gewünscht.

4.2.2 Haftbedingungenübergreifende Präzisierungen des ordre-public-Vorbehalts gemäß Art. 1 Abs. 1 GG i. V. m. Art. 3 EMRK

Art. 3 EMRK verbietet es, jemanden der Folter oder einer unmenschlichen oder erniedrigenden Behandlung oder Strafe auszusetzen. Damit ist dem Rechtsanwender zwar ein ergiebigerer Wortlaut an die Hand gegeben als allein mit Art. 1 Abs. 1 GG, gleichwohl entzieht sich auch Art. 3 EMRK eindeutigen, objektiven Kriterien,[698] was der EGMR auch seit langem anerkennt.[699] Vielmehr bedeutet dies, dass Verletzungen von Art. 3 EMRK nur einzelfallbezogen und nur in einer Gesamtschau aller Faktoren feststellbar sind.[700] Seine Kriterien sind damit einer erhöhten Flexibilität in der Handhabung durch den EGMR ausgesetzt.[701] Zu den maßgeblichen Einzelfallkriterien zu zählen sind dabei die Art und der Zusammenhang der Behandlung bzw. Bestrafung, die Art und Weise der Vollstreckung (wozu wiederum deren Dauer sowie ihre psychische und physische Auswirkung gehören) sowie Geschlecht, Alter und Gesundheitszustand des Betroffenen.[702]

Nach der Rechtsprechung des EGMR umfasst der Schutzbereich des Art. 3 EMRK daher sowohl die physische als auch die psychische Integrität des Betroffenen, eine Verletzung bestehe dann in einer „Missachtung der Person in ihrem Menschsein".[703] Dabei wird der Tatbestand des Art. 3 EMRK in mehrere Varianten nach einem Stufenverhältnis binnendifferenziert: An der Spitze als schwerster Menschenwürdeverstoß stehe die Folter, abgeschwächt dazu verhalte sich eine unmenschliche Behandlung oder Strafe, während eine erniedrigende Behandlung oder Strafe die geringste Beeinträchtigung bedeute.[704]

---

698 Zühlke/Pastille 1999, S. 760; ähnlich Kälin 1999, S. 59; problematisiert auch von van Zyl Smit (2013, S. 398 ff.) anhand des Wortlauts „inhuman and degrading" oder etwa auch „cruel and unusual" der zahlreichen vergleichbar formulierten Tatbestände der diversen einschlägigen nationalen und internationalen Rechtstexte.

699 So schon EGMR, 25.04.1978 – 5856/72 (Tyrer vs. Vereinigtes Königreich), Rn. 30.

700 EGMR, 18.01.1978 – 5310/71 (Irland vs. Vereinigtes Königreich), Rn. 162; hervorgehoben etwa auch von Hailbronner 1999, S. 620; Zühlke/Pastille 1999, S. 771; Hruschka/Lindner 2007, S. 646.

701 Evans 2002, S. 373. Kälin (1999, S. 59 m. w. N.) stellt die Offenheit für schöpferische Konkretisierung als Wesensmerkmal von Menschenrechtssätzen heraus.

702 Hailbronner 1999, S. 620; Murschetz 2007, S. 191 m. w. N. aus der Rechtsprechung des Gerichtshofs.

703 Grabenwarter/Pabel 2012, § 20 Rn. 27 m. w. N.; dem folgend Morgenstern 2014, S. 174.

704 Anhand der Auslegung durch den EGMR und die frühere EKMR Evans 2002, S. 370; dem folgend Morgenstern 2014, S. 174; ähnlich auch Hailbronner 1999, S. 620. Eher als konzentrische Kreise wiedergegeben von Hruschka/Lindner 2007, S. 646.

Zum Begriff der *Folter* wird vielfach auf die Definition in Art. 1 der VN-Antifolterkonvention[705] verwiesen,[706] der die vorsätzliche Zufügung großer körperlicher oder geistig-seelischer Schmerzen oder Leiden benennt, um beispielsweise vom Betreffenden oder einem Dritten eine Aussage oder ein Geständnis zu erzwingen, den Betreffenden für eine tatsächlich oder mutmaßlich von ihm begangene Tat zu bestrafen oder ihn oder andere Personen einzuschüchtern.[707]

In Abgrenzung dazu wird der frühen EGMR-Rechtsprechung entnommen, dass unter einer *unmenschlichen* Behandlung oder Strafe jedenfalls solche zu verstehen sind, die vorsätzlich geplant ohne Unterbrechung stundenlang ausgeführt werden und wenigstens körperliche und geistige Leiden, wenn nicht sogar körperliche Verletzungen hervorrufen.[708] Immerhin noch *erniedrigend* sei eine Behandlung oder Strafe, wenn sie Furcht, Todesangst oder Gefühle von Minderwertigkeit auslöst, die geeignet sind zu erniedrigen oder zu entwürdigen und gegebenenfalls physischen oder moralischen Widerstand zu brechen. Ausreichend ist dabei eine Erniedrigung des Betroffenen vor sich selbst anstatt zusätzlich in den Augen anderer.[709] Es ist jedoch nicht in jeder Entscheidung des EGMR nachvollziehbar, warum jeweils welche Tatbestandsvariante herangezogen wurde.[710]

Art. 3 EMRK schützt damit jedenfalls den besonders sensiblen Bereich der Menschenwürde;[711] auch wenn es an einer ausdrücklichen Bezugnahme auf oder gar Nennung dieses Schutzgut(s) fehlt, so lässt sich die EMRK als Instrument internationalen Menschenrechtsschutzes doch auch auf den Auftrag zur Achtung der Menschenwürde zurückführen.[712] Die Gewährleistungen des Art. 3 EMRK werden absolut und damit schrankenlos garantiert,[713] sie sind ausweislich Art. 15

---

705   VN-Übereinkommen vom 10. Dezember 1984 gegen Folter und andere grausame, unmenschliche oder erniedrigende Behandlung oder Strafe, BGBl. 1990 II, S. 246.

706   Vgl. nur *Murschetz* 2007, S. 190, auch m. w. N. zu abweichenden Ansichten; Verbindung zur VN-Antifolterkonvention auch hergestellt von *Ambos* 2014, § 10 Rn. 80 m. w. N. aus der Rechtsprechung des Gerichtshofs.

707   Zum Entstehungsprozess der Normierung des Folterverbots in Art. 3 EMRK vgl. *Kälin* 1999, S. 60 f.

708   Hierzu sowie zum Folgenden *Hailbronner* 1999, S. 620, mit Verweis auf EGMR, 18.01.1978 – 5310/71 (*Irland vs. Vereinigtes Königreich*), Rn. 167.

709   EGMR (GK), 21.01.2011 – 30696/09 (*M.S.S. vs. Belgien und Griechenland*), Rn. 220.

710   *Evans* 2002, S. 372; *Hruschka/Lindner* 2007, S. 646: Anstatt eine strikte Abgrenzung vorzunehmen, stelle der EGMR oft eine summarische Verletzung fest. Zu Abgrenzungsansätzen vgl. auch *Ambos* 2014, § 10 Rn. 81 m. w. N.

711   *Bank* 2013, Rn. 8.

712   *Morgenstern* 2014, S. 174 f.

713   So z. B. auch EGMR (GK), 21.01.2011 – 30696/09 (*M.S.S. vs. Belgien und Griechenland*), Rn. 218; EGMR (GK), 28.02.2008 – 37201/06 (*Saadi vs. Italien*), Rn. 138;

Abs. 2 EMRK notstandsfest. Zur Schutzbereichsbestimmung ist es daher weder relevant, welche Art oder Schwere eines Delikts dem Grundrechtsträger gegebenenfalls vorgeworfen wird,[714] noch ob es sich um eine Anwendung innerhalb eines Auslieferungssachverhaltes handelt und der ersuchte Staat ein der Menschenwürde gegenüberstehendes Interesse am Vollzug der Auslieferung hat[715]. Wie auch der Schutzbereich des Art. 1 Abs. 1 GG,[716] so ist der des Art. 3 EMRK *insofern* abstrakt zu bestimmen[717].

Während früher als weitere Einschränkung teilweise für eine Verletzung des Art. 3 EMRK die Behandlung *vorsätzlich*, wenn nicht gar *absichtsvoll* erfolgen musste,[718] bedarf es einer solchen Finalität nach heutigem Verständnis jedenfalls für eine erniedrigende Behandlung nicht mehr[719]. Abgestellt wird damit allein auf die tatsächliche Wirkung einer Behandlung auf den Betroffenen.[720]

Gleichzeitig ist es anerkannt, dass erst eine bestimmte Schwelle an Erschwernis oder Beeinträchtigung den Schutzbereich eröffnet,[721] da Art. 3 EMRK keine umfassende Lähmung der Staatsgewalt bewirken soll, etwa indem jedes persönliche Empfinden einer Zurücksetzung auf Seiten eines Grundrechtsträgers durch

---

statt vieler *Villiger* 2005, S. 64, 75; *Nußberger* 2013, S. 1308. A. A. hingegen *Ambos* (2014, § 10 Rn. 81 m. w. N.), die von ihm angeführten „Rechtfertigungsgründe" lassen sich allerdings besser als Variationen der Eingriffsschwelle des Art. 3 EMRK klassifizieren, mit der ein ausreichend erheblicher Eingriff gegenüber einer Bagatelle abgegrenzt werden soll; vgl. dazu auch die Erörterung in EGMR, 09.06.1998 – 52/1997/836/1042 (*Tekin vs. Türkei*). A. A. wohl auch *Schroeder* (2005, S. 402), der anscheinend bereits Taschendieben den Anspruch auf eine menschenwürdige Unterbringung versagen möchte. Kritisch zum Absolutheitspostulat *Hailbronner* 1999, S. 621 f.

714 Vgl. nur *Alleweldt* 1997, S. 1078, sowie *Nußberger* 2013, S. 1308 m. w. N. aus der Rechtsprechung des Gerichtshofs. Genauso das BVerfG in stRspr., vgl. nur E 72, 105 (115).

715 Vgl. *Kap. 3.6.5.4.2.2*, mit a. A. von *Zühlke/Pastille* 1999, S. 770.

716 Zum Problem, den Schutzbereich des Art. 1 Abs. 1 GG abstrakt zu bestimmen, vgl. *Dammann* 2011, S. 21; *Baldus* 2011, S. 536 ff. m. w. N.

717 EGMR (GK), 28.02.2008 – 37201/06 (*Saadi vs. Italien*), Rn. 139; EGMR, 10.04.2012 – 24027/07 u. a. (*Babar Ahmad u. a. vs. Vereinigtes Königreich*), Rn. 172 f.

718 Vgl. *Treiber* 1990, S. 44.

719 *Evans* 2002, S. 371 f.; dem folgend *Morgenstern* 2014, S. 175; eingehend auch *Hruschka/Lindner* 2007, S. 647. Jedenfalls für erniedrigende Behandlungen so hervorgehoben etwa von EGMR (GK), 11.07.2006 – 54810/00 (*Jalloh vs. Deutschland*); für die Einschlägigkeit des Art. 3 EMRK insgesamt jedenfalls nicht als zwingend angesehen von EGMR (GK), 21.01.2011 – 30696/09 (*M.S.S. vs. Belgien und Griechenland*), Rn. 220.

720 Damit besteht auch in diesem Punkt eine Parallelität zur Entwicklung in der deutschen Grundrechtsdogmatik, vgl. zur Aufgabe des Finalitätskriteriums für den modernen Eingriffsbegriff *Kromrey* 2017 (im Erscheinen), Kap. C.

721 *Morgenstern* 2014, S. 175 m. w. N.

staatliches Handeln den schrankenlosen Schutzreflex des Art. 3 auslösen könnte. Für den Bereich des Strafvollzugs bedeutet das jedenfalls, dass die Leiden des Gefangenen über das hinausgehen müssen, was jede Haft unvermeidbar mit sich bringt, die internationale Mindeststandards erfüllt.[722] Diese unvermeidbaren Leiden des Strafvollzugs sind wiederum umfassend dokumentiert, soweit sie einer empirischen Erfassung zugänglich sind. In diesem Zusammenhang wird der Strafvollzug auch als „totale Institution"[723] bezeichnet. Zum einen werden die Insassen umfassend von der Außenwelt isoliert, nach innen hin ist die Hafterfahrung zum anderen gekennzeichnet von einer tiefgreifenden Kontrolle durch uniforme Tätigkeiten, die am selben Ort auf engstem Raum erfolgen, eine präzise Durchstrukturierung des Tagesablaufes und die Überwachung durch dieselbe Autorität.[724] Es handelt sich zudem um eine intensive Entzugssituation, bedingt durch eine Veränderung des sozialen Status', eine Reduktion der Individualität, einen Mangel an Privatsphäre, die Trennung von den Angehörigen, Einbußen an materiellen Gütern und sensorischen Reizen sowie einen Verlust jeglichen Sicherheitsgefühls in einer sozialen Umgebung, die Konflikte durch gewaltsame Auseinandersetzungen[725] zu lösen gewohnt ist.[726] Als besonders schmerzhaft empfunden wird der Entzug heterosexueller Kontakte.[727] All jene Faktoren stellen für sich genommen daher keine unmenschliche oder erniedrigende Behandlung i. S. e. Verletzung von Art. 3 EMRK dar, wie im Übrigen auch nicht des Art. 1 Abs. 1 GG.

Tatsächlich sinnvolle tatbestandliche Beschränkungen definieren eine Art.-3-EMRK-widrige unmenschliche oder erniedrigende Behandlung oder Strafe für den Bereich des Strafvollzugs stattdessen als eine „im Kern zerstörerische und die Elementarpositionen körperlicher und geistiger Integrität treffende Behandlung", mit der „durch die Verweigerung der Grundvoraussetzung sozialer, physischer und psychischer Existenz ein über das normale, mit jedem Freiheitsentzug und dessen technischer Durchführung unvermeidbar verbundene Maß an Beschrän-

---

722 Vgl. nur EGMR (GK), 12.02.2008 – 21906/04 (*Kafkaris vs. Zypern*), Rn. 96; EGMR, 15.07.2002 – 47095/99 (*Kalashnikov vs. Russland*), Rn. 95; so auch zusammenfassend etwa *Pohlreich* 2011b, S. 1059; einschränkend in diesem Sinne auch bereits die Folterdefinition des Art. 1 der UN-Antifolterkonvention.

723 Vgl. grundlegend dazu *Goffman* 1972, *passim*.

724 *Khakzad/Kromrey* 2013, S. 244.

725 Zur damit verbundenen Frage, inwieweit Gewalttaten von Mitgefangenen im Strafvollzug des ersuchenden Staates den Schutzreflex von Art. 1 Abs. 1 GG i. V. m. Art. 3 EMRK auslösen, vgl. *Kap. 4.6.2.*

726 Vgl. ausführlich *Laubenthal* 2015, Rn. 199 ff. m. w. N.

727 *Einat* 2013, S. 81.

kungen hinausgehendes Leiden" zugefügt werde.[728] Umgekehrt muss es also bei der Schutzgewähr mittels Art. 1 Abs. 1 GG und Art. 3 EMRK darum gehen, die „körperliche und psychische Integrität und Identität des Einzelnen" zu bewahren und die „Brechung seiner menschlichen Subjektivität" zu verhindern.[729] Konsequenterweise berücksichtigt der EGMR bei Defiziten im Strafvollzug nicht, welche – insbesondere finanziellen oder logistischen[730] – Ursachen zu den Defiziten führen, so dass selbst notwendige Anstaltsrenovierungen den Staat nicht von seiner Pflicht zur Achtung der Menschenwürde der Anstaltsinsassen entbinden.[731]

4.2.3 Uferlose Konventionsgewährleistungen?

Diese Konkretisierung auf ein niedrigeres Abstraktionsniveau schließt gleichwohl nicht aus, dass der EGMR im Einzelfall auch Behandlungen als Verstöße gegen Art. 3 EMRK beurteilt, deren Sachverhalt eine Subsumtion unter diese Definition beim ersten gedanklichen Zugriff zumindest nicht zwingend nahelegt. Außerdem unterliegt die Auslegung und Fortentwicklung der Gewährleistungen des Art. 3 als Teil des „lebendigen Instruments"[732] EMRK dabei auch fortwährend sich verändernden sozialen Anschauungen, die den EGMR zu Veränderungen und Anpassungen in seiner Rechtsprechung bewegen,[733] um auf der Höhe der Zeit zu bleiben.[734] Auch die Zuordnung einer benachteiligenden Behandlung zu einem der drei in Art. 3 EMRK enthaltenen Tatbeständen kann sich aufgrund veränderter zeitgemäßer Anschauungen verschieben.[735]

---

728 Zusammenfassend *Treiber* (1990, S. 44), der allerdings das Kriterium der Vorsätzlichkeit seinerzeit noch ergänzt, dem hier nicht gefolgt wird.

729 Anschaulich so die Wortwahl von OLG Frankfurt, NJW 2003, S. 2845.

730 Vgl. nur EGMR (PE), 10.03.2015 – 14097/12, 45135/12, 73712/12, 34001/13, 44055/13 und 64586/13 (*Varga u. a. vs. Ungarn*), Rn. 103.

731 *Pohlreich* 2011b, S. 1059 m. w. N.

732 Die EMRK wird allgemein als „lebendiges Instrument" vom EGMR gehandhabt, vgl. schon EGMR, 25.04.1978 – 5856/72 (*Tyrer vs. Vereinigtes Königreich*), Rn. 31; vgl. dazu auch *Kälin* 1999, S. 58; *Nußberger* 2012, S. 199. Zu den menschenrechtlichen „Risiken", die sich daraus ergeben, die Konvention nicht lebendig bzw. dynamisch aus dem bestehenden Wortlaut weiterzuentwickeln, sondern stattdessen den Wortlaut selbst zu ergänzen, anschaulich *Trechsel* 1998, S. 375 ff.

733 Ausdrücklich für die Begriffe des Art. 3 EMRK etwa in EGMR (GK), 28.07.1999 – 25803/94 (*Selmouni vs. Frankreich*), Rn. 101.

734 Deutlich befürwortet u. a. von *Kälin* 1999, S. 59.

735 *Villiger* 2005, S. 64; *Hruschka/Lindner* 2007, S. 646 m. w. N.

Die Auslegung der EMRK durch den EGMR und die frühere Europäische Kommission für Menschenrechte (EKMR) in den ersten Jahrzehnten ihres Wirkens wurde teilweise als zu vorsichtig, die eingeforderten Mindeststandards also als zu niedrig kritisiert.[736] Dem steht in jüngerer Zeit die Kritik gegenüber, der Gerichtshof lege die Konventionsgewährleistungen zunehmend expansiv bis hin zur Systemwidrigkeit aus und überschreite damit seine Kompetenzen aus der Konvention.[737] Diese Argumentation bezieht sich bei genauerer Betrachtung aber nur auf Abschiebungen und die Gefahren, die nach einer solchen drohen. Abgesehen davon, dass dieser Kritik mit guten Argumenten begegnet werden kann,[738] lässt sie sich nicht auf Auslieferungen übertragen: Kritisiert werden im Wesentlichen die Uferlosigkeit eines solchen Einsatzes von Art. 3 EMRK und die fehlende Trennschärfe zu jedweder politischer Verfolgung, auf deren Abwehr Art. 3 EMRK gleichwohl nicht zugeschnitten sei, so dass die EMRK-Staaten in ihrer Ausländerpolitik nicht mehr frei wären, ohne dass sich dafür materiellrechtliche Anhaltspunkte in der Konvention fänden.[739] Solche Vermengungen mit Menschenwürdeaspekten im ausländischen Strafvollzug sind aber bei der Würdigung von Auslieferungssachverhalten nicht zu befürchten, stattdessen ist es unbestrittenes Kernanliegen des Art. 3 EMRK, menschenwürdige Mindeststandards im Strafvollzug sicherzustellen und Individuen vor Verstößen dagegen – durch Entlassungen aus dem Vollzug oder Verlegungen – notfalls auch räumlich zu bewahren. Eine zeitgemäße Anpassung der Auslegung des Art. 3 EMRK in Richtung eines umfassenden Menschenwürdeschutzes[740] ist daher für den Bereich der internationalen Rechtshilfe in Strafsachen zu begrüßen, wobei sich der EGMR zugleich als Bollwerk gegen Veränderungen des politischen Zeitgeistes „nach unten" bewährt[741].

---

736 So z. B. *Schwaighofer* 1988, S. 127-129.

737 BVerwGE 104, 265; 105, 187; *Hailbronner* 1999, S. 620 f.; kritisch auch *Kraft* 2014, S. 975 f.; vgl. zudem die Überlegungen und Nachweise bei *Lorz/Sauer* 2010, S. 390; kontextualisiert von *Thym* 2010, S. 114 ff.

738 Vgl. stellvertretend für die h. M. *Kälin* 1999, S. 51 ff. *Bonk* (1999, S. 73) betont, dass sich ohnehin die Auslegung des Art. 3 EMRK durch den EGMR grundsätzlich nicht von der der deutschen Rechtsprechung unterscheide.

739 Ausführlich dazu *Hailbronner* 1999, S. 620-623.

740 *Morgenstern* 2014, S. 175.

741 *Kromrey/Morgenstern* 2014, S. 715; i. E. genauso *Lorz/Sauer* 2010, S. 407. *Bachmann* (2015, S. 424) verweist zu recht darauf, dass einem zu expansiven Ausgreifen des EGMR dessen Bedürfnis nach Akzeptanz seiner Rechtsprechung in den EMRK-Staaten mit größeren Strafvollzugsdefiziten entgegensteht. Diese Defizite zwingen den EGMR ohnehin zu einer eher behutsamen Beurteilung von Haftbedingungen.

4.2.4 Kehrseite der Völkerrechtsfreundlichkeit: Internationale Mindeststandards und Empfehlungen als Auslegungs- und Konkretisierungshilfe

Wenn außerdem die Völkerrechtsfreundlichkeit des Grundgesetzes als Argument bemüht wird, Gepflogenheiten, Strukturen und Inhalte anderer Rechtsordnungen schutzbereichsbeschränkend anzuerkennen, die als solche im innerstaatlichen Recht sonst keine Bindungswirkung entfalten,[742] so hat diese Erkenntnis allerdings auch eine für den Verfolgten günstige Kehrseite:[743] Im Umkehrschluss ist der Völkerrechtsfreundlichkeit zugleich das Gebot zu entnehmen, neben völkerrechtlichen Rechtsquellen auch rechtlich formal nicht bindende internationale Mindeststandards und empirische Erkenntnisse anzuerkennen und zu berücksichtigen. Dabei soll ihnen keine unmittelbare Verbindlichkeit zugesprochen werden. Mit Blick auf im Ausland drohende Haftbedingungen gleichen sich allerdings die grundrechtlichen Gefährdungslagen des innerdeutschen Strafvollzugs und der Auslieferung zur Strafverfolgung in einem fremden Staat jedenfalls soweit, dass sich ein vom BVerfG entwickelter Grundsatz[744] an dieser Stelle fruchtbar machen lässt: In einem der Achtung der Menschenwürde verpflichteten Auslieferungsverfahren sind Entscheidungen evidenzbasiert zu fällen und daher die möglichen Erkenntnisquellen auszuschöpfen. Dazu zählen neben wissenschaftlichen Erkenntnissen[745] völkerrechtliche Vorgaben oder internationale Standards mit Menschenrechtsbezug. Werden sie hingegen ausgeblendet, kann das auf eine den grundrechtlichen Anforderungen nicht genügende Berücksichtigung vorhandener Erkenntnisse hindeuten.[746]

Im Bemühen um eine menschenrechtsschonende Auslegung der im innerstaatlichen Auslieferungsverfahren zu berücksichtigenden Gewährleistungen sind daher in besonderem Maße die abgesicherten Erkenntnisse derjenigen Akteure heranzuziehen, die ebenfalls Teile eines zwischen- und überstaatlichen Netzwerks des Menschenrechtsschutzes bilden. Das folgt auch zwingend aus der gebotenen Rechtsprechungskohärenz im internationalen Verfassungsgerichtsverbund, den

---

742 Vgl. *Kap. 3.6.4.4.1.2* und *Kap. 3.8.2.*

743 Zu den ambivalenten Folgen der Völkerrechtsfreundlichkeit des Grundgesetzes für den individuellen Grundrechtsschutz auch *Michael/Morlok* 2014, Rn. 76 f. Diese für die Grundrechtsträger positive Seite der Völkerrechtsfreundlichkeit des Grundgesetzes diskutiert *Sommermann* (1989, S. 391 ff.) unter dem Stichwort der „Menschenrechtsfreundlichkeit des Grundgesetzes".

744 BVerfGE 116, 69 (87 ff.).

745 Verweis in BVerfGE 116, 69, auf E 98, 169 (201), in der wiederum auf Erkenntnisse u. a. der Kriminologie und aus der Sozialtherapie abgestellt wird.

746 BVerfGE 116, 69 (90).

das BVerfG und der EGMR bilden.[747] Hier sind inhaltliche Wechselwirkungen zu ermöglichen und nutzbar zu machen. Verfassungsrechtliches Gebot für die Ausgestaltung des Auslieferungsverfahrens ist also die Teilnahme am und der Erfahrungsaustausch im bestehenden Mehrebenensystem des Menschenrechtsschutzes, in dem die Verantwortung eine gemeinsame statt eine abgegrenzte ist.[748] Diese Teilnahme und dieser Austausch wiederum stehen in dem noch größeren Kontext auf internationaler Ebene, den Schutz elementarer Menschenrechte zur supranationalen Aufgabe zu machen.[749]

Um eine dynamische, zeitgemäße Interpretation der Begrifflichkeiten des Art. 3 EMRK zu gewährleisten, bedient sich der EGMR der vom Ministerkomitee des Europarates verabschiedeten Europäischen Strafvollzugsgrundsätze[750] (EPR) und Empfehlungen sowie der Standards des Antifolterkomitees des Europarates (CPT) und der Mindestgrundsätze der Vereinten Nationen für die Behandlung Gefangener.[751] Für deutsche Gerichte wie Behörden dienen diese Empfehlungen derzeit weniger als Rechtsgrundlage, aber doch als Orientierungsgröße zur Normauslegung.[752] Sie haben in Deutschland als *soft law* keinen Rechtsnormcharakter, aus ihnen lassen sich bislang auch keine subjektiven Rechte ableiten.[753] Gleich-

---

747 Vgl. nur *Voßkuhle* 2010, S. 3-5.

748 Vgl. *Michael/Morlok* 2014, Rn. 115 ff.; dazu auch *Sauer* 2011, S. 195 ff. Zu den Begriffen des Netzwerks und des Mehrebenensystems sowie den darin begriffenen Formen des Austauschs und der Kooperation vgl. nur *Pernice* 2010, S. 60 ff. m. w. N. Bedeutsam ist bislang in erster Linie die Rechtsprechung des EGMR, zunehmend wird auch die Rechtsprechung des EuGH zum Grundrechtsschutz zu berücksichtigen sein; vgl. zu diesem Spannungsfeld etwa *Wendel* 2015, S. 731 ff.

749 Eine solche Tendenz sieht schon *Kühn* (2001, S. 546) anhand der Übereinkommen gegen Kriegsverbrechen, Völkermord und Folter vergangener Jahrzehnte, sowie der Einrichtung von Kriegsverbrechertribunalen in Nürnberg, zu Jugoslawien, Ruanda und Kambodscha, sowie des IStGH. Für einen historischen Überblick zu dieser Entwicklung vgl. *Khakzad* 2015, S. 7 ff.

750 Vgl. dazu *Dünkel u. a.* 2006, S. 86 ff.

751 Vgl. nur EGMR (PE), 12.01.2012 – 42525/07 und 60800/08 (*Ananyev u. a. vs. Russland*), Rn. 55 ff.

752 Dazu schon *Neubacher* (2001, S. 213 f.) anhand des Bundesstrafvollzugsgesetzes; i. E. ebenso *Ahlbrecht u. a.* 2008, Rn. 726a. Hinsichtlich der Auslegung der Begriffe des Art. 3 EMRK so bereits auch schon *Treiber* 1990, S. 42. Aus der Rechtsprechung ausdrücklich für die Ermittlung des einschlägigen völkerrechtlichen Mindeststandards z. B. OLG Stuttgart, Die Justiz 2003, S. 32. Zur Bedeutung und Funktion internationaler Mindeststandards vgl. auch *Morgenstern* 2002, S. 63 ff.

753 Bezüglich *soft law* allgemein *Neubacher* 2001, S. 212; bzgl. der EPR auch *Arloth* 2011, Einleitung Rn. 11; *Calliess/Müller-Dietz* 2008, Einleitung Rn. 48. Zu *soft law* allgemein wie zur Rechtsnatur der CPT-Standards im Besonderen ausführlich *Kriebaum* 2000, S. 554 ff. Zu den möglichen fördernden und hemmenden Steuerungswirkungen von *soft*

wohl haben diese „internationale[n] Standards [...] in Richtlinien und Empfehlungen [...] von Organen des Europarates" durch die Entscheidung des BVerfG
vom 31.05.2006 eine Aufwertung erfahren,[754] indem die Unterschreitung der in
diesen Empfehlungen konstatierten Standards – wie oben beschrieben – als Indiz
für eine Verletzung der Menschenwürde des Betroffenen definiert wurde. Sie stellen also rechtsbegleitendes *soft law* dar, das bestehende Lücken dieses ansonsten
nur zu einem geringen Grad konkretisierten Rechtssatzes füllt.[755] Dadurch entfalten sie Ausstrahlungswirkung auf das Verständnis von der Menschenwürdegarantie und erhalten durch diese vom BVerfG vorgegebene Bezugnahme auf diesen
Menschenrechtssatz einen besonderen Geltungsanspruch.[756]

Wenn in Auslieferungssachverhalten also die Voraussetzungen des *ordre-
public*-Vorbehalts aus Art. 1 Abs. 1 GG i. V. m. Art. 3 EMRK auf einen gemeinsamen, menschenwürdigen Mindeststandard hin zu konkretisieren sind, eignen
sich sowohl die Strafvollzugsgrundsätze des Europarates als auch der Vereinten
Nationen wie auch die CPT-Standards und die Empfehlungen des Europarates
sehr gut als Orientierungsgröße.[757] Aus der Völkerrechtsfreundlichkeit des
Grundgesetzes und der Menschenwürde folgt also für die OLG das Gebot, diese
Standards und Empfehlungen in diesem Sinne einzusetzen.[758]

4.2.5 Die normative Kraft des Faktischen?

Die Einforderung internationaler Mindeststandards lässt sich auch nicht mit dem
Argument beiseite schieben, diesen entspreche in vielen Ländern der Welt
schlichtweg nicht die Anstaltsausstattung, so dass hier also das Faktische eine
normative Kraft auf das Auslieferungsrecht ausübe. Um es erneut zu betonen, ist
es gerade nicht erklärtes Anliegen des Auslieferungsrechts, menschenrechtlich zu
missionieren und fremde Strafvollzugssysteme zu reformieren.

---

law auf die Entwicklung von internationalen (auch Menschen-)Rechtssätzen vgl. anschaulich *Knauff* 2010, S. 483 ff.

754 Die EPR haben eine Aufwertung über den Status des sonstigen *soft law* hinaus hin zum
innerdeutsch unmittelbaren Prüfungsmaßstab erfahren (*Dünkel* 2010a, S. 213) und entwickeln sich zumindest in Richtung der Bedeutung subjektiver Rechte (*Kromrey* 2012,
S. 116; jeweils mit Verweis auf BVerfGE 116, 69 (90)); zurückhaltender hingegen noch
Laubenthal 2015, Rn. 38.

755 Zum Begriff des rechtsbegleitenden *soft law* sowie zum Folgenden eingehend *Knauff*
2010, S. 381 f. m. w. N.

756 So auch *Neubacher* (2011, S. 96), für den das international gesetzte *soft law* Verbindlichkeit erlangt, wenn es durch die Konkretisierung „harten" Rechts an dessen zwingendem Charakter teilhat.

757 Zur Eignung der CPT-Landesberichte vgl. demgegenüber *Kap. 5.9.7.1.*

758 Nachdrücklich in diesem Sinne auch *Morgenstern* 2013, Rn. 44.

Indem eine Forderung nach Gewährleistung von Menschenrechten im Vollzug mit internationalen Mindeststandards und diesbezüglicher verfassungsgerichtlicher Rechtsprechung (bezogen auf Menschenrechte also die von EGMR wie BVerfG) untermauert werden kann, kommt dem einerseits eine starke wechselseitige Legitimation zu. Der Befund, dieses oder jenes folge für das Auslieferungsrecht als zwingendes Gebot aus der Menschenwürdegarantie, bedeutet jedoch andererseits nicht zugleich, dass der ersuchende Staat dies allen Insassen seines Strafvollzugs gewährleisten müsse. Nur dem konkreten Auszuliefernden sind diese Bedingungen zur Verfügung zu stellen, wenn der ersuchende Staat denn seiner zur Strafverfolgung oder auch nur -vollstreckung habhaft werden möchte. Zwar ist ein gewisser Anpassungsdruck nach oben ein willkommener Nebeneffekt. Die gegebenenfalls erklärte Zusicherung, „europäische" oder „internationale Mindeststandards" würden gewährleistet, darf aber jedenfalls keine inhaltsleere Pflichtübung sein, um sich letztlich doch anhand der „Macht der Tatsachen" mit weniger zufrieden zu geben. Aus Art. 1 Abs. 1 GG und Art. 3 EMRK folgt ein Schutzauftrag auch für das Auslieferungsrecht, dessen Erfüllung sich jenen Tatsachen nicht unterzuordnen hat. Stattdessen müssen dann andere Tatsachen geschaffen werden.

4.2.6 Das deutsche Strafvollzugsrecht als Maßstab?

Das deutsche Strafvollzugsrecht enthält eine Vielzahl von Ausdifferenzierungen und Klarstellungen zu den während eines Freiheitsentzuges zu gewährenden Rechten und auferlegten Einschränkungen, mittels denen auch die Menschenwürde des Insassen im Haftalltag gewahrt werden soll. Gleichwohl muss es als Maßstab für die Beurteilung von Haftbedingungen anderer Staaten in Auslieferungssachverhalten von vornherein ausscheiden. Dafür sprechen zwei Gründe: Realistischerweise muss auch in Deutschland zwischen den vom geschriebenen Strafvollzugsrecht vorgesehenen Zuständen und den tatsächlichen Umständen in deutschen Anstalten unterschieden werden. Der wünschenswerte Zustand ist auch in Deutschland nicht überall umgesetzt[759] und vielleicht auch nicht umsetzbar[760], trotz des vielerorts vorhandenen redlichen Bemühens von Personal und Verwaltung, mit den vorhandenen Ressourcen das Möglichste zu schaffen und das Gebot eines menschenwürdigen Strafvollzugs umzusetzen. Würde das deutsche Strafvollzugsrecht im Abgleich mit den tatsächlichen Zuständen von einem ausländischen Staat zur Beurteilung eines deutschen Auslieferungsersuchens herangezogen werden, müsste die Auslieferungsentscheidung wahrscheinlich mitunter

---

759 Vgl. etwa zur Gewaltprävalenz im deutschen Jugendstrafvollzug die Befunde bei *Kowalzyck* 2008, S. 91 ff., 96 ff.; *Neubacher* 2008, S. 363 f., 366; *Boxberg u. a.* 2013, S. 87 ff., mit Zusammenfassung auf S. 119.

760 Verwiesen sei dazu nur auf das von Vollzugspraktikern häufig als Illusion beschriebene Ziel einer „drogenfreien Anstalt".

negativ ausfallen. Aber auch hinsichtlich der Haftbedingungen, deren Ausgestaltung in Deutschland auf hohem Niveau gelingt, kann es nicht darum gehen, vom „hohen Ross" eines in Deutschland gerade noch erreichbaren Standards auszugehen.[761] Die Strafvollzugsgesetze des Bundes und der Länder beschränken sich im Einzelnen nicht auf die Normierung eines vor der Menschenwürdegarantie gerade noch Vertretbaren, sondern gehen zum Teil deutlich darüber hinaus und stellen mitunter weitreichende Anforderungen.[762] Insoweit wie das Strafvollzugsrecht aber über Mindeststandards hinausgeht, die aus der Menschenwürde herrühren, mangelt es ihm tatsächlich an der Geltungskraft, um gegenüber der grundgesetzlich gebotenen Völkerrechtsfreundlichkeit zu bestehen.[763]

Insgesamt scheidet es nach insoweit wohl unbestrittener verfassungsgerichtlicher Rechtsprechung aus, die Maßstäbe der deutschen Rechtsordnung direkt anzulegen,[764] wobei „Rechtsordnung" auf das Fachrecht zum Strafvollzug abstellt, nicht auf das Verfassungsrecht.

4.2.7 Kompensation oder „rote Linie"? – Absolute und relative Untergrenzen für die Subsumtion als Menschenwürdeeingriff

Begriffsauslegungen ist regelmäßig erst dort eine Grenze gesetzt, wo es sich um Zahlenwerte handelt. Es lassen sich aber nicht alle potenziell die Menschenwürde verletzenden Haftumstände in Zahlen ausdrücken. Dies gelingt auch internationalen Empfehlungen und Mindeststandards nicht immer, etwa wenn sie anmahnen, dass „Anlagen für die Bewegung an der frischen Luft eine angemessene Größe aufweisen" müssen oder „angemessene[r] Zugang zu Dusch- oder Bademöglichkeiten" sowie die Möglichkeit zu „verschiedenartigen sinnvollen Beschäftigungen" bestehen müssen.[765] Außerdem können Zahlen zwar eine präzise Subsumtion ermöglichen, in Anbetracht der tatsächlichen Gesamtumstände aber unangemessen absolut i. S. von unverrückbar sein, etwa wenn eine Mindestzeit von drei Stunden Hofgang am Tag festgelegt wird, eine kürzere Zeitspanne in einer bestimmten Anstalt aber auch nicht als belastender empfunden wird, weil die restliche Tageszeit aufgrund großzügiger Aufschlusszeiten nicht zugleich zwingend im Haftraum zu verbringen ist.

---

761 So statt vieler auch *Hackner u. a.* 2003, Rn. 123.

762 So im Ergebnis z. B. auch *Treiber* 1990, S. 44. Vgl. etwa auch diese Unterscheidung bei OLG Celle, NStZ-RR, S. 317.

763 Vgl. dazu bereits *Kap. 3.6.4.4.1.*

764 Das BVerfG sieht es nicht als ausreichend für die Ablehnung eines Auslieferungsersuchens an, wenn die drohenden Haftbedingungen „unter Anlegung der Maßstäbe der deutschen Rechtsordnung zu hart" seien, so in BVerfGE 75, 1 (16 f.); 113, 154 (162).

765 Zitate aus *CPT* 2015a, S. 18.

Mit Blick auf die absolute Gewährleistung der Menschenwürde – wie sie durch Art. 1 Abs. 1 GG und Art. 3 EMRK zum Ausdruck kommt –, ist es also zur Bestimmung, ob ein Eingriff darin vorliegt – und nicht etwa ob ein solcher gerechtfertigt werden kann –, einerseits angezeigt, Haftbedingungen in ihrer *Wechselwirkung* zueinander in den Blick zu nehmen.[766] Dabei kann es für eine Verletzung in Art. 3 EMRK ausreichen, wenn zwar keine einzelne Haftbedingung für sich genommen den erforderlichen Belastungsgrad erreicht, mehrere unzulängliche Haftbedingungen gemeinsam betrachtet die Belastungsgrenze indes überschreiten.[767] Umgekehrt können auch die beklemmenden und für sich zunächst sehr belastenden Auswirkungen eines einzelnen Haftumstandes relativiert und damit kompensiert werden, etwa wenn einem geringen räumlichen Anteil pro Insassen am Haftraum großzügige Aufschlusszeiten, längere Aufenthaltszeiten im Freien oder breitere Sportmöglichkeiten sowie gute Belüftung des und Tageslichteinfall in den Haftraum(s) gegenüberstehen.[768] In einer solchen Betrachtungsweise ist die einzelne Haftbedingung immer nur Teil eines Gesamtverletzungstatbestandes. Sie markiert dann höchstens eine *relative Untergrenze*.

Andererseits stellt sich die Frage, ob nicht an bestimmten Punkten einer Behandlung im Strafvollzug *absolute Untergrenzen* zu ziehen sind, von denen an keine Relativierung mehr möglich ist und eine Verletzung in Art. 1 Abs. 1 GG bzw. Art. 3 EMRK unumstößlich feststeht. Solche Festlegungen sind selten, aber vorhanden. Sie leiden nicht nur darunter, dass sie sich jenseits einer möglichen Definition in Zahlen schwerlich festschreiben lassen, sondern auch darunter, dass eine solche abstrakte Festschreibung einer absoluten Grenze den Rechtsanwender jedes Spielraumes einer fallangemessenen Flexibilität beraubt und daher gerade Gerichte vor einer solchen Selbst- und Fremdbindung eher zurückschrecken.

---

766 Vgl. dazu *Bank* (2013, Rn. 136-138), der im Rahmen der Schutzbereichsbestimmung von Art. 1 Abs. 1 GG wie auch von Art. 3 EMRK auf die dort eigentlich stattfindende Abwägung als „vorweggenommener Verhältnismäßigkeitsprüfung" hinweist.

767 EGMR, 15.07.2002 – 47095/99 (*Kalashnikov vs. Russland*), Rn. 95; EGMR (PE), 12.01.2012 – 42525/07 und 60800/08 (*Ananyev u. a. vs. Russland*), Rn. 142; hervorgehoben auch von *Morgenstern* 2014, S. 175; ähnlich *Evans* 2002, S. 372. Zu dieser Rechtsfigur der Belastungskumulationen eingehend *Kromrey* 2017 (im Erscheinen). Allerdings ist angesichts der sonstigen Rechtsprechung des EGMR (vgl. dazu sogleich ab *Kap. 4.4*) davon auszugehen, dass auch einzelne der in *Kalashnikov* festgestellten Haftbedingungen (Überblick z. B. bei *Villiger* 2005, S. 67) für sich jeweils schon Herrn *Kalashnikov* in Art. 3 EMRK verletzt hätten.

768 Vgl. etwa EGMR (PE), 10.03.2015 – 14097/12, 45135/12, 73712/12, 34001/13, 44055/13 und 64586/13 (*Varga u. a. vs. Ungarn*), Rn. 77.

4.2.8 Zusammenfassung

Nicht nur das BVerfG, sondern aufgrund der Völkerrechtsfreundlichkeit des Grundgesetzes insbesondere auch der EGMR legt den auf Art. 1 Abs. 1 GG i V. m. Art. 3 EMRK basierenden *ordre-public*-Vorbehalt maßgebend aus und verschafft ihm so Konturen. Art. 3 EMRK ist immer mit Blick auf die Umstände des Einzelfalles zu konkretisieren, gleichwohl können gewisse abstrakte Maßstäbe benannt werden. So enthält er drei Tatbestände, die in einem Stufenverhältnis zueinander stehen. Jedenfalls für die unterste der drei Stufen, eine erniedrigende Behandlung oder Strafe, ist Vorsatz nicht erforderlich. Damit ist die Vorsatzfrage für die Subsumtion einer Haftbedingung unter Art. 3 EMRK insgesamt nachrangig, da es keine größere oder geringere Eröffnung seines Schutzbereiches gibt: Auch eine erniedrigende Behandlung stellt eine Konventionsverletzung dar. Außerdem kommen finanzielle oder logistische Gründe für die Behandlung durch den Staat als mögliche Zurechnungsdurchbrechung nicht in Betracht. Allein entscheidend ist die Wirkung eines Haftumstandes auf den Betroffenen. Er muss im Kern zerstörerisch auf die körperliche und geistige Integrität wirken und ein Leiden bedeuten, das durch die Verweigerung der Grundvoraussetzungen sozialer, physischer und psychischer Existenz über das mit dem Freiheitsentzug unvermeidbar verbundene Maß an Beschränkungen hinausgeht.

Die „dynamische Auslegung" der Konvention durch den EGMR ermöglicht es, das Verständnis vom Schutzbereich des Art. 3 EMRK im Einklang mit veränderten sozialen Anschauungen zu aktualisieren. Sie bewirkt zugleich eine gewisse Flexibilität, aber auch Unsicherheit bei der Auslegung seiner Bestandteile. Ein wesentliches Instrument als Orientierungsgröße für den EGMR ist das einschlägige *soft law* des Europarates und der Vereinten Nationen. Gleiches gebietet die neuere Rechtsprechung des BVerfG. Dieses *soft law* sollte daher auch für deutsche Gerichte eine solche Rolle spielen. Das deutsche Strafvollzugsrecht ist als Maßstab zur Konturierung dieses *ordre-public*-Vorbehalts hingegen nicht zulässig.

Um einen Eingriff in die Menschenwürde festzustellen, sind grundsätzlich alle belastenden und entlastenden Faktoren in die Bewertung mit einzustellen und in ihren Wechselwirkungen zu berücksichtigen. Nur selten wird sich anhand eines einzelnen Umstandes eine „rote Linie" ziehen lassen.

4.3 Lebenslange Freiheitsstrafe

4.3.1 Auffassungen von der Lebenslänglichkeit einer Freiheitsstrafe

Zur Auseinandersetzung mit der Problematik von lebenslangen Freiheitsstrafen in Auslieferungssachverhalten gehört die Erkenntnis, dass der Begriff „lebenslang" in der Rechtspraxis verschiedener Länder verschiedene Ausformungen erfährt. Bei unbefangener Herangehensweise vermag dies zunächst überraschen, erscheint „lebenslang" doch eindeutig in der Aussage: Eine Freiheitsstrafe endet mit dem Tod des Inhaftierten.[769] Tatsächlich sind jedoch die Erscheinungsformen dieser Sanktion in den einzelnen Ländern sehr vielseitig,[770] teilweise sogar in den Untergliederungen einiger Staaten uneinheitlich.[771] Die Varianzen beziehen sich dabei sowohl auf die Verurteilungs- als auch die Vollstreckungsseite der Strafe.

So wird in einigen Ländern keine reine lebenslange Freiheitsstrafe verhängt, sondern diese noch mit dem Attribut „mit Aussicht auf Bewährung" oder auch „ohne Aussicht auf Bewährung" versehen.[772] Andernorts können Freiheitsstrafen lebenslang bedeuten, ohne dementsprechend bezeichnet zu werden. So werden z. B. in Spanien Freiheitsstrafen in einem Additionsprinzip zu teilweise vierstelligen zeitigen Strafaussprüchen aufsummiert.[773] Ähnliches gilt für die USA, auch dort werden regelmäßig Gesamtstrafen gebildet, die durch simple Addition mehrerer für sich genommen schon hoher Einzelstrafen letztlich einen Zeitrahmen überspannen, der einer mehrfachen durchschnittlichen Lebenserwartung eines Menschen entspricht.[774]

Auf der Vollstreckungsseite ist die Vielfalt noch größer: Viele, gerade europäische Staaten verstehen eine Verurteilung zu einer „lebenslangen" Freiheitsstrafe durchaus nicht als Befehl, die freiheitsentziehende Maßnahme tatsächlich bis zum Tode zu vollstrecken. Neben den Staaten, die ihre Gefangenen ihr „lebenslänglich"-Urteil tatsächlich ausnahmslos bis zum Tode verbüßen lassen, gibt es zum einen auch solche Länder, in denen stattdessen Überprüfungsmechanismen bestehen, deren Handhabung wiederum teilweise auch gerichtlicher Kontrolle unterliegt. Außerdem ist mancherorts die Möglichkeit vorgesehen, eine lebenslange Freiheitsstrafe in eine zeitige umzuwandeln. Wo statt lebenslanger die besagten exorbitant hohen zeitigen Freiheitsstrafen verhängt werden, wird dann wiederum mancherorts eine Mindestverbüßungzeit von mehreren Jahrzehnten festgelegt,[775] andernorts hingegen können die Reduktionsmöglichkeiten

---

769 Hervorgehoben von BVerfGE 45, 187 (223).

770 Die höchst unterschiedlichen Formen von sehr langen Freiheitsstrafen in Europa untersucht *van Zyl Smit* 2010, S. 40 f.

771 So bestehen auch zwischen den Bundesstaaten der USA teils erhebliche Unterschiede in der Verurteilungs- und Vollstreckungspraxis „lebenslanger" Strafen, vgl. dazu *Mauer u. a.* 2004, S. 5 ff.

772 Vgl. nur *Kromrey* und *Morgenstern* (2014, S. 706) bzgl. der US-Bundesstaaten.

773 In EGMR (GK), 21.10.2013 – 42750/09 (*Del Río Prada vs. Spanien*), Rn. 11, ging die Beschwerdeführerin gegen eine Gesamtfreiheitsstrafe von 3324,5 Jahren vor.

774 Vgl. dazu nur OLG Wien, NStZ 2002, S. 669, wo nach der Auslieferung nach Florida eine Strafe von 845 Jahren drohte.

775 Vgl. *Morgenstern* (2014, S. 171) zum Beispiel Spaniens, wo nach strafschärfenden Reformen von der zulässigen zeitigen Höchststrafe von 40 Jahre mindestens 35 Jahre zu verbüßen sind, bevor eine vorzeitige Entlassung in Betracht kommt.

sehr beschränkt sein[776]. Zum anderen kennen viele Rechtsordnungen die Institute der Begnadigungen und Amnestien. Zu den besonderen Ausformungen zählen muss man auch jene Freiheitsentziehungen, die ausschließlich aufgrund der fortdauernden Gefährlichkeit des Täters angeordnet werden, wie das deutsche Institut der Sicherungsverwahrung und seine Entsprechungen in anderen Ländern. Bei unbeschränkter Verlängerungsmöglichkeit können auch sie auf eine tatsächlich lebenslange Freiheitsentziehung hinauslaufen.[777]

Wer also die Auslieferungsersuchen erfassen möchte, deren Vollzug eine schon begrifflich oder auch „nur" faktisch lebenslange Freiheitsstrafe für den Verfolgten nach sich zieht, muss sich daher jedenfalls bewusst machen, dass sie in der Rechtsordnung des ersuchenden Staates in unterschiedlichem Gewand daherkommen kann. Es handelt sich um ein geradezu klassisches Beispiel für den Rechtsvergleichungsgrundsatz, dass sich hinter einem sprachlich ähnlichen oder gar identischen Etikett durchaus unterschiedliche Regelungsinstitute verbergen können, die in ihren Regelungszwecken und vor allem in den tatsächlichen Auswirkungen voneinander abweichen. Statt nur einen starren Blick auf das formale Recht („*law in the books*") zu richten, sind daher auch die konkreten Verhältnisse der Rechtswirklichkeit („*law in action*") in die Betrachtung mit einzubeziehen, um die Bedeutung und die Wirkung eines Rechtsinstituts zu erfassen.[778]

4.3.2 Würdigung durch die deutsche Rechtsprechung

Die in Deutschland vorherrschende Ansicht von der Vereinbarkeit einer lebenslangen Freiheitsstrafe mit der Menschenwürde und darauf aufbauend von der Zulässigkeit einer Auslieferung bei einer drohenden lebenslangen Freiheitsstrafe im ersuchenden Staat geht auf zwei Entwicklungen in der Rechtsprechung des BVerfG zurück.

Am 21.06.1977 urteilte das Gericht über die Verfassungsmäßigkeit der lebenslangen Freiheitsstrafe als Strafmöglichkeit des deutschen Sanktionensystems,[779] zunächst also mit einem rein inländischen Fokus. Dabei sah das BVerfG die Verhängung einer lebenslangen Freiheitsstrafe nur deswegen als mit Art. 1 Abs. 1 GG vereinbar an, weil Verurteilte seinerzeit aufgrund der großzügig[780]

---

776 In dem vom OLG Wien (NStZ 2002, S. 669) zu beurteilenden Fall war eine maximale Reduzierung der Strafe auf immer noch ca. 720 Jahre zu erwarten, vgl. *Böse* 2002, S. 671.

777 Zu ergänzen wären auch Fälle von unbefristeter Inhaftierung ohne Anklage oder Prozess, die nach einer Zählung von *Penal Reform International* (2007, S. 3, mit Verweis auf *Amnesty International*) in immerhin 58 Ländern Anwendung findet.

778 Vgl. die Darstellung bei *Piek* 2009, S. 91 f. m. w. N. sowie *Kap. 5.9.3* und *Kap. 6.2.4*.

779 BVerfGE 45, 187.

780 Die vom Gericht verwendeten Zahlen führt *Stuckenberg* (2011, S. 298) zusammen. Bis zum Urteil waren bereits 37% der seit 1949 zu lebenslanger Freiheitsstrafe Verurteilten

gehandhabten Begnadigungsmöglichkeit regelmäßig entlassen wurden und es daher die „seltene Ausnahme"[781] darstellte, dass sie auch tatsächlich bis an ihr Lebensende im Vollzug verblieben. Gleichzeitig leitete das Gericht aus der Menschenwürdegarantie in Verbindung mit dem Rechtsstaatsprinzip das Gebot ab, die Entlassungspraxis durch ein gesetzlich geregeltes und dadurch gerichtlich überprüfbares Verfahren auszugestalten. Denn um die „konkrete und grundsätzlich auch realisierbare Chance" auf Wiedererlangung der Freiheit, „die den Vollzug der lebenslangen Strafe nach dem Verständnis der Würde der Person überhaupt erst erträglich macht, in einer Weise abzusichern, die verfassungsrechtlichen Anforderungen entspricht, genügt das Institut der Begnadigung allein nicht".[782] Andernfalls werde der „Kern der Menschenwürde [...] getroffen", wenn nicht dergestalt sichergestellt sei, dass der Verurteilte sich bei entsprechender Entwicklung seiner Persönlichkeit einen begründeten Hoffnungsschimmer auf Wiedererlangung seiner Freiheit erhalten könne.[783]

Die Verfassungsmäßigkeit beider Aspekte, nämlich der Verhängung einer lebenslangen Freiheitsstrafe an sich als auch des auf sie bezogenen Entlassungssystems, beurteilte das BVerfG also anhand des Kerns der Menschenwürdegarantie (die des Entlassungssystems sah es *zusätzlich* noch durch das Rechtsstaatsprinzip bestimmt).

In jüngerer Zeit hatte das Gericht mehrfach Gelegenheit, diese Maßstäbe auf Auslieferungssachverhalte anzuwenden. Es aktualisierte seine Rechtsprechung allerdings nicht entsprechend, sondern änderte sie zum Nachteil des Verfolgten ab:

In einem Beschluss vom 06.07.2005 hatte es über die angegriffene Zulässigkeitsentscheidung betreffend ein Auslieferungsersuchen der USA zu entscheiden.[784] Zwar nahm das BVerfG ausdrücklich Bezug auf seine Entscheidung von 1977, dass die Menschenwürde nur dann gewahrt werden könne, wenn der Insasse nicht jede Hoffnung auf Entlassung ungeachtet der Entwicklung seiner Persönlichkeit aufgeben müsse. Diese Freiheitshoffnung sei unter der Herrschaft des Grundgesetzes durch das Institut der Begnadigung nur unzureichend abgesichert, das Rechtsstaatsprinzip gebiete deren Absicherung durch ein Verfahren, das gerichtlicher Kontrolle offensteht. Dies sei aber nicht Bestandteil des deutschen *ordre public international* und damit im Auslieferungsverfahren nicht zum Anspruch zu erheben. Eine bestehende praktische Chance auf Wiedererlangung der

---

entlassen, wobei das Gericht hervorhebt (BVerfGE 45, 187 (242)), dass noch mit deutlich steigenden Zahlen zu rechnen sein würde, da jene Insassen naturgemäß erst nach längerer Haftzeit für eine Entlassung in Frage kämen. Bis 1977 (dem Urteilszeitpunkt) waren viele Insassen kaum zehn Jahre im Vollzug.

781 BVerfGE 45, 187 (241).

782 Beide Zitate aus BVerfGE 45, 187 (245).

783 BVerfGE 45, 187 (245).

784 BVerfGE 113, 154.

Freiheit durch eine gesetzlich vorgesehene Begnadigungsoption sichere den Schutz der Menschenwürde ausreichend ab.[785] In einer späteren Entscheidung betreffend die Türkei schränkte das BVerfG hingegen ein, dass tatbestandliche Beschränkungen der Begnadigungsoption eine Absicherung des Menschenwürdeschutzes verhindern, wenn diese Beschränkungen bewirkten, dass die Insassen (nur noch) freikommen, um nach einem „unumkehrbare[n] physische[n] Verfallsprozess [...] in Freiheit zu sterben", so dass nicht mehr auf ein selbstbestimmtes Leben in Freiheit gehofft werden könne.[786]

4.3.3 Würdigung durch den EGMR

Die Haltung des EGMR zur Konventionsmäßigkeit einer lebenslangen Freiheitsstrafe entwickelte sich in einer Reihe von Entscheidungen,[787] die beinahe in einer Art Wechselspiel zu sowohl rein inländischen, also das nationale Sanktionensystem betreffenden Sachverhalten, als auch Auslieferungsverfahren ergingen. Auf dieser Entwicklungslinie werden die Interessen des Verfolgten kontinuierlich schwerer gewichtet. Dass der „dogmatische Ball" vom EGMR zwischen rein inländischen und Auslieferungssachverhalten unproblematisch hin und her gespielt werden konnte, mag aus deutscher Sicht zunächst aufhorchen lassen. Immerhin legen das BVerfG und die ihm folgenden Fachgerichte die Anwendung inländischer Standards auf Auslieferungssachverhalte betreffend häufig eine zögerliche, damit aber auch auslieferungsfreundliche Haltung an den Tag. Jene Übertragung der jeweils angestellten Erwägungen von einem Fall auf den anderen durch den EGMR lässt sich aber damit erklären, dass seit der *Söring*-Entscheidung[788] der Gerichtshof recht selbstbewusst – und zunehmend expansiv – die elementaren Menschenrechte gleichermaßen auf rein inländische (bzw. Sachverhalte zwischen Konventionsstaaten) wie Sachverhalte mit Berührung zu Nicht-Konventionsstaaten anwendet. Diese elementaren Gewährleistungen werden von ihm also umstandslos sowohl dem *ordre public interne* der Gemeinschaft der Europaratsstaaten als auch dem *ordre public international* der Gemeinschaft der Europaratsstaaten zugezählt.[789]

Am Anfang steht auch hier die *Söring*-Entscheidung von 1989. Zwar ging es nicht um eine lebenslange Freiheitsstrafe, sondern eine drohende Todesstrafe,

---

785 BVerfGE 113, 154 (166 f.).

786 BVerfGK 16, 491 (499 f.); unter Verweis auf BVerfGE 45, 187 (245), und in inhaltlicher, wenn auch nicht ausdrücklicher Anknüpfung an BVerfG 72, 105 (116 f.).

787 Ausführlich zu diesen auch *Morgenstern* 2014, S. 176 ff.

788 EGMR, 07.07.1989 – 1/1989/161/217 (*Söring vs. Vereinigtes Königreich*).

789 Vgl. dazu *Kap. 3.6.5.4* mit Nachweisen aus der Rechtsprechung des EGMR.

aber als wertvollen Anknüpfungspunkt etablierte der EGMR die vollumfängliche Zugehörigkeit des Art. 3 EMRK zum *ordre public international* des Europarates. In der *Kafkaris*-Entscheidung[790] lehnte die befasste Große Kammer eine Verletzung des Art. 3 EMRK durch den Vollzug einer lebenslangen Freiheitsstrafe zwar ab, präzisierte bei dieser Gelegenheit aber – ausgehend von einer umfangreichen Sichtung einschlägiger Instrumente und Vorarbeiten des Europarates und der EU[791] – den Anspruch auf eine grundsätzlich reduzierbare lebenslange Freiheitsstrafe aus Art. 3 EMRK: Weder *de jure* noch *de facto* dürfe die vorzeitige Entlassung ausgeschlossen sein.[792] Insbesondere angesichts des Strafzwecks der Resozialisierung müsse das Rechtssystem des betreffenden Staates eine Regelung aufweisen, die vorzeitige Entlassungen ermögliche, und von dieser Möglichkeit müsse auch faktisch Gebrauch gemacht werden.

In der *Vinter*-Entscheidung[793] präzisierte dann 2013 die befasste Große Kammer mit 16 : 1 Stimmen die Anforderungen noch weiter, die aus Art. 3 EMRK an den Vollzug einer lebenslangen Freiheitsstrafe zu formulieren seien:

Zunächst stellt die Große Kammer – ähnlich dem BVerfG schon 1977[794] – fest,[795] dass es dem Gebot der menschenwürdigen Behandlung aus Art. 3 EMRK nicht widerspreche, wenn eine Freiheitsstrafe tatsächlich bis an das Lebensende eines Menschen vollzogen wird. Zugleich müsse jede lebenslange Freiheitsstrafe aber grundsätzlich aussetzbar sein und auf ihre Berechtigung hin überprüft werden können.[796] Diese Berechtigung entfalle, sobald in der Abwägung der verfolgten Strafzwecke die Besserung des Betroffenen im Vollzug solche Fortschritte erreicht habe, dass seiner Resozialisierung gegenüber der Sühne, der Abschreckung und der Sicherung der Allgemeinheit das Übergewicht zukomme.[797] Da die Ausgestaltung des Verfahrens grundsätzlich in der Zuständigkeit der Mitgliedstaaten liege, will sich der EGMR zunächst genaueren diesbezüglichen Vorgaben enthalten. Damit eine Entlassungsmöglichkeit sowohl *de jure* als auch *de facto* gegeben ist, präzisiert er gleichwohl, dass der konkrete Überprüfungs-

---

790 EGMR (GK), 12.02.2008 – 21906/04 (*Kafkaris vs. Zypern*).

791 Zusammenfassend *van Zyl Smit* 2010, S. 43.

792 EGMR (GK), 12.02.2008 – 21906/04 (*Kafkaris vs. Zypern*), Rn. 98.

793 EGMR (GK), 09.07.2013 – 66069/09, 130/10 und 3896/10 (*Vinter u. a. vs. Vereinigtes Königreich*).

794 BVerfGE 45, 187 (242); 72, 105 (116).

795 EGMR (GK), 09.07.2013 – 66069/09, 130/10 und 3896/10 (*Vinter u. a. vs. Vereinigtes Königreich*), Rn. 108.

796 EGMR (GK), 09.07.2013 – 66069/09, 130/10 und 3896/10 (*Vinter u. a. vs. Vereinigtes Königreich*), Rn. 108-110.

797 EGMR (GK), 09.07.2013 – 66069/09, 130/10 und 3896/10 (*Vinter u. a. vs. Vereinigtes Königreich*), Rn. 119, 111.

mechanismus und dessen Anforderungen bereits bei Antritt der lebenslangen Freiheitsstrafe rechtlich geregelt und dem Betroffenen bekannt sein müssten, damit er sich auf diese Erwartung an sein Verhalten einstellen könne (*de jure*).[798] Zudem zieht der Gerichtshof – mit rechtsvergleichendem Verweis auf die nationalen und internationalen Regelungen – als Höchstfrist bis zu einer erstmaligen Überprüfung die Grenze bei spätestens 25 Jahren (*de facto*).[799] Alles andere würde nach Ansicht der Großen Kammer bedeuten, vom Betroffenen zu erwarten, dass er auf seine eigene Besserung hinwirke, obwohl es für ihn vollkommen unberechenbar sei, ob es jemals nach Ablauf einer nicht absehbaren Zeitspanne einen Entlassungsmechanismus geben könnte, der seine bis dahin erfolgte persönliche Besserung nach gleichwohl ihm unbekannten Kriterien zum Anlass einer vorzeitigen Entlassung nehme.[800]

Diese Entscheidung fundiert der Gerichtshof mit vielfältigen Gründen. Zum einen hebt er hervor, dass sich die Gewichtung der die Strafe legitimierenden Zwecke im Laufe der Zeit ändern könne. Diese Verschiebung der Gewichte der einzelnen Strafzwecke müsse auch festgestellt werden können,[801] damit dieser Feststellung anschließend gegebenenfalls durch die Entlassung des gebesserten Straftäters Rechnung getragen werde. Zum anderen sei es aus kriminologischer Sicht kritisch für die Bemühungen zur Besserung des Täters im Vollzug, wenn seine Strafe ungeachtet all seiner Fortschritte unverändert bestehen bleibe. Außerdem sei rechtstheoretisch zu erwägen, dass eine lebenslange Freiheitsstrafe nicht nur nicht reduziert würde, sondern sich mit dem Weiterleben des Insassen durch ihr Fortdauern immer weiter erschwere. Zudem sei damit dem Täter eine tatsächliche Verbüßung der Schuld nicht möglich.[802] Anschließend nimmt der Gerichtshof ausdrücklich Bezug auf die Entscheidung des BVerfG von 1977 zur lebenslangen Freiheitsstrafe: Auch den Konventionsbestimmungen läge der Schutz der Würde des Menschen zugrunde, an dem es bei einem Strafvollzug ohne jede Hoffnung auf Entlassung gerade fehle. Abgerundet wird die Begründung mit einem ausführlichen Verweis auf die verschiedenen europäischen und sons-

---

798 EGMR (GK), 09.07.2013 – 66069/09, 130/10 und 3896/10 (*Vinter u. a. vs. Vereinigtes Königreich*), Rn. 122.

799 EGMR (GK), 09.07.2013 – 66069/09, 130/10 und 3896/10 (*Vinter u. a. vs. Vereinigtes Königreich*), Rn. 120.

800 EGMR (GK), 09.07.2013 – 66069/09, 130/10 und 3896/10 (*Vinter u. a. vs. Vereinigtes Königreich*), Rn. 122.

801 EGMR (GK), 09.07.2013 – 66069/09, 130/10 und 3896/10 (*Vinter u. a. vs. Vereinigtes Königreich*), Rn. 111.

802 EGMR (GK), 09.07.2013 – 66069/09, 130/10 und 3896/10 (*Vinter u. a. vs. Vereinigtes Königreich*), Rn. 112.

tigen internationalen Rechtsquellen, die dem Resozialisierungsgedanken und seiner Bedeutung für die Strafvollzugsgestaltung Rechnung tragen.[803]
Mit der *Trabelsi*-Entscheidung[804] wurde diese Rechtsprechung dann konsequent auf Auslieferungssachverhalte übertragen. Nunmehr fehle es auch in Auslieferungssachverhalten an einer *de jure* und *de facto* abgesicherten Entlassungsaussicht, wenn kein gesetzlich geregelter Mechanismus besteht, der eine staatliche Stelle zu einer objektiven Überprüfung des Fortdauerns der Haftgründe anhand vorab festgelegter Kriterien verpflichtet, die dem Straftäter im Detail zum Zeitpunkt seiner Verurteilung bekannt sein müssen, damit er sein Verhalten an dieser Erwartung ausrichten kann.[805]

4.3.4 Würdigung in der Strafvollzugswissenschaft

Die Bewertung lebenslanger Freiheitsstrafen knüpft – gerade in der europäischen Debatte – ganz wesentlich an die Rechtsprechung des BVerfG von 1977 an.[806] Befeuert wird dies durch die Ausdifferenzierung und „lebendige Auslegung"[807] des Art. 3 EMRK durch den EGMR, der sich selbst ausdrücklich auf die damalige wegweisende Entscheidung des BVerfG beruft. Im Mittelpunkt steht jeweils das Analyseergebnis, dass die lebenslange Freiheitsstrafe ohne Aussicht auf Entlassung dem Menschen das „Recht auf Hoffnung"[808] nehme, welches aber unverzichtbarer Bestandteil seiner Menschenwürde sei.[809] Dieser Umstand lässt sich sowohl in weltlichen als auch in religiösen Kategorien darstellen.[810] Wo diese Sanktion verhängt und auch so vollstreckt wird, würden die Verurteilten unter

---

803 EGMR (GK), 09.07.2013 – 66069/09, 130/10 und 3896/10 (*Vinter u. a. vs. Vereinigtes Königreich*), Rn. 115-118; von *Morgenstern* (2014, S. 178) zusammengefasst als „europäisches Bekenntnis zum Resozialisierungsgedanken".

804 EGMR, 04.09.2014 – 140/10 (*Trabelsi vs. Belgien*).

805 EGMR, 04.09.2014 – 140/10 (*Trabelsi vs. Belgien*), Rn. 137 f.

806 *Van Zyl Smit* 2013, S. 402.

807 Vgl. dazu bereits *Kap. 4.2.2.*

808 EGMR, 17.01.2012 – 66069/09, 130/10 und 3896/10 (*Vinter u. a. vs. Vereinigtes Königreich*), zustimmendes Votum der Richterin *Power-Forde*; *Morgenstern* 2014, S. 153, 179; *Almenara/van Zyl Smit* 2015, S. 2, 8.

809 Vgl. nur ausführlich *Fiedler* 2003, S. 20 ff. Zusätzlich aus der Menschenwürde ableiten lässt sich nach BVerfGE 45, 187 (239), ein individueller Anspruch des Straftäters auf Resozialisierung, dem durch eine unabänderlich tatsächlich lebenslange Freiheitsstrafe ebenso wenig genügt würde.

810 *Almenara/van Zyl Smit* 2015, S. 6 f.

vielfältigen Formen schwerster psychischer Belastungen leiden,[811] die sowohl schon aus der langen Haftzeit an sich[812] als auch aus besagter Hoffnungslosigkeit[813] und der viel gegenwärtigeren Todeserwartung[814] herrührten. In genaueren Auseinandersetzungen mit den Teilaspekten einer tatsächlich lebenslangen Freiheitsstrafe wird eine Parallele zur Verhängung und Vollstreckung der Todesstrafe erkennbar:[815] Wie bei der Todesstrafe *weiß* der zu lebenslanger Freiheitsstrafe ohne Aussicht auf Bewährung Verurteilte mit unabänderlicher Sicherheit, dass er nach jahrzehntelangem Warten im Vollzug sterben wird, ohne bis dahin noch einmal den Vollzug verlassen, geschweige denn ein selbstbestimmtes Leben außerhalb einer Anstalt geführt zu haben.[816] Bei einer lebenslangen Freiheitsstrafe ohne Aussicht auf Entlassung handele es sich also um eine verschleierte Todesstrafe.[817]

Die erste daraus abzuleitende Erkenntnis liegt für die Strafvollzugswissenschaft eigentlich klar auf der Hand, erweist sich aber in den Details als diffizil. Grundsätzlich sollte es lebenslange Freiheitsstrafen nur mit einer realistischen Aussicht auf Entlassung geben. Wie aber eine nur hypothetische Aussicht zu einer durchaus realistischen wird, ist schon weit weniger einfach zu beantworten. Orientierung wird hier in der menschenrechtlichen Rechtsprechung gesucht. Der Entscheidung des BVerfG von 1977 lasse sich entnehmen, dass selbst großzügig genutzte Begnadigungsoptionen nicht ausreichen, um den Menschenwürdeanspruch des Strafgefangenen zu wahren. Stattdessen leite das Gericht aus der Menschenwürdegarantie und ergänzend dem Rechtsstaatsprinzip das Gebot einer rechtlichen Ausgestaltung der Entlassungspraxis ab, die gerichtlicher Kontrolle

---

811 EGMR (GK), 12.02.2008 – 21906/04 (*Kafkaris vs. Zypern*), Rn. 84; EGMR, 17.01.2012 – 66069/09, 130/10 und 3896/10 (*Vinter u. a. vs. Vereinigtes Königreich*), Rn. 101; *CPT* 2001, S. 17.

812 *Fiedler* 2003, S. 67 f., 161; dem folgend *Skirl* 2003, S. 284. Vgl. auch schon die zahlreichen dazu gewürdigten Studien in BVerfGE 45, 187 (229 ff.).

813 *Fiedler* 2003, *passim*, insbes. S. 34-40 m. w. N.

814 Zur besonderen Belastung der sicheren Todeserwartung im Rahmen einer bis dahin fortdauernden Inhaftierung *Fiedler* 2003, S. 31 ff.; *Stieber* 2003, S. 288 f.

815 Vgl. auch *Stokes* 2008, S. 281 ff.

816 Um diese Gewissheit auch bei Insassen vermeiden zu können, die eine Lebenserwartung aufweisen, die geringer ist als die Zeitspanne, in der sich ihre Sühne als Strafzweck erschöpft, entnimmt *Mavronicola* (2014, S. 304) der Entscheidung *Vinter u. a.*, dass in solchen Fällen Art. 3 EMRK flexibel verkürzte Zeitrahmen für etwaige Entlassungsmechanismen erforderlich macht.

817 Vgl. dazu bspw. auch die Studie von *Johnson/McGunigall-Smith* 2008, S. 328 ff. Im Ergebnis ebenso neuerdings *Papst Franziskus* 2014.

unterliegen müsse.[818] Kern dessen müssten regelmäßige Haftprüfungen zum Fortbestehen der Haftgründe und ihrer eventuell veränderten Gewichtung sein.[819] Parallel dazu werden aus der Entscheidung *Vinter u. a.* des EGMR Kriterien für die prozessuale Absicherung des „Rechts auf Hoffnung" herausgearbeitet:[820] Es sei innerhalb eines *nachprüfbaren Verfahrens* ein *Überprüfungsmechanismus* erforderlich. Damit das Verfahren und seine Ergebnisse nachprüfbar seien, müsse es *transparent* sein. Mit dem Mechanismus müssten *Fortschritte etwaiger Resozialisierungsbemühungen*, aber auch die *Gefährlichkeit* des Gefangenen überprüft werden können. Damit sich der Gefangene auch zielgerichtet um seine Resozialisierung bemühen könne, müsse es *Kriterien* für die an ihn gestellte Verhaltenserwartung geben. Die sinnvolle Überprüfung und Gewichtung von Resozialisierungsfortschritten und Gefährlichkeit erfordere *Fachkunde*. In einer Weiterentwicklung der Ausführungen des Gerichtshofs sollen die späteren Überprüfungen gemäß Art. 5 Abs. 4 EMRK nicht der Exekutive, sondern nur einem Gericht überlassen bleiben können, da es sich um die neuerliche Feststellung der fortdauernden oder endenden Rechtmäßigkeit einer Freiheitsentziehung handele. Darüber hinaus kritisiert wird die Andeutung einer Festlegung des EGMR auf eine Frist von 25 Jahren, zu der spätestens eine erstmalige Überprüfung stattfinden soll. Ein Rechtsvergleich der einzelnen nationalen europäischen Regelungen ergebe eher eine Frist von 15-20 Jahren; nur in wenigen, zumeist besonders schweren Fällen (z. B. Völkermord) erreicht sie den Rahmen von 25 Jahren.

Aus dem Verstoß gegen das Menschenwürdeverständnis, wie es der EMRK insgesamt und insbesondere Art. 3 EMRK zugrunde liegt, ergibt sich eine weitere Erkenntnis für den Problemkreis der Auslieferung bei drohender lebenslanger Freiheitsstrafe: Wo eine solche Sanktion dem Auszuliefernden droht, darf kein Mensch hin ausgeliefert werden von einem Staat, der dem Menschenwürdeverständnis der EMRK rechtlich verpflichtet ist.[821] Dies erscheint im Lichte der Entscheidung des BVerfG von 2005 das Auslieferungsersuchen der USA betreffend als nicht unproblematisch, hatte das Gericht doch unter Würdigung seiner eigenen Entscheidung von 1977 die Zulässigkeitserklärung der Auslieferung für

---

818 Hervorgehoben von *Kromrey/Morgenstern* 2014, S. 712; eine Entwicklung zu letztendlich vollständiger Justiziabilität sieht auch schon *van Zyl Smit* 2010, S. 46.

819 *Fiedler* 2003, S. 161 ff. *Mavronicola* (2014, S. 303 f.) hebt hervor, dass der EGMR die Vergeltung als Strafzweck zwingend noch zu Lebzeiten des Inhaftierten als verbraucht ansieht und eine tatsächlich lebenslange Freiheitsstrafe ausschließlich zu Sicherungszwecken konventionsgemäß ist.

820 Zum Folgenden *Morgenstern* 2014, S. 182-185; ähnlich *Almenara/van Zyl Smit* 2015, S. 7 f., als Destillat weiterer EGMR-Entscheidungen.

821 So auch *Mavronicola* (2014, S. 306) anlässlich *Vinter u. a.* Dies ist jedoch nicht nur eine Regel für den Auslieferungsverkehr europäischer Staaten, auch südamerikanische Länder lehnen Auslieferungsersuchen – auch der USA – ab, wenn eine tatsächlich lebenslange Freiheitsstrafe droht, vgl. dazu *van Zyl Smit* 2015, S. 173 ff.

verfassungsrechtlich unbedenklich befunden. Dazu hatte das BVerfG das Erfordernis eines gesetzlich geregelten, gerichtlich überprüfbaren Verfahrens statt aus der Menschenwürdegarantie und zusätzlich dem Rechtsstaatsprinzip (so noch 1977) nunmehr nur noch aus dem Rechtsstaatsprinzip hergeleitet, und dessen Gewährleistungen für verzichtbar im Auslieferungsverfahren erklärt.[822] Dieses Vorgehen ist in der Literatur teils auf Kritik gestoßen,[823] teilweise aber auch zu rechtfertigen versucht worden: Der Entscheidung des Gerichts von 2005 sei zu entnehmen, dass der Menschenwürdekern im Auslieferungsverfahren enger zu bestimmen sei als für rein innerstaatliche Sachverhalte.[824]

4.3.5 Eigene Einordnung

In der Zusammenschau ist eigentlich alles geklärt, trotzdem scheinen aus deutscher Perspektive für das Auslieferungsrecht noch große Unklarheiten zu bestehen. Hält man sich die geschriebene und von der Rechtsprechung (weiter-)entwickelte Rechtslage vor Augen, so lösen sich diese Unklarheiten jedoch zugunsten eines übersichtlichen, gleichwohl flexiblen Katalogs von Mindestanforderungen auf, den es lediglich durchzusetzen gilt:

Ausgangspunkt für die Bestimmung der Anforderungen eines *ordre public international* an die Handhabung lebenslanger Freiheitsstrafen durch ein ausländisches Sanktionssystem muss – das ist deutlich geworden – die Menschenwürdegarantie des Art. 1 Abs. 1 GG sein, wie sie auch der EMRK insgesamt und speziell Art. 3 EMRK zugrunde liegt. Schon in seiner Entscheidung von 1977 hat das BVerfG zustimmungswürdig aus der Menschenwürdegarantie nicht nur das Recht auf Hoffnung abgeleitet, sondern auch dessen belastbare prozessuale Absicherung in Form einer auch praktisch statt nur theoretisch gegebenen Entlassungsmöglichkeit. Diese Entlassungsmöglichkeit muss in einem Verfahren rechtlich ausgestaltet sein. Dem ist bis hierhin nur hinzuzufügen, dass sich dies mit dem *Kafkaris*-Kriterium des EGMR deckt, eine Entlassungsmöglichkeit müsse *de jure* bestehen.

Der weitere Schwerpunkt der Überlegungen liegt bei der Frage, welche Anforderungen an die rechtliche Ausgestaltung zu stellen sind, um das Recht auf Hoffnung abzusichern: Muss die Überprüfung der Strafvollstreckung auf die Vollstreckungsziele hin durch ein Gericht erfolgen, oder zumindest die Überprüfung selbst wiederum durch ein Gericht kontrollierbar sein?

---

822 Vgl. *Kromrey/Morgenstern* 2014, S. 712 f.

823 Nach *Hufen* (2016, § 10 Rn. 67) entschied das BVerfG „unter Verkennung der eigenen Rechtsprechung"; *Sachs* (2006, S. 171) mahnt, „eine Erosion unverzichtbarer grundrechtlicher und rechtsstaatlicher Maßstäbe in ausländischen Rechtsordnungen" dürfe nicht ausgeblendet werden.

824 *Graßhof/Backhaus* 1996, S. 449.

Ausdrücklich hatte das BVerfG 1977 nur eine *rechtliche Ausgestaltung* des Überprüfungsverfahrens eingefordert, nicht aber auch die *gerichtliche Nachprüfbarkeit* der daraus hervorgehenden Ergebnisse. In späteren Entscheidungen hat das Gericht eine solche Anforderung aber seinem damaligen Urteil entnommen. Das lässt sich damit erklären, dass gemäß Art. 19 Abs. 4 GG gerichtlicher Rechtsschutz gegen Akte öffentlicher Gewalt gesucht werden können muss, das Gericht Gnadenentscheidungen aber zuvor[825] mangels rechtlichen Charakters („Gnade vor Recht") ausdrücklich aus dem Anwendungsbereich von Art. 19 Abs. 4 GG herausgenommen hatte. Wenn nun 1977 also der Entlassungsmechanismus verrechtlicht werden musste und Gnadenentscheidungen nicht mehr genügen sollten, sollte der Entlassungsmechanismus konkludent auch nicht mehr diesem Ausnahmetatbestand zu Art. 19 Abs. 4 GG unterfallen, so dass der ursprüngliche Grundsatz gerichtlicher Überprüfbarkeit wieder auflebt.

Rechtsvergleichend ist diese Verknüpfung von „rechtlicher Ausgestaltung" und „gerichtlicher Überprüfbarkeit" jedoch zunächst nicht zwingend. So sind Regelungskonstruktionen denkbar, nach denen eine Begnadigungs- oder sonstige Überprüfungsmöglichkeit Kriterien für den Antragsteller formuliert und in mehreren gesetzlich geregelten Verfahrenszwischenschritten bis zu einer Entlassungsentscheidung anhand eines gesetzlich geregelten Kriterienkatalogs abläuft, ohne aber anschließend einer gerichtlichen Kontrolle zugänglich zu sein. Umgekehrt sind auch Begnadigungsmechanismen möglich, die entgegen dem deutschen Verständnis („Gnade vor Recht") die Entscheidung gerade nicht rechtlichen (Kontroll-)Kategorien entziehen, sondern justizförmig ausgestaltet sind.

Das BVerfG hat sich aber mit seiner Grundsatzentscheidung von 1977 menschenrechtsfreundlich zumindest darauf festgelegt, dass die Entscheidungen über die Haftfortdauer einer gerichtlichen Nachprüfung nicht entzogen werden dürfen. Die Justizförmigkeit des Überprüfungsverfahrens bietet allgemein den Vorteil, dass die alleinige Entscheidung der Exekutive aus den Händen genommen wird, die in erster Linie Strafpolitik betreibt und dabei dem aktuellen Sanktionsklima viel stärker ausgesetzt ist als die Gerichtsbarkeit. So ist die Entscheidungsgewalt nicht nur auf mehrere Schultern verteilt, sondern lässt auch hoffen, dass die Antizipation späterer gerichtlicher Überprüfung das exekutive Handeln von vornherein im Sinne einer Versachlichung positiv beeinflusst.

Mit dem Regime des neugeschaffenen § 57a StGB hat der Gesetzgeber in der Folge den ihm vom Gericht eingeräumten Gestaltungsspielraum ausgenutzt und dessen Vorgaben „übererfüllt", indem er die Entscheidung gleich ganz der Judikative überantwortet hat.

Hervorzuheben ist, dass 1977 nach Ansicht des BVerfG erst diese Verrechtlichung der Entlassungsmöglichkeiten und konkludent deren gerichtliche Überprüfbarkeit den Hoffnungsanspruch des Straftäters auf Entlassung abzusichern vermag, und als solcher nicht erst aus dem Rechtsstaatsprinzip, sondern bereits

---

825 BVerfGE 25, 352 (358 ff.).

unmittelbar aus dem Kern der Menschenwürde des Straftäters herrührt: „[D]er *Kern der Menschenwürde* wird getroffen, wenn der Verurteilte ungeachtet der Entwicklung seiner Persönlichkeit jegliche Hoffnung, seine Freiheit wiederzuerlangen, aufgeben muß. Um diese Aussicht, die den Vollzug der lebenslangen Strafe nach dem Verständnis der Würde der Person überhaupt erst erträglich macht, in einer Weise abzusichern, die verfassungsrechtlichen Anforderungen entspricht, genügt das Institut der Begnadigung allein nicht."[826] Für die Beurteilung von Auslieferungssachverhalten sollte dies 2005 und 2010 plötzlich nicht mehr gelten, sondern das Postulat gerichtlicher Überprüfbarkeit allein aus dem Rechtsstaatsprinzip folgen, welches wiederum nicht als Maßstab an das Ausland angelegt werden könne.

An dieser Stelle lässt sich wieder an die vom EGMR fortentwickelte Rechtsprechung anknüpfen, die – im Grundsatz deckungsgleich zu der des BVerfG – seit *Kafkaris* aus der Menschenwürde des Verfolgten heraus auch eine *de facto* gegebene Entlassungsaussicht erforderlich macht. In *Trabelsi* bedeutete das für den EGMR, dass auch das strittige, aber immerhin teilweise rechtlich ausgestaltete US-Gnadenverfahren auf Bundesebene dem nicht genügte, da die *de-facto-*Entlassungsaussicht auf diesem Wege nicht ausreichend abgesichert war. Stattdessen ist eine fachlich fundierte Nachprüfung des Fortbestehens der Haftgründe und ihrer Gewichtung im Verhältnis zueinander erforderlich. Diese Nachprüfung muss anhand von Kriterien erfolgen, die in unveränderter Form bereits bei der ursprünglichen Verurteilung vorliegen. Zudem muss diese Nachprüfung selbst überprüfbar sein. Wenn sie schon nicht selbst durch ein Gericht erfolgt – wofür jedoch gute Gründe streiten –, so muss sie wenigstens durch ein Gericht überprüfbar sein.

Damit ist der EGMR mittlerweile an einem Punkt angelangt, an dem er sich von der für lange Zeit wegweisenden Rechtsprechung des BVerfG gelöst hat und diese hinsichtlich der Menschenrechtsfreundlichkeit sogar überflügelt. Selbst für Kritiker der EGMR-Rechtsprechung, die Verurteilungen der Bundesrepublik wegen EMRK-Verstoßes als deplatziert abtun, da in Deutschland der Grundrechtsschutz schon ausreichend, ja hypertroph sei, und es anderswo in Europa genug zu tun gebe,[827] kann es nicht außer Frage stehen, dass das BVerfG für die Frage der Auslieferung bei einer drohenden tatsächlichen lebenslangen Freiheitsstrafe den einst selbst eingeschlagenen Pfad verlassen hat, und eine Orientierung an der EGMR-Linie lediglich eine notwendige menschenrechtliche Zurückbesinnung darstellen würde.

---

826 BVerfGE 45, 187 (245).

827 Vgl. dazu die Kritik von *Volkmann* (2011, S. 841 f.) anlässlich BVerfGE 128, 326.

4.4 Überbelegung

4.4.1 Erscheinungsformen der Überbelegung

Der Problemkreis „Überlegung" beschreibt einen ebenso beklagenswerten wie begrifflich schwer zu fassenden Mangel des Strafvollzugs, der eine Verletzung von Art. 3 EMRK bewirken kann. Denn woran macht man die Überbelegung einer Anstalt (oder gar aller Anstalten eines Landes als systemisches Problem) fest?

„Überbelegung" als Befund stellt im Grundsatz auf das Verhältnis von Insassenpopulation und den ihr gegenüberstehenden Ressourcen ab.[828] Wenn dieses Verhältnis einen mehr oder minder konkret festgelegten Grenzwert überschreitet, besteht eine Überbelegung.

Zu ihrer Definition könnte man auf die Anzahl der im jeweiligen Belegungsplan der Anstalt festgelegten Haftplätze abstellen: Werden mehr Insassen aufgenommen, als Haftplätze nach dieser Zählweise vorhanden sind, ist damit besagter Grenzwert überschritten und die Anstalt überbelegt.[829] Dafür müsste allerdings ein solcher Belegungsplan überhaupt bestehen, wovon sicher nicht bei jedem Land ausgegangen werden sollte, das mit der Bundesrepublik in der Rechtshilfe verkehrt. Zudem ließe sich dieser Belegungsplan – so er denn besteht – jederzeit „nachbessern" in dem Sinne, dass die formale Haftplatzkapazität erhöht wird, bspw. indem es zum Anstaltsstandard erklärt wird, jedes Bett grundsätzlich von zwei Insassen nutzen zu lassen. Oder – weniger offensichtlich – es ließe sich sicherlich jeder Ein-Mann-Haftraum zu einer Drei- oder gar Sechs-Mann-Zelle umfunktionieren, indem ein oder zwei Stockbetten mit drei Etagen hineingestellt werden. Allein die Zahl der Insassen, die formal der Anstalt nach administrativen Kriterien zugeteilt werden können, kann also nicht herangezogen werden, um eine Überbelegung feststellen zu können.

Aus dem Gesagten lässt sich bislang höchstens zweierlei festhalten: Wenn zum einen die tatsächliche Belegung selbst die *offiziell angegebene Haftkapazität übersteigt* (ohne dass also von staatlicher Seite diese Bezugsgröße „Haftkapazität" passend gemacht wurde), kann mit einiger Sicherheit von einer Überbelegung ausgegangen werden, liegt es doch sicherlich regelmäßig nicht im Interesse eines Staates, selbst offiziell auf einen Strafvollzugsmissstand hinzuweisen. Zum anderen ist ein Haftraum dann jedenfalls überbelegt, wenn *ein Bett planmäßig von mehr als einer Person genutzt* wird oder zumindest werden soll.

---

828 Immerhin wäre es auch denkbar, die „Überbelegung" der Anstalten eines Landes als ein systemisches Problem daran festzumachen, dass ein bestimmtes Verhältnis von Einwohnerzahl zu Insassenpopulation überschritten wird, etwa bei der sog. „*mass incarceration*" amerikanischer Art. Diese stellt für sich genommen aber mehr ein politisches Problem dar, während sie menschenrechtlich nichts über die damit verbundenen Unterbringungsumstände des einzelnen Insassen aussagt.

829 So z. B. *Laubenthal* 2015, Rn. 370 f.

Einen anderen Anhaltspunkt könnte der Etat des Strafvollzugssystems oder der einzelnen Anstalt bilden. Immerhin ergäbe sich bei einer Berechnung pro Insassen eine Zahl, über die sich weniger schlecht streiten lässt als beispielsweise über ein „Gefühl der Enge" oder die Erfordernisse zur Gewährleistung von Privatsphäre in einem Schlafsaal. Allerdings können selbst kaufkraftbereinigt aus dem Budget relativ zur Insassenzahl keine belastbaren Schlüsse darauf gezogen werden, wieviel anteilig davon für einzelne Hafträume bzw. den Platz pro Insassen aufgewendet wird.

Im Zusammenhang mit „unbestechlichen" Zahlen richtet sich der Blick auf ein weiteres mögliches Kriterium: den *durchschnittlich pro Person zur Verfügung stehenden Platz* in einer Zelle. Er wird vom CPT und dem EGMR zumeist als ausschlaggebend herangezogen, um eine Überbelegung feststellen zu können.[830] Gleiches gilt für verschiedene Entscheidungen des BVerfG und deutscher Fachgerichte zu einem menschenwürdigen Strafvollzug.

Eine weitere ganz wesentliche Ressource für die Anstaltsgestaltung anhand menschenrechtlicher Mindeststandards, die nur im Verhältnis zur Insassenzahl korrekt erfasst werden kann und deswegen ebenfalls ein Kriterium für die Frage der Überbelegung sein müsste, ist – neben der Nahrungsmittelportionierung – die Personalsituation unter den Anstaltsbediensteten.[831] Dem Gefangenen nützt auch ein Einzelhaftraum mit 20 m² wenig, wenn er diesen kaum verlassen kann, um an Gemeinschaftsaktivitäten, Ausbildungs- und Sportangeboten teilzunehmen,[832] weil es schon an Personal für die Führung von einem Punkt zum anderen innerhalb der Anstalt fehlt. Ähnliches gilt für das Fachpersonal des medizinischen und des psychologischen Dienstes, auch hier steht und fällt die Erfüllung ganz wesentlicher elementarer Bausteine eines menschenwürdigen Strafvollzugs mit dem Personalschlüssel. Teilweise eröffnet ein guter Personalschlüssel mit den sich daraus ergebenden Potenzialen zur Freizeitgestaltung außerhalb des Einzel- oder auch Gemeinschaftshaftraums die Möglichkeit, einen nur geringen zur Verfügung stehenden eigenen Platz ein Stück weit auszugleichen. Umgekehrt verstärkt sich das entwürdigende Empfinden großer Enge und geringer Privatsphäre noch, wenn große Abschnitte des Tages in diesem Zustand verbracht werden müssen, weil – v. a. mangels Personal – kein Aufschluss oder Ausgang in den Außenanlagen möglich ist.[833]

---

830 Dazu und zum Folgenden sogleich in *Kap. 4.4.2.*

831 Dazu *Lübbe-Wolff* 2009, S. 94, sowie sogleich *Kap. 4.4.4.*

832 *CPT* 2015a, S. 18.

833 Jüngst hat das BVerfG (20.05.2016 – 1 BvR 3359/14, Rn. 16 f., 21) die Bedeutung von Ein- und Aufschlusszeiten gegenüber der Haftraumgröße hervorgehoben und betont, dass die entsprechende Beurteilung im Lichte der Menschenwürdegarantie gerichtlich noch weitgehend ungeklärt sei. Vgl. zudem etwa die Hervorhebungen bis zu 23-stündiger Einschlusszeiten bei großer räumlicher Enge im Haftraum in Relation zur Zahl der Haftraum-

Daher bildet der Personalschlüssel neben dem durchschnittlichen zur Verfügung stehenden Raum pro Person und der Regel „ein Schlafplatz pro Insassen" ein weiteres mögliches Kriterium zur Feststellung einer Überbelegung. Zu beachten ist aber folglich auch, dass diese drei Kriterien nicht auf identische Weise auf die Menschenwürde des Einzelnen einwirken, sondern eher Facetten eines Gesamttatbestandes „Überbelegung" bilden, die sich in ihrer Wirkung gegenseitig verstärken, in begrenztem Maße aber auch relativieren können.[834]

4.4.2 Der rechnerisch anteilige Platz im Haftraum pro Insassen

In der Strafvollzugswissenschaft ist das Problem der Überbelegung der Anstalten als Schlüssel für die Verbesserung der Haft- und Lebensbedingungen der Vollzugsinsassen bekannt.[835] Umgekehrt lässt sich festhalten, dass der Tatbestand der Überbelegung eine Vielzahl von Problemen für den Haftalltag und das Hafterleben mit sich bringt.[836] Bezogen auf den rechnerisch anteiligen Platz im Haftraum pro Insassen sind dadurch nicht nur die Aufenthaltszeiten im Haftraum von erheblichen psychischen und physischen Belastungen gekennzeichnet, da räumliche Enge die Spannungen zwischen den Insassen erhöht und zu einem gänzlichen Verlust von Intim- und Privatsphäre führt.[837] Da auch die sonstige Infrastruktur in der Regel in einem ungefähren Verhältnis zur eigentlich optimalen Belegungsdichte der Hafträume steht, fehlt es zudem häufig für den einzelnen Insassen zugleich an ausreichenden Ausbildungs-, Arbeits- und Therapieangeboten[838] sowie an Bewegungsmöglichkeiten innerhalb der Anstalt und in ihren Außenbereichen, mitunter sogar an Nahrungsmitteln und medizinischer Grundversorgung[839]. Die Belegungsdichte bildet einen höchst menschenwürdesensiblen Faktor eines jeden Strafvollzugssystems.[840]

---

insassen z. B. bei BVerfG, NJW 2002, S. 2699 f.; NJW-RR 2011, S. 1043 ff.; *Judicial Communications Office* 2013.

834 Zu Differenzierungsmerkmalen, um von zu vielen Insassen zu sprechen, vgl. *Schott* 2003, S. 195 m. w. N.

835 Vgl. nur *Dünkel* 2007, S. 121.

836 Zusammenfassung wesentlicher Teile der Strafvollzugsforschung dazu bei *Haney* 2012, S. 8 ff. m. w. N.; speziell bzgl. deutscher Forschung etwa *Schott* 2003, S. 195 f. Vgl. auch z. B. die entsprechenden Ergebnisse des international vergleichenden *Mare-Balticum-Prison-Survey* bei *Dünkel* 2007, S. 109 ff.; zusammenfassend auch *CPT* 2015a, S. 22.

837 *Kretschmer* 2009, S. 2407.

838 *Kretschmer* 2005, S. 253; *Lübbe-Wolff* 2009, S. 94.

839 *Ciklauri-Lammich/Lammich* 2001, S. 96.

840 Vgl. *Haney* 2012, S. 9.

Macht man den Umstand einer Überbelegung am durchschnittlich zur Verfügung stehenden Platz pro Insassen fest, könnte auf diese Weise eine klare Untergrenze definiert werden. Der EGMR hatte sich in der Pilotentscheidung *Ananyev u. a.* scheinbar insoweit festgelegt, dass allein schon Raum von rechnerisch 3 m pro Person eine Verletzung des Art. 3 EMRK ergibt, ohne dass weitere erschwerende Umstände erforderlich wären.[841] Zur Berechnung ist die addierte Grundfläche der Einrichtungsgegenstände von der Grundfläche der Zelle abzuziehen.[842] Zu bedenken ist allerdings, dass nicht im Umkehrschluss bei rechnerisch größerem vorhandenen Platz automatisch eine Verletzung von Art. 3 EMRK außer Betracht bleibt. Der Gerichtshof hebt vielmehr den implizit vom CPT empfohlenen Standard von 4 m pro Person hervor, der nicht unterschritten werden solle.[843] Auch bei nur 4 m stellt sich ein Gefühl der Enge und des Beschränktseins ein, das dem Einzelnen einen Eindruck von Erniedrigung vermittelt, die über das mit der Haft notwendig verbundene Maß hinausgeht. Den Ausführungen des EGMR ist aber zu entnehmen, dass für eine Feststellung eines Verstoßes gegen Art. 3 EMRK dann noch weitere erschwerende Faktoren hinzukommen müssen, etwa schlechte Belüftung, kein natürliches Licht, mangelhafte hygienische Verhältnisse, fehlende Privatsphäre oder Bewegungsmöglichkeiten an frischer Luft.[844] Erst in einer Zusammenschau ergebe sich dann eine Konventionsverletzung. Mit der 3-m-Grenze schien der EGMR nun demgegenüber einen absoluten Unterwert festgelegt zu haben, bei dem es also nicht mehr auf die Zusammenschau mit anderen Faktoren zur Verstärkung oder auch Kompensation ankommen sollte.[845]

In der Folge macht der EGMR dann jedoch ernst mit einer Einschränkung aus *Ananyev u. a.*, die zunächst nur wie eine diplomatische Referenz an die beschränkten Ressourcen der Strafvollzugsverwaltungen der Europaratsstaaten klang, ansonsten aber einer Handhabung als absoluter Untergrenze nicht im Wege

---

841 EGMR (PE), 12.01.2012 – 42525/07 und 60800/08 (*Ananyev u. a. vs. Russland*), Rn. 145; als neue absolute Grenze zunächst interpretiert von *Lagodny* (2014, S. 212); gleichfalls 3 m als absolute Grenze bereits von *Pohlreich* (2011a, S. 562) herausgearbeitet anhand der EGMR-Rechtsprechung *vor* der Entscheidung *Ananyev u. a.*; i. E. genauso *Bachmann/Goeck* 2012, S. 410. Vgl. zur Entscheidung *Ananyev u. a.* im Übrigen auch *Ovchinnikov u. a.* 2015, S. 56 f.

842 *Pohlreich* 2011a, S. 561 m. w. N. aus der Rechtsprechung des Gerichtshofs.

843 EGMR (PE), 12.01.2012 – 42525/07 und 60800/08 (*Ananyev u. a. vs. Russland*), Rn. 144 m. w. N. aus den Besuchsberichten des CPT.

844 EGMR (PE), 12.01.2012 – 42525/07 und 60800/08 (*Ananyev u. a. vs. Russland*), Rn. 149.

845 EGMR (PE), 12.01.2012 – 42525/07 und 60800/08 (*Ananyev u. a. vs. Russland*), Rn. 145, 148; vgl. zur möglichen Kumulation und Kompensation auch *Kap. 4.2.7.*

zu stehen schien:[846] Bei 3 m anteiligem Haftraum sollte (nur) eine schwerwiegende Vermutung („*strong presumption*") für einen Art.-3-Verstoß sprechen.[847] Seitdem ist der EGMR in mehreren Entscheidungen zurückgerudert und hat eine Relativierung der Eingriffsschwere anerkannt, etwa durch einen nur sehr kurzen Aufenthalt in einem solchen Haftraum, durch Bewegungsfreiheit für die Insassen bei ungehindertem Zugang zu Tageslicht und Frischluft oder durch relativ lange Aufschlusszeiten und ausgiebige Möglichkeiten zur Bewegung im Außenbereich.[848]

In der deutschen Fach- und Verfassungsgerichtsrechtsprechung wird die Frage nach einer noch menschenwürdigen anteiligen Mindestbodenfläche des Haftraums vielfach im Zusammenhang mit einer baulich abgetrennten Toilette gestellt.[849] Zusätzlich wird danach unterschieden, ob es sich um einen einzeln belegten Haftraum oder um eine Gemeinschaftsunterbringung handelt.

Soweit in einem mit *mehreren Personen* belegten Haftraum eine eigene *Nasszelle* mit Tür und gesonderter Belüftung vorhanden ist, sollen nach Ansicht einiger Obergerichte auch 4,5 m und sogar 4 m anteilige Bodenfläche noch mit der Menschenwürde des einzelnen Insassen vereinbar sein.[850] Bei einem anteiligen Raum von 3 m in einem von mehreren Personen belegten Haftraum ist die Menschenwürde hingegen ungeachtet sonstiger Umstände verletzt,[851] andere Obergerichte wiederum ziehen eine absolute Grenze auch weitaus strenger[852].

Für die *Einzelunterbringung* ist bereits ein Haftraum mit *baulich nicht abgetrennter Toilette* bei 5,5 m Grundfläche menschenunwürdig,[853] 6 m können hin-

---

846 Daher ist die im Rückblick als voreilig zu bedauernde Wiedergabe als klare, unabänderliche Regel durch *Lagodny* (2014, S. 212) sicherlich nur allzu verständlich.

847 EGMR (PE), 12.01.2012 – 42525/07 und 60800/08 (*Ananyev u. a. vs. Russland*), Rn. 148. Aus menschenrechtlicher Perspektive bedauerlicherweise ist es daher durchaus nicht so, dass der EGMR „bei weniger als 3 m in jedem Fall einen Verstoß gegen Art. 3 EMRK" (*Bachmann* 2015, S. 422) bejaht.

848 Zusammenfassend zu dieser neueren Rechtsprechung EGMR (PE), 10.03.2015 – 14097/12, 45135/12, 73712/12, 34001/13, 44055/13 und 64586/13 (*Varga u. a. vs. Ungarn*), Rn. 74-77.

849 BVerfG, 20.05.2016 – 1 BvR 3359/14 (Rn. 16); vgl. zu diesem Aspekt auch *Kap. 4.7.*

850 4,5 m : OLG Karlsruhe, NStZ-RR 2005, S. 224; 4 m : OLG Celle, NStZ-RR 2003, S. 317; KG, StV 2008, S. 369, unter ausdrücklicher Bezugnahme auf die EPR und das CPT; vgl. hierzu auch *Bachmann* 2015, S. 227 f.

851 OLG Frankfurt, NStZ-RR 2005, S. 155 f.

852 Vgl. die Zusammenstellung jüngst bei BVerfG, 20.05.2016 – 1 BvR 3359/14 (Rn. 19).

853 VerfGH Berlin, NJ 2010, S. 290 f.

gegen gerade noch vor Art. 1 Abs. 1 GG und Art. 3 EMRK vertretbar sein[854]. Insgesamt muss dieser Fragenkomplex auch innerhalb der deutschen Rechtsprechung als im Detail offen angesehen werden.[855]

4.4.3 Ein Schlafplatz pro Insassen

Der EGMR hat in der Entscheidung *Ananyev u. a.* ebenso festgestellt, dass ein Schlafplatz pro Haftrauminsassen zur Verfügung stehen müsse.[856] Auch diese Feststellung wird in der Entscheidung relativiert dadurch, dass daraus dann immerhin (aber auch nicht mehr) eine „schwerwiegende Vermutung" für eine Art.-3-Verletzung erwachse.[857] Allerdings scheint der Gerichtshof in der weiteren Begründung – und bestätigt durch spätere Entscheidungen – seine Relativierungsmöglichkeiten nur auf das Kriterium einer anteiligen Haftraumgröße von 3 m zu beziehen.[858] Vom Postulat eines individuellen Schlafplatzes für jeden einzelnen Insassen ist er in der Folge auch nicht abgerückt. An dieser Stelle ist also eine „rote Linie" gezogen: Fehlt es an einem individuellen Schlafplatz, stellt das für sich eine Verletzung von Art. 3 EMRK dar; ein fehlender individueller Schlafplatz kann also nicht durch weitere Faktoren ausgeglichen werden.

4.4.4 Der Personalschlüssel

Ein relativ geringer Personalschlüssel wirkt sich auf nahezu jeden Einzelaspekt des Anstaltslebens und der Vollzugsgestaltung aus:[859] Auch ein optimales Arbeitsplatzangebot nützt wenig, wenn es zu wenig Personal gibt, um die Insassen

---

854 BVerfGK 12, 417 (420 f.); 20, 125 (125 f.). Vgl. auch die veranschaulichende Überschlagsrechnung bei *Nitsch* 2006, S. 122 ff.: 6 m als absolutes Minimum. Vgl. im Übrigen auch den Verweis bei *Bachmann* (2015, S. 231) auf die Mindestbodenfläche, die nach der Tierschutz-Hundeverordnung Hunden mit einer Widerristhöhe von 65 cm in einem Zwinger zur Verfügung stehen muss: 10 m bei Einzelunterbringung und anteilig 7,5 m bei Mehrfachunterbringung.

855 So ausdrücklich jüngst BVerfG, 20.05.2016 – 1 BvR 3359/14 (Rn. 18 f.).

856 EGMR (PE), 12.01.2012 – 42525/07 und 60800/08 (*Ananyev u. a. vs. Russland*), Rn. 145.

857 EGMR (PE), 12.01.2012 – 42525/07 und 60800/08 (*Ananyev u. a. vs. Russland*), Rn. 148.

858 EGMR (PE), 12.01.2012 – 42525/07 und 60800/08 (*Ananyev u. a. vs. Russland*), Rn. 149; sowie daraufhin EGMR (PE), 27.01.2015 – 36925/10, 21487/12, 72893/12, 73196/12, 77718/12 und 9717/13 (*Neshkov u. a. vs. Bulgarien*), Rn. 232 f.; EGMR (PE), 10.03.2015 – 14097/12, 45135/12, 73712/12, 34001/13, 44055/13 und 64586/13 (*Varga u. a. vs. Ungarn*), Rn. 74-77; vgl. dazu auch EGMR, 17.01.2012 – 43710/07, 6023/08, 11248/08, 27668/08, 31242/08 und 52133/08 (*Fetisov u. a. vs. Russland*), Rn. 134; EGMR, 23.10.2012 – 4265/06 (*Dmitriy Rozhin vs. Russland*), Rn. 49.

859 Zum Folgenden *Lübbe-Wolff* 2009, S. 94.

sicher durch die Anstalt an die Arbeitsplätze und anschließend zurück in ihre Haftträume zu bringen. Gleiches gilt für quasi die gesamte Infrastruktur, seien es die Sportmöglichkeiten, die Therapieplätze[860] oder auch die Behandlung durch einen Anstaltsarzt. Wenn es zu wenige Vollzugsbedienstete gibt, die begleitete Ausführungen als „Einstieg" in eine mögliche individuelle Lockerungspraxis durchführen können, leidet im System der Haftlockerungen darunter nicht nur die Motivation der Insassen, an ihrer eigenen Resozialisierung mitzuarbeiten, sondern ihre Resozialisierung wird auch insgesamt deutlich verzögert, wenn nicht sogar erschwert. Damit ist ein weiterer Teilaspekt der Menschenwürdegarantie betroffen: Der Achtungsanspruch des Menschen gegenüber der Gemeinschaft gebietet es, ihm im Strafvollzug eine wirksame Resozialisierung zu ermöglichen.[861] Für den Untersuchungshaftvollzug gilt umgekehrt, dass bereits der Entsozialisierung des Betreffenden entgegengewirkt werden muss. Auch hier ist eine angemessene personelle Ausstattung der Anstalten *conditio sine qua non*.

Hinzu kommt, dass ein niedriger Personalschlüssel die Kontrollausübung des Anstaltspersonals über die Insassen verringert. Damit mehren sich Fälle sowohl von Auseinandersetzungen des Personals mit den Häftlingen[862] als auch deren Gewaltakte untereinander[863].

Allerdings fehlen regelmäßig genauere Angaben zum Personalschlüssel, während der durchschnittliche zur Verfügung stehende Platz pro Kopf im Haftraum in der Rechtsprechung standardmäßig herangezogen wird. Dies kann einerseits damit begründet werden, dass die tatsächliche Personalausstattung von außen nur schwer aussagekräftig beurteilt werden kann. Entsprechende Daten enthalten dazu regelmäßig nur landesweite statt anstaltsbezogene Angaben.[864] Dies gilt zwar grundsätzlich auch für den durchschnittlichen Haftraumanteil, allerdings kann dort bezogen auf einzelne Anstalten etwa allein durch Beobachtungen von Häftlingen oder Kontrollmechanismen wie dem CPT diese Angabe verifiziert (oder widerlegt) werden, während das für den Personalschlüssel nicht so ohne weiteres geschehen kann. Andererseits lässt sich zur Frage des anwesenden oder eben auch fehlenden Personals sicherlich noch schwerer als beim durchschnittlichen anteiligen Haftraum sagen, wann ein „zu wenig" erreicht ist. So begnügt sich auch das CPT in seinen Standards damit, eine „geringe Personalausstattung" zu beklagen und stattdessen Personal in „hinreichender Stärke" einzufordern.[865]

---

860   Dazu und den Folgen für die Entlassungsvorbereitung auch *Haney* 2012, S. 10.

861   Vgl. dazu *Benda* 1984, S. 307 ff.; sowie etwa BVerfGE 45, 187 (239); KG, 17.02.2015 – 9 U 129-13, Rn. 27 (zitiert nach *juris*).

862   Vgl. z. B. *Judicial Communications Office* 2013, S. 3 m. w. N.

863   *Lübbe-Wolff* 2009, S. 94.

864   Vgl. z. B. *Aebi/Delgrande* 2015, S. 155 ff.

865   *CPT* 2015a, S. 23.

Hinsichtlich der Menschenwürderelevanz des Personalschlüssels wird es daher sicherlich nur darum gehen können, Darstellungen von geringer Personalpräsenz als erschwerenden Faktor zu berücksichtigen, statt darin eine eigenständige Menschenwürdeverletzung feststellen zu können.

4.4.5 Eigene Einordnung

Das Individuum braucht einen Entfaltungs- und Rückzugsraum, um sich seiner selbst vergewissern zu können. Unter den Bedingungen des Vollzuges freiheitsentziehender Maßnahmen sind dem schon aus der Natur der Sache heraus Grenzen gesetzt, und diese mit dem Vollzug notwendig verbundenen Beschränkungen sind deshalb auch nicht von der Schutzgewähr der Art. 1 Abs. 1 GG bzw. Art. 3 EMRK umfasst. Sobald die Beschränkung darüber hinausgeht, kann sich daraus jedoch eine Verletzung in diesen Rechten ergeben. Konkrete Grenzen solcher Beschränkungen des Individuums sind wiederum schwerlich festzulegen. Um diese Grenzen zu bestimmen, muss jedenfalls im Regelfall die Wechselwirkung verschiedener beeinträchtigender Faktoren in den Blick genommen werden, um Kumulationen wie auch Kompensationen berücksichtigen zu können. Dies gilt auch bei der Abschätzung der Belastung des Menschen durch die hier beschriebene Überbelegung. Hat der Einzelne die Möglichkeit, im Laufe des Tages sich im Vollzugstrakt oder sogar im Außenbereich mehrere Stunden frei zu bewegen, mag ihm das die Möglichkeit eröffnen, für sich zu sein und aus der räumlichen eine psychische Distanz zu all den sonstigen Deprivationserfahrungen des Vollzugs aufzubauen. Menschenwürdige Haftraumgrößen mögen sich daher innerhalb einer gewissen Bandbreite nicht immer auf den Quadratzentimeter genau konkretisieren lassen.

Auch wenn großzügig Zeit für Aktivitäten außerhalb des Haftraumes zur Verfügung steht, gebietet es der Menschenwürdekern doch, dem Einzelnen einen gewissen Mindestrückzugsraum vorzuhalten, auf den er konstant zugreifen kann, um sich seine körperliche und vor allem auch psychische Identität und Integrität zu bewahren. Selbst wer die meiste Zeit des Tages an anderen Orten in der Anstalt Sport treibt oder arbeitet, braucht „seinen Bereich". Hier besteht eine menschenrechtliche Beschränkung für alle Relativierungsansätze in der Beurteilung von überfüllten Anstalten. Der EGMR hat dieser Erkenntnis zunächst in *Ananyev u. a.* Rechnung getragen, indem er als Ergebnis seiner vorangegangenen Rechtsprechung und abgeleitet aus den CPT-Standards eine absolute Untergrenze des anteiligen Haftraums von 3 m festgeschrieben zu haben schien. Dass der Gerichtshof davon zwischenzeitlich wieder etwas Abstand genommen hat, ist vor allem auch bedauerlich, wenn man sich vor Augen führt, wie viel (bzw. wenig) 3 m sind, und dass das CPT in seinen Besuchsberichten eigentlich „sogar" 4 m einfordert,[866] um ein menschenwürdiges Minimum herzustellen. An dieser Stelle ist dem EGMR nur zuzuraten, die 3 m Grenze gegen alle Relativierungen als absolut zu behaupten. In der deutschen Rechtsprechung besteht hingegen Konsens mit dem CPT, dass bei 3 m bereits die Menschenwürde des Gefangenen verletzt ist, so dass es sich hier um einen der wenigen Punkte handelt, an dem die deutschen Gerichte über die vom EGMR postulierten Untergrenzen klar hinausgehen. Der deutsche *ordre public international* weicht hier also verfolgtenfreundlich vom *ordre public international* des EGMR ab.

Nach wie vor unbestritten liegt jedoch zwingend ein Menschenwürdeverstoß vor, wenn nicht für jeden Haftrauminsassen ein eigener Schlafplatz zur Verfügung steht. Hier ist die rote Linie unverrückt.

4.5 Isolationshaft

4.5.1 Erscheinungsformen von Isolationshaft

Am anderen Ende der Skala von Unterbringungsmöglichkeiten steht die Isolationshaft, die sich ironischerweise in einigen Strafvollzugssystemen aus der Überbelegung der Anstalten als Reaktion auf ein damit einhergehendes Systemversagen bei der Gewährleistung innerer Sicherheit entwickelt hat.[867] Die weltweit zu beobachtenden Spielarten des Phänomens „Isolationshaft" unterscheiden sich je nachdem, wie eng der Begriff aufgefasst wird. Anstalten, die auch in einem strengen Sinne isolieren, ähneln sich international sehr. Dies lässt sich mit dem gemeinsamen erklärten Ziel dieser Unterbringungsform erklären: Der Insasse soll aufgrund erhöhter Gefährlichkeit für die Sicherheit in der Anstalt oder die Sicherheit außerhalb der Anstalt von der Einwirkungsmöglichkeit auf andere weitgehend abgeschirmt werden: Es soll verhindert werden, dass Gefangene untereinander kriminelle Organisationen bilden und dazu Absprachen treffen, um illegale Aktivitäten in der Anstalt zu verfolgen oder über Kommunikationskanäle nach draußen mit Komplizen außerhalb gemeinsame Sache zu machen. Damit erklärt sich, dass die Unterbringung zu allermeist in Einzelhafträumen erfolgt und kaum oder gar keine Aufschlusszeiten oder sonstige Möglichkeiten zum Verlassen der Zelle bestehen. Hinzu tritt mitunter selbst das Verbot, mit einem Rechtsbeistand Kontakt aufzunehmen. In den USA finden sich als Ausformung der Isolationshaft und als Steigerung zu den „*maximum security prisons*" die sogenannten „*Super-*

---

866 Diese 4 m sind wiederum weit entfernt von dem anteiligen Raummaß von 7 m , die das CPT als *empfehlenswert* ansieht; vgl. dazu EGMR, 15.07.2002 – 47095/99 (*Kalashnikov vs. Russland*), Rn. 97 m. w. N.

867 *Haney* 2012, S. 10 f.

max prisons"[868], während es in Spanien die Einrichtungen sogenannter Inkommunikationshaft (*„incommunicado"*)[869], in der Türkei die „Typ-F-Gefängnisse"[870] oder in Deutschland die Einrichtungen für den Vollzug von Maßnahmen nach dem Kontaktsperregesetz (§§ 31 ff. EGGVG)[871] sind.[872]
Dort wo jene Ziele nicht verfolgt werden, kann es trotzdem zu Isolationsmaßnahmen gegenüber einem Insassen kommen. In der Bundesrepublik ist hier zum einen der besonders gesicherte Haftraum einer Anstalt zu nennen, in dem der Einzelne bis zu 14 Tage gegebenenfalls entkleidet und unter Umständen am Boden fixiert verbringen muss, um ihn aus vorübergehender Raserei heraus zu einer Beruhigung in reizloser Umgebung zu zwingen und gleichzeitig die Suizidgefahr zu reduzieren,[873] mitunter aber auch aus besonderem Sicherungsinteresse bei Ausbruchsgefahr[874]. Aber auch die nicht grundsätzlich als solche beabsichtigte 23-stündige Verwahrung eines Gefangenen in seinem Einzelhaftraum kann eine Isolation in menschenwürderelevantem Sinne darstellen.[875]

4.5.2 Würdigung durch Wissenschaft und Rechtsprechung

Der EGMR sieht die vollständige sensorische und soziale Isolation als Verletzung von Art. 3 EMRK an. In keiner Betrachtungsweise kann sie die Menschenwürde des Inhaftierten unberührt lassen, selbst wenn zum Selbst- und Fremdschutz sowie

---

868 Zur Entwicklung dieses Gefängnistyps *Haney* 2003, S. 127 ff.; *Pizarro/Stenius* 2004, S. 249 ff.; zur dahinter stehenden Ideologie vgl. auch *Mears u. a.* 2009, S. 4; für eine eingehende Analyse des Systems *„Supermax prison"* vgl. *King u. a.* 2008, S. 144 ff.

869 Vgl. dazu in einem Auslieferungsfall BVerfG, StV 1997, S. 361 ff.; ausführlicher im Licht der EGMR-Rechtsprechung und der Einschätzung des CPT dazu *Morgenstern* 2017 (im Erscheinen).

870 Vgl. dazu *Ahlbrecht u. a.* 2008, Rn. 726a

871 Ausführlich und kritisch dazu *Oehmichen* 2008, S. 855 ff. Vereinbarkeit mit dem Grundgesetz bestätigt von BVerfGE 49, 24.

872 Einen weiteren Überblick zu entsprechenden Maßnahmen in Frankreich, Italien und dem Vereinigten Königreich bietet *Oehmichen* 2008, S. 877 ff. Entsprechende Instrumente in Skandinavien untersucht *Smith* 2006, S. 444 ff.

873 Vgl. dazu EGMR, 07.11.2011 – 20999/05 (*Hellig vs. Deutschland*), sowie *Pohlreich* 2011b, S. 1060 ff.; zu recht kritisch *Bachmann/Goeck* 2012, S. 410 ff.

874 Vgl. BVerfG, NStZ 1999, S. 428 f., der Beschwerdeführer verbrachte daher mehrere Jahre in Einzelhaft.

875 KG, 17.02.2015 – 9 U 129/13.

zu disziplinarischen Zwecken Umgangsbeschränkungen sonst grundsätzlich denkbar sind und den Insassen nicht *per se* in Art. 3 EMRK verletzen.[876]

Das BVerfG hat hingegen 1978 noch eine bis zu drei Monate dauernde vollständige Kontaktsperre nach den §§ 31 ff. EGGVG nicht als Menschenwürdeverstoß eingestuft.[877] Allerdings ist diese Entscheidung sicherlich im Kontext ihrer Zeit zu bewerten und würde heute wahrscheinlich anders ausfallen. Immerhin ist zu berücksichtigen, welche mittel- und langfristigen Folgen die nicht nur kurzzeitige Isolation des Menschen von seinesgleichen hat. So sind durch zahlreiche Erhebungen der Strafvollzugswissenschaft vielfältige, signifikant messbare Schädigungen schlüssig dokumentiert, die die Isolation eines Menschen bewirkt.[878] Dazu zählen insbesondere: Appetit- und Gewichtsverlust, Schlafstörungen oder gar Schlaflosigkeit, Angstzustände, Panik- und Wutanfälle, der Verlust der Impuls- und emotionalen Kontrolle, Paranoia, Halluzinationen, selbst- und fremdverletzendes sowie sachbeschädigendes Verhalten, Rückzugsverhalten, Überempfindlichkeit, Verfallen in zwanghaftes Grübeln, kognitive Dysfunktion, Hoffnungslosigkeit, Depression und ebenso ein andauernder Schwebezustand unmittelbar bevorstehenden emotionalen Zusammenbruchs oder auch einer unmittelbar bevorstehenden Selbsttötung. Die individuellen Auswirkungen hängen zwar von der persönlichen Widerstandsfähigkeit sowie einigen Umgebungs- und kontextualen Faktoren ab, aber die dokumentierten gesundheitlichen Folgen wiesen eine auffällige Konsistenz auf,[879] so dass es sich eher um die Frage zu handeln scheint, wie zeitig die Folgen eintreten, nicht ob.

Die umfangreiche, vor allem US-amerikanische Forschung dazu bezieht sich wohlgemerkt auf Personen, die „nur" 22 oder 23 Stunden des Tages in Isolation im Haftraum verbringen.[880] Die dokumentierten Schädigungen stellen sich also nicht erst bei Menschen ein, die tatsächlich rund um die Uhr ihre Zeit allein verbringen müssen, sondern auch trotz eines insgesamt einstündigen Aufenthalts außerhalb der Zelle. Diese Aufenthalte beschränken sich aber zumeist auf den Hofgang sowie die Führung zur Toilette oder zur Essensentgegennahme. Sie beinhalten also keine Möglichkeiten zu sozialer Interaktion, die über die situationsbedingt notwendige Kommunikation mit dem Wachpersonal oder gelegentlichen

---

876 EGMR, 08.07.2004 – 48787/99 (*Ilaşcu u. a. vs. Moldawien und Russland*), Rn. 432; vgl. auch anhand dessen *Murschetz* 2007, S. 192 f. m. w. N.

877 BVerfGE 49, 29 (64).

878 Für die folgende Zusammenstellung vgl. *Haney* 2012, S. 11 f. m. w. N. aus der Strafvollzugsforschung; ausführlich auch *Pizarro/Stenius* 2004, S. 254 ff.; *Smith* 2006, S. 449 ff.; *Shalev* 2008, S. 9 ff.

879 Statt vieler *Shalev* 2009, S. 187.

880 So etwa bei *Pizarro/Stenius* 2004, S. 251; *Smith* 2006, S. 443; *Shalev* 2008, S. 2; *Mears u. a.* 2009, S. 1.

Zurufe anderer Insassen hinausgehen.[881] Die meisten dokumentierten Schädigungen setzen daher nicht voraus, dass eine vollständige sensorische Deprivation erfolgt, sondern allein schon das Fehlen sinnvoller menschlicher Kommunikation bewirkt nach spätestens 60 Tagen persistente psychische Auffälligkeiten.[882]

Ein weiterer Aspekt tritt hinzu: Isolationshaft „ent-sozialisiert" auf eine Wiese, die eine „Re-Sozialisierung" nahezu unmöglich macht.[883] Der Inhaftierte hat aber aus Art. 1 Abs. 1 GG heraus einen Anspruch gegenüber der Gemeinschaft auf Resozialisierung,[884] um seine Wiedereingliederung in diese Gemeinschaft als Möglichkeit zu wahren.[885] Dies bedeutet im Einzelnen nicht nur, dass er Kontakte innerhalb der Anstalt pflegen können muss, sondern dass er sogar den Kontakt aus der Anstalt hinaus braucht.[886] Wenn demgegenüber die Isolation den Menschen als soziales Individuum irreparabel schädigt, konterkariert dies jenen Anspruch auf Resozialisierung, so dass hier – neben der beschriebenen Zerstörung der psychischen und physischen Integrität und Identität – die Menschenwürdeverletzung in einer zusätzlichen Dimension erfolgt.

Damit der EGMR nur von einer relativen bzw. teilweisen Isolation ausgeht und diese damit nach Lage der Dinge im Einzelfall zulässig ist, müssen aus den Zerstreuungsmöglichkeiten „Besuch durch Externe, ggf. beschränkt auf enge Angehörige", „Kontakt mit Anstaltspersonal", „Kontakt mit Mitgefangenen", „Zugang zu Zeitungen, Büchern und / oder Fernseher", „Kontakt mit Arzt[887] und Seelsorger", „Kontakt mit Rechtsbeistand" und „mehrstündiges Verlassen des Haftraums täglich" anscheinend mindestens zwei zur Verfügung des Insassen stehen.[888] Weitere Beschränkungen für den Vollzug in Isolation bestehen darin,

---

881 Vgl. nur *Smith* 2006, S. 448 f. Für eine Zusammenfassung der sonstigen Bedingungen des Existierens in Isolationshaft vgl. *Haney* 2003, S. 127.

882 Vgl. dazu das beigebrachte Gutachten in EGMR, 10.04.2012 – 24027/07 u. a. (*Babar Ahmad u. a. vs. Vereinigtes Königreich*), Rn. 99.

883 *Benda* 1984, S. 307.

884 BVerfGE 45, 187 (239); in diesen Zusammenhang gestellt von *Benda* 1984, S. 313.

885 Vgl. dazu *Kap. 4.3.5.*

886 *Benda* 1984, S. 319.

887 Die permanente Bereitschaft eines Arztes, den Zustand des Isolationshäftlings auf Verlangen zu untersuchen, streicht das *CPT* (2015a, S. 20) in seinen Standards als „wesentliche Schutzvorkehrung" heraus.

888 Zusammenschau anhand der von *Pohlreich* (2011a, S. 563) und *Murschetz* (2007, S. 192 f.) der EGMR-Rechtsprechung entnommenen Kriterien im Einzelfall. Vgl. dazu auch die entsprechende Kriterienliste in EGMR, 18.03.2014 – 24069/03, 197/04, 6201/06 und 10464/07 (*Öcalan vs. Türkei*), Rn. 110 ff. Gleichwohl lädt auch der EGMR im Einzelfall zu Kritik an seiner Sachverhaltswürdigung ein, wenn er in der Entscheidung EGMR, 10.04.2012 – 24027/07 u. a. (*Babar Ahmad u. a. vs. Vereinigtes Königreich*),

dass Alternativen fehlen müssen und die Isolation nicht für unbegrenzte Zeit verhängt wird, sondern sie fortwährend auf ihre Alternativlosigkeit und die zwischenzeitliche Verfassung des Insassen hin zu überprüfen ist.[889]

4.5.3 Zusammenfassung: Länger währende Isolationshaft als Folter

Die verheerenden Auswirkungen, die die nicht nur kurzzeitige völlige sensorische Deprivation und soziale Isolation auf die seelische, aber auch körperliche Integrität und Identität eines Menschen haben, sind wissenschaftlich ebenso gut dokumentiert wie aufgearbeitet. Wie bereits *Stefan Zweig* in der *Schachnovelle* eindrucksvoll beschrieb, zerstört der Entzug jeder Reize – abgesehen von denen eines mit Bett, Stuhl und Tisch bestückten Haftraumes – den Menschen, indem es neben massiven psychischen auch körperliche, teils irreparable Schädigungen zeitigt und damit der Inbegriff des Brechens der Subjektivität eines Individuums ist. Eine zusätzliche Dimension stellt es dar, dass im Gegensatz zur Überbelegung die isolierte Unterbringung eine staatlich gezielt eingesetzte Haftbedingung ist. Hinzu gesellt sich noch eine besondere psychische wie körperliche Belastung, wenn ununterbrochen, also auch nachts, das Licht im Haftraum brennen gelassen wird. Spätestens an diesem Punkt verliert die Isolationshaft ihren Charakter als Sicherungsmaßnahme und wird Teil einer zusätzlichen Bestrafung, die über den Freiheitsentzug in nicht erforderlicher Weise hinausgeht und tatsächlich Folter i. S. des Art. 3 EMRK darstellt.

Um im Rahmen zwingend gebotener Sicherheitsvorkehrungen, die die Isolation des Insassen einschließen, dem Einzelnen seine Menschenwürde zu bewahren, sind strenge Vorkehrungen zu beachten. Eine vollständige, also auch nur 23-stündige Isolation am Tag ist menschenunwürdig. Selbst vereinzelte zusätzliche Zerstreuungsmöglichkeiten stehen einem Verstoß gegen Art. 3 EMRK nicht entgegen. Neben der fortwährenden Überprüfung auf ihre Notwendigkeit hin und der gesundheitlichen Verfassung des Insassen sind ihm also jenseits des zwingend gebotenen Reizentzuges alle üblichen Zerstreuungsmöglichkeiten eines ansonsten menschenwürdigen Strafvollzugs einzuräumen.

---

trotz der bezeichnenden Befunde der Beweisaufnahme (Rn. 99-103) in den Isolationshaftumständen des betreffenden US-amerikanischen Hochsicherheitsgefängnisses keine Verletzung von Art. 3 EMRK festzustellen vermag (Rn. 221 f.); vgl. zu den Befunden dieser „*Supermax prisons*" auch die Nachweise oben in *Fn. 868.*

889 *Pohlreich* 2011a, S. 563 f. m. w. N. aus der Rechtsprechung.

4.6 Gewalt im Vollzug

4.6.1 Grenzen der Rechtmäßigkeit von Gewalt durch Anstaltspersonal

Verbreitet wird davon ausgegangen, dass jede Anwendung von körperlicher Gewalt gegen einen Gefangenen diesen in seiner Menschenwürde herabsetzt und damit einen Verstoß gegen Art. 1 Abs. 1 GG i. V. m. Art. 3 EMRK darstellt.[890] Wenn Gewalt – nach einer gängigen Definition – „das aktive Setzen einer Ursache dafür [ist], dass der wirkliche oder erwartete Widerstand des Angegriffenen durch ein auf dessen Körper wirkendes Mittel gebrochen oder verhindert wird, [unabhängig vom Ausmaß der vom Täter benötigten Körperkraft]"[891], dann ist bereits die Freiheitsentziehung durch Unterbringung im Strafvollzug Gewalt. Die Unterbringung im Strafvollzug stellt jedoch für sich keine Grundrechtsverletzung dar, auch nicht von Art. 1 Abs. 1 GG.

Über den reinen Freiheitsentzug hinaus kommt es täglich zu einer Vielzahl von Gewaltanwendungen des Vollzugspersonals auf Insassen. Allerdings ist der Schutzbereich der Menschenwürde dann nicht betroffen, wenn der Insasse die Gewaltanwendung durch sein Vorverhalten erforderlich gemacht hat.[892] Jede andere Handhabung würde auch die Gestaltung des Vollzuges sowie die Gewährleistung der inneren und äußeren Sicherheit der Anstalten faktisch unmöglich machen.

Jedoch gibt es zahlreiche Beispiele für Gewaltanwendungen des Personals gegenüber Vollzugsinsassen, die nicht auf rechtsstaatliche Besonderheiten der Vollzugssituation oder eine Provokation des Insassen zurückgehen. Je nach Land,[893] Region,[894] Vollzugsart,[895] Anstalt[896], Anstaltsteil oder auch „Eigen-

---

890 Vgl. nur *Pohlreich* 2011b, S. 1059; a. A. wohl *Radtke* 2014, Art. 104 Rn. 29, der nur „üble, unangemessene Behandlungen, durch die das körperliche Wohlbefinden mehr als nur unerheblich beeinträchtigt wird" nicht ausreichen lassen will, sondern einen spezifisch unmenschlichen oder erniedrigenden Charakter der Behandlungen fordert.

891 *Joecks* 2014, § 240 Rn. 12.

892 *Pohlreich* 2011b, S. 1059 m. w. N. aus der EGMR-Rechtsprechung.

893 Vgl. nur die Befunde in *Dünkel* 2007, S. 113.

894 Vgl. beispielsweise das besonders negative Bild, das das *CPT* (2013, S. 13 ff.) innerhalb Russlands von den Umständen in der Nordkaukasusregion zeichnet.

895 Vgl. etwa die vom *CPT* (1996, S. 1 f.) insbesondere im Polizeigewahrsam vorgefundenen Anzeichen für Folter.

896 Vgl. *CPT* 2015b, S. 32, bzgl. einer von drei in Bulgarien besuchten Anstalten derselben Vollzugsart.

heiten" des betreffenden Insassen[897] können sich diese Gewaltanwendungen als mehr oder weniger verbreitet, willkürlich oder systematisch, flächendeckend oder einzelfallbezogen darstellen. Auch sie sind in der Auslieferungsentscheidung zu berücksichtigen.[898]

4.6.2 Gewalt durch Mithäftlinge als nicht-staatlich und ubiquitär unbeachtlich?

Um eine Auslieferung mit dem Hinweis auf Gewalttätigkeiten von Anstaltsinsassen gegenüber einem Verfolgten als Verstoß gegen den deutschen *ordre public international* gemäß Art. 1 Abs. 1 GG i. V. m. Art. 3 EMRK würdigen zu können, könnte sich zunächst eine Besonderheit daraus ergeben, dass es sich um keine staatlich verübten Gewalttätigkeiten handelt, sondern um solche von Privaten. Daran könnte eine Zurechnung an die Bundesrepublik als ersuchter Staat endgültig scheitern, so dass Gewalttätigkeiten von Mithäftlingen kein Aspekt von Belang im Auslieferungsverfahren wären.

Die Zurechnung wird dadurch jedoch *nicht* unterbrochen. Das entscheidet sich aber nicht etwa daran, ob diese Gewalttätigkeiten nicht-staatlicher Akteure in völkerrechtlicher Hinsicht dem ersuchenden Staat zuzurechnen sind,[899] und über diesen Umweg auch der Bundesrepublik als auslieferndem Staat. Da die Bundesrepublik in einer Folgenverantwortung für die der Auslieferung nachgehenden absehbaren Behandlungen des Verfolgten steht und daher die Auslieferung selbst bereits als mittelbar-faktischer Eingriff den Grundrechtsverstoß darstellt,[900] kommt es insoweit nicht darauf an, durch *wen* die anschließende unmenschliche Behandlung in fremdem Hoheitsgebiet erfolgt – durch den Staat bzw. seine Hoheitsträger oder durch Private.

Gleiches ergibt sich aus der EGMR-Rechtsprechung.[901] Der Gerichtshof hat den *ordre public international* dahingehend deutlich ausgeweitet, dass er Individuen auch einen Schutz vor der Gefahr einer Art.-3-EMRK-widrigen Behandlung zugesprochen hat, die im Ausland von Privaten ausgeht. Allein ausschlaggebend ist es daher für die Zurechenbarkeit, ob es für die Bundesrepublik absehbar ist, dass der ersuchende Staat es mit überwiegender Wahrscheinlichkeit unterlassen

---

897 Vgl. z. B. OLG Karlsruhe, 04.02.2009, BeckRS 2009, 07800: Tschetschene im russischen Strafvollzug; vgl. dazu auch *Kap. 6.4.1.*

898 Dazu sogleich *Kap. 4.6.3.*

899 Dazu eingehend *Hofmann* 2012, S. 349 ff. Soweit es sich beim ersuchenden Staat um einen EMRK-Staat handelt, wäre diese Frage ohnehin zu bejahen, vgl. nur *Schilling* 2010, Rn. 171; konkret auf den Strafvollzug bezogen EGMR, 10.02.2011 – 44973/04 (*Premininy vs. Russland*).

900 Vgl. *Kap. 3.6.4.4.1.1.*

901 Vgl. *Kap. 3.6.5.4.4.2.*

wird, konkreten Gefährdungen durch Dritte entgegenzuwirken.[902] Dabei ist es wiederum nicht von Belang, ob der ersuchende Staat dies absichtlich oder aus Unvermögen unterlässt.[903] EMRK-Staaten ist es verboten, unter solchen Umständen eine Person an den betreffenden Staat auszuliefern bzw. ihn dorthin abzuschieben.

Die vielfach hiergegen gerichtete Kritik, der EGMR würde die Konventionsgewährleistungen bis hin zur Systemwidrigkeit ausweiten, bezieht sich bei genauerer Betrachtung nur auf Abschiebungen und die Gefahren, die nach einer solchen drohen.[904] Soweit aber unmenschliche oder erniedrigende Behandlungen durch Private im Kontext einer Auslieferung zu befürchten sind, kann es sich der Natur der Sache nur um solche innerhalb des Strafvollzugs handeln, also ausgeübt von anderen Häftlingen. Dabei geht es zum einen schon nicht um politische Verfolgung oder eine sonstige asylrelevante Beeinträchtigung. Zum anderen lässt sich der Anwendungsbereich dieser Zuordnung der Verletzung von Art. 3 EMRK auf den Strafvollzug des ersuchenden Staates beschränken, so dass sich der Schutz von Art. 3 EMRK nicht uferlos, sondern klar abgrenzbar entfaltet. Daher handelt es sich jedenfalls bei Gefährdungen durch Private im Strafvollzug, die eine unmenschliche oder erniedrigende Behandlung bedeuten, um eine sinnvolle, menschenrechtlich gebotene dynamische Auslegung[905] der Konvention, die für Auslieferungen einen beachtenswerten Bestandteil des deutschen *ordre public international* ausmacht.

Allerdings werden sich Gewaltausübungen der Insassen untereinander nie ganz verhindern lassen.[906] Dieser Befund gilt für Deutschland[907] ebenso wie für alle anderen Länder.[908] Dies gründet sich ganz wesentlich in der Natur des Strafvollzuges als „totaler Institution" und ist ihr daher wesensimmanent.[909] Da die einzelnen Gewaltanwendungen unter Gefangenen daher entweder der Ausgrenzung oder der Ausbildung und Bestätigung einer Rangordnung durch Demütigung

---

902 EGMR (GK), 29.04.1997 – 24573/94 (*H. L. R. vs. Frankreich*), Rn. 40; so auch in der deutschen Rechtsprechung gehandhabt etwa von OLG Düsseldorf, NStZ 2006, S. 692 f.

903 *Nußberger* 2013, S. 1307; i. E. genauso *Lagodny* 2012, § 73 Rn. 100 mit Nachweisen zur früher davon abweichenden Ansicht einiger Fachgerichte.

904 Vgl. dazu bereits ausführlicher *Kap. 4.2.2.*

905 In diesem Sinne auch *Kälin* 1999, S. 57-59, 63 ff., sogar für die Ausdehnung auf Abschiebungen.

906 *Lübbe-Wolff* 2009, S. 94.

907 Vgl. dazu beispielhaft die Befunde bei *Dietlein* 2002, S. 151 ff.; *Kowalzyck* 2008, S. 91 ff., 96 ff.; *Neubacher* 2008, S. 363 f.; sowie die Darstellungen bei *Duerr* 1993, S. 272 f.

908 Vgl. nur *Kury/Brandenstein* 2002, S. 23 ff.

909 Vgl. dazu bereits *Kap. 4.2.2.*

des Opfers dienen,[910] haftet ihnen immer auch ein erniedrigender Zug an. Zugleich stellen sie anscheinend ein ubiquitäres Phänomen über Ländergrenzen hinweg dar. Es könnte sich also um ein mit dem Entzug der Freiheit notwendig verbundenes Leiden handeln, das daher per Definition schon aus Art. 1 Abs. 1 GG wie auch Art. 3 EMRK heraus fällt. Anerkanntermaßen ist es aber nicht Teil der mit dem Strafausspruch verbundenen Sanktion, im Strafvollzug Opfer von Gewalt unter Mithäftlingen zu werden.[911] Daher stellt sich auch aus dieser Perspektive die Frage, ob drohende Gewalttätigkeiten durch Mitinsassen im ausländischen Strafvollzug ein Auslieferungshindernis basierend auf Art. 1 Abs. 1 GG i. V. m. Art. 3 EMRK darstellen.

4.6.3 Lösungsansatz zur Berücksichtigung anstaltsinterner Gewalt

Die Möglichkeit einer Berücksichtigung von anstaltsinternen Gewalttätigkeiten wird von zwei Erwägungen bestimmt: Einem derartigen Ansinnen wird dort eine Grenze zu setzen sein, wo damit ein strengerer Maßstab angelegt würde als an die *deutsche Vollzugsrealität* und den hiesigen Schutz vor Gewalttätigkeiten von Personal und Mithäftlingen. Obwohl es auch in Deutschland verbreitet unter Häftlingen zu Gewalttätigkeiten kommt, wird nicht deswegen der Entzug freiheitsentziehender Maßnahmen insgesamt als mit Art. 1 Abs. 1 GG unvereinbar angesehen. Wo ungerechtfertigte Übergriffe des Personals zu beklagen sind,[912] können diese zumeist als Einzelfälle betrachtet werden. Der Strafvollzug ist trotzdem mit Art. 1 Abs. 1 GG vereinbar, solange der Staat vor Gewalttätigkeiten nicht die Augen verschließt und gegen bekanntwerdende Vorfälle mit gebotener Konsequenz vorgeht. Soweit er also dieser Verantwortung nachkommt, ist innerstaatlich die Zurechnung durchbrochen, die eine Grundrechtsverletzung durch den Staat voraussetzt.

Ähnliches muss auch im Auslieferungsverfahren gelten: Solange der ersuchende Staat – soweit erkennbar – erfolgreich das ihm Mögliche tut, um Gewalttätigkeiten durch das Personal oder unter Mithäftlingen zu ahnden und zu unterbinden, fehlt es an einer ausreichenden Tatsachengrundlage, um daraus ein Auslieferungshindernis abzuleiten. Die Auslieferung durch die Bundesrepublik an den ersuchenden Staat eröffnet daher den Schutzbereich[913] des Art. 1 Abs. 1 GG i. V. m. Art. 3 EMRK nur dann, wenn diese Gewalttätigkeiten *mit überwiegender Wahrscheinlichkeit vorab erkennbar* sind.[914] Ausschlaggebend sind

---

910 *Laubenthal* 2015, Rn. 214 ff.

911 *Neubacher* 2008, S. 366; US Supreme Court, *Farmer v. Brennan*, 511 U.S. 825 (1994).

912 EGMR, 07.07.2011 – 20999/05 (*Hellig vs. Deutschland*).

913 Vgl. zu dieser dogmatischen Einordnung *Kap. 3.6.4.4.1.3.*

914 Vgl. dazu auch *Kap. 5.6.2.2.*

also die Ergebnisse der Tatsachenermittlung im Auslieferungsverfahren. Dabei sind die Anforderungen an die Aufklärungsanstrengungen umso höher, je gravierender die drohende Rechtsgutverletzung ist.[915]

Anhand dieser beiden Erwägungen werden sich noch am ehesten sachangemessene Ergebnisse erzielen lassen: Auch wenn es sich bei „Gewalt unter Mithäftlingen" um ein ubiquitäres Phänomen handelt, so werden sich aber wahrscheinlich Unterschiede dahingehend ausmachen lassen, mit welcher systemischen Verbreitung das Phänomen zu beobachten ist[916], welche Formen die Gewalt annimmt[917] und wie das Vollzugspersonal dem gegenübersteht[918]. Wenn es also konkrete Befunde für eine systemische Häufung derartiger Vorkommnisse unter Duldung oder gar Förderung bzw. aktiver Beteiligung des Anstaltspersonals in einem bestimmten Anstaltsbereich, in einer bestimmten Anstalt oder gar in einem ganzen Vollzugssystem gibt, dann muss dies in der Zulässigkeitsentscheidung berücksichtigt werden. Die Auslieferung darf dann nicht in diesen Anstaltsteil, diese Anstalt oder das Vollzugssystem dieses (Teil-)Staates erfolgen.[919]

Unter den verschiedenen Gewaltausübungen unter Insassen lassen sich zwischen Bedrohungen, Nötigungen und Körperverletzungen die Vergewaltigungen als besonders verletzend herausheben: „Für das Opfer ist die Vergewaltigung normalerweise die schlimmste Demütigung, die es jemals erfahren hat [...]."[920] Sie wirkt sich als akute Störung des physischen und psychischen Empfindens sowie des sozialen und Sexuallebens aus, ein Ausweg wird vielfach im Suizid gesucht.[921] Die empfundene Demütigung und Erniedrigung spiegelt sich in der mit einer Vergewaltigung verbundenen Absicht: Das Opfer *soll* aufs Tiefste erniedrigt und gedemütigt werden.[922] Neben Körperverletzungen mit Todesfolge bzw.

---

915 Vgl. dazu auch *Kap. 5.7.2.*

916 So beschreibt *von Hentig* (1955, S. 282 ff. m. w. N) die Alltäglichkeit von Vergewaltigungen unter Duldung des Anstaltspersonals in US-Gefängnissen als „sexuelles Inferno" (S. 283), zustimmend *Kreppel* (1965, S. 91) anhand weiterer Beobachtungen; ähnlich bei *Duerr* 1993, S. 270 ff. Anders hingegen etwa die Darstellungen zum kanadischen Strafvollzug von *Mündelein/Winchenbach*, S. 211.

917 *Sakalauskas* (2015, S. 196) beschreibt z. B. für den litauischen Strafvollzug Ausformungen von subkultureller Gewalt unter Insassen, zu der auch die Tötung eines Mitinsassen zählt, der vom „falschen Teller" gegessen hat; vgl. auch *Einat* (2013, S. 80 ff.), dessen Befunde für Israel bei gleichzeitig schwerer allgemeiner Gewalt die fast vollständige Abwesenheit sexueller Gewalt unter Insassen andeuten.

918 Vgl. in diesem Sinne z. B. die diesbezüglichen Befunde des *CPT* (2015b, S. 32 ff.) in bulgarischen Anstalten.

919 So auch schon *Kreppel* 1965, S. 91.

920 *Duerr* 1993, S. 271.

921 *Einat* 2013, S. 84 m. w. N.; ausführlicher *Robertson* 2003, S. 426 f. m. w. N.

922 Ausführlich *Lundrigan/Muller-Johnson* 2013, S. 6 f.

gezielten Mordanschlägen zählen daher Vergewaltigungen zu den schwersten Formen gewaltsamer Auseinandersetzungen. Da es sich also um besonders schwerwiegende Menschenwürdeverstöße handelt, sind die Anforderungen an das Ergebnis der Tatsachenermittlung entsprechend reduziert, was die Anzeichen für derartige systemweit verbreitete Vorfälle betrifft.

4.7 Hygienische Bedingungen

Unzureichenden hygienischen Verhältnissen kommt eine erhebliche Menschenwürderelevanz zu.[923] Wenn die Umstände etwa von andauerndem Fäkalgestank charakterisiert sind und bei jedem Insassen, der nicht besonders hart gesotten ist, Ekelgefühle aufkommen lassen, fehlt es mit der daraus erwachsenden täglichen Qual des Gefangenen an einer Grundvoraussetzung menschlicher Existenz.[924] Grob unhygienische oder gar widerliche Bedingungen im Haftraum stellen daher einen Menschenwürdeverstoß dar.[925]

In diesem Zusammenhang folgt unmittelbar aus der Menschenwürdegarantie des Art. 1 Abs. 1 GG für einen Haftraum mit mehreren untergebrachten Häftlingen ein Anspruch auf einen – als Nasszelle mit Tür – abgetrennten Toilettenbereich, der gesondert belüftet ist, oder hilfsweise außerhalb des Haftraumes gelegene Sanitäranlagen, die tags und nachts ohne bedeutende Zeitverzögerung zugänglich sind. Fehlt es hingegen an einer solchen räumlichen oder baulichen Trennung, so dass höchstens eine Abschirmung durch eine Schamwand erfolgt, dann verletzt bereits eine Unterbringung in diesem Haftraum in Art. 1 Abs. 1 GG, unabhängig von der Haftraumgröße.[926] Für die Einzelunterbringung besteht ein solcher Anspruch hingegen nicht, da es dann an der Beeinträchtigung der Intimsphäre des Gefangenen fehlt und er eine Geruchsbelästigung über das Haftraumfenster – so sich ein solches denn im Haftraum befindet – selbst steuern kann.[927]

Auch die CPT-Standards empfehlen zumindest dringend, dass sich eine im Haftraum installierte Toilette in einem „sanitären Annex" befindet, oder dass außerhalb des Haftraums Sanitäranlagen bei Tag und bei Nacht ohne unnötige

---

923 So schon *Dürig* 1958, Art. 104 Rn. 20 f.; *CPT* 2015a, S. 18.

924 BVerfG, NJW 1993, S. 3190 f., anlässlich eines Haftraums, der innerhalb kurzer Zeit mehrmals mit Fäkalien aus einem verstopften Abflussrohr verunreinigt wurde.

925 BVerfGK 17, 420 (426), anlässlich eines mit Fäkalien und rassistischen Darstellungen (Zitat: „physischem und verbalem Kot") beschmierten Haftraums; zustimmend *Bachmann* 2015, S. 230; *Laubenthal* 2015, Rn. 383.

926 Vgl. BVerfGK 17, 420 (425 f.); *Nitsch* 2006, S. 111 ff. m. w. N. aus der Literatur; *Bachmann/Goeck* 2012, S. 410; *Kretschmer* 2009, S. 2408 mit zahlreichen Nachweisen aus der Rechtsprechung; weitere Nennungen bei *Laubenthal* 2015, Rn. 384.

927 BVerfGK 12, 422 (426).

Zeitverzögerung zur Verfügung stehen.[928] In seiner Leitentscheidung zu menschenunwürdigen Vollzugsbedingungen durch die Ausgestaltung des Haftraumes im Widerspruch zu Art. 3 EMRK im Fall *Kalashnikov* hat der EGMR deutlich seine Ablehnung der dortigen Gestaltung der Toilette innerhalb des Haftraums zum Ausdruck gebracht, die – abgesehen von massiver Verschmutzung und Baufälligkeit – nur von einer 1,1 m hohen Stellwand und nur zu einem Teilbereich der Zelle hin „abgetrennt" war. Als kritisch bewertet es der Gerichtshof, dass der Toilettenbereich zum Haftraum hin nicht rundum optisch abgetrennt war, so dass die Toilette in Ermangelung jeder Privatsphäre in Anwesenheit aller Zelleninsassen benutzt werden musste. Umgekehrt musste jeder die Toilettenbenutzung der anderen miterleben.[929] Nun stellt sich bei der Auslegung der *Kalashnikov*-Entscheidung in Hinblick auf die Interpretation dieses Mangels im Lichte des Art. 3 EMRK dasselbe Problem wie bei den meisten der zahlreichen Mängel, die der Gerichtshof in dieser Entscheidung dokumentierte: Es ist nicht zwingend der Schluss erlaubt, dass diese oder jene einzelne beklagenswerte Bedingung bereits allein für sich Art. 3 EMRK verletzt.[930] Allerdings drängt es sich nach der Art der Würdigung auf, dass hier auch der Gerichtshof die Subjektstellung des Einzelnen betroffen sieht.

Bestärkt wird diese Ableitung aus der Menschenwürde dadurch, dass die Toilette als Ort, um die tägliche Notdurft zu verrichten, der Inbegriff des persönlichen Rückzugsraumes schlechthin[931] ist.

Eine baulich rundum getrennte Toilette mit Tür und gesonderter Belüftung oder alternativ ein ganztägig zugänglicher Sanitärbereich außerhalb des Haftraums ist daher eine Mindestanforderung an einen menschenwürdigen Strafvollzug in einem mehrfach belegten Haftraum, und als solche im Auslieferungsverfahren als Teil des deutschen *ordre public international* zu behaupten. Dass dies in vielen Ländern nicht Standard der Anstaltsausstattung ist, verfängt nicht.[932]

In diesem Zusammenhang verstößt auch die Unterbringung in einem Haftraum gegen Art. 1 Abs. 1 GG i. V. m. Art. 3 EMRK, der stark von Schädlingen befallen ist, in dem aufgrund entsprechend mangelhafter Sauberkeit die Gefahr von Hautausschlägen und Pilzerkrankungen erhöht ist und in dem zugleich Tuberkulose- oder Syphilispatienten untergebracht sind.[933] Erneut stellt sich die Frage,

---

928 *CPT* 2015a, S. 18.

929 EGMR, 15.07.2002 – 47095/99 (*Kalashnikov vs. Russland*), Rn. 99.

930 Nur vereinzelt hält der Gerichtshof fest, dass eine der Bedingungen für sich bereits Art. 3 EMRK verletzt, so vor allem der geringe anteilige Haftraum pro Person (EGMR, 15.07.2002 – 47095/99 (*Kalashnikov vs. Russland*), Rn. 97).

931 Ähnlich die Haltung von OLG Frankfurt, NJW 2003, S. 2845; vgl. außerdem *Kap. 4.4.5.*

932 Vgl. dazu *Kap. 4.2.5.*

933 EGMR, 15.07.2002 – 47095/99 (*Kalashnikov vs. Russland*), Rn. 98.

ob erst die *Kumulation* dieser Tatbestände nach Ansicht des Gerichtshofs den Menschenwürdeverstoß bewirkt hat. Angesichts der zusammenhängenden Darstellung in der *Kalashnikov*-Entscheidung wird das für diese drei konkreten Umstände wohl zu bejahen sein.

4.8 Unzulängliche Haftraumgestaltung

Mit dem rechnerischen Anteil des Insassen am Haftraum, der Frage nach dem Schlafplatz für jeden Häftling und den hygienischen Bedingungen sowie in Teilaspekten der Isolationshaft sind bereits Faktoren analysiert worden, die das Erleben des Haftraumes betreffen. Die Unterbringungsräumlichkeiten können aber auch noch in anderer Hinsicht so gestaltet sein, dass sie Art. 1 Abs. 1 GG i. V. m. Art. 3 EMRK verletzen.

So hat der EGMR in *Ananyev u. a.* noch eine dritte „rote Linie" gezogen, indem er eine „schwerwiegende Vermutung" für eine Verletzung von Art. 3 EMRK darin sah, dass der Haftraum aufgrund seiner geringen Größe oder des Zuschnitts mit notwendigen Bedarfsgegenständen und Möbeln der Insassen derart zugestellt ist, dass ein freies Auf- und Abschreiten nicht mehr möglich ist.[934] Fehlt es an dieser Bewegungsfreiheit, soll also ein Verstoß gegen Art. 3 EMRK ohne das Hinzutreten weiterer belastender oder relativierender Umstände vorliegen. Da der EGMR für die Berechnung des anteiligen Haftraumes pro Insassen die Nettofläche, also abzüglich der Grundfläche der Möbel, heranzieht,[935] ist nicht ganz klar, wie dem Kriterium der gebotenen Bewegungsfreiheit zwischen den Gegenständen neben dem ersten Kriterium „3 m Nettomindestfläche" noch ein eigener Gehalt zukommen kann. Der Gerichtshof sah aber jedenfalls Bedarf für diese zusätzliche „rote Linie" und hat diese in seiner späteren Rechtsprechung – soweit erkennbar – auch nicht wieder relativiert.

Abgesehen von solch einer Bewegungsfreiheit kommt es zudem darauf an, dass „als Grundelemente menschlichen Lebens" in die Hafträume natürliches Licht einfallen und frische Luft einströmen kann, ungeachtet von Sicherheitsbedenken, und gerade auch in Untersuchungshaftanstalten.[936] Demgegenüber stellt eine grelle,[937] gegebenenfalls sogar ganztägige Beleuchtung ebenfalls einen erniedrigenden und stark belastenden Faktor dar, der jedenfalls in der Kumulation mit anderen derartigen Faktoren an der Menschenwürdegarantie rührt.

Auch die Unterbringung in Schlafsälen wird als Menschenwürdeverstoß eingestuft angesichts der „sich hier entfaltenden Schreckensherrschaft übelster

---

934 EGMR (PE), 12.01.2012 – 42525/07 und 60800/08 (*Ananyev u. a. vs. Russland*), Rn. 147 f.

935 Vgl. *Kap. 4.4.2.*

936 *CPT* 2015a, S. 26.

937 *Dürig* 1958, Art. 104 Rn. 21.

Elemente durch das, was [die Menschenwürdebetroffenen] hören und erleben müssen".[938] Das liegt in erster Linie daran, dass in „den Gemeinschaftsräumen [...] die Privatsphäre [fehlt], es ist oft sehr eng, schlechte Luft, schlechte Beleuchtung. Vor allem bietet die Unterbringungsart ideale Bedingungen für die Verbreitung der Subkultur."[939]

Je nach geographischer Lage kann zudem das Vorhandensein ausreichender Heizung[940] oder Kühlung[941] Voraussetzung einer menschenwürdigen Unterbringung sein.

4.9 Haftbedingungen als Menschenwürdeverstoß – eine Zusammenfassung

Die Würde des Menschen ist unantastbar – das gilt auch im Rechtshilfeverkehr. Diese gleichwohl äußerst abstrakte Gewährleistung bedarf jedoch einer Konkretisierung. Ihre Auslegung für den Bereich des Strafvollzugs im Lichte des Art. 3 EMRK trägt zu dieser Konkretisierung bei und verhindert zugleich, dass überspannte Standards von ausländischen Strafvollzugssystemen eingefordert werden. Weitere Konkretisierungen dieses *ordre-public*-Vorbehalts gemäß Art. 1 Abs. 1 GG i. V. m. Art. 3 EMRK lassen sich noch übergreifend für alle Haftbedingungen formulieren, aber auch dem sind Grenzen gesetzt. Wann die Menschenwürde tatsächlich betroffen ist, muss im Einzelfall, also anhand einzelner Vollzugsumstände bestimmt werden. Von den zahlreichen Vollzugsumständen, die als menschenwürdesensibel in Betracht kommen,[942] ist hier anhand einiger besonders kritischer Haftbedingungen aufgezeigt worden, inwieweit sie die Menschenwürde des Verfolgten verletzen. Gezeigt hat sich dabei dreierlei:

Erstens gibt es sowohl relative als auch absolute Untergrenzen für Eingriffe in die Menschenwürde. Die erste Gruppe ist im Kontext jeweils mit weiteren Faktoren zu betrachten und stellt eher eine Art erschwerenden Umstand dar, der aber

---

938 Zitat von *Schmidt* 1967, S. 2026; sehr kritisch zur Unterbringung in Schlafsälen auch *CPT* 2015a, S. 25 f.

939 So *Sakalauskas* (2015, S. 195 f.) anhand von Schlafsälen in litauischen Anstalten. Zudem betrachte man die Unterbringung in Schlafsälen auch im Lichte der grundsätzlichen Bedenken, die *Bachmann* (2015, S. 232 f.) an der gemeinschaftlichen Unterbringung von Inhaftierten an sich hegt, die nicht auf „echter Freiwilligkeit" beruhe.

940 EGMR, 31.05.2011 – 5829/04 (*Chodorkowski vs. Russland*), Rn. 102 mit Verweis auf seine Rechtsprechung.

941 Vgl. dazu *Gräfenstein* 2003, S. 12 f.; vgl. etwa auch die Beobachtung bei *Schroeder* 2005, S. 402: „Wegen der unerträglichen Hitze drückten sich die Inhaftierten mit nacktem Oberkörper an die Gitterstäbe der Fenster."

942 Vgl. *Pohlreich* 2011a, S. 562 ff. mit Verweisen auf weitere Verstöße gegen Art. 3 EMRK durch Strafvollzugsbedingungen.

im Lichte anderer Bedingungen des Strafvollzugs relativiert werden kann und daher nicht zwangsläufig einen Menschenwürdeeingriff darstellt. Absolute Untergrenzen markieren hingegen „rote Linien", die also ohne Ansehung weiterer Umstände immer in die Menschenwürde des Betroffenen eingreifen und sie damit verletzen. Zu berücksichtigen ist auch, dass einzelne kritische, aber für sich genommen nicht menschenunwürdige Bedingungen in einer Gesamtschau sehr wohl zu einer Verletzung der Menschenwürde kumulieren können.

Zweitens hat sich gezeigt, dass nicht alle Haftbedingungen gleich gut erfasst und nicht für alle gleich gut Untergrenzen beschrieben werden können. Die Verwendung bzw. Verwendbarkeit von Zahlen im jeweiligen Kontext kann von großem Vorteil sein: Sie ermöglicht eine präzise abstrakte Festlegung und zuallermeist eine wertungsfreie Subsumtion im Einzelfall, sobald über die Quantifizierung der einzelnen Faktoren einmal Einigkeit hergestellt wurde (z. B. ob für den durchschnittlichen Platz pro Insassen nur die Bodenfläche der Zelle heranzuziehen ist oder nur der, der nicht von Möbeln verstellt ist, bzw. auch der einer eventuell abgetrennten Nasszelle). Einige Umstände entziehen sich aber auch einer genauen Festlegung, obwohl sie quantifizierbar wären, so z. B. bei der Frage des „richtigen" Personalschlüssels. Entsprechende Mindeststandards müssen dann umso vager gehalten sein.

Als halbwegs deutliche „rote Linie" beschreibbar ist dabei die Anforderung, dass das ausländische Strafvollstreckungssystem bei einer verhängten lebenslangen Freiheitsstrafe das Recht auf Hoffnung des Verurteilten durch eine auch *de facto* bestehende vorzeitige Entlassungsmöglichkeit wahren muss. Dazu gehört eine gerichtlich überprüfbare Entscheidung anhand vorab festgelegter Kriterien über die vorzeitige Entlassung, die allerspätestens nach 25 Jahren das erste Mal zu erfolgen hat.

Oberhalb der „rote Linien" der Rechtsprechung bewegt sich die Unterbringung im Freiheitsentzug auch nur, wenn sie in einem ausreichend großen, nicht zugestellten Haftraum mit Platz von mehr als 4 m pro Insassen und einem individuellen Schlafplatz für *alle* Insassen des Haftraumes (da es aus gruppendynamischen Prozessen heraus nur dann vorstellbar ist, dass eine einzige Person von mehreren in einem Haftraum ein individuelles Bett für sich wird behaupten können, wenn diese Person – dann also der Auszuliefernde – an der Spitze einer möglichen haftrauminternen strengen Hierarchie steht) erfolgt. Bei Unterbringung mehrerer in einem Haftraum müsste eine baulich abgetrennte Toilette mit Belüftung dem Haftraum angeschlossen oder rund um die Uhr ohne nennenswerte Zeitverzögerung eine sanitäre Anlage außerhalb des Haftraumes zugänglich sein. In den Haftraum müsste Frischluft hinein gelangen und natürliches Licht einfallen können. Auch ein mindestens einstündiger Aufenthalt im Freien zur Bewegung an frischer Luft ist unverzichtbar.

Sollte aus Sicherheitsgründen die isolierte Unterbringung unvermeidbar sein, so darf sie nur vorübergehend angewendet werden und muss auf ihre andauernde

Erforderlichkeit hin fortwährend überprüft werden. Auf alle nicht zwingend sachnotwendigen Deprivationen ist zu verzichten.

Darüber hinaus kommt noch eine Vielzahl von belastenden Haftbedingungen in Betracht, die sich weit weniger klar beschreiben lassen und / oder nur im Zusammenspiel mit anderen belastenden Faktoren einen Menschenwürdeverstoß bewirken. Hierzu zählen die Gewalt durch Anstaltspersonal oder Mithäftlinge, zahlreiche Facetten eines unhygienischen Haftraumzustandes sowie etwa fehlende Resozialisierungsmaßnahmen oder eine mangelhafte medizinische Versorgung. Entsprechende Befunde müssen gleichwohl im Auslieferungsverfahren nach Möglichkeit erhoben und berücksichtigt werden.

Drittens ist das BVerfG, wie sich vor allem an der Frage der lebenslangen Freiheitsstrafe gezeigt hat, im Außenverhältnis innerhalb des Rechtshilfeverkehrs weit weniger Motor einer humanen Strafvollzugsreform, sondern fällt in Einzelfragen deutlich hinter seine eigenen Maßstäbe zurück, die es für reine Inlandssachverhalte aus der Menschenwürdegarantie entwickelt hat.

5. Das Auslieferungsverfahren

Materiellrechtlichen Gewährleistungen kommt geringe Bedeutung zu, solange sie nicht effektiv prozessual durchgesetzt werden können.[943] Entscheidend ist daher, wie das Verfahren ausgestaltet ist (*Kap. 5.1* bis *Kap. 5.4*), in dem die Auslieferungsvoraussetzungen effektuiert werden, außerdem welche Rechtsschutzmöglichkeiten dem Verfolgten zur Seite stehen (*Kap. 5.5*) und welche verfassungsrechtlichen Anforderungen an die Entscheidungsfindung in diesem Auslieferungsverfahren gestellt sind (*Kap. 5.6*). Ergänzt werden diese Anforderungen durch das Vorgehen des EGMR in Verfahren, denen ein Auslieferungssachverhalt zugrunde liegt, und das jedenfalls eine gewisse Orientierungswirkung entfaltet (*Kap. 5.7*). Auch der EuGH-Rechtsprechung lassen sich mittlerweile einzelne Prozessrechtsgrundsätze entnehmen, denen deutsche OLG in Auslieferungsverfahren folgen sollten (*Kap. 5.8*). Erkenntnisquellen für die Verhältnisse im Strafvollzug des ersuchenden Staates gibt es zumeist zahlreiche. Aus den verfassungsrechtlichen Vorgaben lassen sich Leitlinien für deren Würdigung im Auslieferungsverfahren herleiten (*Kap. 5.9*).

5.1 Das traditionelle Auslieferungsverfahren

Das Auslieferungsverfahren ist in den Auslieferungsverträgen nicht eigenständig geregelt, sondern richtet sich nach dem Verfahrensrecht des ersuchten Staates. Den Ausgangspunkt des Auslieferungsverfahrens bildet das *Auslieferungsersuchen* eines ausländischen Staates.[944] Richtet es sich an die Bundesrepublik Deutschland, so muss dieses Ersuchen gemäß § 10 IRG einen Haftbefehl, eine Urkunde mit entsprechender Rechtswirkung oder ein vollstreckbares Urteil auf Freiheitsentziehung enthalten, in dem die Begehung einer auslieferungsfähigen Straftat durch den Betroffenen schlüssig behauptet wird, ohne aber dass Beweise präsentiert werden müssen.[945]

Voraussetzung für die Durchführung der Auslieferung sind in der Bundesrepublik dann herkömmlich zwei Schritte: ein Verfahren gemäß § 29 IRG, in dem

---

943 Vgl. nur *Kokott* 1993, S. 1 m. w. N.; *Dreier* 2013, Vorbemerkungen Rn. 105 m. w. N.

944 Statt vieler *Ambos* 2014, § 12 Rn. 15. Überblicksartig zu den einzelnen zwischen- und innerbehördlichen Schritten sowie rechtspraktischen Teilaspekten eines Auslieferungsverfahrens *Gillmeister* 1991, S. 2245 ff.; detailliert *Hackner u. a.* 2003, Rn. 62 ff.

945 *Lagodny u. a.* 2012, § 10 Rn. 1, 4; *Weigend* 2000, S. 109. Diesem Grundvertrauen in den ersuchenden Staat steht die sog. „Misstrauensklausel" in § 10 Abs. 2 IRG gegenüber, mit der das Bestehen eines hinreichenden Tatverdachts nachgeprüft werden kann, sollte sich bspw. der Verdacht aufdrängen, die Auslieferungsbegründung sei nur vorgeschoben und der Auszuliefernde würde eigentlich politisch verfolgt, vgl. BGHSt 32, 314 (319 ff.); *Lagodny u. a.* 2012, § 10 Rn. 36-48.

über die *Zulässigkeit* der Auslieferung entschieden wird, und die *Bewilligung* der Auslieferung gemäß § 12 IRG.[946] Die Zulässigkeitsprüfung erfolgt gemäß §§ 13, 14 IRG durch das örtlich zuständige[947] OLG. Die Bewilligung müssen gemäß § 74 Abs. 1, 2 IRG das Bundesjustiz- und das Außenministerium bzw. von diesen ermächtigte nachrangige Behörden[948] erteilen.

Ist die Entscheidung über Zulässigkeit und Bewilligung der Auslieferung positiv ausgefallen, so wird der eigentliche *Auslieferungsakt* gemäß § 13 Abs. 2 IRG von der Staatsanwaltschaft bei dem (örtlich zuständigen) OLG durchgeführt und auf die in *Kap. 2.1* beschriebene Art und Weise von Polizeikräften umgesetzt.

5.2 Der historische Hintergrund der Ausgestaltung des traditionellen Auslieferungsverfahrens

Der streng auf diese beiden innerstaatlichen Verfahrensschritte gerichtete Blick erschwert jedoch den Weg zu einem größeren Verständnis des Auslieferungsverfahrens insgesamt. Stattdessen sind vielmehr aus den historischen Ursprüngen des Auslieferungsverkehrs heraus zunächst weniger Zulässigkeitserklärung und Bewilligung in einem Zusammenhang zu sehen, sondern das Ersuchen eines Staates auf Auslieferung eines Menschen und die darauf folgende Bewilligung (oder Ablehnung) der Auslieferung durch den ersuchten Staat. Schließlich war über Jahrhunderte hinweg die Auslieferung reine Machtpolitik der Herrschenden,[949] die als jeweilige Souveräne nach eigenem Gutdünken die zwischenstaatlichen Akte willkürlich aus politischen Gründen[950] selbst vornahmen. Die daraus herrührenden Teilakte des Ersuchens und der Bewilligung sind in ihrem Zusammenspiel in Anlehnung an zivilrechtliche Kategorien als Angebot und Annahme eines völkerrechtlichen Vertrages einzuordnen.[951] Im ersuchten Staat existierte

---

946 Statt vieler *Ambos* 2014, § 12 Rn. 15 m. w. N.

947 Zu den Anforderungen an die Zuverlässigkeit eines ermittelten Aufenthaltsortes und die Rechtswirkung dieser Ermittlung vgl. OLG Koblenz, NStZ 2006, S. 110 f.

948 Für den vertragsgebundenen Auslieferungsverkehr wurden die Länderjustizministerien ermächtigt (Zuständigkeitsvereinbarung 2004 v. 28.04.2004, abgedruckt in *Schomburg u. a.* 2012, Anhang 8 (S. 2965 f.)), von denen wiederum einige die Zuständigkeit an die Generalstaatsanwaltschaft weiterdelegiert haben (*Ambos* 2011, § 12 Rn. 15; *Hackner* 2012, § 79 Rn. 3). Diese Ermächtigungen betreffen indes nur die Entscheidungsbefugnis über die Bewilligung, während der Bund, vertreten durch das Bundesamt für Justiz, weiterhin Herr des Verfahrens bleibt (*Schomburg/Hackner* 2012, § 74 Rn. 1a, 4, 7, 11). Daher ist es auch die Bundesregierung, die die letztendliche Bewilligung im Außenverhältnis ausspricht.

949 *Lagodny* 1987, S. 30; *Schultz* 1969, S. 199.

950 *Grützner* 1956, S. 503.

951 *Vogler* 1970, S. 33 ff.; *Stein* 1983, S. 11; *Lagodny* 1987, S. 19-26.

also zuerst nur die Bewilligung als Verfahrensschritt. Hinzu trat dann sukzessive in vielen Staaten ein weiterer innerstaatlicher Akt, nämlich die justizielle Entscheidung über die Zulässigkeit der Auslieferung.[952] Diese erfüllte im 19. Jahrhundert zunächst die Funktion, eine „elegante" Ablehnung eines Auslieferungsersuchens mit Verweis auf die innerstaatlich unabhängige Justiz zu ermöglichen.[953] Nach dem Zweiten Weltkrieg sollte unter der Herrschaft des Grundgesetzes mit seinen ausgedehnten Rechtsschutzgewährleistungen die den OLG zugewiesene Zulässigkeitsentscheidung außerdem die verfassungsrechtlich in Art. 19 Abs. 4 GG garantierte gerichtliche Überprüfbarkeit sicherstellen.

Ein Problem besonderer Art entspringt nun aber im Lichte des modernen Verfassungsrechts dem oben skizzierten Konzept von der sog. „Vertragstheorie"[954]. Dieser Theorie zufolge stellt die Bewilligung die Annahme eines ausländischen Anerbietens auf Abschluss eines völkerrechtlichen Vertrages dar.[955] Dieses Anerbieten hat zum Inhalt, den Verfolgten auszuliefern; mit anderen Worten: Es liegt ein Auslieferungsersuchen vor. Wenn die Bewilligung also die Annahme des Angebots zum Vertragsschluss ist, dann entstehen durch sie völkerrechtliche Pflichten zur Auslieferung. Mithin ist nach der Vertragstheorie im Auslieferungsverfahren mit der erfolgten Bewilligung „alles entschieden" und zur Auslieferung fehlt nur noch ihre Umsetzung durch den in *Kap. 2.1* beschriebenen Vollzugsakt.[956] Wenn mit der Bewilligung das Auslieferungsverfahren also völkerrechtlich abgeschlossen sein soll, hat das zur Folge, dass innerstaatliche Vorbehalte vorab auszuräumen sind, um sonst absehbare Widersprüche von innerstaatlichem Dürfen und zwischenstaatlichem Müssen zu vermeiden. Das bedeutet, dass die Bewilligung der Auslieferung nur dann erfolgen darf, wenn gerichtlich die Zulässigkeit der Auslieferung bereits festgestellt wurde.[957] Zulässigkeitserklärung und Bewilligung stehen folglich in einem Stufenverhältnis zueinander.[958]

---

952   Verschiedene Möglichkeiten gerichtlicher Beteiligung in der internationalen Praxis zählt schon *Frank* (1920, S. 144) auf.

953   So schon bei *Frank* 1920, S. 147. *Schomburg/Hackner* 2012, § 6 Rn. 10: „außenpolitische Rückendeckung"; ausführlicher *Lagodny* 1987, S. 275 f. mit zahlreichen Nachweisen.

954   *Vogler* 1970, S. 33-36; BVerfGE 50, 244 (249).

955   Dazu und zum Folgenden *Schröder* 1979, S. 231 m. w. N.

956   Diese Einordnung ist jedoch nur eine von mehreren möglichen Systematisierungen von Bewilligung und gerichtlicher Entscheidung, wie *Lagodny* (1987, S. 271-274) anhand ausländischer Rechtssysteme darstellt.

957   Eine Ausnahme bildet gemäß § 12 i. V. m. § 41 IRG der Fall, dass der Verfolgte sich zur Auslieferung ohne vorheriges förmliches Auslieferungsverfahren bereit erklärt („vereinfachte Auslieferung"); die Bewilligung erfolgt sodann ohne eine weitere gerichtliche Befassung.

958   In dieser Zweistufigkeit zeige sich nach *Weigend* (2000, S. 109) und *Hecker* (2012, § 2 Rn. 77) nicht nur die Dualität der rechtlichen und der politischen Dimension, sondern

Konsequenterweise kann die Bewilligungsbehörde allerdings jederzeit die Ablehnung der Bewilligung erklären,[959] wodurch die Auslieferung dann auch insgesamt ausgeschlossen ist. Durch jenes Stufenverhältnis erfolgt also die gerichtliche Überprüfung des Handelns der Bewilligungsbehörde im Vorhinein. Das hat massive, bis heute nicht rest- und friktionslos geklärte Auswirkungen auf die Frage, ob damit die Rechtsweggarantie des Art. 19 Abs. 4 GG grundgesetzkonform abgesichert wird.[960]

5.3 Gegenstand der Zulässigkeits- und der Bewilligungsentscheidung

In dem Zulässigkeitsverfahren gemäß § 29 IRG wird überprüft, ob die Voraussetzungen vorliegen, die eine Auslieferung rechtlich erlauben.[961] Die Zulässigkeitsentscheidung darf erst fallen, wenn über die Auslieferung in all ihren Teilaspekten entschieden werden kann.[962] Im Auslieferungsverkehr können die Gerichte nicht umhin, die rechtliche und auch politische Situation anderer Länder genauer Prüfung zu unterziehen, um die Einhaltung von Menschenrechten sicherzustellen.[963] Für die Prüfung der in *Kap. 3* erläuterten Auslieferungsvoraus-

---

auch die der Aufgabenverteilung zwischen der Strafrechtspflege einerseits, für die gemäß Art. 74 Abs. 1 Nr. 1 GG die Länder verantwortlich zeichneten, und der Pflege der auswärtigen Beziehungen andererseits, für die gemäß Art. 32 Abs. 1 GG der Bund zuständig sei. Dies ist jedoch missverständlich, da durch Art. 74 Abs. 1 Nr. 1 i. V. m. Art. 72 GG *i. V. m. dem Erlass von StGB und IRG* gerade eine von den Art. 30, 70 GG (d. h. für die Ausübung staatlicher Befugnisse – hier konkreter: die Gesetzgebung – sind die Länder zuständig) abweichende Kompetenzverteilung gilt und der *Bund* seine (konkurrierende) Gesetzgebungszuständigkeit für die Strafrechtspflege ausübt. Die Länder haben i. S. d. Art. 72 Abs. 1 GG gerade nicht (mehr) die Befugnis zur Gesetzgebung. Da die Bundesregierung die Bewilligungsentscheidung für den vertragsgebundenen Auslieferungsverkehr wiederum an die Länderjustizbehörden delegiert hat, ist die ursprünglich klarere Aufgabenverteilung aber in umgekehrter Richtung gelockert (vgl. *Schomburg/Hackner* 2012, § 73 Rn. 11a).

959 *Lagodny* 2012, § 2 Rn. 5; dies nochmals klarstellend BT-Drs. 16/1024, S. 12. Anders hingegen *Hecker* (2012, § 2 Rn. 79), demzufolge das Bewilligungsverfahren immer erst nach der (positiven) Zulässigkeitsentscheidung beginnt.

960 Siehe dazu sogleich unter *Kap. 5.5.*

961 *Köbler* 2007, S. 506. *Schomburg u. a.* (2013, Rn. 40) differenzieren hier noch weiter dahingehend, dass in der Zulässigkeitsentscheidung das Vorliegen einer Ermächtigung zur Leistung an den betreffenden ersuchenden Staat geprüft werde.

962 *Lagodny* 2012, § 32 Rn. 11: „Entscheidungsreife"; Teilentscheidungen (z. B. bei Einzeltaten einer Gesamtfreiheitsstrafe, zu deren Verbüßung ausgeliefert werden soll) seien aber möglich.

963 So schon *Jannasch* 1984, S. 411 f.

setzungen sind stets die tatsächlichen Umstände maßgeblich.[964] Diese Prüfung unterliegt verfassungsrechtlichen Anforderungen, deren Nichtbeachtung eine Grundrechtsverletzung darstellt.[965]

Zur Beurteilung der Zulässigkeit gehört auch, ob eine verbindliche, formell und materiell ausreichende Zusicherung darüber vorliegt, dass (Auslieferungs-)Vorbehalte eingehalten werden, die der ersuchte Staat anmeldet.[966] Die Überprüfung einer Zusicherung darf nicht allein der Behörde im Rahmen ihrer Bewilligungsentscheidung überlassen bleiben, sondern ist auch vom OLG vorzunehmen. Das OLG darf also über die Zulässigkeit der Auslieferung erst entscheiden, wenn alle Zusicherungen des ersuchenden Staates eingegangen sind, die es für erforderlich hält.

Die Bewilligungsentscheidung hingegen fußt dann – neben der eigenständigen fortwährenden Prüfung in jeder Verfahrenslage, ob die innerstaatlichen Voraussetzungen der Auslieferung vorliegen, die auch schon Gegenstand der Zulässigkeitsentscheidung sind[967] – auf der Würdigung außen-, kriminal- und allgemeinpolitischer Aspekte,[968] die i. R. d. Pflege der auswärtigen Beziehungen dem Rechtshilfeverkehr sachgedanklich zugehören.[969] Während also das OLG die Zulässigkeit der Auslieferung allein anhand des *innerstaatlich gültigen Rechts* beurteilt, fällt die Entscheidung der Bewilligungsbehörde mit einem zusätzlichen Blick auf das Bestehen einer *völkerrechtlichen Pflicht* aus einem Auslieferungsvertrag.[970]

---

964 *Vogel* 2004a, S. 145; *ders.* 2009, § 73 Rn. 23.

965 BVerfGE 63, 332 (338 f.). Zu diesen Anforderungen ausführlich vgl. *Kap. 5.6.5.*

966 Vgl. zur Rolle der Zusicherung in der Zulässigkeitsprüfung näher *Kap. 5.9.6.2.*

967 *Lagodny* 2012, § 12 Rn. 8.

968 Diese Aspekte könnte man – als Anknüpfung an die oben genannten Kategorien des „Müssen" und „Dürfen" – in der Kategorie des „Sollen" zusammenfassen. Dabei gemeint ist aber nicht ein „Sollen" im Sinne verwaltungsrechtlicher eingeschränkter Ermessensentscheidungen (dazu *Detterbeck* 2015, Rn. 320), sondern eher hinsichtlich Opportunitätserwägungen: „Sollten wir (als Entscheidungsträger der Bundesrepublik Deutschland) besser ausliefern?"

969 BVerfGE 96, 100 (117 f.); 113, 273 (312), unter Verweis auf die Zuteilung der Pflege der auswärtigen Beziehungen an den Bund gemäß Art. 32 Abs. 1 GG und auf die intendierte Zuständigkeitstrennung des zweistufigen Verfahrens zwischen Zulässigkeits- und Bewilligungsentscheidung; ebenso *Lagodny* 2012, § 12 Rn. 3. Für die Berücksichtigung außenpolitischer Belange nur in der Bewilligungs- statt auch in der Zulässigkeitsentscheidung ausdrücklich *Vogel* 2009, § 73 Rn. 25; anders hingegen wohl *Otterbein* (2004, S. 74), der den Grund für die Zuweisung der Zulässigkeitsentscheidung an das OLG – statt etwa an das Amts- oder Landgericht – in der möglichen außenpolitischen Bedeutung einer Auslieferungsentscheidung sieht.

970 *Lagodny* 2012, § 12 Rn. 4.

In diesem Prüfungsinhalt und der ursprünglichen Zuweisung der Entscheidung an das Außen- und das Justizministerium spiegelt sich der historische Hintergrund der Bewilligung im traditionellen Auslieferungsverfahren wider, dass sie im Außenverhältnis die Annahme des angedienten völkerrechtlichen Vertrages über die Auslieferung des konkreten Verfolgten verkörpert. Soweit innerstaatlich hinsichtlich der Annahme eines eingehenden Auslieferungsersuchens Ermessen eingeräumt wird (z. B. § 2 Abs. 1 IRG: „kann"), steht dieses Ermessen also auch nur der Bewilligungsbehörde zu, denn nur sie entscheidet über Annahme oder Ablehnung des Auslieferungsersuchens. Das OLG entscheidet lediglich über die Zulässigkeit der Auslieferung, ohne dabei aber über einen eigenen Entscheidungsspielraum zu verfügen:[971] Liegen die Tatbestandsvoraussetzungen der positiven Auslieferungskriterien vor und fehlen die der negativen Kriterien, hat das OLG die Auslieferung für zulässig zu befinden, andernfalls hat es sie für unzulässig zu erklären.

5.4 Besonderheiten des Auslieferungsverfahrens gegenüber Mitgliedstaaten der EU

Auch das Verfahren bei Auslieferungsersuchen der Mitgliedstaaten der EU in Gestalt eines EuHb richtet sich nach dem nationalen Verfahrensrecht des ersuchten Staates.[972] Dabei sind in Deutschland die Verfahrensschritte des traditionellen Auslieferungsverfahrens durch die Umsetzung des RbEuHb für den Auslieferungsverkehr mit Mitgliedstaaten der EU ergänzt worden. Nun ist dem im bislang zweistufigen Auslieferungsverfahren ein weiterer Verfahrensschritt vorangestellt: Gemäß § 79 Abs. 2 S. 1 IRG hat die *Bewilligungsbehörde* noch *vorab* gesondert zu entscheiden, ob nach ihrer Ansicht Bewilligungshindernisse aus dem Katalog in § 83b IRG der Auslieferung entgegenstehen.

Die Terminologie „Europäischer Haftbefehl" wird zwar sogar im IRG und daher auch hier im Folgenden weiter verwendet. Eigentlich ist sie aber missverständlich, da es sich nicht um einen Haftbefehl *sui generis* europäischer Natur handelt, sondern zunächst schlicht um ein Ersuchen um Festnahme und Übergabe einer Person.[973] Das Ersuchen basiert auf einem Haftbefehl oder rechtskräftigen Urteil nationaler Behörden bzw. Gerichte des ersuchenden Staates und ist also auch kein supranationales Instrument auf EU-Ebene.[974]

---

971 Vgl. anhand des vertragslosen Auslieferungsverkehrs *Lagodny* 2012, § 2 Rn. 5.

972 Vgl. nur *Gärditz* 2013b, Rn. 11 ff.

973 *Freund* 2010, S. 188 m. w. N.; in der Sache ebenso *Hackner* (2012, III A 1, Rn. 1), der aber nichtsdestotrotz von einem „Instrument [...] eigener Rechtsnatur" spricht.

974 Statt vieler *Hackner* 2012, III A 1, Rn. 1.

Im Übrigen verdrängt der EuHb den bisherigen Auslieferungsverkehr mit den Mitgliedstaaten der EU nicht vollständig: Wie sich u. a. aus dem Wortlaut der §§ 82, 83a IRG ergibt, soll auch weiterhin eine Auslieferung innerhalb der EU ohne EuHb möglich sein. Die Unterschiede zum EuHb-Verfahren sind jedoch marginal, da auch außerhalb des EuHb-Verfahrens die Bestimmungen des VIII. Teils des IRG, die den RbEuHb umsetzen, für den EU-internen Auslieferungs-verkehr Anwendung finden.[975]

5.5 Rechtsschutzmöglichkeiten im Auslieferungsverfahren

5.5.1 Fachgerichtlicher Rechtsschutz im traditionellen Auslieferungsverfahren

Da die *Entscheidung des OLG über die Zulässigkeit* gemäß § 13 Abs. 1 S. 2 IRG unanfechtbar ist, bleibt gegen sie als Rechtsmittel nur die Verfassungsbeschwerde vor dem BVerfG.[976] Möchte das OLG von Entscheidungen anderer OLG abwei-chen oder will es eine Rechtsfrage von grundlegender Bedeutung klären und hält es dafür eine Entscheidung des BGH für geboten, so kann es dessen Entscheidung gemäß § 42 Abs. 1 IRG einholen. Gemäß Abs. 2 kann eine solche auch durch die Staatsanwaltschaft beim OLG oder den Generalbundesanwalt beantragt werden. Zudem steht das gesetzlich nicht geregelte Rechtsmittel einer Gegenvorstellung (gerichtet auf eine Selbstkorrektur des Gerichts) zwar zur Verfügung, dessen Aus-schöpfung ist aber nicht Voraussetzung, um eine Verfassungsbeschwerde gegen die Zulässigkeitsentscheidung des OLG erheben zu können.[977]

Ob die anschließende *behördliche Bewilligungsentscheidung* fachgerichtlich überprüfbar ist, ist hingegen umstritten.[978] Dagegen sprechen gewichtige rechts-praktische Gründe; je nach konkreter Ausgestaltung könnte sonst die Gewähr-leistung des Auslieferungsverkehrs insgesamt ernstlich in Frage stehen:[979] Bei

975 BT-Drs. 16/554, S. 14.

976 *Ambos* 2014, § 12 Rn. 15. Art. 19 Abs. 4 GG zwingt nicht zur Gewährleistung eines Instanzenzuges; ständige Rechtsprechung seit BVerfGE 4, 74 (94 f.). Ein fachgericht-liches Rechtsmittel ist allerdings bei Verletzung des Art. 103 Abs. 1 GG zu gewähren, vgl. BVerfGE 107, 395. Näher zu einer möglichen Verfassungsbeschwerde *Kap. 5.5.3.*

977 BVerfGK 14, 372 (376), mit Verweis auf BVerfGE 107, 395 (417).

978 Vgl. *Schröder* 1979, S. 231 f.; *Vogler* 1982, S. 469 m. w. N.; *Lagodny* 1988, S. 2149 m. w. N. Für die Überprüfbarkeit u. a. bereits OVG Berlin, NVwZ 2002, S. 115; *Schmidt-Aßmann* 2014, Art. 19 Abs. 4 Rn. 49 m. w. N.

979 So die Hinweise auf der Tagung der Gesellschaft für Rechtsvergleichung 1983 von *Vogler*, berichtet von *Weigend* 1984, S. 633. I. E. genauso *Lagodny* (1988, S. 2149), für den die verwaltungsprozessuale Anfechtbarkeit der Bewilligung nicht in das Rechts-schutzsystem des IRG passe.

vollständigem Durchlaufen des verwaltungsgerichtlichen Instanzenzugs sei mit 3-5-jähriger Dauer zu rechnen. Für diese Zeitspanne sei kein Mensch in Auslieferungshaft zu halten, weswegen somit Auslieferungen praktisch nicht mehr durchgeführt werden könnten.

Zu berücksichtigen sind allerdings die Bedeutung des in Deutschland elementaren Rechtsstaatsprinzips und insbesondere die der Rechtsweggarantie aus Art. 19 Abs. 4 GG. Nach allgemeiner Auffassung sieht Art. 19 Abs. 4 GG jedenfalls für Eingriffe durch die öffentliche Gewalt in Individualrechte eine „ausnahmslose repressive Rechtskontrolle"[980] vor.[981] Daraus wird geschlossen, dass es kein staatliches Handeln geben könne, das in *geschützte* Rechtsinteressen und -positionen des Individuums eingreift und dabei der gerichtlichen Überprüfung entzogen ist.[982] Solche geschützten rechtlichen subjektiven Interessen und Positionen sind für die Anwendung des Art. 19 Abs. 4 GG erforderlich[983] und können sich aus anderen Grundrechten (als Art. 19 Abs. 4 GG), grundrechtsgleichen Rechten oder nach dem Willen des Gesetzgebers auch aus einfachen Gesetzen ergeben.[984]

Damit sind aber schon von vornherein nicht alle Entscheidungen und Handlungen der Exekutive gerichtlich überprüfbar, die sich auf geschützte Individualrechtspositionen *auswirken*.[985] Die Justiziabilität endet für das Individuum dort,

---

980 So schon BVerfGE 22, 49 (77).

981 *Detterbeck* 2015, Rn. 359; *Schmidt-Aßmann* 2014, Art. 19 Abs. 4 Rn. 11 m. w. N.; *Gerhardt* 2012, Rn. 22 m. w. N.: „wirksame Rechtskontrolle"; ebenso *Decker* 2013, Rn. 33.

982 BVerfGE 96, 27 (39); 96, 100 (114); es dürfe insbesondere keine „justizfreien Hoheitsakte" der Exekutive geben, so bspw. *Dreier* 2013, Art. 1 Abs. 3 Rn. 63; *Michael/Morlok* 2014, Rn. 883; dabei sei nach *Schmidt-Aßmann/Schenk* (2015, Einleitung Rn. 18) das subjektive Recht der „Angelpunkt" des Rechtsschutzes; anhand des Sonderstatusverhältnisses ebenfalls *von Kielmansegg* 2012b, S. 885 f. Gerichtliche Entscheidungen selbst sind als Handeln öffentlicher Gewalt hingegen nach ständiger Rechtsprechung des BVerfG von der Garantie des Art. 19 Abs. 4 GG ausgenommen, vgl. E 11, 263 (265); 15, 275 (280); 107, 395 (403 f.); ebenso *Michael/Morlok* 2014, Rn. 879, 882.

983 BVerfGE 83, 182 (194 f.).

984 BVerfGE 96, 100 (114 f.); 113, 273 (310); *Enders* 2013, Rn. 51.

985 Bezüglich der Feststellung des Tatbestandes verbleibt der Behörde im Ausnahmefall ein eigener (sehr eng gezogener) Beurteilungsspielraum, während auf der Rechtsfolgenseite der Behörde vielfach ein gerichtlich nicht überprüfbarer Ermessensspielraum eingeräumt wird (statt vieler *Detterbeck* 2015, Rn. 355, 324-327). Das Gericht prüft gemäß § 114 S. 1 VwGO lediglich, ob das Ermessen rechtsfehlerfrei – statt zweckgemäß – ausgeübt worden ist. Rechtsfehler können sich hierbei wiederum v. a. aus der Nichtbeachtung von rechtlich geschützten Interessen ergeben, deren Berücksichtigung der Behörde aufgegeben ist (BVerfGE 27, 297 (307)).

wo ihm im Rahmen der Beurteilungs- oder Ermessensentscheidung keine rechtlich geschützten Interessen und Positionen zukommen.[986]

Den fachgerichtlichen Rechtsschutz im Sinne des Art. 19 Abs. 4 GG soll indes im Auslieferungsverfahren eigentlich die Zulässigkeitsentscheidung durch das OLG gewährleisten.[987] Zu berücksichtigen ist aber, dass eine gerichtliche Kontrolle behördlichen oder gouvernementalen Handelns im Regelfall erst *im Nachhinein* im Wege einer (verwaltungs-)[988]gerichtlichen Überprüfung erfolgt. Durch § 12 IRG ist der gerichtliche Rechtsschutz in Form der Entscheidung des OLG (über die Zulässigkeit) jedoch dem letzten exekutiven Handeln (die Bewilligungsentscheidung) *vorgelagert*. Würde für diese (anschließende) Bewilligungsentscheidung noch ein *eigener Gehalt grund- oder einfachrechtlich geschützter Rechtspositionen* verbleiben, wäre dieser „Rechtsrest"[989] folglich einer gerichtlichen Überprüfung entzogen. Eine von Verfassungs wegen gebotene repressive Rechtskontrolle wäre dann nicht gegeben.

Bezieht man also die fehlende praktische Umsetzbarkeit eines zusätzlichen verwaltungsgerichtlichen Rechtsbehelfs gegen die Bewilligungsentscheidung einerseits und das rechtsstaatliche Gebot einer abschließenden individualrechtlichen Würdigung im Zulässigkeitsverfahren andererseits in die Überlegungen mit ein, so muss bereits das OLG *alle* Fragen, die subjektive Rechte des Individuums betreffen, in seiner Entscheidung berücksichtigen. Folglich befindet das Gericht *vollumfänglich* über das Vorliegen aller in *Kap. 3* genannten positiven und negativen Voraussetzungen des Auslieferungssachverhalts mit subjektiv-rechtlichem Charakter, während für die sich anschließende Bewilligungsentscheidung der Exekutive kein eigener individualrechtlich relevanter Gehalt verbleiben darf.[990] Dann bräuchte die Bewilligungsentscheidung auch nicht zusätzlich gerichtlich überprüfbar zu sein.[991]

---

986 Als allgemeiner Rechtsgedanke bei *Schmidt-Aßmann* 2014, Art. 19 Abs. 4 Rn. 11; hervorgehoben eigens für das Rechtshilferecht in BVerfGE 96, 100 (115).

987 Vgl. *Kap. 5.2.*

988 Die gerichtliche Überprüfung i. S. d. Art. 19 Abs. 4 GG ist nicht durch eine bestimmte Gerichtsbarkeit vorgeschrieben und kann subsidiär durch die ordentlichen Gerichte ausgeübt werden, *Schmidt-Aßmann* 2014, Art. 19 Abs. 4 Rn. 14.

989 So treffend *Lagodny* 1988, S. 2149.

990 *Lagodny* 1987, S. 261 ff.; so ausdrücklich zur Überprüfung von Haftbedingungen im ersuchenden Staat auch BVerfGK 3, 159 (164 f.).

991 Das BVerfG (EuGRZ 2009, S. 694) sieht dessen ungeachtet in der Bewilligungsentscheidung insoweit eine Verletzung von Grundrechten, wie diese Bewilligungsentscheidung einer grundrechtsverletzenden Zulässigkeitsentscheidung inhaltlich folgt und dadurch deren Grundrechtsverletzung bestätigt und gegebenenfalls vertieft.

Man stößt hier jedoch auf Schwierigkeiten, wenn auch Akte politischer Natur im Einzelfall als Eingriffe in subjektive Rechte einordnet werden.[992] In Betracht kommt vor allem Willkür bei der politischen Entscheidung, die dann einen Verstoß gegen Art. 3 Abs. 1 GG darstellt.[993] Danach ist es insbesondere denkbar, dass die Bewilligungsbehörde an frühere ablehnende Bewilligungsentscheidungen gebunden ist.[994] Überdies hat das OLG in der Zulässigkeitsentscheidung zwar entgegenstehende einfachgesetzliche Rechte und Grundrechte zu prüfen, im Einzelfall kann aber nicht ausgeschlossen werden,[995] dass es dabei Rechtspositionen übersieht oder sie nicht in einem Art. 19 Abs. 4 GG genügenden Maße berücksichtigt und diese Berücksichtigung dann der Bewilligungsbehörde unüberprüfbar verbleibt.[996] Letztlich ist daher nach Ansicht des Bundesverwaltungsgerichts (BVerwG) ein Rechtsbehelf zur Überprüfung auch der Bewilligungsentscheidung vor den OLG statthaft, wenn eine solche im Einzelfall mögliche Verletzung subjektiver Rechte angegriffen werden soll.[997] Damit kommt im traditionellen Auslieferungsverfahren ein dritter Verfahrensschritt hinzu, so dass nach der Zulässigkeitsentscheidung des OLG und der Bewilligungsentscheidung der Behörde eine Überprüfung der Bewilligungsentscheidung durch das OLG erfolgen kann.[998]

Ein Gedankenspiel soll die nur begrenzte Bedeutung dieser viel diskutierten gerichtlichen Überprüfbarkeit des politischen Ermessens der Bewilligungsent-

---

992 *Dreier* 2013, Art. 1 Abs. 3 Rn. 63 f.; *Michael/Morlok* 2014, Rn. 883; *Stern* 1988, S. 1375 f., bezogen auf Gnadenakte.

993 *Lagodny* (2012, § 12 Rn. 12) unter Bezugnahme auf den Beschluss des OVG Münster, MDR 1981, S. 435, der aber dazu keine Ausführungen enthält, sondern den möglichen VA-Charakter der Bewilligung zum Gegenstand hat.

994 So *Schomburg u. a.* 2012, Einleitung Rn. 169.

995 Aus diesem Grund hat der Gesetzgeber bei der Neufassung des IRG im Zuge der Umsetzung des RbEuHb bewusst (BT-Drs. 16/2015, S. 12, zu Buchstabe f) auf die Einfügung eines neuen § 74b verzichtet, der noch im Regierungsentwurf (BT-Drs. 16/1024, S. 6, unter Nr. 5) die Bewilligungsentscheidung unanfechtbar machen sollte.

996 *Lagodny* 2012, § 12 Rn. 29 f.

997 BVerwGE 137, 52 (54 ff.), unter ausdrücklichem Verweis auf das Gesetzgebungsverfahren und mit ausdrücklicher Zuweisung an die OLG. Auch wenn die Entscheidung zu einem EuHb-Verfahren erging (zu dessen Besonderheiten sogleich in *Kap. 5.5.2*), so beziehen sich die tragenden Erwägungen dazu doch auf das Bewilligungsverfahren im Allgemeinen. Damit sind auch die Überlegungen zu einer verwaltungsgerichtlichen Zuständigkeit vorerst vom Tisch, wie sie noch 2001 vom OVG Berlin (NVwZ 2002, S. 115) angestellt wurden.

998 *Lagodny* (2012, § 12 Rn. 33) verweist auf die Möglichkeit des Verfolgten, vorher noch eine Entscheidung des OLG aufgrund neuer Umstände nach § 33 IRG herbeizuführen, und stellt anhand dessen die fortdauernde Sinnhaftigkeit der hergebrachten Verfahrensreihenfolge – 1. Zulässigkeit, 2. Bewilligung – in Frage.

scheidung für diese Abhandlung verdeutlichen: Stellen sich die Haftbedingungen als unzulänglich dar, so wird das zunächst schon als Auslieferungshindernis in der Beurteilung der Zulässigkeit relevant, und das OLG verneint die Zulässigkeit, wenn es zu einer entsprechenden Einschätzung kommt. Nur wenn die Haftbedingungen vom OLG (neben den anderen möglichen Auslieferungshindernissen) als unproblematisch eingeschätzt werden und die Zulässigkeit bejaht wird, kann es überhaupt „zum Schwur" kommen: Sieht die Bewilligungsbehörde abweichend davon die Haftbedingungen als problematisch an und verweigert daraufhin die Bewilligung, findet die Auslieferung nicht statt und der Verfolgte kann durch die dann nicht mehr drohenden Haftbedingungen ohnehin nicht in eigenen Rechten verletzt sein.

Beurteilt die Bewilligungsbehörde die Haftbedingungen hingegen – wie das OLG – als unproblematisch, kann sie die Auslieferung bewilligen. Zwar betrifft diese Beurteilung den Verfolgten in subjektiven Rechten, sie sind aber durch die inhaltlich deckungsgleiche Zulässigkeitsentscheidung bereits umfassend gerichtlich gewürdigt worden. (Außen-)Politisches Ermessen würde erst dann relevant, wenn sich die Bewilligungsbehörde *trotz Vorliegens aller Auslieferungsvoraussetzungen* aus politischen Erwägungen *gegen* die Auslieferung entschiede – in einer Situation also, in der der Verfolgte wiederum den drohenden Haftbedingungen letztlich nicht ausgesetzt und somit wiederum ohnehin nicht in eigenen Rechten verletzt würde.

Zusammengefasst beschränken sich also die nach der neuesten Entwicklung im Gesetzgebungsprozess und in der Rechtsprechung des BVerwG im Einzelfall nicht auszuschließenden Rechtsverletzungen des Einzelnen zum einen auf die willkürliche (Verweigerung[999] oder Nichtverweigerung der) Bewilligung bei Vorliegen aller Auslieferungsvoraussetzungen, also auch bei unproblematischen Haftbedingungen. Diese Fallgruppe ist für diese Erörterung irrelevant.

Zum anderen verbleibt die Möglichkeit, dass das OLG in seiner eigenen Zulässigkeitsentscheidung Rechtspositionen des Verfolgten übersehen oder nicht in einem Art. 19 Abs. 4 GG genügenden Maße berücksichtigt hat, und diese nun in der Bewilligungsentscheidung aufgrund deren umfassenden Prüfungsprogramms vollständig zu würdigen sind. Wegen dieses „Mehr" an Prüfung durch die Bewilligungsbehörde gegenüber der Zulässigkeitsentscheidung verbliebe ein gerichtlich nicht überprüfter „Rechtsrest". In dieser Fallgruppe kann die Beurteilung des Vorliegens unzulänglicher Haftbedingungen tatsächlich wichtig werden.

Da die nach der neueren Rechtsprechung des BVerwG nunmehr zusätzlich mögliche nachträgliche Überprüfung der Beurteilung von Umständen, die der Auslieferung entgegenstehen, wiederum *durch das OLG* erfolgt, läuft diese „neue" Überprüfbarkeit der Bewilligungsentscheidung in dieser zweiten Fall-

---

999 Immerhin kann es auch gerade im (rechtlich geschützten) Interesse des Verfolgten liegen, in sein Heimatland überstellt zu werden, entgegen außenpolitischer Ermessenserwägungen der Bewilligungsbehörde; vgl. dazu z. B. BVerfGE 96, 100.

gruppe (der übersehenen oder nicht ausreichend gewürdigten Rechtspositionen) faktisch wohl auf eine nach § 33 IRG ohnehin vorgesehene, erneute Entscheidung des OLG über die Zulässigkeit bei Vorliegen neuer Umstände hinaus.[1000]

5.5.2 Fachgerichtlicher Rechtsschutz unter dem Regime zum Europäischen Haftbefehl

Im Auslieferungsverfahren gegenüber Mitgliedstaaten der EU erhalten nach dem RbEuHb subjektiv-öffentliche Rechte des Verfolgten in der Bewilligungsentscheidung ein eigenes Gewicht. Die gerichtlich – abgesehen von Ermessensfehlern – nicht überprüfbare Ermessensausübung des ersuchten Staates soll durch eine Verrechtlichung des Verfahrens beseitigt werden.[1001] Daher ist die bislang fehlende gerichtliche Überprüfbarkeit der Bewilligungsentscheidung für diese subjektiv-öffentlichen Rechte des Verfolgten nach verfassungsgerichtlicher Rechtsprechung nicht haltbar. Um gleichzeitig die bis dahin bestehende etablierte Struktur des Auslieferungsverfahrens – 1. gerichtliche Zulässigkeitsentscheidung, 2. behördliche Bewilligungsentscheidung – bei der Umsetzung des Rahmenbeschlusses in nationales Recht nicht grundlegend verändern zu müssen (und wie vom RbEuHb eigentlich vorgesehen auf ein einstufiges, rein gerichtliches Verfahren zu reduzieren[1002]),[1003] hat der Gesetzgeber mit dem Katalog in § 83b IRG die nunmehr kritischen, weil mit subjektiv-rechtlichem Gehalt aufgeladenen Kriterien in die Vorab-Bewilligungsentscheidung[1004] abgeschichtet. Diese Vorabentscheidung muss die Bewilligungsbehörde gemäß § 79 Abs. 2 S. 1 IRG zunächst treffen, sie unterliegt gemäß § 79 Abs. 2 S. 3 IRG der Überprüfung durch das OLG im anschließenden Verfahren über die Zulässigkeit der Auslieferung gemäß § 29 IRG. Damit soll dem Rechtsschutzbedürfnis des Einzelnen bzgl. derjenigen seiner Rechtspositionen genügt werden, die ansonsten ausschließlich bei der Bewilligungsentscheidung relevant werden.[1005]

Die zentrale Fragestellung der in § 83b IRG genannten Bewilligungshindernisse ist, welcher Staat die Strafverfolgung oder -vollstreckung anvertraut bekommen soll: Entweder die Bundesrepublik selbst oder der ersuchende Staat oder – bei mehreren um Auslieferung ersuchenden Staaten – ein anderer, die Bundesrepublik ebenfalls ersuchender Staat. Als abzuwägende, in erster Linie kriminalpolitische Überlegungen kommen in der Vorabentscheidung über die

---

1000   So i. E. auch *Gärditz* 2013b, Rn. 36.

1001   Dazu und zum Folgenden BVerfGE 113, 273 (312 ff.).

1002   *Lagodny* 2005, S. 781.

1003   *Hackner* 2012, § 79 Rn. 1.

1004   Vgl. *Kap. 5.4.*

1005   BVerfGE 113, 273 (314).

Bewilligung neben „humanitären Aspekten" noch die Staatsangehörigkeit und der Wohnort des Verfolgten, der Tatort und der Schwerpunkt des Geschehens sowie die Interessen des Verletzten, der Öffentlichkeit der beteiligten Staaten und der beteiligten Justizbehörden, aber insbesondere auch der Sachstand der strafrechtlichen Verfahren in den um die Strafverfolgung oder -vollstreckung konkurrierenden Staaten und die Verfügbarkeit von Beweismitteln in Betracht.[1006]

Gegenüber dem herkömmlichen Auslieferungsverfahren ist das weite Ermessen der Exekutive für die Bewilligungsentscheidung bei einem EuHb deutlich eingeschränkt: § 79 Abs. 1 S. 1 IRG verpflichtet zur Bewilligung eines zulässigen Auslieferungsersuchens, wenn keines der in § 83b IRG genannten Hindernisse vorliegt. Darin wurde im Gesetzgebungsverfahren noch ein außenpolitischer Spielraum bei der Beantwortung der Frage des § 83b IRG ausgemacht, welchem Staat letztlich die Strafverfolgung oder -vollstreckung obliegen soll.[1007] Dies widerspräche aber dem Sinn und Zweck des RbEuHb, dass im Auslieferungsverkehr mit den EU-Staaten vor dem Hintergrund gegenseitigen Vertrauens und vor allem des Leitbildes der gegenseitigen Anerkennung fortan kein Platz mehr sein soll für außenpolitische Vorbehalte,[1008] in denen sich in erster Linie nationalstaatliches Machtkalkül und Vorteilsdenken vergangener Jahrhunderte ausdrücken. Außerdem wäre dann die verfassungsgerichtliche Vorgabe nicht restlos umgesetzt, die wegen der zunehmenden Verrechtlichung des Auslieferungsverfahrens innerhalb der EU anderen als den in § 83b IRG nunmehr ausdrücklich geregelten Versagungsgründen eine Absage erteilt.[1009] Daraus muss folgen, dass bei Vorliegen eines Tatbestandes der Versagungsgründe in § 83b IRG zwar eine ermessensfehlerfreie Abwägung der Bewilligungsbehörde stattfindet,[1010] darüber hinaus aber kein Raum für außenpolitische Erwägungen verbleibt[1011] und insbesondere keine Bewilligungshindernisse konstruiert werden.[1012]

1006 Aufzählung nach *Böhm* (2006, S. 2596); ähnlich *Hackner* 2012, § 79 Rn. 7.

1007 BT-Drs. 16/1024, S. 12, entgegen der insoweit eindeutigen Diktion des BVerfG. Nur am Rande sei hier bemerkt, wie eigentümlich es anmutet, mit welcher Beharrlichkeit die Bundesregierung in ihrem Regierungsentwurf einen weiten außenpolitischen Spielraum zu verteidigen sucht, obwohl sie doch letztlich die Delegation der Zuständigkeit für die Bewilligungsentscheidung bis hinunter zu den Generalstaatsanwaltschaften der Bundesländer ermöglicht. Dass diese in den 16 Ländern keine eigene Außenpolitik in Auslieferungsfragen betreiben, dürfte anzunehmen oder wenigstens zu hoffen sein.

1008 Statt vieler *Hackner* 2012, vor § 78 Rn. 12; *ders.* 2012, § 79 Rn. 1; *Hecker* 2012, § 12 Rn. 23; kritisch gegenüber der Beibehaltung eines nicht-justiziellen Verfahrensschrittes insgesamt auch schon OLG Stuttgart, NJW 2004, S. 3438.

1009 BVerfGE 113, 273 (313).

1010 KG, NJW 2010, S. 3177; OLG Karlsruhe, NStZ-RR 2008, S. 377.

1011 *Hackner* 2012, § 79 Rn. 4; in diesem Sinne kritisch auch *Rosenthal* 2006, S. 108 f.

1012 *Böhm* 2006, S. 2596.

Welche Verfahrensschritte auf diese Vorab-Bewilligungsentscheidung folgen, hängt davon ab, wie die Überprüfung der Vorab-Bewilligungsentscheidung durch das OLG gemäß § 79 Abs. 2 S. 1 IRG ausfällt. Befindet das OLG die Vorab-Bewilligungsentscheidung für rechtmäßig, fällt es in einem gleichzeitigen Schritt seine Zulässigkeitsentscheidung gemäß § 32 IRG. Hält das OLG die Vorab-Bewilligungsentscheidung hingegen für rechtswidrig, hebt es diese auf und gibt der Bewilligungsbehörde erneut Gelegenheit, eine rechtmäßige Vorab-Bewilligungsentscheidung zu fällen. Bis dahin schiebt es seine eigene Zulässigkeitsentscheidung gemäß § 32 IRG auf.

Ist eine rechtmäßige Vorab-Bewilligungsentscheidung letztlich ergangen und fällt anschließend die Zulässigkeitsentscheidung des OLG positiv aus, verbleibt es in einem weiteren Schritt nach wie vor bei einer abschließend gedachten, eigentlichen Bewilligungsentscheidung, die keinen individualrechtlich relevanten Gehalt aufweisen darf außer dem in der Vorabentscheidung bereits berücksichtigten und vom OLG anschließend überprüften. Wenn also die Bewilligungsbehörde gleich zu Beginn eine rechtmäßige Vorab-Bewilligungsentscheidung fällt und das OLG anschließend darüber sowie über die Zulässigkeit selbst befindet, so tut es das im selben Atemzug dieser Zulässigkeitsentscheidung gemäß § 32 IRG. Es handelt sich damit also auch unter dem EuHb-Regime um dann insgesamt drei Verfahrensschritte.[1013] Braucht die Bewilligungsbehörde nach der Vorab-Bewilligungsentscheidung zunächst Gelegenheit, deren Rechtmäßigkeit erst herzustellen, erhöht sich die Anzahl der Verfahrensschritte entsprechend, bis es zur letztlichen Bewilligungsentscheidung kommt.

Vor dem Hintergrund der aktuellen Entwicklung in der Rechtsprechung zum Verfahrensrecht[1014] kann auch hier die Möglichkeit einer anschließenden Anfechtung der Bewilligungsentscheidung vor dem OLG nicht ausgeschlossen werden. Wie sich eine solche anschließende Anfechtung vor dem OLG zu der Überprüfung der im EuHb-Verfahren neu eingeführten Vorab-Entscheidung der Bewilligungsbehörde verhält, die gerade in Ermangelung dieser nun denkbaren

---

1013 So auch statt vieler *Ambos* 2014, § 12 Rn. 53. In der Überprüfung der Vorabentscheidung durch das OLG wird teilweise ein weiterer Verfahrensakt gesehen, so dass es mit der (1.) Vorabentscheidung, der (2.) Überprüfung der Vorabentscheidung, der (3.) Entscheidung über die Zulässigkeit des OLG im Verfahren nach § 29 IRG und der (4.) Bewilligungsentscheidung auf ein vieraktiges Auslieferungsverfahren unter EuHb-Regime hinausliefe, so *Hackner* (2012, § 79 Rn. 2). Allerdings erfolgt die Überprüfung der Vorabentscheidung gemäß § 79 Abs. 2 S. 3 IRG *im* Verfahren nach § 29 IRG; von einem weiteren Verfahrensschritt zu sprechen, der zur Schwerfälligkeit des Prozederes beitrüge, entspricht daher nicht der prozessualen Realität. *Böhm* (2006, S. 2596) will nicht einmal in der Vorabentscheidung einen eigenen, als solchen erwähnenswerten Verfahrensschritt sehen. Mindestens missverständlich hingegen die Einordnung von *Heger* (2007, S. 224): Das Bewilligungsverfahren finde nunmehr in Gänze vor der Zulässigkeit statt.

1014 Vgl. dazu *Kap. 5.5.1* a. E.

Anfechtbarkeit der Bewilligungsentscheidung eingeführt wurde und die ebenfalls das OLG vornimmt, ist ungeklärt.

5.5.3 Individualbeschwerde zum Bundesverfassungsgericht

Da das BVerfG gemäß Art. 93 Abs. 1 Nr. 4a GG die Kompetenz zur Prüfung von Hoheitsakten aller Art hat,[1015] müsste eine Verfassungsbeschwerde des Verfolgten sowohl gegen die Zulässigkeits- als auch die Bewilligungsentscheidung zulässig sein. Allgemein anerkannt war dies jedoch lange Zeit nur für eine Beschwerde, die sich gegen die Zulässigkeitsentscheidung richtete. Bezogen auf die Bewilligungsentscheidung stand diese Möglichkeit bisher hingegen nicht offen. Hier spiegelte sich die Erwägung wider, die schon zu der Frage maßgeblich war, ob die Bewilligungsentscheidung zusätzlich nachträglich überprüfbar sei: Die Bewilligungsentscheidung betreffe keine rechtlich geschützten Interessen des Betroffenen.[1016] Daher konnte die Bewilligungsentscheidung auch nicht mit der Verfassungsbeschwerde angegriffen werden.[1017]

Angesichts der beschriebenen, im Zuge der RbEuHb-Umsetzung gewandelten Einschätzung zum subjektiv-rechtlichen Gehalt der Bewilligung sind nun grundsätzlich auch Verfassungsbeschwerden gegen Bewilligungsentscheidungen denkbar. Allerdings werden sie aufgrund des Subsidiaritätsgrundsatzes sicherlich nicht sofort gegen die Bewilligungsentscheidung erhoben werden können, sondern erst nach der die Bewilligungsentscheidung bestätigenden neuerlichen Entscheidung des OLG,[1018] die nach der Rechtsprechung des BVerwG nunmehr möglich sein soll.[1019]

Da es sich also um eine Urteilsverfassungsbeschwerde handelt, wendet das BVerfG einen in ständiger Rechtsprechung gefestigten, wiewohl im Einzelnen zumindest flexiblen Maßstab bei der Beurteilung der fachgerichtlichen Entscheidung an: Auch in Auslieferungsverfahren überlässt es die Auslegung des einfachen Rechts und seine Anwendung auf den einzelnen Fall den fachlich zuständigen OLG, während es selbst nur die Verletzung „spezifischen Verfassungsrechts" prüft.[1020] Das umfasst die Verkennung der Bedeutung und Tragweite ei-

---

1015 Statt vieler *Michael/Morlok* 2014, Rn. 467.

1016 BVerfGE 96, 100 (118).

1017 BVerfGE 63, 215 (226); 113, 273 (311 f.).

1018 A. A. *Lagodny* 2012, § 12 Rn. 35.

1019 Außer Betracht bleiben hier die in einigen Landesverfassungen vorgesehenen, zusätzlichen Rechtsbehelfe vor den Verfassungsgerichten der betreffenden Bundesländer; vgl. dazu *Gärditz* 2004, S. 584 ff.; eingehend *Bachmann* 2015, S. 56 ff.

1020 StRspr. seit BVerfGE 18, 85 (92 f.); bestätigt für das Auslieferungsrecht in BVerfGE 108, 129 (137). Zuvor (E 13, 318 (325) m. w. N.) sprachlich noch weiter gefasst als

nes Grundrechts bzw. der Reichweite seines Schutzbereiches, die Verletzung von Justizgrundrechten sowie eine willkürliche Rechtsanwendung.[1021] Im Mittelpunkt steht dabei regelmäßig die Willkürkontrolle,[1022] sie kann sich im Einzelnen aber auch auf die Überprüfung der Anwendung des einfachen Rechts auf den Einzelfall und darüber hinaus gemäß §§ 26 Abs. 1, 30 Abs. 1 S. 1 BVerfGG bis auf die eigenständige Tatsachenfeststellung und Prüfung der fachgerichtlichen Sachverhaltsfeststellung erstrecken.[1023]

5.5.4 *Individualbeschwerde zum Europäischen Gerichtshof für Menschenrechte*

Dem Verfolgten steht des Weiteren die Möglichkeit offen, eine Individualbeschwerde gemäß Art. 34 EMRK gegen seine bevorstehende Auslieferung zu erheben. Gemäß Art. 35 Abs. 1 EMRK ist es neben der Einhaltung einer Sechs-Monate-Frist die wichtigste formelle Voraussetzung, dass alle innerstaatlichen Rechtsmittel ausgeschöpft sind. Davon lässt der Gerichtshof jedoch Ausnahmen zu, wo es im Einzelfall angesichts von Eigenheiten des mitgliedstaatlichen Rechtsschutzsystems geboten erscheint.[1024]

Die EMRK enthält keine ausdrücklichen Regelungen den Aufenthalt von Individuen betreffend. Die Entscheidungspraxis des EGMR und der EKMR zu Auslieferungshindernissen aus Konventionsrechten war daher zunächst eine zurückhaltende.[1025] Die Entscheidung im Fall *Söring*[1026] 1989 änderte dies jedoch grundlegend. Mit einer großzügigen Interpretation von Art. 3 EMRK weitete der

---

Überprüfung, ob der Richter den Einfluss der Grundrechte bei Auslegung und Anwendung des einfachen Rechts beachtet hat. Zur Frage, wie detailliert das BVerfG die Auslegung und die Anwendung des einfachen Rechts überprüft, vgl. auch *Kischel* 2015, Art. 3 Rn. 85 f. m. w. N.

1021 Zur Systematisierung vgl. nur *Bilz* 2014, S. 134 f. Anwendung auf das Auslieferungsrecht auch bei *Lagodny* 2012, § 13 Rn. 10 f.

1022 Diese erfolgt anhand der etablierten Formel, es werde (lediglich) geprüft, ob „die Rechtsanwendung oder das Verfahren unter keinem denkbaren Aspekt mehr rechtlich vertretbar ist und sich daher der Schluß aufdrängt, daß die Entscheidung auf sachfremden und damit willkürlichen Erwägungen beruht"; BVerfGE 80, 48 (51); für das Auslieferungsrecht unter anderem in E 108, 129 (137); vgl. auch schon E 4, 1 (6 f.).

1023 Vgl. z. B. BVerfGE 63, 197; 93, 248 (mit Sondervotum *Sommer*, zur Frage der Reichweite der Tatsachenwürdigung). Ausführlich zu dieser Flexibilität in *Kap. 5.6.3* und anhand eines Beispiels in *Kap. 6.3*.

1024 Vgl. z. B. EGMR, 04.09.2014 – 140/10 (*Trabelsi vs. Belgien*), Rn. 87-92.

1025 Vgl. *Vogler* 1990, S. 485 f.; dazu und zum Folgenden z. B. auch *Hailbronner* 1999, S. 617 ff.

1026 EGMR, 07.07.1989 – 1/1989/161/217 (*Söring vs. Vereinigtes Königreich*).

EGMR die Anwendbarkeit der Konvention für aufenthaltsrechtliche Fragen massiv aus.[1027]

5.6 Verfassungsrechtliche Anforderungen an die Entscheidungsfindung

5.6.1 Problemaufriss: Grundrechtsschutz erst durch Verfahren

Mit dem *ordre-public*-Vorbehalt, der auf Art. 1 Abs. 1 GG i. V. m. Art. 3 EMRK basiert, ist eine Grundrechtsposition des Auszuliefernden gefunden, die materiellrechtlich zumindest vor dem Unterschreiten menschenrechtlicher Mindeststandards schützen soll. Wirksamer Grundrechtsschutz setzt jedoch Verfahrensgewährleistungen voraus.[1028] Allein mit der Benennung einer solchen materiellen Grundrechtsposition ist daher zunächst wenig gewonnen: Damit bleibt offen, welche Anstrengungen unternommen werden können, sollten oder gar müssen, um zu eruieren, inwieweit der Katalog der Auslieferungskriterien tatsächlich erfüllt wird. Ergänzend ist demzufolge das zugehörige Verfahren so zu gestalten, dass die materiellrechtlichen Grundrechtspositionen nicht entwertet werden.[1029] An das Auslieferungsverfahren, in dem nicht nur über die innerstaatliche Auslieferungshaft des Verfolgten, sondern auch über seine Entfernung aus dem deutschen Hoheitsbereich und seine Überantwortung an einen ausländischen Hoheitsträger entschieden wird, sind also Anforderungen zu formulieren, die dem Verfolgten die Wahrung seiner Grundrechte ermöglichen.[1030] Insoweit, wie es für die vorliegende Bearbeitung um den Schutz vor drohenden unzulänglichen Haftbedingungen geht, sind es vor allem die Anforderungen an die Sachverhaltsaufklärung und -würdigung, die über die effektive Verwirklichung des Grundrechtsschutzes entscheiden. Aus der Sicht des Individualschutzes ist daher zu fragen, auf die Berücksichtigung welcher Erkenntnisquellen – z. B. auch solche der Strafvollzugswissenschaft – durch die Gerichte der Auszuliefernde einen Anspruch hat.

Diese Anforderungen werden im Folgenden in erster Linie für das Verfahren über die Zulässigkeitsentscheidung durch das OLG formuliert. Sie gelten aber sinnentsprechend auch für das Vorgehen der Bewilligungsbehörde auf deren Weg zu ihrer Bewilligungsentscheidung. Über diese Feststellung hinaus werden in der

---

1027 Vgl. im Einzelnen dazu *Kap. 3.6.5.4*, *Kap. 3.8.4* und *Kap. 4.2*.

1028 BVerfGE 52, 391 (407) m. w. N.; 53, 30 (65); 63, 131 (143); statt vieler *Dreier* 2013, Vorbemerkung Rn. 105; zur Entwicklung dieser Diskussion im Verfassungsrecht vgl. auch ausführlich *Möller* 2004, S. 21 ff.

1029 BVerfGK 19, 428 (433).

1030 So auch *Häde* 1997, S. 12.

Literatur die Verfahrensanforderungen nicht im Einzelnen anhand der Bewilligungsentscheidung diskutiert. Gründe dafür könnten sein, dass es erstens die Zulässigkeitsentscheidung ist, die unter Beteiligung des Verfolgten zustande kommt und in der also sein Vorbringen weitere Anhaltspunkte zur Sachverhaltsaufklärung bietet. Zum zweiten wird auch weiterhin Rechtsschutz vor dem BVerfG in erster Linie gegen die – gegebenenfalls eine Bewilligung bestätigende[1031] – Zulässigkeitsentscheidung gesucht werden, während die Bewilligungsentscheidung isoliert nur vor dem OLG angegriffen werden kann. Daher beschränkt sich die öffentlich zugängliche verfassungsrechtliche Beurteilung im Wesentlichen auf die OLG-Entscheidungen.[1032]

5.6.2 Anerkannte Prozessrechtsgrundsätze im deutschen Auslieferungsverfahren

Um kritische Teilaspekte der Entscheidungsfindung im Auslieferungsverfahren verbessern zu können, müssen die Einzelschritte dieser Entscheidungsfindung benannt, die an sie gerichteten rechtlichen Vorgaben untersucht und eventuelle verbesserungsbedürftige Aspekte herausgearbeitet werden.

Nach allgemeinen Prozessgrundsätzen lässt sich der Entscheidungsprozess auch im Auslieferungsverfahren unterteilen in (1.) die richtige und vollständige *Sachverhaltsermittlung*, (2.) die *Überzeugungsbildung* des Richters aufgrund der Würdigung des ermittelten Sachverhalts, (3.) die eigentliche *Entscheidung* und (4.) deren *Begründung*.

5.6.2.1 Sachverhaltsermittlung

Hinsichtlich der Sachverhaltsermittlung gilt im Auslieferungsverfahren der Amtsermittlungsgrundsatz.[1033] Das bedeutet, dass das OLG insbesondere auch die tatsächlichen Voraussetzungen etwaiger Auslieferungshindernisse im Rahmen seiner Möglichkeiten zu ermitteln hat.[1034] Eine „fehlerhafte Selbstbeschrän-

---

1031 Vgl. *Kap. 5.5.1* a. E.

1032 Je nach Fallgestaltung hob das BVerfG jedoch auch schon bisher in seinen Entscheidungen eventuelle bereits ergangene Auslieferungsbewilligungen aus übereinstimmenden Gründen auf, vgl. z. B. die Entscheidungsformel zu BVerfGK 16, 283.

1033 StRspr., vgl. BVerfGE 8, 81 (84); 60, 348 (358); K 18, 63 (71 f.); jüngst BVerfG, NJW 2016, S. 1149 (Rn. 69). Ebenso *Schomburg/Lagodny* 1992, S. 355; *Vogler* 1993b, S. 14; *Lagodny* 2012, § 30 Rn. 11; *Vogel* 2009, § 73 Rn. 121 ff.

1034 Gleiches gilt für die Bewilligungsbehörde, die ebenfalls an den Amtsermittlungsgrundsatz gebunden ist und in eigener Verantwortung die Voraussetzungen der Auslieferung überprüfen muss; so schon BVerfGE 8, 81 (84 f.); *Vogel* 2009, § 73 Rn. 122; *Lagodny* 2012, § 30 Rn. 5.

kung"[1035] wäre es, würde das OLG die Klärung wesentlicher Umstände der Exekutive für deren anschließende Bewilligungsentscheidung überlassen.

Ungeachtet der Einigkeit in diesem Punkt ist umstritten, ob den Verfolgten eine Darlegungslast trifft, ob er also die erheblichen Tatsachen selbst vortragen muss. Dies wurde bislang teilweise dem Vorgehen der fachgerichtlichen Rechtsprechung entnommen[1036] und jüngst vom BVerfG[1037] ebenfalls postuliert. Die Gerichtsentscheidungen, aus denen diese Darlegungslast abgeleitet wird, gingen aber nicht etwa deswegen zu Lasten des Verfolgten aus, weil dieser einen Umstand nicht dargelegt hatte, der der Auslieferung hätte entgegenstehen können, sondern weil die OLG den dargetanen Umständen nicht weiter nachgegangen sind.[1038] Davon einmal abgesehen, wird von der h. M. schon die eigenständige Stellung einer möglichen Darlegungslast neben der Beweislast abgelehnt.[1039] Bei Geltung des Amtsermittlungsgrundsatzes bleibt aber ohnehin für eine Darlegungslast kein Raum, ganz zu schweigen von einer subjektiven Beweislast (o. a. „Beweisführungslast") des Verfolgten.[1040] Der Verfolgte ist lediglich *gehalten*, nach seinen Möglichkeiten bei der Aufklärung der tatsächlichen Voraussetzungen eines Auslieferungshindernisses mitzuwirken,[1041] immerhin kann er so dazu beitragen, das OLG auf maßgebliche Ermittlungsansätze aufmerksam zu machen. Aufgrund des Amtsermittlungsgrundsatzes ist es aber am OLG und an der Generalstaatsanwaltschaft, die erforderliche Sachverhaltsaufklärung zu betreiben.[1042] Die OLG und die Bewilligungsbehörden dürfen ihre Nachforschungen

---

1035 BVerfGE 63, 215 (227 f.).

1036 Für eine Darlegungslast *Schomburg/Lagodny* 1992, S. 355; *Wolff* 2004, S. 159; *Ahlbrecht u. a.* 2008, Rn. 608, 714; *Lagodny* 2012, § 73 Rn. 8. Ausdrücklich offen gelassen von OLG Stuttgart, NStZ-RR 2007, S. 274.

1037 BVerfG, NJW 2016, S. 1149 (Rn. 69).

1038 Dies gilt auch für die Entscheidung BVerfGE 108, 129, in der das BVerfG mehrfach moniert, der Verfolgte hätte dieses oder jenes Auslieferungshindernis im Verfahren beim OLG München nicht „vorgetragen", was zum einen der Verfolgte ausweislich des Sondervotums der Richter *Sommer* und *Lübbe-Wolff* ausführlich unter Vorlage von Quellen getan zu haben scheint, zum anderen die Anforderungen des Amtsermittlungsgrundsatzes im Auslieferungsverfahren verkennt; daher zu Recht kritisch dazu *Vogel* 2004a, S. 145; *Gärditz* 2013a, Rn. 73.

1039 Vgl. nur *Kokott* 1993, S. 2 m. w. N.; a. A. *Bacher* 2015, § 284 Rn. 64 ff.

1040 *Bacher* 2015, § 284 Rn. 65; *Kokott* 1993, S. 2 m. w. N., 12 ff.; *Vogel* 2004a, S. 145; ausführlich *ders.* 2009, § 73 Rn. 124; in diesen Widerspruch gerät indes das BVerfG (NJW 2016, S. 1149), wenn es einerseits die Geltung des Amtsermittlungsgrundsatzes betont (Rn. 65) und andererseits die Darlegungslast des Verfolgten hervorkehrt (Rn. 69).

1041 BVerfGE 52, 391 (406); *Popp* 2001, Rn. 356; einschränkend daher auch *Lagodny* 2012, § 30 Rn. 12.

1042 BVerfGE 52, 391 (406 f.); *Vogler* 1993b, S. 14.

nicht insoweit beschränken, wie der Verfolgte ausdrücklich Ermittlungsansätze genannt hat.

Bei der Sachverhaltsermittlung ist gemäß § 30 Abs. 2 S. 2 IRG das Freibeweisverfahren anwendbar,[1043] es können also alle denkbaren Erkenntnisquellen genutzt werden.[1044]

5.6.2.2 Überzeugungsbildung

Bei seiner anschließenden Überzeugungsbildung, die auf der Würdigung des vollständig ermittelten Sachverhaltes fußt, kommt es entscheidend auf das erforderliche *Beweismaß* an, also die Anforderung an den Grad der Überzeugung des Richters von dem Vorliegen einer (entscheidungserheblichen) Tatsache. Gemäß § 77 IRG i. V. m. § 261 StPO muss der Richter grundsätzlich zur *vollen Überzeugung* über das Vorliegen oder Nichtvorliegen eines Auslieferungshindernisses gelangen. Das bedeutet, dass er anschließend eine Entscheidung nur aufgrund derjenigen Umstände fällen darf, die zu diesem Grad an Gewissheit aufgeklärt sind. Für alle anderen Tatsachen, deren Vorliegen der Richter für weniger wahrscheinlich hält, ist die Entscheidung aufgrund der objektiven Beweislast zu fällen,[1045] also danach, zu wessen Nachteil es gereichen soll, wenn eine erhebliche Tatsache nach Ausschöpfung aller geeigneten und zumutbaren Aufklärungsmöglichkeiten nicht aufklärbar bleibt[1046].

Bei Bestimmung dieses Beweismaßes ist jedoch zunächst zu berücksichtigen, dass es eine „volle Überzeugung" von einer Tatsache im Sinne einer absoluten Gewissheit von der objektiven Wahrheit auch für zurückliegendes Geschehen nicht geben kann.[1047] Für zukünftige Ereignisse – wie den Umgang mit dem Verfolgten im Strafvollzug des ersuchenden Staates nach noch zu erfolgender Auslieferung – treten außerdem die Schwierigkeiten einer Prognosestellung hinzu,[1048] die selbst das abgeschwächte Ziel einer Überzeugung mit an Sicherheit grenzender Wahrscheinlichkeit schwer erreichbar machen. Des Weiteren besteht im Auslieferungsverfahren eine „sachtypische"[1049] oder auch „auslieferungsspe-

---

1043 *Lagodny* 2012, § 30 Rn. 21 ff. mit Beispielen möglicher Erkenntnismittel.

1044 *Vogel* 2009, § 73 Rn. 125.

1045 *Kokott* 1993, S. 17; vgl. dazu sogleich *Kap. 5.6.2.3*.

1046 *Breunig* 2015, § 86 Rn. 35.

1047 *Terhechte* 2013, § 108 Rn. 9.

1048 *Kokott* 1993, S. 30; speziell für Auslieferungsentscheidungen *Lorz/Sauer* 2010, S. 393.

1049 So z. B. OLG Stuttgart, NStZ-RR 2007, S. 274.

zifische Beweisnot"[1050] des Verfolgten hinsichtlich der Feststellung eines Geschehens oder Zustandes im fernen Ausland hinter „Gefängnismauern [, die] meist recht undurchdringlich [sind,] und es wird nicht leicht bekannt, was dahinter vorgeht"[1051].[1052]

Den Beweisnöten in derartigen Fallgruppen, zu denen auch Asylverfahren zählen, wird im *Verwaltungsgerichts*verfahren mit einer *Beweiserleichterung* Rechnung getragen, indem die Anforderungen an das *Beweismaß reduziert* werden.[1053] Dort reicht es aus, wenn der Richter mit einer „überwiegenden Wahrscheinlichkeit" von dem Vorliegen der politischen Verfolgung im Abschiebungszielstaat überzeugt ist.[1054] Diese Haltung wird auf das Auslieferungsverfahren übertragen:

Aufgrund der größeren sachlichen Nähe des Auslieferungsverfahrens zum Verwaltungsverfahren – insbesondere in Asylsachen – als zum Strafverfahren sind trotz fehlender Erwähnung der VwGO in § 77 IRG im Wege einer Analogie zudem diejenigen VwGO-Grundsätze heranzuziehen, die Ausdruck eines allgemeinen prozessualen Prinzips sind, das nur beispielhaft in der VwGO verdeutlicht wird.[1055] Dies gilt insbesondere für jene nähere Bestimmung des erforderlichen Beweismaßes.

Auch hier gilt gemäß § 108 Abs. 1 VwGO zunächst der Grundsatz, dass die „Überzeugung" des Richters vom Vorliegen einer Tatsache erforderlich ist. Für das Verwaltungsgerichtsverfahren erkennt die h. M. jedoch an, dass es von vornherein nie um Gewissheit, sondern nur um eine mit an Sicherheit grenzende Wahrscheinlichkeit gehen kann bzw. um einen so hohen Wahrscheinlichkeitsgrad, „dass kein vernünftiger, die Lebensverhältnisse überschauender Mensch noch zweifeln kann"[1056]. Anderes gilt daher auch im Auslieferungsverfahren nicht.

Dass auf die „Wahrscheinlichkeit" einer im Ausland eintretenden grundrechtswidrigen Folge abgestellt wird, rechtfertigt dabei die Grundrechtsverant-

---

1050 *Vogel* 2004a, S. 145. *Gärditz* 2013a, Rn. 73: „strukturelle Beweisschwierigkeiten" des Betroffenen.

1051 *Kreppel* 1965, S. 90.

1052 So auch schon *Schumacher* 1984, S. 148; dem folgend *Lagodny* 1987, S. 169.

1053 H. M., vgl. *Kokott* 1993, S. 18, 31; *Gärditz* 2013a, Rn. 73; *Terhechte* 2013, § 108 Rn. 10 m. w. N.; aus der Rspr. OLG Stuttgart, NStZ-RR 2007, S. 274; a. A. wohl *Dawin* 2014, § 108 Rn. 55.

1054 *Breunig* 2015, § 108 Rn. 5.

1055 *Schomburg u. a.* 2012, Einleitung Rn. 177, 179; so i. E. auch schon *Kreppel* 1965, S. 174 f.

1056 *Terhechte* 2013, § 108 Rn. 9 m. w. N.; a. A. *Breunig* 2015, § 108 Rn. 4, der im Grundsatz keinen auch noch so hohen Wahrscheinlichkeitsgrad unterhalb einer vollen Überzeugung ausreichen lassen will.

wortlichkeit deutscher Hoheitsträger für das Verhalten ausländischer Hoheitsträger, und limitiert diese Verantwortlichkeit zugleich:[1057] Sehenden Auges darf solchen Grundrechtsbeeinträchtigungen durch eine Auslieferung nicht zugearbeitet werden; wo sie realistischerweise nicht zu erwarten sind, entfällt hingegen die Grundrechtsbindung. Daher soll es auch im Auslieferungsverfahren nicht schon ausreichen, wenn aufgrund eines früheren Vorfalls, der zur Kenntnis des Gerichts gelangt ist, eine menschenunwürdige Behandlung nicht ausgeschlossen werden kann. Es sollen vielmehr zumindest „begründete Anhaltspunkte" für die „Gefahr" einer menschenunwürdigen Behandlung vorliegen müssen.[1058] Eine solche Gefahr setze wiederum voraus, dass sich aus den begründeten Anhaltspunkten eine „beachtliche Wahrscheinlichkeit" der menschenunwürdigen Behandlung ergebe.[1059]

Insgesamt lässt sich dem einerseits entnehmen, dass eine volle Überzeugung auch im Sinne einer nur subjektiven Gewissheit nicht erforderlich ist, um eine Tatsache zur Entscheidungsgrundlage machen zu können. Andererseits muss zumindest überhaupt eine Wahrscheinlichkeit gegeben sein, also die Aussicht auf Richtigkeit von mehr als 50% bestehen.[1060] Hierfür ist der Begriff einer „überwiegenden Wahrscheinlichkeit" dienlich. Darüber hinausgehende Versuche, in der Bandbreite von 51% bis 99% Abstufungen anhand einer Skala von Begrifflichkeiten[1061] zu schaffen und diese mathematisch[1062] oder anderweitig quantifiziert[1063] erfassen zu können, müssen sich angesichts des subjektiven Gesamtcharakters des Vorgangs der individuellen richterlichen Überzeugungsbildung fragen lassen, ob es sich dabei nicht um Scheingenauigkeiten ohne Erkenntnismehrwert handelt.[1064] Die „beachtliche" und die „überwiegende" Wahrscheinlichkeit sind somit als gleichbedeutend zu verstehen.

1057 So i. E. auch *Häde* 1997, S. 18-20; ähnlich *Wendel* 2015, S. 732 f. *Wolff* (2004, S. 156) sieht darin gar eine „Bewältigung" des dogmatischen Problems, ob die Völkerrechtsfreundlichkeit der deutschen Rechtsordnung nun schutzbereichsreduzierend, eingriffsbegrenzend oder verfassungsrechtlich rechtfertigend wirkt (vgl. dazu *Kap. 3.6.4.4.1.3*).

1058 BVerfG, NJW 1994, S. 2883; BVerfGE 108, 129 (138).

1059 BVerfG, 22.06.1992 – 2 BvR 1901/91, Rn. 12 (zitiert nach *juris*); BVerfGE 108, 129 (137).

1060 *Kokott* 1993, S. 18. Vgl. aber auch relativierend zu verschiedenen Begriffen der Wahrscheinlichkeit und des Risikos *Alleweldt* 1996, S. 27-33.

1061 Vgl. z. B. den Abstufungsversuch bei *Wolff* 2004, S. 156.

1062 Vgl. die Darstellung bei *Kokott* 1993, S. 19, zu Abstufungen im US-amerikanischen Prozessrecht.

1063 Vgl. die (ablehnende) Darstellung bei *Dawin* 2014, § 108 Rn. 39.

1064 Kritisch auch *Terhechte* 2013, § 108 Rn. 9 m. w. N. In diesem Sinne wohl auch OLG Stuttgart, NStZ-RR 2007, S. 274, wenn es betont, nicht „weit überwiegend" von der

Die Rechtsprechung kommt dem Verfolgten auch hinsichtlich der Anforderung des Verwaltungsgerichtsverfahrens entgegen, dass grundsätzlich eine individuelle Rechtsverletzung drohen muss. Die „begründeten Anhaltspunkte" für eine drohende menschenunwürdige Behandlung des *konkreten Verfolgten* brauchen dann nicht vorliegen, wenn von dem ersuchenden Staat eine „ständige Praxis grober, offenkundiger oder massenhafter Verletzungen der Menschenrechte" bekannt ist oder er „eine ständige Praxis umfassender und systematischer Menschenrechtsverletzungen" aufweist.[1065]

Nach dem Willen der Rechtsprechung soll allerdings eine umgekehrte Beweiserleichterung für Auslieferungsersuchen sogenannter Rechtsstaaten gelten sowie für Staaten, die an internationale Menschenrechtspakte völkerrechtlich gebunden sind. Bei solchen Staaten sei grundsätzlich von einer Rechtspraxis auszugehen, die dem geschriebenen Recht des jeweiligen Staates entspreche.[1066]

5.6.2.3 Entscheidung

Hat sich der Richter unter den skizzierten Anforderungen an das Beweismaß eine Überzeugung von den Tatsachen gebildet, die eine drohende menschenunwürdige Behandlung im ausländischen Strafvollzug betreffen, erfolgt die eigentliche *Entscheidung über die Zulässigkeit* der Auslieferung. Aber auch wenn eine Tatsache nach Auffassung des Richters nicht mit dem erforderlichen Beweismaß als gegeben gelten kann, muss er eine Entscheidung treffen. An dieser Stelle greifen die Regelungen über die *objektive* oder auch *materielle Beweislast*, also die Last der Unaufklärbarkeit einer erheblichen Tatsache nach Ausschöpfung aller geeigneten und zumutbaren Aufklärungsmöglichkeiten.[1067] Zwar werden mit etwaigen Beweiserleichterungen geringere Anforderungen an die Überzeugungsbildung in einer typisierbaren Situation – wie hier dem Auslieferungsverfahren – gestellt, die objektive Beweislast bleibt davon aber unberührt.[1068] Die Beweiserleichterungen beeinflussen daher nur die Überzeugungsbildung vom Sachverhalt, die *vor dem*

Wahrscheinlichkeit der Grundrechtsverletzung ausgehen zu müssen, sondern dass es eine „beachtliche Wahrscheinlichkeit" ausreichen lasse.

1065 Beide Zitate aus BVerfGE 108, 129 (139).

1066 So z. B. mit Blick auf die Türkei BVerfGE 15, 249 (255 f.); hinsichtlich Griechenland BVerfG, NJW 1994, S. 2883; bezüglich Großbritannien BVerfG, 22.06.1992 – 2 BvR 1901/91; für die EU-Staaten insgesamt BVerfGK 2, 82 (85 f.). Befürwortet auch schon von *Kreppel* 1965, S. 175 f.; kritisch hingegen *Lagodny* 2012, § 73 Rn. 9; *Vogel* 2009, § 73 Rn 117; anders auch die Haltung in BVerfGE 113, 273 (304), sowie *Kap. 5.6.5.4* und *Kap. 5.9*.

1067 Hierzu und zum Folgenden *Breunig* 2015, § 86 Rn. 35.

1068 Für diesen Grundsatz im Prozessrecht *Bacher* 2015, § 284 Rn. 70; für die identische Gestaltung im Verfahren vor dem EGMR so ausdrücklich *Lorz/Sauer* 2010, S. 395.

Fällen der eigentlichen Entscheidung – und damit dem Wirksamwerden der objektiven Beweislast – abgeschlossen[1069] sein muss.

Wer diese objektive Beweislast trägt, beantwortet sich aus dem jeweiligen materiellen Recht heraus und verschließt sich einer pauschalen Zuordnung.[1070] Wenn es also auf das konkret betroffene materielle Recht des Grundrechtsträgers ankommt, kann für die Zuteilung der objektiven Beweislast im Auslieferungsverfahren nicht auf das strafprozessrechtliche „*in dubio pro reo*" verwiesen werden,[1071] da die Abwägung zwischen Individualinteresse und Gemeinwohl[1072] im Strafprozessrecht eine wesentlich andere ist. Eine deutlich größere Ähnlichkeit in dieser Abwägung weist wiederum das Asylverfahren auf. Dort wird mit der Asylentscheidung zugleich entschieden, ob ein ausländischer Staat politische Verfolgung betreibt. Umgedacht auf das Auslieferungsverfahren ist das die Entscheidung, ob der ersuchende Staat menschenunwürdige Behandlungen zumindest duldet. Schon aus den damit verbundenen Implikationen im völkerrechtlichen und außenpolitischen Bereich wird im *Asylverfahren* daher eine solche Entscheidung allein aufgrund einer Zweifelsregel zulasten des Staates *abgelehnt*, so dass der Asylsuchende als Grundrechtsträger die objektive Beweislast trägt.[1073] Damit das Asylgrundrecht aber nicht leer läuft, kommen dem Asylsuchenden die bereits beschriebenen Erleichterungen hinsichtlich des erforderlichen Beweismaßes zugute.

In Übereinstimmung damit ist – wie bereits dargelegt – *auch im Auslieferungsverfahren* das Beweismaß reduziert, so dass eine überwiegende Wahrscheinlichkeit ausreicht, damit der Richter die betreffende Tatsache seiner Entscheidung zugrunde legen kann. *Abweichend vom Asylverfahren* wird jedoch im Auslieferungsverfahren zusätzlich davon ausgegangen, dass Zweifel am Bestehen der tatsächlichen Voraussetzungen eines Auslieferungshindernisses, die sich nicht ausräumen lassen, *zu Gunsten des Auszuliefernden* gehen.[1074] Die objektive

---

1069 *Breunig* 2015, § 108 Rn. 16.

1070 *Kokott* 1993, *passim*, insbesondere S. 104-107; *Dawin* 2014, § 108 Rn. 90.

1071 *Ahlbrecht u. a.* 2008, Rn. 612; *Vogel* 2009, § 73 Rn. 124; a. A. *Vogler* 1993b, S. 14.

1072 Als ausschlaggebendes Kriterium herausgearbeitet von *Kokott* 1993, S. 125.

1073 *Kokott* 1993, S. 369, sowie zum Folgenden.

1074 So schon *Kreppel* 1965, S. 174 f.; *Schomburg/Lagodny* 1992, S. 355; i. E. auch *Vogler* 1993b, S. 14; aktueller *Lagodny* 2012, § 30 Rn. 11 mit Verweis auf BVerfG, NJW 1990, S. 2193; *Schomburg/Hackner* 2012, § 6 Rn. 59; *Vogel* 2009, § 73 Rn. 124; OLG Karlsruhe, NStZ-RR 2004, S. 347; OLG Dresden, 24.06.2004 – OLG 33 Ausl 58/03, jeweils mit Verweis auf KG, StV 1996, S. 105, das dies so aber noch nicht ausdrücklich formulierte. Ebenso OLG Hamm, StV 2005, S. 287; OLG Karlsruhe, 16.05.2006 – 1 AK 25/05 mit Verweis auf BVerfGE 64, 46 (59).

Beweislast liegt also hinsichtlich der positiven und negativen Auslieferungs-voraussetzungen bei den staatlichen Behörden.[1075]

Legt man diese beiden Beweisgrundsätze nebeneinander,[1076] so könnte man den Eindruck gewinnen, der Verfolgte würde nie ausgeliefert, sobald auch nur irgendein Auslieferungshindernis im Raum steht, das der Richter nicht von vorn-herein für vollkommen ausgeschlossen hält. Denn entweder ist der Richter dann von dessen Vorliegen überzeugt bzw. bezweifelt es zumindest nur so wenig, dass er trotzdem mit überwiegender Wahrscheinlichkeit von seinem Bestehen ausgeht (> 50% Wahrscheinlichkeit des Vorliegens der fraglichen Tatsache), oder es greift – wenn der Richter noch weitergehende Zweifel hat – die objektive Beweis-last, so dass im Zweifel ebenfalls zugunsten des Verfolgten auf Bestehen des Auslieferungshindernisses zu entscheiden wäre.

Tatsächlich sind aber für den Fall, dass der Richter so starke Zweifel hegt, dass er jedenfalls nicht mit überwiegender Wahrscheinlichkeit (> 50%) vom Vorliegen der Voraussetzungen des Auslieferungskriteriums ausgeht, zwei Kon-stellationen zu unterscheiden:[1077] Der Richter kann entweder mit überwiegender Wahrscheinlichkeit gerade vom *Fehlen* der tatsächlichen Voraussetzungen dieses Auslieferungskriteriums ausgehen, wenn man das Beweismaß auch umgekehrt für die staatlichen Behörden im Auslieferungsverfahren entsprechend reduziert sieht (> 50% Wahrscheinlichkeit des *Nicht*vorliegens der fraglichen Tatsache); oder er kann den dargestellten Sachverhalt für genauso wahrscheinlich wie nicht wahrscheinlich halten (50% gegenüber 50%, d. h. „*non liquet*")[1078]. Der Anwen-dungsbereich der objektiven Beweislast beschränkt sich auf diese zweite Konstel-lation. In der ersten Konstellation hingegen wird die Auslieferung für zulässig erklärt werden, wenn nämlich das Gericht mit dem erforderlichen Beweismaß zu der Überzeugung gelangt, das streitige Auslieferungshindernis liege gerade nicht vor.

Diese prozessuale Privilegierung des Auszuliefernden gegenüber dem Asylsuchenden nimmt sich bemerkenswert aus.

1075 *Schomburg u. a.* 2012, Einleitung Rn. 178.

1076 Z. B. folgendermaßen: „Es müssen vielmehr begründete Anhaltspunkte für die Gefahr menschenrechtswidriger Behandlung vorliegen […]. Bleibt nach Ausschöpfung der Aufklärungsmöglichkeiten zweifelhaft, ob begründete Anhaltspunkte für die Gefahr einer menschenrechtswidrigen Behandlung des Verfolgten vorliegen, so gehen diese Zweifel an den tatsächlichen Voraussetzungen eines Auslieferungshindernisses zuguns-ten des Verfolgten.", bei *Lagodny* 2012, § 73 Rn. 8.

1077 Dazu grundsätzlich *Dawin* 2014, § 108 Rn. 87.

1078 *Kokott* (1993, S. 19) betont, dass solche 50/50-Situationen nicht nur theoretischer Natur seien; skeptischer hingegen *Eschelbach* (2015, § 261 Rn. 44), demzufolge offene Er-mittlungsergebnisse faktisch vielfach durch bewusste und unbewusste (Selbst-)Ma-nipulationen des Entscheiders vermieden würden.

5.6.2.4   Begründung der Entscheidung

Gemäß § 32 S. 1 IRG ist die Entscheidung über die Zulässigkeit zu begründen. Nach allgemeinen Prinzipien hat die Begründung bestimmten materiellen Anforderungen zu genügen; demgegenüber reichen formelhafte Wendungen nicht aus, um die die Entscheidung tragenden Gründe für den Bürger erkennbar zu machen.[1079] In der Literatur ist ein Begriff hervorgehoben worden, den das BVerfG in die auslieferungsrechtliche Diskussion eingebracht hat:[1080] den der „Begründungstiefe", die von den Fachgerichten in der Begründung der Zulässigkeitsentscheidung einzuhalten sei. Danach bestehen Mindesterfordernisse in rechtlicher und tatsächlicher Hinsicht an die Art und die Tiefe der Begründung der richterlichen Entscheidung.[1081]

5.6.3   Auslegungsoffenheit, der Gleichheitssatz und topische Rechtsfindung

Wenn hier rechtliche Vorgaben für das Auslieferungsverfahren aufgezeigt werden sollen, muss dies jedoch in dem Bewusstsein geschehen, dass dem Rechtsanwender allein durch Rechtssätze nur in sehr begrenztem Maße zwingende Vorgaben gemacht werden können. Dabei ist es nicht etwa so, dass der inhaltlichen Bestimmtheit von Normen erst an einem gewissen Punkt Grenzen gesetzt sind. Vielmehr verhält es sich so, dass es von vornherein schon keine Norm gibt, die nicht auslegungsfähig und auch auslegungsbedürftig ist.[1082] Das gilt jedenfalls solange wie es sich nicht um eine Angabe in Zahlenwerten handelt.[1083] In der Tat ist es erst die Rechtsanwendung durch Gerichte, die das *Recht* ausgehend von einem bis dahin abstrakten Rechtssatz einzelfallbezogen *konstituiert*.[1084] Auch derjenige Rechtssatz des deutschen *ordre public international*, dass eine Auslieferung bei drohender unmenschlicher oder erniedrigender Behandlung oder Strafe verboten ist, lässt also verschiedentliche Auslegungen zu. Zudem macht er

---

1079   Vgl. nur *Terhechte* 2013, § 108 Rn. 21. Zu weiteren Funktionen der Begründung einer gerichtlichen Entscheidung vgl. zusammenfassend *Sauthoff* 2007, S. 78 f. m. w. N.

1080   *Lagodny* 2012, § 32 Rn. 4a.

1081   BVerfGK 16, 283 (288); sowie eingehend dazu in *Kap. 5.6.5.*

1082   Vgl. dazu den Überblick bei *Bung* 2016, S. 340 f. m. w. N., sowie dazu auch *Kirchhof* 2004, Rn. 44. Vgl. zudem die diesbezügliche Veranschaulichung anhand der amerikanischen kritischen Rechtstheorie in *Klarmann* 2012, S. 115-119 m. w. N.

1083   Einschränkend *Detterbeck* 2015, Rn. 348. Allerdings versteht er auch weitere, durchaus strittige Begriffe wie das „bürgerlich-rechtliche Eigentum" als nicht auslegungsfähige, nämlich bestimmte Rechtsbegriffe.

1084   *Kelsen* 1960, S. 242 ff.

zumindest *eine* Auslegung auch erforderlich, um die Anwendung des Rechtssatzes im Einzelfall zu ermöglichen. Zu berücksichtigen ist der bekannte Umstand, dass es dem auf *Savigny* zurückgehenden, anerkannten vierteiligen Kanon der Normauslegung an einer Hierarchie der Auslegungsmethoden mangelt:[1085] Es ist kein Kriterium erkennbar, nach dem eine Methode den Vorrang vor den anderen haben soll. Die Mehrdeutigkeit einer Norm kann durch keine systematische Herangehensweise in die Eindeutigkeit überführt werden, so dass durch den klassischen juristischen Methodenkanon niemals das eine „richtige" Ergebnis herausgearbeitet werden kann,[1086] sondern immer nur die verschiedenen möglichen, dann „vertretbar" zu nennenden Lösungen.[1087] Im grundrechtlich geschützten Interesse des Auszuliefernden liegt es dabei, dass eine sachangemessene, gerechte Auslieferungsentscheidung ergeht und sachfremde Erwägungen unberücksichtigt bleiben.

In diesem Zusammenhang ist die Rechtsprechung in der Auslegung und Anwendung von Gesetzen an den Gleichheitssatz gebunden.[1088] Das BVerfG erkennt jenes rechtstheoretische Dilemma implizit an und versucht zugleich, einer gänzlich freien Rechtsauslegung Einhalt zu gebieten, wenn es auf Art. 3 Abs. 1 GG gestützt seiner ständigen Rechtsprechung zugrunde legt, dass eine „*[f]ehlerhafte Auslegung eines Gesetzes* allein [...] eine Gerichtsentscheidung nicht willkürlich [macht]. Willkür liegt vielmehr erst vor, wenn eine offensichtlich einschlägige Norm nicht berücksichtigt oder der Inhalt einer Norm *in krasser Weise* mißdeutet wird [...]. Von willkürlicher Mißdeutung kann jedoch nicht gesprochen werden, wenn das Gericht sich mit der Rechtslage *eingehend auseinandersetzt* und seine Auffassung nicht *jedes sachlichen Grundes* entbehrt."[1089] Mit anderen Worten akzeptiert es das BVerfG, dass sich über die Korrektheit bzw. Fehlerhaftigkeit einer Normauslegung trefflich streiten lässt und es daher viele verschiedene vertretbare, jedenfalls aber nicht *die eine* richtige Auslegung gibt, solange der betreffende Rechtsanwender überhaupt von der Rechtslage ausgehend argumentiert („eingehend auseinandersetzt") und sein Auslegungsergebnis unter irgendeinem Blickwinkel nachvollziehbar erscheint („nicht jedes sachlichen Grundes

---

1085 Zum Folgenden grundlegend *Kelsen* 1960, S. 349 ff. Vgl. auch ausführlich *Gast* 2006, Rn. 640 ff.

1086 *Kelsen* 1960, S. 349 f. Kritisch zu *Kelsens* Ablehnung einer möglichen „Richtigkeit" juristischer Entscheidungen aber *Lege* 1999, S. 409 ff.

1087 Vgl. auch *Klarmann* 2012, S. 127, sowie *Djeffal* 2013, S. 464 m. w. N.

1088 *Kischel* 2015, Rn. 83 ff. Dieser ist in Art. 3 Abs. 1 GG normiert, dessen Regelungsinhalt sich nicht in einem Willkürverbot erschöpft; vgl. dazu *Dürig/Scholz* 2013, Rn. 395-397.

1089 BVerfGE 87, 273 (279) [*Hervorhebungen vom Verf.*] mit Nachweisen zu seiner stRspr. In einem Auslieferungssachverhalt bspw. jüngst angewendet in BVerfG, 20.11.2014, BeckRS 2014, 59254.

entbehrt", was aber eher eine Herausforderung für die Begründungsfähigkeiten des Rechtsanwenders und weniger eine inhaltliche Grenzziehung darstellt).

Darüber hinausgehend entpuppt sich der Gleichheitssatz jedoch als wenig ergiebiges, weil rein formales Gebot:[1090] Der Gleichheitssatz gibt nicht vor, was als gleich zu behandeln ist, sondern lediglich, dass das als gleich zu Begreifende die gleichen rechtlichen Konsequenzen nach sich ziehen muss. Er bestimmt also die Rechtsfolgen-, nicht aber die Tatbestandsseite einer Sachverhaltsbetrachtung; und er geht folglich notwendigerweise gerade von der Unterschiedlichkeit seiner Betrachtungsgegenstände aus.[1091] Für den Bereich der Berücksichtigung von Haftbedingungen heißt dies, dass vor dem Einfordern von einheitlichen Bewertungen von Unterbringungssachverhalten deren Vergleichbarkeit festgestellt werden muss. Allerdings ist jeder Sachverhalt in irgendeiner Hinsicht anders. Dieser eminent wichtige Aspekt im Umgang mit dem Gleichheitssatz ermöglicht es, das gewünschte Ergebnis über die Herausarbeitung oder – im Gegensatz dazu – die Nivellierung von Unterschiedlichkeiten der Betrachtungsgegenstände zu rechtfertigen.[1092]

Hinzukommt, dass Richter jederzeit ihre eigene Rechtsprechung modifizieren oder aufgeben dürfen.[1093] Genauso dürfen sie von der Rechtsauffassung übergeordneter Gerichte abweichen. Die Rechtspflege ist wesensbedingt uneinheitlich. Daran ändert auch der Gleichheitssatz nichts.

Diese insgesamt nur schemenhafte Einhegung des Rechtsanwenders bei seiner Entscheidungsfindung gilt auch für die verfassungsrechtlichen Grenzen der Spruchpraxis im Auslieferungsrecht: Soweit es um die gerichtliche Einschätzung von Auslieferungssachverhalten im Lichte des *ordre public international* geht, gibt es jenseits von Zahlenangaben (z. B. Haftraumgröße in Quadratmeter, „ein Mann, ein Bett", Straflänge in Jahren) keine Entscheidung, die durch einen Rechtssatz eindeutig vorgegeben sein könnte und der deswegen keiner weiteren Auslegung bedürfte.

Diese Überlegung führt zu dem Schluss, dass dem Rechtsanwender in Gestalt des zuständigen Gerichts ein Spielraum für eigene schöpferische Betätigung

---

1090 Dazu und zum Folgenden *Hartwig* 2003, S. 285; *Kunz/Mona* 2015, S. 150 f.

1091 Bestünden keine Unterschiede zwischen den Betrachtungsgegenständen, wären sie identisch und die Frage nach der Übereinstimmung der Rechtsfolge redundant; ausführlich dazu *Hartwig* 2003, S. 285.

1092 *Hartwig* (2003, S. 286) verweist dazu auf über lange Zeiträume mit „feinsinnige[n] Gründe[n]" sorgsam gepflegte Unterscheidungen, die dem Betrachter (teilweise erst) im Nachhinein als anachronistisch erscheinen, wie z. B. das Frauen lange verwehrte Wahlrecht. Zur Anwendungs- und Ergebnisoffenheit des Gleichheitssatzes im Grundgesetz, die letztlich Beliebigkeit in der gerichtlichen Praxis Tür und Tor öffnet, vgl. *Meyer* 2003, S. 86 ff., insbes. S. 88.

1093 Dazu und zum Folgenden *Bergmann* 2006, S. 111 m. w. N. aus der Rechtsprechung des BVerfG.

verbleibt, mit der er die durch die Auslegung offen gebliebene Entscheidung für eine von mehreren (Urteils-)Möglichkeiten fällt.[1094] Zusätzlich zum systematischen Denken bei der Lösung des Rechtsproblems wird auf eine topische Rechtsfindung zurückgegriffen:[1095] Ausgehend von einzelnen Aspekten bzw. Gesichtspunkten („*Topoi*"), die Argumente und vielleicht gar Lösungsmöglichkeiten mit sich bringen,[1096] wird im Wege *originaler Erfindung* nach einer Lösung durch Ausprobieren „gesucht", gerade ohne weitere Anwendung eines Systems.[1097] Die Rückbindung erfolgt nach der Urteilsfindung in dessen Begründung: Das gefundene Ergebnis wird bestmöglich durch die gängige Methodik abzusichern versucht.[1098]

Die topische Rechtsfindung kann einerseits dazu herangezogen werden, innerhalb der Bahnen des nach dem Methodenkanon „Vertretbaren" das Übergewicht einer Auslegungsmethode und dem daraus folgenden Ergebnis zu geben.[1099] Sie kann andererseits aber auch dazu dienen, im Wege der Rechtsfortbildung über die durch den Methodenkanon offenstehenden Lösungsmöglichkeiten hinaus eine weiterführende Entscheidung zu fällen.[1100]

Daraus lässt sich dreierlei ableiten: Für die Rechtsanwendung bedeutet das zum einen die mehr oder weniger beunruhigende Konsequenz, dass es nach Anwendung des Methodenkanons allein auf das Entscheidungsermessen des Rechtsanwenders und damit in der Rechtspflege das des Richters ankommt. Zwar erfolgt die Entscheidungsfindung innerhalb eines juristischen Diskurses, der regelmäßig

---

1094 *Nipperdey* 1959, S. 337; vgl. dazu auch *Klarmann* 2012, S. 117 f.

1095 Zusammenfassend *Adomeit/Hähnchen* 2008, Rn. 72 f.; ausführlich *Viehweg* 1974, S. 31 ff.

1096 *Gast* 2006, Rn. 252, 421.

1097 Die Orientierung an „Lösungsgesichtspunkten" bei Beratungen der Spruchkörper, zu denen auch, aber eben nicht nur die klassischen Auslegungsregeln gehören, hervorhebend *Sauthoff* 2007, S. 78.

1098 *Sauthoff* 2007, S. 78. Vgl. dazu bspw. die Ausführungen von *Fahl* 2013, S. 1226 ff.

1099 *Larenz* 1979, S. 152 ff.; *Nipperdey* 1959, S. 337.

1100 Die Zulässigkeit der richterlichen Rechtsfortbildung wird schon durch § 132 Abs. 4 Alt. 1 GVG vorausgesetzt. Mit Beispielen bedeutender, das Recht weiterführender Entscheidungen dazu *Adomeit/Hähnchen* 2008, Rn. 73.

Ob dies dann tatsächlich durch Überschreitung der Grenzen des nach dem Methodenkanons Möglichen oder durch dessen Anpassung geschieht – etwa durch großzügige Anwendung der teleologischen Auslegung oder auch die Heranziehung von Generalklauseln –, kann hier dahinstehen: Jedenfalls können die Befunde nach Anwendung des ursprünglichen Methodenkanons anhand von außerhalb stehenden *Topoi* abgeändert werden. Kritisch zu diesem erreichten Stand in der Rechtspflege etwa *Adomeit* 2003, S. 165 f. Dies wird allerdings als vielfach gesetzgeberisch gewollte Entscheidungskompetenz der Rechtsprechung empfunden, vgl. nur *Kunz/Mona* 2015, S. 143 f.

Grenzen für eine allzu neue oder fernliegende Rechtsauslegung entfaltet.[1101] Sein Entscheidungsermessen füllt der Richter nichtsdestotrotz letztlich durch sein persönliches Empfinden aus.[1102] Zum zweiten können richterliche Auslegungsentscheidungen einer Norm in einem konkreten Einzelfall nie „falsch" sein, sie sind immer „vertretbare" Entscheidungen. Drittens handelt es sich bei der Auslegungsoffenheit und der Abhängigkeit vom Entscheidungsermessen des Richters um in jedem Gerichtsverfahren vorzufindende, inoffizielle Realitäten der Prozessgestaltung. Im Wissen um ihre Eigenheiten sind sie bestmöglich bei der Formulierung von Anforderungen an die offiziellen Verfahrensschritte auch im Auslieferungsverfahren zu berücksichtigen. Eine besondere Rolle wird hierbei der Begründung der Entscheidung zukommen.

5.6.4 Kritik des Bundesverfassungsgerichts an der Sachverhaltsaufklärung und -würdigung

Diese Prozessrechtsgrundsätze und ihre Handhabung durch die beteiligten Hoheitsträger müssen den Anforderungen des Grundgesetzes genügen. Sowohl Art. 19 Abs. 4 GG als auch Art. 103 Abs. 1 GG als auch dem Rechtsstaatsprinzip gemäß Art. 20 Abs. 3 GG und den materiellen Grundrechten selbst könnten Anforderungen zur Ausgestaltung des Auslieferungsverfahrens zu entnehmen sein. Auf zahlreiche Urteilsverfassungsbeschwerden hin hat das BVerfG bereits Grundrechtsverletzungen des Auszuliefernden durch Verfahrensgestaltungen der OLG festgestellt, die eine mangelhafte Sachverhaltsaufklärung und -würdigung betrafen.

5.6.4.1 Art. 103 Abs. 1 GG

Am ehesten einer Zuordnung zugänglich zu sein scheinen solche Sachverhalte, in denen das OLG das Vorbringen des Beschwerdeführers zu den (rechts-)tatsächlichen Voraussetzungen eines Auslieferungshindernisses zwar zur Kenntnis nimmt und in seiner Entscheidungsbegründung auch nennt, aber sich nur knapp oder überhaupt nicht damit auseinandersetzt. Wenn dergestalt „der Vortrag der Beschwerdeführerin [zur fehlenden Rechtsstaatlichkeit im ersuchenden Staat] nicht hinreichend berücksichtigt"[1103] wurde, soll darin eine Verletzung des Anspruchs

---

1101 Vgl. *Gast* 2006, Rn. 22 ff.; zusammenfassend *Djeffal* 2013, S. 464, 466; ausführlich zur Entscheidungsfindung des Rechtsanwenders eingebettet in einen juristischen Diskurs *Kunz/Mona* 2015, S. 164 ff.

1102 *Adomeit/Hähnchen* 2008, Rn. 72, mit Verweis auf *Larenz*; dazu auch *Klarmann* 2012, S. 116 m. w. N.; sowie auch schon *Kap. 3.7.3.3* m. w. N. Vgl. zudem die Studie von *Lautmann* (2011) zu diesem Aspekt.

1103 BVerfGK 6, 334 (339 f.).

auf *rechtliches Gehör* gemäß Art. 103 Abs. 1 GG liegen. Im konkreten Fall habe das OLG keine Stellung dazu genommen, ob das Strafverfahren im ersuchenden Staat rechtsstaatlichen Mindesterfordernissen genüge – deren Einhaltung vom deutschen *ordre public international* vorausgesetzt wird –, obwohl die Beschwerdeführerin „immer wieder aktuelle und umfangreiche Auskünfte anerkannter Menschenrechtsorganisationen und verschiedener Regierungen sowie Zeitungsartikel vorgelegt" habe.

Allerdings sind bereits hier die Grenzen zu anderen Grundrechten bzw. grundrechtsgleichen Rechten, die das BVerfG bemüht, nicht klar zu ziehen. Das OLG hatte aus verschiedenen Vorgängen und der Information der deutschen Botschaft im betreffenden ersuchenden Staat geschlossen, die Rechtsstaatlichkeit würde im Verfahren gewahrt werden. In den darauf gerichteten ergänzenden Angaben der Beschwerdeführerin in einer Gegenvorstellung hatte das OLG ausdrücklich nichts Neues gesehen und sie daher für unbeachtlich gehalten. Hierin sah das BVerfG allerdings einen „Dialog"[1104], in den das OLG mit der Beschwerdeführerin getreten ist, und der es gemäß Art. 103 Abs. 1 GG dem OLG geboten hätte, sich mit dem weiteren *Vorbringen auseinanderzusetzen* und *gegebenenfalls dem entgegenstehende Tatsachen* zu präsentieren.

Die Beschwerdeführerin hatte allerdings auch vorgebracht, die Haftbedingungen im ersuchenden Staat würden internationalen Mindeststandards nicht genügen, worin ebenfalls ein Verstoß gegen den deutschen *ordre public international* liegen würde. Auch diesen Einwand hatte das OLG ausdrücklich für unbeachtlich gehalten, da diesbezüglich der ersuchende Staat die Einhaltung der Mindeststandards zugesichert hatte. Den Entscheidungsgründen ist zwar nicht zu entnehmen, ob sich – wie es jedenfalls naheliegen würde – anschließend die Beschwerdeführerin auch zu den Haftbedingungen ergänzend vertieft geäußert hatte. Nach denselben Maßstäben wie denen zur Rechtsstaatlichkeit im Strafverfahren des ersuchenden Staates hätte das OLG hier aber gemäß dem Amtsermittlungsgrundsatz über die Zusicherung hinaus eigene Nachforschungen zu den örtlichen Haftbedingungen anstellen können. Denn umgekehrt hätte auf Verlangen des OLG der ersuchende Staat sicherlich auch eine Zusicherung darüber abgegeben, im Strafverfahren rechtsstaatliche Mindesterfordernisse zu wahren. Die „tatsächliche Einschätzung"[1105] der Zusicherung betreffend die *örtlichen Haftbedingungen* seitens des OLG hat das BVerfG allerdings unter dem Gesichtspunkt des Art. 103 Abs. 1 GG gar nicht kontrolliert, wie es dies hinsichtlich der tatsächlichen Einschätzung der Rechtsstaatlichkeit des *örtlichen Strafverfahrens* in derselben Entscheidung gleichwohl getan hatte.

Stattdessen zog das BVerfG Art. 3 Abs. 1 GG heran, um die tatsächliche Einschätzung der Zusicherung zu den örtlichen Haftbedingungen zu kontrollieren,

---

1104 BVerfGK 6, 334 (341).

1105 BVerfGK 6, 334 (342).

die das OLG vorgenommen hatte. Anhand von Art. 3 Abs. 1 GG überprüfe das BVerfG fachgerichtliche Tatsachenwürdigungen jedoch nur auf *Willkürfreiheit* hin. Gemessen daran hielt das BVerfG *diese* Einschätzung des Fachgerichts zu den Haftbedingungen wiederum für unbedenklich.

5.6.4.2 Art. 19 Abs. 4 GG i. V. m. dem deutschen ordre public international

In einem anderen Fall[1106] machte ein Beschwerdeführer geltend, er sei im ersuchenden (europäischen) Staat in Abwesenheit verurteilt worden und das Prozessrecht dieses ersuchenden Staates würde zwar eine Wiedereinsetzung in den vorigen Stand kennen, aber das sei dort ein tatsächlich nicht gangbarer Weg und damit die Auslieferung ein Verstoß gegen den deutschen *ordre public européen*. Das OLG hatte sich mit dem Verweis auf die *de jure* bestehende Möglichkeit der Wiedereinsetzung in den vorigen Stand begnügt und hatte die tatsächliche Möglichkeit der nachträglichen prozessualen Verteidigung „nicht im einzelnen belegt".[1107] Nach Ansicht des BVerfG könnte „insoweit eine weitere Aufklärung des Sachverhalts [...] von Verfassungs wegen geboten sein" hinsichtlich der Klärung des innerstaatlichen Rechts und der Spruchpraxis der Gerichte des ersuchenden Staates. Dadurch, dass das OLG diese Aufklärung unterlassen hatte, könnte der gebotene Rechtsschutz nicht „im gehörigen Maße gewährt" worden sein. Dieses Gebot sollte nach Ansicht des BVerfG in diesem Fall aus Art. 19 Abs. 4 und Art. 103 Abs. 1 GG folgen. Während also (auch in diesem Fall) das OLG auf das Vorbringen des Beschwerdeführers nur knapp eingegangen war und das BVerfG eine andere Tatsachenlage für möglich hielt, sobald nähere Sachverhaltsermittlungen zur Lage im ersuchenden Staat aufgenommen würden, sah das BVerfG darin eine mögliche Verletzung des Verfolgten in seinen Rechten nicht nur aus Art. 103 Abs. 1 GG, sondern hier auch Art. 19 Abs. 4 GG (i. V. m. dem deutschen *ordre public européen*), nicht aber in Art. 3 Abs. 1 GG.

Als ein anderer Beschwerdeführer vor dem zuständigen OLG mit einer Gegenvorstellung auf die Zulässigkeitserklärung seiner Auslieferung reagierte und dabei die unmenschlichen Haftbedingungen im ersuchenden Staat geltend machte, ohne dass das OLG „mit einem Wort [darauf einging]"[1108], sah eine Minderheit des entscheidenden Senats des BVerfG darin eine Verletzung der „verfassungsrechtlichen Pflicht zur Sachverhaltsaufklärung"[1109] des Fachgerichts. Diese

---

1106 BVerfGE 63, 332.

1107 Dieses und die beiden folgenden Zitate sind BVerfGE 63, 332 (337 f.), entnommen.

1108 BVerfGE 108, 129 (146).

1109 BVerfGE 108, 129 (145), während die Senatsmehrheit darin gar keine Grundrechtsverletzung sah, vgl. dazu *Kap. 6.3.*

Pflicht sollte in diesem Fall nur aus Art. 19 Abs. 4 GG (i. V. m. dem deutschen *ordre public international*) herrühren, und nicht etwa aus Art. 103 Abs. 1 GG oder Art. 3 Abs. 1 GG.

5.6.4.3 Art. 3 Abs. 1 GG i. V. m. dem deutschen ordre public international (i. V. m. Art. 20 Abs. 3 GG)

In der bereits erwähnten Auslieferungsentscheidung des BVerfG[1110], in der das Stichwort „Begründungstiefe" verwendet wurde, hatte sich das OLG nach Auffassung des Gerichts „nicht mit den einschlägigen innerstaatlichen Bestimmungen auseinandergesetzt, obwohl dies nach Lage des Falles geboten war" und außerdem das Vorliegen der Voraussetzungen eines Auslieferungshindernisses „verneint, ohne [dieses Subsumtionsergebnis] nachvollziehbar zu begründen". Der Beschluss des OLG lasse zudem „jede Auseinandersetzung damit vermissen, ob [überhaupt der Taterfolg einer Straftat] eingetreten ist". Des Weiteren hätte auch die Darstellung des Tatvorwurfs im Auslieferungsersuchen des betreffenden (europäischen) Staates präziser erfolgen müssen, das OLG hätte ihn so nicht hinnehmen dürfen. Das BVerfG sah allerdings in diesen in rechtlicher und tatsächlicher Hinsicht ungenügenden *Sachverhaltsaufklärungen* dieses Falles keine Verletzung des Verfolgten in Art. 19 Abs. 4 oder Art. 103 Abs. 1 GG, sondern in Art. 3 Abs. 1 GG i. V. m. dem Rechtsstaatsprinzip aus Art. 20 Abs. 3 GG (i. V. m. dem *deutschen ordre public européen*).

In einem weiteren Beschluss[1111] hob das BVerfG eine Zulässigkeitsentscheidung auf, weil das OLG sich mit den (rechts-)*tatsächlichen Voraussetzungen* eines Auslieferungshindernisses im ersuchenden (außereuropäischen) Staat unzureichend auseinandergesetzt und stattdessen Parallelen zu einem zuvor ähnlich entschiedenen Auslieferungsfall hatte ausreichen lassen. Der Beschwerdeführer habe aber in seiner Gegenvorstellung beim OLG zu Recht geltend gemacht, dass die beiden Fälle nicht vergleichbar seien. In dieser Gegenvorstellung hatte das OLG ausdrücklich nichts Neues gesehen und sie daher für unbeachtlich gehalten. Dass sich das OLG mit diesem Vorbringen des Beschwerdeführers nicht weiter auseinandersetzte und keine gegebenenfalls dem *entgegenstehenden (Rechts-)Tatsachen ermittelte*, wertete das BVerfG nun abermals nicht als Verstoß gegen Art. 103 Abs. 1 oder Art. 19 Abs. 4 GG, sondern gegen das Verbot willkürlicher Entscheidungen gemäß Art. 3 Abs. 1 GG (i. V. m. dem deutschen *ordre public international*).

1110 BVerfGK 16, 283.

1111 BVerfG, 20.11.2014, BeckRS 2014, 59254.

5.6.4.4 Verfahrensgewährleistungen des materiellen Grundrechts selbst

Einen noch anderen Weg schlug das BVerfG ein,[1112] als ein Auszuliefernder „konkrete, grundsätzlich überprüfbare Tatsachen vorgetragen und Beweismittel" für das Vorliegen der Voraussetzungen eines Auslieferungshindernisses angeboten hatte, „die so erheblich sein können, daß mindestens eine nähere Auseinandersetzung damit in der angegriffenen Entscheidung erforderlich gewesen wäre", das OLG aber gleichwohl die Auslieferung an den betreffenden (europäischen) Staat ohne weitere Nachforschungen für zulässig erklärte. Hierin sah das BVerfG eine Verletzung von Verfahrensgewährleistungen, die sich *direkt aus dem materiellen Grundrecht* herleiten ließen, das einer Auslieferung entgegenstehe (im fraglichen Fall sollte dies nicht der deutsche *ordre public européen* sein, sondern das Asylrecht gemäß Art. 16 Abs. 2 S. 2 GG damaliger Fassung). In einer weiteren, inhaltlich ähnlich gelagerten Entscheidung[1113] stellte das BVerfG ebenfalls allein auf die „verfahrensrechtliche Bedeutung" der materiell-rechtlichen Bestimmung des Art. 16 Abs. 2 S. 2 GG a. F. ab. Aus dieser erwachse für das OLG die Pflicht „bei Prüfung der Zulässigkeitsvoraussetzungen der Auslieferung insbesondere ihm mögliche Ermittlungen" zur Aufklärung einer behaupteten drohenden Grundrechtsbeeinträchtigung des Betroffenen zu veranlassen. „Hierzu gehört auch die Prüfung der Frage, wie die tatsächlichen und rechtlichen Verhältnisse in dem ersuchenden Staat beschaffen sind [...]."

Als ein Verfolgter dem OLG die Voraussetzungen eines Auslieferungshindernisses darlegte, das durch Ermittlungsakten der Generalstaatsanwaltschaft und den aktuellen Lagebericht des Auswärtigen Amtes zu dem ersuchenden (europäischen) Staat bestätigt wurde, hätte daraufhin das OLG „die Tatsachenbehauptungen [...] überprüfen oder sich zumindest mit diesem Vortrag näher auseinander[...]setzen"[1114] müssen. Stattdessen war es „auf diesen Vortrag des Beschwerdeführers nicht eingegangen", obwohl dieser seinen Vortrag durch zwischenzeitlich gewonnene Erkenntnisse – darunter auch verwaltungsgerichtliche Entscheidungen im Abschiebungsverfahren in seinem Sinne – ergänzt hatte. Die Grundrechtsverletzung trat zudem dadurch ein, dass das OLG auch keine weiteren Schritte unternahm, um die Einwände des Verfolgten gegen die Auslieferung zu verifizieren. Das OLG habe „den Maßstab fachgerichtlich verlangter Sachverhaltsaufklärung nicht hinreichend beachtet", der aus dem deutschen *ordre public européen* erwachse und „die Gerichte mithin auch verpflichtet, der Frage nachzugehen, ob die Beachtung [des Gebots, niemanden einer *ordre-public*-widrigen Behandlung auszusetzen] durch die Behörden des ersuchenden Staats in rechtlicher

---

1112 BVerfGE 63, 197.

1113 BVerfGE 63, 215.

1114 BVerfG, NStZ 2001, S. 204.

und tatsächlicher Hinsicht gewährleistet ist".[1115] Auch in diesem Fall entnimmt das BVerfG die Anforderungen an die Verfahrensgestaltung also direkt den Gewährleistungen eines materiellen Grundrechts.

5.6.4.5 Kritik an der Kritik: Widersprüchlichkeiten und Lücken

Den Entscheidungen des BVerfG, die Zulässigkeitsentscheidungen der OLG im Auslieferungsverfahren betrafen, lassen sich nur schwerlich übereinstimmende verfassungsrechtliche Anforderungen an das Vorgehen der Gerichte (und damit auch der Bewilligungsbehörden) entnehmen.[1116] Dies ließe sich noch ein Stück weit nachvollziehen, wenn es nur die Gegenüberstellung von stattgebenden und zurückweisenden Entscheidungen beträfe, so dass das BVerfG also gerade bemüht gewesen sein müsste, auf Unterschiede gegenüber anders entschiedenen Sachverhalten abzustellen. Aber auch wenn man nur jene Entscheidungen unter systematischen Gesichtspunkten betrachtet, die im Sinne des Verfolgten die vorangegangene Zulässigkeitsentscheidung aufgehoben haben, bereitet es bereits Schwierigkeiten, eine einheitliche normative Anknüpfung für Grundrechtsverletzungen herauszufiltern,[1117] selbst wenn die prozessualen Versäumnisse der jeweiligen vorbefassten OLG nach Ansicht des BVerfG deckungsgleich sind. Soweit ersichtlich bedient sich das BVerfG bislang vier verschiedener normativer Anknüpfungen, um die nicht ausreichende Ermittlung von und Auseinandersetzung mit Tatsachen durch das OLG für dessen Zulässigkeitsentscheidung verfassungsrechtlich zu fundieren: Das BVerfG bemüht entweder Art. 103 Abs. 1 GG, Art. 19 Abs. 4 GG oder Art. 3 Abs. 1 GG (teilweise i. V. m. Art. 20 Abs. 3 GG), jeweils i. V. m. einem materiellen Grundrecht, oder leitet Verfahrensanforderungen aus dem materiellen Grundrecht direkt ab.

Diese Uneinheitlichkeit lässt sich nicht mit dem in ständiger Rechtsprechung formal etablierten wie im Einzelnen umstrittenen reduzierten Prüfungsmaßstab erklären, mit dem das BVerfG selbst seine Überprüfung auf die Verletzung „spezifischen Verfassungsrechts" beschränkt: Dieses „spezifische Verfassungsrecht" enthält zwar sowohl die Gewährleistung willkürfreier Entscheidungen als auch die der Justizgrundrechte als auch die der grundlegenden Bedeutung der Schutzreichweite einzelner Grundrechte.[1118] Es sollte im Interesse einer Vorhersehbarkeit und Operationalisierung der vom BVerfG zu erarbeitenden verfassungsrechtlichen Kriterien aber nicht das beliebige Hinzuziehen des einen oder des anderen

1115 BVerfG, NStZ 2001, S. 204.

1116 So auch *Lagodny* 2012, § 73 Rn. 99: „Unklar sind aber die Anforderungen an die Aufklärungspflicht des OLG."

1117 Zu diesen Schwierigkeiten losgelöst vom Auslieferungsrecht näher auch *Schmidt-Aßmann* 2014, Art. 103 Abs. 1 Rn. 7 f., 11.

1118 Vgl. dazu schon *Kap. 5.5.3.*

Teilaspekts bedeuten.[1119] Zudem lässt sich also auch für den Bereich der Entscheidungen zu Auslieferungssachverhalten bemängeln, dass das BVerfG die den fachgerichtlichen Entscheidungen zugrundeliegenden Tatsachen in unterschiedlicher und jeweils kaum vorhersehbarer Detailtiefe überprüft, oder sich mit dem Verweis auf die fehlende Verletzung „spezifischen Verfassungsrechts" umgekehrt einer Überprüfung verweigert.[1120]

Der beschriebenen Vielzahl an scheinbar unterschiedslos heranzuziehenden Grundrechtspositionen schließlich entspricht es, dass sich den Auslieferungsentscheidungen des Gerichts auch nur ein lückenhaftes Bild an prozessualen Anforderungen für die Überprüfung der tatsächlichen und rechtstatsächlichen Voraussetzungen eines Auslieferungshindernisses entnehmen lässt. Dieses Bild gilt es zu vervollständigen:

5.6.5 Effektivierung materieller Gewährleistungen durch ein evidenzbasiertes Auslieferungsverfahren

5.6.5.1 Vorbemerkung

Wenn im Auslieferungsverfahren festgestellt werden soll, ob den Verfolgten im ersuchenden Staat Art.-3-EMRK-widrige Haftbedingungen erwarten, und ihm für diesen Fall davor wirksam Rechtsschutz gewährt werden soll, dann kann für eine solche Beurteilung nur die ausländische Rechts- und Verfahrens*wirklichkeit* maßgeblich sein.[1121] Zweifellos können sich Sachverhaltsfeststellungen in fremden Ländern für deutsche OLG schwierig gestalten, von Verwaltungsgerichten (VG) müssen diese Schwierigkeiten aber in Asylverfahren auch regelmäßig bewältigt werden, so dass diese Anforderung keine unüberwindbare Hürde darstellen kann.[1122] Die OLG müssen also Gegebenheiten in rechtlicher und tatsächlicher Hinsicht feststellen und sich mit diesen Feststellungen auseinandersetzen. Das deutsche Verfahrensrecht als Ausformung prozessualer wie auch Absicherung materieller Grundrechtsgewährleistungen stellt an die Gerichte dabei gewisse Anforderungen (*Kap. 5.6.5.2* bis *Kap. 5.6.5.6*), deren Einhaltung sichergestellt werden muss (*Kap. 5.6.5.7*).

1119 So grundsätzlich auch *Schmidt-Aßmann* 2014, Art. 103 Abs. 1 Rn. 6.

1120 Vgl. zu dieser Beobachtung auch allgemein *Pieroth u. a.* 2014, Rn. 1282: „Letztlich gilt, dass das BVerfG überprüft, was es überprüfen will, und was es nicht überprüfen will, nicht überprüft."; dem folgend *Bilz* 2014, S. 135: „gewisse Beliebigkeit des Prüfungsmaßstabs".

1121 Vgl. schon *Kreppel* 1965, S. 104; BT-Drs. 9/1338, S. 27; zusätzlich hervorgehoben u. a. von *Vogel* 2009, § 73 Rn. 23; in der Rspr. z. B. von OLG Frankfurt, NStZ 2008, S. 166.

1122 So ausdrücklich BVerfGE 63, 215 (227 f.); auf diesen Umstand weisen auch bereits *Kreppel* (1965, S. 176) und *Zöbeley* (1983, S. 1707) hin.

In der Literatur wird teilweise vertreten, verbunden mit dem vom BVerfG herangezogenen Begriff von der erforderlichen Begründungstiefe[1123] seien „klare verfahrensrechtliche Anforderungen"[1124] für das Auslieferungsrecht geschaffen worden. In der Tat bieten die Ausführungen des BVerfG in jener Entscheidung einige gute Ansatzpunkte, die sich für grundrechtsschützende Vorgaben an das Auslieferungsverfahren fruchtbar machen lassen. Gleichwohl bedürfen sie der Ergänzung. Im Verfahren über die Zulässigkeitsentscheidung gelten keine besonderen, vor allem nicht geringeren prozessualen Grundrechtsgewährleistungen als in anderen gerichtlichen Verfahren, die zu Grundrechtseingriffen führen können.[1125] Daher wird hier im Folgenden versucht, die bestehenden Lücken der verfassungsrechtlichen Anforderungen an das Auslieferungsverfahren durch Erwägungen zu schließen, die zu thematisch verwandten prozessualen Fragestellungen angestellt wurden und die aufgrund ihrer grundrechtsbezogenen Ähnlichkeit übertragbar sind.

Um einzelne Anforderungen der Verfassung an das Verfahren und differenzierte Schutzmechanismen konturieren zu können, ist es zudem notwendig, die jeweilige Verfahrenspflicht einer konkreten Norm zuzuordnen, statt alles als „Gebot effektiver Rechtsverfolgung" zu vermengen.[1126] Anhand des Schwerpunkts des jeweiligen Regelungsbereichs werden sich auch die vom BVerfG uneinheitlich herangezogenen Grundrechtsverbürgungen den einzelnen Verfahrenspflichten zuordnen lassen. Indem einzelnen materiellen Grundrechten konkrete Verfahrensanforderungen zugeordnet und sie als solche überhaupt erst erkennbar gemacht werden, können diese verschiedenen Verfahrensgewährleistungen jedenfalls im Auslieferungsverfahren auch konstruktiv zusammenwirken. Eine für den Grundrechtsschutz sonst zu befürchtende Zersplitterung der verfahrensrechtlichen Garantien durch die Zuordnung zu einzelnen materiellen Grundrechten wird dadurch nicht herbeigeführt.[1127]

1123 BVerfGK 16, 283.

1124 *Lagodny* 2012, § 32 Rn. 4a.

1125 Aus der Literatur statt vieler *Hofmann* 1994, S. 264; ausdrücklich betont für Rechtsschutz bei Vollstreckung eines EuHb *Gärditz* 2013b, Rn. 29; *ders.* 2013a, Fn. 302, mit Verweis auf BVerfGE 113, 273 (299).

1126 *Schmidt-Aßmann* 2014, Art. 103 Abs. 1 Rn. 6, sowie auch zum folgenden Abgrenzungskriterium.

1127 Vgl. zu diesen Befürchtungen bezogen auf das Verfahrensrecht *Möller* 2004, S. 36 f.

5.6.5.2 Ausgangspunkt: Sachverhaltsaufklärung und -würdigung als Dreh- und Angelpunkt eines verfassungskonformen Auslieferungsverfahrens

Im Auslieferungsverfahren bestimmen sich Art und Umfang der Sachverhaltsfeststellung nach pflichtgemäßem Ermessen des Gerichts.[1128] Eine dieses Ermessen begrenzende Pflicht ergibt sich aus dem Amtsermittlungsgrundsatz im Auslieferungsverfahren. Aus ihm erwächst dem OLG eine Pflicht zur Sachverhaltsaufklärung, deren Verletzung zugleich eine Verletzung des Grundrechts auf effektiven Rechtsschutz gemäß Art. 2 Abs. 1 GG i. V. m. dem Rechtsstaatsprinzip gemäß Art. 20 Abs. 3 GG darstellt: Das Fachgericht darf sich in seinen prozessrechtlichen Möglichkeiten nicht dergestalt selbst beschränken, dass ihm eine fallangemessene rechtliche und tatsächliche Prüfung nicht möglich ist.[1129] Das Leitmotiv der Sachverhaltsaufklärung muss auch im Auslieferungsverfahren sein, dass die materiellen Rechte des Betroffenen durch die Verfahrensgestaltung nicht unterlaufen werden, sondern durch Art und Umfang der Tatsachenfeststellung der effektive gerichtliche Schutz der Rechts des Verfolgten sichergestellt wird.[1130] Erst die größtmögliche Vollständigkeit und Bestimmtheit der Sachverhaltsaufklärung bezüglich der Strafvollzugsumstände eröffnen die Möglichkeit einer dem betroffenen Grundrecht angemessenen gerichtlichen Überprüfung. Der Amtsermittlungsgrundsatz verpflichtet also zur Ausschöpfung der Möglichkeiten des Freibeweisverfahrens.[1131] Namentlich der Grundsatz der menschenwürdigen Behandlung im Strafvollzug, dessen Beachtung im Auslieferungsverfahren tatsächlich und rechtlich gewährleistet sein muss, setzt eine hinreichend präzise Aufklärung der Strafvollzugsbedingungen voraus, soll er nicht ins Leere laufen.[1132]

5.6.5.3 Ohne Berücksichtigung des Verfolgtenvortrages kein Grundrechtsschutz

Insbesondere wenn der Verfolgte Angaben zu möglichen menschenrechtswidrigen Haftbedingungen im ersuchenden Staat macht – was regelmäßig zumindest dann der Fall sein wird, wenn die Haftbedingungen dort entsprechend schlecht sind, weil es kein Verfolgter, der seine Auslieferung verhindern möchte, auslassen

---

1128 BVerfG, 22.06.1992 – 2 BvR 1901/91.

1129 StRspr. grundsätzlich zur Rechtsschutzgewährung, so BVerfG, NStZ 1995, S. 450; BVerfGK 4, 119 (127 f.); BVerfGE 101, 275 (294 f.); BVerfG, EuGRZ 2014, S. 697.

1130 Für das Auslieferungsverfahren so ausdrücklich betont von BVerfGE 108, 129 (145) – Sondervotum der Richter *Sommer* und *Lübbe-Wolff*.

1131 BVerfG, EuGRZ 2014, S. 697.

1132 Als Weiterentwicklung von BVerfGK 16, 283 (291).

wird, sich darauf zu berufen – muss das Fachgericht dem mit Hilfe aller ihm im Freibeweisverfahren zur Verfügung stehenden Mittel nachgehen. Die Ausschöpfung der Möglichkeiten des Freibeweisverfahrens beinhaltet zunächst, dass hinsichtlich möglicher menschenrechtswidriger Haftbedingungen einzelfallspezifisch[1133] Nachforschungen nicht nur auf Anlass entsprechenden Vorbringens des Verfolgten,[1134] sondern auch anlässlich allgemein-, akten- oder gerichtskundiger Anhaltspunkte vorzunehmen sind.[1135] An das Vorbringen des Verfolgten dürfen dabei keine überzogenen Ansprüche formuliert werden, um es als Anlass weiterer Nachforschungen und auch als Beweismittel in die Überzeugungsbildung aufzunehmen.[1136] Wenn der Verfolgte Umstände in „geradliniger, folgerichtiger, widerspruchsfreier, konkreter, anschaulicher und detailreicher Schilderung glaubhaft vorträgt"[1137], ist diese Schilderung umso berücksichtigenswerter, sie darf aber nicht den Ermittlungsumfang beschränken oder dieser Kriterienkatalog eine qualitative Untergrenze für Erkenntnismittel bilden.[1138] Auch darf die Bestätigung der Tatsachenschilderung des Auszuliefernden durch Ermittlungsakten der Generalstaatsanwaltschaft keine Voraussetzung für die Auseinandersetzung mit jenen Schilderungen sein, sondern sie bietet nur umso mehr Anlass für weitere Ermittlungen.[1139] Erscheinen dem OLG die Ausführungen des Verfolgten lückenhaft, so sollte es ihm Gelegenheit geben, dazu Stellung zu nehmen. Erwidert der Verfolgte diese Kritik mit vertieften Ausführungen zu den tatsächlichen Voraussetzungen des fraglichen Auslieferungshindernisses, so muss das Gericht diese Ausführungen beachten.[1140] Beweisangeboten des Verfolgten ist nachzugehen.[1141] Versäumt es also das OLG, das Vorbringen des Verfolgten entsprechend zu berücksichtigen, liegt allein darin schon eine Verletzung des Art. 103 Abs. 1 GG,[1142] der innerhalb eines Verfahrens eine besondere Rechtsstellung des Ver-

---

1133 BVerfGE 108, 129 (145) – Sondervotum der Richter *Sommer* und *Lübbe-Wolff*, mit Verweis auf BVerfGE 59, 280 (282); 63, 332 (337 f.).

1134 Dazu ist ihm in jedem Verfahrensstadium sachgemäß, zweckentsprechend und erschöpfend Gelegenheit zu geben, so *Lagodny* 2012, § 32 Rn. 8.

1135 *Vogel* 2009, § 73 Rn. 123.

1136 *Gärditz* 2013a, Rn. 73.

1137 OLG Stuttgart, NStZ-RR 2007, S. 274.

1138 *Alleweldt* 1996, S. 84, anhand vermeintlich oder tatsächlich widersprüchlichen oder unvollständigen Vorbringens in Verfahren vor dem EGMR.

1139 Vgl. dazu BVerfG, NStZ 2001, S. 204.

1140 BVerfGK 6, 334 (341).

1141 BVerfG, 22.06.1992 – 2 BvR 1901/91.

1142 So auch *Lagodny* 2012, § 30 Rn. 7; *Vogel* 2009, § 73 Rn. 124.

folgten durch die Gewährleistung bestimmter Verfahrensbestandteile sicherstellen soll.[1143]

5.6.5.4 Vertrauen ist gut, Kontrolle ist notwendig

Darüber hinaus muss der Umstand, dass es selbst EU-Staaten nicht gelingt, Art. 3 EMRK lückenlos zu gewährleisten,[1144] für sich genommen einen *weiteren Anlass* bilden, gezielt hinsichtlich des betreffenden ersuchenden Staates einschlägige Erkenntnisquellen hinzuzuziehen,[1145] gleich um welchen Staat es sich dabei handelt und welche Wertegemeinschaft die Bundesrepublik mit diesem Staat verbindet. Dem dürfen auch nicht etwaige Vermutungsregeln entgegenstehen, die von der Rechtsprechung teilweise gegenüber fremden Staaten angewandt werden,[1146] die entweder Rechtsstaaten sind oder zumindest an Menschenrechtsabkommen völkerrechtlich gebunden sind oder gar einfach nur am Rechtshilfeverkehr teilnehmen.[1147] Diese Vermutungsregeln dürfen nicht die Tatsachenerhebung ersetzen, sondern umgekehrt erst dann eine eigene Bedeutung als Beweiserleichterung erhalten, wenn vorherige Tatsachenerhebungen zur Strafvollzugswirklichkeit in dem ersuchenden Staat keine anderslautenden Ergebnisse erbracht haben. Insbesondere dürfen Vermutungen über die Wirklichkeit nicht von Rechts wegen jeder Widerlegung durch Tatsachenermittlungen entzogen sein.[1148] Andernfalls verweigert das Fachgericht dem Verfolgten eine „von Rechtsstaats wegen geforderte Überprüfung erheblicher Tatsachen"[1149]. Da es sich hier um eine Nachforschungspflicht losgelöst vom Vortrag des Verfolgten handelt, rührt sie nicht aus Art. 103 Abs. 1 GG her. Ebenso wenig betrifft sie schwerpunktmäßig die Rechtswegeröffnung an sich und lässt sich damit auch nicht aus Art. 19 Abs. 4 GG herleiten. Die eigenständige Ermittlung ermöglicht stattdessen erst die dem betroffenen Grundrecht angemessene gerichtliche Überprüfung der Rechts- und Sachlage, daher ist das OLG zu dieser Ermittlung

---

1143 *Schmidt-Aßmann* 2014, Art. 103 Abs. 1 Rn. 7 m. w. N.

1144 Vgl. nur *Kap. 5.9.8.1* und *Kap. 6.4.4.*

1145 Vgl. zu den möglichen Erkenntnisquellen *Kap. 5.9.*

1146 Vgl. dazu *Kap. 5.6.2.2.*

1147 Vgl. kritisch zu dieser Praxis der Rechtsprechung etwa *Vogel* 2009, § 73 Rn. 117 m. w. N.

1148 BVerfGE 108, 129 (149) – Sondervotum der Richter *Sommer* und *Lübbe-Wolff*; zustimmend *Vogel* 2004a, S. 145; a. A. aber die Senatsmehrheit des BVerfG in der zitierten Entscheidung.

1149 BVerfG, EuGRZ 2014, S. 697.

verpflichtet, um das Recht auf effektiven Rechtsschutz gemäß Art. 2 Abs. 1 GG i. V. m. dem Rechtsstaatsprinzip gemäß Art. 20 Abs. 3 GG zu verwirklichen.[1150] Hinzu tritt, dass im Auslieferungsverfahren die Ermittlungsanforderungen umso strenger sind, je schwerer die fragliche Grundrechtsverletzung wiegen würde.[1151] Unzulängliche Haftbedingungen als Verletzungen von Art. 3 EMRK verletzen die Menschenwürde und bewirken elementare physische wie psychische Persönlichkeitsverletzungen.[1152] Gemessen an diesem Schweregrad der drohenden Grundrechtsverletzung sind die Ermittlungsanforderungen daher sehr streng.

5.6.5.5 *Prozessuale Auswirkungen der Völkerrechtsfreundlichkeit*

Die den Verfolgten begünstigende Kehrseite der Völkerrechtsfreundlichkeit des Grundgesetzes[1153] hat auch eine prozessuale Komponente. In einem der Achtung der Menschenwürde verpflichteten Auslieferungsverfahren muss eine Auslieferungsentscheidung auf Grundlage sorgfältig ermittelter Einschätzungen der Verhältnisse im ersuchenden Staat beruhen. Soll die Auslieferungsentscheidung also evidenzbasiert erfolgen, so sind die möglichen Erkenntnisquellen auszuschöpfen, gegebenenfalls anschließend auch zu gewichten. Das umfasst wiederum die Erkenntnisse all jener Akteure eines zwischen- und überstaatlichen Netzwerkes des Menschenrechtsschutzes. Werden sie zur Tatsachenermittlung der Zustände im ersuchenden Staat hingegen ausgeblendet, kann das auf eine den grundrechtlichen Anforderungen nicht genügende Berücksichtigung vorhandener Erkenntnisse hindeuten. Die Menschenwürdegarantie, gestützt durch das Prinzip der völkerrechtsfreundlichen Auslegung des Grundgesetzes, modifiziert folglich den Katalog an Erkenntnisquellen. Um über die tatsächlichen Haftumstände Feststellungen treffen zu können, muss das OLG daher Erkundigungen auch jenseits der formellen Rechtslage in dem ersuchenden Staat und der Auskünfte der deutschen diplomatischen Vertretung vor Ort einholen, indem es u. a. strafvollzugswissenschaftliche Erkenntnisse und Berichte von Folterpräventionsmechanismen wie dem CPT hinzuzieht.[1154]

1150 In Anbindung an *Kap. 5.6.5.2.*

1151 *Wolff* 2004, S. 156; aus der Rspr. BVerfGE 70, 297 (310); BVerfGK 19, 428 (433); angewendet auf das Auslieferungsverfahren von BVerfG, 20.11.2014, BeckRS 2014, 59254.

1152 Vgl. dazu die Befunde zu den einzelnen Ausprägungen menschenunwürdiger Haftbedingungen in *Kap. 4.*

1153 Vgl. zum Folgenden *Kap. 4.2.4,* außerdem BVerfGE 116, 69 (87 ff.).

1154 So auch *Morgenstern* 2013, Rn. 44.

5.6.5.6 Sachverhaltswürdigung als Ausfluss der materiellen Grundrechtsgewährleistung

Die in den Ermittlungen zusammengetragenen (Rechts-)Tatsachen sind in die Entscheidungsfindung mit einzubeziehen und angemessen zu würdigen. Dieser Schritt ermöglicht es erst, die materiellen Gewährleistungen des deutschen *ordre public international* zu effektuieren. Daher folgt diese Pflicht zur Auseinandersetzung mit den erhobenen Tatsachen aus der einschlägigen materiellen Gewährleistung selbst.

5.6.5.7 Prozessuale Gewährleistung dieser Anforderungen durch eine hinreichende Begründungstiefe

Wie aber kann die Einhaltung dieser Anforderungen an die gerichtliche Sachverhaltsermittlung und -würdigung bei der Überzeugungsbildung sichergestellt werden? Schließlich kann das Gericht eine entsprechende tatsachenbezogene Ermittlung und inhaltliche Auseinandersetzung mit diesen Tatsachen auch behaupten, ohne sie tatsächlich vorgenommen zu haben, um seine wahren Entscheidungsgesichtspunkte zu verschleiern.

An dieser Stelle ist nur eine mittelbare Kontrolle über die Art und die Tiefe der Begründung der Entscheidung möglich. Aus dem Gebot einer effektiven prozessualen Absicherung von Grundrechten folgen daher gesteigerte Anforderungen an diese Begründung.[1155] Der hohe Rang der materiellen Grundrechtspositionen, die als Ausformung der Menschenwürdegarantie den jeweils einschlägigen deutschen *ordre public international* bilden, verlangt dabei ein Mindestmaß an Präzision sowohl bei der Erfassung von als auch bei der Auseinandersetzung mit den für die Entscheidung maßgeblichen Teilaspekten,[1156] das durch die Begründungstiefe zum Ausdruck zu bringen ist. Die erforderliche Begründungstiefe kann das OLG nämlich nur wahren, wenn es sich bei der zu treffenden Entscheidung tatsachenbasiert mit den positiven und negativen Auslieferungsvoraussetzungen vorab eingehend auseinandersetzt, während eine unzureichende Begründungstiefe – zumindest auch[1157] – auf eine mangelnde „Ermittlungstiefe" und / oder Sachverhaltswürdigung schließen lässt. Wenn die Mindesterfordernisse an die Begründungstiefe gewahrt sind, bedeutet dies hingegen, dass das OLG die Anforderungen an die Sachverhaltsaufklärung und -würdigung gewahrt haben muss. Die Art und die Tiefe der Begründung der richterlichen Entscheidung (= *Begründungstiefe*) lassen also darauf schließen, ob das OLG seinen Pflichten aus dem

---

1155 BVerfGK 19, 428 (433), anhand einer Haftfortdauerentscheidung.

1156 BVerfGK 16, 283 (288 f.).

1157 Zu weiteren Möglichkeiten vgl. *Kap. 6.5.*

Amtsermittlungsgrundsatz zur Ausschöpfung der Möglichkeiten des Freibeweis-verfahrens nachgekommen ist (= *Sachverhaltsaufklärung*) und sich in gebotenem Maße mit den Ermittlungsergebnissen auseinandergesetzt hat (= *Sachverhalts-würdigung*).

Die Entscheidung muss daher sowohl aktuelle Ausführungen zum Vorliegen der Tatbestandsmerkmale möglicher Auslieferungshindernisse – für diese Erörte-rung relevant: insbesondere der in Aussicht stehenden Haftbedingungen – als auch zur Abwägung der der Auslieferung gegenüberstehenden Grundrechtspo-sitionen des Verfolgten enthalten. Die Ausführungen müssen dem Verfolgten nach ihrem Inhalt und ihrem Umfang eine Überprüfung der Abwägungsergeb-nisse ermöglichen. Dabei dient die schlüssige und nachvollziehbare Auseinander-setzung mit den (Rechts-)Tatsachen nicht nur der Transparenz nach außen, son-dern auch der Eigenkontrolle des OLG.[1158] Sie ermöglicht es den Richtern, ihre Ermittlungsarbeit kritisch zu reflektieren.

Fehlt es der Zulässigkeitsentscheidung des OLG also bereits von vornherein an einer solchen Begründung, so genügt die Entscheidungsfindung schon nicht den Verfahrensanforderungen, die direkt aus den Gewährleistungen des einschlä-gigen deutschen *ordre public international* erwachsen. Demgegenüber sind die Vorgaben der Willkürkontrolle anhand von Art. 3 Abs. 1 GG zu grobma-schig,[1159] wenn sie nur auf Plausibilitäts- und Evidenzerwägungen abstellen.[1160] Um die Wertungen des deutschen *ordre public international* in gebotenem Maße zu entfalten und die Vorgaben des rechtswissenschaftlichen Diskurses an die Art und die Tiefe der Entscheidungsbegründung herausarbeiten zu können, ist daher nicht auf Art. 3 Abs. 1 GG, sondern auf die Gewährleistungen jenes Bestandes an materiellen Grundrechten zurückzugreifen.

5.7 Prozessrechtsgrundsätze vor dem EGMR

5.7.1 Bedeutung der EGMR-Prozessrechtsgrundsätze für das deutsche Auslieferungsverfahren

Der EGMR agiert aufgrund seines eigenen Prozessrechts, das sich nicht unmittel-bar auf die Prozessrechtsordnung der Mitgliedstaaten auswirkt. Auch betont er immer wieder, dass es nicht in seine Kompetenz falle, den EMRK-Staaten pro-

---

1158 BVerfGK 7, 421 (429 f.); 8, 1 (5); 15, 474 (481 f.); 19, 428 (433 f.).

1159 Vgl. schon *Kap. 5.6.3.*

1160 Kritisch zu einer solchen Verwendung des Art. 3 Abs. 1 GG anstelle der Entfaltung der Wertungen des (materiellen) Einzelgrundrechts auch die h. M., vgl. nur *Schmidt-Aß-mann* (2014, Art. 103 Abs. 1 Rn. 11 m. w. N.) anhand des Verhältnisses zu Art. 103 Abs. 1 GG.

zessuale Vorgaben zu machen.[1161] Allerdings kann die positive Auslieferungs-entscheidung deutscher Hoheitsträger potenziell den Gegenstand einer Individualbeschwerde vor dem EGMR bilden, so dass die Ermittlungsergebnisse des Auslieferungsverfahrens auch zu möglicherweise unzulänglichen Haftbedingungen im ersuchenden Staat der Nachprüfung durch den EGMR unterliegen. Da wiegt es umso schwerer, dass der Gerichtshof den Aufenthaltsstaat in der Pflicht sieht, den Sachverhalt sorgfältig zu ermitteln und die vorhersehbaren Folgen der beschwerdegegenständlichen Aufenthaltsbeendigung in die eigene Entscheidungsfindung mit einzubeziehen.[1162] Dabei räumt der EGMR dem Staat keinen Beurteilungsspielraum (*margin of appreciation*)[1163] ein, wenn es um die Einschätzung der drohenden Strafvollzugsumstände geht. Bei der Entscheidung über Auslieferungssachverhalte setzt er seine Prognose durchweg an die Stelle derjenigen der befassten Behörden. Das gilt auch dann, wenn er etwaige besondere Sachkenntnis und Erfahrung dieser Behörden aus vorangegangenen Auslieferungssachverhalten betreffend den konkreten ersuchenden Staat ausdrücklich anerkennt.[1164] Die Berücksichtigung einer solchen von Erfahrung getragenen Prüfung der Behörden des ersuchten Staates bewirkt jedoch nicht, dass der EGMR dem Prüfergebnis anstandslos folgt, sondern nur, dass ein notwendiger Schritt getan ist, um zu einem sachgerechten Ergebnis zu gelangen.[1165] Der Gerichtshof

---

1161 EGMR (GK), 09.07.2013 – 66069/09, 130/10 und 3896/10 (*Vinter u. a. vs. Vereinigtes Königreich*), Rn. 120.

1162 StRspr., vgl. nur EGMR (GK), 04.02.2005 – 46827/99 und 46951/99 (*Mamatkulov und Askarov vs. Türkei*), Rn. 69; zusammenfassend *Lorz/Sauer* 2010, S. 401 m. w. N. aus der Rechtsprechung.

1163 Vgl. *Kromrey* und *Morgenstern* (2014, S. 712) anhand von EGMR, 04.09.2014 – 140/10 (*Trabelsi vs. Belgien*). Der Begriff der „*margin of appreciation*" ist im Kontext der EGMR-Rechtsprechung allerdings mehrfach besetzt. So erkennt der Gerichtshof eine solche *margin* der Mitgliedstaaten durchaus an (zur deren Bedeutung in der Entscheidungsfindung des EGMR *Nußberger* 2012, S. 205 ff.) wenn es z. B. darum geht, konkrete Verfahrenselemente zu regeln (vgl. *Kromrey/Morgenstern* 2014, S. 709) oder horizontale Grundrechtskollisionen zu lösen (vgl. *Grabenwarter* 2011, S. 230 f., mit Nennung von Anwendungsbereichen). Der vom EGMR verwendete Ausdruck „*margin of appreciation*" erstreckt sich also – nach deutscher Terminologie – sowohl auf den verwaltungsprozessualen Beurteilungsspielraum der Verwaltung als auch auf den verwaltungsprozessualen Ermessensspielraum der Verwaltung als auch auf die Einschätzungsprärogative von Gesetzgeber und Exekutive.

1164 Diese in EGMR, 30.10.1991 – 13163/87, 13164/87, 13165/87, 13447/87, 13448/87 (*Vilvarajah u. a. vs. Vereinigtes Königreich*) zum Ausdruck kommende Haltung hat *Hailbronner* (1999, S. 618) annehmen lassen, es bestehe doch „eine Art Beurteilungsspielraum" des ersuchten Staates.

1165 *Alleweldt* 1996, S. 86-88; dem ausdrücklich folgend *Lorz/Sauer* 2010, S. 395.

kann also auch zu einer anderen Auffassung kommen und sie seiner Entscheidung zugrunde legen.[1166]

Um als OLG zu einer auch konventionskonformen Auslieferungsentscheidung zu kommen, ist also nicht nur die Beachtung der Auslegung der materiellen Konventionsgewährleistungen durch den EGMR vonnöten, sondern auch die Berücksichtigung der prozessualen Grundsätze des EGMR erforderlich, soweit sie die Sachverhaltsaufklärung betreffen.[1167] Mittelbar erhalten die prozessualen Grundsätze des EGMR also doch Einfluss auf die innerstaatliche Verfahrensgestaltung, indem die OLG sicherstellen müssen, nicht hinter die Standards zurückzufallen, mit denen der EGMR die materiellen Individualrechte prozessual abzusichern versucht.

5.7.2 Die auf Auslieferungssachverhalte angewendeten Prozessrechtsgrundsätze

Die Prozessrechtsgrundsätze, die der EGMR anwendet, gleichen weitgehend denen des deutschen Auslieferungsverfahrens; sie weichen jedoch auch in einigen Aspekten davon ab. Auch im Verfahren vor dem EGMR gelten der Amtsermittlungsgrundsatz[1168] als „verfahrensrechtliche Verlängerung"[1169] der materiellen Gewährleistungen des Art. 3 EMRK und das Freibeweisverfahren[1170]. Das erforderliche Beweismaß – also der Grad erforderlicher Überzeugung von einer entscheidungserheblichen Tatsache – handhabt der EGMR recht flexibel, verallgemeinerbare Aussagen lassen sich dazu kaum treffen.[1171] Auch der EGMR ist sich dessen bewusst, dass ein absoluter Nachweis im Sinne totaler Gewissheit unmöglich ist.[1172] Ebenfalls besteht beim Gerichtshof grundsätzlich das Bewusstsein, dass ein höheres gefordertes Beweismaß eher dazu führt, dass eine Entscheidung aufgrund nicht ausreichend ermittelbarer Tatsachen und damit nach der Zweifelsregel der objektiven Beweislast gefällt werden muss. Da diese objektive Beweislast – und hier besteht ein wesentlicher Unterschied zur Handhabung

---

1166 Vgl. auch *Villiger* 2005, S. 66 mit Beispielen.

1167 So auch *Lorz/Sauer* 2010, S. 391.

1168 *Meyer-Ladewig* 2011, Art. 38 Rn. 2; gleichwohl soll es dem Beschwerdeführer obliegen, Beweise beizubringen, vgl. nur EGMR (GK), 28.02.2008 – 37201/06 (*Saadi vs. Italien*), Rn. 128 f.

1169 *Wolff* 2004, S. 159.

1170 *Meyer-Ladewig* 2011, Art. 38 Rn. 11.

1171 Dazu *Lorz/Sauer* 2010, S. 394.

1172 *Villiger* 2005, S. 75; *Grabenwarter/Pabel* 2012, § 20 Rn. 44.

im deutschen Auslieferungsverfahren[1173] – vor dem EGMR grundsätzlich der Beschwerdeführer trägt,[1174] fällt die Entscheidung bei einem hohen erforderlichen Beweismaß also eher zu seinen Lasten.[1175] Um den menschenrechtssensiblen Gewährleistungen gerade des Art. 3 EMRK Rechnung tragen und diese effektuieren zu können, ist also das Beweismaß für diese Art von Konventionsverletzungen auch mit Blick auf die Beweisnöte des Verfolgten vorsichtig zu handhaben. Die Zuweisung der objektiven Beweislast an den Beschwerdeführer ist zwar legitim, sie sollte den Gerichtshof aber zu großen Anstrengungen bei der Sachverhaltsaufklärung verpflichten, um die für den Verfolgten schwerwiegenden Konsequenzen der objektiven Beweislast zu rechtfertigen.

Die Standardformulierung zum erforderlichen Beweismaß für Verletzungen des Art. 3 EMRK in Auslieferungsfällen lautet seit der *Söring*-Entscheidung, dass „begründete Tatsachen für die Annahme vorliegen [müssen], dass die betroffene Person nach ihrer Auslieferung einem realen Risiko" („*substantial grounds have been shown for believing that the person concerned, if extradited, faces a real risk*")[1176] einer Behandlung im Widerspruch zu Art. 3 EMRK ausgesetzt sein wird.[1177] Dazu wird in der Literatur teilweise unterschieden, es sei einerseits zu fragen, ob ein „reales Risiko" für die Misshandlung vorliege, und andererseits ob „begründete Tatsachen" für die Annahme eines realen Misshandlungsrisikos gegeben seien.[1178] Für die erste Frage lässt sich der EGMR-Rechtsprechung entnehmen, dass das „reale Risiko" auf oder sogar unterhalb der Schwelle einer 50-prozentigen Wahrscheinlichkeit liegen soll, d. h. dass das Gericht vom Vorliegen einer Tatsache nicht überzeugter sein muss als vom Nichtvorliegen dieser Tatsache.[1179] Für die „begründeten Tatsachen" finden sich noch weniger deutliche Konkretisierungen des damit Gemeinten, allgemeingültige Aussagen finden sich kaum.[1180] Verschiedenen Entscheidungen wird durch die Literatur zumeist entnommen, dass eher hohe Anforderungen an die Begründetheit derjenigen Tat-

---

1173 Vgl. *Kap. 5.6.2.3.*

1174 *Alleweldt* 1996, S. 83; *Lorz/Sauer* 2010, S. 394; *Meyer-Ladewig* 2011, Art. 38 Rn. 22; nach ähnlichen Erwägungen, aus denen heraus im deutschen Asylverfahren die objektive Beweislast dem Asylsuchenden zugewiesen wird (vgl. dazu *Kap. 5.6.2.3*).

1175 Dazu und zum folgenden Aspekt *Lorz/Sauer* 2010, S. 393-395.

1176 EGMR, 07.07.1989 – 1/1989/161/217 (*Söring vs. Vereinigtes Königreich*), Rn. 91.

1177 Vgl. auch ausführlich und anschaulich dazu *Alleweldt* 1996, S. 26 ff.

1178 *Lorz/Sauer* 2010, S. 395 ff.

1179 EGMR (GK), 28.02.2008 – 37201/06 (*Saadi vs. Italien*), Rn. 140: ein „*more likely than not*" sei nicht erforderlich; ausführliche Erörterung schon bei *Alleweldt* 1996, S. 30-33.

1180 *Lorz/Sauer* 2010, S. 396.

sachen zu stellen sind, aus denen sich das reale Misshandlungsrisiko ergeben soll.[1181]

Ob es sich mit dem „realen Risiko" und den „begründeten Tatsachen" um zwei tatsächlich derart streng zu trennende Kriterien handelt, erscheint insgesamt aber eher fraglich: Immerhin prüft der EGMR zuweilen auch das Vorliegen von Fakten unter dem Kriterium des „realen Risikos", ohne zusätzlich nach „begründeten Tatsachen" zu fragen,[1182] oder kombiniert bzw. substituiert die Begriffe „reales Risiko" und „begründete Tatsachen" recht frei unter ergänzender Hinzuziehung des Begriffs einer „Gefahr"[1183]. Es scheint sich bei der Formel um einen insgesamt zu betrachtenden, sehr offenen Rechtsbegriff zu handeln, mit dem sich der EGMR Flexibilität für den Einzelfall bewahren will und dem sich daher nur grobe Konturen anhand der Rechtsprechung geben lassen.[1184]

Festzuhalten ist jedenfalls, dass auch der EGMR nicht vollkommen fernliegende Eventualitäten einer EMRK-widrigen Behandlung gelten lassen will.[1185] Zudem ist Gegenstand der Beweisführung eine *zukünftige* Behandlung, die den *konkreten* Beschwerdeführer betrifft. Mit anderen Worten reicht es grundsätzlich nicht aus, auf ein anderes Individuum zu verweisen, dem ähnliches bereits widerfahren ist. Es müssen sich zusätzliche Umstände ergeben, die den Schluss zulassen, dass es dem Beschwerdeführer genauso oder zumindest ausreichend ähnlich ergehen werde.[1186] Zu beachten ist jedoch auch, dass die Intensität der drohenden Schutzgutverletzung die Wahrscheinlichkeitsanforderungen beeinflusst: Je schwerer sie wiegen wird, desto geringer muss das „reale Risiko" sein.[1187]

5.7.3 Belege für die konkrete Betroffenheit des Beschwerdeführers

Davon ausgehend wird der Rechtsprechung des EGMR entnommen, dass, auch wenn eine *generell besorgniserregende* Menschenrechtslage im Zielstaat einer aufenthaltsbeendenden Maßnahme nachgewiesen werden kann, *zusätzliche* Belege dafür erforderlich seien, dass auch der *konkrete* Beschwerdeführer betroffen

---

1181 *Grabenwarter/Pabel* 2012, § 20 Rn. 44; *Villiger* 2005, S. 74 f.

1182 Vgl. etwa EGMR, 25.09.2012 – 649/08 (*El Haski vs. Belgien*), Rn. 92 ff.

1183 Vgl. z. B. die Überlegungen in EGMR (GK), 04.02.2005 – 46827/99 und 46951/99 (*Mamatkulov und Askarov vs. Türkei*), Rn. 67-69.

1184 So im Ergebnis wohl auch *Alleweldt* (1996, S. 39-49) anhand von Beispielen der EGMR-Rechtsprechung.

1185 *Alleweldt* 1996, S. 33; diesem insgesamt folgend *Grabenwarter/Pabel* 2012, § 20 Rn. 44.

1186 Insoweit zustimmungswürdig *Lorz* und *Sauer* (2010, S. 397) anhand der Rechtsprechung des EGMR.

1187 *Zimmermann/Elberling* 2004, Rn. 52; dem folgend *Hruschka/Lindner* 2007, S. 646.

sein würde.[1188] Dieses Erfordernis für Abschiebungssachverhalte sei auf Auslieferungssachverhalte auszudehnen. Ausnahmsweise würde der EGMR zwar als
Beweiserleichterung von diesem individuellen Nachweis bei einem „bereichsspezifischen Verfolgungsrisiko" absehen, dann sei aber das erforderliche Beweismaß
erhöht: Ein reales Risiko der erniedrigenden Behandlung reiche dann nicht mehr
aus, sondern ein ernsthaftes Risiko („*serious risk*") müsse bestehen.[1189]

5.7.3.1 Wenn es alle betrifft, betrifft es alle

Kritisch zu hinterfragen ist in diesem Zusammenhang zunächst, ob mit dem Befund „alle Insassen des betreffenden Strafvollzugs werden unmenschlich behandelt (und dies in Zukunft auch weiterhin, bis den Umständen abgeholfen wird)"
aussagelogisch nicht ohnehin der Befund „der Beschwerdeführer wird dort unmenschlich behandelt (und dies auch weiterhin, bis den Umständen abgeholfen
wird)" verbunden ist, so dass dem Erfordernis, eine individuelle Bedrohung nachweisen zu müssen, mit dem Verweis auf „alle" bereits Genüge getan ist[1190] –
wenn etwas alle betrifft, dann betrifft es eben alle, und damit auch den Einzelnen.

5.7.3.2 Sachbezogene Eigenheiten von Auslieferungs- gegenüber Abschiebungssachverhalten

Es ist außerdem Vorsicht angebracht, wenn gemeinsame Überlegungen zu Auslieferungen und zu Abschiebungen angestellt werden. An jenen Interpretationen der
EGMR-Rechtsprechung zeigt sich, dass die verschiedenen Entscheidungen des
Gerichtshofs zu Auslieferungs- und zu Abschiebungssachverhalten zwar zahlreiche Gemeinsamkeiten aufweisen – immerhin bildet den Beschwerdegegenstand
jeweils eine aufenthaltsbeendende Maßnahme. Aufgrund bestimmter sachbezo-
gener Eigenarten der jeweiligen Sachverhaltsgruppe – Auslieferung oder
Abschiebung – sind gleichwohl nicht alle jeweils angestellten Erwägungen des
EGMR 1 : 1 auf die jeweils andere Sachverhaltsgruppe übertragbar.

So lässt sich die verfolgtenunfreundliche Haltung des Gerichtshofs, zusätzliche Belege auch für eine Bedrohung des konkreten Beschwerdeführers zu verlangen, damit erklären, dass diese Haltung jeweils in Abschiebefällen angenommen
wurde und so das Ziel der aufenthaltsbeendenden Maßnahme grundsätzlich ein
ganzes Staatsgebiet – das des Zielstaates – in all seiner sozialen und politischen

---

1188 So *Lorz/Sauer* 2010, S. 397 mit Verweis auf EGMR, 30.10.1991 – 13163/87, 13164/87,
13165/87, 13447/87, 13448/87 (*Vilvarajah u. a. vs. Vereinigtes Königreich*), Rn. 109 ff.

1189 *Lorz/Sauer* 2010, S. 400 f.

1190 In diesem Sinne lesen sich auch die Ausführungen in EGMR, 23.10.2008 – 2440/07
(*Soldatenko vs. Ukraine*), Rn. 72; EGMR, 19.11.2009 – 41015/04 (*Kaboulov vs. Ukraine*), Rn. 112; a. A. wohl *Lorz/Sauer* 2010, S. 401, anhand derselben Passagen.

und damit auch sicherheitsrelevanten Vielfalt ist. In den konkreten Fällen erschien es dem EGMR daher zumindest nicht als zwingend, dass der Beschwerdeführer einer unmenschlichen Behandlung im Zielstaat ausgesetzt sein würde – sei es, weil vergleichbare Individuen sogar freiwillig in den Zielstaat zurückkehrten, sei es, weil es innerhalb des Zielstaates auch befriedete Gebiete gab, in denen nicht flächendeckend eine besorgniserregende Menschenrechtslage bestand.

Demgegenüber ist im Fall einer Auslieferung das Ziel der aufenthaltsbeendenden Maßnahme – der Strafvollzug des ersuchenden Staates – schon von vornherein in seiner sozialen wie sicherheitsrelevanten Struktur ein sehr viel homogeneres. Abgesehen davon hat der Gerichtshof selbst für Abschiebungsfälle die Möglichkeit nicht ausgeschlossen, Nachweise über flächendeckende Art.-3-EMRK-widrige Umstände ausreichen zu lassen, um eine Konventionsverletzung durch die aufenthaltsbeendende Maßnahme festzustellen.[1191]

Ein weiterer Unterschied zwischen Auslieferungs- und Abschiebungssachverhalten besteht darin, dass der jeweilige von Abschiebung Bedrohte in der Regel persönliche, einschlägige, zumeist sogar recht aktuelle Erfahrungen durch Verfolgung im Zielstaat der Abschiebung gemacht haben wird, so dass er zur Tatsachenermittlung auf eigene Erlebnisse zurückgreifen und diese schildern kann. Damit stehen ihm Belege zur Verfügung, mit denen er neben einer generell oder auch nur für bestimmte Personengruppen[1192] bestehenden Bedrohungslage die eigene zukünftige Betroffenheit nach erfolgter Abschiebung schlüssig[1193] darlegen kann.[1194] Auszuliefernden hingegen wird es in der Regel an persönlichen, einschlägigen, aktuellen und damit übertragbaren Erfahrungen durch Aufenthalte im Strafvollzug des ersuchenden Staates fehlen.[1195] Soweit von ihm verlangt wird, seine individuelle Bedrohung mit hinreichender Wahrscheinlichkeit erkennbar zu machen, verbleibt dem Beschwerdeführer dann zumeist nur der Verweis auf generelle, also jeden betreffende Haftbedingungen. Ausnahmen hierzu können sich nur dann ergeben, wenn ihm konkret durch den ersuchenden Staat bereits ausdrücklich oder implizit eine bestimmte Behandlung in Aussicht gestellt wurde, die eine Verletzung von Art. 3 EMRK darstellte. Zu denken wäre hierbei etwa daran, dass der Auszuliefernde wegen einer Straftat verfolgt wird, für die die

---

1191 EGMR, 17.07.2008 – 25904/07 (*NA vs. Vereinigtes Königreich*), Rn. 114 f.

1192 Dazu *Lorz/Sauer* 2010, S. 399 f.

1193 Zu den nicht zu hoch anzusetzenden Anforderungen an diese vgl. *Alleweldt* 1996, S. 83 f. m. w. N.

1194 Vgl. auch *Hruschka/Lindner* 2007, S. 647.

1195 Vgl. jedoch insoweit den Sachverhalt zu OLG Jena, NJW 2007, S. 1700 ff.: Auch dort waren es zwar letztlich nicht Erfahrungen mit dem Strafvollzug selbst, die zur Verneinung der Zulässigkeit führten, aber zumindest ließen die Vorerfahrungen des Verfolgten befürchten, dass er dann auch in Haft menschenunwürdiger Behandlung (Gewalt durch Anstaltspersonal) ausgesetzt sein würde.

Unterbringung in strenger Isolationshaft oder eine lebenslange Freiheitsstrafe, deren tatsächlicher Vollzug bis zum Lebensende feststeht, zwingend vorgesehen ist.[1196]

5.7.3.3 „Bereichsspezifisches Verfolgungsrisiko"?

Dessen ungeachtet werden die Erwägungen des EGMR zu Auslieferungen und Abschiebungen vielfach aufeinander bezogen und vermengt,[1197] was zwar häufig, aber eben nicht immer zu sachangemessenen Interpretationsergebnissen führt. So stellt sich bei genauerem Hinsehen die Erkenntnis, der EGMR gewähre dem Beschwerdeführer gegen eine aufenthaltsbeendende Maßnahme eine Beweiserleichterung bei einem sogenannten „bereichsspezifischen" Verfolgungsrisiko, wenig spektakulär als sachangemessene Selbstverständlichkeit heraus. Mit „bereichsspezifischem Verfolgungsrisiko" soll gemeint sein, dass der EGMR zwar auch hier keinen Verweis auf die „generelle Menschenrechtslage" ausreichen lasse, aber immerhin einen Verweis auf den „für den Beschwerdeführer relevanten Bereich". Dann könne von dem „Bereich" auch ohne weitere Belege für eine konkret den Beschwerdeführer betreffende Menschenwürdebedrohung auf eine solche geschlossen werden, ohne dass die individuelle zugunsten einer generalisierenden Perspektive aufgegeben werden müsse.[1198]

Mit „Bereich" sind dabei der Untersuchungshaft- und der Strafvollzug gemeint. Die Besonderheit bestehe nun darin, dass in den beiden als Anhaltspunkte herangezogenen Entscheidungen[1199] nur dieser Bereich vom EGMR analysiert wurde – anstatt etwa die Menschenrechtslage im Zielstaat der aufenthaltsbeendenden Maßnahme insgesamt in den Blick zu nehmen. In einem etwas anderen Licht stellt sich diese Hervorhebung jedoch dar, wenn man sich vergegenwärtigt, dass es sich jeweils nicht um Abschiebungs- sondern um *Auslieferungs*sachverhalte handelte. Wenn eine Auslieferung in Rede steht, dann ist der ausländische Strafvollzug der *einzige* „Bereich" des ersuchenden Staates, mit dem der Beschwerdeführer dort in Kontakt kommen wird. Daher wäre es auch widersinnig, bei der Beurteilung möglicher konventionswidriger Umstände anders vorzugehen, indem man den Ermittlungsfokus zu Art. 3 EMRK in Auslieferungssachver-

---

1196 Vgl. zur Menschenwürderelevanz derartiger Haftbedingungen *Kap. 4.*

1197 Vgl. z. B. *Hailbronner* 1999, S. 617 ff.; *Lorz/Sauer* 2010, S. 389 ff.; *Lorz* 2010, S. 1055 ff. Allerdings tut dies auch der EGMR regelmäßig (vgl. nur die Entscheidung vom 23.10.2008 – 2440/07 (*Soldatenko vs. Ukraine*), Rn. 67) bei der Zusammenfassung seiner bisherigen Rechtsprechung, was der Strukturierung und Ableitung übertragbarer, übergeordneter Prinzipien nicht zuträglich ist.

1198 *Lorz/Sauer* 2010, S. 400 f.

1199 EGMR, 23.10.2008 – 2440/07 (*Soldatenko vs. Ukraine*); EGMR, 19.11.2009 – 41015/04 (*Kaboulov vs. Ukraine*).

halten weiterfasste und etwa auf örtliche Demonstrationsverbote, systematische Genitalverstümmelungen in Dorfgemeinschaften oder gar die Umgangsformen in Kinderheimen erstreckte.

Umgekehrt *ist* der ausländische Strafvollzug dann aus der Perspektive des Beschwerdeführers aber auch gleichsam *der gesamte Zielstaat*. Die Analyse der Umstände im dortigen Vollzug freiheitsentziehender Maßnahmen stellt aus Sicht des Beschwerdeführers daher eine Erfassung der *generellen Menschenrechtslage im Zielstaat* dar, soweit dieser Zielstaat für ihn von Relevanz ist. Es handelt sich daher gar nicht um eine Verengung des Fokus' im eigentlichen Sinne, weg von einer generellen Situation, reduziert auf die individuelle Situation des Beschwerdeführers. Wenn eine generalisierbare Aussage über den Strafvollzug des ersuchenden Staates getroffen werden kann, die ausnahmslos jeden Insassen betrifft, dann stellt dies stattdessen zwangsläufig einen konkreten Nachweis für die Aussichten des individuellen Beschwerdeführers dar. Damit stellt dieser schlicht zwingend logische Schluss aber auch keine Beweiserleichterung im Sinne einer geringeren Anforderung an die Beweisführung[1200] dar.[1201]

Überdies wäre es regelrecht absurd, das „reale Risiko" einer Art.-3-EMRK-widrigen Behandlung für den Beschwerdeführer zu verneinen, weil dieses reale Risiko in gleichem Maße bei jedem bestünde, der sich in dieser Situation befände, und der Beschwerdeführer sich aus dieser Gruppe hinsichtlich einer darüber hinausgehenden Gefährdung durch nichts hervorhebt.[1202]

5.7.3.4 „Ernsthaftes Risiko"?

In diesen Entscheidungen des Gerichtshofs fällt zudem der Terminus eines „ernsthaften Risikos" (*serious risk*) der unmenschlichen Behandlung.[1203] Daraus wird teilweise abgeleitet, der EGMR hätte seine Wahrscheinlichkeitsanforderungen an die drohende Misshandlung deutlich erhöht, weil er zugleich ein „bereichsspezi-

---

1200 Vgl. zu dieser Bedeutung von „Beweiserleichterung" nur *Bacher* 2015, § 284 Rn. 70.

1201 Anderes mag hingegen in Abschiebungsfällen für den Umgang mit Asylbewerbern gelten: Wenn ein System zur Aufnahme und Betreuung von Asylbewerbern eines Zielstaates in einer abstrakten Gesamtbetrachtung anhand Art. 3 EMRK grundsätzlich für ungenügend befunden wird, mag es in den einzelnen Verästelungen dieses insgesamt sehr komplexen Systems trotzdem Unterschiede in der Konventionskonformität geben, so dass ein Schluss auf die konkrete Betroffenheit des Einzelnen nicht zwingend ist. Dann kann es tatsächlich eine Beweiserleichterung darstellen, wenn der EGMR die abstrakte Diagnose zum Gesamtsystem ausreichen lässt; vgl. EGMR (GK), 21.01.2011 – 30696/09 (*M.S.S. vs. Belgien und Griechenland*), Rn. 352.

1202 So zustimmungswürdig *Hruschka/Lindner* 2007, S. 648, bezogen auf Abschiebungssachverhalte, aber dahingehend übertragbar auf Auslieferungen.

1203 EGMR, 23.10.2008 – 2440/07 (*Soldatenko vs. Ukraine*), Rn. 72; EGMR, 19.11.2009 – 41015/04 (*Kaboulov vs. Ukraine*), Rn. 112.

fisches Verfolgungsrisiko" ausreichen lasse, statt eines individuellen Risikos.[1204] Das erscheint indes zweifelhaft, immerhin entfaltet der Gerichtshof auch in diesen beiden Entscheidungen abstrakt seinen bekannten Maßstab eines „realen Risikos".[1205] Die Ausführungen, in denen das ernsthafte Risiko jeweils Erwähnung findet, lesen sich im Folgenden eher in dem Sinne, dass der EGMR (sogar) das Bestehen dieses erhöhten Risikos in beiden Sachverhalten feststellt, ohne es damit zur zwingenden Untergrenze seiner Überzeugungsbildung zu machen. Dass im Ergebnis wahrscheinlich kein anderer, neuer Maßstab angelegt werden soll, zeigt sich auch im Abgleich mit weiteren Entscheidungen. Nach Sichtung der Tatsachenschilderungen diverser staatlicher und Nichtregierungsorganisationen zu Art.-3-EMRK-widrigen Zuständen in vergleichbarer Weise schätzt der EGMR jeweils das Risiko einer drohenden oder bereits erfolgten Verletzung ein, und geht dabei wiederum von einem „realen Risiko" aus, ohne erkennbar etwas anderes zu meinen.[1206] Mit anderen Worten lässt sich hier die bereits erwähnte flexible Handhabung des Maßstabs beobachten, aus der nicht zwingend materielle Konturierungen abzuleiten sind.

5.7.4 Mangelnde Tatsachenermittlungen des ersuchten Staates?

Wenn der betreffende Staat den Sachverhalt einer behaupteten *bereits abgeschlossenen* unmenschlichen oder erniedrigenden Behandlung oder Strafe in den Augen des EGMR *nicht genügend aufklärt*, so bejaht der Gerichtshof bereits daraus eine Verletzung des Art. 3 EMRK, da aus dessen materiellem Gehalt zusätzlich eine entsprechende Pflicht zu wirksamen Ermittlungen als Verfahrensgewährleistung erwächst.[1207] Einen vergleichbaren Schluss hat der EGMR bei Auslieferungssachverhalten – also für möglicherweise *noch bevorstehende* Verletzungen des Art. 3 EMRK durch die Auslieferung – soweit ersichtlich noch nicht gezogen, entsprechende unzureichende Aufklärungen der Umstände im ersuchenden Staat durch die Behörden des ersuchten Staates stellen für sich genommen also keine Konventionsverletzung dar.[1208]

Gleichwohl kann ein solches Versäumnis bei der Ermittlung die Feststellung einer Konventionsverletzung nach sich ziehen: Kommt der EGMR anhand des

---

1204 *Lorz/Sauer* 2010, S. 401.

1205 EGMR, 23.10.2008 – 2440/07 (*Soldatenko vs. Ukraine*), Rn. 66; EGMR, 19.11.2009 – 41015/04 (*Kaboulov vs. Ukraine*), Rn. 107.

1206 Vgl. EGMR, 23.10.2008 – 2440/07 (*Soldatenko vs. Ukraine*), Rn. 71; EGMR, 19.11.2009 – 41015/04 (*Kaboulov vs. Ukraine*), Rn. 111; EGMR, 25.09.2012 – 649/08 (*El Haski vs. Belgien*), Rn. 94 ff., insbes. 99; ähnlich auch EGMR (GK), 21.01.2011 – 30696/09 (*M.S.S. vs. Belgien und Griechenland*), Rn. 229, 365.

1207 *Villiger* 2005, S. 65 f.; eingehend *Möller* 2004, S. 190 ff.

1208 *Lorz/Sauer* 2010, S. 402.

übrigen Tatsachenmaterials zu dem Schluss, dass *jeder* Vollzugsinsasse im ersuchenden Staat das gravierende Risiko trägt, Art.-3-EMRK-widrigen Haftbedingungen ausgesetzt zu sein und damit *auch der Beschwerdeführer* nach seiner anstehenden Auslieferung dorthin, dann fehlt es durch die versäumte Aufklärung durch den ersuchten Staat bereits an Erkenntnissen, denen zufolge der Beschwerdeführer ausnahmsweise gerade nicht diesen Haftbedingungen ausgesetzt sein würde. Wenn also z. B. Staat B um Auslieferung ersucht, in seinem Strafvollzug aber eine chronische und massive Überbelegung aufweist, dann wäre diesem Umstand vom auslieferungswilligen Aufenthaltsstaat A vor dem EGMR zu allererst entgegenzusetzen, aus welchen ermittelten Gründen – z. B. die (dann aber fragwürdige[1209]) Zusicherung von Staat B, der Beschwerdeführer würde gesondert in einem nichtüberfüllten Neubau untergebracht; oder das Datenmaterial zur Überfüllung in Staat B sei veraltet – die Überbelegung den Beschwerdeführer doch nicht treffen werde. Fehlt es bereits an solchen Ermittlungsmaßnahmen des Staates A, fehlt es dem EGMR schlichtweg schon an Gründen im Sinne von „Gegenbeweisen", *nicht* auf eine Verletzung des Art. 3 EMRK wegen menschenunwürdiger Überfüllung zu erkennen.

Dieses Vorgehen des Gerichtshofs stellt allerdings ebenfalls keine Beweiserleichterung zugunsten des Beschwerdeführers dar, etwa weil der EGMR damit die Aufklärungspflichtverletzung und damit einen „Verfahrensverstoß als Ersatz für den Nachweis eines gerade den Beschwerdeführer treffenden individuellen Misshandlungsrisikos" behandele.[1210] Der EGMR weicht tatsächlich gar nicht von besagtem Nachweiserfordernis ab: Aufgrund der verbleibenden Tatsachen, die eine flächendeckende, potenziell und wahrscheinlich jeden Vollzugsinsassen betreffende Art.-3-EMRK-widrige Behandlung mit hinreichender Wahrscheinlichkeit andeuten, ist bereits der erforderliche Nachweis erbracht, dass es auch den Beschwerdeführer im Anschluss an seine Auslieferung treffen werde. Auch aufgrund der fehlenden Sachaufklärung durch den Aufenthaltsstaat fehlt es schlicht an Erkenntnissen, die geeignet wären, dieses (Zwischen-)Ergebnis der Beweiserhebung in Frage zu stellen – abgesehen davon, dass es solche entgegenstehenden Erkenntnisse im konkreten Fall vielleicht auch gar nicht zu erheben gibt, einfach weil der Strafvollzug des ersuchenden Staates Art. 3 EMRK nicht genügt.

1209 Vgl. dazu *Kap. 5.9.6.5.*

1210 So jedoch *Lorz/Sauer* 2010, S. 402; *Lorz* 2010, S. 1057.

5.7.5 Darstellungen Dritter zu allgemeinen Zuständen als Begründung eines „realen Risikos"

Den bereits erörterten Entscheidungen *Soldatenko*, *Kaboulov*, *M.S.S.* und *El Haski*[1211] des EGMR lässt sich zugleich zusammenfassend entnehmen, dass der Gerichtshof ein „reales Risiko" einer Verletzung von Art. 3 EMRK bereits dann annimmt, wenn objektive und übereinstimmende Berichte mehrerer Quellen eine solche nahelegen, wozu er auch Menschenrechtsorganisationen zählt.

Dem steht auch nicht entgegen, dass der Gerichtshof kurz zuvor in der Sache *NA* noch betonte, sich auf die generelle Menschenrechtslage im Zielstaat nur in extremen Ausnahmefällen[1212] stützen zu wollen.[1213] *NA* betrifft eine Abschiebung, und in Abschiebungsfällen spricht tatsächlich einiges dafür, generelle Situationsbeschreibungen der Menschenrechtslage – die sich immerhin auf einen gesamten Staat beziehen – vorsichtig zu behandeln und auf mögliche Differenzierungsnotwendigkeiten hin zu untersuchen. Aufgrund der größeren strukturellen Homogenität des Bereichs „Vollzugseinrichtungen des Freiheitsentzugs" lassen sich generalisierende Aussagen zu strukturellen Gegebenheiten dieses Bereichs mit weitaus größerer Berechtigung und Korrektheit treffen.[1214]

Genauso wenig für einen Ausnahmecharakter dieser Rechtsprechung des EGMR spricht, dass kurze Zeit nach *Kaboulov* in der Entscheidung *Baysakov u. a.*[1215], die wie *Kaboulov* ebenfalls eine Auslieferung nach Kasachstan betraf, die Erwägungen aus *Kaboulov* zu defizitären Haftbedingungen nicht wieder aufgegriffen worden seien, um die Auslieferung trotzdem wegen Art. 3 EMRK letztlich abzulehnen.[1216] In der Tat haben die flächendeckend defizitären Haftbedingungen in Kasachstan ihren Anteil an der Verletzung von Art. 3 EMRK auch in diesem Fall, dem fügt der Gerichtshof lediglich weitere Erwägungen zum im Weiteren widersprüchlichen Verhalten des Aufenthaltsstaates hinzu.[1217] Auch in *Baysakov u. a.* stützt sich der EGMR also auf Beschreibungen der allgemeinen Zustände durch neutrale Organisationen. Das ist angesichts der bestehenden

---

1211 Vgl. *Kap. 5.7.3.*

1212 EGMR, 17.07.2008 – 25904/07 (*NA vs. Vereinigtes Königreich*), Rn. 115.

1213 So jedoch *Lorz/Sauer* 2010, S. 401: „Ausnahmecharakter" des Ansatzes aus *Soldatenko* und *Kaboulov*.

1214 Vgl. dazu bereits *Kap. 5.7.3.*

1215 EGMR, 18.02.2010 – 54131/08 (*Baysakov u. a. vs. Ukraine*).

1216 So jedoch wiederum *Lorz/Sauer* 2010, S. 401; *Lorz* 2010, S. 1056 f.

1217 Der Gerichtshof konnte dem Aufenthaltsstaat auch widersprüchliches Verhalten vorwerfen, indem die Beschwerdeführer zunächst als politisch Verfolgte anerkannt worden waren, um sie dann trotzdem durch ihre Auslieferung jener Verfolgung aussetzen zu wollen, vgl. EGMR, 18.02.2010 – 54131/08 (*Baysakov u. a. vs. Ukraine*), Rn. 36 ff., 50.

Schwierigkeiten zur Informationsgewinnung auf Seiten des Beschwerdeführers menschenrechtlich genauso bedeutsam wie sachangemessen.[1218]

5.7.6 Konsequenzen für das deutsche Auslieferungsverfahren

Was kann man dem nun zusammenfassend für das deutsche Auslieferungsverfahren entnehmen? Auch der EGMR ist mit dem Problem konfrontiert, eine Prognose über die den Beschwerdeführer erwartende Behandlung im Zielstaat der Auslieferung anstellen zu müssen, die mit ihren naturgegebenen Unwägbarkeiten die Schwierigkeiten erhöht, die ohnehin mit der Einschätzung von Zuständen hinter den Mauern von Einrichtungen des Freiheitsentzuges verbunden sind. Es kann daher auch für den EGMR in keinem Fall darum gehen, absolute Gewissheit zu erlangen, sondern nur aufgrund „begründeter Anhaltspunkte" eine Wahrscheinlichkeitsprognose über die drohende Behandlung abzugeben. Der Gerichtshof tut dies unter dem Stichwort des „realen Risikos", das ausweislich des BVerfG der (deutschen) Prüfung einer „überwiegenden" bzw. „beachtlichen" Wahrscheinlichkeit entsprechen soll.[1219] Nun hat sich der EGMR zwar ausdrücklich festgelegt, dass das „reale Risiko" gerade keine Wahrscheinlichkeit von über 50% bedeute, während nach deutscher Rechtsprechung die „überwiegende" / „beachtliche" Wahrscheinlichkeit jedenfalls über 50% angesiedelt sein soll. Da aber der Gerichtshof in seiner Rechtsprechung an die „begründeten Tatsachen" wiederum zuweilen recht hohe Anforderungen stellt, kann im flexiblen Zusammenspiel der Faktoren „Risiko" / „Wahrscheinlichkeit" und „Tatsachenlage" davon ausgegangen werden, dass der EGMR und die deutsche Rechtsprechung zumindest für den Bereich einzuschätzender Strafvollzugsbedingungen einen im Ergebnis vergleichbaren *Ansatz* wählen.[1220] Ein „reales Risiko" leitet der Gerichtshof vor allem aus hinzugezogenen Darstellungen staatlicher und Nichtregierungsorganisationen ab, die sich auf die ausländischen Strafvollzugsbedingungen beziehen. Das sollte sich auch die deutsche Rechtsprechung zum Vorbild ihrer Tatsachenermittlung nehmen. Neben Menschenrechtsorganisationen sollten für den europäischen Bereich gerade auch die Landesberichte des Antifolterkomitees des Europarates zu Rate gezogen werden.[1221]

Grundsätzlich geht es bei der Entscheidung über einen Auslieferungssachverhalt nicht darum, eine Entscheidung über ein ausländisches Strafvollzugs-

---

1218 Hervorgehoben auch von *Schüller* 2013, S. 248. Zu den Erkenntnisquellen für OLG sogleich *Kap. 5.9.*

1219 BVerfGE 108, 129 (138), mit Verweis auf BVerfG, 22.06.1992 – 2 BvR 1901/91, Rn. 12 (zitiert nach *juris*).

1220 Dass sie trotz des insoweit vergleichbaren Ansatzes zu fundamental unterschiedlichen Ergebnissen kommen können, zeigt sich in *Kap. 6.*

1221 Zu den möglichen und gebotenen Informationsquellen vgl. *Kap. 5.9.*

system in seiner Gesamtheit zu treffen, sondern zu allererst über die konkrete Betroffenheit des Auszuliefernden von einzelnen Strafvollzugsbedingungen. Gleichwohl legt es der EGMR seinen Entscheidungen zu Grunde, dass eine flächendeckend bzw. ausnahmslos erhöhte Wahrscheinlichkeit für Behandlungen der Vollzugsinsassen unterhalb der Mindestanforderungen des Art. 3 EMRK zwangsläufig auch eine erhöhte Wahrscheinlichkeit für eine entsprechende Art.-3-widrige Behandlung des konkreten Auszuliefernden bedeutet. Damit lässt sich das von der deutschen Rechtsprechung vertretene, noch etwas vage Postulat[1222] – nur bei „ständiger Praxis grober, offenkundiger oder massenhafter Verletzungen der Menschenrechte" müssen Nachweise für die konkrete Betroffenheit des Auszuliefernden nicht vorliegen – anreichern: Für den Bereich des ausländischen Strafvollzugs beinhaltet die Aussage, es betreffe dort mit überwiegender Wahrscheinlichkeit jeden, dass es dann mit überwiegender Wahrscheinlichkeit auch den konkreten Auszuliefernden betrifft. Daraus sind entsprechende Konsequenzen für die Auslieferungsentscheidung zu ziehen. Dies gilt umso mehr, als dass es Auszuliefernden gegenüber Abzuschiebenden noch häufiger an persönlichen, einschlägigen Vorerfahrungen mangeln wird, die sie zur Darlegung der drohenden menschenrechtswidrigen Bedingungen im Verfahren vorbringen können, um den Nachweis über eine individuelle Betroffenheit zu führen.

Selbst wenn flächendeckend keine Haftbedingungen festgestellt werden können, die Art. 3 EMRK widersprechen, so können doch zusätzlich in der Person / in ihrer Tat und damit der konkreten Straferwartung Gründe oder Anhaltspunkte für eine erhöhte Wahrscheinlichkeit liegen, einer solchen Behandlung trotzdem ausgesetzt zu werden. Auch solche Anhaltspunkte sind im Auslieferungsverfahren ernst zu nehmen.[1223]

Die Prüfung der Strafvollzugsbedingungen sollte im Auslieferungsverfahren also zweistufig erfolgen: Mit einer Erfassung der generellen Zustände eines Strafvollzugssystems oder auch nur einer speziellen Anstalt, in die der Auszuliefernde verbracht werden soll, ist nach einem systemweiten Verstoß gegen die Mindeststandards des Art. 3 EMRK zu suchen, der also auch den Verfolgten betreffen würde. Lässt sich bei dieser Erfassung *kein* systemweiter Mangel feststellen, so sind außerdem konkret auf den Betroffenen bezogen mögliche Risikofaktoren für eine Behandlung im Widerspruch zu Art. 3 EMRK zu ermitteln.[1224]

Zudem zeigt die EGMR-Rechtsprechung, dass auch EMRK-Staaten EMRK-Rechte verletzen. Es bestätigt sich also der Befund, dass die vom BVerfG zuweilen zugunsten EMRK-Staaten in Auslieferungssachverhalten angewendete

---

1222   Vgl. dazu *Kap. 5.6.2.2.*

1223   Dass es dieser Mahnung bedarf, wird sich in *Kap. 6* zeigen.

1224   Im Ergebnis ähnlich und insoweit übertragbar *Wendel* (2015, S. 735 f.) anhand einer Analyse der jüngeren EGMR-Rechtsprechung zu Abschiebungsfällen, zuletzt EGMR (GK), 04.11.2014 – 29217/12 (*Tarakhel vs. Schweiz*).

„Rechtsstaatsvermutung"[1225] keine empirische Berechtigung hat und jedenfalls nicht als unwiderleglich gehandhabt werden darf.[1226] Sie entbindet nicht von einer Einzelfallprüfung auf Konventionsverletzungen hin.[1227] Gleiches darf dann auch nicht für außereuropäische Staaten gelten, nur weil sie formal an Menschenrechtspakte gebunden sind.

5.8 Prozessrechtsvorgaben des EuGH

Auch der EuGH agiert aufgrund eines eigenen Prozessrechts, das sich nicht unmittelbar auf die Prozessrechtsordnung der Mitgliedstaaten auswirkt. Gleichwohl wacht er nicht nur über die Einhaltung der Verträge, sondern auch über die des sekundären Unionsrechts, zu dem auch der RbEuHb zählt. Auf Grundlage nationalen Umsetzungsrechts zum RbEuHb erfolgt seit geraumer Zeit der innerunionale Auslieferungsverkehr.[1228] Über die Kontrolle der rahmenbeschlusskonformen Auslegung des nationalen (Umsetzungs-)Rechts durch die Hoheitsträger der Mitgliedstaaten, die der EuGH vornimmt, gibt er den Mitgliedstaaten aber auch Prozessrechtsgrundsätze vor. Von ihnen sind an dieser Stelle vier hervorzuheben:

Zum einen war längere Zeit nur dem Schlussantrag der Generalanwältin in der Rechtssache *Radu* zu entnehmen, dass der nationale Entscheidungsträger zum Vorliegen der Tatbestandsvoraussetzungen eines Auslieferungshindernisses noch vernünftige Zweifel hegen und sie trotzdem zur Grundlage einer ablehnenden Entscheidung machen darf.[1229] Der Ansicht der Generalanwältin zufolge musste der Entscheidungsträger aber zumindest von der Begründetheit der Einwände überzeugt sein, womit – nach dem Sachzusammenhang der Stellungnahme – wohl wiederum eine „überwiegende" bzw. „beachtliche" Wahrscheinlichkeit, also jedenfalls eine von mehr als 50% gemeint ist. Insoweit ergaben sich daher keine Abweichungen zu den jeweiligen Maßstäben der deutschen Rechtsprechung und des EGMR, wie sie sich in der bisherigen Analyse zeigten. Eine deutliche Bestätigung fand dies durch die Entscheidung des EuGH in der verbundenen Rechtssache *Aranyosi u. a.* Dort fordert der EuGH von den Entscheidungsträgern nunmehr „Anhaltspunkte" (*„evidence"*) für das Bestehen einer „echten Gefahr" (*„real risk"*).[1230] Gegenüber den Parallelen in den verwendeten Begrifflichkeiten finden sich auch keine Anzeichen dafür, dass der EuGH hiermit von den

---

1225 Vgl. dazu *Kap. 5.6.2.2.*

1226 EGMR (GK), 04.11.2014 – 29217/12 (*Tarakhel vs. Schweiz*), Rn. 103 f.

1227 EGMR (GK), 04.11.2014 – 29217/12 (*Tarakhel vs. Schweiz*), Rn. 105.

1228 Vgl. dazu schon *Kap. 3.6.5.3* und *Kap. 5.4.*

1229 Dazu und zum Folgenden GA *Sharpston*, 18.10.2012 – C-396/11 (*Cipiran Vasile Radu*), Rn. 84 f.

1230 EuGH (GK), 05.04.2016 – C-404/15 u. C-659/15 PPU (*Aranyosi u. a.*), Rn. 88.

entsprechenden Anforderungen des EGMR abweichen möchte, so dass weiterhin von einer Übereinstimmung in diesen Prozessvorgaben an die Überzeugungsbildung ausgegangen werden kann. Eine Abweichung soll hingegen bestehen hinsichtlich der Überprüfung jener Tatbestandsvoraussetzungen durch den Vollstreckungsstaat eines EuHb. Hier sah der EuGH aufgrund des Gebots der gegenseitigen Anerkennung, demzufolge der Rechtsstaatlichkeit jedes EU-Staates Vertrauen entgegenzubringen ist, keinen Raum dafür, Grundrechtsvorbehalte *vor* der Auslieferung geltend zu machen.[1231] Gegen etwaige Grundrechtsverletzung könne sich der Verfolgte noch *nach* der Auslieferung im Ausstellungsstaat zur Wehr setzen. Jedenfalls für den Bereich der Abschiebungsverfahren hat der EuGH davon eine Ausnahme zugelassen, wenn systemische Mängel (*„systemic deficiencies"* / *„systemic flaws"*)[1232] das Asylverfahren kennzeichnen, die „ernsthafte und durch Tatsachen bestätigte Gründe für die Annahme darstellen, dass der Antragsteller tatsächlich Gefahr läuft, einer unmenschlichen oder erniedrigenden Behandlung [...] ausgesetzt zu werden".[1233] Eine Übertragung dieser Haltung auf Auslieferungen nach dem RbEuHb würde zumindest bedeuten, dass der EuGH eine ähnliche Beweisführung akzeptiert, wie dies deutsche Rechtsprechung und EGMR bereits für flächendeckende Mängel tun, die zwangsläufig den individuellen Auszuliefernden betreffen. Allerdings akzeptiert der EuGH auch für Abschiebungsfälle keine Beweisführung anhand einer *rein* konkret-individuellen Betrachtung, also zu etwaigen Grundrechtsverletzungen, die allein den Abzuschiebenden betreffen. In *Aranyosi u. a.* fordert der EuGH, dass zusätzlich zu den zu ermittelnden Angaben über „das Vorliegen systemischer oder allgemeiner, bestimmte Personengruppen oder Haftanstalten betreffender Mängel" hinaus „ernsthafte und durch Tatsachen bestätigte Gründe für die Annahme" bestehen, dass der Verfolgte der Gefahr von Haftbedingungen ausgesetzt sein wird, die im Widerspruch zu Art. 4 EU-Grundrechtecharta stehen.[1234] Damit lässt er also offen, inwieweit er auch ohne systemische Mängel auf die drohende individuelle Verletzung abzustellen bereit ist. Im Gegensatz dazu klar verhalten sich EGMR und deutsche Rechtsprechung, die eine solche individuelle Nachweisführung akzeptieren.

Eine andere Sichtweise, wie sie vom EuGH in Abschiebungsfällen bislang gepflegt wurde, ist aus verschiedenerlei Gründen jedenfalls für das Auslieferungsrecht abzulehnen: Allein schon aus rein formaler Sicht würde sich eine deutsche

---

1231 Vgl. dazu bereits *Kap. 3.6.5.3.5.*

1232 Zum Begriff des systemischen Mangels in der Verwendung durch den EuGH vgl. *Lübbe* 2014, S. 107 ff.; zustimmend und weiterführend anhand Beispielen der deutschen Rechtsprechung *Bergmann* 2015, S. 86 f.

1233 EuGH, 21.12.2011 – Rs. C-411/10 u. C-493/10 (*N.S. u. a.*), Rn. 94; eingehend dazu *Wendel* 2015, S. 733 f. m. w. N.

1234 EuGH (GK), 05.04.2016 – C-404/15 u. C-659/15 PPU (*Aranyosi u. a.*), Rn. 89, 91 f.

Auslieferungsentscheidung, die unter dem Eindruck dieser EuGH-Vorgaben ergeht, vor dem EGMR angreifbar machen angesichts der von diesem gepflegten prozessualen Grundsätze. Aber auch inhaltlich kann dem EuGH nicht gefolgt werden: Der Schutz des Art. 3 EMRK ist nicht davon abhängig, dass in derselben Konstellation noch eine große Vielzahl anderer Individuen oder gar alle vergleichbar Betroffenen seiner bedürfen. Einzig ausschlaggebend ist die individuelle Verletzung eines Beschwerdeführers, so dass der Weg zu einer individuellen Nachweisführung nicht versperrt werden darf.[1235] Zudem mag das Prinzip gegenseitiger Anerkennung bzw. gegenseitigen Vertrauens für zahlreiche Gewährleistungen der Grundrechtecharta tatsächlich Vorrang beanspruchen, eine Prüfung individueller Härtefälle auszuschließen ist hingegen sicherlich nicht in diesem Sinn. Um individuelle Härtefälle handelt es sich aber regelmäßig bei Verletzungen von Art. 3 EMRK, dessen Schutzbereich bei Bagatellen gar nicht eröffnet ist.[1236] Es ist daher auch abzulehnen, sollte der EuGH bei Auslieferungen im Vorfeld der Übergabe Grundrechtsvorbehalte wegen einer individuell drohenden Verletzung nur dann für zulässig erachten, wenn diese drohende Verletzung sich zugleich mit einem systemischen Mangel begründen lässt. Der Weg über die (rein) individuell drohende Grundrechtsbetroffenheit muss offenstehen. Wenn der Grundrechtsschutz innerhalb der EU ein so gut ausgebauter ist, wie es der EuGH zur Prämisse macht, dann wird eine entsprechende Vorabüberprüfung durch Behörden des ersuchten Staates entsprechend kurz ausfallen können und das Verfahren nur unwesentlich verzögern. Das muss die Rechtspflege in der EU aushalten.[1237]

Die dritte hervorzuhebende Prozessvorgabe an die Entscheidungsträger des Vollstreckungsstaates ist die Pflicht zu einer umfassenden Sachverhaltsaufklärung unter Ausschöpfung der verfügbaren Informationsquellen, wobei der EuGH ausdrücklich auch auf die Rechtsprechung des EGMR verweist.[1238] Umgekehrt trifft die Behörden des Ausstellungsstaates eine unionsrechtliche Informationspflicht.[1239]

Als viertes versucht der EuGH den praktischen Widerspruch auszubalancieren, der sich aus seinem Anliegen eines möglichst ungestörten Auslieferungsverkehrs aufgrund des RbEuHb innerhalb der EU einerseits und der Anerkennung möglicher Auslieferungshindernisse im Vorfeld der Übergabe andererseits im konkreten Einzelfall ergeben kann: Solche Auslieferungshindernisse sollen nichtsdestotrotz keinen Ablehnungsgrund bilden, sondern die Auslieferungsvoll-

---

1235 *Marx* 2012, S. 412.

1236 Vgl. *Wendel* 2015, S. 735; sowie zur Schutzbereichs- und Eingriffsbestimmung bei Art. 3 EMRK *Kap. 4.2.2.*

1237 Vgl. dazu auch *Kap. 3.6.5.3.5.*

1238 EuGH (GK), 05.04.2016 – C-404/15 u. C-659/15 PPU (*Aranyosi u. a.*), Rn. 89 f.

1239 EuGH (GK), 05.04.2016 – C-404/15 u. C-659/15 PPU (*Aranyosi u. a.*), Rn. 95-97.

streckung zunächst erst einmal nur verzögern, bis den Defiziten gegebenenfalls abgeholfen wurde.[1240] Dazu verweist er auf ein schon in Art. 17 Abs. 7 RbEuHb angelegtes Instrumentarium, bestehend aus einer Meldung des Verstoßes gegen die EU-Grundrechte an Eurojust sowie bei wiederholten „Auslieferungsverzögerungen" desselben Ausstellungsstaates einer Anrufung des Ministerrates, um auf politischer Ebene die Abhilfe der Auslieferungshindernisse zu beschleunigen.[1241] Für die Dauer der Sachverhaltsermittlungen und der Lösungsversuche ist der Verfolgte aus der Auslieferungshaft zu entlassen, wenn gemäß Art. 12 und 17 Abs. 5 RbEuHb sichergestellt ist, dass er letztlich trotzdem ausgeliefert werden kann, also sich der Übergabe nicht etwa durch Flucht entziehen wird.[1242] Schließlich räumt der EuGH nunmehr auch ein, dass das Auslieferungsverfahren endgültig abzubrechen sei, wenn „nicht innerhalb einer angemessenen Frist" die Gefahr einer menschenunwürdigen Behandlung im Strafvollzug ausgeschlossen werden kann.[1243]

5.9 Erkenntnisquellen für die Beurteilung der Strafvollzugsumstände im Empfängerland

5.9.1 Ausgangspunkt

5.9.1.1 Der schwierige Blick hinter Mauern

Für das Vorliegen der in *Kap. 3* erläuterten Auslieferungsvoraussetzungen sind stets die tatsächlichen Umstände maßgeblich.[1244] Die Beurteilung von Haftumständen anderer Länder begegnet dabei nicht nur der Schwierigkeit, geographisch und gegebenenfalls kulturell weit entfernte Gegebenheiten einschätzen zu müssen. In jedem Land kommt die besonders hohe Abschirmung der Orte hinzu, an denen Menschen die Freiheit entzogen wird, so dass schon im eigenen Land Auskünfte immer dann besonders schwer zu erhalten sind, wenn es um Gefängnisse, Polizeiarrestzellen, geschlossene Abteilungen psychiatrischer Krankenhäuser, Abschiebungshaftanstalten oder vergleichbares geht.[1245] Zudem wird es deutschen OLG-Richtern in aller Regel nicht möglich sein, persönlich Erkundigungen

---

1240 EuGH (GK), 05.04.2016 – C-404/15 u. C-659/15 PPU (*Aranyosi u. a.*), Rn. 98.

1241 EuGH (GK), 05.04.2016 – C-404/15 u. C-659/15 PPU (*Aranyosi u. a.*), Rn. 99.

1242 EuGH (GK), 05.04.2016 – C-404/15 u. C-659/15 PPU (*Aranyosi u. a.*), Rn. 100-102. Anders noch in EuGH (GK), 16.07.2015 – C-237/15 (*Lanigan*).

1243 EuGH (GK), 05.04.2016 – C-404/15 u. C-659/15 PPU (*Aranyosi u. a.*), Rn. 104 a. E.

1244 Vgl. Nachweise dazu bereits bei *Kap. 5.3*.

1245 *Flügge* 2010, S. 217.

vor Ort einzuholen und sich ein Bild von den Haftbedingungen zu machen.[1246] Gleichwohl sind die Haftbedingungen so gut es geht abzuschätzen. An dieser Stelle dürfen Gerichte nicht darauf verfallen, aufgrund vermeintlicher oder tatsächlicher Aufklärungsschwierigkeiten auf den auch politischen Charakter von Auslieferungen zu verweisen und die verbleibende Tatsachenklärung der Exekutive zu überlassen.[1247] Zahlreiche Informationsquellen stehen mittlerweile auch zur Verfügung der Gerichte, um sich selbst ein Bild zu machen. Wenn es ein wesentliches Anliegen dieser Arbeit ist, die der Sache angemessen ausführliche Würdigung von Informationen zum Strafvollzug in anderen Ländern einzufordern, stellt sich zwangsläufig die Frage, welche *zugänglichen* Quellen einer solchen Sachverhaltsermittlung *dienlich* und damit *heranzuziehen* sind.

5.9.1.2 Der Handlungsrahmen und der Organisationsauftrag einer Erkenntnisquelle

Ist die anfängliche Skepsis eines „Dazu findet sich doch ohnehin nichts." einmal abgelegt, offenbart sich bei genauerem Hinsehen eine Vielzahl von möglichen Erkenntnisquellen zu den Umständen in anderen Ländern im Allgemeinen und zu den Bedingungen des örtlichen Vollzugs von freiheitsentziehenden Maßnahmen im Besonderen. Doch gibt es sogleich auch Anlass zur Vorsicht zu gemahnen. Tatsachendarstellungen und -einschätzungen sind vor dem Hintergrund des *Handlungsrahmens* und des *Organisationsauftrags*[1248] ihres Ausstellers in die Überzeugungsbildung einzubeziehen.

Bei staatlichen und staatsnahen Erkenntnisquellen – sowohl solchen des ersuchenden Staates als auch des ersuchten Staates als auch zwischenstaatlicher Organisationen wie der VN oder dem Europarat – ist grundsätzlich zu bedenken, dass sie sich in einem teilweise eng gezogenen Rahmen von Aussagemöglichkeiten bewegen. Staatsdiener des ersuchenden Staates werden schon aus Eigeninteresse bzw. spätestens aufgrund ihrer Weisungsunterworfenheit in der Regel ihr Land in kein allzu schlechtes Licht rücken.[1249] Für die staatlichen oder staatsnahen Erkenntnisquellen, die nicht direkt dem ersuchenden Staat zuzuordnen sind (Botschaft des ersuchten Staates im ersuchenden Staat, VN-Antifolterausschuss usw.) gilt, dass zu drastische Auskünfte oder gar Anklagen wiederum politische

---

1246 Anders hingegen die Richter am EGMR, die zumindest in vereinzelten Fällen zur Sachverhaltserhebung in den betreffenden Staat reisen, um Örtlichkeiten, Behörden und Einzelpersonen in Augenschein zu nehmen; vgl. dazu nur *Villiger* 2005, S. 66 m. w. N. zu den Verfahren.

1247 So deutlich auch das Plädoyer von *Shea* 1992, S. 132 ff.

1248 Den Begriff des Organisationsauftrags verwenden auch schon *Schomburg/Hackner* 2012, § 8 Rn. 20.

1249 Anhand der Bundesrepublik anschauliche Analyse bei *Maier-Borst* 1997, S. 333.

Konsequenzen nach sich ziehen oder Handlungsmöglichkeiten für die Zukunft beschränken könnten, indem die Kooperationsbereitschaft des ersuchenden Staates auf diesem oder auch anderen Themenfeldern sinkt. Es steht also zu befürchten, dass aus diplomatischen Gründen Rücksichten genommen und Missstände beschönigt werden.[1250]

Umgekehrt ist der Handlungsrahmen von Nichtregierungsorganisationen (NGO) zwar selten durch diplomatische „Vorwirkungen" beschränkt. Stattdessen wird ihnen aber mitunter gar kein Zugang in den ersuchenden Staat gewährt.[1251] Zudem stehen ihnen letztlich auch nur begrenzte finanzielle und personelle Ressourcen für die Aufklärungsarbeit zur Verfügung.[1252] Dass sie zu einem Land oder auch nur zu einem konkreteren Umstand also keine Informationen vorweisen können, bedeutet nicht zwingend, dass keine menschenunwürdigen Umstände vorliegen, sondern vielleicht auch nur, dass eine Erhebung solcher Informationen nicht möglich war.[1253]

Von diplomatischen Rücksichtnahmen in der Tatsachendarstellung ist also in der Regel von Seiten der NGO nicht auszugehen. Allerdings sind sie nicht ganz frei von dem Verdacht, bedingt durch ihren Organisationsauftrag und ihr Selbstverständnis hin und wieder Menschenrechtsaktivismus zu be- und die Darstellung von Missständen daher zu übertreiben.[1254] Zu fragen ist daher, ob in einem Diskurs, der auf objektive Erkenntnisgewinnung abzielt, bereits grundsätzliche Vorbehalte gegen die Hinzuziehung insbesondere der Publikationen von NGO bestehen. Das betrifft nicht nur, aber auch diejenigen unter ihnen, die eine erklärte menschenrechtliche Agenda verfolgen.

Deutlich für eine Verwendbarkeit derartiger Darstellungen sprechen aber schon die von vielen Organisationen gepflegten Standards bei der Informationsbeschaffung und -bewertung.[1255] So handelt es sich nicht um Zusammenstellungen vom Hörensagen, sondern um in der Regel mehrfach gegengeprüfte Informationen.[1256] Gestützt wird diese Einordnung dadurch, dass die Erhebungs-

---

1250 *Vogel* 2009, § 73 Rn. 125.

1251 Vgl. das Beispiel Turkmenistans in EGMR, 19.06.2008 – 8320/04 (*Ryabikin vs. Russland*), Rn. 119.

1252 Vgl. *Maier-Borst* 1997, S. 335.

1253 Zur auch besonderen Aussagekraft einer bewussten Selbstbegrenzung einer beobachtenden Organisation vgl. BVerfG, 15.05.1992 – 2 BvR 207/92, Rn. 16 (zitiert nach *juris*). Zu den unterschiedlichen Ermittlungsressourcen verschiedener Quellen als Abwägungsaspekt auch EGMR, 17.07.2008 – 25904/07 (*NA vs. Vereinigtes Königreich*), Rn. 121.

1254 *Schomburg/Hackner* 2012, § 8 Rn. 20; *Vogel* 2009, § 73 Rn. 125.

1255 So i. E. auch *Khakzad* 2015, S. 109 f. m. w. N.

1256 So die Selbstauskunft von *Amnesty International* unter https://www.amnesty.de/ aufdecken (letzter Abruf 18.06.2015).

methoden transparent und damit wiederum nachvollziehbar gemacht werden. Je nach Sachzusammenhang stützen sich die NGO auch auf Ergebnisse fremder Forschungsvorhaben nach streng wissenschaftlichen Kriterien oder geben solche selbst in Auftrag.[1257] Auch von vielen Gerichten wird diese Marschrichtung vorgegeben. So hat das BVerfG schon wiederholt Berichte von NGO herangezogen. Ein Vorbringen, das durch Befunde von *Amnesty International* gestützt werde, könne jedenfalls nicht als „offensichtlich unbegründet" abgetan werden.[1258] Aktuellen und umfangreichen Auskünften „anerkannter Menschenrechtsorganisationen" soll dabei Beweiswert zukommen, sie können jedenfalls nicht einfach übergangen werden.[1259] Der EGMR stützt sich regelmäßig auf Berichte von internationalen und NGO.[1260] Dabei erachtet er nicht nur VN-Organisationen als objektiv, wie das VN-Antifolter-Komitee und den Menschenrechtsausschuss der Vereinten Nationen, sondern z. B. auch *Amnesty International*[1261], *Human Rights Watch* oder die Internationale Liga für Menschenrechte.[1262] Als verallgemeinerbare Kriterien hat er die Unabhängigkeit, die Verlässlichkeit und die Objektivität der Organisation herausgestellt.[1263] Die Darstellungen solcher NGO sind ernst zu nehmen und haben Beweiswert, wenn die Berichte von anerkannten Autoren mit Hilfe seriöser Erhebungsmethoden erstellt wurden und schlüssig sind.[1264]

Schilderungen von NGO wie auch staatlichen oder staatsnahen Einrichtungen und Personen kommt sogar ein erhöhter Beweiswert zu, wenn sie eine Aussage treffen, die im Gegensatz zu ihrem unterstellten Handlungsrahmen und Organisationsauftrag steht. Wenn also eine staatliche Stelle selbst die Bedingungen im Strafvollzug als erniedrigend beklagt,[1265] dann kann die Beweisaufnahme insoweit eigentlich schon geschlossen werden. Umgekehrt hat auch die Auskunft etwa von *Human Rights Watch*, im betreffenden Strafvollzugssystem sei alles in bester Ordnung, ein erhebliches Gewicht.

1257   Vgl. dazu nur exemplarisch die Informationsbasis zu *Equal Justice Initiative* 2007, S. 34 ff.

1258   BVerfG, 15.05.1992 – 2 BvR 207/92, Rn. 17 (zitiert nach *juris*); BVerfG, NVwZ 1994, S. 161 f.; herangezogen etwa auch in BVerfGE 93, 248 (264 f. – Sondervotum *Sommer*).

1259   BVerfGK 6, 334 (340).

1260   Vgl. nur EGMR (GK), 28.02.2008 – 37201/06 (*Saadi vs. Italien*), Rn. 131; EGMR, 17.07.2008 – 25904/07 (*NA vs. Vereinigtes Königreich*), Rn. 120; zusammenfassend dazu *Lorz/Sauer* 2010, S. 397.

1261   Ausdrücklich *Murschetz* 2007, S. 189.

1262   EGMR, 25.09.2012 – 649/08 (*El Haski vs. Belgien*), Rn. 94-99.

1263   EGMR, 17.07.2008 – 25904/07 (*NA vs. Vereinigtes Königreich*), Rn. 120.

1264   EGMR (GK), 28.02.2008 – 37201/06 (*Saadi vs. Italien*), Rn. 143.

1265   Zu einem solchen Fall vgl. *Kap. 5.9.5.*

Ein hoher Beweiswert kommt außerdem grundsätzlich Darstellungen verschiedener Organisationen zu, wenn sie übereinstimmen und sich damit in ihrer Aussage wechselseitig bestätigen.[1266] Eine Einschränkung ist allerdings dahingehend zu machen, dass Menschenrechtsorganisation nicht gleich Menschenrechtsorganisation oder gar NGO ist. Da es sich dabei um einen Sammelbegriff ohne klare Beschränkungen zur Selbstbezeichnung handelt, können auch verkappte staatliche Stellen als Menschenrechtsorganisation bzw. sogar NGO firmieren.[1267] Entsprechende Hinweise sind in die Beweiswürdigung mit einzustellen.

So scheint es insgesamt durchaus angezeigt, zur Entscheidungsgrundlage jedenfalls auch die Angaben solcher Organisationen zu machen, die professionell mit der Beobachtung und Erfassung von Menschenrechtsverletzungen befasst sind,[1268] solange sie den genannten Kriterien zur Objektivität und Professionalität genügen. Anstatt also Informationen sowohl staatsnaher Einrichtungen als auch von NGO kategorisch auszuschließen und damit im Ergebnis die Tatsachenermittlung fast unmöglich zu machen,[1269] sollten deren Erkenntnisse mit der gebotenen Vorsicht in die Beweisaufnahme eingeführt werden.

5.9.2 Bestehendes Auslieferungsabkommen und die Teilnahme am Auslieferungsverkehr

Eine Aussage hinsichtlich der Menschenrechtssituation in einem anderen Land könnte dem Umstand zu entnehmen sein, dass die Bundesrepublik mit jenem Land ein Auslieferungsabkommen geschlossen hat. Noch allgemeiner könnte man auch der Tatsache, dass die Bundesregierung einen vertraglosen Auslieferungsverkehr mit einem Land pflegt, eine entsprechende Menschenrechtsaussage entnehmen und einen Beweiswert beimessen. Gerade der Rechtsprechung des BVerfG ist in dieser Hinsicht keine einheitliche Linie zu entnehmen, unabhängig davon kann sie unter rechtsstaatlichen Gesichtspunkten aber nur in einer einzigen Richtung Geltung beanspruchen.

Auf der einen Seite hat das BVerfG die bedenkliche Haltung angenommen, dass im Rechtshilfeverkehr sowohl auf vertraglicher als auch auf außervertrag-

---

1266 EGMR (GK), 28.02.2008 – 37201/06 (*Saadi vs. Italien*), Rn. 143.

1267 Vgl. dazu die Entscheidung EGMR, 04.09.2014 – 140/10 (*Trabelsi vs. Belgien*) Rn. 96: Der Beschwerdeführer deckt auf, dass die von Seiten der beschwerten Regierung ins Feld geführte NGO *Human Rights First* eine mittelbar von der US-Regierung gesteuerte Lobbyorganisation ist.

1268 Eine ähnliche Haltung bildet sich etwa auch in der Rechtsprechung des englischen *High Court* heraus; so *Nash* 2013, S. 610, mit Verweis auf das *Targosinski*-Urteil des *High Court* für England und Wales ((2011) EWHC 312 (Admin)).

1269 So auch der Einwand von *Khakzad* 2015, S. 110.

licher Basis dem ersuchenden Staat hinsichtlich Rechtsstaatlichkeit und Menschenrechtsschutz grundsätzlich Vertrauen entgegen zu bringen ist, solange nicht *entgegenstehende Tatsachen* dieses Vertrauen erschüttern.[1270] Ausgehend von dieser Prämisse könnte die Bundesrepublik auch an die Demokratische Volksrepublik Korea ausliefern. Zu dieser bestehen zwar keine auslieferungsvertraglichen Verbindungen, aber aufgrund der Abschottung des Landes nach außen stehen über die Volksrepublik auch kaum verlässliche Informationen oder gar Tatsachen in dem Sinne fest, wie er dem BVerfG in Anbetracht einer Entscheidung eine Auslieferung nach Indien betreffend wohl vorschwebt. Zur Einschätzung der Haftbedingungen in Indien ließ sich das BVerfG nämlich weder von den Angaben von *Amnesty International* („extreme Überfüllung der Anstalten", „mangelnde ärztliche Versorgung", „unzumutbare sanitäre Verhältnisse") noch von den Darstellungen des Auswärtigen Amtes [*sic!*] im seinerzeit aktuellen Bericht über die asyl- und abschiebungsrelevante Lage in Indien („Haftbedingungen desolat", „Überbelegung, die die eigentliche Kapazität um das Fünffache übersteigt") beirren.[1271] Informationen von *Amnesty International* und des Auswärtigen Amtes scheinen also keine „entgegenstehenden Tatsachen" im Sinne der oben skizzierten Vermutungsregel des BVerfG zu sein. Das BVerfG verweist bei seinem oben genannten „Vertrauens-Grundsatz" auch ausdrücklich auf die Indien-Entscheidung.[1272] Qualifiziertere Schilderungen als solche von *Amnesty International* oder Einrichtungen wie dem Auswärtigen Amt werden sich aber auch nicht zur Demokratischen Volksrepublik Korea finden lassen.

Die Unerheblichkeit der Informationen von *Amnesty International* und Auswärtigem Amt wird nach Ansicht des BVerfG vor allem dadurch bewirkt, dass sieben Wochen nach jenen Feststellungen des Auswärtigen Amtes ein Auslieferungsabkommen zwischen der Bundesrepublik und der Republik Indien unterzeichnet worden war. Der bis dahin auf vertragloser Grundlage erfolgende Auslieferungsverkehr sollte also auf eine vertragliche Grundlage überführt werden. Zum Zeitpunkt der Auslieferungsentscheidung des OLG war das Auslieferungsabkommen von der Bundesrepublik jedoch noch nicht ratifiziert worden und damit noch nicht in Kraft getreten. Diesem nur unterzeichneten Abkommen sollte nach Ansicht des BVerfG gleichwohl eine „Vorwirkung" zukommen im Sinne einer Vermutung menschenrechtskonformen Verhaltens der Republik Indien. Immerhin hätten Auswärtiges Amt und Bundesjustizministerium stellvertretend für die Bundesrepublik zum Ausdruck gebracht, dass in Indien menschenrechtskonforme Haftbedingungen herrschten – sonst wäre das Auslieferungsabkommen ja wohl

---

1270 BVerfGE 109, 13 (35 f.).

1271 BVerfGE 108, 129 (146 f. – Wiedergabe der Darstellung von *Amnesty International* und des Asyllageberichtes durch die Richter *Sommer* und *Lübbe-Wolff* in ihrem Sondervotum).

1272 BVerfGE 109, 13 (35 f.), mit Verweis auf BVerfGE 108, 129.

kaum unterzeichnet worden.[1273] Durch diese Vorwirkung sei auf die Prüfung der tatsächlichen Situation im ersuchenden Staat und deren Absicherung durch Zusicherungen zu verzichten.[1274]

Ähnliche Erwägungen liegen zahlreichen Entscheidungen zugrunde, in denen darauf abgestellt wird, dass mit der Auslieferung (auch im vertraglosen Auslieferungsverkehr) die Erwartung an den ersuchenden Staat verbunden sei, die Menschenrechte zu achten, und dass diese Erwartungshaltung wiederum vom ersuchenden Staat auch respektiert würde, sonst würde dies einen von der Gegenseite sicherlich nicht gewollten Vertrauensverlust im bilateralen Auslieferungsverkehr nach sich ziehen.[1275]

Anderen Staaten zu unterstellen, sie würden das in sie gesetzte Vertrauen nicht enttäuschen wollen, setzt zum einen aber voraus, dass der andere Staat insoweit eine rationale und kohärente Auslieferungspolitik verfolgt. Zum anderen greift diese Unterstellung nicht bei Staaten mit ohnehin menschenrechtlich zweifelhafter Reputation,[1276] zu denen belastbare Indizien zu einem gegebenenfalls doch menschenrechtskonformen Verhalten jedoch gerade besonders nötig wären. Zudem zeichnen sich gerade ältere Auslieferungsabkommen nicht durch besondere Rücksichtnahme auf die Menschenrechte aus (vgl. nur das Fehlen eines ausdrücklichen Menschenrechtsvorbehaltes im EuAlÜbk), sie sollen stattdessen vor allem sicherstellen, dass die wechselseitigen Auslieferungswünsche erfüllt werden.[1277] Allein aus dem Bestehen von Auslieferungsabkommen lässt sich also auch gar nicht die konkludente Erklärung ableiten, Menschenrechte würden von den Vertragsparteien geachtet werden.

Im Weiteren ist selbstverständlich zu berücksichtigen, dass das Völkerrecht von dem Grundsatz gegenseitigen Vertrauens und Respekts zehrt.[1278] Im Auslieferungsrecht kann daher auch formal der Grundsatz gepflegt werden, dass in der

---

1273 So ausdrücklich BVerfGE 108, 129 (140). Kritisch dazu auch *Vogel* 2004a, S. 144.

1274 BVerfGE 108, 129 (141). Zudem entfalte der völkerrechtliche Vertrag bereits im Vorfeld der beiderseitigen Ratifikation eine Schutzwirkung, da Indien sonst seinen völkerrechtlichen Verpflichtungen nicht nachkäme, zwischen Unterzeichnung und Ratifikation alles zu unterlassen, was den Zielen des Vertrages zuwiderliefe (völkerrechtliches Frustrationsverbot) – zu diesem Argument kritisch *Vogel* 2004a, S. 145.

1275 Vgl. nur statt vieler BVerfG, NJW 1994, S. 2883 (Griechenland – EuAlÜbk); BVerfG, 09.12.2008 – 2 BvR 2386-08 (Weißrussland – vertraglos). Zur Bedeutung des Vertrauens aus der bilateralen Beziehung heraus vgl. auch *Kap. 5.9.6.3* speziell beim Institut der Zusicherung.

1276 *Alleweldt* 1997, S. 1079.

1277 *Popp* 2001, Rn. 355; ähnlich auch *Vogel* (2009, § 73 Rn. 119) zum Argument der Auslieferungsbefürworter, mit Menschenrechtsvorbehalten im Auslieferungsverfahren würde man dem ersuchenden Staat einen Vertragsbruch unterstellen.

1278 Statt vieler *Kühn* 2001, S. 545.

zwischenstaatlichen Rechtshilfe dem ersuchenden Staat hinsichtlich der Rechtsstaatlichkeit Vertrauen entgegen zu bringen ist. Allerdings kann dieser Grundsatz
nicht unabänderlich gelten. Es muss also auch die Möglichkeit bestehen, dieses
Vertrauen als erschüttert[1279] oder aufgebraucht anzusehen. Der Umstand, dass
überhaupt Rechtshilfeverbindungen bestehen, kann somit eine gewisse
Indizwirkung haben, er darf dabei jedoch höchstens als widerlegliche Vermutung
gehandhabt werden.[1280] In diesem Zusammenhang ist dringend daran zu erinnern, dass es in einem Rechtsstaat keine von Rechts wegen jeder Widerlegbarkeit
entzogene Vermutung über die Wirklichkeit geben kann.[1281]

Etwas anderes kann auch nicht für den Fall gelten, dass ein Auslieferungsvertrag tatsächlich ratifiziert wurde:[1282] Auch das begründet keine unwiderlegliche Vermutung, sondern stellt nur ein Indiz dar, das für die Einhaltung der (gegebenenfalls auch menschenrechtlichen) Verpflichtungen sprechen kann.

Überraschenderweise hat das BVerfG eine solche Position an anderer Stelle
auch selbst bezogen, und zwar in seiner Entscheidung zum Gesetz über den EuHb,
also ausgerechnet bezogen auf den Auslieferungsverkehr mit den anderen EU-
Staaten: *„[Alle Verträge] rechtfertigen aber nicht die Annahme, dass die rechtsstaatlichen Strukturen unter den Mitgliedstaaten der EU materiell synchronisiert
sind und eine entsprechende nationale Einzelfallprüfung deshalb überflüssig ist.
Insoweit kann durch das Inkraftsetzen eines strikten Grundsatzes der gegenseitigen Anerkennung und der damit verbundenen weitgehenden gegenseitigen Ver-
trauensbekundungen der Staaten untereinander die verfassungsrechtliche
Gewährleistung der Grundrechte nicht eingeschränkt werden."*[1283] Wenn also
bereits gegenüber den anderen EU-Staaten die aus der Indien-Entscheidung folgende Vermutungsregel (zu Recht)[1284] nur sehr eingeschränkt greift, obwohl die
EU-Staaten doch politisch-gesellschaftlich der Bundesrepublik noch am nächsten
sind, muss diese Beschränkung erst recht für einen Nicht-EU-Staat gelten, sei es
nun im vertragsgebundenen oder gar im vertraglosen Auslieferungsverkehr. Und
selbst für den vertraglosen Auslieferungsverkehr hat das BVerfG seine Postulate
aus der Indien-Entscheidung ausgeblendet: Als es über eine Verfassungs-

---

1279 So *Heidebach* (2016, S. 131) hinsichtlich der Rechtshilfe mit den USA angesichts der
       Snowden-Enthüllungen zu den dortigen rechtsstaatlichen Gepflogenheiten; ähnlich
       Hamm (2002, S. 3150 f.) anlässlich der vielschichtigen und weitreichenden Auswirkun-
       gen des US-amerikanischen „Krieges gegen den Terror".

1280 *Vogel* 2009, § 73 Rn. 117.

1281 So die Richter *Sommer* und *Lübbe-Wolff* in ihrem Sondervotum zu BVerfGE 108, 129
       (149); zustimmend *Vogel* 2004a, S. 145; so auch schon *Kreppel* 1965, S. 90.

1282 A. A. wohl aber noch BVerfGE 109, 38 (62), mit Blick auf eine Intensivierung der
       Rechtshilfebeziehungen mit den USA durch ein weiteres Rechtshilfeabkommen 2003.

1283 BVerfGE 113, 273 (316).

1284 Vgl. dazu auch *Kap. 3.6.5.3.5* und *Kap. 5.8.*

beschwerde eine Auslieferung nach Vietnam betreffend[1285] – also auf vertraglo-ser Grundlage – zu entscheiden hatte, sah das Gericht die Beschwerdeführerin schon dadurch in ihren grundrechtsgleichen Rechten (Art. 103 Abs. 1 GG)[1286] verletzt, dass das OLG keine weiteren Sachverhaltsaufklärungen unternommen hatte, obwohl es doch Hinweise „anerkannter Menschenrechtsorganisatio-nen"[1287] gab, die ein solches nahegelegt hätten – die Unterschiede zur zuvor genannten Indien-Entscheidung sind also derart frappant, dass sie hier eigentlich keiner weiteren Hervorhebung bedürfen. Hingewiesen sei aber noch auf den Unterschied, der sich dann daraus ergäbe, ob ein Auslieferungsabkommen bereits unterzeichnet ist (also durch die Exekutive, mangels Ratifikation fehlt bis dahin die Beteiligung des Parlaments) oder nicht.[1288] Wenn sich aus der erstgenannten Situation ein Ermittlungsverbot weiterer menschenrechtsrelevanter Tatsachen für die OLG im Auslieferungsverfahren ergeben soll (so die Indien-Entscheidung), bedeutet das im Umkehrschluss, dass das exekutive Handeln (Vertragsverhand-lungen und -unterzeichnung) an die Stelle dessen rückt, was eigentlich der Judika-tive zugewiesen ist (Tatsachenprüfung zur Menschenrechtslage). Dies wider-spricht dem Gewaltenteilungsgrundsatz, wie er auch durch die Arbeitsteilung im Auslieferungsverfahren zum Ausdruck kommt[1289]. Eine besondere Brisanz erhält die Indien-Entscheidung – sollte sie weitere Nachahmung finden – damit nicht zuletzt dadurch, dass ausgerechnet die Gerichte in ihrem Wirken eingehegt wer-den, obwohl es doch gerade ihnen im Auslieferungsverfahren zukommt, den Grundrechtsschutz zu gewährleisten[1290]. Würde man die Postulate der Indien-Entscheidung durchgreifen lassen, ließe man der Exekutive damit im Ausliefe-rungsrecht freie Hand, in Grundrechte einzugreifen.

Mehr als eine schwache Indizwirkung kann also zur Tatsachenermittlung we-der vertraglosen Rechtshilfebeziehungen noch solchen auf Grundlage eines Aus-lieferungsabkommens zukommen. Annahmen hinsichtlich der Menschenrechts-lage, die auf dem Bestehen einer Rechtshilfebeziehung basieren, sind in jedem Fall durch andere Informationen widerleglich.

1285 BVerfGK 6, 334.

1286 Vgl. zu dieser Entscheidung auch in anderer Hinsicht *Kap. 5.6.4.1.*

1287 BVerfGK 6, 334 (340).

1288 Dazu und zum Folgenden ist *Lagodny* (2012, § 73 Rn. 10a) beizupflichten.

1289 Vgl. dazu *Kap. 5.2.*

1290 Vgl. dazu *Kap. 5.3.*

5.9.3 Das sonstige den Empfängerstaat bindende Recht

Die meisten Staaten der Welt haben sich selbst an einen oder sogar mehrere internationale Menschenrechtspakte gebunden.[1291] Sie sichern also die darin enthaltenen Rechte zu.[1292] Zudem werden in den um Auslieferung ersuchenden Staaten regelmäßig nationale Regelungen bestehen, die die Ausgestaltung des Strafvollzugs in irgendeiner Weise betreffen und Bekenntnisse zu Menschenrechten oder Bezüge zu solchen aufweisen.

Nun sichert aber der Erlass einer Norm nicht automatisch ihre praktische Wirksamkeit. Neben ihrem formalen Bestehen ist ihre tatsächliche Handhabung entscheidend.[1293] Nur das geltende Recht des ersuchenden Staates in den Blick zu nehmen, hieße reine Auslandsrechtskunde zu betreiben, anstatt mit der Ermittlung weitergefasster Rechtstatsachen die Rechtswirklichkeit zu berücksichtigen.[1294] Es ist davor zu warnen, von diesem *law in the books* auf die Rechtswirklichkeit zu schließen;[1295] stattdessen ist das *law in action* zu ergründen,[1296] soweit dies möglich ist.[1297] Dem heutigen Stand der Rechtsvergleichung entspricht es daher,[1298] sogar über die reine Rechtstatsachenforschung hinaus anhand des rechtskulturellen, -historischen und gesellschaftlichen Umfeldes die Rechtswirklichkeit etwaiger Rechtsinstitute und deren Wirkungen zu erfassen.[1299]

Obwohl es sich dabei also um eine Binsenweisheit zu handeln scheint, geben die deutsche Rechtsprechung – darunter auch die des BVerfG – und das Handeln einiger Bewilligungsbehörden Anlass zu diesbezüglicher Klarstellung. So kann

---

1291 Vgl. dazu nur den Ratifikationsstand des IPbpR, einsehbar unter https://treaties.un.org/Pages/ViewDetails.aspx?src=TREATY&mtdsg_no=IV-4&chapter=4&lang=en (letzter Abruf am 17.06.2015).

1292 Vgl. *Schilling* 2010, Rn. 79 ff.

1293 Anhand des Aufenthaltsrechts BVerfGE 94, 115 (140); ebenso in ständiger Rechtsprechung der EGMR, vgl. nur EGMR (GK), 28.02.2008 – 37201/06 (*Saadi vs. Italien*), Rn. 147; EGMR, 12.05.2010 – 52466/08 (*Khodzhayev vs. Russland*), Rn. 89. Aus dem Schrifttum statt vieler *Schumacher* 1984, S. 148.

1294 *Piek* 2009, S. 92.

1295 *Kern* 2014, S. 117 f.

1296 Konkret für Feststellungen im Auslieferungsverfahren so bereits *Kreppel* 1965, S. 104, 175 f.

1297 Diese Begriffe führte schon *Pound* (1910, S. 12 ff.) in die Diskussion um die Methoden der Rechtsvergleichung ein.

1298 *Zweigert/Kötz* 1996, S. 11 f., 33 ff.

1299 *Rabel* 1924, S. 183; zusammenfassend aus neuerer Zeit *Piek* 2009, S. 91 f.

auch die Ratifikation der unterzeichneten EMRK[1300] durch einen Staat und / oder ein strafbewehrtes Verbot einer menschenrechtswidrigen Behandlung nach nationalem Recht[1301] kein unwiderlegbares Indiz dafür sein, dass es zu Verletzungen von Art. 3 EMRK im Strafvollzug des betreffenden Staates nicht kommt.[1302] Dass es ein solches innerstaatliches formales Verbot gibt und der Staat Misshandlungen nicht zielgerichtet fördert, sagt nichts über das Auftreten solcher Misshandlungen aus.[1303] Dass es zu Menschenrechtsverletzungen auch nach Einschätzung aller EMRK-Vertragsstaaten kommen kann und sie sich selbst häufig nicht in der Lage sehen, Verletzungen selbstständig auszumachen, zeigt stattdessen die Implementation des CPT mit seinem Besuchs- und Berichtsmechanismus[1304] und die freiwillige Unterwerfung[1305] der EMRK-Staaten unter dieses Regime. Vielmehr kann im Auslieferungsverfahren aus der EMRK-Ratifikation des ersuchenden Staates also nicht geschlossen werden, dass menschenrechtsbezogene Vorbehalte gegen eine Auslieferung von vornherein entfallen müssen.[1306] Der anstandslose Verweis auf die Bindung des Empfängerstaates an die EMRK oder gar auf eine über Jahrhunderte gewachsene Rechtstradition als Ersatz für eine Nachprüfung von Hinweisen auf Menschenrechtsverletzungen kann mitunter sogar grotesk wirken, wenn in derselben Sachverhaltswürdigung in einem nächsten Schritt das Einholen einer Zusicherung vorgeschlagen wird, um vorsichtshalber sicherzustellen, dass sich die *bereits erfolgten* „erheblichen Mißhandlungen" des

---

1300   So aber in der Konsequenz noch die Herangehensweise von BVerfGE 15, 249 (255 f.), in einem Verfahren betreffend eine Auslieferung an die Türkei, die letztlich für zulässig erachtet wurde, u. a. weil Art. 3 EMRK der Türkei die vom Verfolgten behauptete in Aussicht stehende Behandlung im Strafvollzug verbiete und selbst Belege für Verstöße dagegen nicht bewirkten, dass weitere Informationen in dieser Richtung heranzuziehen wären.

1301   So aber die Haltung in BVerfG, NJW 1994, S. 2883, in einem Verfahren betreffend eine Auslieferung an Griechenland, die letztlich für zulässig erachtet wurde, da es an begründeten Anhaltspunkten für eine Misshandlungsgefahr schon deshalb fehle, weil Griechenland an die EMRK gebunden ist, die UN-Antifolterkonvention in innerstaatliches Recht übertragen hat und das griechische Strafgesetzbuch menschenrechtswidrige Behandlungen unter Strafe stellt.

1302   Vgl. nur etwa *Auswärtiges Amt* 2008, S. 296: „Die Situation der Menschenrechte in Russland ist immer noch durch eine breite Kluft zwischen in der Verfassung und durch Ratifikation internationaler Menschenrechtskonventionen rechtlich verbriefter Normen und deren fehlender tatsächlicher Umsetzung gekennzeichnet."

1303   *Murschetz* 2007, S. 190. A. A. BVerfGE 108, 129 (139 f.).

1304   Vgl. dazu *Kap. 5.9.7.1.*

1305   Völkerrechtliche Vorbehalte zur Europäischen Antifolterkonvention sind gemäß deren Art. 21 nicht zulässig. Immerhin sind Ablehnungen von Besuchsforderungen in Ausnahmefällen zulässig, vgl. dazu *Kriebaum* 2000, S. 112 ff.

1306   So auch *Nash* 2013, S. 611.

konkreten Verfolgten durch den ersuchenden EMRK- und Rechtsstaat *nicht wiederholen* werden![1307]

Wenn überhaupt hinsichtlich Menschenrechtsverletzungen der Verweis auf das den Zielstaat bindende Recht als zulässig erachtet wird, dann sollte die Nachweisanforderung nicht lauten: „Wenn es ein gesetzliches Verbot gibt, dann hat der Verfolgte dessen Nichtbeachtung zu belegen.", sondern: „Wenn es ein gesetzliches Verbot gibt, dann hat der betreffende Staat zu belegen, dass es zum einen überhaupt für die konkret befasste Strafverfolgungsbehörde gilt, und zum anderen, dass es diese auch hinreichend von entsprechenden Menschenrechtsverletzungen abschreckt."[1308] Gewendet auf Strafvollzugsbedingungen muss also – wenn das nationale Recht überhaupt als Erörterungsgegenstand zum Nachweis der Vollzugsbedingungen für zulässig erachtet wird – der ersuchende Staat belegen, dass eventuelle menschenrechtskonforme Strafvollzugsregelungen tatsächlich umgesetzt sind, jedenfalls soweit es die Unterbringung des konkreten Auszuliefernden betrifft. Wenn der Auszuliefernde sogar auf einschlägige *persönliche Vorerfahrungen* verweisen kann, scheint diese abschreckende Wirkung beim ersuchenden Staat wohl nicht zu verfangen bzw. scheinen menschenrechtskonforme Strafvollzugsvorgaben tatsächlich trotz anders lautenden normativen Gebots keine Beachtung zu finden.

Auch mit Rücksicht auf die beschriebenen potenziellen Aufklärungsschwierigkeiten der Fachgerichte stellt es also jedenfalls eine Verletzung des verfassungsrechtlich abgesicherten Anspruchs des Verfolgten auf Sachverhaltsaufklärung[1309] durch das Gericht dar, sich auf das nationale Recht bei der Beurteilung der Vollzugsbedingungen im ersuchenden Staat zu beschränken. Nationale Vorschriften im ersuchenden Staat, die dem Grundrechtsschutz dienen, entbinden daher nicht von der Pflicht, das tatsächliche Misshandlungsrisiko zu prüfen.[1310]

5.9.4 Nennung als „sicherer Herkunftsstaat" in § 29a i. V. m. Anlage II zum AsylG

Eine wesentliche Informationsquelle für die Gefahr einer unmenschlichen oder erniedrigenden Behandlung oder Strafe könnte sich für das OLG und die Bewilli-

---

1307 So aber BVerfG, 22.06.1992 – 2 BvR 1901/91, Rn. 13 f. (zitiert nach *juris*). Kritisch dazu auch *van der Wilt* 1995, S. 60.

1308 Zustimmungswürdig *Vogel* 2004a, S. 145; so auch gehandhabt in begrüßenswerter Klarheit von OLG Karlsruhe, NStZ-RR 2004, S. 346 f., da die objektive Beweislast diesbezüglicher Zweifel nicht beim Auszuliefernden liege (vgl. dazu auch *Kap. 5.6.2.3*).

1309 Vgl. *Kap. 5.6.5*.

1310 EGMR (GK), 28.02.2008 – 37201/06 (*Saadi vs. Italien*), Rn. 147 ff.; EGMR (GK), 21.01.2011 – 30696/09 (*M.S.S. vs. Belgien und Griechenland*), Rn. 359.

gungsbehörde daraus ergeben, dass der ersuchende Staat in Anlage II zum AsylG genannt ist. Gemäß § 29a Abs. 2 AsylG ist der dort genannte ersuchende Staat ein „sicherer Herkunftsstaat", bei dem es gemäß Art. 16a Abs. 3 S. 1 GG „gewährleistet erscheint, dass dort weder politische Verfolgung noch *unmenschliche oder erniedrigende Bestrafung oder Behandlung* stattfindet" [*Hervorhebung vom Verf.*]. Erkennbar hat der Gesetzgeber damit Bezug auf die Bestimmung des Art. 3 EMRK genommen.[1311] Daraus könnte sich – neben dem Asylverfahren – auch für das Auslieferungsverfahren eine Bindung[1312] für Behörde und Gericht durch eine bereits vom Gesetzgeber – und daher vermutlich besonders sorgfältig[1313] – vorgenommene Prognoseentscheidung[1314] über die Gefahr unmenschlicher oder erniedrigender Behandlung oder Strafe ergeben. Als Rechtsfolge sieht Art. 16a Abs. 3 S. 2 GG immerhin vor, dass hinsichtlich des betreffenden Staates grundsätzlich vermutet wird, dass dort *politische Verfolgung* nicht stattfindet (es sei denn, der Verfahrensbetroffene kann zum Beweis des Gegenteils überzeugende Tatsachen vortragen). Dass Satz 2 hier gegenüber Satz 1 reduziert nur noch von einer Vermutung hinsichtlich politischer Verfolgung, aber nicht mehr hinsichtlich der Gefahr unmenschlicher oder erniedrigender Behandlung spricht, lässt die Vorschrift zunächst einmal „in sich unstimmig"[1315] erscheinen. Zudem bleibt der Wortlaut des Satzes 1 („gewährleistet erscheint, dass [keine] unmenschliche oder erniedrigende Bestrafung oder Behandlung stattfindet") von der Einschränkung des Satzes 2 (auf die Frage politische Verfolgung) grundsätzlich unberührt und lässt befürchten, der Gesetzgeber könnte hier auf Grundlage pauschalisierender Menschenrechtsbetrachtungen die „auslieferungsspezifische Beweisnot" des Verfolgten weiter erhöhen, indem er den Verweis auf Verletzungen des Art. 3 EMRK per gesetzlicher Fiktion erschwert.

Einer solchen Auslegung ist das BVerfG jedoch in aller Deutlichkeit entgegengetreten: Die Vermutung beschränkt sich nach Sinn und Zweck im Asylverfahren im Sinne des Satzes 2 allein auf die politische Verfolgung, etwaige Verstöße gegen Art. 3 EMRK sind unabhängig davon zu prüfen.[1316] Diese Auslegung wird für den hier zu erörternden Bereich der Haftbedingungen dadurch gestützt, dass eine pauschalisierende Betrachtung der Haftbedingungen aller EU-

---

1311 Zusammenhang hervorgehoben von BVerfGE 94, 115 (136 f.).

1312 Zu dieser Bindung für Asylverfahren *Maaßen* 2015, Art. 16a Rn. 83.

1313 Sorgfalt angemahnt in BVerfGE 94, 115 (143 f.), unter Einräumung eines großzügigen Einschätzungsspielraums.

1314 Zu den Grenzen solcher legislativen Tatsachen- und Prognoseentscheidungen *Kokott* 1993, S. 110 ff.

1315 *Schomburg/Lagodny* 1994, S. 394.

1316 BVerfGE 94, 115 (146), mit Verweis auf § 31 Abs. 3 AsylVfG, der Vorgängervorschrift des heutigen § 31 Abs. 3 AsylG, der wiederum auf § 60 Abs. 5 AufenthG (EMRK-Vorbehalt) verweist.

Staaten – wie sie von § 29a Abs. 2 AsylG sonst erfolgen würde – als Art.-3-EMRK-konform auch in der jüngeren EGMR-Rechtsprechung keine Grundlage findet.[1317] Folglich trifft die Nennung des ersuchenden Staates in § 29a Abs. 2 i. V. m. Anlage II zum AsylG keine Aussage über die Vereinbarkeit der drohenden Haftbedingungen in diesem Staat mit Art. 3 EMRK.

5.9.5 Die tatsächlichen Zustände, nach Auskunft des ersuchenden Staates

Bestehen für das OLG und die Bewilligungsbehörde auf Grundlage des Auslieferungsersuchens Unklarheiten über Einzelheiten der Behandlung, die auf den Verfolgten nach einer Auslieferung zukommen würde, so haben sie zunächst die Möglichkeit, vom ersuchenden Staat nähere Informationen dazu einzuholen. Gemäß § 30 Abs. 1 IRG ist das OLG sogar dazu angehalten, dem ersuchenden Staat bei Klärungsbedarf Gelegenheit zur Bereitstellung ergänzender Informationen zu geben.[1318] Dies mag für viele Einzelaspekte eines Auslieferungssachverhaltes und den dazu entscheidenden Informationen eine gewisse Praktikabilität haben und zu sachgerechten Ergebnissen führen. Für im Raum stehende Behandlungen, die Art. 3 EMRK widersprechen, ist dem indes regelmäßig nicht so. Zum einen hat der ersuchende Staat ein gesteigertes Interesse daran, des Verfolgten habhaft zu werden und dies nicht durch freiwillig gestellte Belege für menschenrechtswidrige Zustände zu gefährden. Zum anderen wird er demgegenüber gerade kein Interesse daran haben, eigene und in der Regel nicht rühmliche Vollzugsdefizite in der relativen Öffentlichkeit eines Auslieferungsverfahrens auszubreiten. Schilderungen über die Wahrung einschlägiger internationaler Menschenrechtsmindeststandards[1319] oder gar „Jubelmeldungen" über die gewährleisteten Haftbedingungen sind daher mit Vorsicht zu genießen und haben für sich genommen quasi keinen Beweiswert.

Etwas anderes kann hingegen für Darstellungen von Institutionen des ersuchenden Staates gelten, die das genaue Gegenteil dazu abbilden:[1320] Wenn ein schlechtes Bild von den Zuständen des Strafvollzugs gezeichnet und damit den Rechtshilfeinteressen des Staates gerade nicht gedient wird, es aber zugleich mit

---

1317 Vgl. dazu die Befunde in *Kap. 5.9.8.1.*

1318 *Vogel* 2004a, S. 145; *ders.* 2009, § 73 Rn. 119; *Ahlbrecht u. a.* 2008, Rn. 609.

1319 Vgl. aber BVerfGE 93, 248 (255 f.), das der Aussage der sudanesischen Regierung folgt, der Sudan sehe schon prinzipiell von Folter, Misshandlungen und ungerechtfertigter Haft ab. Diese Aussagen stehen aber in fundamentalem Widerspruch zu Befunden der *VN-Menschenrechtskommission* (1995, *passim*) und von *Amnesty International* (1996, S. 462 ff.), wie u. a. *Alleweldt* (1997, S. 1080) kritisch hervorhebt. Vgl. dazu auch das Sondervotum von *Sommer* zu BVerfGE 93, 248.

1320 Vgl. zu diesem Gedankengang auch *Kap. 5.9.1.2.*

staatlicher Duldung oder gar Förderung zu einer solchen öffentlichen Tatsachendarstellung kommt, dann kann dem aus diesem Grund ein regelrecht erhöhter Beweiswert zugesprochen werden.[1321] Solche Schilderungen bilden jedoch die Ausnahme.

Ähnliches kann im Übrigen auch gelten, wenn das Vorbringen des Beschwerdeführers oder sonstiger hinzugezogener Einrichtungen – wie z. B. Menschenrechtsorganisationen[1322] – zu einem Unterbringungsmissstand vom betroffenen Staat nicht ausdrücklich bestritten wird. Dann kann davon ausgegangen werden, dass der Umstand zutrifft.[1323]

5.9.6 Die tatsächlichen Zustände, zugesichert durch den ersuchenden Staat

5.9.6.1 Die Funktion einer Zusicherung

Lässt es sich auch auf Basis dieser zusätzlichen Informationen nicht ausschließen, dass die Voraussetzungen eines Auslieferungshindernisses im ersuchenden Staat erfüllt werden – weil z. B. dem Verfolgten dort die Todesstrafe droht oder Strafvollzugsbedingungen in Aussicht stehen, die dem einschlägigen deutschen *ordre public international* widersprächen –, so muss die Bewilligungsbehörde auf Verlangen des OLG vom ersuchenden Staat eine belastbare Zusicherung darüber einholen,[1324] dass diesem Auslieferungskriterium entsprochen wird. Wenn § 30 Abs. 1 IRG es dem OLG aufgibt, dem ersuchenden Staat bei Klärungsbedarf Gelegenheit zur Bereitstellung ergänzender Informationen zu geben, dann zählt dazu auch die Abgabe ausreichend belastbarer Zusicherungen, die fraglichen Anforderungen würden eingehalten.[1325] Da der Fokus der Gefahrenabschätzung im Auslieferungsverfahren auf dem individuellen Betroffenen ruht, d. h. die Wahrscheinlichkeit seiner konkreten Verletzung festgestellt werden muss, liegt es vom Ansatz her nahe, dieses konkrete Risiko des Einzelnen durch eine

---

1321 Vgl. dazu den von *Schneider u. a.* (2008, S. 167) geschilderten Sachverhalt bzgl. Südafrika, wo schon eine staatliche Untersuchungskommission die Zustände als insgesamt erschreckend wiedergibt. Ähnlich in OLG Dresden, NStZ-RR 2015, S. 27, die Auskunft des argentinischen *Ministerio Publico de la Defensa* über die heimischen Vollzugsbedingungen. Ähnlich auch in EGMR (PE), 08.01.2013 – 43517/09 (*Torreggiani u. a. vs. Italien*), Rn. 24 ff., indem der italienische Premierminister einen nationalen Notstand hinsichtlich der Zustände des Strafvollzugssystems (insbesondere massive Überbelegung) ausgerufen hatte.

1322 Vgl. dazu *Kap. 5.9.7.4.*

1323 EGMR (GK), 21.01.2011 – 30696/09 (*M.S.S. vs. Belgien und Griechenland*), Rn. 229.

1324 BVerfGK 3, 159 (164 f.).

1325 *Vogel* 2004a, S. 145; *ders.* 2009, § 73 Rn. 119.

personenbezogene Zusicherung auszuschließen. Der ersuchende Staat müsste also zusichern, dass bspw. beim konkreten Verfolgten die Todesstrafe jedenfalls nicht vollstreckt oder er persönlich keinen *ordre-public*-widrigen Haftbedingungen ausgesetzt werde.

Die Einholung von Zusicherungen ist dabei nicht etwa auf den vertraglosen Auslieferungsverkehr beschränkt, weil man im Rahmen eines bestehenden Auslieferungsabkommens mit der Anforderung einer Zusicherung der Gegenseite einen Vertragsbruch unterstellen würde.[1326] Darin eine solche Unterstellung zu sehen, entspricht schon nicht den Realitäten des Auslieferungsverkehrs.[1327] Zudem fehlt es den Auslieferungsabkommen häufig an entsprechenden Menschenrechtsklauseln, oder die dazu enthaltenen Bestimmungen sind sehr allgemein gehalten bzw. lückenhaft[1328]. Die Einhaltung von Menschenrechten durch konkrete Bedingungen im Strafvollzug per Zusicherung einzufordern geht also in diesen Rechtsverhältnissen über den Vertragsinhalt hinaus und impliziert schon deshalb nicht die Aussage, gegen den vereinbarten Vertragsinhalt werde ohne entsprechende Zusicherung sicherlich verstoßen werden. Des Weiteren darf nicht vergessen werden, dass das Auslieferungsrecht auch an anderen Stellen von Ausdrücken gegenseitigen Misstrauens durchzogen ist.[1329] Eine Zusicherung einzufordern ist also gerade auch im vertragsbasierten Auslieferungsverkehr möglich, ohne damit das Gegenüber zu brüskieren.

5.9.6.2 Die Zusicherung als Teil der Zulässigkeitsprüfung

Die Einschätzung, ob eine verbindliche, formell und materiell ausreichende Zusicherung über die Einhaltung artikulierter Vorbehalte vorliegt, ist bereits Teil der Beurteilung der Zulässigkeit.[1330] Vor Eingang einer Zusicherung stellt das

---

1326 So aber BVerfGE 108, 129 (141).

1327 Vgl. nur statt zahlreicher Entscheidungen BVerfG, 22.10.2008 – 2 BvR 2028/08, betreffend Russland, mit dem die Auslieferungen im Rahmen des EuAlÜbk erfolgen.

1328 *Vogel* 2009, Rn. 119.

1329 Vgl. dazu nur den Grundsatz der Nichtauslieferung eigener Staatsangehöriger, den Grundsatz der Spezialität, für den vertraglosen Auslieferungsverkehr z. B. auch § 6 Abs. 2 IRG (Nichtauslieferung bei Gefahr politischer Verfolgung) sowie deren Entsprechungsklausel in den meisten Auslieferungsabkommen, für den RbEuHb-basierten Rechtshilfeverkehr etwa auch § 83b Nr. 5 IRG (so *Lagodny* 2005, S. 783).

1330 Grundlegend in diesem Sinne BGH, NStZ 1987, S. 414, bzgl. der Nichtvollstreckung einer Todesstrafe. Insbesondere dürfe bei Vorliegen einer Fakultativklausel in einem bestehenden Auslieferungsabkommen bzgl. einer drohenden Todesstrafe („kann verweigert werden") die Ausübung des damit innerstaatlich eingeräumten Ermessens vom OLG nicht der Bewilligungsbehörde überlassen werden und es die Auslieferung bereits für zulässig erklären; dazu *Meyer* 1987, S. 416; *Vogel* 2009, § 8 Rn. 44-46. Ebenso

zukünftige Verhalten des Staates eine Bedingung i. S. eines ungewissen, zukünftigen Ereignisses dar, die aus Individualrechtsschutzgründen nicht Grundlage einer abschließenden Zulässigkeitsentscheidung sein darf.[1331] Daher darf die Überprüfung sonst eventuell erst im Anschluss eingehender Zusicherungen auch nicht der Behörde in ihrer Bewilligungsentscheidung überlassen bleiben, sondern ist vom OLG vorzunehmen.[1332] Dafür hat es in einem Zwischenbeschluss die Bewilligungsbehörde dazu aufzufordern, die als erforderlich erachtete Zusicherung einzuholen,[1333] wobei das OLG vorgibt, welchen Inhaltes die Zusicherung mindestens zu sein hat.

5.9.6.3 Grundlegende Funktionsweisen einer Zusicherung

Die Belastbarkeit einer Zusicherung wird vom ersuchten Staat als deren Empfänger ganz wesentlich davon abhängig gemacht, inwieweit sich der ersuchende Staat als deren Absender in der Vergangenheit an die von ihm selbst abgegebenen Zusicherungen gehalten und nicht etwa gegen die eigenen Zusagen verstoßen hat.[1334] Wenn einer Zusicherung vertraut wird, dann geschieht dies also zum einen im Hinblick auf ein im gemeinsamen Auslieferungsverkehr in der Vergangenheit aufgebautes Vertrauen, das für sich genommen bereits die Belastbarkeit der Zusicherung rechtfertigen können soll.[1335] Beurteilungsgrundlage dafür sind daher die zu dem ersuchenden Staat gesammelten Erfahrungen, ob auch im Einzelfall gewährleistet ist, dass Zusicherungen eingehalten werden.[1336]

Eine weitere Überlegung soll die Belastbarkeit einer Zusicherung stützen: Der ersuchende Staat beschädige seine außenpolitische Reputation jedenfalls für den Bereich der internationalen Rechtshilfe und vielleicht sogar darüber hinaus auch für andere Politikfelder für die Zukunft, sollte er sich an die eigenen Zusagen aus der Zusicherung nicht halten und dies bekannt werden. Damit liefe er Gefahr, bei späteren Auslieferungen eine Absage zu erhalten, eben weil er Vertrauen enttäuscht haben würde.[1337] Diese „Drohkulisse" soll für sich genommen schon

---

bezüglich „Zusagen" zur Beachtung der Spezialitätsbindung *Hailbronner/Olbrich* 1985, S. 301 m. w. N.

1331 Dazu und zum Folgenden *Lagodny* 2012, § 32 Rn. 13 m. w. N. Unklar in diesem Zusammenhang indes *ders.* 2012, § 73 Rn. 42a.

1332 BVerfGK 3, 159 (165); anders noch BVerfG, 22.06.1992 – 2 BvR 1901/91.

1333 *Vogel* 2009, § 73 Rn. 119 m. w. N.

1334 Dazu *Alleweldt* 1997, S. 1079.

1335 Vgl. nur BVerfGE 109, 38 (62); bestätigt durch EGMR, 20.02.2007 – 35865/03 (*Al-Moayad vs. Deutschland*), Rn. 68, 103 ff.

1336 *Vogel* 2009, § 73 Rn. 118.

1337 *Schilling* 2010, Rn. 160.

Anreiz genug sein, die Zusicherung einzuhalten, so dass sie dadurch zur Entscheidungsgrundlage über die Zulässigkeit der Auslieferung gemacht werden könne.[1338]

Hinzu kommt ein drittes Argument: Die Zusicherung ist auch ein völkerrechtliches Instrument und entfaltet als solches Verbindlichkeit für den ersuchenden
Staat.[1339]

5.9.6.4 Grenzen der Aussagefähigkeit einer Zusicherung

Obwohl die Zusicherung im IRG nur an wenigen Stellen ausdrücklich normiert
ist (§§ 5, 8, 37, 76, 83b, 83f IRG) und jedenfalls nicht im Zusammenhang mit
einem zu beachtenden *ordre public*, ist sie selbst wie auch ihre Verwendung im
Kontext zu garantierender Haftbedingungen an sich zumeist unbestritten.[1340] Die
Ansichten gehen jedoch weit auseinander über die Leistungsfähigkeit einer
Zusicherung als ein Instrument, mit dem das Bestehen einer Gefahr
menschenrechtswidriger Behandlung abgeschätzt werden soll.[1341]

Jedenfalls sollte sie mit Bedacht und im Bewusstsein ihrer sachbedingten
Schwächen eingeschätzt und eingesetzt werden. Zu diesem Zweck wird eine
Unterscheidung vorgeschlagen zwischen Zusicherungen, die sich auf öffentlich
mehr oder weniger wahrnehmbare Maßnahmen beziehen, und solchen
Zusicherungen, die sich ganz generell auf das Ausbleiben einer unmenschlichen
Behandlung beziehen.[1342] Zur ersten Gruppe sind die Vollstreckung einer
Todesstrafe zu zählen, oder auch – mit sachlogischen Abstrichen – die

---

1338 Ganz wesentlich zur Entscheidungsgrundlage gemacht etwa in BVerfG, NJW 1994,
S. 2883; BVerfGK 13, 128 (135 f.).

1339 Vgl. BVerfGE 109, 38 (62); ausführlich dazu auch *Worster* 2012, S. 253 ff. Zur Diskussion über die tatsächliche Bindungswirkung des Völkerrechts vgl. *Cremer* 2007,
S. 267 ff. Vgl. zur völkerrechtlichen Natur der Zusicherung auch *Kap. 2.1.*

1340 *Lorz/Sauer* 2010, S. 402 f.: allgemein eine „große Bedeutung" im zwischenstaatlichen
Auslieferungsverkehr.

1341 Zusammenfassend dazu einerseits *Alleweldt* 1997, S. 1079 m. w. N.: „Die Rechtsprechung des BVerfG deutet darauf hin, daß seiner Auffassung nach eine Zusicherung
menschenwürdiger Behandlung erheblichen, ja entscheidenden Einfluß auf die Gefahr-
prognose haben kann." Großes Vertrauen in die Zusicherung als Allheilmittel für Men-
schenrechtsprobleme im Auslieferungsverkehr zeigt z. B. auch *Shea* 1992, S. 126 ff.
Vorsichtiger hingegen schon die Zusammenfassung der diesbezüglichen EGMR-Rechtsprechung bei *Lorz/Sauer* 2010, S. 404: Aus der Sicht des EGMR bestehe eine „generelle Vermutung für die Verlässlichkeit diplomatischer Zusagen", allerdings im Weiteren mit zahlreichen Einschränkungen, die diese Prämisse fast vollends aushöhlen (siehe
zur Skepsis gegenüber Zusicherungen andererseits die Fußnotenverweise im Folgenden).

1342 *Schilling* 2010, Rn. 160; ähnlich auch schon *Alleweldt* 1996, S. 69.

Verhängung und die Vollstreckung einer tatsächlich lebenslangen Freiheitsstrafe. Zur zweiten Gruppe zählen dann hingegen die Haftbedingungen, die eher strukturellen Bedingungen des Vollzugssystems oder zumindest der einzelnen Anstalt geschuldet sind, wie etwa die Belegungsdichte oder die hygienischen Zustände.

Der Sinn dieser vorgeschlagenen Zweiteilung erklärt sich mit der Funktionsweise der Auslieferung: Wenn sie auf Erfahrungen aus der Vergangenheit aufbauend Vertrauen für die Zukunft – oder auch, mangels einschlägiger Vorerfahrungen, einen Vertrauensvorschuss – gewährt, dann ist es für den ersuchenden Staat ganz wesentlich, dass dem ersuchten Staat keine Verstöße gegen den Inhalt einer abgegebenen Zusicherung bekannt werden.[1343] Dies gelingt am einfachsten, wenn es keine Verstöße gibt. Wenn es sie aber gibt, befindet sich der ersuchende Staat in der Zwickmühle, entweder durch Bekanntwerden dieser Verstöße seine Aussichten auf weitere Auslieferungen in der Zukunft deutlich zu schmälern, oder aber die Verstöße zu vertuschen. Spiegelbildlich dazu kommt es daher für den ersuchten Staat – der also die Zusicherung einfordert – darauf an, anhand der gesammelten Erfahrungen mit dem ersuchenden Staat Rückschlüsse darauf ziehen zu können, ob Verstöße gegen Art. 3 EMRK im Einzelfall ausgeschlossen sind.[1344] Solche begangenen Verstöße zu verschleiern fällt dem ersuchenden Staat bei der ersten Gruppe von Maßnahmen (Todesstrafe, lebenslange Freiheitsstrafe) jedenfalls dann schwer, wenn der ersuchte Staat seine in der Regel eingeräumten Kontrollrechte durch Botschaftspersonal[1345] oder Informationsansprüche und Nachverfolgungsmöglichkeiten zum Stand von Strafverfahren[1346] ernst nimmt. Aber auch hier tut sich ein ernstes Hindernis auf, wenn sich der ersuchende Staat internationalen Menschenrechtsbeobachtern vollends verweigert, so dass weder die Menschenrechtssituation im Land allgemein noch die Situation in den

---

1343 Vgl. *Alleweldt* 1997, S. 1079 f., sowie beispielhaft OLG Köln, 19.12.2008 – 6 AuslA 95/08: In einem vorangegangenen Sachverhalt war eine Zusicherung des albanischen Justizministeriums eingetroffen, deren Gewähr dem Betroffenen nach der erfolgten Auslieferung vom zuständigen albanischen Gericht faktisch verweigert wurde. Das OLG Köln schloss daraus für alle weiteren Zusicherungen Albaniens, dass sie substanzlos seien, weil es Albanien offenkundig an rechtsstaatlichen Grundsätzen mangele.

1344 *Vogel* 2009, § 73 Rn. 118 mit Verweis auf *ders.* 2009, § 8 Rn. 37 m. w. N.

1345 Da die Zusicherung keine subjektiven Rechte des Auszuliefernden begründet, kann dieser die Überwachung durch den ersuchten Staat nach der Auslieferung nicht einklagen, sondern ist auf die Eigeninitiative des ersuchten Staates angewiesen.

1346 Wie zum Beweis kann *van Zyl Smit* (2015, S. 176 f.) tatsächlich von einer positiven Wirkung einer Zusicherung berichten: Im Fall *Pileggi* war das US-amerikanische Berufungsgericht äußerst bemüht, der gegebenen Zusicherung an Costa Rica zu materieller Wirkung zu verhelfen, dass keine Freiheitsstrafe verhängt werde, durch die der Verfolgte „den Rest seines Lebens im Gefängnis verbringen" würde. Die zunächst verhängte zeitige Freiheitsstrafe von 50 Jahren für den 50-Jährigen wurde daher auf 25 Jahre reduziert.

Haftanstalten noch das Wohlergehen eines konkreten Auszuliefernden überprüft werden kann.[1347]

Hinsichtlich der zweiten Gruppe von Zusicherungen, die sich generell auf die Gewährleistung menschenwürdiger Haftumstände beziehen, sind den Verschleierungsmöglichkeiten eines Staates, der es *darauf anlegt*, nur wenige Grenzen gesetzt. So können gerade für in aller Regel vorab anzumeldende Kontrollbesuche Umstände auch nur *kurzzeitig* hergestellt werden, die kaum Verdachtsmomente auslösen. Neben Verlegungen innerhalb der Anstalt in einen dafür vielleicht sogar vorgehaltenen, halbwegs vorzeigbaren Haftraum (Haftraumgestaltung, hygienische Verhältnisse) mit einer vertretbaren Anzahl von Mitinsassen (Überbelegung, Isolationshaft) kommt auch die Verzögerung des Zusammentreffens in Betracht: Weist der Insasse Spuren gerade erlittener Gewaltanwendung durch Anstaltspersonal oder Mithäftlinge auf oder ist eine Erkrankung erkennbar medizinisch nicht versorgt, so kann bei Bedarf der Kontrollbesucher unter allerhand Ausflüchten auch wochenlang hingehalten und der Insasse so vor ihm versteckt werden, bis die Spuren als solche nicht mehr erkennbar sind.[1348] Dabei bringen selbst direkte Befragungen der Insassen zu ihrer erfahrenen Behandlung selten tatsächlich erlittene menschenunwürdige Behandlungen zu Tage, da aus deren Perspektive jedes Mitteilen die Gefahr weiterer Repressionen in sich trägt, sobald der Kontrollbesuch vorbei ist.[1349]

Außerdem kann allein schon das Einfordern des Besuchsrechts durch die Botschaft des ersuchten Staates im Anschluss an die Auslieferung zu diplomatischen Verstimmungen führen. Es besteht daher bereits die Gefahr, dass bei diesen Überprüfungsbesuchen sachunangemessene Rücksichten genommen werden.[1350]

Zusicherungen erscheinen bereits aufgrund *dieser* Schwächen der gedachten Absicherung durch Kontrollpersonal zumindest für diese zweite Gruppe von Zusicherungen als ungeeignet, um eine Auslieferung zu ermöglichen, wenn sich vorab Bedenken am voraussichtlichen Verhalten des ersuchenden Staates aufgetan haben, die eine Zusicherung überhaupt notwendig erscheinen ließen.[1351]

1347 Vgl. EGMR, 19.06.2008 – 8320/04 (*Ryabikin vs. Russland*), Rn. 119.

1348 Dieser Aspekt sowie sogleich der Gesichtspunkte des notwendigen Aufklärungsinteresses und der notwendigen Konfrontationsbereitschaft des Besuchspersonals geht auf persönlichen Hinweis von Frau *Dr. Julia Kozma* zurück, österreichisches Mitglied des CPT, der an dieser Stelle dafür herzlich gedankt sei.

1349 *Lagodny* 1987, S. 169; *Nowak/McArthur* 2008, Rn. 212.

1350 *Schumacher* 1984, S. 148; dem folgend *Lagodny* 1987, S. 169.

1351 Aus diesem Grund insgesamt ablehnend gegenüber Kontrollbesuchen auch *Murschetz* 2007, S. 189; OLG Karlsruhe, NStZ-RR 2004, S. 347. In negativer Hinsicht als exemplarisch gelten kann hier hingegen etwa die Entscheidung BVerfGK 3, 159 (164 f.), eine Auslieferung nach Weißrussland betreffend. In dieser wird zunächst *ausführlich* dargelegt, dass es zur Entkräftung der vom Auszuliefernden „unter Vorlage verschiedener

Das Kontrollpersonal, das diplomatische Einrichtungen des ersuchten Staates entsenden, stellt für sich genommen eine *weitere* Schwachstelle der Überlegungen dar. Dieses Kontrollpersonal muss zunächst willens sein, diese Kontrollbesuche an häufig fern abgelegenen, wenig angenehmen Orten an den Rändern der Gesellschaft überhaupt wahrzunehmen. Fehlt es bereits insoweit am *Aufklärungsinteresse* des Kontrollpersonals, greift die Sicherung schon ins Leere.

Informationen, die auf Botschafts- oder Konsulatspersonal zurückgehen, sind aus einem anderen Grund aber auch in nur sehr begrenztem Maße verlässlich: Um die Gefahr einer menschenunwürdigen Behandlung erkennen zu können, bedarf es vielfach *Sachkenntnis* und *Erfahrung in der Einschätzung* von Strafvollzugsbedingungen, an denen es dem benannten Personenkreis naturgemäß in der Regel fehlt.[1352] Selbst geschulte Besucher von Haftanstalten können einen falschen Eindruck bekommen und gegebenenfalls sogar gezielt hinters Licht geführt werden – wie viel leichter gelingt dies dann mit Laien?

Zu guter Letzt muss das Kontrollpersonal subjektiv auch die Bereitschaft aufweisen, bei einem festgestellten Verstoß – oder insoweit heikler noch: bei dem Verdacht eines Verstoßes – die Konfrontation zu suchen, entgegen dem Interesse des ersuchenden Staates, auf dessen Territorium das Kontrollpersonal sich immerhin gerade befindet, und mitunter auch entgegen dem Interesse des eigenen Entsenderstaates, in dessen Auftrag man handelt und der ohne Befunde zu Menschenrechtsverstößen insgesamt sicher „glücklicher" wäre.[1353] Fehlt es also – und sei es auch nur aus vorauseilendem Gehorsam – an einer solchen *Konfrontationsbereitschaft* des Kontrollpersonals, greift die gedachte Sicherung erneut ins Leere.

Erkenntnismittel" vorgetragenen Anhaltspunkte für menschenrechtswidrige Haftbedingungen nicht genügt, sich auf eine anschließend von der Bewilligungsbehörde noch einzuholende Zusicherung zu verlassen. Daraufhin wird aber vom BVerfG nur die Konsequenz gezogen, das OLG dürfe seine Zulässigkeitsentscheidung erst fällen, wenn eine solche Zusicherung eingegangen ist. Anstatt sich mit den bestehenden Zweifeln an der Leistungsfähigkeit der Zusicherung im Allgemeinen und den Haftbedingungen in Weißrussland – nach Ansicht einiger immerhin die „letzte Diktatur Europas", die sicherlich nicht grundlos weder Europaratsmitglied ist noch die EMRK unterzeichnet hat – im Besonderen auseinanderzusetzen (vgl. dazu auch die Entscheidungsgründe von OLG Hamm, StV 2005, S. 286, mit Verweis auf Erkenntnisse von *Amnesty International*; OLG Zweibrücken, 29.04.2008, BeckRS 2008, 09910, mit Verweis auf Erkenntnisse des Auswärtigen Amtes zur asyl- und abschieberelevanten Lage, beides ebenfalls Weißrussland betreffend), bescheidet sich das BVerfG mit dieser eher formalen Rüge und ansonsten mit dem Hinweis, dass „keine Anhaltspunkte ersichtlich [sind], dass eine entsprechende Zusicherung seitens der weißrussischen Behörden nicht eingehalten würde" (BVerfGK 3, 159 (165)).

1352 Ebenso *Schumacher* (1984, S. 148), der eine personell und sachlich unzureichende Ausstattung der diplomatischen Vertretungen zu bedenken gibt.

1353 Vgl. ergänzend dazu die Ausführungen in *Kap. 5.9.7.2.*

Vereinzelt werden Zusicherungen aber auch hinsichtlich jener Behandlungen kritisch gesehen, deren Einhaltung verlässlich überprüft werden kann (also solche der ersten Gruppe von Zusicherungen): Immerhin trage der individuelle Verfolgte das Risiko, dass ausgerechnet in diesem Fall der ersuchende Staat von seiner Linie abweicht, im Hinblick auf die nächste anstehende Auslieferung das in ihn gesetzte Vertrauen nicht enttäuschen zu wollen, und stattdessen in Abweichung von der Zusicherung handelt, also z. B. die zunächst ausgeschlossene Vollstreckung der Todesstrafe doch vornimmt.[1354]

All dies betrifft Vorbehalte, die die Zusicherung vor allem bei einem *entgegenstehenden Willen* des ersuchenden Staates zur Nichtbeachtung der Zusagen als kraftlos erachten. Auch nicht außer Acht gelassen werden darf, dass der konkrete Aussteller der Zusicherung (etwa der Generalstaatsanwalt oder ein Behördenleiter) oder der ersuchende Staat insgesamt mitunter gar *nicht in der Lage* ist, den Inhalt der Zusicherung zu gewährleisten. So haben die jeweiligen Aussteller der Zusicherung selten tatsächliche Einwirkungsmöglichkeit auf die Vollzugspraxis in ihrem Land. Das gilt – in unterschiedlicher Hinsicht vor allem mangels „Kompetenz" – sowohl für Rechtsstaaten als auch für Staaten ohne gefestigtes oder durchsetzungsstarkes Rechtssystem.[1355] Kritisch zu sehen ist vor allem die Belastbarkeit einer regelmäßig von der Exekutive eines Staates abzugebenden Zusicherung bzgl. Faktoren, die von der Judikative bestimmt werden, soweit es an einer Transformationsnorm wie § 72 IRG im fremden Recht fehlt.[1356] Daher werden Zusicherungen teilweise bereits deswegen als substanzlos abgetan; zudem fehlt es ihnen an faktischer Bindungswirkung und an Justiziabilität.[1357] Zudem können sich aus dem sozialen Gefüge der Anstaltsinsassen eigen- und gruppendynamische Prozesse ergeben, die für den Verfolgten eine menschen-

---

1354 *Kaiafa-Gbandi* 2004, S. 16; ähnlich schon *Lagodny* 1987, S. 169 f.

1355 *Nowak/McArthur* 2008, Rn. 212; ähnlich *Alleweldt* 1997, S. 1080; ebenso *Lorz* und *Sauer* (2010, S. 405) in Zusammenführung der einschlägigen EGMR-Judikate.

1356 *Vogel* 2002, S. 468. Vgl. dazu z. B. erneut (vgl. *Fn. 1342*) auch die Entscheidungsgründe zu OLG Köln, 19.12.2008 – 6 AuslA 95/08: Es war eine Zusicherung des albanischen *Justizministeriums* eingetroffen, die präzise ein subjektives Recht des Auszuliefernden für die Zeit nach erfolgter Übergabe zusagte. Nach der Auslieferung verneinte dann das zuständige albanische *Strafgericht* die eingeräumte Rechtsposition. Auf diesbezügliche Nachfrage der deutschen Bewilligungsbehörde verwies das albanische Justizministerium auf die Gewaltenteilung in Albanien. Das OLG Köln hingegen zog dem entgegengesetzt den Schluss, Albanien mangele es gerade an Rechtsstaatlichkeit; a. A. hingegen *Shea* 1992, S. 130 (indes ohne Nachweise): „Diplomatische und politische Realitäten" würden es unwahrscheinlich machen, dass Zusicherungen mit Verweis auf Kompetenzabgrenzungen gebrochen würden.

1357 *Schüller* 2013, S. 247.

rechtswidrige Behandlung bedeuten, durch staatliche Stellen aber kaum beeinflussbar sind.[1358]

Dem Staat insgesamt kann es aber auch an den Voraussetzungen fehlen, Zusagen zu menschenrechtskonformen Zuständen einzuhalten.[1359] Hier gewinnen die Faktoren Zeit und Geld eine Bedeutung: Wenn von Ländern, deren Strafvollzugssysteme einmal als systemweit unzureichend qualifiziert wurden,[1360] schon kurze Zeit später Zusicherungen gegeben werden, der Verfolgte werde (nunmehr) konform mit europäischen Mindeststandards untergebracht, so ist darauf hinzuweisen, dass solchen Problemen nur über einen längeren Zeitraum abgeholfen werden kann,[1361] und das in der Regel auch nur unter Aufwendung erheblicher finanzieller Ressourcen. Gerade unter dem besonders virulenten[1362] Gesichtspunkt von Überbelegungen gilt, dass eine substanzielle Verbesserung des Vollzugssystems im Sinne einer Reduktion der Insassenzahlen eher in einem Zeitraum von Jahrzehnten denn von Jahren oder gar nur Monaten zu bewerkstelligen ist.[1363] Hinzu kommt, dass einigen nationalen Regierungen von vornherein bereits der Wille zu fehlen scheint, erkannten Problemen im Strafvollzug abzuhelfen bzw. diese Probleme als solche wahr oder auch nur ernst zu nehmen.[1364]

1358 Vgl. OLG Karlsruhe, 04.02.2009, BeckRS 2009, 07800: So soll etwa eine Zusicherung der russischen Generalstaatsanwaltschaft, den Verfolgten geschützt vor gewaltsamen Übergriffen unterzubringen, für sich genommen glaubhaft sein können. Anders soll es aber bei solch einer Zusicherung sein, wenn sie sich auf einen Tschetschenen bezieht, da die breite Masse der russischen Bevölkerung den Angehörigen dieser Volksgruppe durch die jahrelange kriegerische Auseinandersetzung in Tschetschenien eine höchst negative Einstellung entgegenbringe, die sich in gewaltsamen Übergriffen äußere. Dem stünden auch die russischen Behörden machtlos gegenüber.

1359 Einwand auch von *Alleweldt* 1996, S. 69 f. m. w. N. Zum Folgenden *Lorz* und *Sauer* (2010, S. 406) mit einem ähnlich gelagerten Einwand des „Widerspruchs zur tatsächlichen Menschenrechtslage", der sich der EGMR-Rechtsprechung entnehmen lasse.

1360 Daher kommt in diesem Zusammenhang insbesondere einschlägigen Pilotentscheidungen eine wichtige Rolle als Kontraindikator der Verlässlichkeit abgegebener Zusicherungen zu, vgl. dazu *Kap. 5.9.8.1.*

1361 Vgl. *Ress* 2004, S. 627, der im Übrigen „Gefängnisbedingungen" generell als strukturelle Probleme einordnet.

1362 Vgl. dazu *Kap. 4.4.*

1363 Vgl. dazu die Erfahrungen europäischer Strafvollzugsrealität der vergangenen Jahrzehnte, zusammengetragen in *Dünkel u. a.* 2010.

1364 *Sakalauskas* (2015, S. 196) verweist auf die litauische Regierung, die auf die Rüge des CPT, die Haftraumgröße sei mit durchschnittlich 3 m pro Person zu gering, mit einer Anhebung auf 3,1 m reagierte. Ähnlich problematisch ist das Vorgehen der ungarischen Regierung nach der Darstellung bei *Nagy* (2016, S. 201 f.), wenn sie auf eine Verurteilung durch den EGMR hin wegen der systematisch *de jure* und *de facto* lebenslang vollstreckten Freiheitsstrafe dem dadurch abgeholfen zu haben meint, dass sie nunmehr

5.9.6.5 Der Auszuliefernde als „Luxus-Gefangener"? – Konsequenzen für die Handhabung einer individuell-konkreten Zusicherung

Im Lichte all dieser Bedenken ist es daher auch zu sehen, wenn ein Staat zwar verbreitet desolate Haftbedingungen einräumt, für den konkret Auszuliefernden aber eine Zusicherung abgibt, er werde dessen ungeachtet im Einklang mit den Mindestgrundsätzen nach Art. 3 EMRK untergebracht werden.[1365] Anders als bei Folter – und darin begriffen die Unterbringung in Isolationshaft im oben beschriebenen Sinne[1366] – wird man zwar bei menschenunwürdigen Unterbringungsbedingungen selten davon ausgehen müssen, dass der Staat den Einzelnen dem absichtsvoll aussetzt. Das wirkt sich in diesem Zusammenhang aber „zu Lasten" des ersuchenden Staates aus: Wenn er die menschenunwürdigen Vollzugsbedingungen nämlich nur duldet, weil ihm – wie bereits erörtert – vielfach die Ressourcen fehlen, für andere Vollzugsbedingungen zu sorgen, dann fehlen ihm offensichtlich weitgehend die Steuerungsmöglichkeiten im Vollzugssystem. Mit anderen Worten: Folter kann man anwenden, oder man kann es bei Bedarf unterlassen (weil so zugesichert). Menschenunwürdige Haftraumgestaltungen, massive Überbelegungen, ein Klima voller gewaltsamer Übergriffe unter den Gefangenen oder mangelnde hygienische Bedingungen können hingegen nicht einfach „nicht vorgenommen" werden. Das würde die Abwesenheit all dieser erniedrigenden Faktoren voraussetzen. In der Zusammenschau mögen die „roten Linien" menschenrechtlicher Rechtsprechung von BVerfG und EGMR zu Vollzugsbedingungen[1367] nicht nach viel klingen, es werden damit auch nur Mindeststandards formuliert. Es steht aber diametral dem entgegen, was sich in einigen Strafvollzugssystemen tatsächlich verbreitet und systembedingt vorfinden lässt.[1368] Damit erscheint es zumindest *äußerst* zweifelhaft, ob sich solche zugesicherten Haftumstände wirklich für einzelne Personen in einem ansonsten desolaten Vollzugssystem gewährleisten lassen. Ungeachtet eines gegebenenfalls auch guten Willens der Verwaltung stehen dem nicht nur finanzielle Hindernisse im Weg, sondern auch das Anstaltsklima insgesamt, wenn einige wenige Personen aus den übrigen Vollzugsumständen durch diese Art.-3-EMRK-„Privilegien" dergestalt herausgehoben werden oder ihre Sonderbehandlung nur auf Kosten einer Schlechter-

---

ein zwingendes Begnadigungsverfahren nach 40 Jahren Verbüßungszeit vorsieht (vgl. dazu im Weiteren *Kap. 4.3.3*). Vgl. etwa auch die öffentliche Stellungnahme des *CPT* (2011a, S. 4) zu Griechenland.

1365 Vgl. etwa in OLG Köln, 26.11.2004 – Ausl 2001-04-30, abgegeben von Russland.

1366 Vgl. *Kap. 4.5.2*.

1367 Vgl. *Kap. 4.9*.

1368 Vgl. dazu sogleich die exemplarischen Befunde in *Kap. 6*.

behandlung aller anderen ermöglicht wird[1369] – eigentlich ließe sich eine solche Sonderbehandlung überhaupt nur in einem baulich getrennten Bereich vorstellen.[1370] Diese Überlegungen lassen eine solche privilegierte Unterbringung jedoch nicht als Startschuss für eine Modernisierungswelle hin zu Strafvollzugsbedingungen konform mit europäischen Mindeststandards erscheinen,[1371] sondern für die meisten Fälle schlicht illusorisch.[1372] Dies stellt die Kehrseite dar, wenn sich bei Auslieferungsentscheidungen nicht der normativen Kraft des Faktischen gebeugt wird.[1373]

Wenn dem von Seiten des Auswärtigen Amtes entgegengehalten wird, die Erfahrungen der Vergangenheit mit den einschlägigen Zusicherungen des betreffenden ersuchenden Staates seien gut und entsprechende Kontrollbesuche würden ermöglicht,[1374] dann sei hier zum einen noch einmal an die Schwächen erinnert, die sich mit dem nötigen Aufklärungsinteresse, der nötigen einschlägigen Erfahrung mit dem Identifizieren von Strafvollzugsbedingungen und der nötigen Konfrontationsbereitschaft des Besuchspersonals ergeben.[1375] Zum anderen müssen auch solche konkret-individuellen Zusicherungen im Kontext mit anderen Erkenntnissen gewertet werden, etwa wenn sie von einem Staat stammen, dem dasselbe Auswärtige Amt andernorts attestiert, dass die „Situation der Menschenrechte [...] immer noch durch eine breite Kluft zwischen in der Verfassung und durch Ratifikation internationaler Menschenrechtskonventionen rechtlich verbbriefter Normen und deren fehlender tatsächlicher Umsetzung gekennzeichnet [ist]. Historischer Mangel an Rechtsstaatskultur, fehlender Respekt für individuelle Rechte und Freiheiten bei Behörden, Politikern und Bürgern, schwierige materielle Rahmenbedingungen (einschl. Kriminalität und teilweise Mangel an innerer Sicherheit), das umfängliche Fehlen einer unabhängigen Judikative sowie die immer noch weit verbreitete Korruption erschweren die Durchsetzung der

---

1369 *Brodowski* (2016, S. 418) verweist beispielhaft auf überbelegte Anstalten, in denen der dem Verfolgten zusätzlich eingeräumte Platz bei unveränderten Rahmenbedingungen weniger Raum für die Mitgefangenen bedeutet.

1370 Eine solche Möglichkeit kann es auch tatsächlich geben, vgl. etwa OLG Köln, 05.04.2012, OLGSt IRG § 2 Nr. 2, eine Auslieferung an Indien betreffend: Die indische Regierung sicherte die Unterbringung des Verfolgten in einem konkreten, erst sechs Jahre zuvor eröffneten Anstaltsneubau zu, über dessen Ausstattung sich das OLG vorab informierte.

1371 So aber wohl *Schroeder* 2005, S. 402; optimistisch aus US-Perspektive auch *Ross* 2011, S. 164.

1372 In diesem Sinne sehr skeptisch auch *CPT* 2005, S. 14.

1373 Vgl. dazu *Kap. 4.2.5.*

1374 Vgl. nur statt vieler Sachverhalte OLG Köln, 26.11.2004 – Ausl 2001-04-30 (Russland); OLG Dresden, 29.09.2008 – 12 Ausl. 33-08 (Weißrussland).

1375 Vgl. dazu soeben *Kap. 5.9.6.4.*

Menschenrechte.", und das Amt überdies zu berichten weiß, dass ein Großteil der anhängigen Verfahren vor dem EGMR diesen Staat betreffen, und von diesen Verfahren wiederum ein Großteil „unmenschliche Bedingungen in den Gefängnissen zum Gegenstand haben".[1376] Solche Erkenntnisse müssen berücksichtigt und daraus Rückschlüsse gezogen werden.

Insgesamt erscheinen Zusicherungen daher nicht geeignet, um bereits bestehende Zweifel an der Menschenwürdekonformität der Strafvollzugspraxis des ersuchenden Staates restlos auszuräumen.[1377] Insbesondere ermöglichen sie es den deutschen Hoheitsträgern im Auslieferungsverfahren *nicht*, die Entscheidung darüber, ob eine menschenrechtswidrige Behandlung nun mit hinreichender Wahrscheinlichkeit droht, offen zu lassen und stattdessen die Verantwortung allein dem ersuchenden Staat zuzuweisen.[1378] Jedenfalls Zusicherungen der zweiten Gruppe, die sich also allgemein auf die Einhaltung menschenrechtlicher Standards im Strafvollzug beziehen, können nicht von der Pflicht entbinden, das tatsächliche Misshandlungsrisiko auch im Weiteren auf anderen Wegen zu überprüfen.[1379]

5.9.6.6 Mindestanforderungen an eine Zusicherung

Um Zusicherungen überhaupt eine Existenzberechtigung zusprechen zu können, muss einer eingegangen Zusicherung daher absolut vertraut werden können, dass sie auch im Einzelfall eingehalten wird.[1380] Die schlichte Information über eine in Aussicht stehende Rechtsfolge stellt dabei noch keine belastbare Zusicherung dar.[1381] Es dürfen keine Zweifel an der Zusicherung selbst oder an ihrem mate-

---

1376 *Auswärtiges Amt* 2008, S. 296, 298, betreffend Russland.

1377 So auch i. E. EGMR (GK), 15.11.1996 – 22414/93 (*Chahal vs. Vereinigtes Königreich*), Rn. 105-107; *Lorz* und *Sauer* (2010, S. 403) anhand der Sichtung der einschlägigen EGMR-Rechtsprechung; *Nowak/McArthur* 2008, Rn. 211. Deutlich so auch OLG Zweibrücken, 29.04.2008 – 1 Ausl. 30/07. Aufhorchen lässt, dass ausweislich der Entscheidungsgründe in OLG Karlsruhe, NStZ-RR 2004, S. 347, auch das Auswärtige Amt [*sic!*] die deutschen Auslandsvertretungen schon nicht dazu im Stande sieht, „formale Garantien" wie die Unterbringung in einer bestimmten Gewahrsamsform zu überprüfen.

1378 So aber wohl *Lagodny* 2012, § 73 Rn. 42a: „kann das Problem legitimerweise auf den ersuchenden Staat verlagern", zwar anhand einer zu stellenden Bedingung gemäß § 30 Abs. 1 IRG, die aber auch nur als Vorstufe für eine dann daraus zu formende Zusicherung fungieren kann (vgl. dazu *Kap. 5.9.6.2*).

1379 EGMR (GK), 28.02.2008 – 37201/06 (*Saadi vs. Italien*), Rn. 147 f.

1380 *Lagodny* 2012, § 32 Rn. 13; *Vogel* 2009, § 73 Rn. 118.

1381 So z. B. in OLG Celle, StV 1999, S. 265, in der die von Interpol Ankara als ersuchender Behörde übermittelte Information, dem Verfolgten drohe (nur) die lebenslange Freiheitsstrafe (statt einer angesichts der verfolgten Tat zu befürchtenden Todesstrafe), als nicht ausreichend für die Einordnung als Zusicherung i. S. v. § 8 IRG erachtet wurde.

riellen Gehalt verbleiben.[1382] Elementare Voraussetzung für überhaupt irgendeine Aussagekraft der Zusicherung ist es, dass sie sich nicht etwa mit der Zusage einer allgemeinen Einhaltung von Mindeststandards im Strafvollzug zufrieden gibt,[1383] sondern sich individuell-konkret auf den Auszuliefernden bezieht und die ihn erwartenden Unterbringungszustände zum Gegenstand hat.[1384] Einzelne OLG haben dies schon erkannt und Fragenkataloge aufgestellt bzw. weiterentwickelt, deren Verwendung zur Einforderung einer Zusicherung nicht nur dringend empfohlen ist, sondern auch das absolute Minimum darstellen sollte, wenn schon zum Institut der Zusicherung überhaupt gegriffen wird. Sinnvollerweise konzentrieren sich die Fragen auf die Unterbringungsaussichten:[1385]

1. In welcher Untersuchungshaftanstalt wird der Verfolgte nach der Auslieferung untergebracht werden?

2. Entspricht diese Anstalt den Mindesterfordernissen des Art. 3 EMRK?

3. In welcher Strafvollzugsanstalt wird der Verfolgte im Falle seiner Verurteilung unterbracht werden?

4. Entspricht diese Anstalt den Mindesterfordernissen des Art. 3 EMRK?

5. Falls die Frage 2 oder die Frage 4 verneint wurde: Gibt es im ersuchenden Staat überhaupt eine solche Anstalt?

6. Dürfen Angehörige einer deutschen konsularischen Vertretung nach Auslieferung auf Wunsch des Verfolgten bei ihm Haftbesuche durchführen?

Eine erste sinnvolle Ergänzung stellt es dar, wenn das OLG zugleich von der Bewilligungsbehörde erbittet, nach Kenntniserlangung von der *konkreten* Anstalt

---

Vgl. auch *Meyer* (1987, S. 416) anhand einer „unverbindlichen, vorläufigen Beurteilung der Rechtslage", ebenfalls der Türkei.

1382 *Vogel* 2009, § 8 Rn. 38.

1383 So der Hinweis von *Ahlbrecht u. a.* 2008, Rn. 726a, mit kritischem Blick auf OLG Köln, 24.05.2005 – Ausl. 2/05 (betreffend Bosnien-Herzegowina).

1384 So auch EGMR (GK), 21.01.2011 – 30696/09 (*M.S.S. vs. Belgien und Griechenland*), Rn. 354, sowie insgesamt das Analyseergebnis von *Lorz* und *Sauer* (2010, S. 405 m. w. N.) zur Rechtsprechung des EGMR. Vorbildlich daher in dieser Hinsicht OLG Dresden, 24.06.2004 – Ausl 58-03; OLG Hamm, StV 2005, S. 286, die sich nicht mit Verweisen auf „im großen und ganzen" [*sic!*] internationalen Mindeststandards genügende Anstalten zufriedengeben.

1385 Vgl. zum Folgenden die Entscheidungen KG, 04.09.2000 – (4) Ausl.A. 855/99 (158/99); OLG Koblenz, StV 2002, S. 87; OLG Hamm, StV 2005, S. 286.

einen *Vorabbesuch* durch deutsches konsularisches Personal zu veranlassen. So kann erste Gewissheit über die EMRK-Konformität der betreffenden Anstalt gewonnen werden. Der anscheinend übliche Zeitrahmen eines Auslieferungsverfahrens in Deutschland von mehreren Monaten lässt dazu jedenfalls Raum. Da das Botschaftspersonal – getreu der mit der Zusicherung auch bislang schon verbundenen Erwartung – regelmäßig im Anschluss an die Auslieferung Kontrollbesuche durchführen soll, kann in einem Vorabbesuch selbst in einer abgelegenen Anstalt kein übermäßiger Aufwand gesehen werden.

Von einem solchen Vorabbesuch kann erst einmal abgesehen werden, wenn die genannte Anstalt durch menschenrechtliche Beobachtungsmaßnahmen oder aus anderen Gründen „einschlägig" bekannt ist, etwa weil es einen CPT-Besuch in der Vergangenheit gab und die Haftbedingungen dokumentiert sind.[1386] Genaueres wird das konsularische Personal – weil nicht fachkundig – auch nicht herausfinden. Dann wird es zunächst darauf ankommen festzustellen, ob etwaigen Defiziten gegenüber Mindeststandards abgeholfen wurde. Die Nachfragen dazu dürfen und müssen auch präzise und bohrend sein, wenn sie ihr Anliegen erreichen sollen. Erscheint es von vornherein unrealistisch, dass den dokumentierten Mängeln in der Zwischenzeit bereits abgeholfen werden konnte, kann auch gleich durch geschickte Fragestellung den Behörden des ersuchenden Staates nahegelegt werden, den Verfolgten nach noch ausstehender Auslieferung in einer anderen Anstalt unterzubringen. Auch diese Anstalt darf dann aber die Mindeststandards von Art. 3 EMRK nicht unterlaufen, was wiederum zu erfragen ist. Hieran kann sich dann – je nach Verlauf dieser Korrespondenz – wiederum doch noch ein Vorabbesuch der letztlich ausgewählten Anstalt anschließen.

Hinsichtlich der Kontrollbesuche im Anschluss an die Auslieferung sollte außerdem ausbedungen werden, dass diese Besuche wenn schon nicht unangekündigt,[1387] so doch aber sehr kurzfristig möglich sein müssen. Auf diese Weise werden etwaige Manipulationen durch Verlegung des Betreffenden innerhalb der Anstalt bzw. gar in eine ganz andere Anlage (etwa eine, die den Mindeststandards genügt oder die z. B. keine Isolationshaftanstalt ist) oder durch wochenlanges Verstecken, um etwaige Verletzungen infolge von Misshandlungen heilen zu lassen, erschwert. Wenn alles konform zu internationalen Standards verlaufen sollte, dürfte ein Kontrollbesuch auch keine größeren Ressourcen der Anstalt binden oder Vorbereitungen erfordern, so dass ein Besuch grundsätzlich innerhalb von zwei Tagen möglich sein muss.

1386 So in einem vom OLG Bremen (StV 2015, S. 365) nahezu vorbildlich gehandhabten Fall eine Auslieferung nach Bulgarien betreffend; in dessen Gefolge bzgl. Bulgarien nunmehr auch zustimmungswürdig die Beschlüsse des KG in der Sache (4) 151 AuslA 61/15 (71/15) vom 27.03.2015 und 15.04.2015. Dazu auch das Folgende.

1387 Das *CPT* (2005, S. 14) fordert für solche Kontrollbesuche sogar, dass sie jederzeit und unangekündigt erfolgen dürfen, damit sie überhaupt irgendeinen Nutzen haben.

5.9.6.7 Zusammenfassung zu den Zusicherungen

Zusicherungen eines ersuchenden Staates – und sei er sogar EMRK-Vertrags-partner –, es würden Art.-3-EMRK-konforme Zustände bei der Unterbringung im Strafvollzug sichergestellt, kann keine eigenständige Bedeutung bei der Klärung des Misshandlungsrisikos des Auszuliefernden zukommen. Gerade wenn es entgegenstehende Anhaltspunkte gibt, können Zusicherungen diese nicht vollends entkräften, sondern nur im Zusammenspiel mit weiteren Tatsachen, die für eine menschenwürdige Unterbringung sprechen, einen solchen Gegenbeweis darstellen.

Ausschlaggebend ist in erster Linie, dass die gemachten Zusagen letztlich nur selten wirklich überprüfbar sind.[1388] Einen Hinderungsgrund kann bereits die vollständige Weigerung des ersuchenden Staates darstellen, überhaupt Menschen-rechtsbeobachtern oder diplomatischem Personal Zugang zu Vollzugseinrichtun-gen zu gewähren. Abgesehen davon können – bei entsprechendem Vorsatz – Anzeichen menschenrechtswidriger Behandlung zumeist gut verschleiert werden. Einmal ausgeliefert, ist auch der Verfolgte keine große Hilfe bei der belastbaren Aufdeckung von Missständen. Ebenso wenig ist das für Kontrollbesuche vorgese-hene konsularische Personal ein Garant für eine zuverlässige Überwachung.

Einen weiteren wesentlichen Kontraindikator zur Verlässlichkeit einer Zusi-cherung stellt es dar, wenn die Zusagen im Widerspruch zu eindeutigen men-schenrechtlichen Befunden zum jeweiligen Sachzusammenhang stehen und es aufgrund der kurzen Zeitspanne zwischen beiden Aussagen – menschenrecht-licher Befund und Zusicherung – schlechterdings nicht möglich ist, dass sich die Umstände entsprechend fundamental geändert haben sollen.

Aussagekräftig sind auch Zusicherungen, die den gewünschten Inhalt gerade nicht aufweisen und stattdessen ausweichend antworten, etwa auf „im Großen und Ganzen" internationalen Mindeststandards genügende Strafvollzugsbedingungen verwiesen wird, oder noch allgemeiner allein die Bindung an Menschenrechtsver-träge betont wird – der erwünschten Zusage kann oder will dann offensichtlich nicht entsprochen werden, so dass für die Haftbedingungen des Verfolgten nichts Gutes zu befürchten ist.

Wenn eine Zusicherung eingeholt werden soll, dann sollte das OLG der Be-willigungsbehörde steuernd aufgeben, die Zusicherung bezüglich auch *wirklich relevanter, nachprüfbarer Umstände* einzuholen in *inhaltlich bestimmter* Form und abgegeben von einer staatlichen Stelle, die nach dem innerstaatlichen Kompe-tenzgefüge des ersuchenden Staates deren Einhaltung mit ausreichender *Autorität* zusagen darf und dann auch sicherstellen kann. Einige OLG haben dazu sach-dienliche Fragekataloge erstellt, die zur Nachahmung einladen.

1388 Die Überprüfbarkeit (bzw. zumeist deren Fehlen) als wesentliches Kriterium stellen auch *Lorz* und *Sauer* (2010, S. 405 f.) als Ergebnis einer Zusammenschau der EGMR-Rechtsprechung zu Auslieferungen heraus.

5.9.7 Die tatsächlichen Zustände, ermittelt von regierungsunabhängigen Akteuren vor Ort

Zahlreiche Erkenntnismöglichkeiten bieten sich durch all jene Akteure, die von der örtlichen Regierung formal unabhängig (indes nicht unbedingt unabhängig von jedweder Regierung) sind und trotzdem unmittelbar vor Ort Tatsachenfeststellungen betreiben können. Zu den bisherigen Ausführungen[1389] kommen noch einige Aspekte ergänzend hinzu:

5.9.7.1 International eingesetzte Kontrollmechanismen

Da durch die Ratifikation internationaler Abkommen allein die tatsächlichen Haftumstände vermutlich keine signifikante Verbesserung erfahren,[1390] sind in den letzten Jahrzehnten getreu dem Leitspruch „Vertrauen ist gut, Kontrolle ist besser" auf internationaler Ebene eine Reihe von Kontrollmechanismen durch zwischenstaatliche Abkommen installiert worden, die Haftbedingungen dokumentieren und auf diesem Wege für Transparenz sorgen sollen.[1391]

Auf der Ebene der Vereinten Nationen ist der Hochkommissar für Menschenrechte zu nennen. Er besucht auch Einrichtungen freiheitsentziehender Maßnahmen und berichtet darüber. Ein spezielleres Mandat hat der seit 1985 agierende UN-Sonderberichterstatter über Folter, der einen jährlichen Bericht über die an ihn herangetragenen und von ihm abgefragten Informationen erstellt. Seine Informationsquellen sind dabei in erster Linie solche, die sich ohnehin in der Zusammenstellung dieser Arbeit finden, also Regierungsstellen, zwischenstaatliche Organisationen und NGO.[1392]

Ebenso fällt hierunter der Menschenrechtsausschuss der Vereinten Nationen, der nicht nur Individualbeschwerden zu Verletzungen des IPbpR als gerichtsähnliches Organ verhandelt, sondern zugleich Berichte über die Menschenrechtssituation in den IPbpR-Staaten sammelt,[1393] die sich auch mit Haftbedingungen befassen.[1394]

1389 Vgl. *Kap. 5.9.1.2.*

1390 Diese Befürchtung hegt u. a. *Flügge* 2010, S. 221. Beträchtliche Unterschiede zwischen offizieller Rhetorik und tatsächlicher Strafvollzugspraxis sieht *Dünkel* 2010a, S. 207 f.

1391 Dies gilt gleichwohl nicht ausnahmslos: Das Internationale Komitee des Roten Kreuzes führt ebenfalls Gefangenenbesuche durch, veröffentlicht dazu aber keine Berichte, sondern pflegt Vertraulichkeit mit den betreffenden Staaten, um den Zugang zu den Gefangenen nicht zu gefährden (*Flügge* 2010, S. 229).

1392 Vgl. dazu und weitergehend *Bank* 1996, S. 43 ff.

1393 *Schilling* 2010, Rn. 21.

1394 Verwendet z. B. von OLG Dresden, NStZ 2015, S. 27.

Hinzu tritt das Antifolterkomitee der Vereinten Nationen, das ebenfalls Berichte der Mitgliedstaaten zusammenträgt und Empfehlungen dazu ausspricht.[1395] Dieses Antifolterkomitee erhielt institutionelle Ergänzung durch das Zusatzprotokoll zur VN-Antifolterkonvention (OPCAT). Damit wurden zwei weitere Überwachungsmechanismen ins Leben gerufen, die durch ein präventives Besuchssystem auch operativ vorgehen: Geschaffen wurde ein Unterausschuss zum Antifolterkomitee, ergänzt durch nationale Präventionsstellen.[1396] Beide sollen Anstaltsbesuche durchführen und darüber berichten. Die nationalen Präventionsstellen verfassen dazu Jahresberichte zur Menschenrechtssituation, wohlgemerkt zu der in den Anstalten ihres eigenen Landes. Rein organisatorisch kann bei diesen nationalen Einrichtungen nicht von einer wirklichen Staatsferne gesprochen werden, in Deutschland setzt sich die „Nationale Stelle zur Verhütung von Folter" im Wesentlichen aus (früheren) Mitarbeitern der Strafvollzugs- und Ministerialverwaltung zusammen. Gleichwohl steht erkennbar das Bemühen um objektiv aufklärerisches Wirken im Vordergrund.

Aus all dem sticht jedoch für den Bereich der Wahrung von Menschenrechtsstandards im Strafvollzug das „Europäische Komitee zur Verhütung von Folter und unmenschlicher oder erniedrigender Behandlung oder Strafe" (CPT) hervor. Es ist der Überwachungsmechanismus der Antifolterkonvention des Europarates und arbeitet auf Grundlage eines wirkmächtigen Besuchs-[1397] und Berichtssystems. Als übergeordnetes Ergebnis seiner Untersuchungsarbeit hat es eigene sogenannte CPT-Standards zusammengestellt.[1398] Diese ständig aktualisierten Richtlinien helfen in Form von Mindeststandards die absolute Untergrenze eines menschenwürdigen Vollzuges als eines der Kernanliegen des Art. 3 EMRK zu konkretisieren. Das eigentliche Hauptprodukt der Arbeit des CPT stellen aber die Besuchsberichte zu den einzelnen Ländern dar, in denen unter detailreicher Schilderung die vorgefundenen Haftbedingungen dokumentiert werden.[1399] Für die Europaratsstaaten und ihre besuchten Anstalten ergibt sich also nicht nur ein kleinteiliges und ziemlich aktuelles Bild von den Vollzugszuständen in diesen Ländern. Es lässt sich außerdem durch den möglichen Längsschnittvergleich anhand der mittlerweile über 25 Jahre währenden Besuchsaktivitäten mit spezifischen Verbesserungsvorschlägen und zahlreichen Anschlussbesuchen auch einigermaßen abschätzen, wie schnell Veränderungen vorgenommen werden, so sie denn überhaupt angegangen werden. Alles in allem handelt es sich also für die

1395 Eingehend dazu schon *Bank* 1996, S. 59 ff.

1396 *Flügge* 2010, S. 221 ff.

1397 Zu den Besuchen mit Schilderung eines typischen Besuchsablaufes vgl. *Lettau* 2002, S. 196-198.

1398 Zur Arbeitsweise des CPT vgl. *Bank* 1996, S. 87 ff.; *Kriebaum* 2000, S. 145 ff.

1399 Zu den Besuchsberichten und beispielhaften Reaktionen einiger besuchter Länder *Koeppel* 1999, S. 184 ff.; aktuell und konkret zu Deutschland *Cernko* 2014, S. 79 ff.

Europaratsstaaten um eine umfassende Erkenntnisquelle zum Thema Vollzugs-bedingungen in Einrichtungen freiheitsentziehender Maßnahmen, die von den OLG unbedingt herangezogen werden muss.[1400] Umso mehr überrascht es da, dass die Erkenntnisse des CPT gerade in Entscheidungen der OLG – soweit ersichtlich – weitgehend ausgeblendet werden.[1401] Die Aufklärungsmöglich-keiten werden damit nicht im verfassungsrechtlich gebotenen Maße ausgeschöpft.

5.9.7.2 Botschaften und andere deutsche Einrichtungen vor Ort

Um die Haftumstände vor Ort im ersuchenden Staat einschätzen zu können, be-steht für das OLG und die Bewilligungsbehörde die Möglichkeit, auf Informa-tionen zurückzugreifen, die von deutschem konsularischen und Botschaftsperso-nal stammen. Mitunter sammeln sie bei Bedarf durch Anstaltsbesuche Eindrücke von den Vollzugsbedingungen und kabeln diese nach Deutschland. Auch hier gilt jedoch, was bereits zu den konsularischen Besuchen gesagt wurde, die der Über-prüfung diplomatischer Zusicherungen dienen sollen:[1402] Unzulängliche Haft-bedingungen lassen sich vor dem nicht geschulten Botschaftspersonal noch besser verschleiern, als das ohnehin schon bei Fachbesuchern von Strafvollzugsanstalten der Fall ist. Hinzu tritt, dass das betreffende deutsche außenpolitische Personal in erster Linie mit der Beziehungspflege zum ausländischen Staat betraut ist, nicht jedoch mit der Interessenvertretung ausländischer Staatsbürger. Mögliche negati-ve Auswirkungen allzu kritischer Schilderungen der Vollzugsumstände auf das zwischenstaatliche Verhältnis dürften daher immer im Hinterkopf der Betreffen-den präsent sein und größere Zurückhaltung als angemessen nahelegen. Darstel-lungen des Botschaftspersonals sind daher kaum aussagekräftig,[1403] jedenfalls solange sie positiv i. S. des ersuchenden Staates ausfallen.

Abgesehen von solchen Einzelfall bezogenen Feststellungen sammelt das Auswärtige Amt auch übergeordnet Informationen zu den Staaten weltweit, zusammengefasst werden sie insbesondere in den „Bericht[en] des Auswärtigen Amtes zur asyl- und abschiebungsrelevanten Lage", die den OLG über die Gene-ralstaatsanwaltschaften auch in der Regel zugänglich gemacht werden. Weitere

---

1400   So i. E. auch *Morgenstern* 2013, Rn. 44.

1401   Vorbildlich in dieser Hinsicht wiederum OLG Bremen, StV 2015, S. 365; daran ein Beispiel nehmend KG, 15.04.2015 – (4) 151 AuslA 61/15 (71/15).

1402   Vgl. *Kap. 5.9.6.4.*

1403   Vgl. dazu beispielhaft bei *Kimminich* (1986, S. 318) die Schilderung des Geschehens-ablaufs im Fall *Memis*. Nach dem Besuch eines Vertreters der deutschen Botschaft vor Ort war die Bundesregierung überzeugt, dem Verfolgte drohe keine Folter, obwohl er das vorab so dargestellt hatte und es nach seiner Auslieferung nachweislich zu solcher Folter gekommen war und dies auch von vornherein seitens des ersuchenden Staates vorgesehen war.

Informationen lassen sich den regelmäßig erscheinenden „Bericht[en] der Bundesregierung über ihre Menschenrechtspolitik" entnehmen. Zuweilen ergeben sich auch aus eigenständigen Ermittlungen der Bewilligungsbehörde weitere Erkenntnisse, die das OLG heranziehen sollte.[1404] Insgesamt wird es in den meisten Fällen sachunangemessen sein, auf die Expertise des Auswärtigen Amtes deshalb vollends zu verzichten, weil es selbst mit seinen Auslandsvertretungen in einem politischen Kontext operiert. Es verfügt über weitaus größere, vor allem personelle Ressourcen zur Gewinnung einschlägiger Informationen[1405] als das einzelne OLG, und verdient sicherlich kein generelles Misstrauensvotum. Gleichwohl müssen sich die OLG bei der Beweiserhebung der sachbedingten Schwächen dieser Quellen bewusst sein und dürfen ihnen nicht blindlings vertrauen, sondern haben sie nur als eine von mehreren Erkenntnishilfen einzusetzen.[1406]

5.9.7.3 Einrichtungen von Drittstaaten, insbesondere das US-Außenministerium

Zu den umtriebigsten staatlichen Einrichtungen dritter Nationen, die sich auch mit Strafvollzugsbedingungen auseinandersetzen, gehört sicherlich das US-Außenministerium, das eine große Datenbank zu so gut wie allen Ländern mit Informationen auch dazu unterhält, wie es vor Ort um die Haftbedingungen und erniedrigende Behandlungen an sich bestellt ist.[1407] So zieht beispielsweise auch der EGMR Erkenntnisse dieses Ministeriums heran.

Zu berücksichtigen ist indes, dass das US-Außenministerium, wie auch andere vergleichbare Institutionen, nicht außerhalb politischer Zusammenhänge agiert[1408] und daher ebenso für diese Erkenntnisse die Einschränkungen gelten müssen, die bereits für staatsnahe und NGO entwickelt wurden.[1409]

1404 BVerfG, NStZ 2001, S. 204.

1405 Als erwägenswerter Faktor auch benannt von EGMR, 17.07.2008 – 25904/07 (*NA vs. Vereinigtes Königreich*), Rn. 121.

1406 Einst hervorgehoben von BVerfGE 63, 215 (228).

1407 Zugänglich unter http://www.state.gov/j/drl/rls/hrrpt/ (letzter Abruf 18.06.2015).

1408 Erinnert sei erneut an die Tatsachenfeststellungen in EGMR, 04.09.2014 – 140/10 (*Trabelsi vs. Belgien*) Rn. 96, als herauskam, dass die von Seiten der beschwerten Regierung (und damit zum Nachteil des Verfolgten) ins Feld geführte NGO *Human Rights First* eine mittelbar von der US-Regierung gesteuerte Lobbyorganisation ist, deren Darstellungen sich auch nicht recht mit den sonstigen einschlägigen Befunden deckten, vgl. dazu *Kap. 6.2.3.*

1409 Vgl. *Kap. 5.9.1.2.*

5.9.7.4 Nichtregierungsorganisationen

NGO haben nicht nur einen wesentlichen Anteil an der Installation von regierungsnahen Kontrollmechanismen durch zwischenstaatliche Abkommen,[1410] die Strafvollzugsumstände dokumentieren sollen, sondern einige dieser Gruppen sind selbst aktiv in der Offenlegung von Haftumständen, die sie in Publikationen öffentlich zugänglich machen. Zudem erstellen einige von ihnen auch auf gerichtliche Anfrage Gutachten zur menschenrechtlichen Situation in einem Land oder auch nur zu einer konkreten Fragestellung.[1411]

Ergänzend zu den bereits erörterten Argumenten für eine Bezugnahme auf NGO-Erkenntnisse und den entwickelten Güte-Kriterien[1412] sei an dieser Stelle neben *Amnesty International* und *Human Rights Watch* noch auf einige weitere Organisationen unter vielen verwiesen, die auf dem Gebiet der Strafvollzugsbeobachtung aktiv sind und deren Expertise teilweise auch schon von der Rechtsprechung hinzugezogen wurde. Ihre Nennung soll die Größe des Fundus' andeuten: Neben den globalen Akteuren und NGO gibt es auch lokal operierende, deren Sachkenntnis der der großen nicht nachsteht.

Informationen tragen etwa auch die *Association for the Prevention of Torture*, *Penal Reform International*, *Fair Trial International* (mit einem besonderen Beobachtungsschwerpunkt auf dem Auslieferungsverkehr) oder das Deutsche Institut für Menschenrechte (allerdings mit starkem Fokus auf Deutschland selbst) zusammen. Für den Bereich Russlands etwa kommen u. a. *Memorial* und die Deutsch-Kaukasische Gesellschaft in Betracht.[1413] Zur Türkei verfügt IHD (*İnsan Hakları Derneği*) über relevante Erkenntnisse zu Strafvollzugsbedingungen.[1414]

5.9.7.5 Ombudspersonen und Aufsichtsgremien

In zahlreichen Ländern, gerade in Europa, besteht für Vollzugsinsassen mittlerweile die Möglichkeit, sich an Ombudspersonen oder sonstige Aufsichtsgremien zu wenden.[1415] Diese Einrichtungen verfügen daher über einen teilweise sehr

---

1410 *Flügge* 2010, S. 218, 220.

1411 Vgl. dazu etwa die Darstellung von *Amnesty International* unter http://www.amnesty. de/umleitung/1997/deu05/008?lang=de%26mimetype%3dtext%2f.html (letzter Abruf 18.06.2015).

1412 Vgl. ausführlich *Kap. 5.9.1.2.*

1413 Beide schon herangezogen in OLG Karlsruhe, 04.02.2009 – 1 AK 57/08.

1414 OLG Düsseldorf, StV 2008, S. 430 f.

1415 Vgl. z. B. die Zusammenstellung bei *Koeppel* (1999, S. 142 ff.) zu England/Wales, Frankreich, den Niederlanden und Polen.

genauen, anstaltsspezifischen Kenntnisstand, den sie in Berichten festhalten. Auch diese Berichte können von deutschen OLG herangezogen werden.

5.9.7.6 Sachverständigengutachten und empirische Forschung

Zudem steht es dem OLG frei, Gutachten einzelner Sachverständiger einzuholen, um die Situation im ausländischen Strafvollzug zu eruieren.[1416] Soweit sich der Sachverständige nicht auf persönliche Beobachtungen im betreffenden Staat stützt, wird es darauf ankommen, dass im Gutachten nach Möglichkeit ausgewogen auf Erkenntnisse verschiedener Quellen mit unterschiedlichem Handlungsrahmen und Organisationsauftrag eingegangen wird. Anhand dieser Ausgewogenheit hat das OLG das Gutachten in die eigene Überzeugungsbildung einzustellen. Gleichwohl sollte der Organisationsauftrag von NGO nicht über- und der Handlungsrahmen der regierungsnahen und Regierungsstellen nicht unterschätzt werden.

Des Weiteren gibt es einen großen Bestand an empirischer, vergleichender Strafvollzugsforschung.[1417] Auch deren Befunde sind auf ihre Aktualität hin zu hinterfragen, allerdings gilt hier gleichermaßen, dass zum einen das Gefängniswesen selten eine größere Veränderungsbereitschaft und -fähigkeit aufweist und zum anderen wiederholte oder gleichlautende Befunde verschiedener Quellen auf eine gewisse Perpetuierung von Umständen hindeuten.

5.9.8 Die tatsächlichen Zustände, nach Befunden in Entscheidungen anderer Gerichte

5.9.8.1 EGMR

Da der EGMR über Verletzungen des Art. 3 EMRK durch u. a. Strafvollzugsbedingungen zu befinden hat, muss auch er Feststellungen zu Haftumständen in einzelnen Ländern treffen. Dazu zählen einerseits Entscheidungen, die von Beschwerdeführern herbeigeführt wurden, die sich selbst in einer freiheitsentziehenden Einrichtung eines Europaratsstaates befanden und die Bedingungen beklagten, mit denen sie bereits konfrontiert waren. Zum anderen umfasst dies

---

1416   *Vogel* 2009, § 73 Rn. 125. Vgl. z. B. die entsprechende Expertise, die ein nordirisches Gericht in einem Auslieferungsfall von einem emeritierten Professor für Strafrechtspflege einholen ließ (dazu *Judicial Communications Office* 2013, S. 2 f.).

1417   Vgl. etwa die in den *Kap. 4.3* bis *Kap. 4.8* herangezogenen Studien zu einzelnen Haftumständen, oder auch Arbeiten wie *Drenkhahn/Dudeck/Dünkel* (2014) zu Haftbedingungen in 46 europäischen Haftanstalten. In der strafvollzugswissenschaftlichen Literatur finden sich auch länderbezogene Darstellungen einzelner Strafvollzugssysteme oder gar Anstalten, vgl. etwa *Bothge* 2000, S. 35 ff.; *Kiessl/Würger* 2001, S. 218 ff.; *Mündelein/Winchenbach* 2002, S. 209 ff.; *Tolzmann* 2002, S. 219 ff.

Entscheidungen, die zu Auslieferungssachverhalten ergingen, bei denen also der jeweilige Beschwerdeführer sich in einem Europaratsstaat aktuell befand und die (bis dahin nur drohenden) Strafvollzugsbedingungen in einem anderen Land, nämlich dem Zielstaat der Auslieferung beklagte. Bei diesem Zielstaat kann es sich aufgrund der skizzierten Rechtsprechung[1418] auch um einen Staat handeln, der selbst gar nicht Europaratsstaat ist und der Jurisdiktion des EGMR damit auch nicht unterfällt. Gleichwohl trifft der EGMR in einer solchen Entscheidung auch Feststellungen über den Strafvollzug dieses Nicht-Europaratsstaates. Der Entscheidungsfundus des EGMR beschränkt sich also nicht auf die Strafvollzugsbedingungen im Geltungsbereich der EMRK und deren Vereinbarkeit mit Art. 3 EMRK, sondern geht geographisch darüber hinaus. Die Tatsachenfeststellungen des EGMR bilden damit eine wichtige Referenz für die OLG, die mit Auslieferungsersuchen eines dieser Länder mit bereits analysierten Strafvollzugsbedingungen konfrontiert sind.

Von der einschlägigen Rechtsprechung des EGMR wird im deutschen Auslieferungsverkehr eine besondere Bedeutung den sogenannten Pilotentscheidungen des Gerichtshofs[1419] zukommen müssen.[1420] Zu diesem besonderen Verfahrensmittel greift der EGMR seit 2004, um den exorbitant hohen Zahlen anhängiger Individualbeschwerden Herr zu werden.[1421] Dabei wird das Rechtssystem eines EMRK-Staates bei einer großen Zahl inhaltlich sich überschneidender anhängiger Beschwerden daraufhin untersucht, ob möglicherweise ein strukturelles oder systemisches Problem (*„structural or systemic problem“*) besteht.[1422] Anhand dieser Entstehungsgeschichte der Pilotentscheidungen ist der Begriff „systemisches Problem" sicherlich zunächst ähnlich weit auszulegen, wie der von den „systemischen Mängeln" des EuGH:[1423] Danach besteht ein systemisches Problem bei

---

1418 Vgl. *Kap. 3.6.5.4.2.2.*

1419 EGMR (PE), 22.10.2009 – 17885/04 (*Orchowski vs. Polen*); EGMR (PE), 22.10.2009 – 17599/05 (*Sikorski vs. Polen*); EGMR (PE), 12.01.2012 – 42525/07 und 60800/08 (*Ananyev u. a. vs. Russland*); EGMR (PE), 08.01.2013 – 43517/09 (*Torreggiani u. a. vs. Italien*); EGMR (PE), 27.01.2015 – 36925/10, 21487/12, 72893/12, 73196/12, 77718/12 und 9717/13 (*Neshkov u. a. vs. Bulgarien*); EGMR (PE), 10.03.2015 – 14097/12, 45135/12, 73712/12, 34001/13, 44055/13 und 64586/13 (*Varga u. a. vs. Ungarn*); vgl. eingehend zu diesem Verfahrensinstrument *Cremer* 2013, Rn. 119 ff.

1420 So für den innereuropäischen Auslieferungsverkehr auch *Smith* 2014.

1421 Hervorgehoben in EGMR (GK) (PE), 22.06.2004 – 31443/96 (*Broniowski vs. Polen*), Rn. 190; eingehend *Haider* 2013, S. 3-8, 16 ff.

1422 Vgl. EGMR (PE), 10.03.2015 – 14097/12, 45135/12, 73712/12, 34001/13, 44055/13 und 64586/13 (*Varga u. a. vs. Ungarn*), Rn. 98; außerdem *Haider* 2013, S. 36-40 m. w. N.

1423 Zum Folgenden *Lübbe* 2014, S. 107; zustimmend *Bergmann* 2015, S. 80 f. m. w. N. aus der Rechtsprechung.

einer Systemstruktur, die dazu führt, dass Fälle, die diese Systemstelle durchlaufen, mit Fehlern resultieren. Fehler werden durch dieses Problem zwar nicht ausnahmslos, aber doch vorhersehbar produziert. Sie bilden damit also das Gegenstück zu einer Verkettung unglücklicher Umstände. In dieser Form hätte der Befund eines systemischen Problems kaum Erkenntnismehrwert für die Frage drohender Strafvollzugsbedingungen, da bei einer so verstandenen systemischen Schwachstelle eine belastbare, glaubhafte Zusicherung des ersuchenden Staates durchaus abhelfen könnte. Allerdings ergehen die für die vorliegende Fragestellung relevanten Pilotentscheidungen zu Verletzungen von Art. 3 EMRK, und das nicht bezüglich dessen Verfahrensdimension. Betroffen ist dabei in erster Linie jeweils eine massive Überbelegung, die zu menschenunwürdigen Bedingungen im gesamten Hafterleben führt.[1424] Anhand der Befunde und Ausführungen in den bisherigen Pilotentscheidungen zu Strafvollzugsbedingungen ist das „systemische Problem" eher i. S. von „systemweit", also flächendeckend zu verstehen. Ergänzend ist erneut[1425] zu betonen, dass Zusicherungen des ersuchenden Staates im Lichte einschlägiger Tatsachenbefunde durch Gerichte und andere belastbare Quellen einzuordnen sind: Wenn erst kurz zuvor Art.-3-EMRK-widrige Vollzugsbedingungen festgestellt wurden, so ist kurze Zeit später abgegebenen anderslautenden Zusicherungen mit Vorsicht zu begegnen.[1426] Haftbedingungen stellen – soweit es sich nicht um die Vollstreckung lebenslanger Freiheitsstrafen handelt, deren Handhabung zumindest theoretisch durch entsprechende legislative Veränderungen kurzfristig durchgreifend abänderbar sind – in aller Regel *per se* strukturelle Probleme dar, die sich nicht von einem auf den anderen Tag beseitigen lassen. Je nach konkretem Befund wirkt eine festgestellte Art.-3-widrige Vollzugsbedingung also geraume Zeit nach, die sicherlich eher in Jahrzehnten als in Jahren oder gar nur Monaten zu bemessen ist.

Bei den Pilotentscheidungen handelt sich dabei jeweils um Verfahren der ersten eingangs erläuterten Kategorie: Eine oder einige wenige Beschwerden, die aufgrund der aktuell bereits erlittenen Strafvollzugsumstände deren Unvereinbarkeit mit Art. 3 EMRK feststellen lassen wollen, werden exemplarisch herausgenommen und entschieden. Für die zweite Kategorie der Auslieferungssachverhalte, bei denen die im Ausland erst noch zu erduldenden Strafvollzugsumstände überprüft werden müssen, ist das Verfahrensinstrument der Pilotentscheidung – wohl aufgrund der viel geringeren Fallzahlen – bislang nicht in Betracht gekommen. Pilotentscheidungen sind also bislang nur bezüglich Strafvollzugsbedingungen in Europaratsstaaten ergangen.

1424 Vgl. *Kap. 4.4.*

1425 Vgl. schon *Kap. 5.9.6.*

1426 Skeptisch *Smith* (2014), der zumindest befürchtet, dass ersuchende Staaten es auch nach einer Pilotentscheidung nicht unversucht lassen werden, mit einer Zusicherung gehört zu werden.

Zwar stellen die Pilotentscheidungen eine autonome Verfahrensweiterent-
wicklung des EGMR dar, sie sind also in dieser Form nicht in der EMRK oder
ihren Zusatzprotokollen, sondern nur in § 61 der Verfahrensordnung des Gerichtshofs vorgesehen, die sich der Gerichtshof aber gemäß Art. 25 EMRK selbst
gibt. Ungeachtet der damit verbundenen Kritik – insbesondere hinsichtlich einer
Kompetenzüberschreitung – und dieser begegnenden, dogmatischen Absiche-
rungsversuche,[1427] können die Pilotentscheidungen aber eine wertvolle Hilfestel-
lung[1428] für die deutschen OLG bilden: Der mögliche rechtstatsächliche Befund
einer flächendeckenden Art.-3-EMRK-Widrigkeit der Vollzugsbedingungen
steht unabhängig von seiner völkerrechtlichen oder innerstaatlichen Bindungswirkung für den betroffenen Staat oder den ersuchten Staat im Raum. Paradoxerweise
ist nach einer Pilotentscheidung wegen Verletzung von Art. 3 EMRK durch
Haftbedingungen nicht sicher, dass sich der Verfolgte *nach* seiner Auslieferung
an den ersuchenden Staat mit dem systemischen Art.-3-Problem erfolgreich gegen
die kritisierten Vollzugsbedingungen beim EGMR beschweren kann. Denn
grundsätzlich schiebt der Gerichtshof alle weiteren einschlägigen Verfahren nach
einer Pilotentscheidung auf.[1429] Verständlicherweise hat er das für die besonders
menschenwürdesensiblen Gewährleistungen des Art. 3 EMRK mehrfach für
sachunangemessen erachtet und davon abgesehen, die in der Folge eingehenden
Beschwerden aufzuschieben.[1430] Zum einen tut er dies aber eben nicht in jedem
Fall eines festgestellten strukturellen Vollzugsproblems; zum anderen fährt er mit
seinen Prüfungen ausdrücklich fort, um den Druck auf den betreffenden Staat
aufrecht zu erhalten, und nicht etwa weil er davon ausgeht, dass dem Problem
kurzfristig abgeholfen würde und es zu weiteren Verurteilungen daher nicht mehr
kommen werde. Diese Facetten sollten gerade zusätzlich Anlass sein, den Verfolgten erst recht nicht den dortigen Vollzugsbedingungen sehenden Auges durch
eine Auslieferung auszusetzen. Noch mehr als Einzelentscheidungen des
Gerichtshofs zu Haftbedingungen im ersuchenden Staat bieten also besagte

---

1427 Vgl. *Schmahl* 2008, S. 377 ff.; eingehend *Fyrnys* 2011, S. 1251 ff.; *Haider* 2013,
S. 162 ff. m. w. N.

1428 Beispielhaft zu den Reaktionen auf eine Pilotentscheidung zu Strafvollzugsbedingungen, die im betreffenden Staat (Russland) konstruktiv aufgenommen wurde,
Ovchinnikov u. a. 2015, S. 57.

1429 EGMR (GK) (PE), 22.06.2004 – 31443/96 (*Broniowski vs. Polen*), Rn. 198; im Falle
einer Art.-3-Verletzung auch EGMR (PE), 08.01.2013 – 43517/09 (*Torreggiani u. a. vs.
Italien*), Rn. 100 f.; kritisch dazu *Fyrnys* 2011, S. 1257 f.

1430 EGMR (PE), 12.01.2012 – 42525/07 und 60800/08 (*Ananyev u. a. vs. Russland*),
Rn. 236 ff.; EGMR (PE), 27.01.2015 – 36925/10, 21487/12, 72893/12, 73196/12,
77718/12 und 9717/13 (*Neshkov u. a. vs. Bulgarien*), Rn. 291; EGMR (PE),
10.03.2015 – 14097/12, 45135/12, 73712/12, 34001/13, 44055/13 und 64586/13 (*Varga
u. a. vs. Ungarn*), Rn. 116.

Pilotentscheidungen eine aussagekräftige Grundlage für eine ablehnende Zulässigkeitsentscheidung.

Hat der EGMR flächendeckend defizitäre Haftbedingungen – auch jenseits von Pilotentscheidungen, insbesondere wenn der Strafvollzug von Nichtkonventionsstaaten mittelbar Verfahrensgegenstand in Auslieferungssachverhalten ist – anhand des ihm vorgelegten und selbst erhobenen Materials erkannt, folgt daraus, dass Auslieferungen in diesen Staat nicht mehr zulässig sind,[1431] solange sich keine glaubhaften neuen Umstände ergeben haben.[1432]

5.9.8.2 Andere, nichtdeutsche Gerichte

Nach dem Vorbild des EGMR wurde der Interamerikanische Gerichtshof für Menschenrechte (AGMR) durch die Amerikanische Menschenrechtskonvention (AMRK) ins Leben gerufen.[1433] Er verhandelt auf Grundlage der AMRK auch Beschwerden über unmenschliche oder erniedrigende Behandlungen oder Strafen (Art. 5 Abs. 2 AMRK), worunter sich auch solche zu Haftbedingungen befinden.[1434] Anhand dieser Entscheidungen lässt sich bei Bedarf das aus deutscher Perspektive ansonsten eher lückenhafte Bild von lateinamerikanischen Strafvollzugsbedingungen ergänzen.

Auch Fachgerichte anderer Staaten fällen Auslieferungsentscheidungen, in denen sie zu erhobenen Tatsachen betreffend die Strafvollzugsbedingungen Stellung nehmen.[1435] Hieraus ergibt sich eine weitere Erkenntnisquelle, die zumeist schon über das Internet erschlossen werden kann.

5.9.8.3 Andere, deutsche Gerichte

Es klingt wiederum nach einem Allgemeinplatz, dass die Oberlandesgerichte hinsichtlich der einschlägigen Befunde zu ausländischen Strafvollzugsbedingungen in Auslieferungssachverhalten auch aufeinander Bezug nehmen müssten.

1431 Vgl. dazu EGMR, 19.11.2009 – 41015/04 (*Kaboulov vs. Ukraine*), Rn. 111 f.; sowie in der Konsequenz darauf EGMR, 18.02.2010 – 54131/08 (*Baysakov u. a. vs. Ukraine*), Rn. 49. Diese Konsequenz wollen *Lorz* und *Sauer* (2010, S. 401) hingegen ausdrücklich nicht ziehen.

1432 So als Vorbehalt ausdrücklich formuliert von EGMR, 12.05.2010 – 52466/08 (*Khodzhayev vs. Russland*), Rn. 89, bezüglich der Menschenrechtssituation im Zielstaat. Als Konsequenz einer entsprechenden EGMR-Pilotentscheidung verweigerten mittlerweile auch mehrere englische Gerichte Auslieferungen nach Italien, vgl. die Hinweise von *Smith* (2014).

1433 *Schilling* 2010, Rn. 24.

1434 *Castro Morales* 2016, S. 203 ff.

1435 Vgl. z. B. die Zusammenfassung in *Judicial Communications Office* 2013, S. 2 f.

Als eine selbstverständliche Vorgehensweise stellt sich das aber in einer Zusammenschau der oberlandesgerichtlichen Rechtsprechung nicht dar.[1436] Hier sind Potenziale des Menschenrechtsschutzes ungenutzt.

Einen Eindruck von einem Strafvollzugssystem im Allgemeinen wie auch von einzelnen Anstalten vermitteln gleichfalls die zahlreichen Entscheidungen von deutschen Landgerichten zur Anrechnung von Straf- und Auslieferungshaft, die Individuen vorab in anderen Ländern erlitten haben. Auch hier finden sich Hinweise zu menschenrechtswidrigen Unterbringungsumständen.[1437]

Bereits mehrfach klang an, dass die Verwaltungsgerichte (VG) schon seit langem in Abschiebungssachen mit der inhaltlich verwandten Frage befasst sind, ob gemäß § 4 Abs. 1 AsylG oder § 60 Abs. 5 AufenthG menschenrechtliche „zielstaatsbezogene Hindernisse"[1438] vorliegen. Entsprechend haben die VG einen gewissen Erfahrungsschatz zu den Verhältnissen in besonders problematischen Ländern angesammelt,[1439] zu dem im Einzelnen auch Erkenntnisse über die Bedingungen im örtlichen Strafvollzug zählen. Angesammelt werden diese Informationen nicht nur in länderweise geführten Erkenntnislisten, die in den VG vor Ort vorgehalten werden, sondern auch in der Datenbank Migrations-InfoLogistik (MILo), zu deren Basisangebot sogar freier Zugang über das Internet besteht[1440]. Auf diesen Erkenntnisschatz sollte ausgiebig zurückgegriffen werden.[1441] Dafür spricht zudem, dass sie angesichts ihres Organisationsauftrages eine insgesamt mit den OLG vergleichbar neutrale Stellung einnehmen.

5.9.9 Zusammenfassung zu den Erkenntnisquellen

Als erfreuliches Zwischenergebnis kann zunächst festgehalten werden, dass es für die schwierige Tatsachenermittlung im abgeschirmten Bereich freiheitsentziehender Maßnahmen grundsätzlich eine große Bandbreite an Informationsmöglichkeiten gibt. Keine dieser Informationsquellen kann im Auslieferungsverfahren einen alleinigen Gültigkeitsanspruch für sich formulieren, während umgekehrt aber auch keine Quelle von vornherein als unbrauchbar verworfen werden kann.

Gleichwohl kommt den unterschiedlichen Quellen nicht der gleiche Beweiswert zu. Tatsächlich ist ein eher geringer Beweiswert vor allem bei einigen der

---

1436 Vgl. *Kap. 6.4.*

1437 Vgl. die Zusammenstellung bei *Lagodny* 2014, S. 219 ff. m. w. N.

1438 *Twietmeyer/Sieweke* 2014, S. 100.

1439 So auch schon der Hinweis von *Zöbeley* (1983, S. 1707), der ebenfalls für eine verstärkte Kommunikation der OLG mit den VG eintritt.

1440 Vgl. https://milo.bamf.de (letzter Abruf 18.06.2015). Richter können sich gleichwohl auch erweiterte Zugriffsrechte einräumen lassen.

1441 BVerfGE 63, 215 (227 f.).

Quellen zu konstatieren, die von der deutschen Rechtsprechung gern herangezogen werden und denen dabei ein großer Beweiswert zugesprochen wird. Bestehenden Rechtshilfeverbindungen, vielleicht sogar abgesichert durch ein Auslieferungsabkommen, und umso mehr noch dem den ersuchenden Staat sonstigen bindenden Recht kommt nur ein sehr schwacher Beweiswert zu. Ähnliches gilt für Zusicherungen des ersuchenden Staates.

Als maßgebliche Leitlinien für die Informationswürdigung können indes die folgenden Erwägungen gelten: Mit Blick auf den *Handlungsrahmen* und den möglichen *Organisationsauftrag* der Quelle ist deren *Unabhängigkeit* und *Objektivität* abzuschätzen. So weit es geht, sollte sie ihre *Verlässlichkeit* in der Vergangenheit unter Beweis gestellt haben, allerdings darf Neulingen nicht allein deswegen schon jede Wahrhaftigkeit abgesprochen werden. Die Informationen müssen von *anerkannten Autoren* (hier gilt wiederum das zu Neulingen Gesagte) mit Hilfe *seriöser, transparenter Erhebungsmethoden* erstellt und *schlüssig* sein.

Ein sehr großes Gewicht kommt dann Informationen zu, die von mehreren Quellen überstimmend dargelegt werden und die sich folglich wechselseitig bestätigen. Aussagekräftig sind auch solche Darstellungen, die im Gegensatz zum offenkundigen Handlungsrahmen oder Organisationsauftrag der Quelle stehen.

Jedenfalls sollte das Gebot gelten, die zugrunde gelegten Informationen so aktuell wie möglich zu halten.[1442] Auf diese Weise kann sowohl jüngsten dramatischen Verschlechterungen der Vollzugsbedingungen Rechnung getragen werden, als auch plötzlichen Verbesserungen, soweit solche denn für die fraglichen Haftbedingungen rein sachlich überhaupt in Betracht kommen. Anhand der chronischen Überbelegung in Litauen lässt sich exemplarisch verdeutlichen, dass stets die aktuelle Lage zu erfassen ist, statt sich in der Einschätzung von vorübergehenden Entwicklungen blenden zu lassen: Während gegen der Ende der 2000er Jahre noch ein zehn Jahre währender, teils scharfer Abfall der Gefangenenrate[1443] begrüßt werden konnte (Gefangenenrate 2007: 245 Insassen pro 100.000 Einwohner, gegenüber 1998: 407), hat sich das Bild seit dem wieder deutlich eingetrübt mit einem Anstieg der Haftzahlen um ca. ein Viertel (2013: 315) und der damit einhergehenden Verdichtung der Anstaltsbelegung mangels gleichzeitiger Anstaltsneubauten.[1444]

Vor diesem Hintergrund ist es sicherlich empfehlenswert, den befassten deutschen Hoheitsträgern die abstrakt-generelle Feststellung der menschenrechtskonformen Makrostrukturen im Strafvollzug noch besser zu ermögli-

---

1442 *Murschetz* 2007, S. 189; *Lorz/Sauer* 2010, S. 397.

1443 Zu dieser Kennziffer ausführlich *Kromrey* 2009, S. 24 f.

1444 *Sakalauskas* 2015, S. 191.

chen.[1445] Dazu kann neben den bestehenden Länderberichten auch eine Datenbank wie die MILo dienlich sein. In diese Datenbank sind dann auch dringend – zumindest für den Bereich der Europaratsstaaten – die Erkenntnisse des CPT einzustellen; außerdem ist der dortige Erkenntnisstand wiederum aktuell zu halten. Diese abstrakt-generellen Einordnungen ersparen es dem OLG trotzdem nicht, im Rahmen des Möglichen[1446] einzelfallbezogene Feststellungen zu den Haftbedingungen zu treffen, die den Auszuliefernden konkret erwarten – es sei denn, die abstrakt-generellen Feststellungen lassen eine menschenwürdige Unterbringung von vornherein aufgrund systemweiter Unzulänglichkeiten als ausgeschlossen erscheinen.

5.10 Zusammenfassung

Das Auslieferungsverfahren untergliedert sich herkömmlich in zwei Teilabschnitte, eine behördliche und eine gerichtliche Entscheidung. Aus historischen und rechtstechnischen Gründen ist die gerichtliche Entscheidung dabei der behördlichen vorangestellt. Für beide Entscheidungen sind vorab menschenrechtliche Erwägungen anzustellen und beide Entscheidungen können wegen Verstoßes gegen den deutschen *ordre public international* negativ ausfallen. Damit Art. 19 Abs. 4 GG genüge getan ist, darf die gerichtliche Entscheidung über die Zulässigkeit der Auslieferung keine Erwägung mit subjektiv-rechtlichem Gehalt auslassen und etwa für den zweiten Verfahrensabschnitt der Entscheidung über die Bewilligung der Auslieferung aufsparen. Nach der Zulässigkeitsentscheidung darf also kein subjektiver „Rechtsrest" ungeprüft verbleiben.

Im Zuge der Umsetzung des RbEuHb hat dieses herkömmliche Verfahren einige Modifikationen erfahren: Der Zulässigkeitsentscheidung wurde eine Vorab-Bewilligungsentscheidung vorangestellt, soweit es Auslieferungen an Mitgliedstaaten der EU betrifft. Zudem erscheint es nunmehr möglich, im Anschluss an die Bewilligungsentscheidung zusätzlichen Rechtsschutz vor den Fachgerichten zu erlangen. Das Verhältnis dieser Modifikationen zueinander ist noch nicht abschließend geklärt.

Rechtsschutz gegen positive Auslieferungsentscheidungen jedenfalls der Fachgerichte kann vor dem BVerfG und dem EGMR gesucht werden.

Im Auslieferungsverfahren finden aufgrund der größeren Vergleichbarkeit der Fragestellungen nicht vorrangig Prinzipien des Strafprozesses Anwendung, sondern des Verwaltungsprozesses. Den Auszuliefernden darf zunächst keine

---

1445 So auch *Gärditz* (2013a, Rn. 71) bezüglich der Rechtsstaatlichkeit in anderen Ländern insgesamt.

1446 *Otterbein* (2004, S. 75) gibt zu bedenken, dass die Sachverhaltsaufklärungen der OLG insbesondere auch Arbeitskapazitäten binden, die mit den gegebenen Pensen kaum mehr zu bewältigen seien.

Darlegungs- oder gar subjektive Beweislast treffen, es gilt vielmehr der Amtsermittlungsgrundsatz. Gleichwohl wird es für den Verfolgten von Vorteil sein, erlangte Kenntnisse über menschenwürdeverletzende Umstände des ausländischen Strafvollzugs auch mit dem OLG zu teilen, um diesem Anhaltspunkte für Tatsachenermittlungen zu liefern. Bei der Überzeugungsbildung gilt zum einen ein gegenüber den üblichen prozessualen Anforderungen reduziertes Beweismaß, um der „auslieferungstypischen" Beweisnot des Verfolgten gerecht zu werden. Diese Beweisnot setzt sich aus dreierlei zusammen: Es ist eine Prognose anzustellen über ein zukünftiges Geschehen anstatt über ein vergangenes, es sind Tatsachen in mitunter weit entfernten Ländern ausschlaggebend und es handelt sich um Umstände im Strafvollzug, also an in aller Regel sehr stark von der Außenwelt abgeschirmten Orten. Aufgrund all dessen muss das Gericht nur mit einer überwiegenden oder auch – hier gleichbedeutend verwendet – beachtlichen Wahrscheinlichkeit vom Vorliegen einer Tatsache überzeugt sein. Dies gilt ebenso im diesbezüglich sachlich ähnlich gelagerten Abschiebungsverfahren. Im Unterschied zum Abschiebungsverfahren trägt der Verfolgte indes nicht die objektive Beweislast. Zweifel am Vorliegen einer Tatsache gehen also zu seinen Gunsten. Die Zuweisung der objektiven Beweislast an die staatlichen Behörden beantwortet auch die Frage, zu wessen Nachteil es im Auslieferungsverfahren gereicht, sollten sich über anfängliche, glaubhafte Indizien – etwa einen überzeugenden Vortrag des Verfolgten – hinaus keine weiteren Informationen zur Strafvollzugssituation des ersuchenden Staates finden lassen, etwa weil es ein sehr abgeschottetes Land ist: Die Auslieferung ist dann zugunsten des Auszuliefernden für unzulässig zu erklären.

Die Auslieferungsentscheidung muss eine hinreichend tiefgehende Begründung aufweisen. Über den Umweg dieser zu fordernden Begründungstiefe der Entscheidung kann mittelbar weitgehend überprüft werden, ob den verfassungsrechtlichen Anforderungen an die Prozessführung vom OLG entsprochen wurde: Die Art und die Tiefe der Begründung lassen den Schluss zu, ob der Sachverhalt hinreichend aufgeklärt und gewürdigt wurde. Die einzelnen darüber abzusichernden Anforderungen zielen ausnahmslos darauf ab, dass die Auslieferungsentscheidungen basierend auf Tatsachen fallen. Aus der völkerrechtsfreundlichen Auslegung der Menschenwürdegarantie folgt das Gebot einer evidenzbasierten Entscheidungsfindung im Auslieferungsverfahren. Dieses Gebot verlangt es, auch Erkenntnisse anderer Akteure im internationalen System des Menschenrechtsschutzes hinzuziehen, um die abstrakten Gewährleistungen i. S. des Art. 3 EMRK nicht nur auf menschenrechtliche Mindeststandards hin konturieren, sondern auch tatsachenbasiert auf den Einzelfall sachangemessen anwenden zu können.

Nicht aus dem Blick zu verlieren sind dabei die Prozessrechtsgrundsätze, die der EGMR bei Auslieferungssachverhalten anwendet – immerhin handelt es sich bei jeder innerstaatlichen positiven Auslieferungsentscheidung um einen zumindest potenziellen Beschwerdegegenstand vor dem Gerichtshof. Hervorzuheben ist zum einen, dass er sich eines ähnlichen Maßstabes für die Nachweisanforderungen bedient, wenn er „begründete Anhaltspunkte für ein reales Risiko" verlangt. Diese Formel wird vom BVerfG auch gleichgesetzt mit der von der erforderlichen „beachtlichen Wahrscheinlichkeit" einer *ordre-public*-widrigen Tatsache in der deutschen Rechtsprechung. Zum anderen lässt sich der EGMR-Rechtsprechung der ohnehin nur logische Schluss entnehmen, dass der konkrete Verfolgte nicht nur dann von bestimmten unzulänglichen Haftumständen betroffen sein wird, wenn etwa sein konkreter Haftraum für die Zeit nach der Auslieferung bereits feststeht und der aus diesem oder jenem Grund nicht Art. 3 EMRK genügt, sondern auch wenn alle Hafträume der ihn betreffenden Anstalt oder vielleicht sogar eines ganzen Strafvollzugssystems aus diesem oder jenem Grund nicht Art. 3 EMRK genügen. Zudem nutzt der EGMR in der Regel vorbildlich die Expertise von überstaatlichen und NGO, um einzelfallbezogen das Verletzungsrisiko zu prüfen. Gleiches fordert ausdrücklich auch der EuGH von den Entscheidungsträgern in den Mitgliedstaaten der EU ein.

Von diesen möglichen Erkenntnisquellen im Auslieferungsverfahren gibt es bei genauerem Hinsehen in der Tat zahlreiche, nur sind nicht alle gleichermaßen für eine sachangemessene Tatsachenfeststellung tauglich. Oberstes Gebot bei ihrer Würdigung ist es, sie in ihren Kontext einzuordnen. Zu beachten sind zu allermeist der Organisationsauftrag des Erstellers und der Handlungsrahmen, in dem er sich bewegt. Eine Bindung des ersuchenden Staates an die Bundesrepublik durch ein Auslieferungsabkommen oder auch nur die Teilnahme des ersuchenden Staates am Rechtshilfeverkehr ist für sich genommen ein genauso schwaches Indiz für die Einhaltung menschenrechtlicher Mindeststandards im Strafvollzug wie auch etwaige innerstaatliche gesetzliche Regelungen, die das bekunden. Die Aufnahme des Staates in die Liste des § 29a i. V. m. Anlage II zum AsylG sagt überhaupt nichts über die Gewährleistung von Art. 3 EMRK in dessen nationalen Strafvollzug aus. Kaum anders sieht es mit Aussagen von Behörden und sonstigen Repräsentanten des ersuchenden Staates aus. Große Vorsicht ist auch bei Zusicherungen des ersuchenden Staates über die Einhaltung bestimmter Standards angezeigt – die Belastbarkeit von Zusicherungen zehrt von der Überprüfbarkeit ihres zugesagten Inhalts, um diese Überprüfbarkeit ist es in aller Regel jedoch schlecht bestellt. Wenn überhaupt, sollten Zusicherungen zum einen nur im Lichte dieser Beschränkung berücksichtigt werden, und zum anderen zielgerichtet so erbeten werden, dass sie in einem tatsächlich aussagekräftigen Zusammenhang mit der Unterbringung des konkreten Verfolgten stehen. Von unterschiedlicher Aussagekraft sind die Darstellungen jener Einrichtungen, die nicht dem ersuchenden Staat zuzuzählen sind, aber auch vor Ort Tatsachen erheben können. Informationen von NGO sowie vor allem den Erkenntnissen des CPT in seinen Landesberichten gebührt dabei eine große Beachtung. Zudem besteht ein bedeutender Fundus an Erkenntnissen in den Sachverhaltsermittlungen anderer Spruchkörper auf nationaler wie internationaler Ebene. Erkenntnisse wiegen dann besonders schwer, wenn sie sich mit denen anderer Quellen decken und sie sich somit wechselseitig verstärken.

Aus all diesen Vorgaben soll allerdings nicht folgen, dass Auslieferungen nunmehr quasi menschenrechtlich *per se* ausgeschlossen sind, indem Tatsachen, die gegen die Auslieferung sprechen, übergewichtet und die anderen ausgeblendet werden, während im Übrigen der Zweifelssatz für den Verfolgten greift. Eine sachangemessene und verfassungs- wie konventionskonforme Auslieferungsentscheidung wird sicher erzielt, wenn die OLG den Verfolgten anhören, sich mit seinem Vorbringen auseinandersetzen, die in Aussicht stehenden Umstände im Strafvollzug des ersuchenden Staates nach ihren Möglichkeiten ermitteln und dazu bei der Quellenwürdigung die gebotene Vorsicht walten lassen. Dies alles muss in der Art und der Tiefe der Entscheidungsbegründung zum Ausdruck kommen. Entscheidend ist also, dass die Auslieferungsentscheidung evidenzbasiert erfolgt, mit anderen Worten: Es muss so genau wie möglich hingeschaut werden, ob eine Verletzung des Auszuliefernden in seiner Menschenwürde droht.

6. Sein und Sollen in der deutschen Auslieferungsrechtsprechung – drei Fallbeispiele

6.1 Vorbemerkung

Ginge man einerseits davon aus, dass in Deutschland – von unvermeidbaren Einzelfällen abgesehen – ein menschenwürdiger Strafvollzug besteht, und nähme man andererseits an, dass alle anderen Staaten einen dazu gleichwertigen Standard gewährleisten, bedürfte es eines *ordre-public*-Vorbehalts nach Art. 1 Abs. 1 GG i. V. m. Art. 3 EMRK nicht. Tatsächlich wird behauptet, dass zumindest EU-Staaten – weil immerhin EMRK-verpflichtet – einen „grundsätzlich gleichwertigen" Schutz von Grund- und Menschenrechten sicherstellten.[1447] Dass dies leider schon den sozial relativ stabilen und finanziell noch vergleichsweise gut ausgestatteten EU-Staaten nicht gelingt, zeigen bereits die Pilotentscheidungen des EGMR, die strukturell bedingte Art.-3-EMRK-Verletzungen durch Strafvollzugsbedingungen in EU-Staaten betreffen.[1448] Mögliche Verletzungen des Verfolgten stehen also in *jedem* Auslieferungsverfahren im Raum. Für die OLG ist es daher unvermeidlich, die Prävalenz unzulänglicher Haftbedingungen im ausländischen Strafvollzug zu erfassen.

Nachdem eine Anzahl von Haftbedingungen daraufhin untersucht wurde, ob sie einen Menschenwürdeverstoß begründen können,[1449] soll es nun im Anschluss nicht darum gehen, ein lückenloses Kompendium der einschlägigen Rechtsprechung und Erkenntnisse der Strafvollzugsforschung zusammenzustellen. Anhand einzelner Entscheidungen von OLG und des BVerfG soll stattdessen stichprobenartig untersucht werden, ob sich Widersprüchlichkeiten in der Sachverhaltsaufklärung und / oder -würdigung erkennen lassen, die wiederum eine widersprüchliche oder auch nur unzureichend tiefgehende Begründung nach sich ziehen. Die Auswahl in der Stichprobe orientiert sich daher an dem zu erwartenden Einwand, auch Auslieferungsentscheidungen seien insoweit nicht vergleichbare, weil einzelfallbezogene Rechtsanwendungen. Die hervorgehobenen Beispiele eint, dass sie offenkundig bereits in sich bzw. innerhalb ihres Rechtsanwendungskontextes in einem verfassungsrechtlich nicht vertretbaren Maße widersprüchlich sind, ohne dass die einzelnen Entscheidungen dem

1447 Vgl. *Hecker* 2012, § 12 Rn. 39; ähnlich die Prämisse des EuGH für seine EuHb-Rechtsprechung zur Geltendmachung eines nationalen *ordre public européen*, vgl. *Kap. 3.6.5.3.5.*

1448 EGMR (PE), 08.01.2013 – 43517/09 (*Torreggiani u. a. vs. Italien*); EGMR (PE), 27.01.2015 – 36925/10, 21487/12, 72893/12, 73196/12, 77718/12 und 9717/13 (*Neshkov u. a. vs. Bulgarien*); EGMR (PE), 10.03.2015 – 14097/12, 45135/12, 73712/12, 34001/13, 44055/13 und 64586/13 (*Varga u. a. vs. Ungarn*).

1449 Vgl. *Kap. 4.*

ausdrücklich Rechnung tragen. Der Blick richtet sich im Folgenden auf die abweichenden gerichtlichen Herangehensweisen an eine *einzelne Haftbedingungen*, die lebenslange Freiheitsstrafe, anlässlich unterschiedlicher Sachverhalte (*Kap. 6.2*), das unerklärliche *Ausblenden verfügbarer Informationen* zu einem einzelnen ausländischen, nämlich dem indischen Strafvollzugssystem durch das BVerfG (*Kap. 6.3*), und die diametral einander *entgegengesetzte* Einschätzung verschiedener OLG zum jeweils *selben* ausländischen Strafvollzugssystem bzw. deren *nicht nachvollziehbare Interpretation* der erhältlichen Informationen zu jenem Strafvollzugssystem (*Kap. 6.4*).

6.2 Ein Maßstab in Theorie und Praxis – die lebenslange Freiheitsstrafe als angewandtes Auslieferungshindernis

6.2.1 Die „Rolle rückwärts" der deutschen Rechtsprechung: Der Blick verengt auf die Rechtslage

In den bereits unter normativen Gesichtspunkten angesprochenen Entscheidungen des BVerfG zu Auslieferungsersuchen[1450] war von ihm zusätzlich die einzelfallbezogene Feststellung verlangt, ob das ausländische Sanktionssystem den aus Art. 1 Abs. 1 GG i. V. m. Art. 3 EMRK erwachsenden Anforderungen gerecht wird. Den Anlass der Entscheidung vom 06.07.2005 bot die dem Auszuliefernden in Kalifornien drohende lebenslange Freiheitsstrafe ohne Möglichkeit der Strafrestaussetzung zur Bewährung („*life sentence without the possibility of parole*").[1451] Der solchermaßen Verurteilte kann nur durch Begnadigung (durch den Präsidenten oder den Gouverneur des Bundesstaates) oder Strafumwandlung in eine zeitige Freiheitsstrafe je wieder entlassen werden. Für das BVerfG war selbst bei einer Verurteilung zu *life without parole* die in Kalifornien bestehende „praktische Chance auf Wiedererlangung der Freiheit" durch die Begnadigungsoption ausreichend, um den Schutz der Menschenwürde abzusichern.[1452] Nachforschungen dazu, ob diese theoretisch bestehende Möglichkeit auch im praktische Umsetzung erfährt, unternahm das Gericht nicht.

Am 16.01.2010 befand das BVerfG erneut über eine Zulässigkeitsentscheidung, diesmal bezogen auf ein Auslieferungsersuchen der Türkei.[1453] Wieder stand eine lebenslange Freiheitsstrafe ohne Aussicht auf eine Strafrestaussetzung zur Bewährung in Aussicht. Nach türkischem Recht konnte der Auszuliefernde lediglich darauf hoffen, aus humanitären Gründen entlassen zu werden. Das

---

1450 Vgl. *Kap. 4.3.2.*

1451 BVerfGE 113, 154.

1452 BVerfGE 113, 154 (166 f.).

1453 BVerfGK 16, 491.

umfasste dauernde Krankheit, die altersbedingte Entlassung oder die Entstehung einer dauernden Behinderung. Aber auch bei Vorliegen dieser Gründe sollte keine automatische Entlassung erfolgen, sondern erst ein erfolgreiches Gnadengesuch beim türkischen Präsidenten ermöglichte eine vorzeitige Entlassung. Die Begnadigungsentscheidung selbst war wiederum keiner gerichtlichen Überprüfung zugänglich. Anders als im Beschluss vom 06.07.2005, auf den das Gericht ausdrücklich Bezug nahm, stellte es nun eine Verletzung der Grundrechte des Verfolgten gemäß Art. 2 Abs. 1 i. V. m. Art. 1 Abs. 1 GG durch die beschwerdegegenständliche positive Zulässigkeitsentscheidung des OLG fest. Diese sollte auch bezüglich der Türkei *nicht* in der fehlenden gerichtlichen Überprüfbarkeit der Begnadigungsentscheidung liegen, aus dem deutschen Rechtsstaatsprinzip seien keine speziellen Anforderungen an die türkische Entlassungspraxis abzuleiten. Allerdings fasste das Gericht die Gemeinsamkeit der tatbestandlichen Beschränkungen eines Begnadigungsgesuchs in der Türkei damit zusammen, dass die Insassen tatsächlich nur noch freikämen, um „in Freiheit zu sterben", so dass nicht mehr auf ein selbstbestimmtes Leben in Freiheit gehofft werden könne.[1454] Darin lag für das Gericht ein ausschlaggebender Unterschied zu der Rechtslage, die der USA-Entscheidung von 2005 zugrunde lag: Dort unterlag die Berechtigung, ein Gnadengesuch zu stellen, keinen tatbestandlichen Beschränkungen, so dass ein Hoffnungsschimmer auf spätere Freilassung im Gegensatz zur Situation nach türkischem Recht eben nicht von vornherein verwehrt sei.[1455] Auch hier unterblieb eine Überprüfung der Zahl der tatsächlich erfolgten Begnadigungen in der Türkei durch das BVerfG.

In leichter Abwandlung stellte sich dieselbe Frage in der Sache *Findikoglu* zu einem Auslieferungsersuchen der USA, wo dem Verfolgten eine zwar formell nicht lebenslange, dafür exorbitant hohe zeitige Freiheitsstrafe von 247,5 Jahren drohte, mithin eine faktisch lebenslange Freiheitsstrafe. Diese Verurteilung war gleichwohl noch nicht ausgesprochen worden, vielmehr berief sich der Verfolgte lediglich darauf, angesichts seiner prominenten Taten mit hohen Schadenssummen nicht mit Nachsicht bei der Bemessung des Strafmaßes rechnen zu können, so dass der zur Verfügung stehende Strafrahmen sicherlich ausgeschöpft würde. Am 20.11.2014 gab der Gericht der gegen die positive Zulässigkeitsentscheidung gerichteten Verfassungsbeschwerde statt und verwies die Sache an das OLG zurück.[1456] Das BVerfG ordnete dabei die in Rede stehende Freiheitsstrafe von 247,5 Jahren als eine quasi-lebenslange Freiheitsstrafe ein. Der Zulässigkeitserklärung stehe entgegen, dass das OLG nicht geprüft habe, ob die 247,5 Jahre tatsächlich konkret zu erwarten seien, und sich nicht mit den Möglichkeiten vorzeitiger Entlassung auseinandergesetzt habe. Fehlende Aussetzungsmöglich-

---

1454 BVerfGK 16, 491 (499 f.).

1455 BVerfGK 16, 491 (500); unter Verweis auf BVerfGE 113, 154 (167).

1456 BVerfG, 20.11.2014, BeckRS 2014, 59254.

keiten oder auch eine zu hohe Mindestverbüßungsdauer vor einer Strafrestaussetzung könnten dem „Gebot des sinn- und maßvollen Strafens", mithin dem Verhältnismäßigkeitsgrundsatz widersprechen.

Aus der Menge der fachgerichtlichen Entscheidungen zu drohenden lebenslangen Freiheitsstrafen nach erfolgter Auslieferung ist die des BGH vom 19.06.2012 hervorzuheben, in der auf Vorlage des OLG Düsseldorf gemäß § 42 IRG hin über die Strafrestaussetzungsmöglichkeiten in Polen nach Verhängung einer lebenslangen Freiheitsstrafe befunden wurde.[1457] Gemäß § 83 Nr. 4 IRG in Umsetzung des Art. 5 Abs. 2 RbEuHb ist die Auslieferung als Vollstreckung eines EuHb nur zulässig, wenn eine drohende lebenslange Freiheitsstrafe spätestens nach 20 Jahren erstmals überprüft wird. Nach polnischem Recht ist gemäß Art. 78 § 3 polnStGB eine Strafrestaussetzung frühestens nach 25 Jahren möglich, gemäß Art. 560 ff. polnStPO besteht aber bereits vorher die Möglichkeit ein Gnadengesuch an den polnischen Präsidenten zu richten. Der BGH sah die 20-Jahre-Frist durch das mögliche Gnadengesuch gewahrt, einer Unmenschlichkeit weil Hoffnungslosigkeit der Strafe stehe die reguläre Überprüfung nach 25 Jahren gemäß Art. 78 § 3 polnStGB entgegen, die also das Recht auf Hoffnung wahre. Mit der bisherigen Handhabung der Begnadigungsmöglichkeit durch die polnischen Präsidenten setzte sich der BGH jedoch nicht auseinander.

6.2.2 Die de facto Aussicht auf Entlassung, und was für den EGMR in Auslieferungsfällen davon übrig bleibt

In der Rechtsprechung des EGMR hat es in jüngerer Zeit eine Entwicklung ergeben, die sich vor dem Hintergrund der skizzierten teilweisen „Rolle rückwärts" des BVerfG als „Überholen ohne einzuholen" positiv kritisch überschreiben ließe.

Der Sache *Nivette vs. Frankreich* im Jahr 2001 lag eine Auslieferungsentscheidung an die USA zugrunde. Dabei richtete sich die Aufmerksamkeit des Gerichtshofs erstmals auf die Problematik tatsächlich lebenslanger, weil nicht reduzierbarer Freiheitsstrafen.[1458] Desgleichen stand in der *Einhorn*-Entscheidung von 2001 eine Auslieferung an die USA in Frage – hier problematisierte der Gerichtshof das Phänomen nicht reduzierbarer, lebenslanger Freiheitstrafen im Hinblick auf Art. 3 EMRK sogar, kam aber zu dem Ergebnis, dass kein Beweis erbracht wurde, aus dem der Schluss gezogen werden könne, dass *Einhorn* in Pennsylvania tatsächlich nie entlassen werden würde.[1459]

1457 BGHSt 57, 258.

1458 EGMR, 03.07.2001 – 44190/98 (*Nivette vs. Frankreich*); jedoch stand eine solche Bestrafung angesichts der Beschuldigungen gegen den Verfolgten nicht zu befürchten.

1459 EGMR, 16.10.2001 – 71555/01 (*Einhorn vs. Frankreich*), Rn. 27.

Der 2008 folgenden *Kafkaris*-Entscheidung[1460] lag hingegen ein rein nationaler Sachverhalt zugrunde. Ein zu einer lebenslangen Freiheitsstrafe verurteilter Zyprer erhob Beschwerde beim EGMR, weil während seiner Haftzeit das Entlassungssystem neu geregelt wurde und er die Freiheit nur noch durch eine Begnadigung durch den zyprischen Präsidenten erlangen konnte, der der Generalstaatsanwalt zustimmen musste.[1461] Im Detail fehlte es an jeglichen festgelegten Kriterien für die Begnadigungsentscheidung. Zudem musste weder der Präsident noch der Generalstaatsanwalt eine ablehnende Entscheidung dem Betroffenen begründen, und schließlich war eine gerichtliche Überprüfungsmöglichkeit nicht vorgesehen.[1462] *Kafkaris* gründete seine Beschwerde u. a. auf Art. 3 EMRK, da ihm großes psychisches und physisches Leid durch das Entfallen jeder Hoffnung auf Freilassung bereitet werde. Die Mehrheit der Großen Kammer (zehn der 17 Richter) sah die nach Art. 3 EMRK erforderliche vorzeitige Entlassungsmöglichkeit *de jure* und *de facto* mit dem Begnadigungsrecht des zyprischen Präsidenten gegeben.[1463] In einem teilweise abweichenden Sondervotum begründete eine Minderheit von fünf Richtern, dass es an der Entlassungsmöglichkeit *de facto* fehle,[1464] weil die Anwendung des Begnadigungsrechts durch den Präsidenten unvorhersehbar sei und damit gerade dem Standard nicht gerecht werde, der aus den Instrumenten des Europarates und der EU hervorgeht, die auch die Mehrheit für ihre Urteilsfindung so eingehend analysierte.

Die in Deutschland mögliche Vollstreckung einer lebenslangen Freiheitsstrafe aufgrund besonderer Schwere der Schuld des Täters über die Dauer von 15 Jahren hinaus[1465] auch bis zu 25 Jahren sah der EGMR 2009 im Lichte des Art. 3 EMRK als unproblematisch an, da die Aussicht auf Entlassung auch bei einem solchermaßen verlängerten Freiheitsentzug grundsätzlich gewahrt sei.[1466]

Im Jahr 2012 setzte sich der EGMR in zwei Entscheidungen wiederum mit Auslieferungssachverhalten auseinander, die jeweils Auslieferungsersuchen der USA an das Vereinigte Königreich betrafen. In der Entscheidung *Harkins und*

1460 EGMR (GK), 12.02.2008 – 21906/04 (*Kafkaris vs. Zypern*).

1461 Kritisch zu den Hintergründen und möglichen Nachlässigkeiten der Mehrheit der Großen Kammer das teilweise abweichende Votum des Richters *Borrego Borrego* in EGMR (GK), 12.02.2008 – 21906/04 (*Kafkaris vs. Zypern*).

1462 EGMR (GK), 12.02.2008 – 21906/04 (*Kafkaris vs. Zypern*), Rn. 91.

1463 EGMR (GK), 12.02.2008 – 21906/04 (*Kafkaris vs. Zypern*), Rn. 103.

1464 EGMR (GK), 12.02.2008 – 21906/04 (*Kafkaris vs. Zypern*), gemeinsames, teilweise abweichendes Votum der Richter *Tulkens, Cabral Barreto, Fura-Sandström, Spielmann* und *Jebens*.

1465 Diese Möglichkeit zur Sanktionsdifferenzierung angeregt bereits von BVerfGE 45, 187 (251); vgl. dazu auch *Bode* 1984, S. 328 ff.

1466 EGMR, 03.11.2009 – 26958/07 (*Meixner vs. Deutschland*).

Edwards[1467] griff der EGMR die Kriterien der *de jure* und *de facto* erforderlichen Entlassungsmöglichkeit aus *Kafkaris* auf,[1468] kam aber zu einem Schluss wie schon in der *Einhorn*-Entscheidung: Die Aussicht für *Harkins*, jemals wieder entlassen zu werden, beschränkte sich (in Florida) auf einen Begnadigungsvorschlag eines Begnadigungsausschusses, den dieser an den Gouverneur von Florida zu richten hat, woraufhin der Gouverneur eine Gnadenentscheidung fällen kann.[1469] Für *Edwards* bestand (in Maryland) diese Aussicht in einer Gnadenentscheidung des Gouverneurs oder einer Umwandlung in eine zeitige Freiheitsstrafe.[1470] Obwohl in beiden Staaten solche Entlassungsakte zuvor niemals vorgenommen worden waren, hielt die entscheidende Kammer diese rechtlich bestehenden Möglichkeiten auch für faktisch gegeben, jedenfalls nicht ausgeschlossen.[1471]

In der Sache *Babar Ahmad u. a.* ging es im selben Jahr ungleich brisanter nicht um Raubmörder oder Totschläger mit jeweils einem Opfer, sondern um Terrorverdächtige, denen u. a. Geiselnahmen im Jemen und Beteiligungen an den Bombenanschlägen auf die US-Botschaften in Nairobi und Daressalam mit mehreren hundert Toten vorgeworfen werden sollten.[1472] Auch hier bestand die einzige Möglichkeit der Verfolgten, bei ihrem zu erwartenden Strafmaß je wieder in Freiheit zu gelangen, in der Ausübung eines Gnadenrechts, in diesem Fall durch den US-Präsidenten. Dieselbe Kammer, die über *Harkins* und *Edwards* entschied, gelangte auch hier bei Anwendung des „*de jure / de facto*"-Kriteriums zu dem Schluss, dass bei aller Unsicherheit[1473] über die Anwendung des *de jure* bestehenden Gnadenrechts durch den US-Präsidenten eine Entlassungsmöglichkeit auch *de facto* gegeben sei.[1474]

1467 EGMR, 17.01.2012 – 9146/07 und 32650/07 (*Harkins und Edwards vs. Vereinigtes Königreich*).

1468 EGMR, 17.01.2012 – 9146/07 und 32650/07 (*Harkins und Edwards vs. Vereinigtes Königreich*), Rn. 137 f.

1469 EGMR, 17.01.2012 – 9146/07 und 32650/07 (*Harkins und Edwards vs. Vereinigtes Königreich*), Rn. 140.

1470 EGMR, 17.01.2012 – 9146/07 und 32650/07 (*Harkins und Edwards vs. Vereinigtes Königreich*), Rn. 115.

1471 EGMR, 17.01.2012 – 9146/07 und 32650/07 (*Harkins und Edwards vs. Vereinigtes Königreich*), Rn. 140, 142.

1472 EGMR, 10.04.2012 – 24027/07 u. a. (*Babar Ahmad u. a. vs. Vereinigtes Königreich*).

1473 Vgl. insbesondere die von den Beschwerdeführern vorgebrachten Argumente in EGMR, 10.04.2012 – 24027/07 u .a. (*Babar Ahmad u. a. vs. Vereinigtes Königreich*), Rn. 133, 233.

1474 EGMR, 10.04.2012 – 24027/07 u. a. (*Babar Ahmad u. a. vs. Vereinigtes Königreich*), Rn. 243.

Als dieselbe Kammer in *Vinter u. a.* am selben Tag wie in *Harkins und Edwards* auch über die Konventionsmäßigkeit einer nicht reduzierbaren, lebenslangen Freiheitsstrafe innerhalb eines nationalen, nämlich des englischen Sanktionensystems entschied, kam sie mit 4 : 3 Stimmen zunächst noch zu dem Schluss, die englische Ausgestaltung auch bei sog. „*whole life orders*" sei mit Art. 3 EMRK vereinbar.[1475] Die zu *whole life orders* Verurteilten können nach dem *Crime Sentences Act* nur durch eine Gnadenentscheidung des Innenministers die Freiheit wiedererlangen.[1476] Die gesetzliche Voraussetzung der Begnadigung ist das Vorliegen außergewöhnlicher Umstände, die eine Entlassung aus humanitären Gründen rechtfertigen.[1477] Das sich daraus ergebende Ermessen hatte eine ministerielle Verordnung deutlich reduziert: Einen humanitären Grund stellen nur eine lebensbedrohliche Erkrankung (bei einem Richtwert von drei Monaten Restlebenserwartung, die die Verordnung nennt) sowie Bettlägerigkeit oder Lähmung des Vollzugsinsassen, etwa durch einen Schlaganfall oder eine vergleichbare Erkrankung, dar.

Bereits in der Kammerentscheidung betonten die drei unterlegenen Richter die Hoffnungslosigkeit der Situation eines zur nichtreduzierbaren lebenslangen Freiheitsstrafe Verurteilten.[1478] Auf Verweisung an die Große Kammer hin, die keinerlei personelle Überschneidungen zur vorab befassten Kammer aufwies,[1479] wendete sich das Blatt für die Beschwerdeführer. Mit 16 : 1 der Stimmen stellte die Große Kammer die Konventionswidrigkeit des englischen Entlassungsmechanismus' fest, wie er schon der vorherigen Entscheidung der Kammer zugrunde lag.[1480]

Konsequent weitergeführt wurde diese Entwicklung durch die Entscheidung im Fall *Trabelsi* im Jahr 2014.[1481] Erneut handelte es sich um einen Terrorverdächtigen, dessen Auslieferung an die USA ausstand, in diesem Fall durch Belgien. Der Gerichtshof übertrug die in *Vinter u. a.* fortgeführten Kriterien der *de jure* und *de facto* erforderlichen Entlassungsmöglichkeiten erneut – wie auch

---

1475 EGMR, 17.01.2012 – 66069/09, 130/10 und 3896/10 (*Vinter u. a. vs. Vereinigtes Königreich*).

1476 EGMR (GK), 09.07.2013 – 66069/09, 130/10 und 3896/10 (*Vinter u. a. vs. Vereinigtes Königreich*), Rn. 42, 47.

1477 Dazu und zum Folgenden *Morgenstern* 2014, S. 169.

1478 EGMR, 17.01.2012 – 66069/09, 130/10 und 3896/10 (*Vinter u. a. vs. Vereinigtes Königreich*), gemeinsames, teilweise abweichendes Sondervotum der Richter *Garlicki*, *Björgvinsson* und *Nicolaou*.

1479 *Morgenstern* 2014, S. 178.

1480 EGMR (GK), 09.07.2013 – 66069/09, 130/10 und 3896/10 (*Vinter u. a. vs. Vereinigtes Königreich*).

1481 EGMR, 04.09.2014 – 140/10 (*Trabelsi vs. Belgien*).

schon in *Babar Ahmad u. a.* – auf diesen die USA betreffenden Auslieferungsfall. Allerdings berücksichtigte der EGMR dieses Mal auch die Akzentverschiebung, die die Große Kammer in *Vinter u. a.* bei der Ausdeutung des „*de jure / de facto*"-Kriteriums vorgenommen hatte, so dass sich nun auch für das Auslieferungsrecht ein Umsteuern festhalten lässt. Nach Ansicht des EGMR stand für den Verfolgten nach Auslieferung am wahrscheinlichsten eine Verurteilung zu einer lebenslangen Freiheitsstrafe ohne Möglichkeit der vorzeitigen Entlassung zu befürchten, diese Aussicht legte der Gerichtshof also seiner Beurteilung zugrunde.[1482] Sowohl der Verfolgte als auch die belgische Regierung, gestützt auf Angaben der US-amerikanischen Regierung, legten Zahlen zur US-Entlassungspraxis gegenüber verurteilten Terroristen vor.[1483] Zwar besteht ein Begnadigungsrecht des US-Präsidenten, das auch durch gewisse Verfahrensregularien ausgestaltet ist. Aber an darüber hinausgehenden Kriterien für die Überprüfung der Fortdauer der Haftgründe fehlte es,[1484] so dass schon das *de jure* Bestehen einer Entlassungsmöglichkeit im Sinne von *Vinter u. a.* zweifelhaft erschien. Vollkommen entgegensetzt waren hingegen die Einschätzungen einer auch *de facto* bestehenden Entlassungsmöglichkeit nach den von den Parteien jeweils vorgelegten Zahlen zur Handhabung des Begnadigungsrechts des US-Präsidenten: Während die belgische Regierung auf die Umwandlung der nicht aussetzungsfähigen, lebenslangen Freiheitsstrafe von 13 Mitgliedern einer Terrororganisation aus Puerto Rico in eine zeitige Freiheitsstrafe durch Präsident *Clinton* verweisen konnte, spricht für den Beschwerdeführer *Trabelsi* eine allgemein zurückgehende Bereitschaft zu Gnadenakten,[1485] die speziell nach den Anschlägen vom 11. September für Insassen mit islamistischem Hintergrund *de facto* überhaupt nicht mehr bestehe[1486]. In der Verfahrensschilderung zu *Trabelsi* finden sich diese Angaben noch. Eine Würdigung in seinen Entscheidungsgründen oder gar darüber hinausgehende, eigenständige Nachforschungen zu Entlassungsmöglichkeiten in den USA unterbleiben seitens des Gerichtshofes aber. Es seien „keine langatmigen Erörterungen" („*no lengthy disquisitions*") notwendig um festzustellen, dass das gegenwärtige US-System von Aussetzungsmöglichkeiten den Anforderungen des Art. 3 EMRK nicht genügte, wie sie seit *Kafkaris* und *Vinter u. a.* bestünden.[1487] Für eine Aussicht auf Entlassung *de jure* und *de facto* fehle es schon an dem erforderlichen gesetzlich geregelten Mechanismus, der eine staatliche Stelle zu einer objektiven Überprüfung des Fortdauerns der Haftgründe anhand vorab fest-

---

1482   EGMR, 04.09.2014 – 140/10 (*Trabelsi vs. Belgien*), Rn. 138.

1483   EGMR, 04.09.2014 – 140/10 (*Trabelsi vs. Belgien*), Rn. 96 f. bzw. 29.

1484   EGMR, 04.09.2014 – 140/10 (*Trabelsi vs. Belgien*), Rn. 132.

1485   *American Civil Liberties Union* 2013, S. 193.

1486   EGMR, 04.09.2014 – 140/10 (*Trabelsi vs. Belgien*), Rn. 99.

1487   EGMR, 04.09.2014 – 140/10 (*Trabelsi vs. Belgien*), Rn. 137 f., auch zum Folgenden.

gelegter Kriterien verpflichte, die dem Straftäter im Detail zum Zeitpunkt seiner Verurteilung bekannt sind, damit er sein Verhalten an dieser Erwartung ausrichten könne.

6.2.3 Erkenntnisse der Strafvollzugsforschung: Entlassungspraxis – und Entlassungstheorie

In seiner Entscheidung von 1977 hatte das BVerfG noch eingehend die tatsächliche Handhabung der Gnadenmöglichkeit gewürdigt. Die fehlende Auseinandersetzung in seinen Entscheidungen betreffend Auslieferungen an die USA respektive die Türkei mit der tatsächlichen Handhabung der Entlassungsmöglichkeiten lässt vermuten, dass es deutschen Gerichten nicht möglich ist, die Handhabung lebenslanger Freiheitsstrafen in fremden Sanktionssystemen zu erfassen. Dem ist aber nicht so.

So lässt sich zunächst für die europäischen Staaten präzise darlegen, wie die Entlassung aus dem Vollzug der jeweiligen nationalen lebenslangen Freiheitsstrafe gehandhabt wird. Dabei gibt es unter den EMRK-Staaten einige, die eine lebenslange Freiheitsstrafe ohne Aussicht auf Bewährung vorhalten.[1488] Aber auch für nichteuropäische Staaten gibt es dazu Datenmaterial. Angesichts der kontrovers aufgenommenen Entscheidungen des BVerfG von 2005 bzw. derjenigen des EGMR in *Einhorn, Harkins und Edwards* sowie *Babar Ahmad u. a.* ist hier vor allem die Datenlage zur Handhabung in den USA interessant. Spätestens seit 2002 gibt es dazu umfangreicheres Material, das sowohl die reinen Zahlen als auch die dahinterstehende Ideologie erfasst.

In den USA werden lebenslange Freiheitsstrafen ohne Aussicht auf Entlassung („*life sentences without the possibility of parole*", oder kurz: *life without parole*) vielfach zu allererst als Alternative zur Todesstrafe aufgefasst.[1489] Im Lichte dessen bedeuten etwaige Parallelen zwischen einer lebenslangen Freiheitsstrafe ohne tatsächliche Aussicht auf Entlassung und einer Todesstrafe nicht ein schockierendes, nach Abschaffung rufendes Übel. Stattdessen stellen diese Parallelen ein gerade erwünschtes Moment dar,[1490] mit dem Todesstrafenbefürworter für die „mildere" lebenslange Freiheitsstrafe gewonnen werden

---

1488 Vgl. zu einzelnen Sanktionssystemen *van Zyl Smit* 2002, S. 78 ff.; *ders.* 2010, S. 40 f.; *Morgenstern* 2014, S. 167 ff.; *Sakalauskas* 2015, S. 198 f.; *Nagy* 2016, S. 201 f. (in Ungarn lange Zeit gar keine Entlassungsaussicht; seit 2015 ein vorgeschriebenes Begnadigungsverfahren nach 40 Jahren Verbüßungszeit, das dann wohl immer noch ergebnisoffen geführt wird). Skeptisch zu deren EMRK-Konformität schon *vor* der Entscheidung *Vinter u. a.* der Großen Kammer *van Zyl Smit* 2010, S. 45 f.

1489 *Nellis* 2013, S. 7; *van Zyl Smit* 2002, S. 54 f.

1490 Vgl. die Umschreibung des Haftraums eines zu *life without parole* Verurteilten als dessen Sarg bei *Johnson/McGunigall-Smith* 2008, S. 329, sowie die Interpretation der Bestrafung als „zivilgesellschaftlicher Tod" („*civil death*") des Insassen.

sollen.[1491] Die Bezeichnung als „Tod durch den Strafvollzug" („*death by incarceration*") ist von jenen Diskursteilnehmern daher auch vollkommen ironiefrei gemeint.[1492] Opfern und Angehörigen von Mordopfern soll dergestalt zudem Genugtuung verschafft werden, dass „ihr" Täter nicht mit einer vermeintlich nur gewöhnlichen, d. h. aussetzungsfähigen lebenslangen Freiheitsstrafe, sondern mit einer qualitativen Steigerung dessen bestraft und tatsächlich nie wieder in Freiheit gelangen wird.[1493] Damit kommt diesem „Mehr" an Strafe auch eine Symbolfunktion zu.

In mehreren Studien wird erkennbar, wie sich diese Akzente im gesellschaftlichen Diskurs auf die Verhängungs- und Entlassungspraxis auswirken:[1494] Im Jahr 1992 verbüßten noch 12.453 Personen eine Verurteilung zu *life without parole*. Im Jahr 2003 waren es bereits 33.633. Gegenüber 1992 war das ein Anstieg um 170,1%. 2008 befanden sich dann 40.174 Insassen mit dieser Strafe im Vollzug, ein Anstieg von nochmals 19,4% in nur fünf Jahren. 2012 waren es schließlich 49.081 Personen, also ein Anstieg über vier Jahre von weiteren 22,2%.

Es stiegen jedoch nicht nur die absoluten Zahlen der Verbüßenden dramatisch an. Auch die Begnadigungsmöglichkeit bei einer Verurteilung zu *life without parole* wird sehr strikt gehandhabt. Das Datenmaterial unmittelbar dazu ist zwar spärlich bzw. fast nicht existent. Allein schon dieser Umstand lässt befürchten, dass es keine Begnadigungen gibt, von denen berichtet werden könnte, so dass mehr von einer „Entlassungstheorie" statt einer Entlassungspraxis die Rede sein müsste.[1495] Es finden sich aber Daten, die zumindest einen Rückschluss zulassen, nämlich zur Entlassungspraxis bei Insassen, die zu einer lebenslangen Freiheitsstrafe *mit* Aussicht auf Bewährung („*life sentence with the possibility of parole*", oder verkürzt: *lifers*) verurteilt wurden. Während es zu Beginn des 20. Jahrhunderts auf Bundesstaaten- wie auf Bundesebene üblich war, nach zehn bis 15 Jahren solche lebenslangen Freiheitsstrafen zur Bewährung auszusetzen,[1496] lässt sich diese großzügige Handhabung heutzutage in den einzelnen US-amerikanischen Jurisdiktionen auch bei den *lifers* nicht wiedererkennen. Angesichts eines insgesamt raueren Klimas in der öffentlichen Debatte um Sanktionierungen haben viele Gouverneure, denen die jeweilige bundesstaatliche Bewährungskommission Vorschläge zur Strafrestaussetzung vorlegt, ausdrücklich Begnadigungs-, Straf-

---

1491 *van Zyl Smit* 2002, S. 54-58.

1492 *van Zyl Smit* 2002, S. 55, mit Verweis auf *Blair* 1994, S. 205.

1493 *Kromrey/Morgenstern* 2014, S. 706.

1494 Vgl. als Quellen: Daten für 1992 und 2003: *Mauer u. a.* 2004, S. 11; Daten für 2008 und 2012: *Nellis* 2013, S. 1.

1495 *Kromrey/Morgenstern* 2014, S. 707.

1496 *Nellis* 2013, S. 3. Für eine Analyse zurück bis ins 18. Jahrhundert vgl. *van Zyl Smit/ Oppert* 1999, S. 559 ff.

umwandlungs- bzw. Bewährungserlasse ausgeschlossen oder auf Extremfälle beschränkt;[1497] andernorts oder gar ergänzend wurden die wenigen Entlassungsmöglichkeiten durch eine restriktive Gesetzgebung noch weiter eingeengt[1498] – um es erneut zu betonen: für diejenigen Insassen, deren Strafurteil die Möglichkeit zur vorzeitigen Entlassung ausdrücklich vorsieht. Landesweit steigt deren durchschnittliche Verbüßungsdauer deutlich an, von 21 (im Jahr 1991) auf 29 Jahre (1997); die Wahrscheinlichkeit der positiven Beurteilung durch die jeweilige Bewährungskommission lag in den letzten 30 Jahren nie höher als 20%.[1499] Die Studienlage insgesamt bis in die jüngste Zeit hinein lässt es für die Inhaber des Gnadenrechts, also die Gouverneure bzw. den US-Präsidenten wenig opportun erscheinen, vorzeitige Entlassungen für *lifers*, geschweige denn für Insassen mit *life without parole* zu ermöglichen.[1500] Hoffnung auf ein Klima vorzeitiger Haftentlassungen wird dem Auszuliefernden erst recht nicht durch die Sanktionspraxis zahlreicher Bundesstaaten gegenüber selbst 13-Jährigen vermittelt, die zu *life without parole* verurteilt werden.[1501]

Ohne Aussagewert ist es in diesem Zusammenhang hingegen, wenn auf eine Erhebung unter US-Strafgefangenen von 1991 verwiesen wird,[1502] die zu ihrer persönlichen Straferwartung befragt wurden: Danach erwarteten 69% der *lifer* entlassen zu werden.[1503] Abgesehen davon, dass diese Umfrage noch erfolgte, als das Sanktionsklima in den Vereinigten Staaten gerade erst rauer wurde, so bezieht sie sich nur auf diejenigen, die noch formal die Aussicht auf Strafrestaussetzung haben („*with parole*"). Außerdem grenzt es an Zynismus, das „Recht auf

---

1497 Vgl. zu folgenden Beispielen *Nellis/King* 2009, S. 25 f.: So wurden in Kalifornien von 1999 bis 2003 nur acht *lifers* vorzeitig entlassen, nachdem sich der Gouverneur öffentlich vorfestgelegt hatte, unter seiner Ägide würden *lifers* die Anstalt nur „in einer Holzkiste" verlassen. Nachdem in Pennsylvania zwischen 1971 und 1994 *jährlich* zwölf *lifers* entlassen worden waren, waren es zwischen 1994 und 2009 nur noch *insgesamt* drei. Der Gouverneur von Maryland verbat sich 1995 jeden Entlassungsvorschlag eines Totschlägers oder Sexualstraftäters seitens der Bewährungskommission, bevor jener nicht sterbenskrank oder „sehr alt" sei.

1498 Vgl. die einzelnen Darstellungen bei *Mauer u. a.* 2004, S. 5 ff.; *Nellis/King* 2009, S. 25 f.; *Nellis* 2013, S. 14.

1499 *Nellis* 2013, S. 14.

1500 *Kromrey/Morgenstern* 2014, S. 707 m. w. N. Daran ändern auch die von Präsident *Barack Obama* bereits mehrfach verfügten Strafzeitverkürzungen von unverhältnismäßigen Freiheitsstrafen für minderschwere Kriminalität, insbesondere Drogendelikte im Wesentlichen nichts – beschränkt ist dieser Politikwandel ausdrücklich auf gewaltlose Delikte.

1501 Vgl. *Equal Justice Initiative* 2007, S. 4 f., 20 m. w. N.

1502 So aber herangezogen von OLG Köln, 05.11.2004 – Ausl 189/04 – 28, Rn. 19 (zitiert nach *juris*).

1503 *Beck/Greenfeld* 1995, S. 2.

Hoffnung" dadurch abgesichert zu sehen, dass die betroffenen Insassen aufgrund von Fehlinformationen ihre eigene Entlassungsaussicht anfänglich noch unrealistisch günstig einschätzen.

6.2.4 Tatsachen als Entscheidungsgrundlage, die niemand festgestellt hat

Vergleicht man den Aufwand, den das BVerfG 1977 zur Beurteilung der Verfassungsmäßigkeit der lebenslangen Freiheitsstrafe hinsichtlich der tatsächlichen Entlassungen betrieben hat, mit dem Aufwand hinsichtlich der Erfassung der Handhabung in den USA 2005 für die grundrechtlich gleichgelagerte Entscheidung, so ist eine deutliche Diskrepanz zu bemängeln.[1504] Das BVerfG orientierte sich 2005 allein an der *Rechtslage* zum Begnadigungswesen. Damit ignorierte es nicht nur seine Postulate von 1977 zur gerichtlichen Überprüfbarkeit als Ausfluss der Menschenwürdegarantie, sondern schloss auch in nicht haltbarer Weise vom *„law in the books"* auf das *„law in action"*.[1505] Allein die theoretische, weil legal vorgesehene Entlassungsmöglichkeit macht noch keine aussichtsreiche Entlassungspraxis. Angesichts des amerikanischen Diskurses zu Sinn, Zweck und Dauer von lebenslangen Freiheitsstrafen und der Symbolhaftigkeit der dortigen Sanktionspraxis ist es auch nicht nachvollziehbar, wie das BVerfG zu diesem Schluss kommt.[1506] Hinter den vermischten normativen und (wenigen) empirischen Aussagen stehen erkennbar falsche Sachverhaltsannahmen, die das Gericht seiner Entscheidung zugrunde legt.[1507]

Leider lässt auch der EGMR im Rahmen der argumentativen Untermauerung der Entscheidung *Trabelsi vs. Belgien* keinen größeren Aufwand bei der

---

1504 Kritisch schon *van Zyl Smit* 2010, S. 45; *Kromrey/Morgenstern* 2014, S. 713.

1505 Ein Unterschied, den es an anderer Stelle auch sehr wohl zu würdigen weiß; vgl. z. B. BVerfGE 94, 115 (140), zum Prüfungsprogramm für Art. 16a Abs. 3 S. 1 GG, demzufolge neben der (formalen) Rechtslage auch die (tatsächliche) Rechtsanwendung richtigerweise zu prüfen sei, da „die praktische Wirksamkeit geschriebener Normen nicht immer schon mit ihrem Erlaß gewährleistet ist" (vgl. dazu auch *Kap. 4.3.1* und *Kap. 5.9.3*).

1506 Bezeichnend ist nicht nur, dass zur *life without parole* quasi keine Entlassungszahlen erhältlich sind, sondern z. B. auch, dass die US-Regierung sowohl in *Babar Ahmad u. a.* (EGMR, 10.04.2012 – 24027/07 u. a. (*Babar Ahmad u. a. vs. Vereinigtes Königreich*), Rn. 130) als auch in *Trabelsi* (EGMR, 04.09.2014 – 140/10 (*Trabelsi vs. Belgien*), Rn. 27, 29) als Beispiele einer *de facto* bestehenden Entlassungsmöglichkeit denselben Fall von Mitgliedern der Terrorgruppe FALN nennt, der in dieser Form eher wie die absolute Ausnahme wirkt, die die Regel bestätigt.

1507 Vgl. anschaulich zu diesem wiederholten Vorgehen des BVerfG *Petersen* 2010, S. 442 ff., 448 ff.; dem folgend und grundsätzlich kritisch *Schulze-Fielitz* 2013b, S. 399 m. w. N.

Überprüfung der tatsächlichen Gegebenheiten im ersuchenden Staat erkennen. Stattdessen wird ebenfalls rein aus der rechtlichen Sachlage des *law in the books* ein Urteil gefällt, das bezeichnenderweise genau entgegengesetzt zu dem lautet, was das BVerfG dieser Sachlage entnommen hat.[1508] Der EGMR kann für sich immerhin in Anspruch nehmen, dass dieses Versäumnis nicht zu Lasten des Beschwerdeführers ging.

Für das BVerfG muss hingegen festgehalten werden, dass es seinen Grundrechtsschutzauftrag gegenüber dem Auszuliefernden nicht erfüllt, wenn es sich die Prüfung der zuvor eingeforderten „praktischen Chance" auf Entlassung schlichtweg spart. Über den Blick auf das *law in action* hinaus muss es zu seinem Postulat einer gerichtlichen Überprüfungsmöglichkeit zurückfinden. Wird das Rechtssystem des ersuchenden Staates dem nicht gerecht, verbleibt als Ausweg nur die Einforderung einer belastbaren Zusicherung des ersuchenden Staates, dass der Auszuliefernde maximal eine *zeitige* Freiheitsstrafe erhält, deren *Vollzugspraxis* nachweislich (d. h. mit Blick auf die tatsächliche durchschnittliche Straflänge angesichts der Entlassungspraxis) seine Menschenwürde wahrt.[1509] Wenn das BVerfG auf diese Weise den Individualschutz auch im Auslieferungsverfahren stärkte, würde es damit zu seinem eigenen Menschenwürdeverständnis zurückfinden, das es sich bereits 1977 erschlossen hatte.

Demgegenüber wenig tragfähig scheint der in der Sache *Findikoglu* vom BVerfG angedeutete Weg, fehlende Aussetzungsmöglichkeiten und hohe Mindestverbüßungszeiten auf einen möglichen Verstoß gegen das Verhältnismäßigkeitsprinzip hin zu beurteilen. Zwar lässt auch die Diskussion am Maßstab der Menschenwürdegarantie noch Raum für Streit, nämlich ob nun 15, 20 oder gar 25 Jahre Zeit vergehen dürfen, bis spätestens ein Anspruch des Straftäters auf Strafzwecküberprüfung entstanden ist. Über das Vehikel des Verhältnismäßigkeitsgebotes gewinnt der Rechtsanwender jedoch keine größere Klarheit, im Gegenteil, es wird damit nur der Weg geebnet zu der mindestens schwerlich handhabbaren, wenn nicht gar missverständlichen Dogmatik des BVerfG zu dieser Rechtsfigur im Auslieferungsrecht:

Es ist dabei ständige Rechtsprechung des Gerichts, dass Bestandteil des deutschen *ordre public international* das „aus den einzelnen Grundrechten und dem Rechtsstaatsprinzip abzuleitende Gebot der Verhältnismäßigkeit" sei und daher Auslieferungen unzulässig sind, nach denen eine „unerträglich hart[e], mithin unter jedem denkbaren Gesichtspunkt unangemessen" erscheinende Strafe droht.[1510] Ausgenommen davon seien aber Strafen, die „lediglich als in hohem

---

1508 Eingehend dazu *Kromrey/Morgenstern* 2014, S. 712 ff.

1509 Dass entgegen aller Einwände z. B. auch die US-Justiz derartige Zusicherungen gewährleisten kann, zeigt *van Zyl Smit* 2015, S. 176 f.

1510 Diese beiden und das folgende Zitat sind Teil der einschlägigen etablierten Formel des BVerfG, vgl. E 75, 1 (16); 113, 154 (162).

Maße hart anzusehen [sind] und bei einer Beurteilung allein anhand deutschen Verfassungsrechts nicht mehr als angemessen erachtet werden könnte[n]." Das Gericht berücksichtigt dabei die Völkerrechtsfreundlichkeit der deutschen Rechtsordnung als zusätzlichen Belang in der Abwägung, eine Grenze ist erst dort gezogen, wo der „Kernbereich" der Anforderungen des Verhältnismäßigkeitsgebots berührt sei.[1511]

Da das Gericht bislang überaus zurückhaltend bei der Beurteilung ausländischer Sanktionen anhand des Verhältnismäßigkeitsgebots war und z. B. weder an einer lebenslangen Freiheitsstrafe ohne Aussicht auf Bewährung für ein Tötungsdelikt[1512] noch an einer 18-jährigen Freiheitsstrafe für das Schmuggeln von 8 kg Haschisch[1513] noch an einer lebenslangen Freiheitsstrafe für Betrugstaten mit einem Gesamtschaden von 2.140.000 Euro[1514] Anstoß nahm, überrascht es zunächst, dass das BVerfG nun eine maximal 247,5 Jahre währende – und damit immerhin zeitige – Freiheitsstrafe für Vermögensdelikte mit einem Gesamtschaden von 59.000.000 Dollar unter dem Topos der Verletzung des Kerns des Verhältnismäßigkeitsgebots problematisiert. Angesichts der genannten lebenslangen Freiheitsstrafe für Betrugstaten mit 2.140.000 Euro Schaden in jenem früher entschiedenen Fall scheint das Gericht nun jedenfalls sehr hohe zeitige Freiheitsstrafen für Vermögensdelikte als „unerträglich hart" aufzufassen. Zugleich lässt sich also die Abkehr in *Findikoglu* von jener früheren Zurückhaltung nicht einmal damit erklären, dass zumindest bei Vermögensdelikten ein strengerer Maßstab gelte.[1515] Da die *Findikoglu*-Entscheidung der bisherigen Rechtsprechung so elementar widerspricht, lässt sich auch kaum absehen, inwieweit sie auf andere Fälle übertragbar wäre.

Ungeachtet dessen blendet die Fokussierung auf das Verhältnismäßigkeitsgebot in *Findikoglu* zudem das eigentliche Problem der Menschenwürdekonformität aus, statt den Sachverhalt und die drei Monate zuvor ergangene *Trabelsi*-Entscheidung zum Anlass zu nehmen, sich mit der Durchsetzung des „Rechts auf Hoffnung" auseinanderzusetzen. All das spricht gegen den Beginn einer durchgreifenden Kehrtwende bei der Beurteilung lebenslanger Freiheitsstrafen anhand

---

1511 BVerfGE 75, 1 (16 f.).

1512 BVerfGE 113, 154, sowie *Kap. 6.2.1.*

1513 BVerfGE 75, 1 (17 f.).

1514 BVerfGE 108, 129 (143 f.).

1515 Als Erklärung taugt im Übrigen auch nicht die Kritik des BVerfG am vorab befassten OLG, es habe sich nur unzureichend mit der konkret zu erwartenden Strafe und der Möglichkeit einer vorzeitigen Entlassung auseinandergesetzt. Da das BVerfG in der Entscheidung ausdrücklich selbst für sich in Anspruch nimmt, nicht einmal eine lebenslange Freiheitsstrafe für Betrugstaten als beanstandungswürdig zu empfinden, welches Ermittlungsergebnis des OLG zur Rechtslage in den USA würde dann noch nach Ansicht des BVerfG der Zulässigkeit der Auslieferung entgegenstehen?

des Verhältnismäßigkeitsgebots. Das Verhältnismäßigkeitsgebot birgt für eine menschenrechtsorientierte Beurteilung und gegebenenfalls Beschränkung im Rechtshilfeverkehr allenfalls sehr überschaubares Potenzial. Völkerrechtlich nunmehr durch den EGMR ausdrücklich bestätigt, sollte sich das BVerfG folglich auch im Auslieferungsrecht seiner Postulate von 1977 erinnern, die es an der Menschenwürdegarantie festmachte.

Im Lichte dieses gebotenen Menschenwürdeschutzes *verfassungsrechtlich* nicht zu beanstanden ist letztlich die Entscheidung des BGH zur Überprüfung des Vollzuges lebenslanger Freiheitsstrafen in Polen. Da dort nach 25 Jahren ohnehin regelmäßig eine fachliche, justiziable Überprüfung der Vollstreckung erfolgt, ist das „Recht auf Hoffnung" des Auszuliefernden insgesamt formal noch gewahrt, selbst wenn in Deutschland diese Überprüfung regelmäßig früher erfolgt. Auf der Ebene des *einfachen* (Umsetzungs-)*Rechts* nicht zu leugnen ist auch der vom BGH hervorgehobene Sinneswandel des deutschen Gesetzgebers, für die Anforderungen des § 83 Nr. 4 IRG zunächst Begnadigungen ausdrücklich nicht ausreichen zu lassen,[1516] später hingegen sie ausdrücklich mit einzubeziehen[1517]. Allerdings bleibt doch zu fragen, inwieweit damit dem Sinn und dem Zweck des § 83 Nr. 4 IRG genügt wird, wenn es bei einer Begnadigungsmöglichkeit bleibt, die die Entlassungsentscheidung letztlich ins völlig freie Belieben des Gnadenträgers stellt[1518] und deren tatsächliche Handhabung durch die polnischen Präsidenten überhaupt nicht gewürdigt wird[1519]. Ohne den Blick auf das *law in action* ist zunächst einmal auszulieferndenfreundlich davon auszugehen, dass von dieser Begnadigungsmöglichkeit *de facto* kein nennenswerter Gebrauch gemacht wird und es sich also bei dieser Rechtsfigur des polnischen Sanktionsrechts um nicht mehr als die ohnehin jederzeit und überall zur Verfügung stehende Möglichkeit handelt, aufgrund eines reinen Zufalls wieder auf freien Fuß zu gelangen. Das genügt aber nicht dem Anliegen des § 83 Nr. 4 IRG, die Rechtsstellung des Verfolgten zu stärken, indem seine Entlassungsaussichten über absolute Unwägbarkeiten hinaus tatsächlich erweitert werden.[1520]

Die untersuchten Entscheidungen deutscher Gerichte zu lebenslangen Freiheitsstrafen in anderen Ländern lassen anhand der Art und der Tiefe der jeweiligen Begründung nicht erkennen, dass die Fachgerichte die Möglichkeiten zur Sachaufklärung ausgeschöpft hätten bzw. das BVerfG diese verfassungsrechtlich gebotene Ausschöpfung eingefordert hätte. Der Verweis allein auf die jeweilige

---

1516   BT-Drs. 15/1718, S. 21.

1517   BT-Drs. 16/1024, S. 13.

1518   Kritisch daher auch *Hackner* 2012, § 83 Rn. 16.

1519   Hervorgehoben von *van Zyl Smit* 2015, S. 179.

1520   So i. E. auch *Hackner* 2012, § 83 Rn. 16.

ausländische Rechtslage lässt keinen Rückschluss auf die tatsächliche Handhabung eines Rechtsinstituts in jenem anderen Staat zu.

Eine Ausnahme zu diesen unzulänglichen Entscheidungen bildet dazu auf den ersten Blick die *Findikoglu*-Entscheidung des BVerfG, die zwar eine genauere Auseinandersetzung mit der Sanktions- und vor allem Entlassungspraxis einfordert und damit zumindest das Problem der mangelnden Begründungstiefe der OLG-Entscheidung anspricht. Gleichwohl versäumt es das BVerfG, das eigentliche Problem einer menschenwürdekonformen Entlassungspraxis klar herauszustellen. Da das BVerfG selbst bislang pauschale Feststellungen zur Rechtslage pflegte, konnte sich das OLG bei Herrn *Findikoglu* immerhin zunächst sicher wähnen, eine gefestigte Rechtsprechung des BVerfG zu dieser Materie fortzuführen.

6.3 Erwünschte und unerwünschte Informationen – Haftbedingungen in Indien im Lichte eines neuen Auslieferungsabkommens

Die bereits mehrfach erörterte[1521] Entscheidung des BVerfG zu einer Auslieferung nach Indien aus dem Jahr 2003 eignet sich mit ihren Charakteristika als ein weiteres Beispiel für nur schwerlich nachvollziehbare Auslieferungsentscheidungen deutscher Gerichte. Als das BVerfG die Auslieferung des vanuatuischen Staatsbürgers an Indien für zulässig erklärte, standen dem Befunde des Auswärtigen Amtes in seinem Asyllagebericht und von *Amnesty International* entgegen: Neben verbreiteter Anwendung von Folter durch indische Sicherheitskräfte bestünden „wegen extremer Überfüllung der Anstalten, mangelnder ärztlicher Versorgung und unzumutbarer sanitärer Einrichtungen" – in Übereinstimmung mit den diesbezüglichen Erörterungen in *Kap. 4* – menschenunwürdige Haftbedingungen im indischen Strafvollzug, die „einer grausamen, unmenschlichen oder erniedrigenden Strafe (vgl. Art. 3 EMRK)" gleichkämen.[1522] Ausgehend von dieser Sachlage widersprach die Auslieferung dem deutschen *ordre public international*.

Diese Sachlage hatte jedoch bereits das vorbefasste OLG München zu prüfen gehabt. In seiner Entscheidung zog sich nun das BVerfG zunächst darauf zurück, die Sachaufklärung der Fachgerichte nur am Willkürmaßstab des Art. 3 Abs. 1 GG zu überprüfen. Diese Sachaufklärung des OLG München bestand in zweierlei: Zum einen verwies das OLG auf das gerade erst unterzeichnete Auslieferungsabkommen mit Indien. Diese Argumentation machte sich das BVerfG zu eigen und sprach dem Abkommen eine unwiderlegliche Indiz- bzw. Vorwirkung zu, obwohl

---

1521 Vgl. *Kap. 3.6.4.4.4.3* und *Kap. 5.9.2*.

1522 So die Wiedergabe der Darstellung von *Amnesty International* durch die Richter *Sommer* und *Lübbe-Wolff* in ihrem Sondervotum zu BVerfGE 108, 129 (146).

das Abkommen von Deutschland seinerzeit noch gar nicht ratifiziert war.[1523] Ein solcher Vertrag wäre von der deutschen Regierung nicht abgeschlossen worden, bestünde in Indien eine Praxis systematischer Menschenrechtsverletzungen.[1524]

Zum anderen hatte das OLG zur Gefahr der Folter durch Sicherheitskräfte in Vernehmungen festgestellt, diese wäre mittlerweile verboten und gegen Verstöße gegen dieses Folterverbot würde inzwischen seitens der indischen Regierung auch vorgegangen. Diese Feststellung hat das OLG dann auf mögliche menschenunwürdige Haftbedingungen als übertragbar erachtet. Das BVerfG erkannte auch darin unter Willkürgesichtspunkten keinen Fehler, sondern deutete die Argumentation des OLG München so, dass – wohl wie bei der Folter – die Haftbedingungen zwar verbreitet schlecht seien, aber darin kein Anzeichen zu sehen sei, dass es auch den konkreten Beschwerdeführer treffen werde.[1525] Einen Grundrechtsverstoß wegen einer unterlassenen weitergehenden Sachaufklärung durch das OLG angesichts der entgegenstehenden Darstellungen von *Amnesty International* und des Auswärtigen Amtes sah das BVerfG nicht, sondern beließ es bei der Vermutung völkerrechtskonformen Verhaltens Indiens, die an die Stelle der Sachaufklärung gesetzt wurde.

Dabei hätte – neben dem Vorbringen des Beschwerdeführers[1526] und den schon für sich genommen bestürzenden Darstellungen von *Amnesty International* – gerade der Asyllagebericht Anlass für weitere Ermittlungen gegeben: „Die *Haftbedingungen* insbesondere in den großen indischen Gefängnissen (Tihar, New Delhi; Yeravada, Pune) sind *desolat*. Die Gefangenen leiden unter einer Überbelegung, die die eigentliche Kapazität um das Fünffache übersteigt. Es wird in drei Klassen der Unterbringung unterschieden, wobei insbesondere die A-Kategorie gewisse Privilegien (Einzelzelle, Transistorradio, Verpflegung durch Angehörige) bietet. Der Großteil der Gefangenen (Kategorie C) muss sich allerdings mit unzumutbaren Verhältnissen bescheiden. Hier kommt es vor, dass sich bis zu 50 Inhaftierte eine Großraumzelle teilen müssen, keine Betten zur Verfügung stehen und im Winter Decken fehlen' (Hervorhebungen i. O.).“[1527] Wie die unterlegene Senatsminderheit zurecht feststellt,[1528] drängte es sich jedenfalls auf klären zu lassen, mit welcher der Kategorien die Unterbringung des Verfolgten nach seiner Auslieferung vergleichbar sein würde. Mit der fachge-

---

1523 Vgl. näher dazu *Kap. 3.6.4.4.4.3.*

1524 So ausdrücklich in BVerfGE 108, 129 (140 f.).

1525 BVerfGE 108, 129 (142 f.).

1526 Vgl. *Kap. 5.6.5.3.*

1527 So die Wiedergabe der Darstellung im Asyllagebericht durch die Richter *Sommer* und *Lübbe-Wolff* in ihrem Sondervotum zu BVerfGE 108, 129 (147).

1528 Zu den folgenden Aspekten so auch *Sommer* und *Lübbe-Wolff* in ihrem Sondervotum zu BVerfGE 108, 129 (147 f.).

richtlichen Pflicht zur Sachaufklärung aus den Grundrechten des Beschwerde-führers heraus ist dieses Unterlassen nicht vereinbar. Substanzlos ist zudem der Schluss des OLG München, die Gründe, die gegen die Foltergefahr sprechen (d. h. Strafbewehrtheit der Folter, Bemühen um deren strafrechtliche Verfolgung), würden auch für die Haftbedingungen gelten. Folter durch Sicherheits-kräfte lässt sich ihrer Natur nach ganz anders begegnen als menschenunwürdigen Haftbedingungen.[1529] Diese Erwägungen zur Folter sind auf Haftbedingungen daher schlichtweg überhaupt nicht übertragbar. Des Weiteren bedeuten verbreitet menschenunwürdige Haftbedingungen grundsätzlich genau das Gegenteil dessen, was das OLG München und das BVerfG hier zugrunde gelegt haben: Wenn die schlechten Haftbedingungen alle Insassen betreffen, werden sie auch den Auszu-liefernden betreffen.[1530] Es bedarf schon zusätzlicher und – angesichts der fakti-schen Grenzen einer Sonderbehandlung[1531] – besonders glaubhafter Anhalts-punkte, warum ausnahmsweise der konkrete Verfolgte *nicht* betroffen sein würde. In einem gerade unterzeichneten Auslieferungsabkommen kann solch ein An-haltspunkt jedenfalls nicht liegen.

Als Gegenbeispiel kann an dieser Stelle eine Entscheidung des OLG Köln von 2012[1532] genannt werden, die den verfassungsrechtlichen Anforderungen an die Sachverhaltsaufklärung und -würdigung in sehr viel größerem Maße genügt. Ausführlich setzte sich das OLG mit dem Vorbringen des Verfolgten auseinander, ihm drohten in Indien menschenunwürdige Haftbedingungen. Einerseits erkennt es die Darstellungen verschiedener NGO-Berichte an, dass die Haftbedingungen im indischen Straf- und Untersuchungshaftvollzug verbreitet im Widerspruch zum deutschen *ordre public international* stünden. Diesen Erkenntnissen stellt das OLG jedoch die Zusicherung der indischen Regierung gegenüber, den Verfolgten in einer bestimmten Anstalt unterzubringen, die erst sechs Jahre zuvor errichtet worden war, und die nach eigener Recherche des OLG internationalen Mindeststandards genügen sollte. Zudem erwägt das Gericht noch eine Reihe weiterer Faktoren, die den Verfolgten vor menschenunwürdigen Behandlungen mit beachtlicher Wahrscheinlichkeit bewahren sollten, etwa dass er zu keiner systematisch in Indien benachteiligten Minderheit gehöre, dass er aufgrund seiner Taten ausweislich zitierter indischer Zeitungsartikel einige Prominenz und damit öffentliche Aufmerksamkeit erlangt habe sowie dass er US-amerikanischer Staatsbürger ist, was ihm nicht nur *per se* eine gewisse Sonderstellung sichere, sondern auch erwarten lasse, dass neben den Besuchen des deutschen konsulari-schen Personals ebenso von US-amerikanischer Seite Kontrollbesuche zu erwar-ten seien.

1529 Vgl. *Kap. 5.9.6.5.*

1530 Vgl. *Kap. 5.7.3.1.*

1531 Vgl. *Kap. 5.9.6.5.*

1532 Vgl. zum Folgenden OLG Köln, 05.04.2012, OLGSt IRG § 2 Nr. 2.

Im Detail wäre es zwar wünschenswert gewesen,[1533] dass das OLG zum einen nicht nur eine Zusicherung hinsichtlich der Unterbringung in einer konkreten Untersuchungshaftanstalt einholt, sondern auch hinsichtlich der späteren Unterbringung in einer Justizvollzugsanstalt für den Fall der Verurteilung des Verfolgten, und zum anderen vom deutschen konsularischen Personal einen Vorabbesuch in der benannten Untersuchungshaftanstalt durchführen lässt, um die Befunde seiner Internetrecherche [sic!] über die Haftbedingungen in dieser Anstalt bestätigen zu lassen. Gleichwohl genügen die Art und die Tiefe der Entscheidungsbegründung gerade noch den verfassungsrechtlichen Anforderungen, so dass die positive Zulässigkeitsentscheidung des OLG Köln insgesamt vertretbar ist.

An diesem Gegenbeispiel zeigt sich sehr anschaulich zweierlei: Auch bezüglich der Haftbedingungen im weit entfernten Indien können mehr als nur pauschale Angaben von einem deutschen OLG ermittelt werden. Außerdem läuft die in dieser Arbeit vertretene Haltung, den OLG eine größere Sorgfalt bei der Sachverhaltsaufklärung und -würdigung abzuverlangen, nicht zwangsläufig auf eine Totalverweigerung der Bundesrepublik im Rechtshilfeverkehr hinaus, in etwa einem Prinzip folgend, dass nur eine ablehnende Auslieferungsentscheidung eine verfassungskonforme Auslieferungsentscheidung sei.

6.4 Ein Strafvollzugssystem, zwei Meinungen – gleiche Haftbedingungen aus Sicht verschiedener OLG

Bezeichnende Ergebnisse zeigen sich, wenn Auslieferungsentscheidungen gegenübergestellt werden, die insoweit vergleichbare Sachverhalte betreffen. Aufschlussreich können insbesondere Entscheidungen verschiedener OLG zu Auslieferungen an das jeweils selbe Land sein.

6.4.1 Ein Tschetschene im russischen Strafvollzug

So wird die mit tschetschenischer Volkszugehörigkeit verbundene Gefahr besonderer Anfeindungen im russischen Vollzug durch Mitinsassen und Personal [sic!] von einem OLG (Dresden) als vernachlässigbar,[1534] von einem anderen OLG (Karlsruhe) in einem zeitlich parallel verlaufenden Auslieferungsverfahren als derart hoch gewertet, dass sie für sich schon zu einem Auslieferungshindernis gereichen soll[1535]. Das wird zunächst noch dadurch nachvollziehbar, dass das OLG Karlsruhe umfangreich auf Erkenntnisse von NGO den russischen Strafvollzug betreffend zurückgegriffen hatte, die das OLG Dresden im parallelen

---

1533 Zu den folgenden Ergänzungsvorschlägen vgl. auch *Kap. 5.9.6.6.*

1534 OLG Dresden, NStZ 2009, S. 462-464.

1535 OLG Karlsruhe, 04.02.2009, BeckRS 2009, 07800.

Verfahren nicht hinzugezogen hatte – teilweise, weil eine der „Karlsruher" Quellen erst nach der Dresdner Zulässigkeitsentscheidung veröffentlicht worden war. Selbst als aber der Verfolgte – der zwischenzeitlich immer noch nicht ausgeliefert worden war – das OLG Dresden auf die Entscheidung des OLG Karlsruhe im parallelen Verfahren hinwies, wollte das OLG Dresden – ganz im Vertrauen auf die von russischer Seite abgegebene Zusicherung – darin keinen Grund erkennen, von der eigenen Entscheidung abzurücken,[1536] obwohl doch dasselbe Land um Auslieferung ersuchte, und in beiden Verfahren ein Tschetschene betroffen war. Immerhin war das OLG Dresden zwischenzeitlich sogar vom BVerfG durch eine Verfassungsbeschwerde des Verfolgten in seiner Haltung, der Zusicherung ohne weiteres zu vertrauen, *bestätigt* worden.[1537] Erst die Bundesregierung selbst musste dem ein Ende bereiten, indem sie ausgehend von der Entscheidung des OLG Karlsruhe die überfälligen Konsequenzen zog und selbstständig die Bewilligung der Auslieferung verweigerte, die den Verfolgten in Dresden betraf.

6.4.2 Zusicherungen der weißrussischen Generalstaatsanwaltschaft und Auskünfte des Auswärtigen Amtes

Bei diesen einander entgegengesetzten Einschätzungen handelt es sich nicht um einen Einzelfall. Auch hinsichtlich der Haftbedingungen in Weißrussland und der darauf bezogenen Zusicherung der weißrussischen Generalstaatsanwaltschaft, der Verfolgte werde europäischen Mindeststandards entsprechend untergebracht, gehen die Ansichten fundamental auseinander. Einigkeit scheint noch darin zu bestehen, dass der Untersuchungshaft- und der Strafvollzug in Weißrussland von gravierenden Missständen geprägt sind. Dies wird gestützt vom Bericht des Auswärtigen Amtes zur asyl- und abschieberelevanten Lage in Weißrussland vom 27.06.2007, der in „drastischen" Worten die Haftbedingungen als „desolat" beschreibt.[1538] Das OLG Dresden hat daraufhin allerdings eine Zusicherung der weißrussischen Generalstaatsanwaltschaft ausreichen lassen, dass die Unterbringung konform mit europäischen Mindeststandards für den Strafvollzug erfolgen werde.[1539] Wiederum in einem zeitlich parallel laufenden Auslieferungsverfahren, das ebenfalls eine Auslieferung an Weißrussland betraf, ließ das OLG Zweibrücken eine solche Zusicherung der weißrussischen Generalstaatsanwalt-

---

1536 OLG Dresden, 03.03.2009 – 33 Ausl. 108-07 (unveröffentlichter Beschluss).

1537 BVerfGK 14, 372 (377 f.).

1538 Mit diesen Begriffen wiedergegeben von OLG Zweibrücken, 29.04.2008, BeckRS 2008, 09910.

1539 OLG Dresden, 17.04.2008, BeckRS 2008, 08111; OLG Dresden, 21.05.2008 – 12 Ausl. 33-08 (unveröffentlichter Beschluss).

schaft jedoch nicht ausreichen.[1540] Zusätzlich wollte das OLG von der Bundesregierung wissen, „ob und gegebenenfalls in welchem Umfang die Einhaltung der in vergleichbaren Auslieferungsfällen gemachten weißrussischen Zusagen zum Ablauf der Strafverfahren und zu den Haftbedingungen tatsächlich nach der Auslieferung durch deutsche Stellen vor Ort überprüft worden ist und welche Ergebnisse diese Überprüfungen konkret erbracht haben".[1541] Die beiden Antwortschreiben des Auswärtigen Amtes darauf stellten das OLG Zweibrücken jedoch nicht zufrieden, da sie „pauschal und allgemein gehalten" seien und sie daher die Bedenken des Gerichts nicht ausräumen würden: „Es wird darin nicht zweifelsfrei bestätigt, dass in Fällen von nach [Weißrussland] ausgelieferten Personen die Einhaltung der Zusagen im nach Auffassung des Senats gebotenen Umfang, d. h. während des Erkenntnisverfahrens, eventueller Untersuchungshaft und Strafhaft auf ihre tatsächliche Belastbarkeit überprüft worden ist. Insbesondere wird aus für den Senat nicht nachvollziehbaren Erwägungen erkennbar vermieden, auf die in der [vorherigen Senatsentscheidung] konkret genannten Auslieferungsfälle einzugehen." Die damit verbleibenden Zweifel an der Zulässigkeit der Auslieferung wirkten sich zugunsten des Verfolgten aus, so dass die Auslieferung vom OLG Zweibrücken für unzulässig erklärt wurde.

Als das OLG Dresden im parallel laufenden Auslieferungsverfahren – der Verfolgte war zwischenzeitlich noch nicht ausgeliefert worden – von der Entscheidung aus Zweibrücken erfuhr, sah es in dieser allerdings keinen Anlass, seine Zulässigkeitsentscheidung zu revidieren.[1542] Zum einen stützte es sich darauf, dass nach Auskunft des Auswärtigen Amtes und des Bundesamts für Justiz „Zusagen von der belarussischen Seite bisher eingehalten und insbesondere auch die Prüfung der Haftbedingungen durch die Botschaft zugelassen worden seien". Zum anderen komme es zwar zu systematischen Menschenrechtsverletzungen, Weißrussland sei jedoch Signatar des IPbpR und der VN-Antifolterkonvention, so dass es sich völkerrechtlich zur Einhaltung menschenwürdiger Haftbedingungen verpflichtet habe. Ein Verstoß dagegen würde das Vertrauen im Rechtshilfeverkehr nachhaltig enttäuschen. Das entkräfte die Bedenken des OLG Zweibrücken. Diese Haltung wurde vom BVerfG daraufhin in einer vom Verfolgten angestrengten Verfassungsbeschwerde *bestätigt*.[1543] Anders als in der vergleichbaren Konstellation, die Auslieferungen nach Russland betraf,[1544] schritt hier jedoch nicht die Bundesregierung von sich aus ein, um aus dem Rechtsanwen-

---

1540 OLG Zweibrücken, 04.04.2008 – 1 Ausl. 30/07 (unveröffentlichter Beschluss).

1541 Dieses und die folgenden beiden Zitate entstammen OLG Zweibrücken, 29.04.2008, BeckRS 2008, 09910.

1542 Vgl. zum Folgenden OLG Dresden, 29.09.2008 – Ausl. 33-08, Rn. 24 ff. (zitiert nach *juris*).

1543 BVerfG, 09.12.2008 – 2 BvR 2386/08, Rn. 16 f. (zitiert nach *juris*).

1544 Vgl. *Kap. 6.4.1.*

dungsergebnis des OLG Zweibrücken auf das Verfahren vor dem OLG Dresden zu schließen. Eine Ursache mag darin liegen, dass sich die Zweifel des OLG Zweibrücken ganz wesentlich auch aus dem Erklärungsverhalten des Auswärtigen Amtes nährten.

Ebenso wenig wie das OLG Dresden ließ das OLG Rostock in einer späteren Entscheidung den Einwand menschenrechtswidriger Haftbedingungen gegen eine Auslieferung nach Weißrussland gelten, weil das Land an IPbpR und VN-Antifolterkonvention gebunden sei und im Übrigen eine Zusicherung abgegeben habe, die diese Verpflichtungen bekräftigte und Besuchsmöglichkeiten für konsularisches Personal in Aussicht stellte.[1545]

Die Entscheidung des OLG Zweibrücken sticht hier nicht allein deswegen hervor, weil das OLG die Zusicherungen Weißrusslands letztlich nicht für ausreichend erachtete. Anhand dessen könnte man nach einem Mehrheitsprinzip darauf abstellen, dass der Mehrzahl der mit Weißrussland befassten Gerichte[1546] dessen Zusicherungen genügen und dies wohl damit Berechtigung habe. Tatsächlich fällt das OLG Zweibrücken aber auch dadurch auf, dass es sich zur Frage der *Belastbarkeit der Zusicherung* nicht mit formelhaften Darstellungen des Auswärtigen Amtes zufrieden gab, sondern nachhakte. Anlass dafür gibt es bei genauerer Analyse des Institutes der Zusicherung und seiner Aussagefähigkeit genug.[1547] Die vom OLG beschriebenen Reaktionen des Auswärtigen Amtes sprechen für sich und haben beim Senat ein so großes Misstrauen erregt, dass er damit letztlich von der Einschätzung einer deutschen Regierungsstelle abrückte. Im Lichte dieser ausweichenden Antworten sind daher auch die pauschalen Verweise der anderen OLG zu deuten, Besuchsmöglichkeiten würde von der weißrussischen Generalstaatsanwaltschaft zugesichert und die gegebenen Zusagen könnten auf diesem Wege wirksam kontrolliert werden. Wenig überzeugend sind hingegen die vom OLG Dresden und vom OLG Rostock dem entgegengestellten Erwägungen, die diese berechtigten Zweifel des OLG Zweibrücken zerstreuen sollen: Weißrussland sei an internationale Menschenrechtspakte gebunden. Diesem Umstand kommt hingegen kaum ein Aussagewert zu.[1548]

1545 OLG Rostock, NStZ-RR 2012, S. 144 f.

1546 Nennen ließe sich in diesem Sinne auch OLG Köln, 01.06.2007, BeckRS 2007, 17023.

1547 Vgl. *Kap. 5.9.6* insbesondere *Kap. 5.9.6.4.*

1548 Vgl. *Kap. 5.9.2* und *Kap. 5.9.3.* Dies erkennt das OLG Dresden an anderer Stelle (NStZ-RR 2015, S. 27, im Rahmen einer vorbildlichen Auseinandersetzung mit den Haftbedingungen in Argentinien) auch an und kann daher nicht als generell blind gegenüber Fakten gescholten werden, die im Widerspruch zu einer gegebenen Zusicherung stehen.

6.4.3 Die Ausblendung des Anstaltsbestandes in der Ukraine

Menschenrechtlich erfreulich ist es, wenn das OLG Hamm 2013 die Haftbedingungen in der Ukraine eingehend erforscht, detaillierte Zusicherungen dazu einfordert und sich mit ausweichenden oder unvollständigen Antworten seitens der ukrainischen Generalstaatsanwaltschaft als auch des Auswärtigen Amtes nicht zufrieden gibt.[1549] Darstellungen von *Amnesty International* hatten systemisch schlechte Haftbedingungen wiedergegeben, andere Erkenntnisse des Bundesamtes für Justiz durch einen Vorortbesuch hatten zumindest angedeutet, dass Anstalten konform mit europäischen Mindeststandards durchaus existieren. Aufgrund der unvollständigen Auskünfte war jedoch zurecht im Zweifel für den Verfolgten entschieden und die Auslieferung für unzulässig erklärt worden.

Umso erstaunlicher nimmt es sich dann aus, wenn das OLG Hamm vier Jahre zuvor eine Auslieferung an die Ukraine für zulässig erklärt, ohne die Vereinbarkeit der Haftbedingungen mit europäischen Standards auch nur mit einem Wort zu erwägen.[1550] Zwar hatte anscheinend der Verfolgte deren Menschenunwürdigkeit auch nicht geltend gemacht, gleichwohl hätte es der Amtsermittlungsgrundsatz geboten, von Seiten des Gerichts initiativ dazu Informationen einzuholen,[1551] zumal es mit Blick auf die Befunde von 2013 auch zahlreiche menschenrechtsrelevante Unzulänglichkeiten festzustellen gegeben hätte.

6.4.4 Nicht gesondertes, aber abgetrenntes Bad und die Belüftung durch einfallendes Tageslicht – lebensferne Interpretationen der Auskünfte des ersuchenden Staates

Vorbildlich nach Maßgabe der verfassungsrechtlich geforderten Sachaufklärung hatte das OLG Bremen 2014 eine Auslieferung an Bulgarien für unzulässig erklärt.[1552] Das Gericht hatte aufgrund eines CPT-Besuchsberichts[1553] von 2012 Zweifel über die Vereinbarkeit der bulgarischen Vollzugsbedingungen mit europäischen Mindeststandards (massive Überbelegung, desolate hygienische Verhältnisse) bekommen und daher ergänzende Informationen vom Auswärtigen Amt und dem Bundesamt für Justiz dazu erbeten, ob die Bedingungen mittlerweile nennenswert verbessert worden seien. Die ausweichend gehaltenen Antworten und der Umstand, dass das Bundesamt für Justiz es ablehnte [*sic!*], eine Zusicherung der bulgarischen Seite einzuholen, bestärkten das OLG Bremen noch

---

1549 Dazu und zum Folgenden OLG Hamm, StraFo 2013, S. 215 f.

1550 OLG Hamm, 27.01.2009, BeckRS 2009, 10479.

1551 Vgl. *Kap. 5.6.5.4.*

1552 Vgl. OLG Bremen, StV 2015, S. 365, auch zum Folgenden.

1553 *CPT* 2012.

in seinen Zweifeln, so dass es die Voraussetzungen für eine Zulässigkeitserklärung nicht sah.

In weiteren Auslieferungsverfahren, die Ersuchen aus Bulgarien betrafen, waren das OLG Braunschweig,[1554] das OLG Celle,[1555] das KG,[1556] das OLG Dresden[1557] und das OLG München[1558] mit diesen Befunden des CPT und des OLG Bremen konfrontiert. Alle fünf Gerichte griffen sie auch zunächst auf und forderten Informationen bulgarischer Behörden über etwaige substanzielle Verbesserungen der Haftbedingungen seit dem CPT-Besuch und gegebenenfalls Zusicherungen über eine Unterbringung des Verfolgten entsprechend europäischen Mindeststandards ein.

Das OLG Celle erfuhr über die Generalstaatsanwaltschaft vom Auswärtigen Amt, dass in Bulgarien insgesamt nach wie vor keine Verbesserungen der Haftbedingungen eingetreten seien. Von bulgarischen Justizbehörden wurde das OLG auf die bulgarische Rechtslage verwiesen, derzufolge auch in der Anstalt, in der der betreffende Verfolgte untergebracht werde, menschenunwürdige Haftbedingungen verboten seien.[1559]

Das KG, das OLG Dresden und das OLG München erhielten jeweils eine Information vom Generaldirektor der Hauptdirektion „Strafvollzug" des bulgarischen Justizministeriums, in der ebenfalls die bulgarische Rechtslage zu menschenwürdiger Unterbringung hervorgehoben wurde. Ansonsten wurden „Bemühungen" bekundet, die Haftbedingungen zu verbessern. Im Schreiben an das KG enthalten waren außerdem Schilderungen zu Unterbringungsbedingungen, die das KG zurecht für in sich widersprüchlich und daher nicht nachvollziehbar einstufte. Eine völkerrechtlich verbindliche, konkrete Zusicherung konnte das KG darin folglich nicht sehen. Im Schreiben an das OLG Dresden teilte die Hauptdirektion „Strafvollzug" wohl unverblümt mit, dass eine Zusicherung über die Einhaltung europäischer Mindeststandards nicht abgegeben werden könne.[1560] Das OLG München hingegen erhielt weder eine als solche klar erkennbare Zusicherung noch eine so deutliche Verweigerung einer Zusicherung wie das OLG Dresden. Stattdessen wurde einerseits erklärt, in der dem Wohnort des Verfolgten nächsten Anstalt Burgas seien europäische Standards zwar nicht zu garantieren, andererseits aber auf eine ministerielle Verordnung anlässlich „der häufigen Absagen von Gerichten der Bundesrepublik Deutschland" verwiesen, nach der bei Auszulie-

1554 OLG Braunschweig, 22.10.2014 – 1 AR (Ausl) 6/14.
1555 OLG Celle, 17.12.2014 – 1 Ausl 34/14.
1556 KG, 15.04.2015 – (4) 151 Ausl A 33/15 (36/15).
1557 OLG Dresden, 11.08.2015 – OLG Ausl 78/15.
1558 OLG München, 14.12.2015 – 1 AR 392/15.
1559 OLG Celle, 17.12.2014 – 1 Ausl 34/14, Rn. 20 f. (zitiert nach *juris*).
1560 OLG Dresden, 11.08.2015 – OLG Ausl 78/15, Rn. 5 (zitiert nach *juris*).

fernden aus Deutschland anders verfahren werde und diese in Art.-3-EMRK-konformen Anstalten untergebracht würden. Eine konkrete Anstalt wurde indes nicht benannt. Zudem enthielt die bulgarische Auskunft mehrere Relativierungen, die in der Zusammenschau mit den sonstigen Ausführungen das OLG München dazu veranlassten, diese Mitteilungen des bulgarischen Justizministeriums als weder der Form noch dem Inhalt nach hinreichende, völkerrechtlich verbindliche Zusicherung anzusehen.[1561] Gegenüber den OLG Celle und Braunschweig, die zuvor entschieden hatten, hatten das KG, das OLG Dresden und das OLG München den Vorteil, dass sie sich zusätzlich auf Erkenntnisse zweier noch aktuellerer CPT-Besuche[1562] stützen konnten, die ein ebenfalls desolates bis in Einzelaspekten „grauenhaftes" Bild von den Haftbedingungen zeichneten.[1563]

Auf diese Berichte konnte sich das OLG Braunschweig also nicht stützen. Sonst hätte es zur Kenntnis nehmen müssen, dass die dem Verfolgten in Aussicht stehende Anstalt in Belene zum Besuchszeitpunkt des CPT zu fast 20% überbelegt war mit einer massiven Überbelegung der einzelnen Haftträume, gemessen am durchschnittlichen anteiligen Haftraum pro Insasse (ca. 2,4 m), dass der bauliche und Hygienezustand sowie die Ausstattung der Räumlichkeiten armselig (*„very poor"*) ist (*„crumbling walls and damaged floors, broken furniture and worn and dirty bedding (which was not always complete)"*, und einer großen Verbreitung von Kakerlaken und Bettwanzen), dass die Sanitäranlagen wie auch Küchen verwahrlost und extrem verschmutzt sind und dass die Ausführungen des CPT in der Empfehlung gipfeln, die Anlage in Belene kurzerhand zu schließen.[1564]

Das OLG Braunschweig hätte aber auch ohne diesen Bericht bei aufmerksamem Studium der von bulgarischer Seite vorgebrachten Auskünfte hellhörig werden müssen. Die *Auskünfte* stammten von einer örtlichen bulgarischen Staatsanwaltschaft (wobei die zugehörige Datumswiedergabe mit „03.10.2010" hoffentlich nur ein redaktionelles Versehen ist, handelte es sich doch sonst um eine Datenbasis, die zum Zeitpunkt der Entscheidung vier Jahre alt und immer noch zwei Jahre älter gewesen wäre, als der erstgenannte CPT-Bericht), so dass schon keine völkerrechtlich verbindliche Zusicherung vorliegen konnte. Auf eine solche hatten das OLG Celle und das KG zurecht[1565] gesteigerten Wert gelegt. Die Belegungsdichte wurde mit 569 Insassen bei 520 Haftplätzen vom OLG als „geringfügige Überbelegung" (immerhin fast 10%) eingestuft.[1566] Der bulgari-

---

1561   OLG München, 14.12.2015 – 1 AR 392/15, Rn. 29 ff. (zitiert nach *juris*).

1562   *CPT* 2015b; 2015c.

1563   Zitat aus KG, 15.04.2015 – (4) 151 Ausl A 33/15 (36/15), Rn. 10 f. (zitiert nach *juris*).

1564   *CPT* 2015b, S. 39 ff. Hinzu gesellen sich verbreitete Gewaltausübungen unter Insassen und des Personals gegenüber den Insassen (*CPT* 2015b, S. 32 ff.).

1565   Vgl. *Kap. 5.9.6.6.*

1566   Dazu und zum Folgenden OLG Braunschweig, 22.10.2014 – 1 AR (Ausl) 6/14, Rn. 15.

schen Staatsanwaltschaft zufolge würde der Auszuliefernde „bei Normalbelegung [...] eine Mindestwohnfläche von 4 m² zur Verfügung haben", was das OLG Braunschweig – insoweit korrekt – als gerade noch vertretbar angesichts internationaler Mindeststandards einstufte, solange keine weiteren erschwerenden Faktoren hinzuträten. Aber bereits dieser Befund ist für die betreffende Anstalt Belene gegenstandslos: Wenn die 4 m nur bei Normalbelegung erreicht werden und eine fast 10%-ige Überbelegung besteht, dann wird die anteilige Wohnfläche des Verfolgten nur noch 3,65 m betragen. Nun mag man darüber streiten, ob auch dieser Wert noch nach dem deutschen *ordre public européen* menschenwürdig ist,[1567] jedenfalls genügt er nicht dem eigenen Postulat des OLG Braunschweig, dass 4 m gerade noch vertretbar wären, und das auch nur, wenn weitere Belastungen ausblieben.

Die Schlussfolgerungen des OLG Braunschweig werfen aber auch im weiteren Fragen auf. Der bulgarischen Auskunft entnimmt es, dass „jeder Schlafsaal mit WC und Waschbecken ausgestattet ist. Die Schlafräume verfügen zwar nicht über ein gesondertes Bad, den Gefangenen wird aber gestattet, zweimal pro Woche zu baden. Auch verfügen die Räume über Zugang zu natürlichem Licht, so dass es zur Belüftung keiner Anlage bedarf." Darin sah das OLG Braunschweig ausdrücklich keine weiteren menschenwürderelevanten Umstände, wie die in einer aktuellen BVerfG-Entscheidung, in der ein Menschenwürdeverstoß darin bestanden habe, dass „die Toilette in einer mit mehreren Inhaftierten belegten Zelle lediglich unzureichend vom übrigen Haftraum getrennt" war.[1568]

Nun hat doch aber ein Schlafsaal, der *mit WC ausgestattet* ist und ansonsten über *kein gesondertes* Bad verfügt, anscheinend keine Abtrennung der Sanitäranlagen vom übrigen Haftraum. Außerdem stellt es einen kausalen Fehlschluss dar, dass Zugang zu natürlichem Licht automatisch eine Frischluftzufuhr bedeute, die eine Belüftungsanlage entbehrlich mache. Man denke nur an ein Fenster, das sich nicht öffnen lässt. Bei dem einfallenden Tageslicht und der Frischluftzufuhr handelt es sich um zwei eigenständige Faktoren, die nur bedingt etwas miteinander zu tun haben. Jedenfalls kann nicht vom Vorliegen des einen auf das Vorliegen des anderen geschlossen werden. Im Weiteren hätte auch die Wortwahl „Schlafsaal" – so sie denn von der bulgarischen Staatsanwaltschaft selbst stammte – Anlass zu weiteren Nachforschungen gegeben, angesichts der menschenunwürdigen Zustände, die in solchen Räumlichkeiten herrschen.[1569]

Während also das OLG Celle, das KG und das OLG Dresden ihrer verfassungsrechtlichen Pflicht zur Sachverhaltsaufklärung und -würdigung in vorbildlicher Weise nachgekommen sind, erscheint insbesondere die Sachverhalts*würdi-*

1567 Vgl. *Kap. 4.4.2* und *Kap. 4.4.5.*

1568 OLG Braunschweig, 22.10.2014 – 1 AR (Ausl) 6/14, Rn. 16, mit Verweis in der Entscheidung auf BVerfG, NJW-RR 2011, S. 1043 ff.

1569 Vgl. *Kap. 4.8.*

gung des OLG Braunschweig in sich widersprüchlich und damit nicht nachvollziehbar. Hinzu tritt, dass es nicht einmal eine belastbare Zusicherung von den bulgarischen Justizbehörden vorausgesetzt hat. Das erscheint auch deswegen bedenklich, da etwa das KG in einem anderen Auslieferungsfall sogar hinsichtlich solcher eigentlich völkerrechtlich bindenden Zusicherungen mit bulgarischen Behörden enttäuschende Erfahrungen gemacht hat.[1570] Was mag das für bloße „Auskünfte" bedeuten? Zu erinnern ist hier jedenfalls an die Zustände in der Anstalt Belene, die das CPT in seinem Besuch 2014 festgestellt hat: Das OLG Braunschweig hat die Auslieferung dorthin durch seine Zulässigkeitsentscheidung möglich gemacht. Angesicht der Befunde des CPT gerade auch in der Anstalt Belene muss es umso mehr verwundern, dass das OLG München und die dortige Generalstaatsanwaltschaft wohl noch ernsthaft erwogen hatten, den Verfolgten in ihrem Verfahren nach der Anstalt Belene auszuliefern, wenn denn die bulgarische Seite eine entsprechende, der Form nach ausreichende Zusicherung abgegeben hätte. Angesichts der genannten, aktuellen Befunde des CPT bleibt es das Geheimnis des OLG München, „wie aus einem anderen aktuellen Auslieferungsverfahren infolge einer dort von den bulgarischen Behörden auf entsprechende Anforderung durch den Senat abgegebenen Zusicherung bekannt" sein kann, dass „die Haftbedingungen in Belene [...] im Wesentlichen den vom Europäischen Menschenrechtsgerichtshof (noch) für zulässig gehaltenen Haftbedingungen [entsprechen]".[1571] Auch die Münchener Entscheidung kann daher nicht als vorbildlich in all ihren Facetten angesehen werden, selbst wenn sie letztlich wenigstens verhindert hat, den Verfolgten diesen menschenunwürdigen Zuständen auszusetzen.

Im Zusammenhang mit der Veranschaulichung nicht nachvollziehbarer Sachverhaltswürdigungen ist noch eine Entscheidung des BVerfG von 2007 hervorzuheben. Der Beschwerdeführer sollte nach Russland ausgeliefert werden, setzte sich aber u. a. mit dem Verweis auf die auch nach Ansicht des Auswärtigen Amtes verbreitet „besorgniserregenden" Haftbedingungen dagegen zur Wehr.[1572] Das BVerfG stimmte dem vorbefassten OLG darin zu, dass die von russischer Seite abgegebene Zusicherung, menschenwürdige Haftbedingungen zu gewährleisten, belastbar sei, denn „der in dem russischen Auslieferungsersuchen in Bezug genommene Art. 3 EMRK gewährt nach der insoweit maßgeblichen Rechtsprechung des Europäischen Gerichtshofs für Menschenrechte unter anderem das Recht auf eine Unterbringung in Untersuchungs- und Strafhaft, die mit der Menschenwürde des Betroffenen vereinbar ist (vgl. [...] speziell in Bezug auf die Haftbedingungen in Russland: EGMR, III. Sektion, Urteil vom 15. Juli 2002 –

1570 Entsprechender Hinweis in KG, 27.03.2015 – (4) 151 AuslA 61/15 (71/15), Rn. 6 (zitiert nach *juris*).

1571 OLG München, 14.12.2015 – 1 AR 392/15, Rn. 37 (zitiert nach *juris*).

1572 BVerfGK 13, 128 (131).

47095/99 (Kalashnikov/Russland)"[1573]. In der *Kalashnikov*-Entscheidung des EGMR sah das BVerfG also einen begründeten Anlass, menschenwürdige Haftbedingungen in Russland gewährleistet zu sehen.

6.4.5 Zusammenfassung

Diese Analyse ließe sich für zahlreiche Länder und Entscheidungen fortsetzen. Klammert man einen gewissen Zeitfaktor der teilweise einige Jahre auseinanderfallenden Entscheidungen aus, da Verbesserungen eines Strafvollzugssystems nur über längere Zeiträume möglich sind,[1574] ging es in diesen exemplarisch dargestellten Entscheidungen jeweils um dasselbe Land mit demselben Bestand an Strafvollzugsanstalten (Ausnahme: Bulgarien, dort ging es teilweise um verschiedene Zielanstalten) und demselben Behördenapparat. Die der jeweiligen Entscheidung zugrunde gelegten Beurteilungen der Vollzugssituation hätten aber in Detailliertheit und rechtlicher Konsequenz im Einzelnen kaum stärker voneinander abweichen können.

6.5 Überlegungen zu den Aufklärungsversäumnissen in der gerichtlichen Entscheidungspraxis

Die verschiedenen Fallbeispiele lassen erkennen, dass Auslieferungsentscheidungen durchaus Fragen aufwerfen können. Bezüglich der *unterschiedlichen OLG-Entscheidungen dasselbe Land* betreffend ist es gar nicht die Frage, welche der Entscheidungen zu bevorzugen ist, sondern eher die Feststellung, dass definitiv *nicht* alle Tatsachendarstellungen und -würdigungen *zutreffen können*,[1575] und ergo wie ein solchermaßen sachlich falsches Votum zustande kommen kann. Hinsichtlich der *lebenslangen Freiheitsstrafe* erscheint es zum einen äußerst fraglich, ob in diesem Punkt für den Auslieferungsverkehr ein anderer Maßstab gelten soll. Sehr fragwürdig ist es zum anderen auch, die Sachverhaltsaufklärung nach der Erfassung der Rechtslage im ersuchenden Staat abzubrechen. Es verwundert zudem die Argumentation, einem *ausgehandelten Auslieferungsabkom-*

1573 BVerfGK 13, 128 (136). Vgl. dazu die Hervorhebung bei EGMR (PE), 12.01.2012 – 42525/07 und 60800/08 (*Ananyev u. a. vs. Russland*), Rn. 184: Nach der *Kalashnikov*-Entscheidung gab es bis 2012 über 80 ähnliche Verurteilungen Russlands wegen Verletzungen von Art. 3 EMRK, was letztlich zur *Ananyev*-Pilotentscheidung führte.

1574 Da es sich bei Haftbedingungen um strukturelle Umstände handelt, vgl. *Kap. 5.9.6.4.*

1575 Das steht nicht im Widerspruch zu dem in *Kap. 5.6.3* Gesagten, dass es bei der Normauslegung nie eine richtige, sondern immer nur mehrere vertretbare Entscheidungen gibt: Dort geht es um Rechtsfragen, hier hingegen um Tatsachenwürdigungen. Es kann jedoch – bei identischer Erfassungsmethode – nicht mehrere zugleich korrekte und sich widersprechende Auffassungen von derselben Tatsache geben.

men müsse eine *unwiderlegliche Indizwirkung* zukommen, obwohl es doch verschiedentliche, übereinstimmende Hinweise auf menschenunwürdige Haftbedingungen gab. In unterschiedlichen Auslieferungskonstellationen ist also jeweils eine verfassungsrechtlich unzureichende Sachverhaltsaufklärung zu beobachten, die bestehenden Hinweisen auf Verletzungen des *ordre public international* nicht nachging.

Diese unterschiedlichen Versäumnisse sind bedenklich angesichts der weiten Verbreitung und Vielfältigkeit von menschenunwürdigen Haftbedingungen in anderen Ländern (*Kap. 6.5.1*). Mehrere Erklärungsansätze erlauben es indes, diese Auffälligkeiten zu erhellen (*Kap. 6.5.2* bis *Kap. 6.5.4*).

6.5.1 Menschenunwürdige Befunde zu anderen Haftbedingungen

Zu bedenken ist zunächst, dass es sich bei den bereits beschriebenen Feststellungen zu menschenunwürdigen Haftbedingungen keineswegs um Verfehlungen handelt, die nur Einzelfälle oder etwa nur ein einzelnes Land oder nur eine einzelne Haftbedingung betreffen, so dass man auch bei mangelhafter Sachverhaltsaufklärung und -würdigung bei deutschen Auslieferungsentscheidungen von einem System ausgehen könnte, dass sachlich richtige Ergebnisse mit einer geringen, aber unvermeidbaren Fehlerquote hervorbringe. Die Befunde zu Haftbedingungen, die den Mindeststandards von Art. 3 EMRK nicht genügen, sind tatsächlich vielgestaltig und geographisch weit gefächert.

So scheitern etwa bereits in unmittelbarer Nähe zur Bundesrepublik nicht wenige europäische Länder nach wie vor daran, die vom CPT in seinen Standards eingeforderte, ohnehin nicht üppig bemessene Untergrenze von 4 m pro Gefangenen in einem Gemeinschaftsruheraum zu gewährleisten. Gerade in osteuropäischen Ländern sind viele Anstalten von großer Überbelegung gekennzeichnet.[1576] So bleibt z. B. Litauen selbst bei den offiziellen Vorgaben der Regierung an den durchschnittlichen Platz pro Insassen für Besserungshäuser und Erwachsenenanstalten mit 3,1 bzw. 3,6 m deutlich dahinter zurück,[1577] die Realität sieht in einzelnen Anstalten mit durchschnittlich 2 m pro Person[1578] noch ernüchternder aus. Für seine deutliche Überbelegung ist Litauen wiederholt vom CPT in seinen Besuchsberichten gerügt[1579] und vom EGMR auf Individualbeschwerden

---

1576 Aus der jüngeren Rechtsprechung vgl. bspw. EGMR, 13.10.2009 – 3036/04 (*Eugen Gabriel Radu vs. Rumänien*), Rn. 14-17; EGMR, 13.11.2012 – 37829/08 (*Constantin Modarca vs. Republik Moldau*), Rn. 16.

1577 *Sakalauskas* 2015, S. 196.

1578 *Judicial Communications Office* 2013.

1579 *CPT* 2011b, S. 19 f.; 2014, S. 19.

hin verurteilt[1580] worden. Da aktuell weitere 14 Beschwerden vom EGMR die dortigen Haftumstände betreffend zugelassen wurden,[1581] steht auch eine mögliche Pilotentscheidung im Raum, die Litauen ein strukturelles Problem mit Art.-3-EMRK-widrigen Haftbedingungen attestiert, wie sie ähnlich schon zu Ungarn[1582], Bulgarien[1583] oder auch Russland[1584] ergangen ist.

Aufgrund der umfangreich aufgeklärten und gewürdigten Feststellungen in einzelnen OLG-Entscheidungen erscheinen Auslieferungen an einige Länder für zumindest geraume Zeit verfassungsrechtlich kaum vertretbar, etwa an Südafrika[1585], Ägypten[1586] oder Argentinien[1587]. Gleiches gilt für Länder, deren Strafvollzugssysteme das CPT zu einer öffentlichen Stellungnahme veranlasst haben, wie etwa Griechenland[1588]. Um diese erheblichen Zweifel an der Menschenwürdekonformität der dortigen Bedingungen auszuräumen, müssten sich zumindest Feststellungen treffen lassen, wie es dem OLG Köln eine indische Anstalt betreffend gelang[1589], ergänzt um die bereits erörterten Mindestanforderungen an solch eine Zusicherung einer Sonderbehandlung des Auszuliefernden[1590].

Hinsichtlich einer weiteren ganz besonders menschenwürdesensiblen Haftbedingung, der Isolationshaft, lässt sich in den USA Ähnliches beobachten, wie zur Vollstreckung lebenslanger Freiheitsstrafen: Trotz erschreckender Befunde zu Auswirkungen und Vollzugswirklichkeit[1591] findet die Sanktion ungetrübte

---

1580 EGMR, 07.04.2005 – 53254/99 (*Karalevičius vs. Litauen*); EGMR, 18.11.2008 – 871/02 (*Savenkovas vs. Litauen*).

1581 So der Hinweis von *Sakalauskas* 2015, S. 196 f., auch mit Verweis auf aktuelle Entscheidungen dänischer und nordirischer Gerichte, selbst aufgrund eines EuHb nicht mehr nach Litauen auszuliefern wegen Verletzungen von Art. 3 EMRK.

1582 EGMR (PE), 10.03.2015 – 14097/12, 45135/12, 73712/12, 34001/13, 44055/13 und 64586/13 (*Varga u. a. vs. Ungarn*).

1583 EGMR (PE), 27.01.2015 – 36925/10, 21487/12, 72893/12, 73196/12, 77718/12 und 9717/13 (*Neshkov u. a. vs. Bulgarien*).

1584 EGMR (PE), 12.01.2012 – 42525/07 und 60800/08 (*Ananyev u. a. vs. Russland*); vgl. auch schon EGMR, 15.07.2002 – 47095/99 (*Kalashnikov vs. Russland*).

1585 OLG Frankfurt, NStZ 2008, 166, sowie die Anmerkung von *Schneider u. a.* 2008, S. 166 ff.

1586 OLG Köln, NStZ 2010, S. 706 f.

1587 OLG Dresden, NStZ-RR 2015, S. 26 f.

1588 *CPT* 2011a, S. 3 f.

1589 OLG Köln, 05.04.2012, OLGSt IRG § 2 Nr. 2, vgl. dazu auch schon *Kap. 6.3.*

1590 Vgl. *Kap. 5.9.6.6.*

1591 *Haney* 2003, S. 125 ff.; *Pizarro/Stenius* 2004, S. 252 f.; vgl. auch die Beweisaufnahme und das beigebrachte Gutachten in EGMR, 10.04.2012 – 24027/07 u. a. (*Babar Ahmad u. a. vs. Vereinigtes Königreich*), Rn. 99-103.

Unterstützung in der Bevölkerung[1592], so dass eine selbstveranlasste Abkehr von der Isolationshaft nicht zu erwarten ist und sie gezielt durch eingeforderte, substanzielle Zusicherungen ausgeschlossen sein muss.

6.5.2 Aufklärungsschwierigkeiten der OLG zur Sachlage in anderen Ländern?

Wie bereits verschiedentlich festgestellt,[1593] sind Sachverhaltsfeststellungen von deutschen Hoheitsträgern bezüglich der Haftumstände in anderen Staaten mit einigen Schwierigkeiten verbunden. Allerdings sind sie zu bewältigen, wie nicht nur das alltägliche Beispiel der deutschen VG in ihren Entscheidungen zu Abschiebungsfällen, sondern auch der relativ große Fundus möglicher Erkenntnisquellen zu ausländischen Haftumständen[1594] zeigt. Dass zum Strafvollzug im selben Land verschiedene OLG zu unterschiedlichen Einschätzungen gelangen, kann teilweise damit erklärt werden, dass sie in unterschiedlichem Ausmaß auf die möglichen Erkenntnisquellen zurückgreifen.

6.5.3 Politische Gebotenheit der Auslieferung

In *Kap. 5* wurde der Ablauf des Auslieferungsverfahrens beschrieben und dabei in *Kap. 5.3* die Bewilligungsentscheidung als derjenige Verfahrensteil benannt, in dem außen- und allgemeinpolitische Erwägungen – so sie sich denn überhaupt auf die Auslieferungsentscheidung auswirken sollen – angestellt werden. In *Kap. 5.5.1* wurde sodann gezeigt, dass bei einer Auslieferung diese politischen Erwägungen in der Bewilligungsentscheidung nur die Folge haben können, die Auslieferung letztlich zu *verhindern*, obwohl ihre Zulässigkeits- und Bewilligungsvoraussetzungen eigentlich vorliegen. Es handelt sich dann also um eine politische Situation, in der es dem ersuchten Staat *nicht opportun* erscheint, die Auslieferung durchzuführen. Um diese Vorbehalte geltend machen zu können, wurde der Verfahrensschritt „Bewilligung" durch eine politische Behörde auch beibehalten.

Um politische Überlegungen ganz anderer Art und vor allem mit völlig anderer Konsequenz soll es im Folgenden gehen: Anstatt trotz Vorliegens aller sonstigen Voraussetzungen die Auslieferung zu verhindern, steht die Frage im Raum, ob sich politische Erwägungen nicht auch bei der Würdigung der Zulässigkeits- und Bewilligungsvoraussetzungen, namentlich drohende menschenunwürdige Haftbedingungen, entgegengesetzt niederschlagen. Gemeint ist damit die

---

1592 Vgl. *Mears u. a.* 2009, S. 6 ff.

1593 Vgl. *Kap. 5.6.5.1.* und *Kap. 5.9.1.1.*

1594 Vgl. *Kap. 5.9.*

Folge, dass eine Auslieferung gestattet wird, deren Voraussetzungen eigentlich nicht (gänzlich) vorliegen, es aber *opportun* ist, an den betreffenden ersuchenden Staat *doch auszuliefern*.[1595] Dies wäre rechtsstaatlich nicht nur, aber ganz besonders auch für die Zulässigkeitsentscheidung äußerst bedenklich, denn „nur die betont rechtliche Argumentation, das Verbot der Argumentation vom politischen Ergebnis her, [gibt] dem richterlichen Prüfungsrecht Legitimität"[1596].

Zunächst ist daran zu erinnern, dass der Auslieferungsverkehr vom Grundsatz der Gegenseitigkeit geprägt ist.[1597] Möchte die Bundesrepublik also selbst Straftäter ausgeliefert und deutsche Staatsbürger zur Strafvollstreckung überstellt bekommen, so darf sie sicherlich nicht als Totalverweigerer auftreten. Zudem wird vielfach vertreten, aus Art. 1 GG ergebe sich keine „Menschenrechtsmission"[1598], so dass ohnehin ein Primat der Politik gelten könnte, wo die Bindung an Menschenrechte aufgelöst sei.

Abwegig ist es nicht, dass die beteiligte Exekutive unter Berücksichtigung auch politischer, militärischer oder wirtschaftlicher Belange den Verfolgten sehenden Auges menschenrechtswidrigen Zuständen – buchstäblich – ausliefern würde. In der Tat fällt es umgekehrt schwer, sich einen Auslieferungssachverhalt vorzustellen, indem die beteiligte Exekutive ihre (Bewilligungs-)Entscheidung *nicht* unter (auch) diplomatischem Druck trifft.[1599] Menschenrechtspolitik kann sich schwerlich frei machen von Opportunitätserwägungen.[1600]

Um genau an dieser Stelle den Menschenrechtsschutz zu gewährleisten, ist die Beteiligung eines Gerichts erforderlich. Gleichwohl stehen auch Gerichte nicht in einem Reinraum, frei von Interessen und Einflussnahmen. Auch formell unabhängige Richter können sich einer „politischen Gesamtatmosphäre" nur schwer entziehen; das gilt umso mehr, da in jedem Staat bei der Besetzung von unabhängigen Richterstellen auf die „Regimetreue" der Kandidaten besonderen Wert gelegt wird.[1601] Zudem lassen auch für Auslieferungsentscheidungen die gesetzlichen und verfassungsrechtlichen Vorgaben Raum für die Rechtsanwendung nach eigenem Ermessen.[1602] Dass daher diese gesetzlichen und verfas-

---

1595 In diesem Sinne wohl *Otterbein* (2004, S. 74), der die OLG in der Pflicht sieht, die außenpolitische Tragweite einer Auslieferungsentscheidung zu berücksichtigen.

1596 *Bryde* 2011, S. 237.

1597 Vgl. *Kap. 3.3* und *Kap. 3.6.4.4.1.2.*

1598 Vgl. etwa *Herdegen* 2015a, Art. 1 Abs. 2 Rn. 52 m. w. N., sowie die Grundhaltung der in *Kap. 3.6.4.4.2.1* dargestellten Ansichten.

1599 *Shea* 1992, S. 131 f. m. w. N., auch zum Folgenden.

1600 Vgl. etwa auch die Darstellungen bei *Maier-Borst* 1997, *passim*.

1601 Beide Zitate von *Schumacher* 1984, S. 148.

1602 Vgl. *Kap. 5.6.3.*

sungsrechtlichen Vorgaben kein ausreichend starres Gerüst bilden, um die Berücksichtigung politischer Befindlichkeiten durch die Justiz unterbinden zu können, ist ebenso augenfällig wie bedenklich.

6.5.4 Mit fest zugekniffenen Augen: Apokryphe Auslieferungsgründe?

Über die Prozesse im Hintergrund lässt sich zumeist nur spekulieren. Zu denken ist zunächst daran, dass eine gewisse unbewusste politische Rücksichtnahme des Richters eine Rolle spielt, etwa indem er den betreffenden ersuchenden Staat für sich mit dem Etikett eines „Rechtsstaates" in Verbindung bringt, dem er Verstöße gegen elementare Menschenrechte schlechterdings nicht zutraut, die über unvermeidbare Einzelfälle hinausgehen – es kann also nicht sein, was nicht sein darf. Gegebenenfalls haftet solch ein Etikett auch fest genug, um an sich glaubhafte, gegensätzliche Informationen zum betreffenden „Rechtsstaat" zu verdrängen.

Davon abgesehen mag zum einen die von Seiten der EU und insbesondere des EuGH mit Nachdruck vertretene Haltung, im Auslieferungsverkehr unter EU-Staaten sei Vertrauen zu erweisen, einen Beitrag zu nur sehr summarischer Menschenrechtskontrolle leisten.

Zum anderen lässt sich in einer Vielzahl von Entscheidungen die Rücksichtnahme auf die Beziehungen zu den jeweiligen ersuchenden Staaten mehr oder minder mit Händen greifen. Exemplarisch lässt sich das in den analysierten Entscheidungen des BVerfG zur Auslieferung an Indien 2003 (*Kap. 6.5.4.1*) und an die USA 2005 (*Kap. 6.5.4.2*) zeigen, sowie zusätzlich an einer betreffend eine Auslieferung an Frankreich von 1964 (*Kap. 6.5.4.3*). Ein kurzer Blick zu den europäischen Nachbarn in Belgien (*Kap. 6.5.4.4*) lässt erahnen, dass hinter den Kulissen mitunter entschieden Druck ausgeübt wird.

6.5.4.1 Indien

2003 war es dem BVerfG erkennbar zu heikel, stattfindende Folterungen und regelmäßig menschenrechtswidrige Haftbedingungen in Indien als solche zu benennen, wenn gerade ein Auslieferungsvertrag mit dem betreffenden Staat abgeschlossen wurde:[1603] Das hätte sowohl diplomatische Verwicklungen mit Indien bedeutet als auch das Auswärtige Amt und das Bundesjustizministerium vorgeführt, hätten sie doch unter diesen Umständen sehenden Auges dem Auslieferungsabkommen trotz evidenter Probleme zugestimmt. Von der erforderlichen weiteren Sachaufklärung insbesondere auch zu den drohenden Haftbedingungen, zu denen es starke Indizien aus dem Asyllagebericht gab, sah das Gericht wegen „diplomatische[r] Rücksichten" ab.[1604]

1603 *Vogel* 2004a, S. 144.

1604 Sondervotum der Richter *Sommer* und *Lübbe-Wolff* zu BVerfGE 108, 129 (148).

6.5.4.2 USA

1977 leitete das BVerfG eine Verrechtlichung der Entlassungsmöglichkeiten und konkludent deren gerichtliche Überprüfbarkeit nur ergänzend aus dem Rechtsstaatsprinzip ab, in der Hauptsache aber unmittelbar aus dem „Kern der Menschenwürde" des Straftäters.[1605] 2005 und 2010 in Auslieferungsentscheidungen sollte das Postulat gerichtlicher Überprüfbarkeit nur noch allein aus dem Rechtsstaatsprinzip folgen, welches nicht Teil des deutschen *ordre public international* sei und daher gegenüber dem Ausland nicht eingefordert werden könne. Lässt sich diese Kehrtwende rechtlich begründen?

Vehement abzulehnen sind Umdeutungsversuche, die anhand dieser Rechtsprechung die Menschenwürdegarantie für den deutschen *ordre public international* enger bestimmen wollen als für den deutschen *ordre public interne*,[1606] etwa wenn es um das Auslieferungsersuchen eines „zivilisierten" Staates geht:[1607] An das Sanktionensystem solcher Staaten seien insgesamt niedrigere Maßstäbe anzulegen. Diese Umdeutungsversuche müssen angesichts des eindeutigen Wortlauts von 1977 ins Leere laufen. Das Gericht hatte sich – ohne dass dies zu beanstanden wäre – 1977 auf eine Herleitung aus dem Menschenwürde*kern* festgelegt. Um diesen Umstand kommt auch keine Interpretation des *ordre public international* herum, es sei denn, man möchte diesen inhaltlich gleich ganz entleeren. Ebenso wenig verfängt bei genauerer Betrachtung der Verweis auf den Zivilisationsstand[1608] des ersuchenden Staates: Es könnte höchstens gelten, dass je „zivilisierter" der ersuchende Staat ist, desto näher sollte sein Menschenrechtsverständnis dem deutschen sein, und daher auch der „Anspruch" umso höher, der mittels des deutschen *ordre public international* an sein Strafverfahren formuliert werden kann. Im Übrigen legt das BVerfG jene Erwägung, bei Auslieferung an „zivilisierte" Staaten könne der Gehalt der Menschenwürdegarantie geringer ausfallen, seinen Ausführungen in den Entscheidungen zu Auslieferungssachverhalten auch gar nicht zugrunde. Stattdessen lässt das Gericht die Menschenwürde schlicht aus seiner Nennung von rechtlichen Anknüpfungspunkten herausfallen und täuscht durch Zitierung der Entscheidung von 1977 vor, dass das auch niemals anders gewesen sei.[1609]

1605 BVerfGE 45, 187 (245); vgl. ausführlich dazu *Kap. 4.3.2* und *Kap. 6.2.1*.

1606 Vgl. zur Einheitlichkeit der Gewährleistungen des Art. 1 Abs. 1 GG für inländische Sachverhalte wie für solche mit Auslandsbezug bereits ausführlich *Kap. 3.6.4.4.1.4*.

1607 So aber *Graßhof* und *Backhaus* (1996, S. 449), wobei offen bleibt, welche Staaten für sie „zivilisiert" sein sollen.

1608 Oder auch auf eine etwaige bestehende Wertegemeinschaft in dieser Hinsicht, z. B. bei *Hackner* 2012, § 83a Rn. 15.

1609 Zu fragen ist im Übrigen, warum das Rechtsstaatsprinzip nicht zu den unabdingbaren verfassungsrechtlichen Grundsätzen der deutschen öffentlichen Ordnung gehören soll –

Es verhält sich demgegenüber aber gerade *nicht* so, dass „[d]as Gebot, fremde Rechtsordnungen und -anschauungen grundsätzlich zu achten [es ausschließt], die in der deutschen *Entwicklung des Rechtsstaats* liegende Forderung nach gerichtlicher Entscheidung zum unverzichtbaren Bestand der deutschen öffentlichen Ordnung im Auslieferungsverkehr zu rechnen"[1610]. Diese Forderung nach gerichtlicher Entscheidung folgt seit 1977 nach Ansicht des BVerfG aus dem Kern der *Menschenwürdegarantie* und ist daher weder bei rein inländischen Sachverhalten noch bei solchen mit Auslandsbezug disponibel. Erst die gerichtliche Überprüfbarkeit rechtfertigt überhaupt die Existenz der potenziell lebenslangen Freiheitsstrafe als Sanktionsmöglichkeit gegenüber der Menschenwürde des Verfolgten.

Den Ausschlag wird für das BVerfG wohl viel eher gegeben haben, dass 2005 wie auch heute in den USA Gerichte im Entlassungsverfahren von Insassen mit lebenslanger Freiheitsstrafe nicht beteiligt sind und damit das US-System den Anforderungen von 1977 schlicht nicht genügt;[1611] das BVerfG aber den Vereinigten Staaten die ersuchte Auslieferung nicht verweigern wollte. Anders lässt es sich auch nicht erklären, dass das BVerfG sich zwar damit zu behelfen versucht, eine „*praktische* Chance" auf Wiedererlangung der Freiheit ausreichen zu lassen,[1612] dann aber ohne Prüfung der örtlichen Praxis diese Chance sogleich mit Verweis auf die *theoretische*, vom Gesetz vorgesehene Begnadigungsmöglichkeit bejaht. Diese pauschalen Aussagen zum *law in action* stehen auch in sehr deutlichem Widerspruch zu dem, was das BVerfG andernorts den OLG als verfassungsrechtliche Pflicht zur Sachverhaltsaufklärung selbst vorschreibt.[1613]

6.5.4.3 Exkurs: Die Todesstrafe in Frankreich

Zur Veranschaulichung von möglichen Rücksichtnahmen sei eine weitere Entscheidung des BVerfG herangezogen, die sich zwar nicht auf drohende Haftbedingungen, aber doch auch auf ein seinerzeit noch sehr umstrittenes Auslieferungskriterium bezog: die bereits erwähnte Entscheidung des BVerfG von 1964, die Zulässigkeitserklärung der Auslieferung eines mehrfachen Mörders an Frankreich trotz der ihm dort für die Taten drohenden Verhängung und Vollstreckung der

---

gleichfalls problematisiert bei *Kromrey/Morgenstern* 2014, S. 713; zur noch unbeantworteten Frage, ob gerichtlicher Rechtsschutz zum *ius cogens* (dort wohl im Sinne des internationalen *ordre public*) gehöre, siehe *Meyer* 2012, S. 798 m. w. N.

1610 BVerfGE 113, 154 (167); Hervorhebung nicht im Original.

1611 Vgl. in diesem Zusammenhang *van Zyl Smit* und *Oppert* (1999, S. 572 f.) zur mehrfachen, klaren Positionierung des US Supreme Court *gegen* richterlichen Einfluss in Begnadigungsentscheidungen, der ein rechtsstaatliches Verfahren hätte gewährleisten können.

1612 BVerfGE 113, 154 (166 f.).

1613 Vgl. ausführlich *Kap. 5.6.4*, etwa zu BVerfGE 63, 332 (337 ff.).

Todesstrafe nicht zu beanstanden.[1614] Das stand im offenen Widerspruch zum Wortlaut des Art. 102 GG, der als höherrangiges Recht jeder Auslieferungsvereinbarung vorangeht.[1615] Auch nach teleologischer oder historischer Auslegung kommt man zu keinem anderen Ergebnis: Die Auslieferung ist unzulässig.

Das BVerfG sah sich aber anscheinend gezwungen, auf außerhalb dieser Überlegung stehende Erwägungen zurückzugreifen. Diese fand es im *Topos* „räumlich begrenzter Geltungsbereich des Grundgesetzes". Den denkbaren Einwand, nach Art. 102 GG sei auch die Mitwirkung deutscher staatlicher Stellen an einer Auslieferung verboten, die die Vollstreckung einer Todesstrafe zur Konsequenz haben würde, begegnete es mit dem Verweis, die Abschaffung der Todesstrafe sei unter den „Kulturstaaten" und „führenden Demokratien" kein Konsens und die deutsche Haltung damit nicht anderen aufzuzwingen.[1616]

Diese Entscheidung war in der Sache derart fragwürdig, dass das BVerfG sie viele Jahre später sogar selbst relativierte.[1617] Statt der vom BVerfG 1964 ins Feld geführten Erwägungen ist wohl vielmehr zu konstatieren, dass das Gericht sich bezüglich Frankreichs zum einen relativ kurz nach Beendigung des Zweiten Weltkrieges und den damit verbundenen Gräueltaten nicht als Wortführer in Menschenrechtsfragen aufspielen wollte.[1618] Zum anderen war es um den außenpolitischen Stand gegenüber der Siegermacht Frankreich nicht gut bestellt,[1619] so dass sich das BVerfG hier dazu entschied, „auf leisen Sohlen" zu gehen und eine eher politische denn streng juristische Entscheidung zu treffen.

6.5.4.4   *Exkurs: Belgien und die Eilauslieferung*

Der *Trabelsi*-Entscheidung des EGMR ging ein innerstaatliches Auslieferungsverfahren in Belgien voran.[1620] Der Zielstaat sollten die USA sein. Nachdem der zuständige belgische Minister die Auslieferung bewilligt hatte, erließ der EGMR

1614   BVerfGE 18, 112; vgl. dazu auch bereits *Kap. 3.5.*

1615   Vgl. dazu *Kap. 2.4.1.*

1616   Beide Zitate aus BVerfGE 18, 112 (117 f.).

1617   BVerfGE 60, 348 (354); vgl. dazu auch schon *Kap. 3.5.*

1618   *Frankenberg* 1986, S. 415; *Kühn* 2001, S. 544, sprechen jeweils auch von „Lehrmeister".

1619   So war es der Bundesrepublik nicht gelungen, bei Verhandlungen über ein Auslieferungsabkommen einen verbindlichen Ausschluss der Vollstreckung der Todesstrafe durchzusetzen, vgl. *Kühn* 2001, S. 544. Unklar bleibt hingegen, warum *Frankenberg* (1986, S. 415) in diesem Zusammenhang darauf hinweist, dass unter geltendem Besatzungsstatut die Bundesrepublik ein Auslieferungsersuchen einer der Besatzungsmächte schlechthin nicht hätte ablehnen können, obwohl doch das Besatzungsstatut bereits neun Jahre vor der fraglichen Entscheidung des BVerfG seine Gültigkeit verloren hatte.

1620   Vgl. dazu bereits *Kap. 6.2.2.*

auf Antrag des Verfolgten eine einstweilige Anordnung nach Art. 39 seiner Verfahrensordnung[1621], die den Vollzug der Auslieferung verhindern sollte, bis der Gerichtshof eine Entscheidung in der Sache gefällt hat. Die belgische Regierung erbat daraufhin viermal [*sic!*] vom EGMR, die einstweilige Anordnung aufzuheben, zudem drängte sie in einer fünften Anfrage darauf, das Verfahren zu einem zügigen Abschluss zu bringen. Alle vier Anfragen zur Aufhebung der Anordnung wurden vom Gerichtshof abschlägig beschieden.[1622] Nachdem im parallel fortgeführten innerstaatlichen belgischen Rechtsschutzverfahren die letzte Rechtsmittelentscheidung des *Conseil d'État* die Auslieferung gebilligt hatte, wurde Herr *Trabelsi* unter Verschleierung der wahren Absichten zum Flughafen gefahren, FBI-Agenten übergeben und in die USA ausgeflogen – ohne dass die einstweilige Anordnung des EGMR aufgehoben worden war. Eine einstweilige Anordnung des eilig angerufenen Landgerichtes Brüssel („*Brussels Regional Court*"), die den sofortigen Stopp des Auslieferungsverfahrens anordnete, erging erst, als das Flugzeug Belgien bereits verlassen hatte.[1623] Gegenüber dem EGMR verteidigte die belgische Regierung ihr Vorgehen bezeichnenderweise anschließend damit, dass „je länger der Verfolgte in Haft war, desto wahrscheinlicher wurde es, dass die ermittelnden Justizbehörden seine Freilassung anordnen würden. Die Regierung wollte es aber vermeiden, ihrer Verpflichtung zur Übergabe des Verfolgten nicht nachkommen zu können, weil er [...] hätte entlassen werden müssen."[1624]

6.6 Die tatsächliche Beurteilung der Auslieferungssachverhalte nach strafvollzugswissenschaftlichen Erkenntnissen als Schutzstandard in der gerichtlichen Praxis

In Auslieferungssachverhalten werden von den befassten Gerichten zum Teil Ergebnisse produziert, die zwar menschenrechtlich in keiner Weise wünschenswert sind und strafvollzugswissenschaftlich jeder Grundlage entbehren, juristisch aber zumindest vertretbar sind. Als Stellschrauben hat sich dabei zum einen die unvollständige *Sachverhaltsermittlung* erwiesen. Zum anderen kann es auch mit einer *widersprüchlichen* oder *lückenhaften Würdigung* vermieden werden, trotz menschenrechtlich hoch problematischer Sachverhalte bei einer Auslieferungsentscheidung einen Verstoß gegen den *ordre public international* feststellen zu müssen.

1621 Abgedruckt bei *Meyer-Ladewig* 2011, Anlage XI.

1622 EGMR, 04.09.2014 – 140/10 (*Trabelsi vs. Belgien*), Rn. 40-52.

1623 EGMR, 04.09.2014 – 140/10 (*Trabelsi vs. Belgien*), Rn. 62-64.

1624 EGMR, 04.09.2014 – 140/10 (*Trabelsi vs. Belgien*), Rn. 143 [*Übersetzung d. Verf.*]. Die Verweigerungshaltung der belgischen Regierung ist nicht ohne Vorbild. Zu nennen sind hier etwa auch die schlichtweg grotesken Vorgänge in Georgien im Vorfeld der Entscheidung EGMR, 12.04.2005 – 36378/02 (*Shamayev u. a. vs. Georgien und Russland*), Rn. 5-12.

Es stellt sich durch dieses teilweise zu beobachtende Vorgehen die paradoxe Situation dar, dass die Trennung der Prüfungsinhalte der Zulässigkeits- und der Bewilligungsentscheidung durch das IRG entgegengesetzt zu der oben diskutierten ursprünglichen Konzeption[1625] aufgeweicht wird: Diplomatische Erwägungen werden nicht mehr nur für die Bewilligung berücksichtigt, sondern nun auch bereits für die Zulässigkeitserklärung, und dass in einem für den Auszuliefernden nachteiligen Sinne. Über dieses Konstrukt wird der Betrachtungsgegenstand der Zulässigkeitsentscheidung eingeengt und die erforderliche Sachaufklärung zur tatsachenbasierten Einschätzung der Zulässigkeit durch diplomatische Rücksichtnahme ausgehebelt.[1626] Das ist aber vom Gesetzgeber nicht gewollt und kann keinen Bestand haben, zumal es eine widersinnige Verkehrung der Rechtsentwicklung bedeutet: Die Beteiligung justizieller Behörden sollte ursprünglich eine elegante Möglichkeit bieten, im Außenverhältnis zum ersuchenden Staat ein (ggf. auch außenpolitisch unerwünschtes) Auslieferungsersuchen mit Verweis auf die eigene innerstaatliche unabhängige Justiz und das verrechtlichte Verfahren ablehnen zu können, um auf diesem Wege außenpolitischem Druck zu entgehen.[1627]

Erwägungen zur Bedeutung oder Empfindlichkeit der diplomatischen Beziehungen dürfen jedoch bei der Tatsachenermittlung keine Rolle spielen.[1628] Einmal mehr ist daran zu erinnern, dass ein abstraktes Staatswohl nie Vorrang vor dem Individuum haben und die Staatsraison einer rechtlichen Entscheidung nicht zugrunde liegen darf.[1629]

Dass gleichwohl letztlich keine offizielle Verletzung des *ordre public international* vorliegt, ist zwei Umständen geschuldet: der Auslegungsoffenheit des geschriebenen Rechts und dem Erfordernis einer feststellenden Autorität. Einerseits lässt das geschriebene Recht – wie gezeigt – mindestens sehr viele Deutungen zu, die je nach den Argumentationsfähigkeiten des Entscheiders mehr oder weniger plausibel, aber letztlich immer vertretbar sind. Andererseits bedarf es gerade eines solchen Entscheiders.[1630] Für Grundrechtsverletzungen ist das neben den Fachgerichten das BVerfG. Wenn aber auch das BVerfG den Blick auf die Tatsachen verweigert, bleibt es bei dem Befund, dass menschenrechtlich eine Leerstelle bleibt.

1625   Siehe dazu *Kap. 5.2.*

1626   So auch *Vogel* 2004a, S. 145.

1627   So schon *Frank* 1920, S. 142 f., 145, 147; sowie *Kap. 5.2.*

1628   So etwa auch schon *Shea* 1992, S. 127.

1629   *Globke* 2009, S. 20.

1630   Hier schlägt sich der bereits in *Kap. 3.7* beschriebene Umstand erneut nieder, dass es ohne befugten Entscheider auch keinen festgestellten Sachverhalt gibt.

Zur Verwirklichung der Menschenrechte[1631] sind die vorhandenen Erkenntnisse zu Strafvollzugsbedingungen aus den zahlreichen möglichen Erkenntnisquellen zunächst in ihrer Gesamtheit aufzunehmen. Anschließend sind sie im Lichte des ihnen tatsächlich zukommenden Gewichts zueinander ins Verhältnis zu setzen. Daraus erst darf der Richter für sich ein Gesamtbild von den drohenden Haftbedingungen zeichnen.

Festzuhalten ist, dass neben zahlreichen OLG-Entscheidungen auch die Rechtsprechung des BVerfG Anlässe für verfassungs- und damit menschenrechtsbezogene Kritik bietet. Diese Anlässe gilt es im Interesse der Fortentwicklung des Menschenrechtsschutzes im Auslieferungsverfahren beständig aufzugreifen.[1632]

Im hier erörterten Zusammenhang politischer Rücksichtnahmen sei noch auf folgende Begebenheit bereits aus dem 19. Jahrhundert verwiesen: „Portugal hat an dieser Forderung [eine Klausel in Auslieferungsverträge aufzunehmen, um bei einer real drohenden Todesstrafe die Auslieferung verweigern zu können] selbst dann festgehalten, als es sich zeigte, dass schwebende Verhandlungen über den Abschluss von Auslieferungsverträgen mit anderen Staaten über diesen Punkt zu scheitern drohten. Es hat lieber den Abbruch der Verhandlungen mit Österreich-Ungarn, England und den USA hingenommen, als in dieser Frage nachzugeben."[1633]

1631 *Schwaighofer* (1988, S. 127) sieht in der Auslieferung gar ein potenzielles Mittel aktiver Menschenrechtspolitik; dem folgend *Murschetz* 2007, S. 189.

1632 Seitens der deutschen Staatsrechtslehrer lässt sich allgemein eine gewisse Zurückhaltung in der Kritik an der Rechtsprechung des BVerfG bemängeln (*Meyer* 2003, S. 79). Für *Schulze-Fielitz* (2013b, S. 396 m. w. N.) stehen sie zu sehr im Bann des Gerichts.

1633 *Vogler* 1970, S. 182, unter Verweis auf *Lammasch* 1887, S. 500 f.

7. Zusammenfassung: Das Gebot der Berücksichtigung von Haftbedingungen im Empfängerstaat als Auslieferungshindernis

Die vorliegende Arbeit beschäftigt sich mit der Wahrung von Menschenrechten im deutschen, innerstaatlichen Auslieferungsverfahren als Teil der internationalen Rechtshilfe in Strafsachen. Bedingt durch die deutschen Verfahrenszuständigkeiten steht dabei die Rechtsprechung der OLG und des BVerfG im Mittelpunkt der Analyse und der Kritik.

7.1 Die rechtliche Gemengelage und der ordre public

Bevor es um eine nähere Untersuchung der Rechtsprechung gehen konnte, galt es zunächst, deren rechtlichen Rahmen abzustecken. Hier tat sich eine äußerst komplexe Gemengelage einander beeinflussender und überlagernder Rechtsschichten auf.[1634] Als deren Kern konnte ein dreipoliges Rechtsverhältnis zwischen dem um die Auslieferung ersuchenden Staat, dem ersuchten Staat und dem Verfolgten herausgearbeitet werden. Sowohl in der Beziehung zwischen den beiden Staaten als auch in der Beziehung zwischen dem ersuchten Staat und dem Verfolgten ist für den weiteren Verlauf des Auslieferungsverfahrens entscheidend, ob jeweils eine Berechtigung und gegebenenfalls sogar eine Verpflichtung des ersuchten Staates zur Auslieferung besteht. Eine *Verpflichtung* kann sich aus Selbstbindungsakten des ersuchten Staates ergeben, etwa durch ein Auslieferungsabkommen mit dem ersuchenden Staat oder durch eine innerstaatliche Regelung solchen Inhalts. Die *Berechtigung* zur Auslieferung setzt voraus, dass es an entgegenstehenden, höherrangigen Rechtssätzen fehlt. Menschenrechtliche Rechtspositionen, die die Berechtigung zur Auslieferung entfallen lassen, werden dabei vor allem unter dem Begriff „*ordre public*" diskutiert, der einen Bestand an grundlegenden, menschenrechtlichen, zwingenden Rechtssätzen beschreibt. Ein solcher *ordre public* kann dabei sowohl für die innerstaatliche als auch für die zwischenstaatliche Rechtsbeziehung gelten. Dabei ist der Begriff des *ordre public* jedoch an sich inhaltlich zunächst unbestimmt, in verschiedenen Rechtsbeziehungen kann er einen unterschiedlichen Gehalt haben.

Ob eine Berechtigung oder gar eine Verpflichtung besteht, ist für beide Rechtsbeziehung unabhängig zu beantworten, so dass sie mit dieser Aussage zueinander im Widerspruch stehen können: Insbesondere kann die Situation entstehen, dass der ersuchte Staat dem ersuchenden Staat gegenüber zur Auslieferung aus einem Auslieferungsabkommen verpflichtet ist, gegenüber dem Verfolgten der ersuchte Staat aber – etwa verfassungsrechtlich – dazu nicht berechtigt ist. Aus der historischen Entwicklung des Auslieferungsrechts konzentrieren sich

---

1634 Vgl. zum Folgenden *Kap. 2*.

solche Abweichungen zwischen den Aussagen der beiden Rechtsbeziehungen in aller Regel darauf, dass die Inhalte des besagten *ordre public* jeweils unterschiedlich weit gefasst sind, während die sonstigen Auslieferungsvoraussetzungen[1635] ohnehin regelmäßig in der innerstaatlichen Rechtsbeziehung denselben Inhalt aufweisen wie in der zwischenstaatlichen.

Zur Auflösung dieses Konfliktes stehen verschiedene Ansätze zur Debatte: Die Aussage der völkerrechtlichen Beziehung greift durch, die Aussage der innerstaatlichen Rechtsbeziehung greift durch oder nur die Übereinstimmungen beider Aussagen werden in den Mittelpunkt der Erörterung gestellt. Ließen sich die Aussagen beider Rechtsbeziehungen übereinbringen, so dass entweder einheitlich eine Auslieferungsberechtigung bzw. gar -verpflichtung oder andernfalls ein Auslieferungsverbot bestünde, wäre ein Konflikt zumindest für diese Themenfelder vermieden. Um für die innerstaatliche wie auch die zwischenstaatliche Rechtsbeziehung auf ein Auslieferungsverbot hinwirken zu können, bedarf es für den Verfolgten in beiden Rechtsbeziehungen jeweils eines entsprechenden Rechtssatzes mit hinreichend hoher Geltungskraft, um eine sonst bestehende Auslieferungsberechtigung aufzuheben.[1636]

In diesem Zusammenhang hat sich die Rechtsfigur des *ordre public* für den rechtlichen Diskurs um Auslieferungsgegenrechte als äußerst nützlich erwiesen, wenn der Begriff denn in seinen Facetten korrekt gebraucht wird. Bei Ergänzung durch ein vor- und ein nachgestelltes Attribut ermöglicht er einen präzisen sprachlichen Zugriff auf einzelne Menschenrechtssätze, und zwar in jeder fraglichen Rechtsbeziehung.[1637] In einer ausführlichen Auseinandersetzung mit den verschiedenen zwingenden Menschenrechtssätzen in den verschiedenen Rechtsbeziehungen erwies sich das Folgende:

Im Auslieferungsverkehr gebietet Art. 1 Abs. 3 GG es nicht, die deutschen Grundrechtsgewährleistungen in ihren feinen Verästelungen zu behaupten. Durch die Völkerrechtsfreundlichkeit des Grundgesetzes wird Art. 1 Abs. 3 GG dahingehend modifiziert, dass die Schutzbereiche der einzelnen Grundrechte reduziert werden, mithin also bei weniger Sachverhaltskonstellationen mit Auslandsberührung eröffnet sind.[1638] Wie weit diese Reduzierung reicht, kann im Auslieferungsverkehr mit verschiedenen Staaten unterschiedlich zu beantworten sein, für die vorliegende Bearbeitung kam es auf eine Antwort darauf im Einzelnen nicht an. Für die Erörterung möglicher Einwendungen gegen die drohenden Haftbedingungen im Ausland ist es aber wichtig, dass ein Mindestbestand an auch dem Ausland gegenüber durchzusetzenden menschenrechtlichen Gewährleistungen von Art. 1 Abs. 1 GG i. V. m. Art. 3 EMRK vorgegeben wird. Art. 1 Abs. 1 GG

1635 Vgl. *Kap. 3.3* und *Kap. 3.4.*

1636 Vgl. *Kap. 2.5.*

1637 Vgl. *Kap. 3.6.2.*

1638 Vgl. *Kap. 3.6.4.*

ist durch Art. 79 Abs. 3 GG sogar dem Zugriff des verfassungsändernden Gesetz-gebers entzogen, die Völkerrechtsfreundlichkeit des Grundgesetzes kann ihn also nicht darüber hinaus einschränken. Die herausgehobene Bedeutung der EMRK im deutschen Verfassungsrecht ermöglicht es, die Gewährleistungen von Art. 3 EMRK zur zusätzlichen Ausdifferenzierung heranzuziehen. Zudem bindet Art. 3 EMRK alle Europaratsstaaten und über Art. 6 Abs. 3 EUV sowie den gleich-lautenden Art. 4 EU-Grundrechtecharta zusätzlich noch einmal alle EU-Staa-ten.[1639] Zugleich ist das von Art. 1 Abs. 1 GG nur implizit, von Art. 3 EMRK jedoch ausdrücklich erfasste Verbot einer unmenschlichen oder erniedrigenden Behandlung oder Strafe wortlautähnlich in einer Vielzahl von internationalen Menschenrechtspakten enthalten, so dass dieses Verbot als Bestandteil des inter-nationalen *ordre public* anerkannt ist.[1640] Dadurch erscheint eine Konvergenz der Auslieferungsberechtigung bzw. -verpflichtung oder demgegenüber eines Ausliefe-rungsverbots in der innerstaatlichen und zwischenstaatlichen Auslieferungs-beziehung möglich, zumindest für den Themenbereich im Ausland drohender Haftbedingungen.

Diese dogmatische Konstruktion, um den Gleichlauf zwischen den rechtli-chen Aussagen beider Rechtsbeziehungen herzustellen, erweist sich jedoch spä-testens dann als nicht tragfähig, wenn eine Auslieferungspflicht aus einem bereits bestehenden Auslieferungsabkommen aufgehoben werden soll mit Verweis auf einen *ordre public*, der nicht ausdrücklich in diesem Abkommen vereinbart ist. Dann fehlt es an einer Zuweisung der Feststellungskompetenz für das Vorliegen einer „unmenschlichen oder erniedrigenden Behandlung oder Strafe".[1641] Da es sich bei diesem Verbotssatz um eine abstrakte Norm handelt, die der Konkretisie-rung im Einzelfall bedarf, kann auf eine solche Feststellung nicht verzichtet wer-den, um die Auslieferungspflicht im zwischenstaatlichen Verhältnis aufheben zu können. Wenn es im Einzelfall darauf ankommt, werden ersuchender Staat und ersuchter Staat eine abweichende Auffassung vom konkretisierten Inhalt jenes Rechtssatzes haben. Zugleich fehlt es aber beiden an der legitimen Zuständigkeit für eine solche Subsumtion. Ohne eine Anrufung des IGH – oder des EGMR unter Europaratsstaaten – lässt sich die Auslieferungspflicht also nicht innerhalb der dogmatischen Parameter aufheben, die im Schrifttum zuvor zur Grundlage der Diskussion um Auslieferungsverpflichtungen und Auslieferungsgegenrechte erhoben wurden.[1642]

Aus all dem folgt, dass es selbst für den Bereich der Strafvollzugsbedin-gungen, die im Anschluss an eine Auslieferung drohen, für die *Zweifelsfälle* auch keine tragfähige Lösung ist, einen Gleichlauf der rechtlichen Aussagen in den

---

1639 Vgl. *Kap. 3.6.5.*

1640 Vgl. *Kap. 3.6.6.*

1641 Vgl. *Kap. 3.7.*

1642 Vgl. *Kap. 3.7.4.*

beiden Rechtsbeziehungen – innerstaatlich und zwischenstaatlich – herstellen zu wollen. Es bleibt daher vor dem Hintergrund der Grundrechtsbindung deutscher Hoheitsträger nur bei der Auflösung möglicher Divergenzen der Rechtsbeziehungen dadurch, dass in der Bundesrepublik der innerstaatlichen Rechtsbeziehung der Vorrang eingeräumt wird. Gleichwohl bewirkt die Völkerrechtsfreundlichkeit des Grundgesetzes, dass keine „überspannten Standards" vom ausländischen Strafvollzugssystem eingefordert werden. Zu behaupten sind nur die Mindestgewährleistungen, wie sie auch für den deutschen Strafvollzug aus der Menschenwürdegarantie gelten, ergänzt durch die Ausdifferenzierungen, die Art. 3 EMRK für diesen Bereich beiträgt. Von diesen Mindeststandards ist dann nicht abzurücken.[1643]

7.2 Der Inhalt des deutschen ordre public international gemäß Art. 1 Abs. 1 GG i. V. m. Art. 3 EMRK

Der *ordre public* für drohende Haftbedingungen aus Art. 1 Abs. 1 GG i. V. m. Art. 3 EMRK geht von der Unantastbarkeit der *Menschenwürde* aus, die für den Bereich des Strafvollzugs das Verbot einer *unmenschlichen oder erniedrigenden Behandlung oder Strafe* umfasst.[1644] Zur weiteren Präzisierung dieser Normen ist nicht nur die deutsche Rechtsprechung berufen, sondern sind es aufgrund der Völkerrechtsfreundlichkeit des Grundgesetzes auch die sonstigen Akteure des Mehrebenensystems des Menschenrechtsschutzes. Aufgrund der herausragenden, quasi-verfassungsrechtlichen Bedeutung der EMRK gilt dies im besonderen Maße für den EGMR. Die *Unbestimmtheit* der Begriffe „Menschenwürde" und „unmenschliche oder erniedrigende Behandlung oder Strafe" einerseits und der damit *absolut gewährte Schutz* andererseits, der bei Eingriff in den Schutzbereich sowohl von Art. 1 Abs. 1 GG als auch von Art. 3 EMRK eine *Rechtfertigung unmöglich* macht und daher einen rechtlichen *Verbotsreflex* auslöst, erschwert eine inhaltliche Konturierung unabhängig von einem Einzelfall.

Dennoch konnte der Vorbehalt nach Art. 1 Abs. 1 GG i. V. m. Art. 3 EMRK für alle Haftbedingungen übergreifend dahin präzisiert werden, dass sie sowohl in ihrer Einzelwirkung als auch in ihrem Zusammenwirken zu betrachten sind. Einzelne Strafvollzugsumstände können für sich genommen eine erhöhte Menschenwürderelevanz aufweisen, durch andere Umstände aber in ihrer belastenden Wirkung relativiert werden, so dass sie zwar zunächst eine *relative Untergrenze* unterschreiten, aber in der Gesamtschau nicht die Menschenwürde verletzen. Andererseits kann die relative Untergrenze auch durch mehrere für sich genommen belastende, aber noch menschenwürdige Umstände unterschritten werden,

---

1643 Vgl. *Kap. 3.8.*

1644 Vgl. *Kap. 4.*

wenn sie in der Zusammenschau ihrer Belastungswirkung einen Menschenwürdeverstoß darstellen. Bei einer relativen Untergrenze zu menschenunwürdigen Haftbedingungen kommt es also immer auf die Wechselwirkung der Umstände an.

Anders hingegen verhält es sich bei Strafvollzugsfaktoren, deren Ausgestaltung eine *absolute Untergrenze* unterschreitet und die daher selbst in der Zusammenschau mit weiteren entlastenden Faktoren immer einen nicht zu rechtfertigenden Eingriff in die Menschenwürde darstellen. Bei solchen „roten Linien" der Strafvollzugsgestaltung kommt es somit auf Wechselwirkungen nicht an, sondern der Verbotsreflex des Art. 1 Abs. 1 GG i. V. m. Art. 3 EMRK greift zwangsläufig.

Die Analyse von Rechtsprechung und strafvollzugswissenschaftlichem Kenntnisstand zu einzelnen Haftbedingungen hat dann nicht nur relative Untergrenzen erkennen lassen: Auch wenn sich die einzelnen Haftbedingungen nicht einheitlich gut beschreiben lassen, etwa weil sie sich nicht als Zahlenwert ausdrücken lassen oder überhaupt nicht erfasst werden, so können doch einige „rote Linien" der Rechtsprechung der deutschen Fachgerichte, des BVerfG und des EGMR entnommen werden.[1645] Überraschenderweise hat sich das BVerfG bei der menschenrechtlichen Würdigung einzelner Haftbedingungen in Auslieferungsverfahren als weit weniger progressiv erwiesen als es das für die Bewahrung menschenrechtlicher Untergrenzen bei deutschen Strafvollzugsumständen ist. Da es sich ohnehin nur um Untergrenzen handelt, die obendrein durch die Menschenwürdegarantie abgesichert sind, scheidet für diese verfassungsgerichtliche Zurückhaltung jedenfalls die Völkerrechtsfreundlichkeit des Grundgesetzes als Begründung aus.

7.3 Das Auslieferungsverfahren

Für die prozessuale Ausgestaltung der innerstaatlichen Bestandteile des Auslieferungsverfahrens sind die Überlegungen zur Völkerrechtsfreundlichkeit des Grundgesetzes und zur Zurückhaltung im Rechtshilfeverkehr zunächst unerheblich: Im Auslieferungsverfahren gelten die verfassungsrechtlichen Gewährleistungen ungemindert, der Verfolgte genießt den vollen Grundrechtsschutz durch Verfahren.[1646] Eine Besonderheit stellt es in diesem Verfahren aus historischen und rechtstechnischen Gründen dar, dass die eigentliche gerichtliche Überprüfung des behördlichen Handelns auf etwaige Ermessensfehler hin, die den Verfolgten in Rechten verletzen, der Behördenentscheidung zeitlich vorgelagert ist. Um Art. 19 Abs. 4 GG dennoch zu genügen, darf das zuständige OLG keinen „Rechtsrest" mit subjektiv-rechtlichem Gehalt der anschließenden behördlichen Überprüfung

---

1645   Vgl. die Zusammenführung in *Kap. 4.9.*
1646   Vgl. *Kap. 3.8.2* und *Kap. 5.6.1.*

überlassen, sondern muss den Sachverhalt bereits selbst umfassend auf die mögliche Verletzung von Individualrechtspositionen hin untersuchen.[1647] Die Einarbeitung des RbEuHb in das deutsche Recht brachte eine Ausdehnung der Rechtspositionen mit individualrechtlichem Gehalt mit sich. Da die Reihenfolge – erstens Gerichtsentscheidung, zweitens behördliche Entscheidung – im Grundsatz beibehalten werden sollte, hat sich ein umständliches Verfahrensgebilde aus drei, gegebenenfalls sogar vier Einzelschritten wechselnder behördlicher und gerichtlicher Entscheidungen entwickelt.[1648]

Gegen die OLG-Entscheidung ist Rechtsschutz zum BVerfG möglich. Gegen dessen Entscheidung ist wiederum eine Individualbeschwerde beim EGMR denkbar. Beide Gerichte setzen sich also mit Auslieferungsentscheidungen der OLG auseinander. Während das BVerfG den OLG im Zuge dessen direkte prozessuale Vorgaben aus dem Verfassungsrecht macht, hat die Rechtsprechung des EGMR eine nur indirekte Wirkung auf die prozessuale Gestaltung des Auslieferungsverfahrens durch die OLG: Wenn die deutschen Fachgerichte eine regelmäßige Verurteilung der Bundesrepublik durch den EGMR in dieser Frage verhindern wollen, dürfen sie das Vorgehen des EGMR bei der Entscheidung über Auslieferungssachverhalte nicht ausblenden.

Die Kritik des *BVerfG* an fachgerichtlichen Auslieferungsentscheidungen hat sich in Teilen als widersprüchlich und lückenhaft erwiesen. Diese Lücken konnten aber dadurch geschlossen werden, dass sich Erwägungen des Gerichts zu verwandten prozessualen Fragestellungen übertragen ließen.[1649] Als verfassungsrechtlich geforderte Kernelemente einer Verfahrensgestaltung, die Menschenrechten zur Durchsetzung verhilft, haben sich die gründliche *Sachverhaltsaufklärung* und die eingehende und widerspruchsfreie *Sachverhaltswürdigung* erwiesen. Dem *Vortrag des Verfolgten* zu etwaigen menschenrechtlichen Auslieferungshindernissen, insbesondere bezüglich menschenunwürdigen Haftbedingungen, ist Beachtung zu schenken. Darüber hinaus bilden die zahl- und facettenreichen sowie geographisch weit gefächerten Menschenwürdeverstöße in den Strafvollzugssystemen anderer Länder einen ausreichenden Anlass, in *jedem* Auslieferungsverfahren die Wahrung menschenrechtlicher Mindeststandards durch die Haftbedingungen des ersuchenden Staates sicherzustellen – selbst wenn es sich um EU-Staaten handelt. Als Ausdruck der Völkerrechtsfreundlichkeit des Grundgesetzes sind dabei allerdings die Erkenntnisse der verschiedenen Akteure des internationalen Menschenrechtsschutzes mit zu berücksichtigen. Für die Europaratsstaaten sind dies vor allem die Arbeitsergebnisse des CPT, die bislang in Auslieferungsentscheidungen häufig ausgeblendet werden. Ob das befasste Fach-

---

1647 Vgl. *Kap. 5.5.1.*

1648 Vgl. *Kap. 5.5.2.*

1649 Zum Folgenden vgl. *Kap. 5.6.5.*

gericht tatsächlich den Sachverhalt in gebotenem Maße aufgeklärt und widerspruchsfrei und eingehend gewürdigt hat, kann nur in begrenztem Umfang überprüft werden. Mittelbar ist die Kontrolle über eine *hinreichende Begründungstiefe der Auslieferungsentscheidung* möglich.

Der Rechtsprechung des *EGMR* zur Einschätzung von Haftbedingungen im ersuchenden Staat lässt sich zusammengefasst das Gebot einer *zweistufigen Prüfung* für das deutsche Auslieferungsverfahren entnehmen: Zunächst ist das ausländische Strafvollzugssystem oder auch nur die bereits konkret benannte Anstalt, in der der Verfolgte untergebracht werden soll, auf *systemweite* menschenunwürdige Haftbedingungen hin zu untersuchen, denen damit auch der Verfolgte ausgesetzt wäre. Lässt sich ein solcher systemweiter Mangel nicht feststellen, ist im Weiteren nach Mängeln zu forschen, die in der *konkreten Person* des Verfolgten oder seiner Tat begründet liegen und für ihn ein erhöhtes Misshandlungsrisiko bewirken.[1650] Für den Bereich der Auslieferungen innerhalb der EU macht der EuGH den deutschen Entscheidungsträgern ähnliche Vorgaben. Bis auf einige offene Punkte ist hier mittlerweile das Bemühen um Kohärenz zu Ansätzen des BVerfG und des EGMR spürbar.[1651]

Bei den zur Verfügung stehenden Erkenntnisquellen[1652] fällt zum einen trotz der sachbezogenen Ermittlungsschwierigkeiten[1653] ihre Vielfalt auf, sodass in keinem Auslieferungsverfahren etwa nur auf die Zusicherung des ersuchenden Staates, der Verfolgte werde menschenwürdig behandelt werden, zurückgegriffen werden muss. Angesichts des *begrenzten Aussagewertes* solcher Zusicherungen[1654] ist es daher auch geboten, weitere Erkenntnisquellen zu bemühen und deren Darstellungen dazu ins Verhältnis zu setzen. Mehrere Grundregeln der Informationswürdigung konnten herausgearbeitet werden: Der *Handlungsrahmen* und der *Organisationsauftrag* einer Informationsquelle sind zu berücksichtigen.[1655] Ein besonderer Aussagewert kommt dabei einer Darstellung zu, die inhaltlich *im offensichtlichen Widerspruch* zu ihrem Handlungsrahmen und Organisationsauftrag steht.[1656] Stimmen die Darstellungen mehrerer verschiedener Quellen in ihrer Aussage überein, so dass sie sich *wechselseitig bestätigen*, hat dies ebenfalls ein erhöhtes Gewicht für die Überzeugungsbildung. Die hinzugezogenen Informationen sollten so *aktuell* wie möglich sein, um kurzfristigen Veränderungen der Situation bei den fraglichen Strafvollzugsbedingungen gerecht zu

---

1650 Vgl. *Kap. 5.7.6.*

1651 Vgl. *Kap. 5.8.*

1652 Vgl. *Kap. 5.9.2* bis *Kap. 5.9.8.*

1653 Vgl. *Kap. 5.9.1.*

1654 Vgl. *Kap. 5.9.6.4.*

1655 Vgl. *Kap. 5.9.1.2.*

1656 Zum Folgenden *Kap. 5.9.9.*

werden, falls der Natur des jeweiligen Haftumstandes nach kurzfristige Verschlechterungen oder insbesondere Verbesserungen überhaupt in Betracht kommen. Aufgrund ihrer immanenten Schwächen müsste auf das Einholen von Zusicherungen eigentlich ganz verzichtet werden,[1657] nach Lage der Dinge im internationalen Rechtshilfeverkehr wird dies aber auch weiterhin nicht möglich sein. Sie sind daher *im Bewusstsein ihrer Schwächen* von den OLG als Verfahrensmittel zur Informationsgewinnung einzusetzen und nach Zugang in die Überzeugungsbildung nur dann mit einzubeziehen, wenn sie gewissen *Mindestanforderungen* genügen.[1658] Als wichtigem „Gegenspieler" der Zusicherungen unter den Erkenntnisquellen wird in Zukunft Informationen von *örtlichen und internationalen NGO* eine deutlich gewichtigere Rolle zukommen müssen. Die Rechtsprechung von BVerfG und EGMR gibt diesen Weg auch vor.[1659] Für den Bereich der Europaratsstaaten stehen Zusicherungen die *Befunde des CPT* in seinen Besuchsberichten gegenüber. Hinzu treten die Feststellungen des *EGMR in Auslieferungssachverhalten* sowie aus *Pilotentscheidungen* zu den nationalen Strafvollzugssystemen einer europäischer Staaten. Weitere verlässliche Informationen sind u. a. Entscheidungen der LG über die Anrechnung im Ausland verbüßter Haftzeiten und der VG über Abschiebungen zu entnehmen.

7.4 Apokryphe Auslieferungsgründe

Jede Kritik an Rechtsprechung leidet unter dem Makel, dass erst durch die Rechtsprechung das bis *dato* abstrakte Recht in der Einzelfallanwendung konstituiert wird und dabei – jenseits arithmetisch fehlerhafter Umsetzung vorgegebener Zahlenwerte – nicht „falsch" sein kann.[1660] Dieser Makel haftet daher auch einer Beurteilung gerichtlicher Entscheidungen zu Auslieferungssachverhalten an. Um dem ein Stück weit begegnen zu können, bestehen an die Rechtsanwendung im Auslieferungsverfahren die beiden Anforderungen, dass der Sachverhalt gründlich aufzuklären sowie widerspruchsfrei und eingehend zu würdigen ist. Die stichprobenartige Analyse[1661] einiger fach- und verfassungsgerichtlicher Entscheidungen zu Auslieferungssachverhalten hat jedoch Entscheidungen aufgezeigt, die entweder bereits für sich genommen oder spätestens im Zusammenspiel mit anderen Entscheidungen nicht nachvollziehbar sind. Einigen, gerade fachgerichtlichen

---

1657 Vgl. *Kap. 5.9.6.5.*

1658 Vgl. *Kap. 5.9.6.6.*

1659 Vgl. *Kap. 5.9.7.4.*

1660 Vgl. *Kap. 5.6.3.*

1661 Vgl. *Kap. 6.*

Entscheidungen mag ein guter Wille unterstellt werden können, in bestem Glauben an den ersuchenden Staat eine Auslieferung und damit immerhin eine regelmäßig gerechtfertigte Strafverfolgung für eine begangene Straftat „irgendwie zu ermöglichen". Bei zahlreichen Entscheidungen stellen sich jedoch Zweifel ein, ob die Fachgerichte und selbst das BVerfG im Einzelfall dessen eigenem, sehr früh postuliertem Maßstab gerecht werden, nach dem eine Verletzung von Verfassungsrecht vorliegt, wenn die Rechtsanwendung „bei verständiger Würdigung der das Grundgesetz beherrschenden Gedanken nicht mehr verständlich [ist] und sich daher der Schluß aufdrängt, daß sie auf sachfremden Erwägungen beruht"[1662]. Gleiches gilt für die auch auf das Auslieferungsrecht bezogene Spezifizierung des Gerichtes, dass eine Verletzung vorliege, wenn „die Rechtsanwendung oder das dazu eingeschlagene Verfahren unter keinem denkbaren Gesichtspunkt rechtlich vertretbar ist und sich daher der Schluss aufdrängt, dass die Entscheidung auf sachfremden und damit willkürlichen Erwägungen beruht"[1663].

In einem Rechtsstaat kann es jedenfalls nicht darum gehen, bei der Bewertung eines Auslieferungssachverhaltes eine mögliche Auswirkung auf die bilateralen Beziehungen zu einem anderen Staat vorwegzunehmen, und davon abgeleitet das gewünschte Ergebnis mit den jeweils passenden Argumenten zu untermauern. Vielmehr ergeben sich aus den in ihrem Wortlaut nur vage verfassungsrechtlich verbürgten Menschenrechten im Lichte internationaler Mindeststandards für einzelne Haftbedingungen konkrete Vorbehalte und Vorgaben. Die Berücksichtigung dieser Mindestanforderungen kann nicht zur Disposition der über die Zulässigkeit der Auslieferung befindenden Richter – und auch nicht der die Auslieferung bewilligenden Behörde – stehen. Jene Berücksichtigung ist verfassungsrechtlich geboten, die Nichtberücksichtigung stellt eine Verletzung der elementarsten Grundrechte des Auszuliefernden dar.

Die ihrem Wesen nach uneinheitliche Rechtsprechung wird inhaltlich eingehegt durch einen juristischen Diskurs, der ganz wesentlich durch die Rechtsprechung höherer Gerichte geprägt ist. Wo die OLG sich einer vermeintlich gefestigten, auslieferungsfreundlichen Rechtsprechung des BVerfG zur Einschätzung von Strafvollzugsbedingungen in anderen Ländern gegenübersehen, sei indes an ein Postulat des BVerfG selbst erinnert: „Der Fortschritt in der Richtung von roheren zu humaneren, von einfacheren zu differenzierteren Formen des Strafens ist weitergegangen, wobei der Weg erkennbar wird, der noch zurückzulegen ist. Das Urteil darüber, was der Würde des Menschen entspricht, kann daher nur auf dem jetzigen Stande der Erkenntnis beruhen und keinen Anspruch auf zeitlose Gültigkeit erheben."[1664] Mit anderen Worten unterliegt die Beurteilung von Haftbedingungen auf ihre Konformität mit der Menschenwürdegarantie hin einer Pflicht

---

1662 BVerfGE 4, 1 (7).

1663 BVerfGE 108, 129 (137).

1664 BVerfGE 45, 187 (229).

zur steten Aktualisierung. Die Anforderungen an eine humane Gestaltung des Strafvollzugs steigen damit fortwährend, und also auch die Anforderungen an die im Mindesten vom ersuchenden Staat zu gewährleistenden Haftbedingungen. Eine in der Vergangenheit getroffene positive Auslieferungsentscheidung bedeutet nicht zwangsläufig, dass alle künftigen Einschätzungen der Menschenwürdekonformität gleichermaßen auszufallen haben.

Insgesamt hat als oberste Leitlinie zu gelten, dass die tatsächlichen Haftbedingungen des ausländischen Strafvollzugs bestmöglich aufgeklärt und widerspruchsfrei gewürdigt werden müssen, wenn man das Gebot einer menschenwürdigen Behandlung auch im Auslieferungsverfahren ernst nehmen möchte. Die Strafvollzugswissenschaft hat durch kritische Begleitung fortlaufend darauf zu achten, dass die Rechtsprechung dieses Versprechen aus der Verfassung auch einhält.

Literatur:

Adomeit, K. (2003): Der Rechtspositivismus im Denken von Hans Kelsen und von Gustav Radbruch. JZ, S. 161-166.

Adomeit, K.; Hähnchen, S. (2008): Rechtstheorie für Studenten. 5. Aufl., Heidelberg: C. F. Müller.

Aebi, M. F.; Delgrande, N. (2015): SPACE I – Council of Europe Annual Penal Statistics: Prison populations. Survey 2013. Straßburg: Council of Europe Publishing.

Ahlbrecht, H.; Böhm, K. M.; Rosenthal, M. (2008): Das Rechtshilfeverfahren. In: Ahlbrecht, H.; Böhm, K. M.; Esser, R.; Hugger, H.; Kirsch, S.; Rosenthal, M. (Hrsg.): Internationales Strafrecht in der Praxis. Heidelberg u. a.: C. F. Müller, Rn. 593-1054.

Alleweldt, R. (1996): Schutz vor Abschiebung bei drohender Folter oder unmenschlicher oder erniedrigender Behandlung oder Strafe. Berlin: Springer.

Alleweldt, R. (1997): Schutz vor Folter, Terrorismusverdacht, Zusicherung menschenwürdiger Behandlung: das Chahal-Urteil des EGMR. NVwZ, S. 1078-1080.

Almenara, M. A.; van Zyl Smit, D. (2015): Human Dignity and Life Imprisonment: The Pope Enters the Debate. Human Rights Law Review, S. 1-8.

Ambos, K. (2003): Der Europäische Gerichtshof für Menschenrechte und die Verfahrensrechte: Waffengleichheit, partizipatorisches Vorverfahren und Art. 6 EMRK. ZStW 115, S. 583-637.

Ambos, K. (2010): Transnationale Beweiserlangung – 10 Thesen zum Grünbuch der EU-Kommission „Erlangung verwertbarer Beweise in Strafsachen aus einem anderen Mitgliedstaat". ZIS, S. 557-566.

Ambos, K. (2011): Internationales Strafrecht. 3. Aufl., München: C. H. Beck.

Ambos, K. (2014): Internationales Strafrecht. 4. Aufl., München: C. H. Beck.

American Civil Liberties Union (2013): A Living Death – Life without Parole for Nonviolent Offenses. *Online verfügbar unter*: http://www.aclu.org/files/assets/111813-lwop-complete-report.pdf (letzter Abruf 20.02.2015).

Amnesty International (1996): Jahresbericht 1996. Berichtszeitraum: 1. Januar-31. Dezember 1995. Frankfurt a. M.

Arloth, F. (2011): Strafvollzugsgesetze (Kommentar). 3. Aufl., München: C. H. Beck.

Auswärtiges Amt (2008) (Hrsg.): 8. Bericht der Bundesregierung über ihre Menschenrechtspolitik in den auswärtigen Beziehungen und in anderen Politikbereichen. Paderborn: Bonifatius.

Baach, F. (2006): Der europäische Rahmenbeschluss und die Grundrechte des Grundgesetzes. GreifR, S. 25-30.

Bacher, K. (2015): Kommentierung zur ZPO. In: Vorwerk, V.; Wolf, C. (Hrsg.): Beck'scher Online-Kommentar ZPO. 16. Edition, München: C. H. Beck.

Bachmann, M. (2015): Bundesverfassungsgericht und Strafvollzug: eine Analyse aller veröffentlichten Entscheidungen. Berlin: Duncker & Humblot.

Bachmann, M.; Goeck, F. (2012): Folter im deutschen Strafvollzug? NJ, S. 407-413.

Baier, H. (2001): Die Auslieferung von Bürgern der Europäischen Union an Staaten innerhalb und außerhalb der EU. GA, S. 427-446.

Baldus, M. (2011): Menschenwürdegarantie und Absolutheitsthese. AöR 136, S. 529-552.

Bank, R. (1996): Die internationale Bekämpfung von Folter und unmenschlicher Behandlung auf den Ebenen der Vereinten Nationen und des Europarates. Freiburg i. Br.: Edition iuscrim.

Bank, R. (2013): Kap. 11 – Das Verbot von Folter, unmenschlicher oder erniedrigender Behandlung oder Strafe. In: Dörr, O.; Grote, R.; Marauhn, T. (Hrsg.): EMRK/GG: Konkordanzkommentar zum europäischen und deutschen Grundrechtsschutz. Bd. I: Kapitel 1-19. 2. Aufl., Tübingen: Mohr Siebeck, S. 537-606.

Bassiouni, M. C.; Wise, E. M. (1995): Aut dedere aut judicare: the duty to extradite or prosecute in international law. Dordrecht u. a.: Martinus Nijhoff Publishers.

Bauer, I. (2016): Kommentierung zum Aufenthaltsgesetz. In: Bergmann, J.; Dienelt, K. (Hrsg.): Ausländerrecht. Kommentar. 11. Aufl., München: C. H. Beck.

Beck, A. J.; Greenfeld, L. A. (1995): Violent Offenders in State Prison: Sentences and Time Served. Bureau of Justice Statistics, Selected Findings July 1995. *Online verfügbar unter*: http://bjs.gov/content/pub/pdf/VOSPATS.PDF (letzter Abruf 16.03.2015).

Benda, E. (1984): Resozialisierung als Verfassungsauftrag. In: Zeidler, W.; Maunz, T.; Roellecke, G. (Hrsg.): Festschrift für Hans Joachim Faller. München: C. H. Beck, S. 307-324.

Benz, W. B. (1942): Die identische Norm im Auslieferungsrecht. Aarau: Sauerländer.

Bergmann, U. (2006): Diener dreier Herren – Der Instanzrichter zwischen BVerfG, EuGH und EGMR. EuR, S. 101-115.

Bergmann, J. (2015): Das Dublin-Asylsystem. ZAR, S. 81-90.

Bernhardt, R. (1989): Einwirkungen der Entscheidungen internationaler Menschenrechtsinstitutionen auf das nationale Recht. In: Hailbronner, K.; Ress, G.; Stein, T. (Hrsg.): Festschrift für Karl Doehring. Berlin u. a.: Springer, S. 23-35.

Bieber, R.; Epiney, A.; Haag, M. (2013): Die Europäische Union. Europarecht und Politik. 10. Aufl., Baden-Baden: Nomos.

Bieber, R.; Epiney, A.; Haag, M. (2015): Die Europäische Union. Europarecht und Politik. 11. Aufl., Baden-Baden: Nomos.

Bilz, C. (2014): Die Begründetheit der Urteilsverfassungsbeschwerde. GreifR, S. 133-138.

Bode, B.-D. (1984): Die bedingte Aussetzung der lebenslangen Freiheitsstrafe. In: Zeidler, W.; Maunz, T.; Roellecke, G. (Hrsg.): Festschrift für Hans Joachim Faller. München: C. H. Beck, S. 325-344.

Böhm, K. M. (2006): Das neue Europäische Haftbefehlsgesetz. NJW, S. 2592-2596.

Böhm, K. M. (2008): Die Kozlowski-Entscheidung des EuGH und ihre Auswirkungen auf das deutsche Auslieferungsrecht – Kein „Strafvollstreckungstourismus" innerhalb Europas. NJW, S. 3183-3185.

Böse, M. (2002): Anmerkung zu OLG Wien, Beschluss vom 11.09.2001 – 22 Ns 2/01. NStZ, S. 670-672.

Bothge, R. (2000): Strafvollzug in Wladimir. ZfStrVo 49, S. 35-39.

Boxberg, V.; Wolter, D.; Neubacher, F. (2013): Gewalt und Suizid im Jugendstrafvollzug – Erste Ergebnisse einer Längsschnittstudie. In: Dessecker, A.; Egg, R. (Hrsg.): Justizvollzug in Bewegung. Wiesbaden: Kriminologische Zentralstelle, S. 87-125.

Breunig, G. (2014): Kommentierung zur VwGO. In: Posser, H.; Wolff, H. A. (Hrsg.): Beck'scher Online-Kommentar VwGO. 33. Edition, München: C. H. Beck.

Brodowski, D. (2013): Strafrechtsrelevante Entwicklungen in der Europäischen Union – ein Überblick. ZIS, S. 455-472.

Brodowski, D. (2016): Die drohende Verletzung von Menschenrechten bei der Anerkennung Europäischer Haftbefehle auf dem Prüfstand: Die zweifelhafte Aktivierung der Verfassungsidentität durch das BVerfG und eine Kurskorrektur in der Rechtsprechung des EuGH. JR, S. 415-432.

Bryde, B.-O. (2011): Verfassungsgerichtsbarkeit in der Demokratie. EuGRZ, S. 237-238.

Bung, J. (2016): Fünf Grundprobleme des heutigen Strafrechts. ZIS, S. 340-344.

Burchard, C. (2013): Auslieferung (Europäischer Haftbefehl). In: Böse, M. (Hrsg.): Europäisches Strafrecht. Baden-Baden: Nomos, S. 537-571.

Calliess, R.-P.; Müller-Dietz, H. (2008): Kommentar zum Strafvollzugsgesetz. 11. Aufl., München: C. H. Beck.

Capus, N. (2010): Souveränität und Strafrecht: Das Erfordernis der beidseitigen Strafbarkeit in der internationalen Rechtshilfe in Strafsachen. Bern: Stämpfli.

Castro Morales, Á. (2016): Jugendstrafvollzug und Jugendstrafrecht in Chile, Peru und Bolivien unter besonderer Berücksichtigung von nationalen und internationalen Kontrollmechanismen. Rechtliche Regelungen, Praxis, Reformen und Perspektiven. Mönchengladbach: Forum Verlag Godesberg.

Cernko, D. (2014): Die Umsetzung der CPT-Empfehlungen im deutschen Strafvollzug. Berlin: Duncker & Humblot.

Ciklauri-Lammich, E.; Lammich, S. (2001): Aktuelle Situation des Strafvollzugs in Russland. ZfStrVo 50, S. 95-99.

Classen, C. D. (2016): Zu wenig, zu fundamentalistisch – zur grundrechtlichen Kontrolle „unionsrechtlich determinierter" nationaler Hoheitsakte. Anmerkung zum Beschluss des BVerfG vom 15.12.2015, 2 BvR 2735/14. EuR, S. 304-313.

Conrad, P. (2013): Der Grundsatz der beiderseitigen Strafbarkeit im Rechtshilfe- und Strafanwendungsrecht. Hamburg: Kovač.

CPT (1996): Öffentliche Stellungnahme die Türkei betreffend (CPT/Inf (96) 34). *Online verfügbar unter*: http://www.cpt.coe.int/documents/tur/1996-34-inf-eng.pdf (letzter Abruf 26.07.2015).

CPT (2001): 11. Allgemeiner Tätigkeitsbericht des CPT vom 3. September 2001 für den Zeitraum 01.01.2000 bis 31.12.2000 (CPT/Inf (2001) 16). *Online verfügbar unter*: http://www.cpt.coe.int/en/annual/rep-11.pdf (letzter Abruf 26.07.2015).

CPT (2005): 15. Allgemeiner Tätigkeitsbericht des CPT vom 22. September 2005 für den Zeitraum 01.08.2004 bis 31.07.2005 (CPT/Inf (2005) 17). *Online verfügbar unter*: http://www.cpt.coe.int/en/annual/rep-15.pdf (letzter Abruf 05.07.2015).

CPT (2011a): Öffentliche Stellungnahme Griechenland betreffend (CPT/Inf (2011) 10). *Online verfügbar unter*: http://www.cpt.coe.int/documents/grc/2011-10-inf-eng.pdf (letzter Abruf 26.07.2015).

CPT (2011b): Bericht des Europäischen Komitees zur Verhütung von Folter und unmenschlicher oder erniedrigender Behandlung oder Strafe über seinen Besuch in Litauen vom 14. bis zum 18. Juni 2010 (CPT/Inf (2011) 17). *Online verfügbar unter*: http://www.cpt.coe.int/documents/ltu/2011-17-inf-eng.pdf (letzter Abruf 23.07.2015).

CPT (2012): Bericht des Europäischen Komitees zur Verhütung von Folter und unmenschlicher oder erniedrigender Behandlung oder Strafe über seinen Besuch in Bulgarien vom 4. bis zum 10. Mai 2012 (CPT/Inf (2012) 32). *Online verfügbar unter*: http://www.cpt.coe.int/documents/bgr/2012-32-inf-eng.pdf (letzter Abruf 22.07.2015).

CPT (2013): Bericht des Europäischen Komitees zur Verhütung von Folter und unmenschlicher oder erniedrigender Behandlung oder Strafe über seinen Besuch der Nordkaukasusregion der Russischen Föderation vom 27. April bis zum 06. Mai 2011 (CPT/Inf (2013) 1). *Online verfügbar unter*: http://www.cpt.coe.int/documents/rus/2013-01-inf-eng.pdf (letzter Abruf 23.07.2015).

CPT (2014): Bericht des Europäischen Komitees zur Verhütung von Folter und unmenschlicher oder erniedrigender Behandlung oder Strafe über seinen Besuch in Litauen vom 27. November bis zum 4. Dezember 2012 (CPT/Inf (2014) 18). *Online verfügbar unter*: http://www.cpt.coe.int/documents/ltu/2014-18-inf-eng.pdf (letzter Abruf 23.07.2015).

CPT (2015a): Die Standards des Europäischen Komitees zur Verhütung von Folter und unmenschlicher oder erniedrigender Behandlung oder Strafe (CPT/Inf/E (2002) 1 – Rev. 2015). *Online verfügbar unter*: http://www.cpt.coe.int/lang/deu/deu-standards.pdf (letzter Abruf 21.06.2015).

CPT (2015b): Bericht des Europäischen Komitees zur Verhütung von Folter und unmenschlicher oder erniedrigender Behandlung oder Strafe über seinen Besuch in Bulgarien vom 24. März bis zum 3. April 2014 (CPT/Inf (2015) 12). *Online verfügbar unter*: http://www.cpt.coe.int/documents/bgr/2015-12-inf-eng.pdf (letzter Abruf 22.07.2015).

CPT (2015c): Öffentliche Stellungnahme Bulgarien betreffend (CPT/Inf (2015) 17). *Online verfügbar unter*: http://www.cpt.coe.int/documents/bgr/2015-17-inf-eng.pdf (letzter Abruf 22.07.2015).

Cramer, P. (2014): Artikel 146 Grundgesetz zwischen offener Staatlichkeit und Identitätsbewahrung: Perspektiven des Schlussartikels des Grundgesetzes für die künftige europäische Integration. Berlin: Duncker & Humblot.

Cremer, H.-J. (2007): Völkerrecht – Alles nur Rhetorik? ZaöRV 67, S. 267-296.

Cremer, H.-J. (2011): Grundrechtsvielfalt und Grundrechtskonflikte im europäischen Mehrebenensystem – Lösungsstrategien. EuGRZ, S. 225-228.

Cremer, H.-J. (2013): Kap. 32 – Entscheidung und Entscheidungswirkung. In: Dörr, O.; Grote, R.; Marauhn, T. (Hrsg.): EMRK/GG: Konkordanzkommentar zum europäischen und deutschen Grundrechtsschutz. Bd. II: Kapitel 20-33. 2. Aufl., Tübingen: Mohr Siebeck, S. 2053-2147.

Dammann, I. (2011): Der Kernbereich privater Lebensgestaltung: Zum Menschenwürde- und Wesensgehaltsschutz im Bereich der Freiheitsgrundrechte. Berlin: Duncker & Humblot.

Dawin, M. (2014): Kommentierung des § 108. In: Kopp, F.; Schneider, J.-P.; Bier, W. (Hrsg.): VwGO-Kommentar. 26. Ergänzungslieferung, München: C. H. Beck.

Decker, A. (2013): Kommentierung des § 114. In: Posser, H.; Wolff, H. A. (Hrsg.): Beck'scher Online-Kommentar VwGO. 24. Edition, München: C. H. Beck.

Dederer, H.-G. (2014): Kommentierung des Art. 100 GG. In: Herzog, R.; Scholz, R.; Herdegen, M.; Klein, H. H. (Hrsg.): Maunz/Dürig Grundgesetz-Kommentar. 72. Ergänzungslieferung, München: C. H. Beck.

Delbrück, J.; Wolfrum, R. (2002a): Völkerrecht. Bd. 1, Teilband 2: Der Staat und andere Völkerrechtssubjekte. Räume unter internationaler Verwaltung. 2. Aufl., Berlin: de Gruyter.

Delbrück, J.; Wolfrum, R. (2002b): Völkerrecht. Bd. 1, Teilband 3: Die Formen des völkerrechtlichen Handelns. Die inhaltliche Ordnung der internationalen Gemeinschaft. 2. Aufl., Berlin: de Gruyter.

Detterbeck, S. (2015): Allgemeines Verwaltungsrecht mit Verwaltungsprozessrecht. 13. Aufl., München: C. H. Beck.

Dietlein, M.-G. (2002): Bilder des GULag im baden-württembergischen Jugendstrafvollzug von heute. ZfStrVo 51, S. 151-156.

Dietlein, J. (2015): Kommentierung des Art. 79 GG. In: Epping, V.; Hillgruber, C. (Hrsg.): Beck'scher Online-Kommentar GG. 25. Edition, München: C. H. Beck.

Djeffal, C. (2013): Die herrschende Meinung als Argument – Ein didaktischer Beitrag in historischer und theoretischer Perspektive. ZJS, S. 463-466.

Doehring, K. (1999): Die Verletzung der Menschenwürde und erniedrigende Behandlung als Ausweisungs- und Auslieferungshindernis (Referat). In: Hailbronner, K.; Klein, E.: Einwanderungskontrolle und Menschenrechte – Immigration Control and Human Rights. Heidelberg: C.F. Müller, S. 209-214.

Dreier, H. (2013): Kommentierung zum Grundgesetz. In: Dreier, H. (Hrsg.): Grundgesetz (Kommentar). Bd. I: Artikel 1-19. 3. Aufl., Tübingen: Mohr Siebeck.

Drenkhahn, K.; Dudeck, M.; Dünkel, F. (2014) (Hrsg.): Long-term imprisonment and human rights. London, New York: Routledge.

Duerr, H. P. (1993): Der Mythos vom Zivilisationsprozeß. Bd. 3: Obszönität und Gewalt. Frankfurt a. M.: Suhrkamp.

Dünkel, F. (2007): Strafvollzug und die Beachtung der Menschenrechte. In: Müller-Dietz, H.; Müller, E.; Kunz, K.-L.; Radtke, H.; Britz, G.; Momsen, C. (Hrsg.): Festschrift für Heike Jung zum 65. Geburtstag am 23. April 2007. Baden-Baden: Nomos, S. 99-126.

Dünkel, F. (2010a): Die Europäischen Strafvollzugsgrundsätze von 2006. In: Preusker, H.; Maelicke, B.; Flügge, C. (Hrsg.): Das Gefängnis als Risiko-Unternehmen. Baden-Baden: Nomos, S. 202-215.

Dünkel, F. (2010b): Gefangenenraten im internationalen und nationalen Vergleich. NK 22, S. 4-11.

Dünkel, F.; Lappi-Seppälä, T.; Morgenstern, C.; van Zyl Smit, D. (2010) (Hrsg.): Kriminalität, Kriminalpolitik, strafrechtliche Sanktionspraxis und Gefangenenraten im europäischen Vergleich. Mönchengladbach: Forum Verlag Godesberg.

Dünkel, F.; Morgenstern, C.; Zolondek, J. (2006): Europäische Strafvollzugs-grundsätze verabschiedet! NK 18, S. 86-88.

Dürig, G. (1958): Kommentierung zum Grundgesetz. In: Maunz, T.; Dürig, G. (Hrsg.): Maunz/Dürig Grundgesetz-Kommentar. Grundwerk, München: C. H. Beck.

Dürig, G.; Scholz, R. (2013): Kommentierung des Art. 3 Abs. 1 GG. In: Herzog, R.; Scholz, R.; Herdegen, M.; Klein, H. H. (Hrsg.): Maunz/Dürig Grundge-setz-Kommentar. 67. Ergänzungslieferung, München: C. H. Beck.

Einat, T. (2013): Rape and Consensual Sex in Male Israeli Prisons: Are There Differences With Western Prisons? The Prison Journal 93, S. 80-101.

Elbing, G. (1992): Zur Anwendbarkeit der Grundrechte bei Sachverhalten mit Auslandsbezug. Berlin: Duncker & Humblot.

Elias, N. (1994): Über den Prozeß der Zivilisation, Bd. 2. 18. Aufl., Frankfurt a. M.: Suhrkamp.

Equal Justice Initiative (2007): Cruel and Unusual: Sentencing 13- and 14-Year-Old Children to Die in Prison. *Online verfügbar unter*: http://www.eji.org /cruelandunusual (letzter Abruf 12.03.2015).

Eschelbach, R. (2015): Kommentierung des § 261 StPO. In: Graf, J. P. (Hrsg.): Beck'scher Online-Kommentar StPO. 20. Edition, München: C.H. Beck.

Eser, A. (2014): Kommentierung zum StGB. In: Eser, A. (Hrsg.): Schönke Schröder: Strafgesetzbuch (Kommentar). 29 Aufl., München: C. H. Beck.

Europäisches Parlament (2011): Entschließung des Europäischen Parlaments vom 15. Dezember 2011 zu den Haftbedingungen in der EU (2011/2897 (RSP)). *Online verfügbar unter*: http://www.europarl.europa.eu/sides/ getDoc.do?type=TA&reference=P7-TA-2011-0585&language=DE&ring =B7-2011-0687 (letzter Abruf 26.07.2015).

Europarat (2014): Jahresbericht des Europäischen Gerichtshofes für Menschen-rechte. Straßburg: Valblor. *Online verfügbar unter*: http://www.echr.coe.int /Pages/home.aspx?p= echrpublications (letzter Abruf 26.07.2015).

Evans, M. D. (2002): Getting to grips with torture. International and Comparative Law Quarterly 51, S. 365-383.

Fahl, C. (2013): Der Kellner, der Dieb und die Schweinehundtheorie. JA, S. 1226-1229.

Fiedeler, S. M. (2003): Das verfassungsrechtliche Hoffnungsprinzip im Strafvoll-zug – ein hoffnungsloser Fall? Frankfurt a. M.: Lang.

Flügge, C. (2010): Internationale und nationale Kontrollmechanismen im Straf-vollzug. In: Preusker, H.; Maelicke, B.; Flügge, C. (Hrsg.): Das Gefängnis als Risiko-Unternehmen. Baden-Baden: Nomos, S. 216-230.

Frank, R. (1920): Wesen und Tragweite der deutschen Auslieferungsgesetze. In: Festgabe für Dr. jur. h. c. Otto Liebmann, den Begründer, Verleger, Schriftleiter und Herausgeber der Deutschen JZ. Berlin: Liebmann, S. 139-147.

Frankenberg, G. (1986): Ausweisung und Abschiebung trotz drohender Todesstrafe? JZ, S. 414-421.

Freund, O. (2010): Die Anordnung von Untersuchungshaft wegen Flucht und Fluchtgefahr gegen EU-Ausländer unter besonderer Berücksichtigung des Europäischen Haftbefehls. Baden-Baden: Nomos.

Fröhlich, D. (2011): Das Asylrecht im Rahmen des Unionsrechts: Entstehung eines föderalen Asylregimes in der Europäischen Union. Tübingen: Mohr Siebeck.

Frowein, J. A. (1980): Die Europäische und die Amerikanische Menschenrechtskonvention: ein Vergleich. EuGRZ, S. 442-449.

Frowein, J. A.; Kühner, R. (1983): Drohende Folterung als Asylgrund und Grenze für Auslieferung und Ausweisung. ZaöRV 43, S. 537-565.

Fyrnys, M. (2011): Expanding Competences by Judicial Lawmaking: The Pilot Judgment Procedure of the European Court of Human Rights. German Law Journal, S. 1231-1259.

Gärditz, K. F. (2004): Das Strafrecht in der Rechtsprechung der Landesverfassungsgerichte. AöR 129, S. 584-617.

Gärditz, K. F. (2013a): Europäisierung des Strafrechts und nationales Verfassungsrecht. In: Böse, M. (Hrsg.): Europäisches Strafrecht. Baden-Baden: Nomos, S. 227-268.

Gärditz, K. F. (2013b): Rechtsschutz. In: Böse, M. (Hrsg.): Europäisches Strafrecht. Baden-Baden: Nomos, S. 887-921.

Gast, W. (2006): Juristische Rhetorik. 4. Aufl., Heidelberg: C. F. Müller.

Geck, W. K. (1956): Der Anspruch des Staatsbürgers auf Schutz gegenüber dem Ausland nach deutschem Recht. ZaöRV 17, S. 476-545.

Geck, W. K. (1963): Die völkerrechtlichen Wirkungen verfassungswidriger Verträge – zugleich ein Beitrag zum Vertragsschluß im Verfassungsrecht der Staatenwelt. Köln u. a.: Carl Heymanns.

Geck, W. K. (1965): Art. 102 GG und der Rechtshilfeverkehr zwischen der Bundesrepublik und Ländern mit der Todesstrafe. JuS, S. 221-232.

Geiger, R. (1978): Zur Lehre vom Völkergewohnheitsrecht in der Rechtsprechung des Bundesverfassungsgerichts. AöR 103, S. 382-407.

Gerhardt, M. (2012): Vorbemerkung zu § 113. In: Schoch, F.; Schneider, J.-P.; Bier, W. (Hrsg.): Kommentar zur Verwaltungsgerichtsordnung. 24. Ergänzungslieferung, München: C. H. Beck.

Gilbert, G. (2006): Responding to international crime. 2. Aufl., Leiden u. a.: Nijhoff.

Gillmeister, F. (1991): Auslieferung und Auslieferungshaft – mit Berücksichtigung des Betäubungsmittelrechts. NJW, S. 2245-2252.

Gleß, S. (2004): Zum Prinzip der gegenseitigen Anerkennung. ZStW 116, S. 353-367.

Gleß, S. (2013): Beweisrechtshilfe. In: Böse, M. (Hrsg.): Europäisches Strafrecht. Baden-Baden: Nomos, S. 611-629.

Globke, C. (2009): Die Auslieferung an den Internationalen Strafgerichtshof: Ein Beitrag zur Domatik des Art. 16 Abs. 2 GG. Tübingen: Mohr Siebeck.

Goffman, E. (1972): Asyle: über die soziale Situation psychiatrischer Patienten und anderer Insassen. Frankfurt a. M.: Suhrkamp.

Grabenwarter, C. (2009): Die Europäische Menschenrechtskonvention: Ein Studienbuch. 4. Aufl., München: C. H. Beck.

Grabenwarter, C. (2010): Wirkungen eines Urteils des Europäischen Gerichtshofs für Menschenrechte – am Beispiel des Falls M. gegen Deutschland. JZ, S. 857-869.

Grabenwarter, C. (2011): Grundrechtsvielfalt und Grundrechtskonflikte im europäischen Mehrebenensystem – Wirkungen von EGMR-Urteilen und der Beurteilungsspielraum der Mitgliedstaaten. JZ, S. 229-232.

Grabenwarter, C.; Pabel, K. (2012): Europäische Menschenrechtskonvention: Ein Studienbuch. 5. Aufl., München: C. H. Beck.

Gräfenstein, E. (2003): Art. 3 EMRK und die Behandlung von Strafgefangenen. ZfStrVo 52, S. 10-16.

Graßhof, K.; Backhaus, R. (1996): Verfassungsrechtliche Gewährleistungen im Auslieferungsverfahren. EuGRZ, S. 445-449.

Grunsky, W. (2001): Ordre Public. In: Tilch, H.; Arloth, F. (Hrsg.): Deutsches Rechts-Lexikon. 3. Aufl., München: C. H. Beck.

Grützner, H. (1956): Staatspolitik und Kriminalpolitik im Auslieferungsrecht. ZStW 68, S. 501-518.

Grützner, H. (1969): Aktuelle Probleme der Auslieferung. ZStW 81, S. 119-141.

Guradze, H. (1968): Die Europäische Menschenrechtskonvention: Konvention zum Schutze der Menschenrechte und Grundfreiheiten nebst Zusatzprotokollen (Kommentar). Berlin u. a.: Vahlen.

Gusy, C. (1980): Die neuere Entwicklung des völkerrechtlichen Auslieferungsrechts. BayVBl., S. 10-15.

Hackner, T. (2012): Kommentierung zum IRG und zur Internationalen Rechtshilfe in Strafsachen. In: Schomburg, W.; Lagodny, O.; Gleß, S.; Hackner, T. (Hrsg.): Internationale Rechtshilfe in Strafsachen. 5. Aufl., München: C. H. Beck.

Hackner, T.; Lagodny, O.; Schomburg, W.; Wolf, N. (2003): Internationale Rechtshilfe in Strafsachen. Ein Leitfaden für die Praxis. München: C. H. Beck.

Hackner, T.; Schomburg, W. (2012): Kommentierung zum IRG. In: Schomburg, W.; Lagodny, O.; Gleß, S.; Hackner, T. (Hrsg.): Internationale Rechtshilfe in Strafsachen. 5. Aufl., München: C. H. Beck, Hauptteil I.

Häde, U. (1997): Die Auslieferung – Rechtsinstitut zwischen Völkerrecht und Grundrechten. Der Staat, S. 1-6.

Haider, D. (2013): The pilot-judgment procedure of the European Court of Human Rights. Leiden, Boston: Nijhoff.

Hailbronner, K. (1989): Ausländerrecht: ein Handbuch. 2. Aufl., Heidelberg: Müller.

Hailbronner, K. (1995): Refoulement-Verbote und Drittstaatenregelung (Art. 33 GK und Art. 3 EMRK). In: Beyerlin, U.; Bothe, M.; Hofmann, R.; Petersmann, E.-U. (Hrsg.): Recht zwischen Umbruch und Bewahrung: Völkerrecht, Europarecht, Staatsrecht. Festschrift für Rudolf Bernhardt. Berlin u. a.: Springer.

Hailbronner, K. (1999): Art. 3 EMRK – ein neues europäisches Konzept der Schutzgewährung? DÖV, S. 617-624.

Hailbronner, K.; Olbrich, V. (1985): Asylrecht und Auslieferung. NVwZ, S. 297-304.

Hamm, R. (2002): Sind die USA als Rechtsstaat noch vorbildlich? NJW, S. 3150-3151.

Haney, C. (2003): Mental health issues in long-term solitary and „supermax" confinement. Crime & Delinquency 49, S. 124-156.

Haney, C. (2013): Prison effects in the age of mass incarceration. The Prison Journal 93, Nr. 1, S. 1-24.

Hannikainen, L. (1988): Peremptory norms (jus cogens) in international law: historical development, criteria, present status. Helsinki: Lakimiesliiton Kustannus.

Hartwig, M. (2003): Der Gleichheitssatz und die Universalisierung der Menschenrechte. In: Wolfrum, R. (Hrsg.): Gleichheit und Nichtdiskriminierung im nationalen und internationalen Menschenrechtsschutz. Berlin u. a.: Springer, S. 273-287.

Hecker, B. (2012): Europäisches Strafrecht. 4. Aufl., Berlin, Heidelberg: Springer.

Heger, M. (2007): Der europäische Haftbefehl: Zur Umsetzung europäischer Vorgaben in Deutschland. ZIS, S. 221-225.

Heidebach, M. (2016): Die NSA-Affäre in Deutschland – Stößt der Grundrechtsschutz an seine Grenzen? In: Hölzlwimmer, J.; Engel, D.; Krönke, L.;

Schmidl, A.; Bebert, H.; Faber, J. (Hrsg.): Rechtsfrieden – Friedensrecht. Tagungsband zur 55. Assistententagung Öffentliches Recht 2015 in Augsburg. Baden-Baden: Nomos, S. 119-136.

Heini, A. (1989): Der materiellrechtliche ordre public im neuen Schweizerischen Recht der internationalen Schiedsgerichtsbarkeit. In: Lindacher, W.; Pfaff, D.; Roth, G. H.; Schlosser, P.; Wieser, E. (Hrsg.): Festschrift für Walther J. Habscheid zum 65. Geburtstag am 6. April 1989. Bielefeld: Gieseking, S. 153-159.

Herdegen, M. (2015a): Kommentierung zum Grundgesetz. In: Herzog, R.; Scholz, R.; Herdegen, M.; Klein, H. H. (Hrsg.): Maunz/Dürig Grundgesetz-Kommentar. 76. Ergänzungslieferung, München: C. H. Beck.

Herdegen, M. (2015b): Europarecht. 17. Aufl., München: C. H. Beck.

Herdegen, M. (2016): Völkerrecht. 15. Aufl., München: C. H. Beck.

Hillgruber, C. (2011): Ohne rechtes Maß? Eine Kritik der Rechtsprechung des Bundesverfassungsgerichts nach 60 Jahren. JZ, S. 861-871.

Hillgruber, C. (2015): Kommentierung des Art. 1 GG. In: Epping, V.; Hillgruber, C. (Hrsg.): Beck'scher Online-Kommentar GG. 25. Edition, München: C. H. Beck.

Hobe, S. (2014): Einführung in das Völkerrecht. 10. Aufl., Stuttgart: UTB.

Hofmann, R. (1994): Grundrechte und grenzüberschreitende Sachverhalte. Berlin u. a.: Springer.

Hofmann, T. (2012): Zurechnungskriterien für Aktionen nicht-staatlicher Gewaltakteure. JA, S. 349-355.

Hofmann, T. (2013): Der Grundsatz der völkerrechtsfreundlichen Auslegung. JA, S. 326-333.

Hruschka, C.; Lindner, C. (2007): Der internationale Schutz nach Art. 15b und c Qualifikationsrichtlinie im Lichte der Maßstäbe von Art. 3 EMRK und § 60 VII AufenthG. NVwZ, S. 645-650.

Hufeld, U. (2005): Der Europäische Haftbefehl vor dem BVerfG – NJW 2005, 2289. JuS, S. 865-871.

Hufen, F. (2010): Die Menschenwürde, Art. 1 I GG. JuS, S. 1-10.

Hufen, F. (2016): Staatsrecht II: Grundrechte. 5. Aufl., München: C. H. Beck.

Ipsen, K. (2014): § 38 – Zum völkergewohnheitsrechtlichen Mindeststandard des Individualschutzes. In: Ipsen, K. (Hrsg.): Völkerrecht – ein Studienbuch. 6. Aufl., München: C. H. Beck.

Isensee, J. (1974): Die staatsrechtliche Stellung der Ausländer in der Bundesrepublik Deutschland: Mitbericht. Veröffentlichungen der Vereinigung der Deutschen Staatsrechtslehrer, Bd. 32, S. 49-101.

382

Isensee, J. (2011): § 191 – Das Grundrecht als Abwehrrecht und als staatliche Schutzpflicht. In: Isensee, J.; Kirchhof, P. (Hrsg.): Handbuch des Staatsrechts, Bd. IX. 3. Aufl., Heidelberg: C. F. Müller.

Ishizuka, S.; Wolfslast, G.; Weinrich, C. (2006): Zur Abschaffung der Todesstrafe. Europäische und japanische Perspektiven. ZIS, S. 318-319.

Jaenicke, G. (1967): Zur Frage des internationalen ordre public. Berichte der Deutschen Gesellschaft für Völkerrecht 7, S. 77-131.

Jaenicke, G. (1995): International public order. In: Bernhardt, R. (Hrsg.): Encyclopedia of Public International Law, 2. Bd. Amsterdam u. a.: Elsevier.

Jannasch, A. (1984): Auslieferung und politische Verfolgung. In: Zeidler, W.; Maunz, T.; Roellecke, G. (Hrsg.): Festschrift für Hans Joachim Faller. München: C. H. Beck, S. 397-412.

Jarass, H.; Pieroth, B. (2014): Grundgesetz für die Bundesrepublik Deutschland (Kommentar). 13. Aufl., München: C. H. Beck.

Jesch, D. (1968): Gesetz und Verwaltung. Eine Problemstudie zum Wandel des Gesetzmäßigkeitsprinzipes. 2. Aufl., Tübingen: J.C.B. Mohr (Paul Siebeck).

Joecks, W. (2014): Studienkommentar zum Strafgesetzbuch. 11. Aufl., München: C. H. Beck.

Johnson, R.; McGunigall-Smith, S. (2008): Life Without Parole, America's Other Death Penalty: Notes on Life Under Sentence of Death by Incarceration. The Prison Journal 88, S. 328-346.

Judicial Communications Office (2013): Entscheidungszusammenfassung Litauen vs. Liam Campbell vom 16.01.2013. *Online verfügbar unter*: http://www.courtsni.gov.uk/en-GB/Judicial%20 Decisions/Summary Judgements/Documents/j_sj_160113/j_sj_Lithuania-v-Liam-Campbell_160113.pdf (letzter Abruf 19.06.2015).

Kaiafa-Gbandi, M. (2004): Europäisches Strafrecht – Die Perspektive des Grundrechtsschutzes nach dem Verfassungsentwurf für Europa. KritV, S. 3-23.

Kälin, W. (1982): Das Prinzip des non-refoulement: das Verbot der Zurückweisung, Ausweisung und Auslieferung von Flüchtlingen in den Verfolgerstaat im Völkerrecht und im schweizerischen Landesrecht. Bern: Lang.

Kälin, W. (1999): Tragweite und Begründung des Abschiebungshindernisses von Art. 3 EMRK bei nichtstaatlicher Gefährdung (Referat). In: Hailbronner, K.; Klein, E. (Hrsg.): Einwanderungskontrolle und Menschenrechte – Immigration Control and Human Rights. Heidelberg: C. F. Müller, S. 51-68.

Karsai, K. (2006): Ungeschicktes und folgenreiches Vorgehen in der transnationalen Rechtshilfe. ZIS, S. 443-446.

Karstedt, S. (2010): Freiheit, Gleichheit und (Straf)Recht: Werte und Strafen in demokratischen Gesellschaften. In: Dünkel, F.; Lappi-Seppälä, T.; Morgenstern, C.; van Zyl Smit, D. (Hrsg.): Kriminalität, Kriminalpolitik, strafrechtliche Sanktionspraxis und Gefangenenraten im europäischen Vergleich, Bd. 2. Mönchengladbach: Forum Verlag Godesberg, S. 909-936.

Kau, M. (2013): Der Staat und der Einzelne als Völkerrechtssubjekte. In: Vitzthum, W.; Proelß, A. (Hrsg.): Völkerrecht. 6. Aufl., Berlin: de Gruyter, S. 131-235.

Kelsen, H. (1960): Reine Rechtslehre. 2. Aufl., Wien: Verlag Österreich.

Kern, C. A. (2014): Wettbewerbsverzerrungen im Wettbewerb der Rechtsordnungen – Die vergessene Seite der Medaille. GreifR, S. 114-123.

Khakzad, D. (2015): Kriminologische Aspekte völkerrechtlicher Verbrechen – Eine vergleichende Untersuchung der Situationsländer des Internationalen Strafgerichtshofs. Mönchengladbach: Forum Verlag Godesberg.

Khakdzad, D.; Kromrey, H. (2013): Die „totale Institution" Gefängnis in der Juristenausbildung. FS 62, S. 244-247.

Kiessl, H.; Würger, M. (2001): Die Umsetzung von internationalen Mindeststandards im südafrikanischen Jugendstrafvollzug. ZfStrVo 50, S. 216-225.

Kimminich, O. (1980): Asylrecht und Auslieferungspflicht. Zugleich Anmerkung zu BVerfG JZ 1980, 24. JZ, S. 174-178.

Kimminich, O. (1984):): Einführung in das Völkerrecht. 2. Aufl., Berlin: de Gruyter.

Kimminich, O. (1986): Der Schutz politisch Verfolgter im Auslieferungsverfahren. EuGRZ, S. 317-324.

Kimminich, O. (1989): Das Recht auf Heimat. 3. Aufl., Bonn: Kulturstiftung der Deutschen Vertriebenen.

King, K.; Steiner, B.; Ritchie Breach, S. (2008): Violence in the Supermax: A Self-Fulfilling Prophecy. The Prison Journal 88, S. 144-168.

Kirchhof, P. (2004): § 20 – Deutsche Sprache. In: Isensee, J.; Kirchhof, P. (Hrsg.): Handbuch des Staatsrechts, Bd. II. 3. Aufl., Heidelberg: C. F. Müller.

Kirchhof, F. (2011): Grundrechtsschutz durch europäische und nationale Gerichte. NJW, S. 3681-3686.

Kischel, U. (2005): § 69 – Amt, Unbefangenheit und Wahl der Bundesverfassungsrichter. In: Isensee, J.; Kirchhof, P. (Hrsg.): Handbuch des Staatsrechts, Bd. III. 3. Aufl., Heidelberg: C. F. Müller.

Kischel, U. (2015): Kommentierung des Art. 3 GG. In: Epping, V.; Hillgruber, C. (Hrsg.): Beck'scher Online-Kommentar GG. 25. Edition, München: C. H. Beck.

Klarmann, T. (2012): Der Einfluss der Critical Legal Studies in den USA. GreifR, S. 113-27.

Knauff, M. (2010): Der Regelungsverbund: Recht und Soft Law im Mehrebenensystem. Tübingen: Mohr Siebeck.

Köbler, G. (2007): Juristisches Wörterbuch für Studium und Ausbildung. 14. Aufl., München: Vahlen.

Koeppel, T. (1999): Kontrolle des Strafvollzuges. Individueller Rechtsschutz und generelle Aufsicht. Ein Rechtsvergleich. Mönchengladbach: Forum Verlag Godesberg.

Kokott, J. (1993): Beweislastverteilung und Prognoseentscheidungen bei der Inanspruchnahme von Grund- und Menschenrechten. Berlin u. a.: Springer.

Kooijmans, P. (1986): Torture and other cruel, inhuman or degrading treatment or punishment. Report by the Special Rapporteur to the Commission on Human Rights. Vereinte Nationen, ECOSOC. *Online verfügbar unter*: http://ap.ohchr.org/documents/E/CHR/report/E-CN_4-1986-15.pdf (letzter Abruf 27.02.2015).

Kowalzyck, M. (2008): Untersuchungshaft, Untersuchungshaftvermeidung und geschlossene Unterbringung bei Jugendlichen und Heranwachsenden in Mecklenburg-Vorpommern. Mönchengladbach: Forum Verlag Godesberg.

Kraft, I. (2014): Vom Konflikt zur Konvergenz – Zur Rezeption der ausländerrechtlichen Rechtsprechung des EGMR durch die deutschen Verwaltungsgerichte. NVwZ, S. 969-976.

Kreppel, G. (1965): Verfassungsrechtliche Grenzen der Auslieferung und Ausweisung unter besonderer Berücksichtigung der Auslieferung bei drohender Todesstrafe. Würzburg: Eigenverlag.

Kreß, C. (2000): Völkerstrafrecht in Deutschland. NStZ, S. 617-626.

Kreß, C. (2004): Das Strafrecht auf der Schwelle zum europäischen Verfassungsvertrag. JZ, S. 445-474.

Kretschmer, J. (2005): Die Mehrfachbelegung von Haftäumen im Strafvollzug in ihrer tatsächlichen und rechtlichen Problematik. NStZ, S. 251-255.

Kretschmer, J. (2009): Die menschen(un)würdige Unterbringung von Strafgefangenen. NJW, S. 2406-2411.

Kreuzer, C. (1998): Die unmittelbare Anwendbarkeit völkerrechtlicher Verträge. JA, S. 731-735.

Kreuzer, A. (2006): Die Abschaffung der Todesstrafe in Deutschland – mit Vergleichen zur Entwicklung in den USA. ZIS, S. 320-326.

Kriebaum, U. (2000): Folterprävention in Europa – Die Europäische Konvention zur Verhütung von Folter und unmenschlicher oder erniedrigender Behandlung oder Bestrafung. Wien: Verlag Österreich.

Kromrey, H. (2009): Gefangenen- und Inhaftierungsraten in Europa – Entwicklungen und Erklärungsmöglichkeiten. GreifR, S. 23-40.

Kromrey, H. (2012): Rita Haverkamp, Frauenvollzug in Deutschland – Eine empirische Untersuchung vor dem Hintergrund der Europäischen Strafvollzugsgrundsätze (Rezension). NK 24, S. 116-117.

Kromrey, I. (2017, im Erscheinen): Belastungskumulation.

Kromrey, H.; Morgenstern, C. (2014): Auslieferung bei drohender lebenslanger Freiheitsstrafe ohne Aussetzungsmöglichkeit. ZIS, S. 704-716.

Krüßmann, T. (2007): Vereinheitlichung des Strafprozessrechts als Mittel zum Zweck? – Grenzen strafprozessualer Harmonisierung im Zuge der Umsetzung des Prinzips der gegenseitigen Anerkennung in der EU. GreifR, S. 1-9.

Kühn, H. C. (2001): Schutz vor Todesstrafe im Ausland. ZRP, S. 542-547.

Kunig, P. (1989): Deutsches Verwaltungshandeln und Empfehlungen internationaler Organisationen. In: Hailbronner, K.; Ress, G.; Stein, T. (Hrsg.): Festschrift für Karl Doehring. Berlin u. a.: Springer, S. 529-551.

Kunig, P. (2013): Völkerrecht und staatliches Recht. In: Vitzthum, W.; Proelß, A. (Hrsg.): Völkerrecht. 6. Aufl., Berlin: de Gruyter, S. 61-130.

Kunz, K.-L.; Mona, M. (2015): Rechtsphilosophie, Rechtstheorie, Rechtssoziologie: eine Einführung in die theoretischen Grundlagen der Rechtswissenschaft. 2. Aufl., Bern u. a.: Haupt.

Kury, H.; Brandenstein, M. (2002): Zur Viktimisierung (jugendlicher) Strafgefangener. ZfStrVo 51, S. 22-33.

Lagodny, O. (1987): Die Rechtsstellung des Auszuliefernden in der Bundesrepublik Deutschland. Freiburg i. Br.: Max-Planck-Institut für Ausländisches und Internationales Strafrecht.

Lagodny, O. (1988): Grundrechte als Auslieferungs-Gegenrechte. NJW, S. 2146-2150.

Lagodny, O. (1989): Grundkonstellationen des internationalen Strafrechts. ZStW 101, S. 987-1011.

Lagodny, O. (1990a): Klaus Schwaighofer, Auslieferung und Internationales Strafrecht – Eine systematische Darstellung des ARHG (Rezension). GA, S. 142-144.

Lagodny, O. (1990b): Anmerkung zu EGMR, 07.07.1989, Rs. 1/1989/161/217 – Soering v. United Kingdom. NJW, S. 2189.

Lagodny, O. (1991): Anmerkung zu OLG Karlsruhe, Beschluss vom 26.06.1990 – 1 AK 22/90. NStZ, S. 140-141.

Lagodny, O. (1998): Anmerkung zu BVerfG, Beschl. v. 18.06.1997 – 2 BvR, 483/95, 2501/95, 2990/95. JZ, S. 568-570.

Lagodny, O. (2000): Auslieferung und Überstellung deutscher Staatsangehöriger. ZRP, S. 175-177.

Lagodny, O. (2005): Überlegungen zu einem menschengerechten transnationalen Straf- und Strafverfahrensrecht. In: Arnold, J. u. a. (Hrsg.): Festschrift für Albin Eser zum 70. Geburtstag. München: C. H. Beck, S. 777-795.

Lagodny, O. (2010): Anmerkung zu OLG Karlsruhe, Beschluss vom 08.12.2008 – 1 AK 68/08. NStZ, S. 42-43.

Lagodny, O. (2012): Kommentierung zum IRG. In: Schomburg, W.; Lagodny, O.; Gleß, S.; Hackner, T. (Hrsg.): Internationale Rechtshilfe in Strafsachen. 5. Aufl., München: C. H. Beck, Hauptteil I.

Lagodny, O. (2014): Die Anrechnung ausländischer Haft nach § 51 Abs. 4 Satz 2 StGB im Lichte der EMRK. NK 26, S. 211-227.

Lagodny, O.; Schomburg, W. (2012): Kommentierung zum IRG. In: Schomburg, W.; Lagodny, O.; Gleß, S.; Hackner, T. (Hrsg.): Internationale Rechtshilfe in Strafsachen. 5. Aufl., München: C. H. Beck, Hauptteil I.

Lagodny, O.; Schomburg, W.; Hackner, T. (2012): Kommentierung zum IRG. In: Schomburg, W.; Lagodny, O.; Gleß, S.; Hackner, T. (Hrsg.): Internationale Rechtshilfe in Strafsachen. 5. Aufl., München: C. H. Beck, Hauptteil I.

Lammasch, H. (1887): Auslieferungspflicht und Asylrecht. Leipzig: Duncker & Humblot.

Larenz, K. (1979): Richtiges Recht: Grundzüge einer Rechtsethik. München: C. H. Beck.

Laubenthal, K. (2015): Strafvollzug. 7. Aufl., Berlin, Heidelberg: Springer.

Lautmann, R. (2011): Justiz – die stille Gewalt. Neuausgabe, Wiesbaden: VS Verlag für Sozialwissenschaften.

Lege, J. (1999): Pragmatismus und Jurisprudenz: über die Philosophie des Charles Sanders Peirce und über das Verhältnis von Logik, Wertung und Kreativität im Recht. Tübingen: Mohr Siebeck.

Lettau, M. (2002): Funktion und Tätigkeit des Antifolterkomitees des Europarates. ZfStrVo 51, S. 195-203.

Lorenz, D. (2001): § 128 – Recht auf Leben und körperliche Unversehrtheit. In: Isensee, J.; Kirchhof, P. (Hrsg.): Handbuch des Staatsrechts, Bd. VI. 2. Aufl., Heidelberg: C. F. Müller.

Lorenz, S. (2014): Kommentierung des Art. 6 EGBGB. In: Bamberger, H. G.; Roth, H. (Hrsg.): Beck'scher Online-Kommentar EGBGB. 31. Aufl., München: C. H. Beck.

Lorenzmeier, S. (2006): Der Rahmenbeschluss als Handlungsform der Europäischen Union und seine Rechtswirkungen. ZIS, S. 576-582.

Lorz, R. A. (2010): Art. 3 EMRK als Grundlage für Auslieferungs- und Ausweisungsverbote. Österreichische JZ, S. 1055-1058.

Lorz, R. A.; Sauer, H. (2010): Wann genau steht Art. 3 EMRK einer Auslieferung oder Ausweisung entgegen? EuGRZ, S. 389-407.

Löwer, W. (2005): § 70 – Zuständigkeiten und Verfahren des Bundesverfassungsgerichts. In: Isensee, J.; Kirchhof, P. (Hrsg.): Handbuch des Staatsrechts, Bd. III. 3. Aufl., Heidelberg: C. F. Müller.

Lübbe, A. (2014): „Systemische Mängel" in Dublin-Verfahren. ZAR, S. 105-111.

Lübbe-Wolff, G. (2009): Strafen ist tragisch. ZRP, S. 93-94.

Ludrigan, S.; Mueller-Johnson, K. (2013): Male Stranger Rape – A Behavioral Model of Victim-Offender Interaction. Criminal Justice and Behaviour, S. 1-8.

Ludwigs, M. (2013): Grundrechtsberechtigung ausländischer Rechtssubjekte. JZ, S. 434-441.

Maaßen, H.-G. (2015): Kommentierung zum GG. In: Epping, V.; Hillgruber, C. (Hrsg.): Beck'scher Online-Kommentar GG. 29. Edition, München: C. H. Beck.

Maier-Borst, M. (1997): Folter – Außenpolitische Ächtung versus innenpolitische „Zurückhaltung" in der Bundesrepublik. KritJ, S. 329-340.

Manssen, G. (2015): Staatsrecht II. 12. Aufl., München: C. H. Beck.

Marx, R. (2012): Solidarität im grundrechtskonformen europäischen Asylsystem. NVwZ, S. 409-413.

Matz-Lück, N. (2011): Die Umsetzung von Richtlinien und nationaler Grundrechtsschutz. EuGRZ, S. 207-211.

Mauer, M.; King, R. S.; Young, M. C. (2004): The meaning of „life": Long prison sentences in context. *Online verfügbar unter*: http://www.sentencingproject.org/detail /publication.cfm?publication_id=27 (letzter Abruf 18.02.2015).

Maurer, H. (2011): Allgemeines Verwaltungsrecht. 18. Aufl., München: C. H. Beck.

Mavronicola, N. (2014): Inhuman and Degrading Punishment, Dignity, and the Limits of Retribution. The Modern Law Review, S. 292-307.

Mears, D.; Mancini, C.; Beaver, K. M.; Gertz, M. (2009): Housing for the „Worst of the Worst" Inmates – Public Support for Supermax Prisons. Crime & Delinquency, S. 1-28.

Mettgenberg, W. (1930): Deutsches Auslieferungsgesetz. Hauptband. Mannheim u. a.: Bensheimer.

Meyer, J. (1987): Anmerkung zu BGH, Beschluss vom 13.01.1987 – 4 ARs 22/86. NStZ, S. 415-417.

Meyer, H. (2003): Gleichheit und Nichtdiskriminierung – die deutsche Debatte. In: Wolfrum, R. (Hrsg.): Gleichheit und Nichtdiskriminierung im nationalen und internationalen Menschenrechtsschutz. Berlin u. a.: Springer, S. 79-93.

Meyer, F. (2012): Strafrechtsgenese in Internationalen Organisationen – Eine Untersuchung der Strukturen und Legitimationsvoraussetzungen strafrechtlicher Normbildungsprozesse in Mehrebenensystemen. Baden-Baden: Nomos.

Meyer-Ladewig, J. (2011): Europäische Menschenrechtskonvention (Handkommentar). 3. Aufl., Baden-Baden: Nomos.

Meyer-Ladewig, J.; Petzold, H. (2005): Die Bindung deutscher Gerichte an Urteile des EGMR – Neues aus Straßburg und Karlsruhe. NJW, S. 15-20.

Michael, L.; Morlok, M. (2014): Grundrechte. 4. Aufl., Baden-Baden: Nomos.

Möller, R. (2004): Verfahrensdimensionen materieller Garantien der Europäischen Menschenrechtskonvention. Frankfurt a. M. u. a.: Peter Lang.

Morgenstern, C. (2002): Internationale Mindeststandards für ambulante Strafen und Maßnahmen. Mönchengladbach: Forum Verlag Godesberg.

Morgenstern, C. (2008): Strafvollstreckung im Heimatstaat – der geplante EU-Rahmenbeschluss zur transnationalen Vollstreckung von Freiheitsstrafen. ZIS, S. 76-83.

Morgenstern, C. (2013): Vollstreckungshilfe. In: Böse, M. (Hrsg.): Europäisches Strafrecht. Baden-Baden: Nomos, S. 573-610.

Morgenstern, C. (2014): Ein Recht auf Hoffnung aus Art. 3 EMRK: Lebenslange Freiheitsstrafen in Europa. ReWi, S. 153-188.

Morgenstern, C. (2017, im Erscheinen): Die Untersuchungshaft. Eine Untersuchung unter rechtsdogmatischen, kriminologischen, rechtsvergleichenden und europarechtlichen Aspekten.

Mörsberger, M. (1969): Das Prinzip der identischen Strafrechtsnormen im Auslieferungsrecht. Berlin: de Gruyter.

Müller, J. P.; Wildhaber, L. (2001): Praxis des Völkerrechts. 3. Aufl., Bern: Stämpfli.

Müller-Dietz, H. (1970): Strafvollzugsgesetzgebung und Strafvollzugsreform. Köln u. a.: Carl Heymanns.

Mündelein, R.; Winchenbach, K. (2002): Strafvollzug in Kanada. ZfStrVo 51, S. 209-218.

Murschetz, V. (2007): Auslieferung und Europäischer Haftbefehl: Kontinentaleuropäische und anglo-amerikanische materielle Prinzipien des Auslieferungsrechts im Vergleich zum Europäischen Haftbefehl und dessen Umsetzung in Österreich. Wien: Springer.

Nagy, A. (2016): Release from prison in Hungary and the European Court of Human Rights. ZIS, S. 199-205.

Nash, S. (2013): Balancing extradition and human rights. In: Esser, R.; Günther, H.-L.; Jäger, C.; Mylonopoulos, C.; Öztürk, B. (Hrsg.): Festschrift für Hans-Heiner Kühne zum 70. Geburtstag. Heidelberg: C. F. Müller, S. 607-611.

Nehm, K. (1996): Extremistische Straftaten und grenzüberschreitende Strafverfolgung. DRiZ, S. 41-46.

Nellis, A. (2013): Life goes on: The historic rise in life sentences in America. *Online verfügbar unter:* sentencingproject.org/doc/publications/inc_Life%20Goes%20On%202013.pdf (letzter Abruf 26.02.2015).

Nellis, A.; King, R. S. (2009): No Exit: The Expanding Use of Life Sentences in America. *Online verfügbar unter:* sentencingproject.org/doc/publications/ publications/inc_NoExitSept2009.pdf (letzter Abruf 26.02.2015).

Nemitz, J. C.; Schomburg, W. (2012): Einführung in die deutschsprachigen Zusammenarbeitsgesetze mit dem IStGH. In: Schomburg, W.; Lagodny, O.; Gleß, S.; Hackner, T. (Hrsg.): Internationale Rechtshilfe in Strafsachen. 5. Aufl., München: C. H. Beck, Hauptteil VI, C, 4.

Nešković, W. (2015) (Hrsg.): Der CIA-Folterreport: Der offizielle Bericht des US-Senats zum Internierungs- und Verhörprogramm der CIA. Frankfurt a. M.: Westend.

Nettesheim, M. (2014): Kommentierung des Art. 59 GG. In: Herzog, R.; Scholz, R.; Herdegen, M.; Klein, H. H. (Hrsg.): Maunz/Dürig Grundgesetz-Kommentar. 71. Ergänzungslieferung, München: C. H. Beck.

Nettesheim, M. (2016): Anmerkung zu BVerfG, 15.12.2015 – 2 BvR 2735/14. JZ, S. 424-428.

Neubacher, F. (2001): Eine bislang kaum beachtete Perspektive: die Auslegung des Strafvollzugsgesetzes im Lichte der Mindestgrundsätze der Vereinten Nationen für die Behandlung von Gefangenen. ZfStrVo 50, S. 212-216.

Neubacher, F. (2008): Gewalt unter Gefangenen. NStZ, S. 361-366.

Neubacher, F. (2011): Verfassungs- und menschenrechtliche Grenzen der Strafvollzugsgestaltung. BewHi 58, S. 82-97.

Neubacher, F.; Bachmann, M.; Goeck, F. (2011): Konvergenz oder Divergenz? – Einstellungen zur Todesstrafe weltweit. ZIS, S. 517-523.

Neumayer, K. H. (1963): Zur positiven Funktion der kollisionsrechtlichen Vorbehaltsklausel. In: von Caemmerer, E.; Nikisch, A.; Zweigert, K. (Hrsg.): Vom deutschen zum europäischen Recht: Festschrift für Hans Dölle. Bd. 2: Internationales Recht, Kollisionsrecht und Internationales Zivilprozessrecht, Europäisches Recht. Tübingen: J. C. B. Mohr (Paul Siebeck), S. 179-208.

Nipperdey, H. C. (1959): Lehrbuch des bürgerlichen Rechts. Bd. 1: Allgemeiner Teil des bürgerlichen Rechts. Halbbd. 1: Allgemeine Lehren, Personen, Rechtsobjekte. 15. Aufl., Tübingen: J. C. B. Mohr.

Nitsch, A. (2006): Die Unterbringung von Gefangenen nach dem Strafvollzugsgesetz. Berlin: LIT.

Nowak, M.; McArthur, E. (2008): The United Nations Convention Against Torture: a commentary. Oxford: Oxford University Press.

Nußberger, A. (2012): Auf der Suche nach einem europäischen Konsens – zur Rechtsprechung des Europäischen Gerichtshofs für Menschenrechte. ReWi, S. 197-211.

Nußberger, A. (2013): Menschenrechtsschutz im Ausländerrecht. NVwZ, S. 1305-1311.

Oehler, D. (1969): Aktuelle Probleme der Auslieferung. ZStW 81, S. 142-162.

Oehmichen, A. (2008): Incommunicado Detention in Germany: An Example of Reactive Anti-terror Legislation and Long-term Consequences. German Law Journal, S. 855-887.

Oetker, H. (2012): Kommentierung des § 249 BGB. In: Säcker, F. J.; Rixecker, R. (Hrsg.): Münchener Kommentar zum BGB, Bd. 2. 6. Aufl., München: C. H. Beck.

Ostendorf, H. (2012): § 2 Vollzugsverlauf. In: Ostendorf, H. (Hrsg.): Untersuchungshaft und Abschiebehaft. Praxiskommentar. Baden-Baden: Nomos.

Otterbein, R. (2004): Anmerkung zu BVerfG vom 24.6.2003, Az: 2 BvR 685/03. DRiZ, S. 74-75.

Ovchinnikov, S.; Müller, K.; von der Wense, M. (2015): Die aktuelle Entwicklung der Untersuchungshaft in Russland unter besonderer Berücksichtigung der Rechtsprechung des EGMR. FS 64, S. 53-58.

Payandeh, M.; Sauer, H. (2012): Menschenrechtskonforme Auslegung als Verfassungsmehrwert – Konvergenzen von Grundgesetz und EMRK im Urteil des Bundesverfassungsgerichts zur Sicherungsverwahrung. JA, S. 289-298.

Penal Reform International (2007): Alternatives to the death penalty: the problems with life imprisonment. Penal Reform Briefing No. 1. *Online verfügbar unter*: http://www.penalreform.org/wp-content/ uploads/2013/06 /brf-01-2007-life-imprisonment-en_0.pdf (letzter Abruf 18.02.2015).

Pernice, I. (2010): La Rete Europea di Costituzionalità – Der Europäische Verfassungsverbund und die Netzwerktheorie. ZaöRV 70, S. 51-71.

Petersen, N. (2010): Braucht die Rechtswissenschaft eine empirische Wende? Der Staat (49), S. 435-455.

Piek, S. (2009): Die Kritik an der funktionalen Rechtsvergleichung. GreifR, S. 84-98.

Pieper, S. U. (2014): Kommentierung des Art. 59 GG. In: Epping, V.; Hillgruber, C. (Hrsg.): Beck'scher Online-Kommentar GG. 22. Edition, München: C. H. Beck.

Pieroth, B.; Schlink, B.; Kingreen, T.; Poscher, R. (2014): Grundrechte, Staatsrecht II. 30. Aufl., Heidelberg u. a.: C. F. Müller.

Pizarro, J.; Stenius, V. M. K. (2004): Supermax prisons: Their rise, current practices, and effect on inmates. The Prison Journal 84, S. 248-264.

Pohlreich, E. (2011a): Die Rechtsprechung des EGMR zum Vollzug von Straf- und Untersuchungshaft. NStZ, S. 560-570.

Pohlreich, E. (2011b): Gewalt gegen Häftlinge und Unterbringung in besonders gesicherten Haftträumen – Der Fall Hellig vor dem EGMR. JZ, S. 1058-1063.

Pollern, H.-I. (1979): Immanente Schranken des Grundrechts auf Asyl. BayVBl., S. 200-210.

Popp, P. (2001): Grundzüge der internationalen Rechtshilfe in Strafsachen. Basel u. a.: Helbing & Lichtenhahn.

Pound, R. (1910): Law in Books and Law in Action. American Law Review 44, S. 12-36.

Preusker, H. (2003): Humanität im Strafvollzug? ZfStrVo 52, S. 229-231.

Preusker, H. (2005): Das Bundesverfassungsgericht als Motor der Strafvollzugs-reform. ZfStrVo 54, S. 195-197.

Prittwitz, C. (2013): „Pra saber, tem que vivir!" oder „Man sieht nur, was man weiß!"? ZIS, S. 603-609.

Rabel, E. (1924): Aufgabe und Notwendigkeit der Rechtsvergleichung. Rheini-sche Zeitschrift für Zivil- und Prozessrecht 13, S. 279-301.

Radtke, H. (2014): Kommentierung zum GG. In: Epping, V.; Hillgruber, C. (Hrsg.): Beck'scher Online-Kommentar GG. 21. Edition, München: C. H. Beck.

Randelzhofer, A. (2013): Kommentierung zum GG. In: Herzog, R.; Scholz, R.; Herdegen, M.; Klein, H. H. (Hrsg.): Maunz/Dürig Grundgesetz-Kommen-tar. 69. Ergänzungslieferung, München: C. H. Beck.

Reichel, E. (1987): Das staatliche Asylrecht „im Rahmen des Völkerrechts": zur Bedeutung des Völkerrechts für die Interpretation des deutschen Asylrechts. Berlin: Duncker & Humblot.

Ress, G. (2004): Supranationaler Menschenrechtsschutz und der Wandel der Staatlichkeit. ZaöRV 64, S. 621-639.

Rinio, C. (1996): Die Auslieferung eigener Staatsangehöriger. ZStW 108, S. 354-393.

Robertson, J. E. (2003): Rape Among Incarcerated Men: Sex, Coercion and STDs. AIDS Patient Care and STDs 17, S. 423-430.

Röcker, I. (2012): Die Pflicht zur rahmenbeschlusskonformen Auslegung nationa-len Rechts. Heidelberg u. a.: Springer.

Rosenau, H. (2006): Europäische Rechtspolitik zur Abschaffung der Todesstrafe. ZIS, S. 338-343.

Rosenthal, M. (2006): Europäisches Haftbefehlsgesetz, zweiter Versuch. ZRP, S. 105-109.

Ross, J. I. (2011): Moving beyond Soering: U.S. Conditions as an argument against extradition to the United States. International Criminal Justice Review 21, S. 156-168.

Rüdiger, V. (1981): Wortbeitrag auf der 500. Plenarsitzung des Bundesrates vom 05.06.1981. Parlamentsmaterialien des Bundesrates, S. 170-171. *Online verfügbar unter*: http://www.bundesrat.de/cln_321/nn_43984/DE/parlaments-material/plenarprotokolle/Jahresverzeichnisse/plpr1981-node.html?_nnn=true (letzter Abruf 22.01.2014).

Sachs, M. (1994): § 78 – Grundrechtseingriff und Grundrechtsbetroffenheit. In: Stern, K. (Hrsg.): Das Staatsrecht der Bundesrepublik Deutschland. Bd. 3: Allgemeine Lehren der Grundrechte. Hb. 2: Grundrechtstatbestand, Grundrechtsbeeinträchtigung und Grundrechtsbegrenzungen, Grundrechtsverluste und Grundpflichten, Schutz der Grundrechte, Grundrechtskonkurrenzen, Grundrechtssystem. München: C. H. Beck, S. 75-224.

Sachs, M. (2006): Urteilsbesprechung zu BVerfG, 2 BvR 2259/04 vom 06.07.2005. JuS, S. 170-172.

Sachs, M. (2016): Grundrechte: Identitätskontrolle bei Anwendung von Unionsrecht. Zugleich Besprechung von BVerfG, Beschl. v. 15.12.2015 – 2 BvR 2735/14. JuS, S. 373-375.

Sakalauskas, G. (2015): Strafvollzug in Litauen: Blick zurück oder nach vorne? NK 27, S. 190-201.

Sauer, H. (2011): Bausteine eines Grundrechtskollisionsrechts für das europäische Mehrebenensystem. EuGRZ, S. 195-199.

Sauer, H. (2015): Staatsrecht III. Auswärtige Gewalt, Bezüge des Grundgesetzes zu Völker- und Europarecht. 3. Aufl., München: C. H. Beck.

Sauthoff, M. (2007): Kritik gerichtlicher Entscheidungen. GreifR, S. 77-87.

Schabas, W. A. (1994): Soering's Legacy: The Human rights committee and the judicial committee of the privy council take a walk down death row. International and Comparative Law Quarterly, Bd. 43, Nr. 4, S. 913-923.

Schallmoser, N. M. (2012): Europäischer Haftbefehl und Grundrechte. Wien: Manz'sche Verlags- und Universitätsbuchhandlung.

Schemmer, F. (1995): Der ordre public-Vorbehalt unter der Geltung des Grundgesetzes. Frankfurt a. M. u. a.: Lang.

Scheuner, U. (1969): Conflict of Treaty Provisions with a Peremptory Norm of General International Law. ZaöRV 29, S. 28-38.

Schilling, T. (2010): Internationaler Menschenrechtsschutz. 2. Aufl., Tübingen: Mohr Siebeck.

Schmahl, S. (2008): Piloturteile des EGMR als Mittel der Verfahrensbeschleunigung. EuGRZ, S. 369-380.

Schmahl, S. (2013): Das Verhältnis der deutschen Rechtsordnung zu Regeln des Völkerrechts. JuS, S. 961-966.

Schmidt, E. (1967): Anmerkung zu OLG Hamm, Beschluss vom 23.06.1967 – 1 VAs 12/67. NJW, S. 2026.

Schmidt, J. (2012): Verteidigung von Ausländern: transnationale Strafverteidigung. 3. Aufl., Heidelberg: C. F. Müller.

Schmidt-Aßmann, E. (2014): Kommentierung zum Grundgesetz. In: Herzog, R.; Scholz, R.; Herdegen, M.; Klein, H. H. (Hrsg.): Maunz/Dürig Grundgesetz-Kommentar. 73. Ergänzungslieferung, München: C. H. Beck.

Schmidt-Aßmann, E.; Schenk, W. (2015): Einleitung. In: Schoch, F.; Schneider, J.-P.; Bier, W. (Hrsg.): Kommentar zur Verwaltungsgerichtsordnung. 28. Ergänzungslieferung, München: C. H. Beck.

Schneider, B.; Schultehinrichs, F.; Fehn, F. (2008): Anmerkung zu OLG Frankfurt, Beschluss v. 01.03.2007 – 2 Ausl. A 73/06. NStZ, S. 166-168.

Scholz, R. (2013): Kommentierung des Art. 102 GG. In: Herzog, R.; Scholz, R.; Herdegen, M.; Klein, H. H. (Hrsg.): Maunz/Dürig Grundgesetz-Kommentar. 69. Ergänzungslieferung, München: C. H. Beck.

Schomburg, W. (1999): Anmerkung zu Fürstlich Liechtensteinischer Oberster Gerichtshof, Beschluß vom 2.7.1998 – 8 Rs 35-98-75. NStZ, S. 359-360.

Schomburg, W. (2003): Internationale vertragliche Rechtshilfe in Strafsachen. NJW, S. 3392-3395.

Schomburg, W.; Hackner, T. (2012): Kommentierung zum IRG. In: Schomburg, W.; Lagodny, O.; Gleß, S.; Hackner, T. (Hrsg.): Internationale Rechtshilfe in Strafsachen. 5. Aufl., München: C.H. Beck, Hauptteil I.

Schomburg, W.; Lagodny, O. (1992): Neuere Entwicklungen der internationalen Rechtshilfe in Strafsachen. NStZ, S. 353-360.

Schomburg, W.; Lagodny, O. (1994): Neuere Entwicklungen im Recht der internationalen Rechtshilfe in Strafsachen. Strafverteidiger, S. 393-402.

Schomburg, W.; Lagodny, O. (2012): Verteidigung im international-arbeitsteiligen Strafverfahren. NJW, S. 348-354.

Schomburg, W.; Lagodny, O.; Gleß, S.; Hackner, T. (Hrsg.) (2012): Internationale Rechtshilfe in Strafsachen. 5. Aufl., München: C. H. Beck.

Schomburg, W.; Lagodny, O.; Schallmoser, N. M. (2013): Grundlagen der Zusammenarbeit. In: Böse, M. (Hrsg.): Europäisches Strafrecht. Baden-Baden: Nomos, S. 495-536.

Schomburg, W.; Trautmann, S. (2012): Einführung zum Abdruck des Auslieferungsvertrags D-USA (Kapitel V A c). In: Schomburg, W.; Lagodny, O.; Gleß, S.; Hackner, T. (Hrsg.): Internationale Rechtshilfe in Strafsachen. 5. Aufl., München: C.H. Beck, S. 2055-2056.

Schönberger, C. (2007): Der Rahmenbeschluss – Unionssekundärrecht zwischen Völkerrecht und Gemeinschaftsrecht. ZaöRV 67, S. 1107-1139.

Schönberger, C. (2016): Anmerkung zu BVerfG, 15.12.2015 – 2 BvR 2735/14. JZ, S. 422-424.

Schott, T. (2003): Strafausspruch, Strafzumessung und Strafvollzug in Zeiten der Überbelegung. ZfStrVo 52, S. 195-200.

Schröder, M. (1979): Staats- und völkerrechtliche Fragen der Auslieferungsbewilligung. Bayerische Verwaltungsblätter, S. 231-234.

Schroeder, F.-C. (1986): Die Übertragung der Strafvollstreckung. ZStW 98, S. 457-487.

Schroeder, F.-C. (2005): Anmerkung zu OLG Köln, Beschl. v. 26.11.2004 – Ausl 201/04 – 30. Strafverteidiger, S. 401-402.

Schüler-Springorum, H. (1969): Strafvollzug im Übergang: Studien zum Stand der Vollzugsrechtslehre. Göttingen: Otto Schwartz & Co.

Schüller, A. (2013): Anmerkung zu EGMR, Urt. v. 25.9.2012 – 649/08 (El Haski v. Belgien). ZIS, S. 245-248.

Schultz, H. (1953): Das schweizerische Auslieferungsrecht. Basel: Verlag für Recht und Gesellschaft.

Schultz, H. (1969): Aktuelle Probleme des Auslieferungsrechts – Vorläufiger Generalbericht zum vorbereitenden Kolloquium. ZStW 81, S. 199-242.

Schulze-Fielitz, H. (2013a): Kommentierung des Art. 2 Abs. 2. In: Dreier, H. (Hrsg.): Dreier Grundgesetz-Kommentar, Bd. I. 3. Aufl., Tübingen: Mohr Siebeck.

Schulze-Fielitz, H. (2013b): Staatsrechtslehre als Mikrokosmos. Tübingen: Mohr Siebeck.

Schumacher, F.-J. (1984): Neuregelung des Verhältnisses von Asyl- und Auslieferungsrecht? ZRP, S. 147-151.

Schünemann, B. (2004): Grundzüge eines Alternativ-Entwurfs zur europäischen Strafverfolgung. JZ, S. 376-399.

Schütz, D. (1984): Der internationale ordre public. Frankfurt a. M.: Lang.

Schwaighofer, K. (1988): Auslieferung und Internationales Strafrecht. Eine systematische Darstellung des ARHG. Wien: Manz'sche Verlags- und Universitätsbuchhandlung.

Schwaighofer, K. (2001): Verweigerung der Auslieferung trotz vertraglicher Auslieferungspflicht? Anmerkungen zu einer Auslieferungsentscheidung des Fürstlichen Liechtensteinischen Obersten Gerichtshofes. In: Ebert, K. (Hrsg.): Pro iustitia et scientia: Festgabe zum 80. Geburtstag von Karl Kohlegger. Wien: Verlag Österreich, S. 453-465.

Schweitzer, M. (2010): Staatsrecht, Völkerrecht, Europarecht. 10. Aufl., Heidelberg u. a.: Müller.

Seetzen, U. (1984): Verfassungsrechtliche Schranken der Auslieferung zur Vollstreckung von Abwesenheitsurteilen. In: Zeidler, W.; Maunz, T.; Roellecke, G. (Hrsg.): Festschrift für Hans Joachim Faller. München: C. H. Beck, S. 385-396.

Seidl-Hohenveldern, I. (1997): Ordre public (Public order). In: Bernhardt, R. (Hrsg.): Encyclopedia of Public International Law. 3. Bd. Amsterdam u. a.: Elsevier.

Shalev, S. (2008): A Sourcebook on Solitary Confinement. London: Mannheim Centre for Criminology, London School of Economics.

Shalev, S. (2009): Supermax: Controlling risks through solitary confinement. Cullompton, Portland: Willan Publishing.

Shea, M. P. (1992): Expanding judicial scrutiny of human rights in extradition cases after Soering. Yale Journal of International Law 17, S. 85-138.

Siehr, A. (2001): Die Deutschenrechte des Grundgesetzes: Bürgerrechte im Spannungsfeld von Menschenrechtsidee und Staatsmitgliedschaft. Berlin: Duncker & Humblot.

Skirl, M. (2003): „In Würde sterben – auch im Vollzug?" – Plädoyer für die Annäherung an ein Tabu. ZfStrVo 52, S. 283-284.

Smith, P. S. (2006): The effects of solitary confinement on prison inmates: A brief history and review of the literature. In: Tonry, M. (Hrsg.): Crime and Justice: A review of research, Bd. 34. Chicago: University of Chicago Press, S. 441-528.

Smith, A. (2014): Pilot Judgments of the European Court of Human Rights. Rechtsblog der Kanzlei Corker Binning, Eintrag vom 24.03.2014. *Online verfügbar unter*: http://www.corkerbinning.com/blog/pilot-judgments-of-the-european-court-of-human-rights/#.VRqgKeE5hzU (letzter Abruf 19.06.2015).

Sommermann, K.-P. (1989): Völkerrechtlich garantierte Menschenrechte als Maßstab der Verfassungskonkretisierung – Die Menschenrechtsfreundlichkeit des Grundgesetzes. AöR 112, S. 391-422.

Sonnenberger, H. J. (2010): Kommentierung zum EGBGB. In: Säcker, F. J.; Rixecker, R. (Hrsg.): Münchener Kommentar zum BGB, Bd. 10. 5. Aufl., München: C. H. Beck.

Spencer, J. R. (2010): The Green Paper on obtaining evidence from one Member State to another and securing its admissibility: the Reaction of one British Lawyer. ZIS, S. 602-606.

Spinellis, D. (2005): Das Auslieferungs- und das Rechtshilfeabkommen zwischen EU und USA – Hoffnungen, Kritik und Verteidigung. In: Arnold, J. u. a. (Hrsg.): Festschrift für Albin Eser zum 70. Geburtstag. München: C. H. Beck, S. 873-888.

Stein, T. (1978): Auslieferung und Wehrdienstverweigerung. NJW, S. 2426-2429.

Stein, T. (1983): Die Auslieferungsausnahme bei politischen Delikten: Normative Grenzen, Anwendung in der Praxis und Versuch einer Neuformulierung. Berlin u. a.: Springer.

Stein, T.; von Buttlar, C. (2009): Völkerrecht. 12. Aufl., Köln u. a.: Carl Heymanns.

Steiner, U. (2001): Der Richter als Ersatzgesetzgeber: Richterliche Normenkontrolle – Erfahrungen und Erkenntnisse. NJW, S. 2919-2924.

Stern, K. (1988): Das Staatsrecht der Bundesrepublik Deutschland. Bd. 3: Allgemeine Lehren der Grundrechte. Hb. 1: Grundlagen und Geschichte, nationaler und internationaler Grundrechtskonstitutionalismus, juristische Bedeutung der Grundrechte, Grundrechtsberechtigte, Grundrechtsverpflichtete. München: C. H. Beck.

Stieber, R. (2003): Seelsorgliche Sterbebegleitung im Gefängnis – Erfahrungen und Reflexionen. ZfStrVo 52, S. 287-291.

Stokes, R. (2008): A Fate Worse than Death? The Problems with Life Imprisonment as an Alternative to the Death Penalty. In: Yorke, J. (Hrsg.): Against the Death Penalty. International Initiatives and Implications. Farnham, Burlington: Ashgate, S. 281-301.

Strupp, K.; Schlochauer H.-J. (1960): Wörterbuch des Völkerrechts. Bd. 1: A – H. 2. Aufl., Berlin: de Gruyter.

Stuckenberg, C. F. (2011): BVerfGE 45, 187 – Lebenslange Freiheitsstrafe. In: Menzel, J.; Müller-Terpitz, R. (Hrsg.): Verfassungsrechtsprechung. 2. Aufl., Tübingen: Mohr-Siebeck, S. 297-303.

Suominen, A. (2011): The Principle of Mutual Recognition in Cooperation in Criminal Matters. Cambridge u. a.: Intersentia.

Terhechte, J. P. (2013): Kommentierung des § 108 VwGO. In: Fehling, M.; Kastner, B.; Störmer, R. (Hrsg.): Verwaltungsrecht. 3. Aufl., Baden-Baden: Nomos.

Tettinger, P. (1978): Abschaffung des Art. 102 GG? JZ, S. 128-132.

Thym, D. (2010): Migrationsverwaltungsrecht. Tübingen: Mohr Siebeck.

Thym, D. (2015): Vereinigt die Grundrechte! JZ, S. 53-63.

Tinkl, C. (2008): Die Rechtsstellung des Einzelnen nach dem Rahmenbeschluss über den Europäischen Haftbefehl. Frankfurt a. M. u. a.: Lang.

Tolzmann, G. (2002): Strafvollzug in Uganda. ZfStrVo 51, S. 219-223.

Travers, M. (1928): L'entr'aide répressive internationale et la Loi Française du 10 Mars 1927. Paris: Sirey.

Trechsel, S. (1998): Inflation im Bereich der Menschenrechte? ZEuS, S. 371-388.

Treiber, W. (1990): Die Asylrelevanz von Folter, Todesstrafe und sonstiger unmenschlicher Behandlung. Rheinfelden-Berlin: Schäuble.

Twietmeyer, C.; Sieweke, S. (2014): Grundzüge des internationalisierten deutschen Ausländerrechts. GreifR, S. 96-102.

Vander Beken, T.; Vermeulen, G.; Lagodny, O. (2002): Kriterien für die jeweils „beste" Strafgewalt in Europa – Zur Lösung von Strafgewaltskonflikten jenseits eines transnationalen Ne-bis-in-idem. NStZ, S. 624-628.

van der Wilt, H. G. (1995): Après Soering: The relationship between Extradition and Human Rights in the Legal Practice of Germany, the Netherlands and the United States. Netherlands International Law Review 42, S. 53-80.

van Zyl Smit, D. (2002): Taking life imprisonment seriously in national and international law. Den Haag u. a.: Kluwer Law International.

van Zyl Smit, D. (2008): Die Durchsetzung europäischer Prinzipien im Strafvollzug – Parallelen zur Abschaffung der Todesstrafe? GreifR, S. 88-95.

van Zyl Smit, D. (2010): Outlawing irreducible life sentences: Europe on the brink? Federal Sentencing Reporter 23, S. 39-48.

van Zyl Smit, D. (2013): Punishment and Human Rights. In: Simon, J., Sparks, R. (Hrsg.): The Sage Handbook of Punishment and Society. London: Sage, S. 395-415.

van Zyl Smit, D. (2015): Lebenslange Freiheitsstrafe in einer globalisierten Welt. NK 27, S. 171-180.

van Zyl Smit, D.; Oppert, A. (1999): Unbegrenzte Möglichkeiten hinsichtlich lebenslanger Freiheitsstrafen in den USA? ZStW 111, S. 558-576.

van Zyl Smit, D.; Snacken, S. (2009): Principles of European Prison Law and Policy: Penology and Human Rights. Oxford: Oxford University Press.

van Zyl Smit, D.; Weatherby, P.; Creighton, S. (2014): Whole Life Sentences and the Tide of European Human Rights Jurisprudence: What Is to Be Done? Human Rights Law Review 14, S. 59-84.

Verdross, A.; Simma, B. (1984): Universelles Völkerrecht. 3. Aufl., Berlin: Duncker & Humblot.

Viehweg, T. (1974): Topik und Jurisprudenz: ein Beitrag zur rechtswissenschaftlichen Grundlagenforschung. 5. Aufl., München: C. H. Beck.

Villiger, M. E. (2005): Neuere Entwicklungen in der Rechtsprechung des Europäischen Gerichtshofs für Menschenrechte zu Artikel 3 EMRK (Verbot der unmenschlichen oder erniedrigenden Behandlung und Strafe sowie der Folter). In: Thürer, D. (Hrsg.): EMRK: Neuere Entwicklungen. Zürich u. a.: Schulthess, S. 61-78.

Vitzthum, W. (2013): Begriff, Geschichte und Rechtsquellen des Völkerrechts. In: Vitzthum, W.; Proelß, A. (Hrsg.): Völkerrecht. 6. Aufl., Berlin: de Gruyter, S. 1-59.

VN-Menschenrechtskommission (1995): Situation of human rights in the Sudan – Report of the Special Rapporteur, Mr. Gáspár Bíró, submitted in accordance with Commission on Human Rights resolution 1994/79. *Online verfügbar unter*: http://www1.umn.edu/humanrts/commission/ country51/58.htm (letzter Abruf 17.06.2015).

Vogel, K. (1964): Die Verfassungsentscheidung des Grundgesetzes für eine internationale Zusammenarbeit: ein Diskussionsbeitrag zu einer Frage der Staatstheorie sowie des geltenden deutschen Staatsrechts. Tübingen: J. C. B. Mohr (Paul Siebeck).

Vogel, J. (2001): Abschaffung der Auslieferung? JZ, S. 937-943.

Vogel, J. (2002): Anmerkung zu BGH, Beschl. v. 16.10.2001 – 4 Ars 4/01. JZ, S. 465-468.

Vogel, J. (2004a): Anmerkung zu BVerfG, Beschl. v. 24.6.2003 – 2 BvR 685/03. JZ, S. 144-146.

Vogel, J. (2004b): Licht und Schatten im Alternativ-Entwurf Europäische Strafverfolgung. JZ, S. 401-423.

Vogel, J. (2009): Kommentierung zum IRG. In: Pötz, P.-G.; Kreß, C. (Hrsg.): Internationaler Rechtshilfeverkehr in Strafsachen: die für die Rechtsbeziehungen der Bundesrepublik Deutschland mit dem Ausland in Strafsachen maßgeblichen Bestimmungen. Bd. 1. 3. Aufl., 10. Ergänzungslieferung, Heidelberg u. a.: C. F. Müller.

Vogel, J.; Burchard, C. (2011): Kommentierung zum IRG. In: Pötz, P.-G.; Kreß, C. (Hrsg.): Internationaler Rechtshilfeverkehr in Strafsachen: die für die Rechtsbeziehungen der Bundesrepublik Deutschland mit dem Ausland in Strafsachen maßgeblichen Bestimmungen. Bd. 1. 3. Aufl., 22. Ergänzungslieferung, Heidelberg u. a.: C. F. Müller.

Vogler, T. (1970): Auslieferungsrecht und Grundgesetz. Berlin: Duncker & Humblot.

Vogler, T. (1982): Die Bedeutung der Rechtsweggarantie des Grundgesetzes für den Rechtsschutz in Rechtshilfeverfahren. NJW, S. 468-472.

Vogler, T. (1983): Das neue Gesetz über die internationale Rechtshilfe in Strafsachen. NJW, S. 2114-2124.

Vogler, T. (1990): Auslieferung bei drohender Todesstrafe und Europäische Menschenrechtskonvention (EMRK) – Der Fall Soering vor dem Europäischen Gerichtshof für Menschenrechte. In: Geppert, K. (Hrsg.): Gedächtnisschrift für Karlheinz Meyer. Berlin u. a.: de Gruyter, S. 477-491.

Vogler, T. (1993a): 140 Jahre Auslieferungsrecht im Goltdammer's Archiv. Ein Rückblick auf die Anfänge. In: Wolter, J. (Hrsg.): 140 Jahre Goltdammer's Archiv für Strafrecht. Heidelberg: v. Decker, S. 251-268.

Vogler, T. (1993b): Der Schutz der Menschenrechte bei der internationalen Zusammenarbeit in Strafsachen. ZStW 105, S. 3-29.

Vogler, T. (1994): Auslieferung bei drohender Todesstrafe – ein Dauerthema. NJW, S. 1433-1436.

Vogler, T. (1996): Rainer Hofmann, Grundrechte und grenzüberschreitende Sachverhalte (Rezension). GA, S. 569-579.

Völkerrechtskommission (1966): Reports of the commission to the general assembly. Document A/6309/Rev.l. In: Vereinte Nationen (Hrsg.): Jahrbuch der Völkerrechtskommission. New York: United Nations Publications, S. 169-363.

Volkmann, U. (2011): Fremdbestimmung – Selbstbehauptung – Befreiung. JZ, S. 835-842.

Voltz, M. (2013): Kommentierung zum EGBGB. In: Staudinger BGB (Kommentar). Berlin: Sellier/de Gruyter.

von Bernstorff, J. (2013): Der Streit um die Menschenwürde im Grund- und Menschenrechtsschutz – Eine Verteidigung des Absoluten als Grenze und Auftrag. JZ, S. 905-915.

von Hentig, H. (1955): Die Strafe. Bd. 2: Die modernen Erscheinungsformen. Berlin u. a.: Springer.

von Hoffmann, B.; Thorn, K. (2007): Internationales Privatrecht. 9. Aufl., München: C. H. Beck.

von Kielmansegg, S. G. (2012a): Grundrechte im Näheverhältnis – eine Untersuchung zur Dogmatik des Sonderstatusverhältnisses. Tübingen: Mohr Siebeck.

von Kielmansegg, S. G. (2012b): Das Sonderstatusverhältnis. JA, S. 881-887.

von Winterfeld, A. (1987): Noch einmal: Der deutsche ordre public in der internationalen Schiedsgerichtsbarkeit. NJW, S. 3059-3061.

Voßkuhle, A. (2010): Der europäische Verfassungsgerichtsverbund. NVwZ, S. 1-8.

Voßkuhle, A.; Kaufhold, A.-K. (2013): Offene Staatlichkeit. JuS, S. 309-311.

Wahl, R. (2013): Der Grundsatz der Verhältnismäßigkeit: Ausgangslage und Gegenwartsproblematik. In: Heckmann, D.; Schenke, R. P.; Sydow, G. (Hrsg.): Verfassungsstaatlichkeit im Wandel. Festschrift für Thomas Würtenberger zum 70. Geburtstag. Berlin: Duncker & Humblot, S. 823-853.

Wasmeier, M. (2003): Kommentierung des Art. 34 EUV. In: von der Groeben, H.; Schwarze, J. (Hrsg.): Kommentar zum Vertrag über die Europäische Union und zur Gründung der Europäischen Gemeinschaft. 6. Aufl., Baden-Baden: Nomos.

Wasmeier, M. (2004): Stand und Perspektiven des EU-Strafrechts: Eine Erwiderung auf kritische Anmerkungen. ZStW 116, S. 320-325.

Weber, S. (1997): Überstellung in den Heimatstaat – ein internationales Konzept wider den Strafvollzug in der Fremde. Frankfurt a. M.: Lang.

Weides, P.; Zimmermann, P. (1988): Berücksichtigung der im Ausland drohenden Nachteile für Freiheit, Leib und Leben bei der Ausübung des Ausweisungsermessens durch Ausländerbehörden. Deutsches Verwaltungsblatt, S. 461-468.

Weigend, T. (1984): Diskussionsbericht von der Arbeitssitzung der Fachgruppe für Strafrechtsvergleichung bei der Tagung der Gesellschaft für Rechtsvergleichung am 23.9.1983 in Bonn. ZStW 96, S. 624-638.

Weigend, T. (2000): Grundsätze und Probleme des deutschen Auslieferungsrechts. JuS, S. 105-111.

Wendel, M. (2015): Menschenrechtliche Überstellungsverbote: Völkerrechtliche Grundlagen und verwaltungsrechtliche Konkretisierung. Deutsches Verwaltungsblatt, S. 731-741.

Winkelmann, H. (2016): Kommentierung zum Aufenthaltsgesetz. In: Bergmann, J.; Dienelt, K. (Hrsg.): Ausländerrecht. Kommentar. 11. Aufl., München: C. H. Beck.

Wolff, H. A. (2004): Die verfassungsrechtlichen Auslieferungsverbote. Strafverteidiger, S. 154-159.

Worster, W. T. (2012): Between a Treaty and Not: A Case Study of the Legal Value of Diplomatic Assurances in Expulsion Cases. Minnesota Journal of International Law 21, S. 253-346.

Zeidler, A. (2008): Der Grundsatz der beiderseitigen Strafbarkeit im Auslieferungsrecht. Hamburg: Kovač.

Ziegenhahn, D. (2002): Der Schutz der Menschenrechte bei der grenzüberschreitenden Zusammenarbeit in Strafsachen. Berlin: Duncker & Humblot.

Zimmermann, A. (2007): Rezeption völkerrechtlicher Begriffe durch das Grundgesetz. ZaöRV 67, S. 297-317.

Zimmermann, A.; Elberling, B. (2004): Kap. 27 – Ausweisungsschutz. In: Dörr, O.; Grote, R.; Marauhn, T. (Hrsg.): EMRK/GG: Konkordanzkommentar zum europäischen und deutschen Grundrechtsschutz. Tübingen: Mohr Siebeck, S. 1487-1535.

Zöbeley, G. (1983): Die neuere Rechtsprechung des Bundesverfassungsgerichts zum Auslieferungsrecht. NJW, S. 1703-1707.

Zühlke, S.; Pastille, J.-C. (1999): Extradition and the European Convention – Soering revisited. ZaöRV 59, S. 749-784.

Zweigert, K.; Kötz, H. (1996): Einführung in die Rechtsvergleichung: auf dem Gebiete des Privatrechts. Tübingen: Mohr.

Reihenübersicht

Schriften zum Strafvollzug, Jugendstrafrecht und zur Kriminologie

Hrsg. von Prof. Dr. Frieder Dünkel, Lehrstuhl für Kriminologie an der Ernst-Moritz-Arndt-Universität Greifswald

Bisher erschienen:

Band 1
Dünkel, Frieder: Empirische Forschung im Strafvollzug. Bestandsaufnahme und Perspektiven.
Bonn 1996. ISBN 978-3-927066-96-0.

Band 2
Dünkel, Frieder; van Kalmthout, Anton; Schüler-Springorum, Horst (Hrsg.): Entwicklungstendenzen und Reformstrategien im Jugendstrafrecht im europäischen Vergleich.
Mönchengladbach 1997. ISBN 978-3-930982-20-2.

Band 3
Gescher, Norbert: Boot Camp-Programme in den USA. Ein Fallbeispiel zum Formenwandel in der amerikanischen Kriminalpolitik.
Mönchengladbach 1998. ISBN 978-3-930982-30-1.

Band 4
Steffens, Rainer: Wiedergutmachung und Täter-Opfer-Ausgleich im Jugend- und Erwachsenenstrafrecht in den neuen Bundesländern.
Mönchengladbach 1999. ISBN 978-3-930982-34-9.

Band 5
Koeppel, Thordis: Kontrolle des Strafvollzuges. Individueller Rechtsschutz und generelle Aufsicht. Ein Rechtsvergleich.
Mönchengladbach 1999. ISBN 978-3-930982-35-6.

Band 6
Dünkel, Frieder; Geng, Bernd (Hrsg.): Rechtsextremismus und Fremdenfeindlichkeit. Bestandsaufnahme und Interventionsstrategien.
Mönchengladbach 1999. ISBN 978-3-930982-49-3.

Band 7
Tiffer-Sotomayor, Carlos: Jugendstrafrecht in Lateinamerika unter besonderer Berücksichtigung von Costa Rica.
Mönchengladbach 2000. ISBN 978-3-930982-36-3.

Band 8
Skepenat, Marcus: Jugendliche und Heranwachsende als Tatverdächtige und Opfer von Gewalt. Eine vergleichende Analyse jugendlicher Gewaltkriminalität in Mecklenburg-Vorpommern anhand der Polizeilichen Kriminalstatistik unter besonderer Berücksichtigung tatsituativer Aspekte.
Mönchengladbach 2000. ISBN 978-3-930982-56-1.

Band 9
Pergataia, Anna: Jugendstrafrecht in Russland und den baltischen Staaten.
Mönchengladbach 2001. ISBN 978-3-930982-50-1.

Band 10
Kröplin, Mathias: Die Sanktionspraxis im Jugendstrafrecht in Deutschland im Jahr 1997. Ein Bundesländervergleich.
Mönchengladbach 2002. ISBN 978-3-930982-74-5.

Band 11
Morgenstern, Christine: Internationale Mindeststandards für ambulante Strafen und Maßnahmen.
Mönchengladbach 2002. ISBN 978-3-930982-76-9.

Band 12
Kunkat, Angela: Junge Mehrfachauffällige und Mehrfachtäter in Mecklenburg-Vorpommern. Eine empirische Analyse.
Mönchengladbach 2002. ISBN 978-3-930982-79-0.

Band 13
Schwerin-Witkowski, Kathleen: Entwicklung der ambulanten Maßnahmen nach dem JGG in Mecklenburg-Vorpommern.
Mönchengladbach 2003. ISBN 978-3-930982-75-2.

Band 14
Dünkel, Frieder; Geng, Bernd (Hrsg.): Jugendgewalt und Kriminalprävention. Empirische Befunde zu Gewalterfahrungen von Jugendlichen in Greifswald und Usedom/Vorpommern und ihre Auswirkungen für die Kriminalprävention.
Mönchengladbach 2003. ISBN 978-3-930982-95-0.

Band 15
Dünkel, Frieder; Drenkhahn, Kirstin (Hrsg.): Youth violence: new patterns and local responses – Experiences in East and West. Conference of the International Association for Research into Juvenile Criminology. Violence juvénile: nouvelles formes et stratégies locales – Expériences à l'Est et à l'Ouest. Conférence de l'Association Internationale pour la Recherche en Criminologie Juvénile.
Mönchengladbach 2003. ISBN 978-3-930982-81-3.

Band 16
Kunz, Christoph: Auswirkungen von Freiheitsentzug in einer Zeit des Umbruchs. Zugleich eine Bestandsaufnahme des Männererwachsenenvollzugs in Mecklenburg-Vorpommern und in der JVA Brandenburg/Havel in den ersten Jahren nach der Wiedervereinigung.
Mönchengladbach 2003. ISBN 978-3-930982-89-9.

Band 17
Glitsch, Edzard: Alkoholkonsum und Straßenverkehrsdelinquenz. Eine Anwendung der Theorie des geplanten Verhaltens auf das Problem des Fahrens unter Alkohol unter besonderer Berücksichtigung des Einflusses von verminderter Selbstkontrolle.
Mönchengladbach 2003. ISBN 978-3-930982-97-4.

Band 18
Stump, Brigitte: „Adult time for adult crime" – Jugendliche zwischen Jugend- und Erwachsenenstrafrecht. Eine rechtshistorische und rechtsvergleichende Untersuchung zur Sanktionierung junger Straftäter.
Mönchengladbach 2003. ISBN 978-3-930982-98-1.

Band 19
Wenzel, Frank: Die Anrechnung vorläufiger Freiheitsentziehungen auf strafrechtliche Rechtsfolgen.
Mönchengladbach 2004. ISBN 978-3-930982-99-8.

Band 20
Fleck, Volker: Neue Verwaltungssteuerung und gesetzliche Regelung des Jugendstrafvollzuges.
Mönchengladbach 2004. ISBN 978-3-936999-00-6.

Band 21
Ludwig, Heike; Kräupl, Günther: Viktimisierung, Sanktionen und Strafverfolgung. Jenaer Kriminalitätsbefragung über ein Jahrzehnt gesellschaftlicher Transformation.
Mönchengladbach 2005. ISBN 978-3-936999-08-2.

Band 22
Fritsche, Mareike: Vollzugslockerungen und bedingte Entlassung im deutschen und französischen Strafvollzug.
Mönchengladbach 2005. ISBN 978-3-936999-11-2.

Band 23
Dünkel, Frieder; Scheel, Jens: Vermeidung von Ersatzfreiheitsstrafen durch gemeinnützige Arbeit: das Projekt „Ausweg" in Mecklenburg-Vorpommern.
Mönchengladbach 2006. ISBN 978-3-936999-10-5.

Band 24
Sakalauskas, Gintautas: Strafvollzug in Litauen. Kriminalpolitische Hintergründe, rechtliche Regelungen, Reformen, Praxis und Perspektiven.
Mönchengladbach 2006. ISBN 978-3-936999-19-8.

Band 25
Drenkhahn, Kirstin: Sozialtherapeutischer Strafvollzug in Deutschland.
Mönchengladbach 2007. ISBN 978-3-936999-18-1.

Band 26
Pruin, Ineke Regina: Die Heranwachsendenregelung im deutschen Jugendstrafrecht. Jugendkriminologische, entwicklungspsychologische, jugendsoziologische und rechtsvergleichende Aspekte.
Mönchengladbach 2007. ISBN 978-3-936999-31-0.

Band 27
Lang, Sabine: Die Entwicklung des Jugendstrafvollzugs in Mecklenburg-Vorpommern in den 90er Jahren. Eine Dokumentation der Aufbausituation des Jugendstrafvollzugs sowie eine Rückfallanalyse nach Entlassung aus dem Jugendstrafvollzug.
Mönchengladbach 2007. ISBN 978-3-936999-34-1.

Band 28
Zolondek, Juliane: Lebens- und Haftbedingungen im deutschen und europäischen Frauenstrafvollzug.
Mönchengladbach 2007. ISBN 978-3-936999-36-5.

Band 29
Dünkel, Frieder; Gebauer, Dirk; Geng, Bernd; Kestermann, Claudia: Mare-Balticum-Youth-Survey – Gewalterfahrungen von Jugendlichen im Ostseeraum.
Mönchengladbach 2007. ISBN 978-3-936999-38-9.

Band 30
Kowalzyck, Markus: Untersuchungshaft, Untersuchungshaftvermeidung und geschlossene Unterbringung bei Jugendlichen und Heranwachsenden in Mecklenburg-Vorpommern.
Mönchengladbach 2008. ISBN 978-3-936999-41-9.

Band 31
Dünkel, Frieder; Gebauer, Dirk; Geng, Bernd: Jugendgewalt und Möglichkeiten der Prävention. Gewalterfahrungen, Risikofaktoren und gesellschaftliche Orientierungen von Jugendlichen in der Hansestadt Greifswald und auf der Insel Usedom. Ergebnisse einer Langzeitstudie 1998 bis 2006.
Mönchengladbach 2008. ISBN 978-3-936999-48-8.

Band 32
Rieckhof, Susanne: Strafvollzug in Russland. Vom GULag zum rechtsstaatlichen Resozialisierungsvollzug?
Mönchengladbach 2008. ISBN 978-3-936999-55-6.

Band 33
Dünkel, Frieder; Drenkhahn, Kirstin; Morgenstern, Christine (Hrsg.): Humanisierung des Strafvollzugs – Konzepte und Praxismodelle.
Mönchengladbach 2008. ISBN 978-3-936999-59-4.

Band 34
Hillebrand, Johannes: Organisation und Ausgestaltung der Gefangenenarbeit in Deutschland.
Mönchengladbach 2009. ISBN 978-3-936999-58-7.

Band 35
Hannuschka, Elke: Kommunale Kriminalprävention in Mecklenburg-Vorpommern. Eine empirische Untersuchung der Präventionsgremien.
Mönchengladbach 2009. ISBN 978-3-936999-68-6.

Band 36/1 bis 4 (nur als Gesamtwerk erhältlich)
Dünkel, Frieder; Grzywa, Joanna; Horsfield, Philip; Pruin, Ineke (Eds.): Juvenile Justice Systems in Europe – Current Situation and Reform Developments. Vol. 1-4.
2nd revised edition.
Mönchengladbach 2011. ISBN 978-3-936999-96-9.

Band 37/1 bis 2 (Gesamtwerk)
Dünkel, Frieder; Lappi-Seppälä, Tapio; Morgenstern, Christine; van Zyl Smit, Dirk (Hrsg.): Kriminalität, Kriminalpolitik, strafrechtliche Sanktionspraxis und Gefangenenraten im europäischen Vergleich. Bd.1 bis 2.
Mönchengladbach 2010. ISBN 978-3-936999-73-0.

Band 37/1 (Einzelband)
Dünkel, Frieder; Lappi-Seppälä, Tapio; Morgenstern, Christine; van Zyl Smit, Dirk (Hrsg.): Kriminalität, Kriminalpolitik, strafrechtliche Sanktionspraxis und Gefangenenraten im europäischen Vergleich. Bd.1.
Mönchengladbach 2010. ISBN 978-3-936999-76-1.

Band 37/2 (Einzelband)
Dünkel, Frieder; Lappi-Seppälä, Tapio; Morgenstern, Christine; van Zyl Smit, Dirk (Hrsg.): Kriminalität, Kriminalpolitik, strafrechtliche Sanktionspraxis und Gefangenenraten im europäischen Vergleich. Bd.2.
Mönchengladbach 2010. ISBN 978-3-936999-77-8.

Band 38
Krüger, Maik: Frühprävention dissozialen Verhaltens. Entwicklungen in der Kinder- und Jugendhilfe.
Mönchengladbach 2010. ISBN 978-3-936999-82-2.

Band 39
Hess, Ariane: Erscheinungsformen und Strafverfolgung von Tötungsdelikten in Mecklenburg-Vorpommern.
Mönchengladbach 2010. ISBN 978-3-936999-83-9.

Band 40
Gutbrodt, Tobias: Jugendstrafrecht in Kolumbien. Eine rechtshistorische und rechtsvergleichende Untersuchung zum Jugendstrafrecht in Kolumbien, Bolivien, Costa Rica und der Bundesrepublik Deutschland unter Berücksichtigung internationaler Menschenrechtsstandards.
Mönchengladbach 2010. ISBN 978-3-936999-86-0.

Band 41
Stelly, Wolfgang; Thomas, Jürgen (Hrsg.): Erziehung und Strafe. Symposium zum 35-jährigen Bestehen der JVA Adelsheim.
Mönchengladbach 2011. ISBN 978-3-936999-95-2.

Band 42
Yngborn, Annalena: Strafvollzug und Strafvollzugspolitik in Schweden: vom Resozialisierungs-zum Sicherungsvollzug? Eine Bestandsaufnahme der Entwicklung in den letzten 35 Jahren. Mönchengladbach 2011. ISBN 978-3-936999-84-6.

Band 43
Kühl, Johannes: Die gesetzliche Reform des Jugendstrafvollzugs in Deutschland im Licht der European Rules for Juvenile Offenders Subject to Sanctions or Measures (ERJOSSM). Mönchengladbach 2012. ISBN 978-3-942865-06-7.

Band 44
Zaikina, Maryna: Jugendkriminalrechtspflege in der Ukraine. Mönchengladbach 2012. ISBN 978-3-942865-08-1.

Band 45
Schollbach, Stefanie: Personalentwicklung, Arbeitsqualität und betriebliche Gesundheitsför-derung im Justizvollzug in Mecklenburg-Vorpommern. Mönchengladbach 2013. ISBN 978-3-942865-14-2.

Band 46
Harders, Immo: Die elektronische Überwachung von Straffälligen. Entwicklung, Anwendungs-bereiche und Erfahrungen in Deutschland und im europäischen Vergleich. Mönchengladbach 2014. ISBN 978-3-942865-24-1.

Band 47
Faber, Mirko: Länderspezifische Unterschiede bezüglich Disziplinarmaßnahmen und der Auf-rechterhaltung von Sicherheit und Ordnung im Jugendstrafvollzug. Mönchengladbach 2014. ISBN 978-3-942865-25-8.

Band 48
Gensing, Andrea: Jugendgerichtsbarkeit und Jugendstrafverfahren im europäischen Vergleich. Mönchengladbach 2014. ISBN 978-3-942865-34-0.

Band 49
Rohrbach, Moritz Philipp: Die Entwicklung der Führungsaufsicht unter besonderer Berück-sichtigung der Praxis in Mecklenburg-Vorpommern. Mönchengladbach 2014. ISBN 978-3-942865-35-7.

Band 50/1 bis 2 (nur als Gesamtwerk erhältlich)
Dünkel, Frieder; Grzywa-Holten, Joanna; Horsfield, Philip (Eds.): Restorative Justice and Medi-ation in Penal Matters. A stock-taking of legal issues, implementation strategies and outcomes in 36 European countries. Vol. 1 bis 2. Mönchengladbach 2015. ISBN 978-3-942865-31-9.

Band 51

Horsfield, Philip: Jugendkriminalpolitik in England und Wales – Entwicklungsgeschichte, aktuelle Rechtslage und jüngste Reformen. Mönchengladbach 2015. ISBN 978-3-942865-42-5.

Band 52

Grzywa-Holten, Joanna: Strafvollzug in Polen – Historische, rechtliche, rechtstatsächliche, menschenrechtliche und international vergleichende Aspekte. Mönchengladbach 2015. ISBN 978-3-942865-43-2.

Band 53

Khakzad, Dennis: Kriminologische Aspekte völkerrechtlicher Verbrechen. Eine vergleichende Untersuchung der Situationsländer des Internationalen Strafgerichtshofs. Mönchengladbach 2015. ISBN 978-3-942865-50-0.

Band 54

Blanck, Thes Johann: Die Ausbildung von Strafvollzugsbediensteten in Deutschland. Mönchengladbach 2015. ISBN 978-3-942865-51-7.

Band 55

Castro Morales, Álvaro: Jugendstrafvollzug und Jugendstrafrecht in Chile, Peru und Bolivien unter besonderer Berücksichtigung von nationalen und internationalen Kontrollmechanismen. Rechtliche Regelungen, Praxis, Reformen und Perspektiven. Mönchengladbach 2016. ISBN 978-3-942865-57-9.

Band 56

Dünkel, Frieder; Jesse, Jörg; Pruin, Ineke; von der Wense, Moritz (Eds.): European Treament, Transition Management, and Re-Integration of High-Risk Offenders. Results of the Final Conference at Rostock-Warnemünde, 3-5 September 2014, and Final Evaluation Report of the Justice-Cooperation-Network (JCN)-Project "European treatment and transition management of high-risk offenders". Mönchengladbach 2016. ISBN 978-3-942865-58-6.

Band 57

Kratochvil-Hörr, Regine: Der Beschlussarrest: Dogmatische Probleme und Anwendungspraxis im Land Berlin. Mönchengladbach 2016. ISBN 978-3-942865-60-9.

Band 58

Thiele, Christoph Wilhelm: Ehe- und Familienschutz im Strafvollzug. Strafvollzugsrechtliche und -praktische Maßnahmen und Rahmenbedingungen zur Aufrechterhaltung familiärer Beziehungen von Strafgefangenen. Mönchengladbach 2016. ISBN 978-3-942865-61-6.

Band 59
Păroşanu, Andrea: Jugendstrafrecht in Rumänien. Historische, kriminologische, rechtliche und rechtspolitische Aspekte. Mönchengladbach 2016. ISBN 978-3-942865-64-7.

Band 60
Schmidt, Katrin: Städtebau und Kriminalität: Untersuchung des Einflusses von kriminalpräventiven Erkenntnissen im Rahmen städtebaulicher Projekte in Mecklenburg-Vorpommern. Mönchengladbach 2016. ISBN 978-3-942865-67-8.

Band 61
Dünkel, Frieder; Jesse, Jörg; Pruin, Ineke; von der Wense, Moritz (Hrsg.): Die Wiedereingliederung von Hochrisikotätern in Europa – Behandlungskonzepte, Entlassungsvorbereitung und Übergangsmanagement. Ergebnisse der Abschlusskonferenz in Rostock-Warnemünde, 3.-5. September 2014, und Evaluation des Justice-Cooperation-Netzwerk-(JCN)-Projekts „Behandlung und Übergangsmanagement bei Hochrisikotätern in Europa". Mönchengladbach 2016. ISBN 978-3-942865-68-5.

Band 62
Kromrey, Hans: Haftbedingungen als Auslieferungshindernis. Ein Beitrag zur Verwirklichung der Menschenrechte. Mönchengladbach 2017. ISBN 978-3-942865-75-3.